D1724165

Versicherungswissenschaftliche Studien

herausgegeben von
Prof. Dr. Jürgen Basedow
Prof. Dr. Ulrich Meyer
Prof. Dr. Dieter Rückle
Prof. Dr. Hans-Peter Schwintowski

Band 18

Martin Ebers

Die Überschußbeteiligung in der Lebensversicherung

 Nomos Verlagsgesellschaft
Baden-Baden

Die Deutsche Bibliothek – CIP-Einheitsaufnahme

Ein Titeldatensatz für diese Publikation ist bei
Der Deutschen Bibliothek erhältlich. (http://www.ddb.de)

Zugl.: Berlin, Humboldt-Univ., Diss., 2001

ISBN 3-7890-7451-9

Zitierweise: Autor, in VersWissStud (18. Bd.)

1. Auflage 2001

Meinen Eltern

Vorwort

Die Deregulierung der (Lebens-)Versicherungsmärkte hat die rechtlichen Rahmenbedingungen der Überschußbeteiligung grundlegend verändert. Die vorliegende Monographie, die im Januar 2001 von der Juristischen Fakultät der Humboldt-Universität zu Berlin als Dissertation angenommen wurde, untersucht die hierdurch aufgeworfenen Rechtsfragen. Gesetzgebung, Rechtsprechung und Literatur konnten bis Mitte Juni 2001 berücksichtigt werden.

Für die vorliegende Arbeit habe ich vielfältige Unterstützung erhalten. Dafür möchte ich herzlich Dank sagen.

Meinem verehrten Doktorvater, Herrn Prof. Dr. Hans-Peter Schwintowski, danke ich herzlich für die vielfältige persönliche und fachliche Förderung während meiner Promotionszeit. Seine stete Gesprächsbereitschaft, seine kritischen Anregungen und seine Offenheit für andere, abweichende Lösungsansätze haben den Fortgang der Arbeit maßgeblich gefördert. Bei meinem Zweitgutachter, Herrn Prof. Dr. Robert Rebhahn, bedanke ich mich für weiterführende Hinweise, die ich gerne berücksichtigt habe.

Weiterhin bedanke ich mich bei Herrn Dr. Rüdiger Gebhard sowie Herrn Markus Rehberg, LL.M., für die zahlreichen Gespräche, die wir in den letzten Jahren geführt haben. Herzlich bedanken möchte ich mich auch bei Frau Krebs vom Deutschen Verein für Versicherungswissenschaft, die mich bei meiner Literaturrecherche immer tatkräftig unterstützt hat. Bei den Herausgebern, den Herren Prof. Dres. Jürgen Basedow, Ulrich Meyer, Dieter Rückle und Hans-Peter Schwintowski, bedanke ich mich für die Aufnahme in diese Schriftenreihe.

Bei der kritischen Durchsicht des Manuskripts habe ich von vielen Seiten Hilfe erfahren. Ihnen allen, insbesondere Frau Marianne Augustin, Herrn Gunther Augustin sowie Frau Rechtsanwältin Ortrun Günzel, danke ich sehr. Darüber hinaus bedanke ich mich bei meinem Freund, Herrn Dipl.-Ing. Christian Nabe, für die vielen Abende, an denen wir zusammen über die wirtschaftlichen Aspekte der Überschußbeteiligung nachgedacht haben.

Herzlichen Dank auch an die Studienstiftung des deutschen Volkes sowie den Arbeitskreis Wirtschaft und Recht im Stifterverband für die deutsche Wissenschaft. Beide haben diese Arbeit durch Promotionsstipendien gefördert.

Schließlich gilt mein ganz besonderer Dank meinen Eltern, denen dieses Buch gewidmet ist. Sie haben mich während meiner Studien- und Promotionszeit stets unterstützt. Meine Mutter hat das Manuskript in großen Teilen Korrektur gelesen.

Berlin, im Juni 2001

Martin Ebers

Inhaltsverzeichnis

Abkürzungsverzeichnis

a.A.	anderer Ansicht
a.a.O.	am angegebenen Ort
Abb.	Abbildung
ABl. EG	Amtsblatt der Europäischen Gemeinschaften
Abs.	Absatz
AcP	Archiv für die civilistische Praxis
a.F.	alte Fassung
AG	Aktiengesellschaft; Amtsgericht
a.G.	auf Gegenseitigkeit
AGB	Allgemeine Geschäftsbedingungen
AGBE	Bunte, Entscheidungssammlung zum AGB-Gesetz, 1982ff.
AGBG	Gesetz zur Regelung des Rechts der Allgemeinen Geschäftsbedingungen
AktG	Aktiengesetz
AktuarV	Verordnung über die versicherungsmathematische Bestätigung und den Erläuterungsbericht des Verantwortlichen Aktuars
ALB-E	Unverbindliche Verbandsempfehlungen des GdV zur kapitalbildenden Lebensversicherung
ALB-MB	Musterbedingungen des BAV für die kapitalbildende Lebensversicherung
Anh.	Anhang
Anm.	Anmerkung
AnwBl.	Anwaltsblatt
AO	Abgabenordnung
Art.	Artikel
Aufl.	Auflage
AVB	Allgemeine Versicherungsbedingungen
BAG	Bundesarbeitsgericht
BAV	Bundesaufsichtsamt für das Versicherungswesen
BB	Der Betriebs-Berater
Bd.	Band
BerlKomm	Berliner Kommentar zum Versicherungsvertragsgesetz
BerVersV	Verordnung über die Berichterstattung von Versicherungsunternehmen gegenüber dem Bundesaufsichtsamt für das Versicherungswesen
BFuP	Betriebswirtschaftliche Forschung und Praxis
BGB	Bürgerliches Gesetzbuch
BGBl.	Bundesgesetzblatt
BGH	Bundesgerichtshof
BGHZ	Entscheidungen des Bundesgerichtshofs in Zivilsachen
BRAGO	Bundesgebührenordnung für Rechtsanwälte
BRDrcks.	Bundesratsdrucksache
BTDrcks.	Bundestagsdrucksache
BUZ	Berufsunfähigkeits-Zusatzversicherung
BVerfG	Bundesverfassungsgericht
BVerwG	Bundesverwaltungsgericht

bzw.	beziehungsweise
ca.	circa
c.i.c.	culpa in contrahendo
DAV	Deutsche Aktuarvereinigung
DAS	Deutscher Automobil Schutz
DB	Der Betrieb
DeckRV	Verordnung über Rechnungsgrundlagen für die Deckungs-rückstellungen (Deckungsrückstellungsverordnung)
ders.	derselbe
DM	Deutsche Mark
DÖV	Die öffentliche Verwaltung
DStV	Deutscher Steuerberaterverband
DStZ	Deutsche Steuer-Zeitung
DTI	Department of Trade and Industry
DVBl.	Deutsches Verwaltungsblatt
DZWiR	Deutsche Zeitschrift für Wirtschaftsrecht
EG	Europäische Gemeinschaften; Einführungsgesetz; Vertrag zur Gründung der Europäischen Gemeinschaften in der nach dem 1.5. 1999 geltenden Fassung
EGBGB	Einführungsgesetz zum BGB
EGVVG	Einführungsgesetz zum Versicherungsvertragsgesetz
Einl.	Einleitung
EStG	Einkommensteuergesetz
et al.	et alii
etc.	et cetera
EuGH	Europäischer Gerichtshof
EuZW	Europäische Zeitschrift für Wirtschaftsrecht
EWG	Europäische Wirtschaftsgemeinschaft
EWGV	Vertrag zur Gründung einer Europäischen Wirtschaftsge-meinschaft in der Fassung vor dem 1.5. 1999
EWR	Europäischer Wirtschaftsraum
EWS	Europäisches Wirtschafts- und Steuerrecht
f.	folgende
Fb	Formblatt
ff.	fortfolgende
FIMBRA	Financial Intermediaries, Managers and Brokers Regulatory Association
Fn.	Fußnote
FS	Festschrift
GB	Geschäftsbericht (des Bundesaufsichtsamtes für das Versi-cherungswesen)
GdV	Gesamtverband der Deutschen Versicherungswirtschaft e.V.
gem.	gemäß
GG	Grundgesetz

GmbH	Gesellschaft mit beschränkter Haftung
GVG	Gerichtsverfassungsgesetz
GWB	Gesetz gegen Wettbewerbsbeschränkungen
HdV	Handwörterbuch der Versicherung
Herv	Hervorhebung
HGB	Handelsgesetzbuch
Hrsg.	Herausgeber
HS	Halbsatz
IASC	International Accounting Standards Committee
i.d.F.	in der Fassung
i.d.R.	in der Regel
i.H.v.	in Höhe von
Interne VuReV	Verordnung über die Rechnungslegung von Versicherungs- unternehmen gegenüber dem Bundesaufsichtsamt für das Versicherungswesen v. 30.12.1987
i.R.d.	im Rahmen der
JuS	Juristische Schulung
JW	Juristische Wochenschrift
JZ	Juristenzeitung
KAGG	Gesetz über Kapitalanlagegesellschaften
KapitalausstattungVO	Verordnung über die Kapitalausstattung von Versicherungs- unternehmen
KStG	Körperschaftssteuergesetz
LAUTRO	Life Assurance and Unit Trust Regulatory Organisation
LG	Landgericht
lit.	litera
LM	Nachschlagewerk des Bundesgerichtshofs hrsg. v. Linen- maier/Möhring et al.
LVU	Lebensversicherungsunternehmen
LVV	Lebensversicherungsvertrag
MDR	Monatsschrift für Deutsches Recht
Mio.	Million
Mrd.	Milliarde
MüKo	Münchener Kommentar zum Bürgerlichen Gesetzbuch
m.w.N.	mit weiteren Nachweisen
n.F.	neue Fassung
NJW	Neue Juristische Wochenschrift
NJW-RR	NJW-Rechtsprechungsreport Zivilrecht
Nr.	Nummer
Nw.	Nachweisung (der BerVersV)

OLG	Oberlandesgericht
o.J.	ohne Jahr
o.V.	ohne Verfasser
OVG	Oberverwaltungsgericht
p.a.	pro anno
PflRV	Pflegerentenversicherung
PVV	Positive Vertragsverletzung
R	Rundschreiben (des Bundesaufsichtsamtes für das Versicherungswesen)
RechVersV	Verordnung über die Rechnungslegung von Versicherungsunternehmen
RfB	Rückstellung für Beitragsrückerstattung
RGBl.	Reichsgesetzblatt
RGRK	Kommentar zum BGB, hrsg. von Reichsgerichtsräten und Bundesrichtern
RG Warn	Rechtsprechung des Reichsgerichts, hrsg. von Warneyer
RGZ	Entscheidungen des Reichsgerichts in Zivilsachen
RiLi	Richtlinie
Rn.	Randnummer
RQV	Rückgewährquote-Berechnungsverordnung
S.	Satz; Seite
sect.	section
SIB	Securities and Investment Board
s.o.	siehe oben
Sp.	Spalte
Stbg	Die Steuerberatung
SÜA	Schlußüberschußanteile
u.a.	unter anderem
UmwG	Umwandlungsgesetz
u.U.	unter Umständen
v.	vom
VA	Veröffentlichungen des Reichsaufsichtsamtes für Privatversicherung
VAG	Gesetz über die Beaufsichtigung der Versicherungsunternehmen
vgl.	vergleiche
VerBAV	Veröffentlichungen des Bundesaufsichtsamtes für das Versicherungswesen
Verbraucherrichtlinie	Richtlinie 93/13/EWG des Rates v. 5. April 1993 über mißbräuchliche Klauseln in Verbraucherverträgen, abgedruckt bei Wolf/Horn/Lindacher, AGB-Gesetz, 4. Aufl., 1965.
Verf.	Verfasser
VersR	Versicherungsrecht

VersRdsch	Die Versicherungsrundschau
VersWissStud.	Versicherungswissenschaftliche Studien
vgl.	vergleiche
Vorbem.	Vorbemerkung
VP	Die Versicherungs-Praxis
VuR	Verbraucher und Recht
VVaG	Versicherungsverein auf Gegenseitigkeit
VVG	Gesetz über den Versicherungsvertrag
VVG-E	Gesetzentwurf der SPD-Fraktion v. 2.7.1997 zur Reform des VVG
VW	Versicherungswirtschaft
WM	Wertpapiermitteilungen
WpHG	Wertpapierhandelsgesetz
WPg	Die Wirtschaftsprüfung
WuW	Wirtschaft und Wettbewerb
Z.	Zeile
z.B.	zum Beispiel
ZfB	Zeitschrift für Betriebswirtschaft
ZfV	Zeitschrift für Versicherungswesen
ZHR	Zeitschrift für das gesamte Handelsrecht und Wirtschaftsrecht
ZIP	Zeitschrift für Wirtschaftsrecht
zit.	zitiert
Z-Quote	Zuführungsquote zur RfB
ZRP	Zeitschrift für Rechtspolitik
ZRQuotenV	Verordnung über die Mindestbeitragsrückerstattung in der Lebensversicherung
Zus.	Zusatz
ZVersWiss	Zeitschrift für die gesamte Versicherungswissenschaft

Abbildungsverzeichnis

Einleitung

A. Charakteristika des überschußberechtigten LVV

Da LVV regelmäßig über sehr lange Vertragslaufzeiten abgeschlossen werden, ohne daß der Versicherer die Möglichkeit hätte, für laufende Verträge eine Prämienerhöhung vorzunehmen, müssen die Beiträge in der Lebensversicherung äußerst vorsichtig kalkuliert werden. Diese vorsichtige Kalkulation führt, verbunden mit der Tatsache, daß ein Großteil der Prämien verzinslich am Kapitalmarkt angelegt wird, i.d.R. zu erheblichen Überschüssen. Allein im Jahre 1998 betrug der Gesamtüberschuß sämtlicher am deutschen Lebensversicherungsmarkt tätigen LVU 33,6 Mrd. DM.[1]

Bis auf wenige Ausnahmen[2] sehen fast alle der auf dem deutschen Lebensversicherungsmarkt derzeitig abgeschlossenen LVV eine Beteiligung der Versicherungsnehmer an diesem Überschuß vor. Diese Leistungspflicht, die durch die Überschußbeteiligungsklauseln in den AVB[3] und – soweit der Versicherungsnehmer gleichzeitig Mitglied eines VVaG ist – auch durch § 38 VAG i.V.m. der Satzung des Vereins begründet wird, wird bei Vertragsschluß nicht verbindlich der Höhe nach festgelegt. Die Leistung aus der Überschußbeteiligung ist vielmehr vom zukünftigen, nach bilanz- und aufsichtsrechtlichen Vorschriften zu ermittelnden Rohüberschuß des Versicherungsunternehmens sowie dem sich hieran anschließenden Überschußbeteiligungsverfahren (Abb. 1) abhängig. Erst mit der einzelvertraglichen Zuteilung der Überschußanteile, die vom Versicherer jährlich (laufende Überschußbeteiligung) sowie am Ende der Vertragslaufzeit (Schlußüberschußanteile) dem individuellen Vertrag gutgeschrieben werden, erhält der Versicherungsnehmer einen unmittelbaren, unwiderruflichen Vermögenszuwachs. In der Lebensversicherung kann somit das Verhältnis zwischen Preis und Leistung erst nachträglich, am Ende der Vertragslaufzeit bestimmt werden.

Charakteristisch für den überschußberechtigten LVV ist zum einen seine *langfristige Vertragsdauer*. In den vergangenen Jahren lag die durchschnittliche Vertragslaufzeit der in Deutschland weit verbreiteten[4] gemischten, kapitalbildenden Lebensversicherung bei

---

1 GB BAV 1999 (Teil A), 67. Der vom BAV angegebene Gesamtüberschuß errechnet sich aus der Summe der einzelnen Ergebnisquellen nach Abzug der Direktgutschrift.

2 Der überschußberechtigte LVV ist zum einen von der *fondsgebundenen Lebensversicherung* (genauer: LVV, bei dem das Anlagerisiko vom Versicherungsnehmer zu tragen ist, vgl. § 54b VAG) abzugrenzen. Die fondsgebundene Lebensversicherung hatte – bezogen auf die Gesamtversicherungssumme des Gesamtbestandes „Lebensversicherung" – 1998 einen Marktanteil i.H.v. 2,4 %, vgl. GB BAV 1998 [Teil B], 16). Zum anderen sind seit 1995 in Deutschland auch erstmalig LVV *ohne* Überschußbeteiligung verfügbar. Der Anteil dieser Verträge (i.d.R. kurzfristige Risikoversicherungen) betrug im Jahre 1998 lediglich 0,6 % der Gesamtversicherungssumme des Gesamtbestandes (a.a.O., 16).

3 Zu den Überschußbeteiligungsklauseln in der kapitalbildenden Lebensversicherung für den Alt- und Neubestand vgl. Anh. A., S. 367.

4 Im Jahre 1998 hatte die kapitalbildende Lebensversicherung (Einzelversicherung) einen Anteil i.H.v. 70,2 % der Prämieneinnahmen der in Deutschland tätigen LVU, vgl. GB BAV 1998 (Teil B), 16.

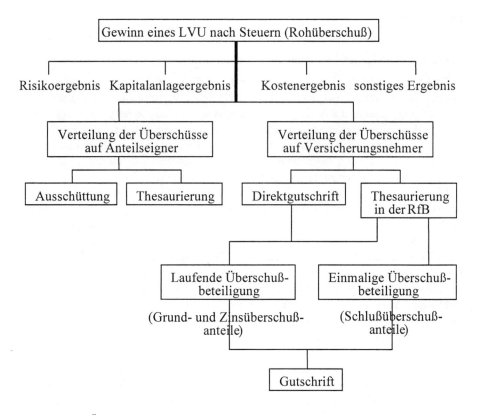

Abb. 1: Das Überschußbeteiligungsverfahren

ca. 28 Jahren. Obwohl die Versicherungsnehmer ihren Vertrag jederzeit kündigen können (§§ 165, 176 VVG), ist eine vorzeitige Beendigung des Vertrages aus mehreren Gründen unrentabel. Da die durch den Vertragsabschluß bedingten Kosten (Abschlußkosten in Form der Vermittlerprovision) in aller Regel nicht auf die gesamte Laufzeit des Vertrages, sondern einseitig auf die ersten drei bis fünf Jahre verteilt werden (Zillmerung), fällt in der Anfangsphase der Versicherung nur ein stark reduzierter Rückkaufswert (§ 176 VVG) an.[5] Denkbar ist auch, daß eine vorzeitige Kündigung deswegen ausscheidet, weil sich der Gesundheitszustand des Versicherten während der Vertragslaufzeit gravierend verschlechtert hat, denn in diesen Fällen ist sein Risiko (wenn überhaupt) nur noch zu erheblich höheren Prämien bei einem anderen Unternehmen versi-

---

5   Dennoch ist das Zillmerverfahren nach gegenwärtiger Rechtslage aufsichts- und bilanzrechtlich zulässig (vgl. §§ 65 Abs. 1 Nr. 2 VAG, 4 Abs. 1 DeckRV, 25 Abs. 1 RechVersV), so daß eine Zillmerung – wie der BGH mit Urteil v. 9.5.2001 ausgeführt hat (BGH ZIP 2001, 1052, 1055f.) – auch in zivilrechtlicher Hinsicht nicht zu beanstanden ist, soweit die Versicherungsnehmer bei Vertragsschluß in transparenter Weise (§ 9 Abs. 1 AGBG) auf die finanziellen Nachteile einer vorzeitigen Vertragsbeendigung hingewiesen werden.

cherbar. Schließlich kann der Versicherungsnehmer seine Police auch nicht anderweitig auf einem liquiden Sekundärmarkt veräußern, denn ein Handel mit gebrauchten Lebensversicherungen ist in Deutschland bislang kaum üblich.[6] – Unter diesen Voraussetzungen ist der überschußberechtigte LVV zwangsläufig auf eine jahrzehntelange Vertragsbindung ausgerichtet.

Zum anderen ist der überschußberechtigte LVV typischerweise dadurch gekennzeichnet, daß die Höhe der zugewiesenen Überschußanteile im *Ermessen* der Versicherer steht. Die Leistung aus der Überschußbeteiligung wird nicht allein von äußeren Faktoren (Verzinsung der Prämien am Kapitalmarkt, tatsächliche Aufwendungen für vorzeitige Versicherungsfälle und Kosten), sondern vor allem durch innere Entscheidungsprozesse geprägt. Der Versicherer hat die Möglichkeit, durch eine gezielte Unternehmenspolitik auf die Höhe der entstehenden Überschüsse Einfluß zu nehmen. Das gesamte Überschußbeteiligungsverfahren – von der bilanzrechtlichen Überschußermittlung über die Zuweisung der Überschüsse zur Rückstellung für Beitragsrückerstattung (RfB) bis zur Festsetzung der Überschußanteilssätze – hängt von den Ermessensentscheidungen des Versicherers ab.

B. Problemstellung

In dieser Vertragskonstruktion liegt das rechtliche Grundproblem überschußberechtigter LVV. Da die Versicherer ihre Leistungen aus der Überschußbeteiligung nach eigenem Ermessen bestimmen und eine vorzeitige Kündigung nicht ohne weiteres für die Versicherungsnehmer möglich ist, besteht die Gefahr, daß die Rendite überschußberechtigter LVV einseitig und langfristig durch die Versicherer diktiert werden kann.

Bereits für die vor dem 29. Juli 1994 abgeschlossenen LVV (sog. Altbestand)[7] wurde von verschiedener Seite beanstandet, daß die Versicherer trotz staatlicher Beaufsichtigung in der Lage sind, das Preis-Leistungsverhältnis überschußberechtigter LVV nach Belieben zu manipulieren. Kritisiert wurde vor allem, daß die Versicherungsunternehmen erwirtschaftete Überschüsse in Form stiller Reserven langfristig zu Lasten einer ganzen Versichertengeneration thesaurieren, durch Fehlbeträge aus dem Abschlußkostenergebnis schmälern (sog. Querverrechnung) und im Wege einer vermögensausgliedernden Teilbestandsübertragung (§ 14 VAG) endgültig einem Versichertenbestand entziehen. Die hiergegen erhobenen Klagen der Versicherungsnehmer hatten in der Vergangenheit keinen Erfolg.[8] Angesichts der Tatsache, daß die vom BAV vorgegebenen

Altbestand

---

6 KÖNIG, VersR 1996, 1328.
7 Zum *Altbestand* zählen die Verträge, die vor dem 29.7.1994 abgeschlossen wurden (§ 11c VAG). Der sog. *Zwischenbestand* umfaßt demgegenüber die Verträge, die bis zum 31.12.1994 unter Verwendung der vor dem 29.7.1994 genehmigten Versicherungsbedingungen abgeschlossen wurden, vgl. Art. 16 Drittes Durchführungsgesetz/EWG zum VAG v. 21.7.1994 (BGBl. I 1630). Vgl. zum Ganzen CLAUS, ZfV 1994, 658.
8 Ausführlich: S. 79ff. Die gegen BGHZ 128, 54 sowie BVerwGE 95, 25 und BVerwGE 100, 115 erhobenen Verfassungsbeschwerden stehen noch zur Entscheidung aus.

Überschußbeteiligungsklauseln[9] auf den aufsichtsbehördlich genehmigten Geschäftsplan Bezug nahmen, lehnten die Zivilgerichte einen Anspruch auf Offenlegung und Überprüfung der festgesetzten Überschußanteile ab und erklärten die Überschußbeteiligungsklauseln für vereinbar mit dem AGBG.

Die Rechtslage für die seit dem 29. Juli 1994 abgeschlossenen LVV (Neubestand) ist demgegenüber ungeklärt. Die Umsetzung der dritten Richtlinie Leben durch das Dritte Durchführungsgesetz EWG zum VAG[10] hat die gesetzlichen Rahmenbedingungen der Lebensversicherungsmärkte grundlegend verändert. Seit diesem Zeitpunkt ist die präventive Bedingungs- und Tarifkontrolle über LVV abgeschafft. Auch der Gesamtgeschäftsplan für die Überschußbeteiligung, der für den Altbestand im Zusammenspiel mit dem Bilanzrecht detaillierte Vorschriften zum Überschußbeteiligungsverfahren enthielt, ist infolge der Deregulierung entfallen. An die Stelle des bisherigen Aufsichtsrechts ist ein neues Rahmengeflecht getreten, das im wesentlichen durch die nachträgliche Mißstandsaufsicht des BAV (§§ 81ff. VAG), eine unternehmensbezogene, dezentrale Tätigkeit der Verantwortlichen Aktuare (§ 11a Abs. 3 Nr. 4 VAG) sowie die zivilgerichtliche Kontrolle überschußberechtigter LVV bestimmt wird. Die Öffnung der Lebensversicherungsmärkte verändert damit zugleich die vertragliche Struktur überschußberechtigter LVV. Da die Versicherer in ihren Vertragsbedingungen nicht mehr auf einen aufsichtsbehördlich genehmigten Geschäftsplan verweisen können, müssen die Vertragsparteien selbst wirksame Vereinbarungen zur Überschußbeteiligung treffen.

Die vorliegende Untersuchung behandelt daher in den §§ 3-5 drei bislang ungelöste Fragestellungen.

- Erstens ist die Frage zu untersuchen, welche Auswirkungen die Umsetzung der dritten Richtlinie Lebensversicherung auf die Überschußbeteiligung hat.

- Zweitens ist fraglich, welche Ermessensspielräume für den Neubestand zulässig sind und inwieweit die Versicherungsnehmer das Recht haben, die vom Versicherer festgelegten Überschußanteilssätze gerichtlich kontrollieren zu lassen.

- Und schließlich stellt sich die Frage, welche rechtlichen Anforderungen an die vertragliche Ausgestaltung der Überschußbeteiligungsklauseln zu stellen sind. Problematisch ist insbesondere, inwieweit die vom GdV empfohlenen Überschußbeteiligungsklauseln[11] dem Transparenzgebot (§ 9 Abs. 1 AGBG) entsprechen.

---

9   Abgedruckt in Anh. A.I., S. 367.
10 Richtlinie 92/96/EWG des Rates v. 10.11.1992, ABl. EG Nr. L 360 v. 9.12.1992 (abgedruckt bei PRÖLSS, VAG[11], Anh. I 20), sowie deren Umsetzung in das innerdeutsche Recht durch das Dritte Durchführungsgesetz/EWG zum VAG v. 21.7.1994 (BGBl. I 1630).
11 Abgedruckt in Anh. A.II., S. 367f.

C. Gang der Untersuchung

§ 1 (Grundlagen der Überschußbeteiligung) behandelt vorab die für den Alt- und Neubestand maßgeblichen versicherungstechnischen und aufsichtsrechtlichen Grundsätze der Prämienkalkulation (A.). Im Anschluß hieran wird das bilanzrechtliche Verfahren der Überschußermittlung analysiert, um im einzelnen die Einflußfaktoren und Entstehungsursachen der jeweiligen Überschüsse bzw. Fehlbeträge aus dem Risiko-, Kapitalanlage- und Kostenergebnis sowie den sonstigen Ergebnisquellen aufzuzeigen. Im Mittelpunkt der Überlegungen steht dabei vor allem der Einflußfaktor „stille Reserven", wobei sich zeigen wird, daß die Versicherer aufgrund des Steuerentlastungsgesetzes 1999/2000/2002 nunmehr gezwungen sind, die in der Vergangenheit gebildeten stillen Ermessensreserven weitgehend aufzulösen. Auch die Bildung neuer Ermessensreserven ist seit dem 1.1.1999 nur noch in sehr begrenztem Umfang möglich (B).

§ 2 (Die Überschußbeteiligung für den Altbestand) erörtert sodann die in der Vergangenheit vom BAV entwickelten Überschußbeteiligungsgrundsätze (A.-D.) und die für den Altbestand einschlägige Rechtsprechung zur Überschußbeteiligung (E.). Nach wie vor ist der Altbestand sowohl in tatsächlicher als auch in rechtlicher Hinsicht von großer Bedeutung, denn ein Großteil der vor dem 29. Juli 1994 abgeschlossenen Verträge ist aufgrund der langen Vertragslaufzeiten noch immer nicht abgewickelt. Auch stehen die gegen BGHZ 128, 54 sowie BVerwGE 95, 25 und BVerwGE 100, 115 erhobenen Verfassungsbeschwerden noch immer zur Entscheidung aus. Schließlich ist eine Analyse des Altbestandes schon deshalb unumgänglich, weil ohne diese Darstellung die Diskussion des neuen Systems für den Neubestand unverständlich bliebe.

§ 3 (Der überschußberechtigte LVV auf dem deregulierten Lebensversicherungsmarkt) behandelt im Anschluß hieran die für den Neubestand charakteristische Gemengelage zwischen Aufsichts- und Bilanzrecht, Vertragsrecht und Selbstregulierung. Zunächst werden die sich aus der Deregulierung ergebenden Probleme angedeutet (A.) und die veränderten aufsichtsrechtlichen Rahmenbedingungen im allgemeinen untersucht (B.). Weitergehend wird die Frage erörtert, nach welchen Kriterien und in welchem Umfang das BAV (C.) und die Verantwortlichen Aktuare (D.) auf die Überschußbeteiligungspraxis der Unternehmen Einfluß nehmen können. Vor diesem Hintergrund kann sodann die vertragliche Ausgestaltung der Überschußbeteiligungsklauseln in den Verbandsempfehlungen im Hinblick auf die derzeitige Überschußbeteiligungspraxis problematisiert werden. Im Ergebnis wird sich zeigen, daß das Äquivalenzverhältnis überschußberechtigter LVV auch für den Neubestand einseitig durch die Versicherer diktiert werden kann. Da die in der Praxis verwendeten Überschußbeteiligungsklauseln allein auf das Bilanzrecht und das deregulierte Aufsichtsrecht verweisen, bleiben vertragswesentliche Bereiche der Überschußbeteiligung ungeregelt. Die Höhe der Überschußanteilsätze steht somit im Belieben der Unternehmen (E.).

Die weitere Untersuchung (§ 4 – Die Rechtsnatur des überschußberechtigten LVV) hat sich daher auf die Frage zu konzentrieren, ob sich für den überschußberechtigten LVV auf der Grundlage der von den Parteien angelegten Wertungen *Leitbilder* ergeben, die die vertraglichen Pflichten der Versicherer näher konkretisieren und die Dispositionsmacht der Unternehmen bei der Überschußentstehung-, ermittlung und -verteilung begrenzen (A.). In einem ersten Schritt erfolgt zunächst eine kritische Auseinandersetzung mit dem bisherigen Meinungsstand (B.). Im Anschluß hieran wird die Rechtsnatur des vertraglichen Anspruchs auf Überschußbeteiligung in der Versicherungsaktiengesellschaft entwickelt und ein privatrechtliches Lösungsmodell zur gerichtlichen Überprüfung der Überschußanteilssätze vorgeschlagen (C.). Der letzte Abschnitt befaßt sich demgegenüber in einem Exkurs mit den Besonderheiten der Überschußbeteiligung im VVaG. Da die Mitglieder eines VVaG nicht nur einen vertraglichen, sondern zugleich einen mitgliedschaftlichen Überschußbeteiligungsanspruch aus § 38 VAG i.V.m. der Satzung haben, ist zu untersuchen, ob aus der mitgliedschaftlichen Stellung der Versicherungsnehmer besondere Rechte erwachsen (D.).

§ 5 (Rechtliche Anforderungen an die vertragliche Ausgestaltung der Überschußbeteiligung) behandelt schließlich die Frage, wie die Überschußbeteiligungsklauseln für den Neubestand formuliert werden müssen, damit ein Wettbewerb um überschußberechtigte LVV im Vergleich zu anderen Bankprodukten funktionsfähig und möglich wird. Als erstes werden die sich aus dem Transparenzgebot (§§ 2 Abs. 1 Nr. 2, 3, 9 Abs. 1 AGBG) ergebenden Anforderungen entwickelt. (A.). Im Anschluß hieran wird geprüft, ob die vom GdV empfohlenen und in der Praxis verwendeten Überschußbeteiligungsklauseln gem. § 8 AGBG kontrollfähig sind (B.) und einer Inhaltskontrolle gem. § 9 Abs. 1 AGBG standhalten (C.). Weitergehend werden die Rechtsfolgen untersucht, die sich im Falle einer Unwirksamkeit der Überschußbeteiligungsklauseln ergeben (D.). Abschließend wird sodann der Versuch unternommen, für die kapitalbildende Lebensversicherung eine wirksame Überschußbeteiligungsklausel zu entwickeln, die den Erfordernissen des Transparenzgebotes gerecht wird und einen Wettbewerb um überschußberechtigte LVV eröffnet (E.).

§ 6 (Gesamtergebnis) faßt die wesentlichen Ergebnisse der Untersuchung zusammen.

§ 1 Grundlagen der Überschußbeteiligung

A. Die Beitragskalkulation in der Lebensversicherung

I. Versicherungstechnische Grundsätze

Wie jede Preiskalkulation,[12] so hat auch die Prämienkalkulation die Aufgabe, Preisuntergrenzen zu bestimmen.[13] Der Versicherer ermittelt, welche Prämie der Versicherungsnehmer mindestens zahlen muß, damit das Versicherungsunternehmen keinen Verlust erleidet. Kostendeckend ist ein Tarif nur dann, wenn über die Prämieneinnahmen diejenigen Beträge gedeckt werden können, die der Versicherer im Versicherungsfall zu erbringen hat, also die garantierte Kapitalsumme bzw. die vereinbarte Rente (§ 1 Abs. 1 S. 2 VVG). Diese Kosten werden über die Nettoprämie finanziert, die anhand der Rechnungsgrundlagen „Risiko" und „Rechnungszins" ermittelt wird (1.). Da die Organisation und Durchführung des Versicherungsgeschäftes ebenfalls Kosten verursacht, sind bei der Prämienkalkulation ferner die „Betriebskosten" zu berücksichtigen. Daher wird die Nettoprämie um Kostenzuschläge erhöht. Nettoprämie und Betriebskostenzuschläge bilden zusammen die Bruttoprämie (2.). Aufgrund der langfristigen Vertragsbindung sind Bruttoprämien nur dann kostendeckend, wenn die Rechnungsgrundlagen „Risiko", „Rechnungszins" und „Kosten" vorsichtig, d.h. unter Einrechnung von Sicherheitszuschlägen, kalkuliert werden (3.).

1. Berechnung der Nettoprämie

a) Rechnungsgrundlage „Risiko"

Anhand der Rechnungsgrundlage „Risiko" werden diejenigen Kosten ermittelt, die dem LVU durch den vorzeitigen Eintritt eines Versicherungsfalles entstehen. Bei Versicherungen mit Todesfallcharakter, wie etwa der Risikoversicherung, muß abgeschätzt werden, wie viele Todesfälle für den zu versichernden Bestand voraussichtlich eintreten und welche Beträge zur Erfüllung der hieraus entstehenden Zahlungsverpflichtungen wahrscheinlich benötigt werden. Bei Versicherungen mit Erlebensfallcharakter, wie beispielsweise der Leibrentenversicherung, ist die Höhe der zu erfüllenden Versicherungsverträge umgekehrt davon abhängig, wie lange die Versicherten leben. Todes- und Er-

---

12 Verschiedentlich wird im Schrifttum darauf hingewiesen, daß der überschußberechtigte LVV in ökonomischer Hinsicht drei art-verschiedene Geschäfte – das Risikogeschäft, das Kapitalanlagegeschäft und das Dienstleistungsgeschäft – bündele und die vom Versicherungsnehmer zu zahlende Prämie nur insoweit ein Preis sei, als damit die Dienstleistung des Versicherers entgolten werde (sog. Prämientrennungstheorie, vgl. hierzu S. 210f. und S. 222ff.). Auch wenn in rechtspolitischer Hinsicht eine Prämientrennung durchaus wünschenswert wäre, so kann de lege lata dieser Auffassung jedoch nicht gefolgt werden (vgl. S. 225ff.). Die vorliegende Arbeit bezeichnet daher die einheitlich erhobene Prämie als Preis.
13 HÖLSCHER, Marktzinsorientierte Ergebnisrechnung in der Lebensversicherung (1994), 28. Kritisch dagegen: NELL, ZVersWiss 1998, 403.

lebensfallwahrscheinlichkeiten werden in sogenannten Sterbetafeln zusammengefaßt.[14] Um die Eintrittswahrscheinlichkeiten der versicherten Risiken differenziert erfassen zu können, werden innerhalb der Sterbetafel unterschiedliche Risikoklassen (Geschlecht, Alter, etc.) gebildet. Anhand der so ermittelten Risikokosten kann der Teil der Nettoprämie berechnet werden, der zur Finanzierung der eintretenden Versicherungsfälle erforderlich ist. Dieser Tarifbestandteil wird als Risikoprämie bezeichnet.

b) Rechnungsgrundlage „Rechnungszins"

Zweite Rechnungsgrundlage zur Berechnung der Nettoprämie ist der „Rechnungszins". Da Versicherungsleistungen und Prämien zu unterschiedlichen Zeitpunkten anfallen, können die Risikoprämien von den Versicherungsunternehmen verzinslich angelegt werden. Dies gilt nicht nur bei den eher seltenen[15] Versicherungen gegen Einmalbeitrag, sondern auch bei Versicherungen mit laufender Beitragszahlung. In aller Regel werden in den ersten Versicherungsjahren höhere Risikobeiträge erhoben, als zur Deckung vorzeitig eintretender Versicherungsfälle erforderlich ist. Daher können die nicht benötigten Risikoanteile in Form eines Deckungskapitals verzinslich angesammelt werden. Die Kalkulation berücksichtigt diese Zinseffekte, indem die vom Versicherungsnehmer zu zahlende Risikoprämie entsprechend dem zugrundegelegten Rechnungszins reduziert wird.[16]

c) Besonderheiten in der gemischten Lebensversicherung

Besonderheiten der Prämienkalkulation bestehen bei der *gemischten Lebensversicherung*.[17] Bei dieser Versicherungsform hat der Versicherer die garantierte Versicherungssumme im Todes- und im Erlebensfall auszuzahlen. Die Nettoprämie muß daher nicht nur das Risiko eines vorzeitigen Todes abdecken, sondern darüber hinaus den Erlebensfall finanzieren. Aus diesem Grund wird in der gemischten Lebensversicherung folgendermaßen kalkuliert: Zunächst wird derjenige Betrag ermittelt, der zur Bereitstellung der Erlebensfalleistung erforderlich ist. Dieser Betrag macht den sog. Sparanteil der Prämie aus. Die Sparbeiträge werden während der Vertragslaufzeit kontinuierlich angesammelt und verzinst; die Sparprämie kann demzufolge in Höhe des Rechnungszinses diskontiert werden. Im Erlebensfall müssen die Sparbeiträge unter Berücksichtigung der rechnungsmäßigen Verzinsung die vereinbarte Versicherungssumme erreichen. Ein solcher Vorgang kann als ein reiner Sparprozeß begriffen werden, der ebensogut von einer Bank durchgeführt werden könnte. Im Unterschied zu einem Sparvertrag besteht für den

---

14 Für die Berufsunfähigkeitsversicherung, die Dread-Disease-Versicherung, sowie die Aussteuerversicherung werden dagegen andere Ausscheideordnungen benutzt (Invalidisierungs-, Erkrankungs-, sowie Heiratstafel). Vgl. SCHMIDT, in: PRÖLSS, VAG[11], Zus. § 11 VAG Rn. 8.

15 Im Jahre 1995 stammten 8,7 % der gebuchten Beitragseinnahmen aus Einmalbeiträgen, dagegen aber 86,1 % aus laufender Beitragszahlung (Die deutsche Lebensversicherung, Jahrbuch 1996, 34).

16 Vgl. hierzu etwa WINTER, in: BRUCK/MÖLLER/WINTER, VAG[8], Bd. V/2, Anm. E 30.

17 Vgl. hierzu vor allem ACKERMANN, Die Rückgewährquote der Lebensversicherungsunternehmen (1985), 20-22 und SCHWINTOWSKI, JZ 1996, 702, 708.

Versicherer allerdings das Risiko, daß im Todesfall die angesammelten Sparbeiträge nicht ausreichen, um die Versicherungssumme zu erbringen. Durch den vorzeitigen Eintritt des Versicherungsfalles entsteht ein „Defizit am Sparprogramm", das durch Risikobeiträge ausgeglichen werden muß. Deshalb müssen die Risikoprämien so kalkuliert werden, daß sie zusammen mit ihrer rechnungsmäßigen Verzinsung das im jeweiligen Versicherungsjahr entstehende Defizit decken.

Da das riskierte Kapital durch das ständig wachsende „Sparguthaben" von Jahr zu Jahr abnimmt, variiert der Risikoanteil und damit – bei insgesamt gleichbleibender Nettoprämie – auch der Sparanteil während der Laufzeit des Vertrages.[18] Die gemischte Lebensversicherung läßt sich allerdings als ein Sparvorgang begreifen, der durch eine Risikoversicherung mit fallender Versicherungssumme abgesichert ist. Für einen solchen Vertrag lassen sich sehr wohl konstante durchschnittliche Sparraten und Risikoprämien errechnen.

2. Berechnung der Bruttoprämie

Im Gegensatz zur Nettoprämie umfaßt die Bruttoprämie auch die Betriebskostenzuschläge.[19] Bei den Betriebskosten wird üblicherweise zwischen Abschlußkosten (a.) und laufenden Verwaltungskosten (b.) unterschieden.

a) Rechnungsgrundlage „Abschlußkosten"

Abschlußkosten fallen einmalig bei Vertragsbeginn an. Zu diesen Kosten zählen vor allem Provisionszahlungen, die Kosten der Gesundheitsprüfung sowie bestimmte, mittelbar durch den Vertragsabschluß verursachte Kosten, wie beispielsweise die Werbekosten. Bei Versicherungen gegen Einmalbeitrag können die kalkulierten Abschlußaufwendungen direkt durch einen einmaligen Abschlußkostenzuschlag finanziert werden. Schwieriger ist dagegen die Kalkulation der Bruttoprämie bei Verträgen mit laufender Beitragszahlung. Hier werden die Abschlußkosten i.d.R. durch laufende Abschlußkostenzuschläge (= Amortisationszuschläge)[20] und – insbesondere bei der gemischten Lebensversicherung – zusätzlich durch das Verfahren der Zillmerung gedeckt.

Nach dem Verfahren der *Zillmerung* wird ein Teil der Abschlußkosten[21] mit den periodisch vereinnahmten Prämien verrechnet, indem die entstandenen Abschlußaufwendungen zu Beginn der Vertragslaufzeit als „noch nicht fällige Ansprüche an Versicherungsnehmer" aktiviert (§ 15 RechVersV) und in der Folgezeit durch eine Kürzung der

18 ACKERMANN, a.a.O., 21f.
19 Ausführlich hierzu: HAGELSCHUER, Lebensversicherung² (1987), 141ff.
20 Vor 1987 wurde der Amortisationszuschlag als Teil der laufenden Verwaltungskostenzuschläge angesehen und dementsprechend in der Bilanz auch beim Verwaltungskostenergebnis berücksichtigt. Ausführlich hierzu: CLAUS, Gedanken zu einer neuen Tarifgestaltung in der Lebensversicherung aus aufsichtsbehördlicher Sicht (1985), 33ff. sowie DERS., VerBAV 1986, 239, 250f.
21 Für den Altbestand durften höchstens 35 ‰ der Versicherungssumme als Abschlußkosten aktiviert werden. Für den Neubestand beträgt der Höchstzillmersatz gem. § 4 Abs. 1 S. 2 DeckRV 40 ‰ der Gesamtbeitragssumme.

Nettodeckungsrückstellungen neutralisiert werden (§ 25 Abs. 1 S. 2 RechVersV). Dabei werden diejenigen Prämienteile zur Tilgung der aktivierten Abschlußkosten verwendet, die nicht zur Deckung vorzeitig eintretender Versicherungsfälle oder der Verwaltungskosten bestimmt sind.[22] Für die gemischte Lebensversicherung bedeutet dies, daß die auf der Aktivseite der Bilanz ausgewiesenen Abschlußkostenforderungen mit den Sparanteilen der Prämien verrechnet werden. Seit 1987 sind zwei unterschiedliche Zillmerverfahren üblich.[23] „Modell 1" sieht vor, daß der gezahlte Sparbeitrag im ersten Jahr zu 100 %, in den Folgejahren dagegen zu jeweils 20 % für die Abschlußkosten verwendet wird. Im „Modell 2" werden dagegen die Sparanteile von Anfang an i.H.v. 35 % p.a. mit den Abschlußkostenforderungen verrechnet.

b) Rechnungsgrundlage „Verwaltungskosten"

Die vom Versicherungsnehmer zu zahlende Prämie wird zusätzlich um Verwaltungskostenzuschläge erhöht. Laufende Verwaltungskosten fallen im Unterschied zu den Abschlußkosten kontinuierlich während der Vertragslaufzeit an. Derartige Kosten entstehen z.B. durch die Verwaltung der Versicherungsverträge und im Zusammenhang mit Vertragsbeendigungen.

3. Sicherheitszuschläge

Risiko-, Zins- und Kostenverlauf können – mit Ausnahme der Abschlußkosten, deren Höhe bereits bei Vertragsbeginn feststeht – niemals exakt kalkuliert werden. Es besteht immer die Möglichkeit, daß während der Vertragslaufzeit mehr Versicherungsfälle eintreten, die Kapitalerträge niedriger oder die tatsächlichen Betriebskosten höher sind, als ursprünglich kalkuliert. Hinzu kommt, daß LVV regelmäßig über sehr lange Laufzeiten abgeschlossen werden. Bei der gemischten Lebensversicherung liegt die durchschnittliche Vertragsdauer bei 28 Jahren. Die Gefahr einer fehlerhaften Kalkulation ist daher besonders hoch.

Trotzdem werden die vom Versicherungsnehmer zu entrichtenden Prämien sowie die garantierten Leistungen des Versicherers bereits bei Vertragsabschluß verbindlich für die gesamte Vertragsdauer der Höhe nach festgesetzt. Eine nachträgliche Änderung von Leistung und Gegenleistung ist in aller Regel nicht möglich, denn der Versicherer hat weder das Recht, den vereinbarten Prämiensatz während der Vertragslaufzeit nachträg-

---

22 Siehe ZILLMER, Die mathematischen Rechnungen bei Lebens- und Rentenversicherungen[2] (1887), 112ff. Für den Neubestand wird die Zillmersche Methode in § 4 DeckRV beschrieben.
23 Siehe hierzu CLAUS, VerBAV 1986, 283, 284.

lich zu ändern,[24] noch besteht für ihn im Normalfall die Möglichkeit, seine eigenen garantierten Leistungen herabzusetzen (§ 89 Abs. 2 VAG). Schließlich besteht für den Versicherer auch kein ordentliches Kündigungsrecht. Eine derartige Vertragskonstruktion hat zwangsläufig zur Folge, daß LVU besonders vorsichtig kalkulieren müssen. Lebensversicherungsprämien sind nur dann kostendeckend, wenn die verwendeten Rechnungsgrundlagen ausreichende Sicherheitszuschläge enthalten. Bei der Prämienkalkulation muß ein ungünstigerer Risiko-, Zins- und Kostenverlauf unterstellt werden, als tatsächlich zum Zeitpunkt des Vertragsschlusses zu erwarten ist.

II. Aufsichtsrechtliche Steuerung der Rechnungsgrundlagen

1. Der Altbestand: Unmittelbare Regulierung der Rechnungsgrundlagen

In der Vergangenheit konnte das BAV die Höhe der Rechnungsgrundlagen unmittelbar beeinflussen. Gem. §§ 5 Abs. 3 Nr. 2, 11 VAG a.f. waren die Lebensversicherungstarife und insbesondere die Rechnungsgrundlagen Bestandteil der genehmigungsbedürftigen technischen Geschäftspläne. Daher mußten die Kalkulationsgrundlagen „Risiko", „Rechnungszins" und „Kosten" gem. §§ 5 Abs. 2, 13 Abs. 1 VAG a.f. sowohl bei der Zulassung zum Geschäftsbetrieb, als auch bei jeder Änderung dem BAV zur Genehmigung vorgelegt werden. Genehmigungsfähig waren die Geschäftspläne nur dann, wenn die dauernde Erfüllbarkeit der Versicherungsverpflichtungen (§ 8 Abs. 1 Nr. 2 2. Alt. VAG a.F.) gewährleistet war. Da das BAV davon ausging, daß sich jeder Tarif auf Dauer selbst zu tragen hatte (sog. Verbot der Quersubventionierung),[25] mußte die Erfüllbarkeit der Verträge durch den Tarif selbst sichergestellt werden, also durch eine kostendeckende, vorsichtige Prämienkalkulation.

Seit 1971 entwickelte das BAV für sämtliche Tarifbereiche sog. Mustergeschäftspläne, in denen die Aufsichtsbehörde für jede einzelne Rechnungsgrundlage Mindestanforderungen aufstellte.[26] Obwohl die Mustergeschäftspläne grundsätzlich unverbindlich

---

24 Für den Altbestand sahen die vom BAV genehmigten Bedingungen lediglich bei der Berufsunfähigkeits-, der Pflegerenten- sowie der Dread-Diseaseversicherung Prämienanpassungsklauseln vor. Auch für den Neubestand ist nach den gegenwärtigen, unverbindlichen Verbandsbedingungen eine nachträgliche Prämienerhöhung ausgeschlossen. Grundsätzlich bestünde zwar die Möglichkeit, *vertragliche* Anpassungsrechte zu vereinbaren (SCHWINTOWSKI, in: BERLKOMM, § 172 Rn. 5; WEDLER, VW 1996, 369. A.A.: GB BAV 1998 (Teil A), 43f. [keine Bedingungsanpassungsklauseln für gemischte Lebensversicherungen, da der Gesetzgeber mit § 172 VVG zum Ausdruck gebracht habe, daß bei dieser Versicherungsform eine Prämienanpassung generell unzulässig sei]). Bislang sehen die Vertragsbedingungen aber keine derartigen Rechte vor. Auch ein *gesetzliches* Anpassungsrecht aus § 172 Abs. 1 VVG scheidet bei den meisten Versicherungsformen aus, denn § 172 Abs. 1 VVG bezieht sich nur auf LVV, bei denen der Eintritt der Leistungspflicht des Versicherer ungewiß ist. Hierunter fallen lediglich bestimmte Risiken, wie beispielsweise das Berufsunfähigkeits-, das Pflege- und das Dread-Disease-Risiko (BTDrcks. 12/6959, 101).
25 GB BAV 1989, 55; GB BAV 1982, 52. Zustimmend: PRÖLSS, in: FS LARENZ (1983), 487, 530ff. Kritisch zu diesem Verbot: KAULBACH, in: FAHR/KAULBACH, VAG², § 1 Rn. 18 (mwN).
26 SCHMIDT, in: PRÖLSS, VAG¹¹, § 5 Rn. 7 (mwN).

waren und lediglich einen empfehlenden Charakter hatten,[27] durften die vom BAV ver-öffentlichten Mindestrechnungsgrundlagen keinesfalls unterschritten werden.[28] Das BAV ging davon aus, daß die dauernde Erfüllbarkeit nur dann sichergestellt sei, wenn die in den Mustergeschäftsplänen festgelegten Mindestwerte bei der Prämienkalkulation eingehalten werden. Die vom BAV verordneten Rechnungsgrundlagen enthielten erheb-liche Sicherheitszuschläge:

- Die Versicherer mußten ihrer Kalkulation modifizierte Wahrscheinlichkeitstafeln zugrunde legen, nach denen der Risikoverlauf ungünstiger war als der wahr-scheinliche. Für Lebensversicherungen mit Todesfallcharakter wurde die Sterbe-wahrscheinlichkeit erhöht.[29] Demgegenüber wurde bei Lebensversicherungen mit Erlebensfallcharakter auf geringere Sterbewahrscheinlichkeiten zurückgegriffen.
- Der vorgeschriebene, einheitliche Rechnungszins betrug seit 1987 3,5 %.[30] Die tatsächliche Verzinsung liegt demgegenüber im Branchendurchschnitt bei über 7 %.[31]
- Auch hinsichtlich der Verwaltungskostenzuschläge wurden Sicherheitsmargen verlangt.[32] Lediglich die Rechnungsgrundlage „Abschlußkosten" mußte keine Si-cherheitszuschläge enthalten. Da die Abschlußkosten nur einmal bei Vertrags-beginn anfallen, durfte bei der Prämienkalkulation die individuelle, tatsächliche Kostenlage des LVU berücksichtigt werden.[33]

Aufgrund der administrativ vorgegebenen, einheitlichen Sicherheitsmargen war für den Altbestand der Prämienwettbewerb fast vollständig ausgeschlossen.[34] Eine unter-nehmensindividuelle Prämienkalkulation war nur im Bereich der Abschlußkosten mög-lich. Der Wettbewerb um Lebensversicherungsprodukte verlagerte sich daher von der Preisebene (Prämien) auf die Leistungsseite (Überschußbeteiligung).

2. Der Neubestand: Mittelbare, partielle Regulierung der Rechnungsgrundlagen

Seit der Umsetzung der dritten Richtlinie Leben kann das BAV die Prämienkalkula-tion nur noch im Wege der nachträglichen Mißstandsaufsicht (§§ 81 VAG i.V.m. 11

27 CLAUS, VerBAV 1986, 239.
28 Gegen zu hohe Prämien konnte das BAV allerdings nicht vorgehen, vgl. hierzu DREHER, Die Versi-cherung als Rechtsprodukt (1991), 230.
29 Alterserhöhung um ein Jahr, mindestens jedoch ein Zuschlag i.H.v. 0,5‰, vgl. CLAUS, VerBAV 1986, 239, 249.
30 VerBAV 1986, 200. Vor 1987 wurde von der Aufsichtsbehörde dagegen über 40 Jahre lang nur ein Zinssatz i.H.v. 3 % zugelassen, siehe SCHMIDT, in: PRÖLSS, VAG[11], Zus. § 11 Rn. 9.
31 Vgl. GB BAV 1998 (Teil B), 18.
32 CLAUS, VerBAV 1986, 239, 251f.
33 Hierzu CLAUS, VerBAV 1986, 239, 250f.
34 LORENZ, Die Auskunftsansprüche (1983), 5; DEREGULIERUNGSKOMMISSION (Hrsg.), Marktöffnung und Wettbewerb (1991), 16, 22.

Abs. 1 VAG) kontrollieren. Dabei werden die aufsichtsrechtlich erforderlichen Rechnungsgrundlagen lediglich mittelbar und partiell durch die „Verordnung über Rechnungsgrundlagen für die Deckungsrückstellungen" (DeckRV) vorgegeben. In § 11 Abs. 1 VAG heißt es:

> „Die Prämien in der Lebensversicherung müssen unter Zugrundelegung angemessener versicherungsmathematischer Annahmen kalkuliert werden und so hoch sein, daß das Versicherungsunternehmen allen seinen Verpflichtungen nachkommen, insbesondere für die einzelnen Verträge ausreichende Deckungsrückstellungen bilden kann. Hierbei kann der Finanzlage des Versicherungsunternehmens Rechnung getragen werden, ohne daß planmäßig und auf Dauer Mittel eingesetzt werden dürfen, die nicht aus Prämienzahlungen stammen."

Inwieweit die Erfüllbarkeit der Verpflichtungen gewährleistet ist, bestimmt sich gem. § 11 Abs. 1 S. 1 VAG danach, ob die Prämien zum Aufbau der Deckungsrückstellungen (§ 341f HGB) ausreichen. Die Prämien dürfen also i.d.r. nicht unvorsichtiger kalkuliert werden, als zum Aufbau der Deckungsrückstellungen erforderlich. § 11 Abs. 1 S. 2 VAG stellt dabei klar, daß der dauerhafte und systematische Einsatz von Mitteln, „die nicht aus Prämienzahlungen stammen", verboten ist. Ein Versicherungsunternehmen kann daher i.d.r. weder Eigenmittel noch sonstige Überschüsse[35] zum Aufbau der Deckungsrückstellungen verwenden (Verbot der Quersubventionierung). Dementsprechend wird die gem. § 11 Abs. 1 S. 1 VAG erforderliche Prämienhöhe mittelbar durch die DeckRV wie folgt konkretisiert:

- Gem. § 5 Abs. 1 DeckRV sind bei der Kalkulation sämtliche Umstände zu berücksichtigen, die Änderungen und Schwankungen der aus den zugrundeliegenden Statistiken gewonnenen Daten bewirken können. Dabei muß die Abschätzung künftiger Verhältnisse eine nachteilige Abweichung der relevanten Faktoren von den getroffenen, aus den Statistiken abgeleiteten Annahmen beinhalten. Die bei der Prämienkalkulation verwendeten Rechnungsgrundlagen „Risiko", „Rechnungszins" und „Kosten" sind daher wie bisher unter Einrechnung von Sicher-

---

35 Im einzelnen ist umstritten, ob sich das in § 11 Abs. 1 S. 2 VAG verankerte Verbot der Quersubventionierung auch auf Überschüsse bezieht, die in anderen, gut rentierlichen Lebensversicherungsbeständen erzielt werden. Während das BAV (R 1/95, VerBAV 1995, 287) und ein Großteil der Literatur (CLAUS, ZfV 1994, 110, 114; FAHR, VersR 1992, 1033, 1046; PRÖLSS/ARMBRÜSTER, DZWiR 1993, 397, 400) diese Frage bejahen, macht DREHER (ZVersWiss 1996, 499, 515) darauf aufmerksam, daß Überschüsse aus anderen Lebensversicherungsbeständen im Gegensatz zu Eigenmitteln gerade „aus Prämienzahlungen stammen" und daher nicht von § 11 Abs. 1 S. 2 VAG erfaßt werden. Hieraus kann jedoch umgekehrt noch nicht der Schluß gezogen werden, daß Überschüsse bei der Beitragskalkulation generell berücksichtigt werden dürfen. Da fast alle Bestände in der Lebensversicherung überschußberechtigt sind, verletzt eine derartige Quersubventionierung i.d.r. die Belange der Versicherten (§ 81c Abs. 1 VAG). Im Ergebnis folgt daher das Verbot der Quersubventionierung für Überschüsse zumindest aus § 81c VAG.

heitsmargen zu kalkulieren, denn nur so ist gewährleistet, daß die zum Aufbau der Deckungsrückstellungen benötigten Mittel zur Verfügung stehen.

- Darüber hinaus legt § 2 Abs. 1 DeckRV fest, daß der Rechnungszins für Versicherungsverträge mit Zinsgarantie[36] seit dem 1. Juli 2000 höchstens 3,25 % betragen darf.[37] Vor diesem Zeitpunkt galt für den Neubestand ein Höchstzinssatz i.H.v. 4 %. Daher darf auch bei der Prämienkalkulation auf Dauer kein höherer Prämienzins verwendet werden, denn anderenfalls könnten die erforderlichen Anfangsrückstellungen nicht aus den Prämien der betreffenden Verträge finanziert werden.[38]

- Schließlich ist der höchst zulässige Zillmersatz nach § 4 Abs. 1 S. 2 DeckRV auf 4 ‰ der gesamten Beitragssumme begrenzt.

Im Ergebnis ist somit festzuhalten, daß die Versicherer auch für den Neubestand gem. § 11 Abs. 1 VAG zu einer vorsichtigen Beitragskalkulation verpflichtet sind. Im Unterschied zum Altbestand wird die Höhe der Rechnungsgrundlagen aber nicht mehr unmittelbar durch das BAV vorgegeben, sondern lediglich mittelbar und partiell durch die DeckRV konkretisiert.

B. Ermittlung und Entstehungsursachen der Überschüsse

Die vorsichtige Wahl der Rechnungsgrundlagen führt, verbunden mit der Kapitalanlagetätigkeit des LVU, in aller Regel zu erheblichen Rohüberschüssen, an denen die Versicherungsnehmer aufgrund der Überschußbeteiligungsklauseln in den AVB[39] zu beteiligen sind.

I. Der Rohüberschuß und seine Zerlegung in Ergebnisquellen

Der Rohüberschuß ist streng zu trennen von dem in der Gewinn- und Verlustrechnung auszuweisenden Jahresüberschuß sowie dem Bilanzgewinn, der gem. § 58 Abs. 4 AktG den Aktionären gebührt bzw. gem. § 38 Abs. 1 S. 1 VAG an die Mitglieder eines VVaG ausgeschüttet werden muß (vgl. Abb. 2).[40]

---

36 Versicherungsverträge mit Zinsgarantie sind solche Verträge, bei denen eine Leistung der Höhe nach vertraglich garantiert wird, vgl. die Begründung zu § 2 DeckRV in BRDrcks. 114/96, 7.

37 Vgl. die erste Verordnung zur Änderung der Deckungsrückstellung v. 29.3.2000, BGBl. I, 336 (abgedruckt in VerBAV 2000, 176).

38 Ebenso: MÜLLER, Versicherungsbinnenmarkt (1995), Rn. 650; CLAUS, ZfV 1994, 110, 141.

39 Abgedruckt in Anh. A, S. 367f.

40 Im einzelnen ist umstritten, ob der Überschuß i.S.d. § 38 VAG identisch mit dem Bilanzgewinn i.S.d. Aktiengesetzes ist. Vgl. hierzu SASSE, ZVersWiss 1975, 565f.; GRUSCHINSKE, VerBAV 1970, 260, 261 und WEIGEL, in: PRÖLSS, VAG[11], § 38 Rn. 1. Zusammenfassend: BIEWER, Die Umwandlung (1998), 30f.

Gewinn eines LVU nach Steuern (Rohüberschuß)

– Überschußbeteiligung

= Jahresüberschuß/-fehlbetrag

+ Verlust-/ Gewinnvortrag aus dem Vorjahr
+ Einstellung in/Entnahme aus Rücklagen

= Bilanzgewinn/-verlust

Abb. 2: Strukturierte Gewinn- und Verlustrechnung eines LVU[41]

Rechnerisch gesehen ist der Rohüberschuß der in einem Geschäftsjahr erwirtschaftete Gewinn eines LVU nach Steuern und vor Zuweisung an die Versicherungsnehmer (= Überschußbeteiligung) oder Anteilseigner.[42] Aufgrund vertraglicher oder satzungsmäßiger Vereinbarungen haben die Versicherungsnehmer einen Anspruch auf Überschußbeteiligung. Daher wird die Überschußbeteiligung in der Gewinn- und Verlustrechnung als Aufwand gebucht. Jahresüberschuß und Bilanzgewinn erfassen dementsprechend nur die an die Anteilseigner ausschüttbaren Gewinne. Da fast alle LVV überschußberechtigt sind, ist die wirtschaftliche Bedeutung des Jahres- und Bilanzüberschusses sehr gering.[43] Dies gilt vor allem für VVaG, denn im Unterschied zur Versicherungsaktiengesellschaft werden die Überschüsse nach der Satzung zumeist in voller Höhe der RfB zugeführt, so daß ein verteilungsfähiger Bilanzgewinns i.S.d. § 38 VAG in aller Regel nicht entsteht.[44]

Ermittelt wird der Rohüberschuß auf der Grundlage der Gewinn- und Verlustrechnung, die gem. §§ 341a Abs. 1, 264 Abs. 1 S. 1 HGB für das jeweils abgelaufene Geschäftsjahr zu erstellen und nach Formblättern der gem. § 330 Abs. 1, 3, 4 HGB erlassenen RechVersV zu gliedern ist (externe Rechnungslegung). LVU sind darüber hinaus gem. § 55a VAG auch gegenüber dem BAV zu einer Rechnungslegung verpflichtet (interne Rechnungslegung). Die hierzu ergangene Verordnung (BerVersV), die seit 1995 für Alt- und Neubestand gleichermaßen gilt, kann als eine ausführlichere Version der externen Rechnungslegung begriffen werden. Im Gegensatz zur externen Rechnungslegung haben die Versicherungsunternehmen nach der BerVersV zahlreiche Angaben zu machen, die dem BAV Einblick in die Geschäftsstruktur, die Geschäftslage sowie die Geschäftspolitik des Unternehmens eröffnen.[45]

Insbesondere muß der Rohüberschuß nach amtlichen Vordrucken (= Nachweisungen) in seiner Gesamtsumme dargestellt sowie in einzelne Ergebnisquellen zerlegt werden (§ 9 Nr. 4 BerVersV). *Ziel* der Rohüberschußzerlegung ist die aufsichtsbehördliche

---

41 In der Gewinn- und Verlustrechnung wird der Rohüberschuß nicht als konkrete Position ausgewiesen. Er ergibt sich vielmehr aus der Summe der Positionen „Überschußbeteiligung" und „Jahresüberschuß".

42 Siehe Nw. 213.

43 Im Jahre 1997 betrug der Rohüberschuß sämtlicher LVU 30,9 Mrd. DM. Demgegenüber lag der Jahresüberschuß bei 1,1 Mrd. DM, vgl. GB BAV 1998 (Teil A), L3.

44 WEIGEL, in: PRÖLSS, VAG[11], § 38 Rn. 13.

45 So bereits zur Internen VuReV: VOGEL/LEHMANN, VerBAV 1982, 328, 333.

Kontrolle der Überschußbeteiligung. Das BAV hat gem. § 81c VAG zur Wahrung der Belange der Versicherten eine angemessene Überschußbeteiligung sicherzustellen. Da die Überschußbeteiligung als eine „Rückerstattung" der aufgrund der vorsichtigen Kalkulation entstehenden Überschüsse begriffen wird, ist der Rohüberschuß gem. Nachweisung 213 entsprechend dem Vorgehen bei der Prämien- und Deckungsrückstellungskalkulation in die Ergebnisquellen „Risiko", „Kapitalanlage", „Abschlußkosten", „laufende Verwaltungskosten" und „übriges Ergebnis" zu zerlegen. Dabei umfaßt das „übrige Ergebnis" sämtliche Positionen, die bei der Kalkulation nicht berücksichtigt wurden, wie etwa die Rückversicherung, den vorzeitigen Abgang (Storno) oder Steuern.

Die Überschüsse bzw. Fehlbeträge der Ergebnisquellen „Risiko", „Kapitalanlage", „Abschlußkosten" und „laufende Verwaltungskosten" werden im Sinne einer Nachkalkulation ermittelt: Die interne Rechnungslegung vergleicht die bei der Kalkulation getroffenen Annahmen (= rechnungmäßiger Verlauf) mit dem tatsächlich eingetretenen Geschäftsergebnis (= tatsächlicher Verlauf).

Dieses Vorgehen entspricht der bis Ende 1994 geltenden „Verordnung über die Rechungslegung von Versicherungsunternehmen gegenüber dem BAV" (Interne VuReV). Nach der Internen VuReV richtete sich der rechnungsmäßige Verlauf allerdings nach den Rechnungsgrundlagen, die zur Berechnung der *Prämie* verwendet wurden.[46] Im Gegensatz dazu stellt die BerVersV auf die Rechnungsgrundlagen der *Deckungsrückstellung* ab. Für den Altbestand hat diese Rechtsänderung keine Bedeutung, da Prämien und Deckungsrückstellungen gem. § 65 Abs. 1 2. HS VAG a.F. nach gleichen Rechnungsgrundlagen kalkuliert wurden. Etwas anderes gilt für den Neubestand. Weichen die Rechnungsgrundlagen der Prämien- und Deckungsrückstellungskalkulation voneinander ab, so entstehen Überschüsse oder Fehlbeträge, die auch bei der Rohüberschußzerlegung eigenständig im „übrigen Ergebnis" erfaßt werden müssen.[47]

Bei den Ergebnisquellen „Risiko", „Kapitalanlage" und „Verwaltungskosten" führt die Nachkalkulation im Normalfall zu Überschüssen, wobei das Ergebnis aus Kapitalanlagen die Hauptüberschußquelle bildet. Demgegenüber weisen Abschlußkostenergebnis und sonstiges Ergebnis i.d.R. Fehlbeträge auf. In den vergangenen Jahren lag der durchschnittliche Rohüberschuß der vom BAV beaufsichtigten LVU bei rund 30 % der verdienten Bruttobeiträge (vgl. Abb. 3).

---

46 Vgl. Nw. 212-218 der InternenVuReV, abgedruckt in VerBAV 1988, 424, 433ff.
47 Vgl. Nw 213 Z. 11, Nw. 216 Z. 23-26. Ausführlich hierzu: S. 60.

Ergebnisquellen	Überschüsse im Verhältnis zu den verdienten Bruttobeiträgen (in %)			
	1997	1996	1995	1994
Risiko	7,5	7,8	7,8	8,4
Kapitalanlagen	25,8	24,3	23,7	21,8
Abschlußkosten	-2,4	-2,6	-2,7	-2,5
Verwaltungskosten	3,7	3,5	3,5	3,5
sonstiges Ergebnis	-3,0	-3,3	-3,6	-3,0
Rohüberschuß	31,6	29,8	28,5	28,2

Abb. 3: Zerlegung des Rohüberschusses[48]

II. Das Risikoergebnis

1. Ermittlung der Risikoüberschüsse

Das Risikoergebnis ist für den gesamten Versicherungszweig Lebensversicherung, sowie gesondert für jede einzelne Risikoart dem BAV vorzulegen.[49] Gem. Nachweisung 218 ist das Risikoergebnis wie folgt zu ermitteln:[50]

Risikobeiträge des Geschäftsjahres
+ rechnungsmäßige Zinsen auf die Risikobeiträge } Rechnungsmäßiger Verlauf

– Aufwendungen für vorzeitige Versicherungsfälle
+ Freigewordene Deckungsrückstellungen } Tatsächlicher Verlauf

= Risikoergebnis

Die diskontierten Risikobeiträge bilden zusammen mit ihrer rechnungsmäßigen Verzinsung den Betrag, der kalkulatorisch während des Geschäftsjahres zur Deckung der versicherten Risiken zur Verfügung steht. Diesem rechnungsmäßigen Ertrag wird der tatsächliche Schadensaufwand gegenübergestellt. Zum einen sind sämtliche Aufwendungen abzuziehen, die dem Versicherungsunternehmen durch den vorzeitigen Eintritt der Versicherungsfälle entstanden sind. Zum anderen ist zu berücksichtigen, daß insbesondere in der gemischten Lebensversicherung der Versicherungsnehmer im Laufe der Zeit einen Teil der Versicherungssumme anspart, so daß die aufgebauten Deckungsrückstellungen im Todesfall aufgelöst und an die anderen Versicherungsnehmer „vererbt" werden können. Daher gehen freigewordene Deckungsrückstellungen als positiver Ertrag in das Risikoergebnis ein.

---

48 Die in der Tabelle genannten Prozentzahlen stellen das Verhältnis der Ergebnisse der einzelnen Ergebnisquellen nach Abzug der Direktgutschrift zu den verdienten Bruttobeiträgen (ohne Beiträge aus der RfB) des gesamten selbst abgeschlossenen Versicherungsgeschäfts dar. Quelle: GB BAV 1997 und 1998 (Teil A), L 3.

49 Siehe Anlage 2, Abschnitt A Nr. 22 der BerVersV. Die genaue Aufteilung des Risikos in Risikoarten ergibt sich aus Anlage 1, Abschnitt E.

50 Die vorliegende Aufstellung berücksichtigt nicht sämtliche Positionen des Risikoergebnisses. Zu übrigen Positionen vgl. BALLEER/CLAABEN, Analytische Betrachtungen zur Gewinnbeteiligung in der Lebensversicherung (1979), 12.

2. Einflußfaktoren auf das Risikoergebnis

In aller Regel sind die tatsächlichen Aufwendungen geringer, als ursprünglich kalkuliert. Ursächlich für die Risikoüberschüsse sind vor allem drei Faktoren:

- Erstens bewirken die bei der Kalkulation anzusetzenden Sicherheitsmargen, daß nur ein Bruchteil der berechneten Risikobeiträge zur Deckung vorzeitig eintretender Versicherungsfälle benötigt wird.

- Darüber hinaus basieren die der Kalkulation zugrundegelegten Sterbetafeln üblicherweise nicht auf unternehmensindividuellen Werten, sondern lediglich auf der Sterblichkeit der Gesamtbevölkerung eines Landes. Zwar könnten die Versicherer für den Neubestand grundsätzlich unternehmenseigene Ausscheideordnungen verwenden. Bislang wird diese Möglichkeit jedoch nur von wenigen LVU wahrgenommen.[51] Die Verwendung von Bevölkerungssterbetafeln führt bei Versicherungen mit Todesfallcharakter in aller Regel zu Risikoüberschüssen, denn aufgrund der Gesundheitsprüfung ist die Sterblichkeit eines Versichertenbestandes regelmäßig niedriger als die der Gesamtbevölkerung.[52] Bevölkerungssterbetafeln wirken somit wie eine zusätzliche Sicherheitsmarge.

- Drittens können Risikoüberschüsse entstehen, wenn sich während der Vertragslaufzeit die Eintrittswahrscheinlichkeit des versicherten Risikos verringert. So führte beispielsweise der in den letzten Jahrzehnten aufgrund des medizinischen Fortschritts zu verzeichnende Anstieg der Lebenserwartungen dazu, daß bei Versicherungen mit Todesfallcharakter (Risikoversicherung, gemischte Lebensversicherung) ein hoher Risikoüberschuß erzielt werden konnte.[53]

III. Das Kapitalanlageergebnis

Auch das Kapitalanlageergebnis bestimmt sich aus der Differenz zwischen rechnungsmäßigem und tatsächlichem Verlauf (1.). Die Höhe der Kapitalanlageüberschüsse ist dabei nicht nur von der Kapitalanlagepolitik, sondern vor allem von der Bilanzstrategie des betreffenden Unternehmens abhängig. Da das bisherige Handels- und Steuerrecht die Möglichkeit bot, „stille Reserven" nach Belieben zu bilden und wieder aufzulösen, konnten die Versicherer die Höhe der auszuschüttenden Überschußanteile durch die Aufstellung des Jahresabschlusses unmittelbar beeinflussen (2.). Derartige Ermessensspielräume bei der Überschußermittlung werden allerdings durch das Steuerentlastungsgesetz 1999/2000/2002[54] zukünftig erheblich eingeschränkt, denn die novellierte

---

51 So z.B. vom Gerling-Konzern Lebensversicherungs-AG, vgl. HEIDEMANN, VP 1996, 176, 178.

52 Ausführlich STÖFFLER, Markttransparenz in der Lebensversicherung (1984), 30f.

53 Eine gegenläufige Entwicklung ist bei Versicherungen mit Erlebensfallcharakter (Rentenversicherung) zu beobachten. Da die Versicherer bei der Kalkulation steigende Lebenserwartungen nicht ausreichend berücksichtigt hatten, ergaben sich in der Vergangenheit Risikoverluste, siehe R 1/95, VerBAV 1995, 287. Ausführlich: EBERS, VuR 1997, 379, 380.

54 BGBl. I 1999, 402.

44

Fassung des EStG sieht rückwirkend zum 1.1.1999 anstelle des steuerlich bislang bestehenden Wertbeibehaltungswahlrechts ein striktes Wertaufholungsgebot vor (3.).

1. Ermittlung der Kapitalanlageüberschüsse

Gem. Nachweisung 219, Seite 1 umfaßt das Kapitalanlageergebnis vor allem folgende Positionen:

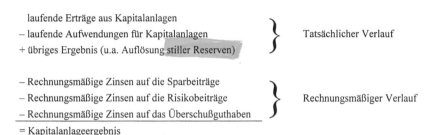

laufende Erträge aus Kapitalanlagen
– laufende Aufwendungen für Kapitalanlagen } Tatsächlicher Verlauf
+ übriges Ergebnis (u.a. Auflösung stiller Reserven)

– Rechnungsmäßige Zinsen auf die Sparbeiträge
– Rechnungsmäßige Zinsen auf die Risikobeiträge } Rechnungsmäßiger Verlauf
– Rechnungsmäßige Zinsen auf das Überschußguthaben
= Kapitalanlageergebnis

Die ersten drei Positionen weisen den tatsächlichen Reinertrag der gesamten Kapitalanlagen eines LVU aus. Zu den laufenden Erträgen aus Kapitalanlagen zählen vor allem Zins-, Dividenden- und Mietzahlungen, die in der betreffenden Abrechnungsperiode vereinnahmt werden konnten.[55] Von diesen Erträgen werden die laufenden Aufwendungen für Kapitalanlagen, insbesondere die Aufwendungen für die Verwaltung der Kapitalanlagen, sowie planmäßige Abschreibungen (§§ 341b Abs. 1, 253 Abs. 2 S. 1 HGB), abgezogen.[56] Als dritte Position berücksichtigt die interne Rechnungslegung das übrige Ergebnis aus Kapitalanlagen. Hierzu gehören sämtliche außerordentlichen Erträge, die durch die Auflösung stiller Reserven bedingt sind.[57] Stille Reserven entstehen, wenn aufgrund handelsrechtlicher Bewertungsvorschriften der in der Bilanz ausgewiesene Wert einer Kapitalanlage (= Buchwert) niedriger ist als der tatsächliche Markt- bzw. Freiverkehrswert (= Zeitwert).[58] In der Gewinn- und Verlustrechnung und im Kapitalanlageergebnis werden stille Reserven erst dann erfolgswirksam gebucht, wenn sie aufgelöst werden. Darüber hinaus erfaßt das Kapitalanlageergebnis aber auch einmalige Aufwendungen, die durch den Abgang von Kapitalanlagen und außerordentliche Abschreibungen entstehen.[59] Derartige Aufwendungen fallen an, wenn der Buchwert einer Kapitalanlage über dem Zeitwert liegt (stille Verluste).

Die letzten drei Positionen weisen demgegenüber die in Höhe des Rechnungszinses erbrachten Zinsaufwendungen eines LVU aus. Zunächst wird der Aufwand in Rechnung

---

55   Nw. 201 S. 2 Sp. 01.
56   Nw. 201 S. 2 Sp. 03.
57   Nw. 201 S. 2, Sp. 02.
58   Bei Grundstücken und Bauten ist der Zeitwert gem. § 55 Abs. 1 u. 2 RechVersV der zum Bewertungszeitpunkt am Markt zu erzielende Verkaufspreis (= Marktwert). Bei übrigen Kapitalanlagen ist der Zeitwert gem. § 56 Abs. 1 RechVersV der Freiverkehrswert; dieser bestimmt sich bei börsennotierten Kapitalanlagen nach dem Börsenkurswert (§ 56 Abs. 2 RechVersV).
59   Nw. 201 S. 2, Sp. 04, Z. 21 und Z. 22.

gestellt, der durch die Diskontierung der Sparbeiträge entstanden ist. Sodann werden die rechnungsmäßigen Zinsen auf die Risikobeiträge berücksichtigt.[60] Schließlich vermindert sich das Kapitalanlageergebnis um die Aufwendungen, die im Rahmen der Überschußverwendung anfallen. Da sowohl bei Bonusversicherungen als auch bei der verzinslichen Ansammlung die gutgeschriebenen Überschußanteile wiederum in Höhe des Rechnungszinses verzinst werden, wird das Kapitalanlageergebnis um diese Aufwendungen entsprechend gekürzt.

2. Bildung und Auflösung stiller Reserven nach bisheriger Rechtslage

a) Grundsätze

Da das bisherige Handels- und Steuerrecht die Möglichkeit bot, stille Reserven in großem Umfang zu bilden und wieder aufzulösen, konnten die Versicherer den ausgewiesenen Kapitalanlageüberschuß unmittelbar beeinflussen.

Obwohl der Jahresabschluß gem. § 264 Abs. 2 S. 1 HGB ein „den tatsächlichen Verhältnissen entsprechendes Bild der Vermögens-, Finanz- und Ertragslage" des Unternehmens vermitteln soll, läßt das geltende Bilanz- und Bewertungsrecht eine Divergenz zwischen Buch- und Zeitwert zu. Die Bildung stiller Reserven, so führte bereits das Reichsgericht aus, entspricht in Deutschland traditionell „einem gerade in der besseren Handelswelt bestehenden (...) Gebrauche."[61]

Hierin unterscheidet sich das deutsche Bilanzrecht grundlegend vom anglo-amerikanischen Rechtsraum. Da in letzterem die Bilanz primär Informationsinstrument des Kapitalmarktes ist und als Entscheidungsgrundlage für die Anleger fungiert, sind die Möglichkeiten zur Bildung stiller Reserven stark eingeschränkt.[62] Demgegenüber ist das deutsche Bilanzrecht von der Auffassung geprägt, daß die Bilanz als Instrument der Ausschüttungsbemessung vorrangig die Interessen der Gläubiger zu berücksichtigen hat.[63] Um die Gläubiger vor übermäßigen Gewinnansprüchen der Anteilseigner zu schützen, müssen auf der Basis des Vorsichtsprinzips (§ 252 Abs. 1 Nr. 4 HGB) vorsehbare Risiken und Verluste in der Bilanz berücksichtigt werden (Imparitätsprinzip); Wertsteigerungen sind dagegen erst dann in Anschlag zu bringen, wenn sie am Abschlußstichtag realisiert sind (Realisationsprinzip). Diese Prinzipien haben zur Folge, daß die Bilanz nicht im Sinne eines „true and fair view" Auskunft über die wirkliche Vermögenslage eines LVU gibt. Besonders gravierend wirkt sich in dieser Hinsicht vor allem die Tatsache aus, daß Handels- und Steuerbilanz nach deutschem Recht über den Grundsatz der (umgekehrten) Maßgeblichkeit aufeinander bezogen sind. Im Unter-

---

60 Während im Risikoergebnis die rechnerische Verzinsung der Risikoprämien als Ertrag zu buchen ist (vgl. S. 43), wird im Kapitalanlageergebnis diese Position als Aufwand erfaßt. Ursache hierfür ist, daß die im Risikoergebnis unterstellten Zinsgewinne erst noch durch die Anlage der Risikoprämien erwirtschaftet werden müssen, vgl. hierzu GEBHARD, Gefahren für die finanzielle Stabilität (1995), 194.

61 RGZ 98, 318, 322; vgl. ferner RGZ 156, 52.

62 KÜBLER, ZHR 1995, 550, 554.

63 Siehe hierzu etwa: SCHILDBACH, Der handelsrechtliche Jahresabschluß[5] (1997), 39-48.

schied zu anglo-amerikanischen Rechnungslegungssystemen[64] stehen Handels- und Steuerbilanz nicht selbständig nebeneinander. Vielmehr sind gem. § 5 Abs. 1 S. 2 EStG steuerliche Wahlrechte bei der Gewinnermittlung in Übereinstimmung mit der handelsrechtlichen Jahresbilanz auszuüben.[65] Steuerliche Vergünstigungen können daher nur dann geltend gemacht werden, wenn die betreffenden Wertansätze auch in der Handelsbilanz vorgenommen werden. Ermessensspielräume, die allein aus steuerlichen Gründen eingeräumt worden sind, wirken somit indirekt auf die Handelsbilanz zurück und verfälschen auf diese Weise die wirkliche Ertragslage eines Unternehmens.

Bis auf den Anlagestock der fondsgebundenen Lebensversicherung (§ 54b VAG), der gem. § 341d HGB stets mit dem Zeitwert zu bewerten ist und dessen Erträge von vornherein nicht in das Kapitalanlageergebnis fließen, können bei sämtlichen Kapitalanlagen eines LVU stille Reserven entstehen. Je nach Entstehungsursache sind dabei zwei Arten von stillen Reserven, nämlich *Zwangsreserven* und *Ermessensreserven*, voneinander zu unterscheiden.[66]

- Gem. §§ 341a Abs. 1, 253 Abs. 1 S. 1 HGB sind Vermögensgegenstände höchstens mit den Anschaffungs- oder Herstellungskosten (§ 255 HGB) anzusetzen. Da ein die historischen Kosten übersteigender Wertansatz gem. § 253 Abs. 1 S. 1 HGB ausgeschlossen ist, entstehen zwangsläufig stille Reserven, wenn zwischenzeitlich eine Wertsteigerung eingetreten ist, die über den Anschaffungs- oder Herstellungskosten liegt. Derartige Reserven werden allgemein als *Zwangsreserven* bezeichnet. Nach dem Realisationsprinzip (§ 252 Abs. 1 Nr. 4 2. HS HGB) können Zwangsreserven nur durch den Verkauf oder die Endfälligkeit der betreffenden Vermögensgegenstände realisiert werden. Zwangsreserven lassen sich also nur über die Kapitalanlagepolitik eines Unternehmens, nicht aber über die Bilanzstrategie steuern.

- Etwas anderes gilt demgegenüber für sog. *Ermessensreserven*. Ermessensreserven entstehen, wenn die in der Vergangenheit vorgenommenen Abschreibungen nicht korrigiert werden, obwohl die Abschreibungsgründe infolge einer Werterhöhung zwischenzeitlich entfallen sind. Je nach Art der Kapitalanlage können bzw. müssen außerplanmäßige Abschreibungen vorgenommen werden, wenn zum Bilanzstichtag der Buchwert höher ist als der Zeitwert. Dies folgt aus dem sogenannten Niederstwertprinzip (§§ 341b Abs. 1, 253 Abs. 2 S. 3 und §§ 341b Abs. 2, 253 Abs. 3 HGB). Stellt sich in einem späteren Geschäftsjahr heraus, daß die von der Abschreibung betroffenen Vermögensgegenstände im Werte gestiegen sind, so ist zwar grundsätzlich gem. § 280 Abs. 1 HGB eine entsprechende Zuschreibung

---

64 Siehe hierzu: v. COLBE, BFuP 1995, 373, 383; KÜTING, BFuP 1993, 345, 357.
65 Grundsätzlich zum Maßgeblichkeitsprinzip und dessen Umkehrung: HENSCHEID, BB 1992, 98.
66 ADLER/DÜRING/SCHMALTZ, Vorbem. zu §§ 252-256, Rn. 21; HOPT, in: BAUMBACH/DUDEN/HOPT, HGB[29], § 253 Rn. 26. Außer den Zwangs- und Ermessensreserven kennt die Literatur auch noch sog. Schätzungs- und Willkürreserven. *Schätzungsreserven* entstehen, wenn der Wert verschiedener Aktiv- und Passivposten unzutreffend geschätzt wird. *Willkürreserven* kommen dagegen durch einen willkürlichen, rechtlich unzulässigen Bewertungsakt zustande.

vorzunehmen.[67] Von der Wertaufholung kann jedoch gem. § 280 Abs. 2 HGB abgesehen werden, „wenn der niedrigere Wertansatz bei der steuerrechtlichen Gewinnermittlung beibehalten werden kann und wenn Voraussetzung für die Beibehaltung ist, daß der niedrigere Wertansatz auch in der Bilanz beibehalten wird." Da das Steuerrecht in §§ 6 Abs. 1 Nr. 1 S. 4, 6 Abs. 2 Nr. 2 S. 3 EStG a.F. für fast alle Wirtschaftsgüter ein Beibehaltungswahlrecht vorsah und nach dem Grundsatz der Maßgeblichkeit (§ 5 Abs. 1 S. 2 EStG) steuerrechtliche Wahlrechte in Übereinstimmung mit der handelsrechtlichen Jahresbilanz auszuüben sind, war in der Vergangenheit fast immer der „Ausnahmetatbestand" des § 280 Abs. 2 HGB erfüllt.[68] Die Versicherer hatten daher die Möglichkeit, den niedrigsten jemals bilanzierten Wert zeitlich unbegrenzt in der Bilanz weiterzuführen und somit stille Reserven in beträchtlicher Höhe zu bilden. Im Gegensatz zu Zwangsreserven werden Ermessensreserven bereits dann realisiert, wenn das Unternehmen die Buchwerte gem. § 280 Abs. 1 HGB durch entsprechende Zuschreibungen korrigiert. Eine Veräußerung der betreffenden Vermögensgegenstände ist also nicht erforderlich. Daher eignen sich vor allem Ermessensreserven für eine bewußte Manipulation der ausgewiesenen Überschüsse.

b) Umsetzung der EG-Versicherungsbilanzrichtlinie

Auch die in letzter Zeit verstärkten Bemühungen um eine Internationalisierung der Rechnungslegungsvorschriften konnten hieran bislang nichts ändern. Zwar hat sich das International Accounting Standards Committee (IASC)[69] mehrfach dafür ausgesprochen, die Vergleichbarkeit der international unterschiedlichen Jahresabschlüsse durch Beseitigung bilanzieller Wahlrechte zu verbessern.[70] Dabei sollte nach den Vorstellungen des IASC auch der Grundsatz der Maßgeblichkeit der Handelsbilanz für die steuerliche Gewinnermittlung aufgegeben werden.[71] Diese Empfehlungen blieben indessen bei der Verabschiedung der EG-Versicherungsbilanzrichtlinie 91/674/EWG v. 19.12.1991[72] weitestgehend unberücksichtigt. Die EG-Versicherungsbilanzrichtlinie hat auf eine Har-

---

67 Vor der Umsetzung der EG-Versicherungsbilanz-Richtlinie 91/674 EWG (ABl. EG 1991 Nr. L 374, 7) bestand für Versicherungsunternehmen überhaupt kein Wertaufholungsgebot (vgl. § 55 Abs. 4 VAG a.F.).

68 Ebenso: CLAUSSEN, in: KÖLNER KOMMENTAR ZUM AG², § 280 Rn. 4 sowie DONATH, EuZW 1992, 719, 724 und HAEGER, DB 1990, 546.

69 Derzeit gehören dem berufsständisch organisierten IASC Rechnungsleger und Abschlußprüfer aus 79 Ländern an. Geleitet wird der IASC von einem Verwaltungsrat (Board), dem auch Deutschland angehört. Grundsätzlich sind die Mitgliedsorganisationen verpflichtet, sich für die Anwendung der IASC-Empfehlungen einzusetzen. Bei einem Verstoß gegen die Empfehlungen des IASC sind allerdings keine Sanktionen vorgesehen. Zum Ganzen siehe BIENER, BFuP 1993, 345, 346ff. und HALLER, DB 1993, 1297.

70 Zu den verschiedenen Empfehlungen siehe BIENER, BFuP 1993, 345, 346ff.

71 BIENER, BFuP 1993, 345, 355; HALLER, DB 1993, 1297, 1305.

72 ABl.EG 1991 Nr. L 374, 7. Siehe hierzu vor allem: DONATH, EuZW 1992, 719; GEIB/ELLENBÜRGER/KÖLSCHBACH, WPg 1992, 177, 221; ELLENBÜRGER/HORBACH/KÖLSCHBACH, WPg 1996, 41, 110.

48

Harmonisierung der Rechnungslegungsvorschriften verzichtet und stattdessen versucht, die Informationsinteressen der Kapitalmarktteilnehmer durch erweiterte Publizitätsvorschriften im Anhang der Jahresabschlüsse zu berücksichtigen.

Versicherungsunternehmen sind daher nach der RechVersV seit 1999 (Grundstücke und Bauten) bzw. seit 1997 (andere Kapitalanlagen) dazu verpflichtet, im Anhang des Jahresabschlusses die korrespondierenden Zeitwerte der Kapitalanlagen anzugeben.[73]

c) Zusammensetzung der stillen Reserven

Viele Unternehmen haben die Zeitwerte differenziert nach einzelnen Anlagearten[74] bereits für das Geschäftsjahr 1997 vollständig im Anhang ausgewiesen. Dabei ergab sich für Lebens-, Kranken- und Schaden-/Unfall-Versicherungsunternehmen folgende Aufteilung der stillen Reserven:

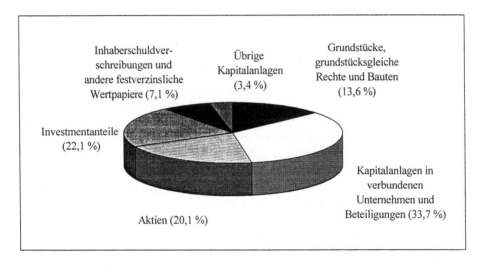

Abb. 4: Zusammensetzung der stillen Reserven (1997)[75]

---

73 Siehe §§ 54 Nr. 1, 55, 64 Abs. 4 RechVersV (Grundstücke, grundstücksgleiche Recht und Bauten) sowie §§ 54 Nr. 2, 56, 64 Abs. 3 RechVersV (übrige Kapitalanlagen).

74 Gem. § 54 RechVersV besteht nur die Verpflichtung, die korrespondierenden Zeitwerte im Anhang in einer *Summe* anzugeben. Da die EG-Versicherungsbilanzrichtlinie die Vergleichbarkeit der einzelnen Jahresabschlüsse bezweckt, wird in der Literatur allerdings zum Teil die Ansicht vertreten, daß der deutsche Gesetzgeber eine Einzelangabe hätte regeln müssen, vgl. LAAß, WPg 1991, 582, 590; DONATH, EuZW 1992, 719, 723. Dagegen allerdings: GEIB/ELLENBÜRGER/KÖLSCHBACH, WPg 1992, 177, 222.

75 Quelle: GB BAV 1997 (Teil B), 13.

Betrachtet man die Zusammensetzung der stillen Reserven, so wird deutlich, daß die gem. § 341b Abs. 2 HGB zum Umlaufvermögen zählenden Kapitalanlagen – also Inhaberschuldverschreibungen und andere festverzinsliche Wertpapiere, Investmentanteile sowie Aktien – knapp die Hälfte der stillen Reserven ausmachen. Derartige Reserven dürften in aller Regel nur *temporärer Natur* sein. Festverzinsliche Wertpapiere haben eine vorgegebene Laufzeit und Tilgungsform, so daß zwischenzeitlich aufgebaute Reserven, die durch Abschreibungen oder durch Erwerb unter pari entstanden sind, automatisch abschmelzen. Investmentanteile und Aktien sind dagegen stark vom Verlauf der Kapitalmärkte abhängig. Da ein Aktienportfolio permanent an die wechselnden Kapitalmarktbedingungen und Gewinnaussichten angepaßt werden muß, werden die gebildeten Reserven auch hier regelmäßig aufgelöst.

Langfristig thesaurierte Erträge dürften daher vor allem bei Grund und Boden sowie Beteiligungen zu finden sein. Derartige Kapitalanlagen sind allerdings entweder überhaupt nicht oder nur sehr schwer fungibel.[76] Aufgrund der Kosten für Notar und Makler sowie der Grunderwerbssteuern ist eine Umschichtung des Immobilienbestandes im Vergleich zu anderen Kapitalanlagen extrem teuer. Darüber hinaus soll es sich nach Angaben des BAV bei den Grundstücken zum erheblichen Teil um selbstgenutzte Geschäftsgrundstücke handeln.[77] Auch eine Veräußerung der Beteiligungen bereitet Schwierigkeiten, sofern Konzernbeteiligungen betroffen sind. Denn aufgrund der Tatsache, daß in Deutschland das Spartentrennungsgebot besteht (§ 8 Abs. 1a S. 1 VAG), müssen die Versicherungsunternehmen durch strategische Beteiligungen in ihren Konzern eingebunden werden. – Aus der eingeschränkten Fungibilität kann andererseits aber noch nicht geschlossen werden, daß eine Auflösung der in Grundstücken und Beteiligungen enthaltenen Reserven grundsätzlich ausgeschlossen wäre.[78] Gerade bei Immobilien und Beteiligungen sind erhebliche Ermessensreserven zu vermuten.[79] Ermessensreserven können aber jederzeit durch Zuschreibungen (§ 280 Abs. 1 HGB) aufgelöst werden, ohne daß die betreffenden Kapitalanlagen zu veräußern wären. Grundstücke und Beteiligungen bieten somit aus der Sicht der Versicherungsunternehmen den Vorteil, daß Überschüsse sowohl langfristig thesauriert, als auch kurzfristig der Ausschüttung zugeführt werden können.

d) Zwischenergebnis

Nach bisheriger Rechtslage konnten die Versicherer die Ertragslage und somit die Überschußbeteiligung maßgeblich durch die Bildung und Auflösung stiller Reserven beeinflussen. Verantwortlich hierfür ist nicht allein das Vorsichts-, Imparitäts- und Realisationsprinzip. Die eigentliche Ursache des Übels liegt vielmehr in der Verknüpfung

---

76 Ebenso: GB BAV 1997 (Teil B), 13; FÖRTERER/MEYER, Was bringt die Offenlegung des Zeitwerts der Kapitalanlagen?, in: GDV-POSITIONEN, Nr. 7 (Mai/Juni) 1998, 6, 8.
77 GB BAV 1997 (Teil B), 13.
78 So aber FÖRTERER/MEYER, a.a.O.
79 HERZIG/RIECK, WPg 1999, 305, 311.

von Handels- und Steuerbilanz.[80] Hierdurch können die im Steuerrecht bislang bestehenden Ermessensspielräume über den Grundsatz der umgekehrten Maßgeblichkeit auf
die Handelsbilanz zurückwirken. Die Novellierung des EStG durch das Steuerentlastungsgesetz 1999/2000/2002 hat daher nicht nur die steuerlichen, sondern vor allem die
handelsrechtlichen Rahmenbedingungen der Gewinnermittlung verändert.

3. Auswirkungen des Steuerentlastungsgesetzes 1999/2000/2002[81]

a) Änderungen im Einkommenssteuer- und Handelsrecht

Das Steuerentlastungsgesetz führt rückwirkend zum Veranlagungszeitraum ab dem
1.1.1999 in § 6 Abs. 1 EStG 1999 ein striktes Wertaufholungsgebot ein.[82] Nach § 6 Abs.
1 Nr. 1 S. 4 EStG 1999 sind Wirtschaftsgüter des Anlagevermögens fortan mit den An-
schaffungs- oder Herstellungskosten bzw. mit dem an deren Stelle tretenden Wert anzusetzen, es sei denn, der Steuerpflichtige weist nach, daß eine dauerhafte Wertminderung[83] vorliegt. Eine entsprechende Regelung für das Betriebsvermögen (Grund und
Boden, Beteiligungen, Umlaufvermögen) findet sich in § 6 Abs. 1 Nr. 2 S. 3 EStG
1999. Im Unterschied zu § 6 EStG a.F. darf also – soweit sich der Teilwert erholt hat –
zukünftig von einer Zuschreibung nicht mehr abgesehen werden.

Wichtig in diesem Zusammenhang ist, daß das Steuerentlastungsgesetz eine *Beweis-
lastumkehr* statuiert: Versicherungsunternehmen unterliegen einer generellen Zuschrei-
bungsverpflichtung. Eine Ausnahme von diesem Grundsatz gilt nur dann, wenn das
steuerpflichtige Unternehmen zum jeweiligen Stichtag nachweisen kann, daß ein niedri-
gerer Teilwert vorliegt und dieser auf einer dauerhaften Wertminderung beruht. Steuerlich sind somit sämtliche in der Vergangenheit aufgrund einer nur vorübergehenden
Wertminderung vorgenommenen Teilwertabschreibungen ab dem 1.1.1999 rückgängig
zu machen. Abschreibungen, die auf einer ehemals voraussichtlich dauernden Wertminderung basieren, müssen ebenfalls durch Zuschreibungen korrigiert werden, wenn die
Wertminderung nur noch als vorübergehend einzustufen ist. Bewertungsobergrenze für
die Wertaufholung sind dabei nach wie vor die ursprünglichen bzw. fortgeführten An-
schaffungs- oder Herstellungskosten.

Da das Beibehaltungswahlrecht nach § 280 Abs. 2 HGB an die Voraussetzung ge-
knüpft ist, daß der niedrigere Wertansatz auch in der Steuerbilanz beibehalten werden
kann (umgekehrte Maßgeblichkeit), diese Voraussetzung aber für die ab dem 1.1.1999

---

80 Ebenso: KESSLER, DB 1997, 1, 4, 7.
81 BGBl. I 1999, 402.
82 Derartige Reformvorhaben wurden auch schon in der 13. Legislaturperiode von den Fraktionen der
    CDU und FDP angestrebt. Sowohl die Petersberger Steuervorschläge (vgl. hierzu: Berichte der Re-
    gierungskommissionen zur Steuer- und Rentenreform, NJW-Beilage zu Heft 13/1997, 6) als auch
    das gescheiterte Steuerreformgesetz 1998 v. 18.3.1997 (BTDrcks. 13/7242, 2, 7, 28ff., 34) sahen die
    Streichung des steuerlichen Wahlrechts zur Beibehaltung des niedrigeren Teilwertes (§§ 6 Abs. 1
    Nr. 1 S. 4, 6 Abs. 1 Nr. 2 S. 3 EStG) vor.
83 Das Vorliegen einer dauerhaften Wertminderung wird durch das BMF-Schreiben v. 25.2.2000 kon-
    kretisiert, vgl. hierzu KREEB/WILLMES/GRONENBERG, VW 2001, 165, (bei Fn. 14).

beginnenden Geschäftsjahre aufgrund des strikten Wertaufholungsgebotes nicht mehr erfüllt sein wird, entsteht durch das Steuerentlastungsgesetz 1999/2000/2002 zugleich ein *handelsrechtlicher Zwang zur Wertaufholung*. Das in § 280 Abs. 2 HGB verankerte Beibehaltungswahlrecht wird für die Zukunft praktisch gegenstandslos.[84] Hierdurch wird ein wesentlicher Faktor für die Bildung und verdeckte Auflösung stiller Reserven aufgehoben. Das Steuerentlastungsgesetz stärkt somit die in § 264 Abs. 2 HGB verankerten Informationsfunktionen des Jahresabschlusses und schafft damit zugleich die Voraussetzungen für eine international vergleichbare Bemessungsgrundlage.[85]

Bereits in der 13. Legislaturperiode wurden allerdings auch kritische Stimmen laut, die sich gegen die Realisierung und Versteuerung stiller Reserven wendeten. Beanstandet wurde vor allem, daß durch die zwingende Wertaufholung das Vertrauen der betroffenen Unternehmen in den Fortbestand des historisch gewachsenen Niederstwertprinzips verletzt werde,[86] denn – so die Stellungnahme des Deutschen Steuerberaterverbandes (DStV) – das bisherige Wertbeibehaltungswahlrecht sei „Ausfluß des Vorsichtsprinzips in Form des Imparitätsprinzips/Niederstwertprinzips als wesentlicher Grundsatz ordnungsgemäßer Bilanzierung."[87] Darüber hinaus wurde verschiedentlich auch darauf hingewiesen, daß durch die anfallenden Steuerzahlungen Liquiditätsprobleme entstehen könnten.[88] Da die Zuschreibungspflicht zur Versteuerung unrealisierter Reserven führe, ohne daß ein Liquiditätszufluß erfolge, könnten die Unternehmen in ihrem Bestand gefährdet werden. Hierin liege ein verdeckter Eingriff in die Vermögenssubstanz und damit verfassungsrechtlich ein Verstoß gegen Art. 14 GG.[89]

Im einzelnen erweisen sich derartige Bedenken als nicht gerechtfertigt.[90] Fehlerhaft ist bereits die Annahme, daß das bisher geltende Wertbeibehaltungswahlrecht eine Ausprägung des Imparitätsprinzips bzw. Niederstwertprinzips ist. Letztlich basiert eine solche Vorstellung auf einem übertriebenen Vorsichtsverständnis. Nach dem Imparitäts- und Niederstwertprinzip dürfen – wie HERZIG und RIECK[91] zu Recht ausführen – grundsätzlich nur Verluste antizipiert werden, die in Zukunft auch tatsächlich zur Realisation gelangen. Eine Antizipation fiktiver Verluste oder entgangener Gewinne ist dagegen unzulässig. Wenn sich aus der Sicht des Stichtags eine frühere Abwertung als unbegründet herausstellt, ist daher im Einklang mit dem Imparitätsprinzip der frühere Antizipationsbetrag auch wieder durch eine Zuschreibung zu korrigieren. Das Imparitätsprinzip wirkt insofern nicht nur verlustbegründend, sondern auch verlustbegrenzend.

---

84 Vgl. hierzu und zum folgenden: PICKHARDT, DStZ 1997, 671, 673; HOFFMANN, BB 1997, 1195, 1199; HAUSER/MEURER, WPg 1998, 269, 273; HERZIG/RIECK, WPg 1999, 305.

85 So auch die Regierungsbegründung (BTDrcks. 14/265, 171), die explizit darauf hinweist, daß die bislang bestehenden Prinzipien des Bilanzrechts nur einen eingeschränkten Blick auf die tatsächliche Ertragslage ermöglichen und somit die Globalisierungsbemühungen deutscher Unternehmen behindern. Vgl. auch den insoweit gleichlautenden Fraktionsentwurf BTDrcks. 14/23, 170.

86 Vgl. die Stellungnahme des DStV, Stbg 1997, 230, 232; SCHÖN, BB 1997, 1333, 1339f.; HAUBER/DIETERLEN, BB 1998, 2293, 2294.

87 DStV, Stbg 1997, 230, 232.

88 DStV, Stbg 1997, 230, 232 und SCHÖN, BB 1997, 1333.

89 SCHÖN, BB 1997, 1333, 1339f.

90 Ebenso: SCHWENKE, BB 1997, 2408, 2411; HERZIG/RIECK, WPg 1999, 305, 314ff.

91 HERZIG/RIECK, WPg 1999, 305, 314.

Richtig ist demgegenüber, daß die Neuregelung im Steuerrecht zu einer erhöhten Steuerlast der Unternehmen führen wird. Auf der anderen Seite steht dem zu erwartenden Liquiditätsverlust regelmäßig eine frühere Steuerersparnis in gleicher Höhe gegenüber, denn in der Vergangenheit bestand die Möglichkeit, über den Verlustabzug Steuerzahlungen zu verringern.[92] Die Novellierung des EStG ist daher unter dem Gesichtspunkt der Liquidität nicht zu beanstanden. Verfassungsrechtliche Probleme ergeben sich vielmehr dort, wo das Steuerentlastungsgesetz eine Rückwirkung entfaltet. Da das Wertaufholungsgebot nicht nur zukünftige Abschreibungen und Werterholungen betrifft, sondern sämtliche Teilwertabschreibungen, die in der Vergangenheit trotz Wertzuwachses nicht korrigiert wurden, ist umstritten, inwieweit eine unter Vertrauensschutzgesichtspunkten unzulässige Rückwirkung vorliegt.[93] Eine verfassungsrechtliche Klärung dieser Fragen ist noch zu erwarten.

b) Konsequenzen für die Überschußbeteiligung

Überschußberechtigte LVV sind in zweierlei Hinsicht von der Novellierung des EStG betroffen.

aa) Auflösung stiller Ermessensreserven in den nächsten Jahren

Aufgrund des steuerlichen Zuschreibungsgebotes sind die Versicherer – vorausgesetzt, das Steuerentlastungsgesetz hält in diesem Punkte einer verfassungsgerichtlichen Überprüfung stand – erstens verpflichtet, sämtliche Ermessensreserven, die seit der D-Markeröffnungsbilanz aus dem Jahre 1948 gebildet wurden, aufzulösen.[94] Flankiert wird diese Regelung durch eine steuerliche und handelsrechtliche Übergangsregelung. Gem. 52 Abs. 16 S. 3 EStG 1999 können vier Fünftel der durch die Zuschreibung in 1999 entstehenden Gewinne in eine den steuerlichen Gewinn mindernde Rücklage eingestellt werden, die erst in den folgenden vier Jahren gewinnerhöhend aufzulösen ist. Für den Fall, daß ein Versicherungsunternehmen von dieser Übergangsregelung Gebrauch machen will, ist dieses Wahlrecht wiederum in Übereinstimmung mit der Handelsbilanz auszuüben. Nach §§ 273, 247 Abs. 3 HGB ist in Höhe der steuerlichen Rücklage ein Sonderposten mit Rücklagenanteil zu bilden, der bis zum Jahre 2003 nach Maßgabe des Steuerrechts abzuschmelzen ist. Spätestens zu diesem Zeitpunkt werden somit sämtliche Ermessensreserven realisiert sein.

Nach Angaben des Kölner Instituts für Versicherungsinformation hat sich bei der Analyse der Handelsbilanzen gezeigt, daß die Zuschreibungen im Jahre 1999 aufgrund

---

92 Vgl. hierzu: SCHWENKE, BB 1997, 2408, 2410f. und HERZIG/RIECK, WPg 1999, 305, 315.
93 Hierfür: SCHÖN, BB 1997, 1333, 1335f.; PICKHARDT, DStZ 1997, 671, 673. A.A.: SCHWENKE, BB 1997, 2408, 2409ff.
94 Daß die Zuschreibung letztmöglich bis in die D-Markeröffnungsbilanz 1948 zurückreichen kann, wird in dem Dritten Bericht des Finanzausschusses zum Entwurf des Steuerentlastungsgesetzes 1999/2000/2002 ausdrücklich hervorgehoben, vgl. BTDrcks. 14/443, 22.

des Steuerentlastungsgesetzes deutlich angestiegen sind.[95] Während die gesamten Zuschreibungserträge der untersuchten LVU im Jahr 1996 bei 24,3 Mio. DM, im Jahre 1997 bei 15,9 Mio. DM und im Jahre 1998 bei 75,9 Mio. DM lagen, waren für das Geschäftsjahr 1999 Zuschreibungen i.H.v. 4788 Mio. DM. zu verzeichnen. Insgesamt konnte jedoch für das Geschäftsjahr 1999 keine überproportionale Steigerung der Kapitalanlageergebnisse erzielt werden. Ursächlich hierfür ist zunächst die Tatsache, daß das Kapitalanlageergebnis nur durch den Teil der Zuschreibungen erhöht wurde, dem nicht eine aufwandswirksame Sonderpostenzuführung (§§ 52 Abs. 16 S. 3 EStG 1999, 273, 247 Abs. 3 HGB) gegenüberstand. Da 40% der untersuchten Lebensversicherer das einmalige Wahlrecht einer Zuführung zum Sonderposten in Anspruch genommen hat, wurden die Zuschreibungen nur i.H.v. 3153 Mio. DM dem Kapitalanlageergebnis zugeführt. 1635 Mio. DM der im Jahre 1999 realisierten stillen Reserven wurde dagegen in den Sonderposten eingestellt. Darüber hinaus ist zu berücksichtigen, daß das Kapitalanlageergebnis im Jahre 1999 erheblich durch Abschreibungen und Verluste aus dem Abgang von Kapitalanlagen geschmälert wurde. Im Gegensatz zu früher ist eine Teilwertabschreibung in der Steuerbilanz zwar nur noch im Falle einer dauernden Wertminderung möglich. Gleichzeitig ist jedoch für das Jahr 1999 ein deutlicher Anstieg der Verluste aus dem Abgang von Kapitalanlagen zu konstatieren.[96] Ein möglicher Erklärungsansatz hierfür liegt nach Auffassung des Kölner Instituts für Versicherungsinformation darin, daß Versicherungsunternehmen verstärkt Kursverluste realisiert haben, um vorübergehende Wertminderungen weiterhin als steuerlichen Aufwand geltend machen zu können. Diese Umgehung des Abschreibungsverbots wirke sich dann auch auf die Entwicklung der Verluste aus dem Abgang von Kapitalanlagen in der Gewinn- und Verlustrechnung aus.

Aus *aufsichtsrechtlicher Sicht* stellt sich die Frage, inwieweit das Steuerentlastungsgesetz die dauernde Erfüllbarkeit der Verträge (§§ 8 Abs. 1 Nr. 3, 81 Abs. 1 S. 5 VAG) gefährden wird. Grundsätzlich vermindert die Bildung stiller Reserven die Gefahr, daß die zur Bedeckung der versicherungstechnischen Passiva vorgesehenen Vermögenswerte sich als unzureichend erweisen.[97] Durch die Auflösung stiller Reserven können unvorhersehbare Abwicklungsverluste kompensiert und somit auf gleiche Weise einschneidende Vertrauensverluste in die Funktionsfähigkeit einzelner Versicherungsunternehmen vermieden werden.

Gegen eine Beteiligung der Versicherten an den stillen Reserven wird daher zum Teil eingewendet, daß die Versicherungsunternehmen ohne die Bildung stiller Reserven nicht in der Lage seien, ihren Verpflichtungen nachzukommen. Eine Realisierung der vorhandenen stillen Reserven stelle den Bestand eines Unternehmens in Frage. Bei einer Beteiligung der Versicherten an den stillen Reserven müßten die Unternehmen, so wird

---

95 Vgl. hierzu und zum folgenden: KREEB/WILLMES/GRONEBERG, VW 2001, 165. Für das Jahr 1999 wurden insgesamt 80 Lebensversicherer untersucht. Nach Angaben von KREEB, WILLMES und GRONEBERG ist davon auszugehen, daß in den jeweiligen Sparten nahezu der gesamte deutsche Versicherungsmarkt abgebildet wurde, a.a.O. (Fn. 3).

96 Vgl. KREEB/WILLMES/GRONEBERG, VW 2001, 165, 167 (Tabelle 7).

97 So ausdrücklich: JANOTT, ZVersWiss 1991, 83, 94.

argumentiert, zur Finanzierung der zugewiesenen Überschußanteile auf das Eigenkapital, also auch auf die freien, unbelasteten Eigenmittel i.S.d. KapitalausstattungsVO zurückgreifen. Hierdurch sei die Solvabilität der Unternehmen bedroht. Zur Wahrung der Belange der Versicherten müsse daher die Auflösung stiller Reserven in das Ermessen der Versicherer gestellt werden.

Überzeugen vermag eine derartige Argumentation indessen nicht. Denn die Solvabilität eines Versicherungsunternehmens wäre vorliegend nur dann tangiert, wenn das BAV stille Reserven zur Bedeckung der Solvabilitätsspanne ohne weiteres in der Vergangenheit zugelassen hätte. Genau dies ist aber nicht der Fall. Nach der bisherigen Praxis des BAV zählen stille Reserven nämlich grundsätzlich nicht zu den freien, unbelasteten Eigenmitteln, die zum jährlichen Nachweis der Solvabilität (§ 53c Abs. 4 VAG) zugelassen werden.[98] Da stille Reserven in den meisten Fällen nur schwer erfaßbar sind (Grundstücke, Beteiligungen) und der Höhe nach stark schwanken (Wertpapiere), erkennt das BAV derartige Vermögenswerte seit jeher nur in Ausnahmefällen an.[99]

Die durch das Steuerentlastungsgesetz 1999/2000/2002 bedingte Auflösung der stillen Reserven wird somit die Solvabilität der Unternehmen in aller Regel nicht in Frage stellen.

bb) Eingeschränkte Möglichkeiten zur Bildung neuer Ermessensreserven

Zweitens können die Versicherer seit dem 1.1.1999 nur noch sehr eingeschränkt Ermessensreserven bilden.

Da das handelsrechtliche Beibehaltungswahlrecht in § 280 Abs. 2 HGB aufgrund der steuerlichen Zuschreibungsgebote zukünftig ins Leere läuft, läßt sich der nach der Gewinn- und Verlustrechnung auszuweisende Gewinn nicht mehr ohne weiteres durch die Bilanzpolitik steuern. Bewertungsspielräume bestehen nur noch insoweit, als die Bestimmung der „Dauerhaftigkeit" einer Wertminderung selbst häufig Ermessensfrage ist und andere Steuervergünstigungen durch das Steuerentlastungsgesetz nicht abgeschafft wurden, so daß bestimmte Abzugsposten[100] bei der Fortschreibung der historischen Anschaffungs- oder Herstellungskosten weiterhin Berücksichtigung finden.[101] Von diesen Ausnahmen aber einmal abgesehen, werden zukünftig nur noch sog. *Zwangsreserven* entstehen. Damit sinkt der Einfluß der Unternehmen auf das bilanziell ausgewiesene

---

98 Siehe zuletzt R 3/97, VerBAV 1997, 219, 230.
99 Vgl. R 3/97 (VerBAV 1997, 219, 230) und R 2/88 (VerBAV 1988, 135, 143). Ein derartiger Ausnahmefall lag vor, wenn die übrigen Eigenmittel zur Bedeckung der Solvabilitätsspanne nicht ausreichten. Sofern stille Reserven anerkannt wurden, waren vom nachgewiesenen Betrag nach den Richtlinien des BAV sowohl die Steuerbelastungen (Erhöhung des steuerpflichtigen Gewinns durch die Auflösung der stillen Reserven), als auch die Verkaufskosten abzusetzen.
100 Dies betrifft vor allem die Verrechnung fiktiver Abschreibungen sowie frühere Abschreibungen für außergewöhnliche technische oder wirtschaftliche Abnutzung, erhöhte Absetzungen, Sonderabschreibungen und sonstige Abzugsbeträge, vgl. HERZIG/RIECK, WPg 1999, 305, 313.
101 Eine weitere Ausnahme besteht nach §§ 279 Abs. 1, 253 Abs. 2 S. 3 HGB. Hiernach besteht das Recht, auch bei einer nur vorübergehenden Wertminderung von Vermögensgegenständen des Anlagevermögens außerplanmäßige Abschreibungen vorzunehmen bzw. beizubehalten, soweit es sich um Finanzanlagen handelt.

Kapitalanlageergebnis, denn der gezielte Aufbau von Zwangsreserven ist im Vergleich zu Ermessensreserven für die Unternehmen ungleich schwieriger. Während Ermessensreserven durch eine flexible Bilanzstrategie nahezu nach Belieben gebildet und wieder aufgelöst werden können, lassen sich Zwangsreserven allein über die Kapitalanlagepolitik beeinflussen.[102]

Vorteilhaft an dieser Neuerung ist, daß die Versicherten zukünftig nicht mehr befürchten müssen, daß die Versicherungsunternehmen die laufende Rendite ihrer Verträge durch die Bildung und Auflösung von Ermessensreserven beliebig manipulieren können. Eine langfristige Thesaurierung von Überschüssen mit der Folge, daß nur die zum Zeitpunkt der Realisierung bestehenden Versicherungen an den Erträgen beteiligt werden, nicht aber die Versicherungen, die ursprünglich den Erwerb des betreffenden Vermögensgegenstandes finanziert haben, ist nach der Novellierung des EStG nur noch beschränkt möglich.

Nachteilig könnte sich demgegenüber die Tatsache auswirken, daß Ermessensreserven nicht mehr wie früher zur *Verstetigung des Rohüberschusses* eingesetzt werden können. Durch das Instrument einer gezielten Stille-Reserven-Politik konnte in der Vergangenheit trotz fluktuierender Kapitalmärkte und schwankender Ergebnisse eine gleichbleibende Überschußbeteiligung gewährleistet werden. Verschiedentlich wurde daher die Befürchtung geäußert, daß die Versicherer derartige Schwankungen ohne Bewertungsreserven nicht mehr auffangen könnten.[103] Da sich Kursschwankungen unmittelbar in der Bilanz und somit der Überschußbeteiligung niederschlügen, müßte – so beispielsweise FÖRTERER und MEYER – das Kapitalanlagerisiko wie bei der fondsgebundenen Lebensversicherung oder bei normalen Investmentprodukten auf die Kunden abgewälzt werden.[104] Hierdurch würde der überschußberechtigte LVV zu einer ganz normalen Investmentanlage degenerieren. Die Kunden könnten weder mit einer stabilen Überschußbeteiligung oder garantierten Rückkaufswerten rechnen, noch mit Ablauf- bzw. Rentenleistungen, bei denen eine Mindestverzinsung garantiert sei.

Dem kann nicht gefolgt werden. Angesichts der Tatsache, daß überschußberechtigte LVV auch in Ländern mit Zeitwertbilanzierung angeboten werden, wird deutlich, daß die Überschußbeteiligung auch auf andere Weise verstetigt werden kann. Britische Lebensversicherer beispielsweise bilden besondere Passivposten in der Bilanz (Neubewertungsrücklage; Fonds für spätere Zuweisungen), die eine zu frühe Ausschüttung der Überschüsse an die Versicherungsnehmer verhindern sollen.[105] LVV in Großbritannien

---

102 Beispielsweise über den Kauf niedrig verzinslicher Anleihen oder Zerobonds, vgl. HÖLSCHER, ZVersWiss 1996, 41, 53.

103 So vor allem FÖRTERER/MEYER, Was bringt die Offenlegung des Zeitwerts der Kapitalanlagen?, in: GDV-POSITIONEN, Nr. 7 (Mai/Juni) 1998, 6, 9.

104 FÖRTERER/MEYER, a.a.O. Vgl. die Äußerungen des früheren BAV-Präsidenten JANOTT, ZVersWiss 1991, 83, 94.

105 Dies räumen letztlich auch FÖRTERER und MEYER (a.a.O.) ein.

weisen dementsprechend seit jeher hohe Schlußüberschußanteile auf.[106] Da Schwankungen am Kapitalmarkt nicht durch die Bildung stiller Reserven stabilisiert werden können, dürfen nur jene Überschußanteile laufend ausgeschüttet werden, die der unteren Grenze einer langfristigen Renditeentwicklung entsprechen. Übrige Erträge müssen dagegen bis zum Ende der Vertragslaufzeit thesauriert werden. Für deutsche LVV ist ein ähnlicher Trend zu erwarten. Soweit die Vertragsparteien eine gleichbleibende, über die Vertragslaufzeit konstante Überschußbeteiligung vereinbart haben, müssen die Versicherer die Überschüsse verstärkt über die freie RfB verstetigen und in Form von Schlußüberschußanteilen an die Versicherten ausschütten.[107]

c) Bewertung

Im Ergebnis wird das Steuerentlastungsgesetz 1999/2000/2003 nicht dazu führen, daß eine Thesaurierung von Überschüssen zukünftig ganz und gar ausgeschlossen ist. Die Novellierung des EStG löst dementsprechend auch nicht alle Probleme der Überschußbeteiligung.[108] Zumindest werden die Versicherer aber durch das neue EStG dazu gezwungen, eine intransparente, versteckte und unkontrollierbare Gewinnthesaurierungspolitik zugunsten einer offenen Rückstellungsbildung in der RfB aufzugeben. Diese Änderung bringt, von der steuerlichen Problematik[109] einmal abgesehen, für die Versicherungsnehmer deutliche Vorteile. Die in der RfB angesammelten Beträge dürfen gem. § 56a S. 4 VAG nur für die Überschußbeteiligung verwendet werden. Im Gegensatz zu stillen Reserven sind die in der RfB thesaurierten Erträge nicht dem Gesamtbestand, sondern bereits einzelnen Abrechnungsverbänden bzw. Bestandsgruppen zugewiesen. Und schließlich müssen die Versicherer die Zusammensetzung und Entwicklung der RfB nach den externen und internen Rechnungslegungsvorschriften im einzelnen im Anhang aufschlüsseln (§§ 28 Abs. 8 RechVersV, 9 Nr. 1 BerVersV), während die Höhe der stillen Reserven gem. § 54 RechVersV allein durch eine Summenangabe auszuweisen ist.

Als Ausschüttungssperre ist die RfB somit wesentlich transparenter als stille Reserven. Sowohl die Aufsichtsbehörde als auch die Versicherten werden die Thesaurierungspolitik der Versicherungsunternehmen aufgrund der Novellierung des EStG daher besser kontrollieren können.

---

106 Der Schlußüberschußanteil im Erlebensfall beträgt in Großbritannien durchschnittlich mehr als 42,9 % der Ablaufleistung, vgl. LYON, Journal of the Institute of Actuaries 1988 (115), 349, 355. In Deutschland lag der Schlußüberschußanteil dagegen bislang nur bei 9 % der Erlebensfalleistung (vgl. Abb. 7 in Anh. B, S. 370), denn für den Altbestand waren aufsichtsrechtlich fixierte Obergrenzen festgelegt, vgl. R 3/85 (VerBAV 1985, 110).

107 Ausführlich hierzu: S. 128f. und S. 273f.

108 Ausführlich zu den einzelnen Problemfeldern: S. 191ff.

109 Was die steuerliche Seite anbelangt, so ist folgendes zu berücksichtigen: Gem. § 21 KStG bleiben Beträge, die der RfB zugeführt werden, unter bestimmten Voraussetzungen steuerfrei. Steuerliche Nachteile entstehen erst dann, wenn die in § 21 Abs. 2 S. 2 KStG gesetzten, bislang aber nicht ausgeschöpften Höchstgrenzen überschritten werden. Eine Thesaurierung von Überschüssen in der RfB zieht also nicht in jedem Falle steuerliche Nachteile mit sich.

4. Die Einflußfaktoren im Überblick

Die vorangegangenen Überlegungen haben bereits die wesentlichen Einflußfaktoren auf die Höhe der Kapitalanlageüberschüsse angedeutet. Auf der einen Seite wird das Ergebnis durch die Wahl des Rechnungszinses determiniert. Je vorsichtiger (= niedriger) der Zinsfuß bei der Kalkulation angesetzt wird, desto höher ist der Überschuß aus dem Kapitalanlageergebnis. Indem das Aufsichtsrecht den zulässigen Höchstzinssatz auf 3,5 % (Altbestand) bzw. 3,25 % (Neubestand) begrenzt, wird bereits bei einer durchschnittlichen Kapitalverzinsung ein Überschuß erzielt. Auf der anderen Seite entscheidet der nach handelsrechtlichen Vorschriften zu ermittelnde tatsächliche Reinertrag aus Kapitalanlagen über die Höhe der Überschüsse. Maßgebliche Einflußfaktoren sind dabei:[110]

- die Zinsentwicklung am Kapitalmarkt, die ausschlaggebend für die Höhe der laufenden Erträge sowie etwaige Zu- oder Abschreibungen ist,
- die Effizienz der Kapitalanlagenverwaltung, da die Verwaltungskosten als Teil der laufenden Aufwendungen das Kapitalanlageergebnis mindern,
- die Kapitalanlagestrategie des LVU (Art und Fristigkeit der Kapitalanlagen, Realisierung von Zwangsreserven durch Veräußerung) sowie
- die Bilanzpolitik (Bildung und Auflösung von Ermessensreserven).

Durch das Steuerentlastungsgesetz 1999/2000/2002 und die hierdurch bedingte Novellierung des EStG wird allerdings der zuletzt genannte Einflußfaktor erheblich relativiert. Da § 6 EStG 1999 ein striktes steuerliches Wertaufholungsgebot vorsieht, können die Versicherer den ausgewiesenen Kapitalanlageüberschuß zukünftig nicht mehr nach Belieben durch die Bilanzpolitik beeinflussen.

IV. Das Kostenergebnis

Entsprechend dem Vorgehen bei der Prämienkalkulation unterteilt sich das nach der BerVersV zu ermittelnde Kostenergebnis in das Abschlußkostenergebnis (1.) und das Verwaltungskostenergebnis (2.).

---

110   Siehe hierzu auch HÖLSCHER, Marktzinsorientierte Ergebnisrechnung in der Lebensversicherung (1994), 94 sowie STÖFFLER, Markttransparenz in der Lebensversicherung (1984), 32ff.

1. Das Abschlußkostenergebnis

In das Abschlußkostenergebnis fließen gem. Nachweisung 219, Seite 2 folgende Positionen ein:

Aktivierung von Abschlußkostenforderungen	} Rechnungsmäßiger Verlauf
+ laufende Amortisationszuschläge	
− Abschlußaufwendungen (Neuzugänge)	} Tatsächlicher Verlauf
= Abschlußkostenergebnis	

Abschlußkosten werden i.d.R. durch das Verfahren der Zillmerung sowie im Wege laufender Amortisationszuschläge gedeckt. Die hieraus resultierenden Erträge werden mit den tatsächlichen Abschlußaufwendungen verrechnet. Die tatsächlichen Abschlußaufwendungen umfassen dabei sämtliche Kosten, die in einem Geschäftsjahr einmalig durch die jeweiligen Neuzugänge verursacht werden.

In den vergangenen Jahrzehnten wiesen die Abschlußkostenergebnisse der Versicherer stets einen Fehlbetrag aus. Ursächlich hierfür ist die Tatsache, daß der bestehende Bestand durch ein hohes oder kostenintensives Neugeschäft belastet werden kann:[111] Die Abschlußkosten der Neuzugänge sind aufgrund der vom BAV verordneten Höchstzillmersätze nur begrenzt aktivierbar. Da die Amortisationszuschläge über die Vertragslaufzeit verteilt werden, reichen auch die Prämieneinnahmen des Neugeschäfts nicht zur Deckung der Abschlußkosten aus. Demzufolge müssen die Abschlußaufwendungen im Abschlußjahr zum Teil vorfinanziert werden. Dies geschieht, indem die Amortisationszuschläge des Altgeschäfts zur Deckung herangezogen werden. Durch dieses Verfahren wird der bestehende Bestand mit den jeweils entstehenden Abschlußkosten belastet. Sofern ein LVU ein überdurchschnittlich hohes Neugeschäft aufweist, führt das Prinzip der Vorfinanzierung daher zwangsläufig zu einem negativen Abschlußkostenergebnis, denn in den betreffenden Geschäftsjahren fallen höhere Abschlußkosten an. Fehlbeträge entstehen aber auch dann, wenn die Provisionskosten zwischenzeitlich gestiegen sind. Grundsätzlich sind Kostensteigerungen zwar aufgrund der vom BAV erlassenen Anordnungen zur Begrenzung der Abschlußkosten nur begrenzt zulässig.[112] Möglich ist allerdings, daß die aufsichtsrechtliche Obergrenze für Provisionszahlungen in der Vergangenheit nicht voll ausgeschöpft wurde. Auch in diesem Fall können Kostensteigerungen nicht mehr durch die Amortisationszuschläge des Altgeschäfts neutralisiert werden. Das

---

111 Vgl. hierzu und zum folgenden: CLAUS, Gedanken zu einer neuen Tarifstruktur in der Lebensversicherung aus aufsichtsbehördlicher Sicht (1985), 33; VOGEL/LEHMANN, VerBAV 1982, 328, 330, 334. Zum Streit, inwieweit die Abschlußkostenzuschläge für den Altbestand ausreichend bemessen waren vgl. TRÖBLIGER, ZfV 1983, 374, 410, 510 und CLAUS, ZfV 1983, 487, 640.

112 Um eine angemessene Überschußbeteiligung zu gewährleisten, hat das BAV seit 1974 in mehreren Rundschreiben auf eine Begrenzung der Abschlußkosten hingewirkt (siehe zuletzt R 5/95, VerBAV 1995, 366). In dem zur Zeit gültigen Rundschreiben R 5/95 ordnet das BAV zur Vermeidung eines Mißstandes (§ 81 Abs. 2 S. 1 VAG) an, daß die Abschlußprovisionen maximal 4 % der Beitragssumme des Neuzugangs betragen dürfen.

Vorfinanzierungsprinzip führt somit letztlich dazu, daß der bestehende Bestand ein überdurchschnittliches oder kostenintensives Neugeschäft subventioniert.

2. Das Verwaltungskostenergebnis

Im Gegensatz zum Abschlußkostenergebnis entstehen beim Verwaltungskostenergebnis im Normalfall Überschüsse. Berechnet wird das Verwaltungskostenergebnis, indem die periodisch vereinnahmten Beitragszuschläge für die laufenden Verwaltungskosten mit den tatsächlich angefallenen Aufwendungen saldiert werden.[113] Aufgrund der bei der Kalkulation angesetzten Sicherheitsmargen ist das Verwaltungskostenergebnis im allgemeinen positiv. Darüber hinaus entstehen Verwaltungskostenüberschüsse, wenn ein LVU effizient arbeitet. Entscheidend ist vor allem, inwieweit inflationsbedingte Kostensteigerungen im Personal- und Sachkostenbereich über Rationalisierungsmaßnahmen ausgeglichen werden.[114]

V. Sonstige Ergebnisquellen

Die sonstigen Ergebnisquellen der internen Rechnungslegung, die in aller Regel per Saldo einen negativen Deckungsbeitrag zum Rohüberschuß eines LVU liefern, erfassen schließlich sämtliche Positionen, die bei der Kalkulation der Deckungsrückstellungen nicht berücksichtigt werden. Hierzu gehören vor allem der „vorzeitige Abgang" (Storno),[115] das „Rückversicherungsergebnis"[116] sowie das der Gewinn- und Verlustrechnung entnommene Ergebnis „Steuern".[117]

Da seit der Umsetzung der dritten Richtlinie Leben die Kalkulationsgrundlagen für die Berechnung der Prämien und Deckungsrückstellungen nicht mehr zwangsläufig identisch sind, müssen die Versicherer für den Neubestand unter der Position „Unterschied zwischen Tarif- und Normbeitrag" neuerdings auch diejenigen Überschüsse bzw. Fehlbeträge ausweisen, die bei einer Verwendung abweichender Rechnungsgrundlagen entstehen.[118] Dabei versteht die interne Rechnungslegung unter den „Tarifbeiträgen" diejenigen Beiträge, die der Versicherungsnehmer tatsächlich während der Laufzeit seines Vertrages leistet. „Normbeiträge" sind dagegen die mit den für die Berechnung der Deckungsrückstellung maßgeblichen Rechnungsgrundlagen ermittelten Beiträge.[119]

Grundsätzlich sind zwei Fallkonstellationen zu unterscheiden. *Zum einen* kann der Tarifbeitrag den Normbeitrag übersteigen. Dies ist dann der Fall, wenn die Prämien vorsichtiger als die Normbeiträge kalkuliert werden. Legt ein Versicherungsunternehmen beispielsweise der Prämienkalkulation einen Rechnungszins i.H.v. 2 % zugrunde

---

113 Nw. 219, Seite 3.
114 Ebenso: HÖLSCHER, Marktzinsorientierte Ergebnisrechnung in der Lebensversicherung (1994), 96.
115 Nw. 213 Z. 06.
116 Nw. 213 Z. 12-14.
117 Nw. 213 Z. 15, Nw. 219 S. 5, Z. 22.
118 Nw 213 Z. 11, Nw. 216 Z. 23-26.
119 Siehe Anlage 2, Abschnitt A Nr. 20, 2 der BerVersV.

und wird die Deckungsrückstellung mit einem Reservezins i.H.v. 3,25 % berechnet, so ist der Tarifbeitrag gegenüber dem Normbeitrag erheblich höher. Die Versicherungsnehmer zahlen also mehr Beiträge, als zum Aufbau der Deckungsrückstellungen tatsächlich benötigt wird.[120] Diese Differenz wird im Kapitalanlageergebnis nicht berücksichtigt, denn die tatsächlich erwirtschafteten Kapitalerträge werden allein mit den Rechnungsgrundlagen der Deckungsrückstellung verglichen. Je höher der im Kapitalanlageergebnis berücksichtigte Rechnungszins ist, desto niedriger ist der jeweilige Überschuß. Soweit der Tarifbeitrag über dem Normbeitrag liegt, besteht also die Gefahr, daß die Versicherungsnehmer nicht an den Überschüssen beteiligt werden, zu deren Entstehung sie beigetragen haben. Aus diesem Grunde ist die Differenz zwischen Tarif- und Normbeitrag als eigenständige Ergebnisquelle bei der Zerlegung des Rohüberschusses anzugeben. Nach § 1 Abs. 1 S. 1 ZRQuotenV sind die Versicherer verpflichtet, die Versicherungsnehmer an dieser Überschußquelle „angemessen" zu beteiligen. Auf diese Weise sollen etwaige Benachteiligungen bei der Überschußbeteiligung verhindert werden.

Zum anderen kann der Tarifbeitrag aber auch niedriger als der Normbeitrag kalkuliert werden. Grundsätzlich müssen die Prämien in der Lebensversicherung zwar gem. § 11 VAG so hoch sein, daß das Unternehmen für die einzelnen Verträge ausreichende Deckungsrückstellungen bilden kann (vgl. S. 38f.). Dabei ist auch der Einsatz von Mitteln, die nicht aus Prämienzahlungen stammen, verboten. Das Verbot der Quersubventionierung bezieht sich indessen nur auf planmäßige Fremdfinanzierungen, die „auf Dauer" angelegt sind, so daß ein gegenüber der Deckungsrückstellung weniger vorsichtiger, gleichwohl angemessener Ansatz der Rechnungsgrundlagen für die Prämien nicht gänzlich ausgeschlossen ist. Abgesehen davon ist zu berücksichtigen, daß das in § 11 VAG verankerte Verbot der Quersubventionierung vornehmlich Unterkostenpreise zur Eroberung von Marktanteilen ausschließen will.[121] Nach teleologischer Auslegung dürfte daher lediglich eine Prämienkalkulation unzulässig sein, die den in § 4 DeckRV festgelegten Rechnungshöchstzins übersteigt, also größer als 3,25 % ist. Legt ein Versicherungsunternehmen dagegen z.B. einen Prämienzins i.H.v. 4 % zugrunde und berechnet für die Deckungsrückstellung einen Zinssatz i.H.v. 3,25 %, so dürfte im Ergebnis kein Verstoß gegen § 11 VAG vorliegen, denn Wettbewerbsnachteile für andere Unternehmen sind nicht erkennbar. – Soweit der Tarifbeitrag unvorsichtiger als der Normbeitrag kalkuliert ist, ist der Deckungsrückstellung ein Betrag in Höhe des mit den für die Berechnung der Deckungsrückstellung maßgeblichen Rechnungsgrundlagen ermittelten Barwerts der Beitragsunterschüsse zuzuführen.[122] Dieser Auffüllungsbetrag, der durch Eigenmittel finanziert werden muß, ist ebenfalls in der internen Rechnungslegung auszuweisen. Indem die zur Auffüllung der Deckungsrückstellung erforderlichen Beträge negativ in das Rohergebnis einfließen, wird verhindert, daß die Versicherungsnehmer an Erträgen be-

---

120 Weiterführend: KPMG, Bilanzierungsvorschriften (1994), 9.
121 Siehe BTDrcks. 12/6959, 56.
122 Siehe Nw. 217 Z. 06 und Anlage 2, Abschnitt A Nr. 21, 2 der BerVersV.

teilig werden, zu dessen Entstehung sie nicht beigetragen haben.[123] Der für 1997 ausgewiesene Verlust aus dieser Ergebnisquelle lag im Branchendurchschnitt bei 0,1 % der verdienten Brutto-Beiträge.[124]

C. Ergebnis

Da LVV regelmäßig über sehr lange Vertragslaufzeiten abgeschlossen werden, ohne daß der Versicherer die Möglichkeit hätte, für laufende Verträge eine Prämienerhöhung vorzunehmen, müssen die zur Berechnung der Prämien verwendeten Rechnungsgrundlagen „Risiko", „Rechnungszins" und „Kosten" äußerst vorsichtig gewählt werden. Sowohl nach altem als auch nach neuem Aufsichtsrecht sind die Versicherungsunternehmen dazu verpflichtet, bei der Kalkulation einen ungünstigeren Verlauf zu unterstellen, als tatsächlich zum Zeitpunkt des Vertragsschlusses zu erwarten ist. Für den Altbestand konnte das BAV die Rechnungsgrundlagen unmittelbar im Wege der präventiven Produktkontrolle vorgeben. Seit der Umsetzung der dritten Richtlinie Leben wird die Höhe der Rechnungsgrundlagen demgegenüber nicht mehr unmittelbar durch das Aufsichtsamt vorgegeben, sondern lediglich mittelbar und partiell durch § 11 Abs. 1 VAG i.V.m. der DeckRV konkretisiert (§ 1 A.).[125]

Die vorsichtige Kalkulation, verbunden mit der unternehmerischen Leistung des Versicherers – insbesondere der Kapitalanlagetätigkeit – führt i.d.R. zu erheblichen Risiko-, Zins- und Verwaltungskostenüberschüssen, an denen die Versicherungsnehmer aufgrund der Überschußbeteiligungsklauseln in den AVB zu beteiligen sind. Maßgeblich für die Überschußermittlung ist der nach der Gewinn- und Verlustrechnung zu ermittelnde Rohüberschuß eines Versicherungsunternehmens, der nach den internen Rechnungslegungsvorschriften in die einzelnen Ergebnisquellen „Risiko", „Kapitalanlage", „Abschlußkosten", „laufende Verwaltungskosten" und „sonstiges Ergebnis" aufzuschlüsseln ist. Die Analyse dieser Ergebnisquellen hat gezeigt, daß die Höhe der entstehenden und zuzuteilenden Überschüsse von ganz unterschiedlichen Faktoren abhängig ist. Einerseits wird der Überschuß durch die Prämienkalkulation determiniert. Je vorsichtiger die Rechnungsgrundlagen bei der Prämienkalkulation angesetzt werden, desto höher ist der entstehende Überschuß. Andererseits ist die Höhe der zuzuteilenden Überschüsse vom tatsächlichen Risiko-, Kapitalanlage- und Kostenverlauf eines Geschäftsjahres abhängig.

Überschüsse oder Fehlbeträge ergeben sich dabei nicht nur „ungewollt" aus Umständen, die außerhalb der Einflußsphäre des Versicherungsunternehmens liegen. Die Ver-

---

123 CLAUS (Der Aktuar 1997, 60, 63) kritisiert demgegenüber, daß § 3 Abs. 2 ZRQuotenV die zur Berechnung der anzurechnenden Kapitalerträge (vgl. hierzu S. 109f.) herangezogenen zinstragenden Passiva nicht um die Auffüllungsbeträge korrigiert. Da die Auffüllungsbeträge nicht mehr aus Prämienzahlungen der Versicherungsnehmer stammten, könnten – so CLAUS – die Versicherungsnehmer auch keinen Anspruch darauf erheben, an den auf die Auffüllung entfallenden Kapitalerträgen beteiligt zu werden.

124 GB BAV 1998 (Teil A), 71.

125 Vgl. S. 33ff.

sicherungsunternehmen haben zahlreiche Möglichkeiten, um den ausgewiesenen Überschuß zu beeinflussen. Dies gilt vor allem für das Kapitalanlageergebnis. Da das bisherige Handels- und Steuerrecht weitgehende Möglichkeiten eröffnete, stille Reserven zu bilden und wieder aufzulösen, konnten die Versicherer erwirtschaftete Überschüsse thesaurieren und somit die Höhe der auszuschüttenden Überschußanteile unmittelbar beeinflussen. Derartige Ermessensspielräume werden allerdings durch das Steuerentlastungsgesetz 1999/2000/2002 eingeschränkt, denn die novellierte Fassung des EStG hat rückwirkend zum 1.1.1999 anstelle des steuerlich bislang bestehenden Wertbeibehaltungswahlrechts ein striktes Wertaufholungsgebot eingeführt. Die Versicherer müssen daher die in den vergangenen Jahrzehnten gebildeten Ermessensreserven weitgehend auflösen. Im Ergebnis wird das Steuerentlastungsgesetz aber nicht dazu führen, daß eine Thesaurierung von Überschüssen zukünftig ganz und gar ausgeschlossen ist, denn zum einen ist die Bildung von Zwangsreserven weiterhin möglich, zum anderen wird ein Großteil der erwirtschafteten Überschüsse nach wie vor nicht sofort im Wege der Direktgutschrift den Versicherungsnehmern zugeteilt, sondern zunächst der RfB zugewiesen. Die Novellierung des EStG zwingt die Versicherer aber dazu, eine intransparente, versteckte und unkontrollierbare Gewinnthesaurierungspolitik mittels Ermessensreserven zugunsten einer offenen Rückstellungsbildung (RfB) aufzugeben. Sowohl die Aufsichtsbehörde, als auch die Versicherten werden daher die Thesaurierungspolitik der Versicherungsunternehmen in Zukunft besser kontrollieren können (§ 1 B.).[126]

---

126   Vgl. S. 40ff.

§ 2 Die Überschußbeteiligung für den Altbestand

Kennzeichnend für den Altbestand ist das System einer umfassenden, produktgestaltenden, materiellen Überschußbeteiligungsaufsicht (A.). Die Aufsicht über die Überschußbeteiligung erstreckte sich auf drei Bereiche. Das BAV kontrollierte die vertragliche Ausgestaltung der Überschußbeteiligungsklauseln (B.), das Überschußbeteiligungsverfahren (C.) und die vorvertraglichen Informationen zur Überschußbeteiligung (D.). Vor diesem Hintergrund wies die ordentliche Gerichtsbarkeit sämtliche Klagen der Versicherungsnehmer auf eine Überprüfung und anderweitige Berechnung der Überschußanteile ab (E.I.). Auch die erhobenen Klagen gegen Teilbestandsübertragungen (§ 14 VAG) hatten in der Vergangenheit vor dem BVerwG keinen Erfolg (E.II.). Die gegen BGHZ 128, 54 sowie BVerwGE 95, 25 und BVerwGE 100, 115 erhobenen Verfassungsbeschwerden stehen allerdings noch zur Entscheidung aus.

A. Materielle Staatsaufsicht über die Überschußbeteiligung

Durch die Bedingungs- und Tarifgenehmigung (§§ 5 Abs. 3 Nr. 2, 8 Abs. 1 Nr. 2, 11 VAG a.F.) konnte das BAV präventiv auf die Überschußbeteiligung einwirken. Mindestanforderungen an die Überschußbeteiligung wurden in der Musterfassung des Gesamtgeschäftsplans für die Überschußbeteiligung zusammengefaßt.[127] Die hierauf beruhenden Geschäftspläne der LVU gelten für den Altbestand in vollem Umfang weiter (§ 11c S. 1 VAG). Darüber hinaus konnte und kann das BAV im Wege der nachträglichen Mißstandsaufsicht die Einhaltung der Geschäftspläne überwachen (§ 81 Abs. 1 S. 4 VAG), nach den Maßstäben des § 81c Abs. 2 VAG und den §§ 4-6 ZRQuotenV eine angemessene Überschußbeteiligung sicherstellen sowie gem. §§ 81 Abs. 1 S. 2, 81 Abs. 2 VAG Anordnungen zur Vermeidung eines Mißstandes treffen.

Aufsichtsrechtliche Maßnahmen zur Überschußbeteiligung wurden für den Altbestand überwiegend auf den allgemeinen Grundsatz der „ausreichenden Wahrung der Belange der Versicherten" (§§ 8 Abs. 1 Nr. 2 1. Alt., 81 Abs. 2 S. 2 VAG a.F.) gestützt. Dieser Aufsichtsgrundsatz wurde vom BAV im Sinne einer umfassenden materiellen Staatsaufsicht ausgelegt. Das Aufsichtsamt verstand sich als „Sachwalter der Versicherten" und ging davon aus, daß die Aufsichtsbehörde „kraft seiner Sachkunde »stellvertretend« das Interesse der Versicherungsnehmer wahrzunehmen habe."[128]

Demgegenüber wies das BVerwG in seinem vielbeachteten Urteil v. 14. Oktober 1980 (DAS-Urteil) darauf hin, daß eine optimale Wahrung der Versichertenbelange mit dem VAG nicht zu vereinbaren sei.[129] Die Aufsichtsbehörde habe „nicht darüber zu wachen, daß – positiv – die Interessen der Versicherten die denkbar beste oder auch nur

---

127 VerBAV 1986, 399; VerBAV 1988, 424; VerBAV 1991, 371; VerBAV 1994, 3; VerBAV 1995, 234. Siehe hierzu auch VOGEL/LEHMANN, VerBAV 1983, 99, 124, 213 und VOGEL, VerBAV 1986, 450.
128 So die Ansicht des BAV im sog. DAS-Prozeß, zitiert in BVerwGE 61, 59, 63.
129 BVerwGE 61, 59, 64f. Bestätigt durch: BVerwGE 82, 303; BVerwGE 95, 8; BVerwGE 95, 25.

eine möglichst gute Berücksichtigung erfahren." Vielmehr dürfe das BAV erst dann Maßnahmen zur Wahrung der Versichertenbelange ergreifen, wenn den Versicherten eine unangemessene Benachteiligung im Sinne von § 9 Abs. 1 AGBG drohe.

Obwohl das BVerwG damit die Aufsichtsbefugnisse des BAV begrenzt und anhand privatrechtlicher Wertungskategorien konkretisiert hatte,[130] orientierte sich die Aufsicht weiterhin an Gerechtigkeitsvorstellungen, ohne die im Privatrecht getroffenen Wertentscheidungen ausreichend zu berücksichtigen. Das BAV betrachtete sich als „Verbraucherschutzbehörde" und versuchte, die Interessen der Versicherungsnehmer auch positiv zu wahren.[131] Im Bereich der Überschußbeteiligungsaufsicht verlangte das BAV, daß die Versicherungsnehmer verursachungsgerecht, gleichmäßig, zeitnah und gerecht an den Überschüssen zu beteiligen seien.[132]

- Das Prinzip der *verursachungsgerechten* Beteiligung besagte, daß der einzelne Versicherungsnehmer in der Höhe am Überschuß beteiligt werden muß, wie er zu seiner Entstehung beigetragen hat.[133]
- Da in den Beispielrechnungen die in der Vergangenheit zuletzt deklarierten Überschußanteilsätze *gleichmäßig* auf die Vertragslaufzeit verteilt wurden, ging das BAV zugleich davon aus, daß die Versicherungsnehmer auch eine über die Vertragslaufzeit konstante Überschußbeteiligung erwarteten.[134] Aus diesem Grunde entwickelte das Aufsichtsamt den aufsichtsrechtlichen Grundsatz einer gleichmäßigen Überschußbeteiligung. Diese Maxime besagte, daß die entstandenen Überschüsse den Versicherungsnehmern nicht sofort, sondern zunächst der Rückstellung für Beitragsrückerstattung (RfB) zugeteilt werden sollten, denn die RfB liegt als Puffer zwischen Überschußentstehung und einzelvertraglicher Zuteilung und kann somit Schwankungen der Ertragslage ausgleichen.[135]

---

130 Ebenso: BARBEY, VersR 1985, 101, 109; SCHWINTOWSKI, Der private Versicherungsvertrag (1987), 69ff. sowie zuletzt RÖMER, Der Prüfungsmaßstab (1996), 10.

131 Siehe z.B. die Ausführungen der früheren BAV-Präsidenten HOHLFELD (VW 1990, 436: „Die Aufgabe des Amtes ist Verbraucherschutz") und ANGERER (Grundlinien der Versicherungsaufsicht [1985], 16f.: „Der Versicherte als Verbraucher von Versicherungsschutz steht mehr im Blickpunkt des öffentlichen Interesses. Er gilt als besonders schutzwürdig. Vom Staat wird daher eine besondere Fürsorge auf dem Gebiet des Versicherungswesens erwartet. (...) Werden die Versicherten benachteiligt, bringt ihnen die Rechtsstellung im Versicherungsvertrag Nachteile, sind sie am Überschuß eines LebensVU, gemessen an ihren Beiträgen, unzureichend beteiligt, so sind ihre Belange nicht gewahrt, keinesfalls aber sind sie ausreichend gewahrt. Ausreichend ist zwar weniger als das Maximum, wohl auch weniger als das Optimum, sicher aber erst eine positive Interessenlage der Versicherten. Abzulehnen ist deshalb die in jüngster Zeit vertretene Auffassung des BVerwG, das die ausreichende Wahrung der Belange der Versicherten im Sinne des VAG gleichsetzt mit der nicht unangemessenen Benachteiligung der Vertragspartner nach dem AGB-Gesetz.").

132 Darüber hinaus wendete das Aufsichtsamt, wie bereits aus dem Geschäftsbericht des Kaiserlichen Aufsichtsamts für 1907 (VA 1908, 110) hervorgeht, auch den Gleichbehandlungsgrundsatz an, obwohl dieser für den Altbestand lediglich für VVaG vorgeschrieben war (§ 21 VAG).

133 CLAUS, VerBAV 1980, 111.

134 VOGEL/LEHMANN, VerBAV 1982, 328, 332.

135 WINTER, in: BRUCK/MÖLLER/WINTER, VVG[8], Bd. V/2, Anm. G 319f.

- Dies durfte allerdings nicht zu einer langfristigen Thesaurierung der Überschüsse in der RfB, also zu hohen Schlußüberschußanteilen führen. Denn gleichzeitig galt der Grundsatz einer *zeitnahen* Überschußbeteiligung.[136]
- Schließlich waren die Maxime einer *gerechten* Überschußbeteiligung erfüllt, wenn die erzielten Überschüsse bei jeder Form der Vertragsbeendigung eine tatsächliche Verbesserung des Preis-Leistungsverhältnisses bewirkten.[137] Dies setzte voraus, daß Schlußüberschüsse sowohl im Erlebens-, als auch im Todes- und Rückkaufsfall ausgeschüttet wurden.

B. Die Überschußbeteiligungsklauseln in den Musterbedingungen

Da die AVB Teil des genehmigungsbedürftigen Geschäftsplans waren (§ 5 Abs. 3 Nr. 2 VAG a.F.), konnte das BAV bereits im Vorfeld der Vertragsabschlüsse gem. §§ 10 Abs. 1 Nr. 7, 8 Abs. 1 Nr. 2 VAG a.F. auf die Gestaltung der Überschußbeteiligungsklauseln Einfluß nehmen. Aufgrund des seit Mitte der 50er Jahre geltenden aufsichtsrechtlichen Grundsatzes der Einheitlichkeit von AVB[138] und der damit einhergehenden Praxis, für die einzelnen Versicherungszweige Musterbedingungen zu veröffentlichen, wichen die von den LVU verwendeten Überschußbeteiligungsklauseln nur unwesentlich voneinander ab. Sämtliche Überschußbeteiligungsklauseln der einzelnen Lebensversicherungssparten (Risikoversicherung, kapitalbildende Lebensversicherung, Rentenversicherung, etc.) enthielten folgende Bestimmung:[139]

§ 16 ALB-MB Wie sind Sie an unseren Überschüssen beteiligt?

(1) [1] Um die zugesagten Versicherungsleistungen über die in der Regel lange Versicherungsdauer hinweg sicherzustellen, sind die vereinbarten Lebensversicherungsbeiträge besonders vorsichtig kalkuliert. [2] An dem erwirtschafteten Überschuß sind unsere Versicherungsnehmer entsprechend unserem jeweiligen von der Aufsichtsbehörde genehmigten Geschäftsplan beteiligt.

(2) Ihre Versicherung gehört zum Abrechnungsverband ...

Bemerkung:
§ 16 ist nach Maßgabe des Geschäftsplans durch folgende Angaben zu ergänzen:
a) Voraussetzung für die Fälligkeit der Überschußanteile (Wartezeit, Stichtag für die Zuteilung u.ä.)
b) Form und Verwendung der Überschußanteile (laufende Überschußanteile, Schlußüberschußanteile, Bonus, Ansammlung, Verrechnung, Barauszahlung).

---

136 Ausführlich hierzu: R 1/85, VerBAV 1985, 110. Der Grundsatz der zeitnahen Überschußbeteiligung galt allerdings nicht für Thesaurierungseffekte im Bereich des Bilanzrechts. Nur vereinzelt wirkte das BAV auf eine Auflösung stiller Reserven hin, vgl. z.B. R 6/60, VerBAV 1960, 259.
137 JANOTTA-SIMONS, VerBAV 1985, 427, 429.
138 Vgl. ANGERER, ZVersWiss 1985, 221, 224, 236 (mwN). Kritisch zum Einheitlichkeitspostulat: SCHWINTOWSKI, Der private Versicherungsvertrag (1987), 165-173.
139 Vgl. Anh. A.I., S. 367.

Die Ausgestaltung der Überschußbeteiligungsklausel macht deutlich, daß in den Versicherungsbedingungen auf eine detaillierte Regelung des Überschußbeteiligungsverfahrens verzichtet wurde. *Wie* die Versicherungsnehmer am Überschuß beteiligt werden, ergab sich nicht aus den Vertragsbedingungen. Vielmehr verwiesen die Klauseln auf die Geschäftspläne, die entsprechend den Vorgaben des Aufsichtsamtes Einzelheiten zur Überschußbeteiligung regelten.

Diese Verweisungstechnik, die in abgewandelter Form auch beim Neubestand in den unverbindlichen Verbandsempfehlungen anzutreffen ist, ist historisch bedingt. Bereits das Kaiserliche Aufsichtsamt für Privatversicherung war der Ansicht, daß nicht die Versicherungsbedingungen, sondern die Geschäftspläne die Grundsätze des Überschußbeteiligungsverfahrens festlegen sollten. Zur Begründung führte das Aufsichtsamt aus, daß eine detaillierte vertragliche Vereinbarung „den meisten Versicherungsnehmern unverständlich bleiben müßte und es selbst bei ausreichender Sachkunde mangels der erforderlichen Unterlagen unmöglich sein würde, die Berechnungen der Gesellschaft nachzuprüfen."[140] Auf diese Argumentation verweisend ging die Literatur zum Altbestand überwiegend davon aus, daß § 16 der Musterbedingungen trotz seiner nur lückenhaften Regelung mit § 10 Nr. 7 VAG a.F. zu vereinbaren sei.[141] Mit ganz ähnlichen Argumenten hat auch der BGH mit Urteil v. 23.11.1994 entschieden, daß die Musterbedingungen nicht gegen § 9 AGBG verstoßen.[142]

C. Das Überschußbeteiligungsverfahren[143]

In der Vergangenheit wurden die vertraglichen Regelungen zur Überschußbeteiligung somit maßgeblich durch den Gesamtgeschäftsplan für die Überschußbeteiligung konkretisiert. Dieser regelt weiterhin für den Altbestand, in welcher Höhe und nach welchem Verfahren der nach der internen Rechnungslegung ermittelte Rohüberschuß auf die überschußberechtigten Verträge aufzuteilen ist.

Zunächst werden Risiko-, Kapitalanlage- und Kostenergebnis nicht nur für den Gesamtbestand, sondern auch für die Abrechnungsverbände ermittelt (I.). Anschließend bestimmen die zuständigen Organe des LVU,[144] in welcher Höhe der Rohüberschuß des Geschäftsjahres auf die Anteilseigner oder die Versicherungsnehmer verteilt wird. Hierbei haben die Versicherer vor allem die aufsichtsrechtlich festgelegten Mindestquoten zur Überschußbeteiligung zu beachten (II.). Die für die Überschußbeteiligung bestimmten Beträge werden nach Abrechnungsverbänden getrennt gem. § 56a S. 3 VAG entwe-

---

140 VerBAV 1908, 111.
141 So z.B. BENKEL/HIRSCHBERG, § 16 ALB Rn. 3 (mwN). Dagegen aber SCHWINTOWSKI, VuR 1996, 223, 224.
142 BGHZ 128, 54. Vgl. hierzu S. 81f.
143 Zum Überschußbeteiligungsverfahren vgl. Abb. 1, S. 28.
144 Bei *Aktiengesellschaften* haben Vorstand und Aufsichtsrat die Zuweisungsbefugnis (§ 56a S. 1 VAG). Beim *VVaG* ist dagegen umstritten, wer über eine etwaige Zuweisung der Überschüsse zur RfB beschließen darf. Siehe hierzu: MAYER, in: PRÖLSS, VAG[11], § 56a Rn. 10 und § 38 Rn. 5; STELKENS, Rechtsgrundlagen der Überschußbeteiligung (1965), 33ff. und SASSE, ZVersWiss 1975, 565, 581.

der der Rückstellung für Beitragsrückerstattung (RfB) zugeführt oder im Wege der Direktgutschrift unmittelbar an die Versicherungsnehmer ausgeschüttet (III.). Die einzelvertragliche Zuteilung der Überschüsse erfolgt in laufenden Überschußanteilen, die während der Vertragsdauer gutgeschrieben und unterschiedlich verwendet werden können, sowie einem Schlußüberschußanteil, der erst im Todes-, Erlebens- oder Rückkaufsfall fällig wird (IV.).

I. Die Überschußermittlung nach Abrechnungsverbänden

Da die verschiedenen Versicherungsarten und Versichertenkollektive in ganz unterschiedlichem Umfang zum Rohüberschuß eines LVU beitragen, verlangte das BAV gemäß dem Prinzip einer möglichst verursachungsgerechten Überschußbeteiligung, daß die Versicherungsnehmer nicht am Rohüberschuß des Gesamtbestandes, sondern ausschließlich am Überschuß der Abrechnungsverbände beteiligt werden.[145] Abrechnungsverbände fassen LVV mit gleichen bzw. ähnlichen Risiko-, Kapitalanlage- und Kostenstrukturen zu bestimmten Teilbeständen zusammen. Die genaue Aufteilung der Abrechnungsverbände ergibt sich aus dem Gesamtgeschäftsplan für die Überschußbeteiligung[146] und aus den Überschußbeteiligungsklauseln (§ 16 Abs. 2 ALB-MB). Nach der BerVersV müssen die Versicherer für jeden dieser Abrechnungsverbände Risiko-, Kapitalanlage- und Kostenergebnis gesondert ermitteln.[147]

Die Verteilung der *Risikoüberschüsse* (vgl. S. 43f.) ist im allgemeinen unproblematisch, denn die entsprechenden Beträge können entweder der Buchhaltung entnommen werden (z.b. Aufwendungen für vorzeitige Versicherungsfälle) oder nach versicherungsmathematischen Grundsätzen den Abrechnungsverbänden zugeordnet werden (z.b. Risikobeiträge des Geschäftsjahres, rechnungsmäßige Zinsen, freigewordene Deckungsrückstellungen).[148]

Kapitalanlageüberschüsse (vgl. S. 44ff.) können demgegenüber nur indirekt durch Schlüsselungsverfahren den Abrechnungsverbänden zugeordnet werden, denn die für den überschußberechtigten LVV maßgeblichen Sparbeiträge der Versicherungsnehmer werden im Gegensatz zur fondsgebundenen Lebensversicherung nicht im Deckungsstock (§ 54b VAG) angelegt. Dementsprechend erfaßt das Kapitalanlageergebnis sämtliche Erträge und Aufwendungen eines Versicherungsunternehmens.[149] Der tatsächliche Verlauf des Kapitalanlageergebnisses erfaßt sogar Erträge aus dem Eigenkapital und den Pensionsrückstellungen eines LVU.[150]

Auch beim *Kostenergebnis* (vgl. S. 58ff.) ist der Rückgriff auf Schlüsselungsverfahren notwendig, denn ein Großteil der Kosten kann ebenfalls nur für den Gesamtbestand bestimmt werden.

---

145 VOGEL/LEHMANN, VerBAV 1983, 124, 131.
146 Vgl. 1.4. des Gesamtgeschäftsplans für die Überschußbeteiligung, VerBAV 1988, 424, 425.
147 Siehe Anlage 2, Abschnitt A Nr. 19 der BerVersV.
148 Vgl. 2.1. des Gesamtgeschäftsplans für die Überschußbeteiligung, VerBAV 1988, 424, 425.
149 SAX, VerBAV 1990, 232, 233.
150 Ausführlich hierzu: CLAUS, VerBAV 1989, 225, 226ff.

In den aufsichtsbehördlich genehmigten Geschäftsplänen ist daher zugleich festgelegt, nach welchem Verfahren die Überschüsse auf die einzelnen Abrechnungsverbände zu verteilen sind.[151] Für Kapitalanlageüberschüsse wird ein Zinsträgerschlüssel verwendet; Überschüsse und Fehlbeträge aus dem Kostenergebnis werden dagegen über die Schlüsselgrößen „Versicherungssumme", „Stückzahl" oder „Beitragseinnahmen" den Abrechnungsverbänden zugerechnet.[152]

II. Die Verteilung der Überschüsse auf Versicherungsnehmer und Anteilseigner

Die für die einzelnen Abrechnungsverbände ermittelten Überschüsse bilden in ihrer Summe wiederum den Rohüberschuß, der entweder auf die Versicherungsnehmer oder die Anteilseigner verteilt werden kann. Für den Altbestand bestimmte der Gesamtgeschäftsplan für die Überschußbeteiligung, daß die Versicherungsnehmer zu mindestens 90 % am Rohüberschuß des Geschäftsjahres beteiligt werden.[153] Diese Quote galt auch für die Abrechnungsverbände.[154]

Seit 1989 wurde dagegen bei sämtlichen Neuzulassungen nicht mehr auf den Rohüberschuß, sondern auf den versicherungstechnischen Überschuß abgestellt, der zu 95% an die Versicherten zu verteilen war.[155] Der versicherungstechnische Überschuß war definiert als der Teil des Gesamtüberschusses, der unmittelbar aus dem Versicherungsgeschäft resultiert.[156] Hierzu zählten die Ergebnisquellen „Risiko", „Kapitalanlagen", „Abschlußkosten", „laufende Verwaltungskosten", „Storno" und „passives Rückversicherungsgeschäft".[157] Letztlich hat der versicherungstechnische Überschuß allerdings für den Altbestand keine Bedeutung erlangt.[158] Da die bestehenden Geschäftspläne nicht geändert wurden (§§ 13 Abs. 1, 81a S. 2 VAG a.F.), verwendeten die Versicherer weiterhin Geschäftspläne, in denen eine 90 %ige Beteiligung der Versicherungsnehmer am Gesamtüberschuß festgelegt war.

Bei den meisten LVU war der tatsächliche Zuweisungssatz weitaus höher; seit 1971 wurden im Branchendurchschnitt zwischen 97 bis 98 % der Rohüberschüsse an die Versicherungsnehmer ausgeschüttet.[159] Eine Beteiligungsquote von über 97 % sagt allerdings wenig über die tatsächliche Höhe der Überschußanteilssätze aus. Entscheidend ist

---

151 VerBAV 1988, 424, 425.
152 Vgl. VOGEL/LEHMANN, VerBAV 1983, 213, 218f.
153 VerBAV 1988, 424, 426. Die 90%-Quote galt seit 1939, VA 1939, 30.
154 VerBAV 1988, 424, 426.
155 VerBAV 1991, 371. Siehe hierzu auch ANGERER, ZVersWiss 1989, 106, 116 und CLAUS, VerBAV 1989, 225, 229ff.
156 Ausführlich: CLAUS, VerBAV 1989, 225, 229ff.
157 VerBAV 1991, 371. Beim Kapitalanlageergebnis wurde wiederum durch einen Zinsträgerschlüssel ermittelt, welche Nettozinserträge dem versicherungstechnischen Überschuß zuzurechnen sind. Ausgenommen vom versicherungstechnischen Überschuß waren z.B. Erträge aus dem Eigenkapital und Pensionsrückstellungen. Da diese Zinsträger den Anteilseignern zuzurechnen waren, sollten die Versicherungsnehmer an diesen Erträgen nicht beteiligt werden.
158 Laut VerBAV 1991, 371 waren in den Jahren 1989-1991 lediglich 13 LVU von der Rechtsänderung betroffen.
159 CLAUS, VerBAV 1989, 225, 227.

nicht, zu welchem Prozentsatz die Versicherungsnehmer am Rohüberschuß beteiligt werden. Maßgeblich ist vielmehr, wie sich der Rohüberschuß berechnet.[160]

Problematisch für den Altbestand war insbesondere die Praxis der Querverrechnung. Da der Rohüberschuß aus dem Saldo sämtlicher Ergebnisquellen gebildet wird, konnten Überschüsse aus dem Risiko-, Kapitalanlage- und Verwaltungskostenergebnis in voller Höhe mit Fehlbeträgen aus den Bereichen „Abschlußkosten" und „übriges Ergebnis" verrechnet werden. Diese Praxis führte in der Vergangenheit dazu, daß die Versicherer in den Geschäftsjahren 1974-1978 lediglich 78 bis 86 % der Risiko- und Kapitalanlageüberschüsse an die Versicherungsnehmer verteilten.[161]

Um eine möglichst ungeschmälerte Beteiligung der Versicherungsnehmer an den Risiko- und Kapitalanlageüberschüssen sicherzustellen, versuchte der Gesetzgeber zwar im Jahre 1983 durch einen neu geschaffenen § 81c VAG die Möglichkeit der Querverrechnung zu begrenzen.[162] BASEDOW und FINSINGER haben aber für den Altbestand zu Recht kritisiert, daß die Gesetzesnovellierung aus dem Jahre 1983 de facto wirkungslos war.[163] Da sich der Rückgewährrichtsatz am Branchendurchschnitt orientierte, konnte das BAV nur in Extremfällen gegen eine Verrechnung zwischen einzelnen Überschußquellen vorgehen.

III. Rückstellung für Beitragsrückerstattung (RfB) und Direktgutschrift

1. Grundsätze

Die für die Überschußbeteiligung bestimmten Beträge durften den Versicherungsnehmern bis 1984 nicht direkt gutgebracht werden. Ursache hierfür war der aufsichtsrechtliche Grundsatz einer gleichmäßigen Überschußbeteiligung.[164] Das BAV ging davon aus, daß sich die Versicherungsnehmer bei Abschluß des Vertrages maßgeblich an den Beispielrechnungen orientierten und insofern eine gleichbleibende Überschußbeteiligung erwarteten.[165] Dementsprechend verlangte das BAV auch im Rahmen des Überschußbeteiligungsverfahrens eine gleichbleibende, konstante Überschußbeteiligung.

---

160 Ebenso: CLAUS, VerBAV 1980, 22, 24; BASEDOW, ZVersWiss 1992, 419, 424f.
161 CLAUS, VerBAV 1980, 22, 24.
162 Die Vorschriften der hierzu erlassenen Rückgewährquotenverordnung (RQV) finden sich im wesentlichen unverändert in der heute geltenden Mindestbeitragsrückerstattungsverordnung (ZRQuotenV) wieder, die in §§ 4-6 den Altbestand regelt. Gem. §§ 81c Abs. 2 VAG, 4 ZRQuotenV ist die Angemessenheit der Überschußbeteiligung an einem *brancheneinheitlichen* Rückgewährrichtsatz zu messen, der aus der Summe aller Risikoergebnisse und Nettokapitalerträge sämtlicher LVU gebildet wird. Soweit die Rückgewährquote eines LVU im Durchschnitt der letzten drei Geschäftsjahre unter 90 % des Rückgewährrichtsatzes liegt, kann das BAV im Wege der nachträglichen Mißstandsaufsicht (§§ 81c Abs. 2, 81 Abs. 1 VAG) einschreiten. Siehe auch die Regierungsbegründung zu § 81c VAG a.F., abgedruckt bei PRÖLSS, VAG[11], § 81c Rn. 5.
163 BASEDOW, ZVersWiss 1992, 419, 426; FINSINGER, WuW 1983, 99, 104f.
164 GB BAV 1968, 44; VOGEL/LEHMANN, VerBAV 1982, 328, 332. Dieser Grundsatz wurde auch vom BGH (Z 87, 346, 345) bestätigt.
165 VOGEL/LEHMANN, VerBAV 1982, 328, 332.

Da die Ertragslage eines LVU langfristig gesehen aufgrund häufig auftretender Schwankungen im Risiko-, Kapitalanlage- und Kostenbereich nie konstant ist, durften die erwirtschafteten Überschüsse nicht unmittelbar an die Versicherungsnehmer ausgeschüttet werden. Sämtliche Überschüsse waren vielmehr der RfB zuzuführen, die als Puffer zwischen Überschußentstehung und einzelvertraglicher Zuteilung liegt und somit Schwankungen der Ertragslage ausgleichen kann.

Die RfB stellt eine gem. §§ 341e Abs. 2 Nr. 2 HGB, 28 Abs. 1 RechVersV zu bildende versicherungstechnische Rückstellung dar. Gem. § 56a S. 4 VAG dürfen die der RfB zugewiesenen Beträge nur für die Überschußbeteiligung der Versicherungsnehmer verwendet werden.

Die RfB setzt sich dabei gem. §§ 56a S. 5 VAG, 28 RechVersV aus vier Teilen zusammen:[166] Zum einen enthält die RfB die deklarierten, im Folgejahr voraussichtlich auszuschüttenden laufenden Überschußanteile. Zum anderen besteht die RfB aus festgelegten Schlußüberschußanteilen, die wahrscheinlich in dem betreffenden Jahr an die Versicherungsnehmer ausgezahlt werden müssen. Drittens werden in der RfB die Mittel reserviert, die zur Finanzierung von Schlußüberschußanteilen benötigt werden, aber noch nicht deklariert sind (sog. Schlußüberschußanteilfonds, § 28 Abs. 6 RechVersV). Diese Beträge bilden zusammen den *gebundenen* Teil der RfB, der auch nicht zur Abwendung eines Notstandes herangezogen werden darf (§ 56a S. 5 VAG). Schließlich besteht die RfB aus einem *freien* Teil. Dieser ist zwar grundsätzlich für die Überschußbeteiligung vorgesehen. Im Gegensatz zu den festgelegten Mitteln und dem Schlußüberschußanteilfonds sind die Mittel der freien RfB jedoch noch nicht einzelnen Verträgen zugeordnet. Daher wirkt vor allem die freie RfB als Puffer zwischen Entstehung und einzelvertraglicher Zuteilung der Überschußanteile.[167]

2. Die RfB als Ausschüttungssperre

Ein individueller Vermögenszuwachs aus der Überschußbeteiligung findet erst dann statt, wenn die sich in der RfB befindlichen Überschüsse an die Versicherungsnehmer verteilt werden. Bei einer langfristigen Thesaurierung besteht dementsprechend die Gefahr, daß ganze Bestandsgruppen benachteiligt werden.

Anfang der 80er Jahre stellte das BAV fest, daß viele Versicherer die erwirtschafteten Überschüsse nicht im Rahmen der laufenden Überschußbeteiligung an die Versicherungsnehmer verteilten, sondern über das notwendige Maß hinaus in der RfB thesaurierten.[168] Zum einen waren die Schlußüberschußanteile stark angewachsen, zum anderen hatten die Versicherer aufgrund günstiger Zinsentwicklungen am Kapitalmarkt sehr hohe freie Rückstellungen angesammelt. Daher verlangte das BAV zur Wahrung der

---

166 Siehe auch 2.3.2. des Gesamtgeschäftsplans für die Überschußbeteiligung, in dem die Zusammensetzung der RfB festgelegt wurde, VerBAV 1988, 424, 426.

167 Da die freie RfB gem. § 56a S. 5 VAG auch zur Abwendung eines Notstandes herangezogen werden kann, steht dem LVU darüber hinaus ein Verlustausgleichpotential zur Verfügung, vgl. HÖLSCHER, Marktzinsorientierte Ergebnisrechnung in der Lebensversicherung (1994), 110.

168 Ausführlich: GB BAV 1982, 54.

Belange der Versicherten, daß die Versicherungsnehmer zeitnah und entstehungsgerecht an den Überschüssen zu beteiligen seien.[169] Das BAV wirkte auf eine Begrenzung der Schlußüberschußanteile hin[170] und führte eine Höchstgrenze für die RfB ein, die insbesondere die freien Rückstellungen zum Abschmelzen brachte.[171] Darüber hinaus mußten die Versicherer seit 1984 einen Teil der Überschüsse unmittelbar an die Versicherungsnehmer im Wege der Direktgutschrift ausschütten.[172]

3. BVerwGE 82, 303

Mit Urteil v. 12.9.1990 bestätigte das BVerwG die Grundsätze einer verursachungsgerechten und zeitnahen Überschußbeteiligung.[173] In dem zugrundeliegenden Fall verweigerte das BAV der klagenden Versicherungsgesellschaft die Genehmigung neuer Geschäftspläne, da diese keine Direktgutschrift in Höhe von 1,5 % des jeweiligen Guthabens und keine Obergrenze für die RfB vorsahen.[174] Bereits im Jahre 1982 hatte das betreffende LVU in der RfB rund 29 Mio. DM an „freien" Mitteln über die vom Aufsichtsamt für angemessen erachteten Obergrenzen hinaus angesammelt.

Dies wurde auch vom BVerwG beanstandet. In seinem Urteil wies das Gericht darauf hin, daß das BAV gem. § 8 Abs. 1 Nr. 2 1. Alt. VAG a.F. darauf zu achten habe, daß die in der RfB angesammelten Beträge alsbald an die einzelnen Versicherten ausgeschüttet werden. Die Versicherten hätten ein schutzwürdiges Interesse daran, daß die für die Rückvergütung ihrer an sich zu hoch bemessenen Beiträge vorgesehenen Beträge zeitnah und damit verursachungsgerecht ausgeschüttet werden. Aus diesem Grund habe das BAV die Befugnis, die in der RfB thesaurierten Mittel zu begrenzen. Denn die RfB unterliege einer grundsätzlich unabänderlichen Zweckbindung dahin, daß die in ihr angesammelten Beträge an die derzeitigen Versicherungsnehmer auszuschütten seien. Dabei sei auch das Anliegen des Versicherers, möglichst langfristig eine gleichbleibende Überschußbeteiligung zu gewähren, nicht in dem von ihm geltend gemachten Umfang schutzwürdig, denn für eine solche Ausgleichsfunktion benötige der Versicherer nicht die von ihm beanspruchte Freiheit zur Entscheidung über die Höhe und den Zeitpunkt der Ausschüttung. Das BAV habe daher die Befugnis, Höchstgrenzen für die RfB festzulegen. Demgegenüber sei die zwangsweise Einführung der Direktgutschrift aller-

---

169 R 1/79, VerBAV 1979, 45, 46; GB BAV 1982, 54; GB BAV 1983, 51; GB BAV 1984, 52.
170 Siehe R 1/85, VerBAV 1985, 110, abgedruckt in: BRUCK/MÖLLER/WINTER, VVG[8], Bd. V/2, Anm. G 325.
171 GB BAV 1985, 57; VerBAV 1986, 201; VerBAV 1988, 424, 426.
172 GB BAV 1982, 54ff.; GB 1983, 51; VerBAV 1987, 255; CLAUS, VerBAV 1988, 259.
173 BVerwGE 82, 303. Bestätigt durch: BVerwGE 100, 115. Befürwortend auch: KAULBACH, VersR 1990, 257. Kritisch dagegen: KAGELMACHER, VersR 1990, 805; WINTER, in: BRUCK/MÖLLER/ WINTER, VVG[8], Bd. V/2, Anm. G 322, 326 sowie GÄRTNER, Neuere Entwicklungen der Vertragsgerechtigkeit im Versicherungsrecht (1991), 24-29.
174 Siehe die Beschlußkammer-Entscheidung des BAV, VerBAV 1987, 255.

dings entbehrlich, denn durch die Abschmelzung der RfB sei eine zeitnahe Überschußbeteiligung hinreichend sichergestellt.[175]

4. Bewertung

Merkwürdig an dieser Entscheidung bleibt die Tatsache, daß das BVerwG in seinem Urteil ausdrücklich darauf hinweist, daß privatrechtlich kein Anspruch auf baldige Zuteilung der Überschüsse herzuleiten sei.[176] Der Versicherungsnehmer erwerbe, so das BVerwG, erst mit der Zuteilung der Überschußanteile einen unmittelbaren, unwiderruflichen Vermögenszuwachs. Vor der individuellen Überschußzuteilung erhalte der Versicherungsnehmer dagegen lediglich eine nicht weiter konkretisierte Anwartschaft, die nachträglich wieder entfallen oder gemindert werden könne. – Geht man aber davon aus, daß die Versicherten keinen Rechtsanspruch auf eine zeitnahe Überschußbeteiligung haben, so bleibt unklar, warum die Belange der Versicherten vorliegend überhaupt gefährdet sind. Denn nach den im DAS-Urteil aufgestellten Grundsätzen des BVerwG hat die Aufsichtsbehörde die Belange der Versicherten keinesfalls optimal zu wahren. Tatbestandlich ist das BAV vielmehr erst dann zu Eingriffen berechtigt, wenn eine unangemessene Benachteiligung i.S.d. § 9 AGBG droht. Konsequenterweise hätte das BVerwG daher entweder einen Rechtsanspruch der Versicherten auf baldige Überschußzuteilung bejahen oder aber eine Eingriffsbefugnis des BAV verneinen müssen.[177]

IV. Die einzelvertragliche Zuteilung und Verwendung der Überschußanteile

Die in der RfB thesaurierten Mittel werden jährlich (laufende Überschußbeteiligung) sowie am Ende der Vertragslaufzeit (Schlußüberschußanteile) der Rückstellung entnommen und den Versicherungsnehmern gutgeschrieben. Dabei muß der Vorstand eines LVU zunächst die laufenden Überschußanteile und die Schlußüberschußanteile rechtzeitig vor Beginn eines Kalenderjahres der Höhe nach deklarieren und im darauf folgenden Geschäftsjahr auch im Geschäftsbericht veröffentlichen.[178] Durch das Verfahren der Deklaration werden die in der RfB angesammelten Überschüsse, die bereits auf die

---

175 BVerwGE 82, 303, 311. Hinzu kam, daß § 56a S. 3 VAG a.F. im Gegensatz zur heute geltenden Fassung lediglich die Zuführung zur RfB, nicht aber die Direktgutschrift erwähnte. Auch aus diesem Grunde ging das BVerwG davon aus, daß es der Klägerin nicht verwehrt werden könne, die für die Überschußbeteiligung bestimmten Beträge in die RfB einzustellen.

176 BVerwGE 82, 303, 306. Ebenfalls kritisch: KAGELMACHER, VersR 1990, 805, 806.

177 Verständlich wird das Urteil des BVerwG lediglich vor dem Hintergrund der Entscheidung des BGH v. 8. Juni 1983, in welcher der BGH eine zivilrechtliche Kontrolle der Überschußbeteiligung ablehnte und darauf hinwies, daß ein zivilrechtlich/individualistisches System nicht praktikabel sei (BGHZ 87, 346, 357; vgl. hierzu S. 79f.). Hierdurch sah sich das BVerwG wahrscheinlich veranlaßt, zivilrechtliche Schutzlücken im Wege des öffentlichen Rechts zu schließen.

178 3.1. des Gesamtgeschäftsplans für die Überschußbeteiligung, VerBAV 1988, 424, 427. Siehe auch: § 28 Abs. 8 Nr. 3 RechVersV.

verschiedenen Abrechnungsverbände verteilt worden sind, den einzelnen Verträgen je nach Gewinnverband zugeordnet.[179] Dieses Verteilungsverfahren wurde ebenfalls im Gesamtgeschäftsplan für die Überschußbeteiligung geregelt.[180] Genehmigungsfähig waren die Geschäftspläne nur dann, wenn die Überschüsse durch ein natürliches Überschußbeteiligungssystem den einzelnen Verträgen zugeteilt wurden.[181] Im Gegensatz zu mechanischen Verteilungsverfahren arbeiten natürliche Überschußbeteiligungssysteme nicht mit einer einzigen Bezugsgröße, sondern mit mehreren, aus den einzelnen Überschußquellen abgeleiteten Bemessungsgrundlagen.[182]

1. Laufende Überschußbeteiligung

Laufende Überschußanteile waren daher je nach Ergebnisquelle (Kapitalanlage-, Risiko- und Kostenergebnis) durch unterschiedliche Verfahren auf die Verträge aufzuteilen. In aller Regel wurden Risiko- und Kostenüberschüsse in sog. Grundüberschußanteile zusammengefaßt.[183] Bemessungsgrundlage hierfür war entweder die Versicherungssumme oder der individuelle Risiko- bzw. Kostenbeitrag.[184] Bezugsgröße für die Zinsüberschußanteile war demgegenüber das in den Geschäftsplänen festgelegte Bruttodeckungskapital zur Mitte des abgelaufenen Geschäftsjahres.[185]

Da die RfB die gutzuschreibenden Überschüsse bereits enthalten muß, setzt die laufende Überschußbeteiligung i.d.R. nicht bei Vertragsbeginn ein, sondern erst nach einer

---

179 Die Aufteilung des Gesamtbestandes in Abrechnungsverbände ermöglichte nicht in jedem Fall eine verursachungsgerechte Überschußbeteiligung. Teilweise enthielten die Abrechnungsverbände unterschiedliche Versicherungsarten. So umfaßte z.B. der Abrechnungsverband „Einzel-Kapitalversicherungen" sowohl kapitalbildende Versicherungen, als auch Risikoversicherungen (siehe 3.3. des Gesamtgeschäftsplans für die Überschußbeteiligung, VerBAV 1988, 424, 427ff.). Darüber hinaus bestanden die Abrechnungsverbände in aller Regel aus Verträgen, die auf unterschiedlichen Rechnungsgrundlagen basierten. Die Versicherer hatten daher nicht nur Abrechnungsverbände, sondern auch Gewinnverbände zu bilden, die allerdings erst bei der einzelvertraglichen Überschußzuteilung berücksichtigt wurden.

180 3.1. des Gesamtgeschäftsplans für die Überschußbeteiligung, VerBAV 1988, 424, 427.

181 GB BAV 66, 36f. Mechanische Überschußbeteiligungssysteme durften nur bei Versicherungsformen verwendet werden, bei denen i.d.R. gleichbleibende Überschüsse anfielen (kurzlaufende Risikoversicherungen, BUZ), VOGEL/LEHMANN, VerBAV 1982, 328, 330.

182 Ausführlich hierzu: HÖLSCHER, Marktzinsorientierte Ergebnisrechnung in der Lebensversicherung (1984), 113.

183 VOGEL/LEHMANN, VerBAV 1982, 328, 331; SCHMIDT, in: PRÖLSS, VAG[11], Zus. § 11 Rn. 17. Teilweise enthielten die laufenden Überschußanteile aber auch drei Komponenten (Grund-, Risiko- und Zinsüberschußanteile), vgl. VerBAV 1988, 424, 427.

184 CLAUS, VerBAV 1986, 283, 289.

185 VerBAV 1988, 424, 427.

Wartezeit von ein bis zwei Jahren.[186] Bei einer Wartezeit von einem Jahr werden die Grundüberschußanteile am Ende des ersten Jahres (t=1) der RfB zugeführt und deklariert. Im darauf folgenden Jahr (t=2) werden die Grundüberschußanteile ausgeschüttet. Kapitalanlageüberschüsse, die im Jahr t=1 erwirtschaftet wurden, stehen zu Beginn des Jahres t=2 zur Verfügung. Da die Zinsüberschußanteile aber nach dem Bruttodeckungskapital des Vorjahres berechnet und die Sparanteile in den ersten Jahren mit den Abschlußkosten verrechnet werden (Zillmerung), wird der Zinsüberschuß in aller Regel erst zu Beginn von t=3 gutgeschrieben.[187]

Die in einem Geschäftsjahr gutgeschriebenen laufenden Überschußanteile konnten je nach vertraglicher Vereinbarung[188] auf unterschiedliche Art und Weise verwendet werden. Nach dem Gesamtgeschäftsplan für die Überschußbeteiligung[189] konnten die Überschußanteile bar ausgezahlt, mit den Beiträgen verrechnet oder zur Abkürzung der Versicherungsdauer verwendet werden.

Darüber hinaus standen auch die verzinsliche Ansammlung und das Bonussystem als zulässige Verwendungsalternativen zur Verfügung. Bei der *verzinslichen Ansammlung* sind die gutgeschriebenen Überschußanteile auf der Passivseite der Bilanz unter der Position „Verbindlichkeiten aus dem selbst abgeschlossenen Versicherungsgeschäft gegenüber Versicherungsnehmern" auszuweisen (§ 28 Abs. 4 RechVersV). Das vorhandene Guthaben wird mit dem Rechnungszins verzinst und am Ende der Vertragslaufzeit ausgezahlt. Dabei sind die verzinslich angesammelten Überschußanteile ihrerseits überschußberechtigt.[190] Beim *Bonussystem* erhöhen die Überschußanteile dagegen die Versicherungssumme, indem die zugeteilten Überschüsse als Einmalbeitrag für eine zusätzliche Versicherung (Bonusversicherung) verwendet werden. Gem. § 341f Abs. 1 S. 1 HGB wird die Deckungsrückstellung um das Bruttodeckungskapital der Bonusversicherung aufgestockt. Ebenso wie die verzinslich angesammelten Überschußanteile sind auch die Bonusversicherungen überschußberechtigt.

2. Schlußüberschußbeteiligung

Für den Altbestand mußten die Versicherer neben den laufenden Überschußanteilen auch sog. Schlußüberschußanteile ausschütten.[191] Durch die Schlußüberschußanteile

---

186 HAGELSCHUER, Lebensversicherung² (1987), 182. Hinsichtlich der Risiko- und Verwaltungskostenüberschüsse war teilweise auch eine Sofortüberschußbeteiligung üblich, CLAUS, VerBAV 1986, 283, 287. Hierbei werden die Überschüsse ohne Wartezeit im Wege der Direktgutschrift gutgeschrieben. Die Sofortüberschußbeteiligung entspricht der Direktgutschrift von Zinsüberschüssen und kann ebensowenig wie diese garantiert werden. Während die Sofortüberschußbeteiligung früher vor allem bei Risiko- und Berufsunfähigkeits(Zusatz)-Versicherungen üblich war (GB BAV 1983, 52), ist sie nunmehr auch verstärkt bei kapitalbildenden LVV anzutreffen.

187 Ein negatives Bruttodeckungskapital wurde mit Null bewertet, VOGEL/LEHMANN, 1983, 213, 221. Die seit 1987 eingeführten Garantiewerte (Mindestrückkaufswerte) relativierten den Einfluß der Zillmerung auf die Bemessung der Zinsüberschußanteile. Hierzu: CLAUS, VerBAV 1986, 283, 288.

188 Siehe § 16 ALB-MB, Bemerkung b (abgedruckt in Anh. A.I., S. 367).

189 VerBAV 1988, 424, 428.

190 VerBAV 1988, 424, 432.

191 VerBAV 1988, 424, 427f.

sollten zum einen diejenigen Überschüsse verteilt werden, die bei Beendigung des Vertrages zwar erwirtschaftet, aber aufgrund der Wartezeit noch nicht gutgeschrieben waren.[192] Zum anderen diente der Schlußüberschußanteil der Weitergabe von Kapitalanlageüberschüssen, die wegen der schwankenden Ertragslage nicht im Wege der laufenden Überschußbeteiligung ausgeschüttet wurden.

Vor 1979 mußten Schlußüberschußanteile bei gemischten Lebensversicherungen nur im Erlebensfall gewährt werden. Diese Praxis stand im Widerspruch zu der Maxime einer zeitnahen und gerechten Überschußbeteiligung.[193] Denn nach Ansicht des BAV war die Überschußbeteiligung nur dann gerecht, wenn die erzielten Überschüsse bei jeder Form der Vertragsbeendigung ausgeschüttet werden. Seit 1979 waren daher Schlußüberschußanteile auch im Todesfall, seit 1985 sogar im Rückkaufsfall auszuzahlen.[194] Die Schlußüberschußanteile waren nach Maßgabe des Gesamtgeschäftsplans für die Überschußbeteiligung zu deklarieren. Bemessungsgrundlagen für die einzelvertragliche Zuteilung der Schlußüberschußanteile waren die Versicherungssumme und die Beitragszahlungsdauer.

D. Die Informationen zur Überschußbeteiligung

I. Die aufsichtsrechtlichen Anforderungen

In aufsichtsrechtlicher Hinsicht waren die Versicherer nicht dazu verpflichtet, über die Überschußbeteiligung zu informieren. Das BAV gab aber Formblätter heraus, in denen die Grundsätze für die Darstellung und Erläuterung der Überschußbeteiligung festgelegt waren. Hiernach galt folgendes:[195]

Vor Abschluß der LVV durften die Versicherungsnehmer nur in Form unverbindlicher Beispielrechnungen über die Höhe der zu erwartenden Überschußbeteiligung informiert werden. Die Beispielrechnungen basierten auf den zuletzt deklarierten Überschußanteilssätzen und konnten höchstens für einen Zeitraum von 30 Jahren erstellt werden. Die Verwendung der Beispielrechnungen setzte voraus, daß die künftigen Überschußanteilssätze finanzierbar waren. Daher hatten die Versicherer dem BAV jähr-

---

192 JANOTTA-SIMONS, VerBAV 1985, 427, 428.

193 JANOTTA-SIMONS, VerBAV 1985, 427, 428.

194 R 1/79, VerBAV 1979, 45; R 1/85, VerBAV 1985, 110: „Das Bundesaufsichtsamt wirkt seit langem darauf hin, daß aufgrund der vorsichtigen Beitragskalkulation in der Lebensversicherung entstehenden Überschüsse möglichst bald und vollständig und so gerecht wie möglich an die Versicherten zurückgewährt werden. Deshalb ist das Bundesaufsichtsamt bereits in der Vergangenheit Bestrebungen entgegengetreten, größere Teile der jährlichen Überschüsse nicht sogleich laufend an die Versicherten auszuschütten, sondern sie in der Rückstellung für Beitragsrückerstattung (RfB) zurückzuhalten, um sie erst bei Ablauf der Versicherungen als sogenannte Schlußüberschußanteile auszuzahlen. Denn bei diesem Verfahren erhalten zahlreiche Versicherte bei vorzeitigem Ausscheiden durch Tod oder Storno nicht die von ihnen bis dahin erzeugten Überschüsse, die ihnen bei laufender Überschußbeteiligung zugetegekommen wären."

195 R 5/88, VerBAV 1988, 411; R 3/86, VerBAV 1986, 264; R 1/79, VerBAV 1979, 45. Siehe hierzu und zum folgenden: SAX, VerBAV 1987, 531.

lich nachzuweisen, daß die vorhandenen Mittel zur Finanzierung der in Aussicht gestellten Leistungen ausreichten.

Sämtliche Leistungen im Rückkaufs-, Todes- und Erlebensfall waren tabellarisch darzustellen. Unter jeder Tabellenseite mußte vermerkt werden, daß die Höhe der künftigen Überschußbeteiligung unverbindlich sei, da die künftige Überschußentwicklung von den Kapitalerträgen, vom Verlauf der Sterblichkeit und von der Entwicklung der Kosten abhänge. Darüber hinaus mußten die Versicherer vor Abschluß der Verträge weitere Berechnungen vorlegen, in denen zu Anschauungszwecken die hochgerechneten Zinsüberschußanteile halbiert wurden. Durch diese Maßnahme sollten die Konsequenzen verdeutlicht werden, die ein ungünstiger Zinsverlauf auf die Überschußbeteiligung hat.

Auch auf dem Versicherungsantrag waren die Versicherungsnehmer darauf hinzuweisen, daß die in Aussicht gestellten Überschußanteile nicht verbindlich zugesagt werden. Angaben zur Überschußbeteiligung auf dem Versicherungsschein (§ 3 VVG) waren dagegen unzulässig.[196] Da der Versicherungsschein eine Urkunde über den getroffenen Vertragsinhalt ist und die Vermutung der Vollständigkeit und Richtigkeit in allen Einzelheiten hat,[197] sollten die Versicherungsnehmer davor geschützt werden, die Überschüsse für feststehend und sicher anzusehen. Aus diesem Grunde durften die unverbindlichen Leistungen aus der Überschußbeteiligung nicht im Versicherungsschein erwähnt werden.

II. Informationsdefizite

Für den Altbestand wurde von verschiedener Seite zu Recht kritisiert, daß die Versicherer nur unzulänglich über die Überschußbeteiligung informierten.[198] Beanstandet wurde vor allem, daß auf der Basis der Beispielrechnungen ein zuverlässiger Preis-Leistungsvergleich ausgeschlossen war. Da die Verwendung der Beispielrechnungen vor Vertragsschluß nicht zwingend vorgeschrieben war, konnten Versicherer mit schlechter Ertragslage nähere Angaben zur Überschußbeteiligung unterlassen.[199] Beispielrechnungen verschiedener Anbieter waren zudem aufgrund der unterschiedlichen Gewinnverwendungssysteme nur schwer miteinander vergleichbar.

Darüber hinaus entsprachen viele Beispielrechnungen nicht der tatsächlichen Überschußkraft. Bei der Entwicklung geeigneter Finanzierbarkeitsnachweise übernahm das BAV das Verfahren des Verbandes der LVU. Nach dem Verbandsverfahren durften die Versicherer aber negative, den Rohüberschuß mindernde Abschlußkostenergebnisse (Querverrechnung) in ihren Hochrechnungen unberücksichtigt lassen.[200] Dies führte

---

196 GB BAV 1983, 53.
197 OLG Karlsruhe, VersR 1995, 909; RÖMER in: RÖMER/LANGHEID, VVG, § 3 Rn. 2.
198 STÖFFLER, Markttransparenz in der Lebensversicherung (1984), 153ff.; EIFERT, Kapital-Lebensversicherungen aus Verbrauchersicht (1997), 145ff.; SEUB, in: FS Gerhardt (1975), 369ff.
199 Nach Angaben von CLAUS stellten nur etwa zwei Drittel aller LVU Beispielrechnungen zur Verfügung, VerBAV 1985, 200, 202.
200 STÖFFLER, Markttransparenz in der Lebensversicherung (1984), 161.

dazu, daß die Versicherer in ihren Beispielrechnungen bis zu 20 % höhere Überschüsse ausweisen konnten, als tatsächlich bei einem zutreffenden Finanzierbarkeitsnachweis möglich gewesen wäre.[201] Da die Höhe des tatsächlichen Reinertrags aus Kapitalanlagen von der Kapitalanlagestrategie und der Bilanzpolitik der LVU abhängt (vgl. S. 46ff.), konnten die Versicherer die Ertragssituation zudem durch die Bildung und Auflösung stiller Reserven entscheidend beeinflussen. Dementsprechend war es möglich, bei Abschluß neuer Verträge eine sehr günstige Überschußbeteiligung in Aussicht zu stellen, indem die zuletzt deklarierten Überschußanteilssätze durch eine gezielte Abschmelzung stiller Reserven erhöht wurden. Nachträglich konnten die Versicherer aber die in den Beispielrechnungen prognostizierten Werte jederzeit durch die Bildung stiller Reserven unterschreiten.

Die meisten LVU konkurrierten daher nicht um die höchste Überschußbeteiligung, sondern um die optimistischste Beispielrechnung.[202]

E. Die Rechtsprechung zum Altbestand

Während die Zivilgerichte in der Vergangenheit mehrfach zu entscheiden hatten, ob die Versicherungsnehmer einen Anspruch auf Offenlegung der stillen Reserven und Überprüfung des Überschußbeteiligungsverfahrens haben (I.), konzentriert sich die Rechtsprechung des BVerwG auf die Frage, inwieweit stille Reserven im Rahmen einer Teilbestandsübertragung (§ 14 VAG) den Versicherten entzogen werden dürfen (II.). Die betreffenden Klagen der Versicherungsnehmer vor den ordentlichen Gerichten und dem BVerwG hatten keinen Erfolg. Wiederholt sei an dieser Stelle aber darauf hingewiesen, daß die gegen BGHZ 128, 54 sowie BVerwGE 95, 25 und BVerwGE 100, 115 erhobenen Verfassungsbeschwerden noch zur Entscheidung ausstehen. Vor dem Hintergrund des Beschlusses des BVerfG v. 28.12.1999[203] zur privaten Krankenversicherung wird zu erwarten sein, daß die Urteile der Zivilgerichte als verfassungswidrig erklärt werden.[204]

I. Die zivilgerichtliche Rechtsprechung

1. Die beiden Urteile des BGH

a) BGHZ 87, 346

In diesem Prozeß vertrat der klagende Versicherungsnehmer die Ansicht, der an ihn ausgeschüttete Gewinnanteil sei zu niedrig. Der Kläger meinte, das beklagte LVU habe wesentlich höhere Gewinne erwirtschaftet, als in den Geschäftsberichten ausgewiesen.

---

201 STÖFFLER, a.a.O., 163.
202 So auch EIFERT, Kapital-Lebensversicherungen aus Verbrauchersicht (1997), 156.
203 BVerfG, VuR 2000, 105, 107 = VersR 2000, 214, 216.
204 Wie hier: SCHWINTOWSKI, VuR 2000, 108, 110.

Da die Versicherungsnehmer einen Anspruch auf die stillen Reserven hätten, müsse ihm die Beklagte über die wirklichen Gewinne und den auf seinen Vertrag entfallenden Anteil wie einem Auftraggeber Rechnung legen.

Der BGH lehnte einen derartigen Anspruch mit der Begründung ab, daß der Versicherungsnehmer kein rechtliches Interesse an einer weitergehenden Rechnungslegung habe.[205] Die Art der Gewinnermittlung ergebe sich aus dem Gesetz. Auch in den Vertragsbedingungen werde auf den handelsrechtlichen Überschuß des Gewinnverbandes abgestellt. Da als Grundlage für die vertraglichen Gewinnbeteiligungsansprüche kein anders ermittelter Gewinn in Betracht komme, bestehe nicht die Gefahr, daß der Kläger ohne nähere Auskünfte seine Ansprüche nicht bzw. nur unzumutbar schwer geltend machen könne. Insofern könne auch offenbleiben, ob der Versicherer im Rahmen eines überschußberechtigten LVV eine Stellung habe, die dem Beauftragten eines Geschäftsbesorgungsvertrages oder einem Geschäftsführer ohne Auftrag zumindest ähnlich sei.[206] Auskunftpflichten gem. §§ 666, 681 BGB würden – so der BGH – jedenfalls zu einem unverhältnismäßigen Aufwand führen, ohne einem rechtlichen Interesse des Klägers zu dienen.

Aus dem gleichen Grund stehe dem Kläger auch kein Auskunftsanspruch aus § 242 BGB zu.[207] Der Versicherer sei nicht verpflichtet, die Rückstellungen in einem bestimmten Geschäftsjahr in voller Höhe an die Versicherten auszuschütten. Die Höhe der jährlichen Ausschüttungen sei vielmehr eine unternehmerische Entscheidung, die der Kläger grundsätzlich hinnehmen müsse. Für eine angemessene jährliche Überschußbeteiligung sorge nicht nur das BAV, sondern auch der Wettbewerb der LVU. Darüber hinaus hätten Versicherungsnehmer und Versicherer etwaige Auskunftpflichten durch die Vertragsbedingungen abbedungen.[208] Der Verweis auf den aufsichtsbehördlich genehmigten Geschäftsplan sei als eine Vereinbarung zu interpretieren, mit der die Vertragsparteien das BAV zur maßgeblichen Kontrollinstanz und Auskunftsempfänger bestimmt hätten.

Im übrigen dürfe nicht außer acht gelassen werden, daß höhere Ansprüche auf Gewinnbeteiligung zu Lasten anderer Verträge oder der wirtschaftlichen Substanz des Versicherungsunternehmens gingen.[209] Da die Versicherer zur Gleichbehandlung verpflichtet seien, müßten höhere Ansprüche auf Gewinnbeteiligung allen gleichartigen Versicherungsverträgen des Gewinnverbandes zugute kommen. Für einen Eingriff in andere Versicherungsverträge bestünde insofern keine rechtliche Grundlage. Ein Eingriff in die wirtschaftliche Substanz würde dagegen die Interessen aller Versicherungsnehmer gefährden. Letztlich dürfe der Kontrolle des BAV nicht rückwirkend die Grundlage entzogen werden. Das Überschußbeteiligungsverfahren könne „in sinnvoller und wirksamer Weise nur durch das BAV im Rahmen seiner allgemeinen Überwachungspflicht" kon-

---

205 BGHZ 87, 346.
206 BGHZ 87, 352.
207 BGHZ 87, 354-355.
208 BGHZ 87, 356.
209 BGHZ 87, 357.

trolliert werden. Aus diesen Gründen sei ein Anspruch des Versicherungsnehmers auf Einzelauskünfte gem. § 242 BGB abzulehnen.

b) BGHZ 128, 54

Auch in der Entscheidung des BGH v. 23.11.1994 vertrat der klagende Versicherungsnehmer die Ansicht, die an ihn ausgeschüttete Überschußbeteiligung sei aufgrund der Bildung stiller Reserven zu gering. Der Kläger verlangte über die bereits erhaltenen Überschußanteile hinaus einen weiteren gem. § 315 Abs. 3 S. 2 BGB von dem Gericht zu bestimmenden Betrag nebst 4 % Zinsen seit Rechtshängigkeit. Hilfsweise beantragte der Kläger, Auskunft über die tatsächlich erzielten Überschüsse unter Einbezug der stillen Reserven zu erhalten. Der BGH wies auch diese Klage in vollem Umfang als unbegründet zurück. Das Gericht war der Auffassung, die Vertragsparteien hätten nicht vereinbart, der Beklagte solle die Leistung einseitig – nach billigem Ermessen – bestimmen.[210] Versicherungsnehmer und Versicherer hätten in den Vertragsbedingungen und in der Satzung vielmehr konkret festgelegt, welche Leistung der Beklagte zu erbringen habe. Insofern sei der Zahlungsanspruch nach § 315 Abs. 3 BGB unbegründet.

Auch der Hilfsantrag wurde zurückgewiesen. Ein Auskunftsverlangen sei – so das Gericht – nur dann berechtigt, wenn die Auskunft der Durchsetzung eines *bestehenden* Zahlungsanspruchs diene.[211] Ein solcher Zahlungsanspruch liege aber nicht vor. Der in den Vertragsbedingungen und Satzungen verwendete Begriff „Überschuß" sei aus der Sicht des durchschnittlichen Versicherungsnehmers derjenige Überschuß, der sich aus dem Jahresabschluß ergebe.

Diese Regelungen seien auch mit dem Transparenzgebot (§ 9 Abs. 1 AGBG) vereinbar.[212] Der Begriff des Überschusses werde zwar nicht näher erläutert. Wie der Überschuß festzustellen sei, ergebe sich weder aus der Satzung, noch aus den Vertragsbedingungen. Vielmehr werde auf den Geschäftsplan verwiesen, der für den Versicherungsnehmer weder zugänglich, noch verständlich sei.[213] Ein Verstoß gegen das Transparenzgebot läge jedoch erst dann vor, wenn der Versicherungsnehmer von der Durchsetzung bestehender Rechte abgehalten werde. Eine solche Gefahr bestehe aber nicht. Denn der Kläger könne aus dem Geschäftsplan keine Rechte auf eine weitergehende Überschußbeteiligung herleiten.[214] Der Geschäftsplan beruhe auf öffentlichem Recht. Der bloße Verweis auf den Geschäftsplan reiche nicht aus, um zivilrechtliche Ansprüche der Versicherungsnehmer entstehen zu lassen.[215] Bürgerlich-rechtliche Bedeutung erlange eine derartige Erklärung erst dann, wenn die geschäftsplanmäßige Erklärung im Amtsblatt des BAV veröffentlicht werde (§ 328 Abs. 2 BGB analog). Eine derartige Veröffentli-

---

210 BGHZ 128, 57-58.
211 BGHZ 128, 58.
212 BGHZ 128, 59.
213 BGHZ 128, 60.
214 BGHZ 128, 61.
215 BGHZ 128, 63.

chung sei aber nicht erfolgt. Insofern unterliege der Geschäftsplan keiner zivilrechtlichen Kontrolle.[216]

Der Umstand, daß die Vertragsbedingungen und die Satzung *keine* Regelungen darüber enthalten, wie der Überschuß festzustellen ist, begründete nach Ansicht des BGH auch keinen Verstoß gegen § 9 Abs. 2 Nr. 2 AGBG. Das Fehlen von Regelungen über die Feststellung des Überschusses könne – so der BGH – nicht als eine Benachteiligung angesehen werden, die den Vertragszweck gefährde. Da der Versicherer an gesetzliche und aufsichtsrechtliche Vorgaben gebunden sei, könne er den Überschuß nicht willkürlich festsetzen.[217] Etwaige Spielräume bei der Ermittlung des Überschusses, wie beispielsweise die Bildung stiller Reserven oder die Praxis der Querverrechnung, seien vom Gesetzgeber gebilligt und folglich nicht als unangemessene Benachteiligung anzusehen. Der Versicherer habe entgegen der Ansicht BASEDOWS[218] auch nicht die Pflicht, zugunsten der Versicherungsnehmer den Gewinn möglichst umfassend zu steigern (Optimierungspflicht).[219] Selbst wenn man davon ausginge, daß die Kapitallebensversicherung ein partiarisches Rechtsverhältnis begründe, könne hieraus nicht abgeleitet werden, in welchem Umfang der Versicherer die Interessen der Versicherungsnehmer wahrzunehmen habe. Insoweit könne offengelassen werden, ob überhaupt ein partiarisches Rechtsverhältnis vorliege.

2. Die instanzgerichtliche Rechtsprechung

Die Instanzgerichte sind der Ansicht des BGH im Ergebnis weitgehend gefolgt. Auch das LG Hamburg[220] lehnte eine Überprüfung des Überschußbeteiligungsverfahrens nach § 315 Abs. 3 BGB ab. In dem zugrundeliegenden Fall beanstandete der Kläger, daß das LVU aufgrund der vom BAV veranlaßten Maßnahmen zur Begrenzung der RfB (siehe S. 72f.) Sonderausschüttungen vorgenommen hatte, ohne seinen Vertrag zu beteiligen.[221] Das Gericht führte aus, daß das Rechtsgebiet der Privatversicherung hinsichtlich überschußberechtigter LVV durch den Gesetzgeber abschließend und lückenlos geregelt sei und eine Gestaltungsmöglichkeit im Wege einer zivilgerichtlichen Überprüfung nicht bestehe. § 315 Abs. 3 BGB finde auch deshalb keine Anwendung, weil diese Vorschrift voraussetze, daß die Überschußbeteiligung vereinbarungsgemäß nach billigem Ermessen erfolgen solle, hier aber ein anderer Maßstab der Beteiligung – der vom BAV genehmigte Geschäftsplan – gewählt worden sei.

Demgegenüber nahm das OLG Hamburg[222] als Berufungsinstanz an, daß dem Versicherer zwar ein Leistungsbestimmungsrecht eingeräumt worden sei, jedoch die Auslegungsregelung des § 315 Abs. 1 BGB keine Anwendung finde, denn die Vertragspartner

---

216 BGHZ 128, 64.
217 BGHZ 128, 65.
218 BASEDOW, ZVersWiss 1992, 419, 439, 450.
219 BGHZ 128, 54, 66.
220 LG Hamburg, JZ 1989, 689-690.
221 Ausführlich zum Sachverhalt: OLG Hamburg, VersR 1990, 475 und v. HIPPEL, JZ 1989, 663, 665.
222 OLG Hamburg, VersR 1990, 475 = JZ 1990, 442.

hätten den aufsichtsbehördlich genehmigten Geschäftsplan als Bestimmungsmaßstab vereinbart. Ferner könne angesichts der Tatsache, daß der Geschäftsplan vom BAV genehmigt werden müsse, nicht von einer unangemessenen Benachteiligung gesprochen werden. Das Genehmigungserfordernis sei eine Garantie für eine ausreichende Berücksichtigung der Belange der Versicherten. Weitergehend verneinte das OLG Hamburg auch etwaige Ansprüche aus pVV. Der Gesetzgeber gehe davon aus, daß den Interessen der Versicherten Genüge getan sei, wenn die vielfältigen aufsichtsrechtlichen Bestimmungen eingehalten werden. Da das BAV die Sonderausschüttungen nur für bestimmte Verträge angeordnet habe, sei nicht zu beanstanden, daß Versicherte, deren Vertrag zum Stichtag bereits ausgelaufen war, von der Sonderausschüttung ausgeschlossen blieben. Die mit der Einrichtung des Systems der staatlichen Aufsicht getroffene Entscheidung des Gesetzgebers würde unterlaufen, wenn jeder LVV einer Überprüfung nach allgemeinen Kriterien unterzogen werden könne. Schließlich komme auch ein Auskunftsanspruch gem. § 666 BGB nicht in Betracht, denn der Versicherungsvertrag sei ein Vertrag eigener Art, der weder mit dem zwischen einer Kapitalanlagegesellschaft und ihren Anlegern bestehenden Verhältnis, noch mit dem Verhältnis zwischen Sparkasse oder Bank und Sparern vergleichbar sei.

In mehreren Entscheidungen[223] hatten die Instanzgerichte schließlich die Frage zu beurteilen, ob die Versicherer Überschußanteile in der Rentenversicherung reduzieren dürfen, wenn während der Vertragsdauer eine Veränderung der Sterbewahrscheinlichkeit eingetreten ist. Sämtliche Klagen wurden abgewiesen. Das AG Bad Schwalbach[224] lehnte einen Anspruch aus § 315 Abs. 3 S. 2 BGB mit den Argumenten ab, die der BGH bereits in seinem Urteil v. 23.11.1994 vorgetragen hatte. Die Überschußbeteiligungsklausel für Rentenversicherungsverträge war nach Ansicht des Gerichts auch mit § 10 Nr. 4 und § 9 AGBG vereinbar: Die Vertragsbedingung sei hinreichend bestimmt und verstoße nicht gegen das Transparenzgebot. Ein Verstoß gegen das Transparenzgebot liege erst dann vor, wenn die Gefahr bestehe, daß der Versicherungsnehmer von der Durchsetzung bestehender Rechte abgehalten werde. Eine solche Gefahr bestehe hier aber nicht, denn der Versicherungsnehmer könne aus dem Geschäftsplan keine Rechte auf eine weitergehende Überschußbeteiligung herleiten. Die Überschußbeteiligungsklausel sei auch nicht zu unbestimmt. Das Fehlen von Regelungen in AVB stelle keine unangemessene Benachteiligung i.S.v. § 9 Abs. 2 Nr. 2 AGBG dar. Da der Versicherer an gesetzliche und aufsichtsrechtliche Vorgaben gebunden sei, könne er den Überschuß nicht willkürlich festlegen. Auch das OLG Frankfurt[225] und das OLG Stuttgart[226] waren der Ansicht, daß sowohl die Gesamthöhe der Ausschüttungen, als auch die Verteilung auf die einzelnen Versicherungsverträge allein von der Entscheidung des Vorstands über die Höhe der jährlichen Ausschüttungen abhänge. Die unternehmerische Entscheidung über Höhe und Verteilung der Überschußbeteiligung sei vom Versicherungsneh-

---

223 AG Bad Schwalbach, VersR 1997, 606; OLG Frankfurt, VersR 1999, 1097; OLG Stuttgart, VersR 1999, 1223.
224 AG Bad Schwalbach, VersR 1997, 606f.
225 OLG Frankfurt, VersR 1999, 1097-1099.
226 OLG Stuttgart, VersR 1999, 1223f.

mer hinzunehmen und gerichtlich nicht überprüfbar, soweit nicht ausnahmsweise ein erkennbarer Mißbrauch vorliege.

3. Kritische Anmerkungen

Die Argumentation der Gerichte vermag in mehrfacher Hinsicht nicht zu überzeugen.[227] Obwohl die Gerichte davon ausgehen, daß sich aus der Überschußbeteiligungsklausel und der Satzung keine *bestimmte* Höhe der Überschußbeteiligung ergibt, wird § 315 BGB mit der Begründung abgelehnt, die Vertragsparteien hätten *konkret* festgelegt, welche Leistung der Versicherer zu erbringen habe. Diese auffallend knappe Begründung ist in der Literatur zu Recht auf Kritik gestoßen.[228] Anscheinend ist die Rechtsprechung der Ansicht, daß die Regelungen zur Überschußbeteiligung den Inhalt der Leistungspflichten eindeutig bestimmen, weil auf einen Geschäftsplan verwiesen wird, der seinerseits konkrete Maßstäbe zum Überschußbeteiligungsverfahren enthält. Aber selbst der Geschäftsplan legt die vom Versicherer zu erbringende Leistung aus der Überschußbeteiligung nicht fest. Da die dem einzelnen Versicherungsnehmer gutzuschreibenden Überschußanteile vom Rohüberschuß und dem sich daran anschließenden Überschußbeteiligungsverfahren abhängig sind, ist der Leistungsinhalt stets bei Vertragsschluß unbestimmt. Erst durch die Festsetzung des Überschußanteilssatzes konkretisiert der Versicherer seine zu erbringende Leistung. Der Gesamtgeschäftsplan für die Überschußbeteiligung enthält für den Altbestand lediglich Maßstäbe für die Konkretisierung der Leistungspflichten. Das Schuldverhältnis weist allenfalls einen *bestimmbaren*, nicht aber *bestimmten* Leistungsinhalt auf.

Die Regelungen zur Überschußbeteiligung räumen dem Versicherer daher ein Leistungsbestimmungsrecht ein.[229] Dieser Ansicht ist auch das OLG Hamburg. Das Gericht verneint jedoch eine Anwendung des § 315 Abs. 1 BGB mit dem Hinweis, daß die Überschußbeteiligung nach dem Willen der Vertragsparteien nicht nach billigem Ermessen erfolgen solle, sondern nach dem vom BAV genehmigten Geschäftsplan. Selbst diese Argumentation stößt aber auf rechtliche Bedenken.[230] Da die Überschußbeteiligungsklausel eine *vorformulierte* Vertragsbedingung ist, hätte das Gericht prüfen müssen, ob das vereinbarte Leistungsbestimmungsrecht den Anforderungen des AGBG entspricht. Überprüfungsmaßstab für vorformulierte Leistungsbestimmungsrechte ist allein § 9 AGBG.[231]

Entscheidend ist daher die Frage, ob der Geschäftsplan Vertragsbestandteil eines LVV ist und insofern einer zivilrechtlichen Kontrolle unterliegt. Dies wird von der Rechtsprechung mit dem Argument abgelehnt, daß der individuelle Geschäftsplan des

---

227 Ausführlich: EBERS, VuR 1997, 379, 381f.

228 Siehe z.B. BAUMANN, JZ 1095, 446, 447 und SCHÜNEMANN, VersWissStud. 4, 43, 46f.

229 Vgl. hierzu S. 250ff.

230 Siehe auch PALANDT[54]-HEINRICHS (§ 315 Rn. 5, bis einschl. 54. Aufl.) der gegen OLG Hamburg ebenfalls Bedenken äußert.

231 Ein Verstoß gegen § 10 Nr. 4 AGBG wird daher vom AG Bad Schwalbach – wenn auch mit falscher Begründung – zu Recht abgelehnt. Denn § 10 Nr. 4 AGBG betrifft nur den Fall, daß eine bei Vertragsschluß *bestimmte* Leistung nachträglich geändert werden soll.

Versicherers nicht veröffentlicht werde. Hiergegen hat BAUMANN[232] allerdings zu Recht geltend gemacht, daß der BGH in mehreren Fällen einer geschäftsplanmäßigen Erklärung auch dann zivilrechtliche Bedeutung zugemessen hat, wenn entsprechende *Muster*-Erklärungen der Aufsichtsbehörde im Amtsblatt publiziert wurden.[233] Insofern wird der Gesamtgeschäftsplan für die Überschußbeteiligung auch Vertragsbestandteil.[234]

Eine unangemessene Benachteiligung scheidet auch nicht schon deswegen aus, weil der Geschäftsplan vom BAV genehmigt wurde. Denn für den Altbestand haben die Gerichte mehrfach entschieden, daß eine Inhaltskontrolle nicht durch die behördliche Genehmigung der AVB ausgeschlossen wird.[235] Eine behördliche Genehmigung des Überschußbeteiligungsverfahrens ist daher für die Zivilgerichte ebensowenig bindend.[236]

Auch unter dem Gesichtspunkt der stillen Reserven und der Praxis der Querverrechnung sind die Ausführungen der Gerichte zu kritisieren. Richtig ist zwar, daß die geltenden Rechnungslegungsvorschriften einer Bildung stiller Reserven nicht entgegenstehen. Dies bedeutet aber nicht, daß derartige Ermessensspielräume privatrechtlich per se zulässig sind. Das Bilanzrecht entfaltet keine privatrechtsgestaltende Wirkung.[237] Soweit darauf verwiesen wird, daß das Aufsichtsrecht eine Querverrechnung gestatte, kann dieser Hinweis ebenfalls nicht überzeugen. Das Aufsichtsrecht regelt in § 81c VAG nur das Verhältnis zwischen Versicherer und BAV. Zudem stellt das VAG nur Mindestanforderungen für die Überschußbeteiligung auf. Inwieweit eine Saldierung der einzelnen Überschußquellen zulässig ist, muß daher nach dem Privatrecht beurteilt werden.

Darüber hinaus übersehen die Gerichte, daß das Transparenzgebot nicht nur dann verletzt sein kann, wenn der Vertragspartner von der Durchsetzung bestehender Rechte abgehalten wird. Das Transparenzgebot bezweckt vielmehr auch eine hinreichende Preis- und Produktklarheit.[238] Diese ist bei einem bloßen Verweis auf einen aufsichtsbehördlich genehmigten Geschäftsplan wohl kaum gegeben. Hiervon abgesehen verstoßen die Überschußbeteiligungsklauseln für den Altbestand auch gegen das Bestimmtheitsgebot. Denn das vom BGH zu vorformulierten Leistungsbestimmungsrechten[239] entwickelte Bestimmtheitsgebot bezweckt, daß der Kunde durch hinreichend tatbestandlich kon-

---

232 BAUMANN, JZ 1995, 446, 447.
233 Siehe z.B. BGHZ 105, 140, 151f. und GLAUBER, VersR 1993, 12ff.
234 Ebenso: BASEDOW, ZVersWiss 1992, 419, 441f.; WINTER, in: BRUCK/MÖLLER/WINTER, VVG[8], Bd. V/2, Anm. G 353; DONATH, AcP 1992, 279, 293. A.A.: LORENZ, ZVersWiss 1993, 283, 308ff.; BENKEL, VersR 1994, 509, 517.
235 BGHZ 83, 169, 172; OLG Stuttgart, VersR 1992, 1080, 1081 (m.w.N.). Zusammenfassend: BACH/GEIGER, VersR 1993, 659, 672.
236 Widersprüchlich ist auch die Entscheidung des BGH v. 8.6.1983. Obwohl der Versicherungsnehmer nach Ansicht des Gerichts keinen Anspruch auf eine höhere Überschußbeteiligung und keine diesbezüglichen Auskunftsansprüche haben soll, ist der BGH der Meinung, daß die Vertragsparteien das BAV zugleich zur maßgeblichen Kontrollinstanz und Auskunftsempfänger bestimmt haben. Ein rechtsgeschäftlicher Ausschluß eines Anspruchs macht aber nur dann Sinn, wenn ein solcher überhaupt besteht. Ebenfalls kritisch: BARBEY, VersR 1985, 101, 106 (unter Fn. 56).
237 Ebenso: SCHWINTOWSKI, JZ 1996, 702, 710.
238 Zur Preis- und Produktklarheit BGHZ 112, 115, 118f., WOLF in WOLF/HORN/LINDACHER, AGB-Gesetz[4], § 9 Rn. 143. Ausführlich: S. 295f.
239 BGH NJW 1980, 2518; BGHZ 93, 29; BGHZ 93, 252. Die Rechtsprechung bezieht sich sowohl auf Leistungs*bestimmungs*rechte, als auch auf Leistungs*änderungs*rechte.

kretisierte Klauseln bereits bei Vertragsschluß überblicken kann, worauf er sich einläßt. Zur wirksamen Begründung eines Leistungsbestimmungsrechts ist daher erforderlich, daß die Voraussetzungen und der Umfang des Bestimmungsrechts tatbestandlich hinreichend durch den Verwender konkretisiert werden.

4. Verfassungsrechtliche Aspekte

a) Verfassungswidrigkeit der zivilgerichtlichen Rechtsprechung

Schließlich ist fraglich, ob die genannten Urteile einer verfassungsrechtlichen Überprüfung standhalten werden. Das BVerfG hat mit Beschluß v. 28.12.1999[240] darauf hingewiesen, daß eine auf § 315 BGB beruhende zivilgerichtliche Überprüfung aufsichtsrechtlich genehmigter Prämienerhöhungen in der Krankenversicherung nach dem Prinzip effektiven Rechtsschutzes (Art. 2 Abs. 1 i.V.m. Art. 20 Abs. 3 GG) nicht mit dem Argument abgelehnt werden könne, daß die Aufsichtsbehörde die Berechnung der Prämienerhöhungen ordnungsgemäß geprüft habe. Anderenfalls wären – so das BVerfG weiter – einseitige Prämienerhöhungen jeglicher wirkungsvollen richterlichen Kontrolle auf Veranlassung und unter Mitwirkung der Versicherungsnehmer entzogen. Da die Versicherungsnehmer für den Altbestand nicht in der Lage seien, die Maßnahmen des BAV verwaltungsgerichtlich zu überprüfen und die Aufsichtsbehörde allein im öffentlichen Interesse tätig werde, gebiete das Rechtsstaatsprinzip und das ihm immanente Prinzip effektiven Rechtsschutzes eine umfassende tatsächliche und rechtliche Überprüfung der Prämienerhöhungen.

Auch in der Lebensversicherung darf somit eine zivilgerichtliche Prüfung der Überschußanteilssätze gem. § 315 BGB nicht versagt werden.[241] Denn allein die Tatsache, daß der Versicherer innerhalb des Überschußbeteiligungsverfahrens an gesetzliche und aufsichtsrechtliche Vorgaben gebunden ist, schließt – so das BVerfG – eine derartige Kontrolle gerade nicht aus. Dementsprechend ist zu erwarten, daß die gegen BGHZ 128, 54 eingelegte Verfassungsbeschwerde vor dem BVerfG Erfolg haben wird.

b) Verjährung der Ansprüche aus § 315 Abs. 3 S. 2 BGB

Weitergehend stellt sich damit allerdings die Frage, ob und in welchem Umfang in der Vergangenheit festgelegte Überschußanteilssätze überhaupt noch gem. § 315 BGB angreifbar sind. § 315 Abs. 3 S. 2 BGB sieht keine besondere Klagefrist vor. Grundsätzlich könnten die Versicherungsnehmer somit die festgelegten Überschußanteilssätze innerhalb der fünfjährigen Verjährungsfrist (§ 12 Abs. 1 S. 1 VVG) angreifen, vorausgesetzt, der Versicherungsnehmer hat sein Klagerecht nicht gem. § 242 BGB durch illoyale Verzögerung verwirkt.[242]

---

240   BVerfG, VuR 2000, 105, 107 = VersR 2000, 214, 216.
241   Wie hier: SCHWINTOWSKI, VuR 2000, 108, 110.
242   Zur Verwirkung des Klagerechts aus § 315 BGB vgl. BGHZ 97, 212, 220 und STAUDINGER[13]-MADER, § 315 Rn. 79.

Gem. § 12 Abs. 1 S. 2 VVG beginnt die Verjährung mit dem Schluß des Jahres, in welchem die Leistung verlangt werden kann. Fraglich ist damit, ab welchem Zeitpunkt die Leistung aus der Überschußbeteiligung i.S.d. § 12 Abs. 1 S. 2 VVG „verlangt" werden kann. Soweit die laufenden Überschußanteile reinvestiert werden (Bonussystem, verzinsliche Ansammlung), könnte man der Ansicht sein, daß die Versicherungsnehmer erst am Ende der Vertragslaufzeit einen fälligen Anspruch auf die Überschußanteile haben, so daß für den Beginn der fünfjährigen Verjährungsfrist allein dieser Zeitpunkt entscheidend wäre. Hiergegen spricht jedoch, daß es in rechtlicher Hinsicht keinen Unterschied machen kann, ob die gutgeschriebenen Überschußanteile bar ausgezahlt, mit den Beiträgen verrechnet, zur Abkürzung der Versicherungsdauer verwendet oder in Form der verzinslichen Ansammlung bzw. des Bonussystems reinvestiert werden, denn in all diesen Fällen erhält der Versicherungsnehmer bereits durch die Gutschrift der Überschußanteile einen unmittelbaren, unwiderruflichen Vermögenszuwachs.[243] Im Ergebnis ist daher davon auszugehen, daß die Verjährungsfrist grundsätzlich mit dem Schluß des jeweiligen Jahres beginnt, in welchem die Überschüsse gutgeschrieben werden.[244]

Eine unbillige, nicht vertragsgerechte Leistungsbestimmung bei der Zuteilung der *laufenden Überschußanteile* (z.B. eine unzulässige Querverrechnung) in den ersten Jahren des Vertrages kann also nicht erst im Erlebensfall beanstandet werden. Etwas anderes gilt demgegenüber für *Schlußüberschußanteile*. Da diese Überschüsse erst am Ende der Vertragslaufzeit gutgeschrieben werden, kann die Verjährungsfrist natürlich auch nicht vor diesem Zeitpunkt beginnen. Hat der Versicherer also beispielsweise unzulässigerweise Überschüsse in der RfB thesauriert, und werden diese Beträge bei Vertragsende nicht oder nur unzureichend an die Versicherungsnehmer in Form einer Schlußdividende weitergegeben, so beginnt die Verjährung erst mit dem Schluß des Jahres, in welchem die Schlußüberschußanteile festgelegt werden.

5. Zwischenergebnis

Angesichts der Tatsache, daß die Überschußbeteiligungsklauseln für den Altbestand auf den aufsichtsbehördlich genehmigten, nicht für kontrollfähig erachteten Geschäftsplan Bezug nahmen, lehnten die Zivilgerichte einen Anspruch auf Offenlegung und Überprüfung der festgesetzten Überschußanteile ab und erklärten die Überschußbeteiligungsklausel für vereinbar mit dem AGBG. Eine solche Argumentation, die bereits für den Altbestand nicht zu überzeugen vermag und auch in verfassungsrechtlicher Hinsicht (Art. 2 Abs. 1 GG i.V.m. dem Rechtsstaatsprinzip) äußerst bedenklich ist, scheidet für den Neubestand aus, denn der Gesamtgeschäftsplan für die Überschußbeteiligung ist infolge der Deregulierung entfallen.[245]

---

243 Vgl. hierzu BVerwGE 82, 303, 306.
244 Darüber hinaus ist zu berücksichtigen, daß die betreffenden Buchhaltungsunterlagen gem. §§ 257 Abs. 4 HGB, 147 Abs. 3 AO ohnehin nur für maximal 10 bzw. 6 Jahre aufzubewahren sind.
245 Ebenso: SCHWINTOWSKI, VersWissStud. 2, 11, 26; RENGER, VersR 1995, 866, 868.

II. Die Entscheidungen des BVerwG zu den Bestandsübertragungen[246]

Das BVerwG hatte in zwei Präzendenzfällen zu entscheiden, welche Anforderungen an eine Teilbestandsübertragung (§ 14 VAG) zu stellen sind.

Im Fall „Deutscher Herold" ging es um die Frage, ob die *versicherungsvertraglichen* Überschußbeteiligungsansprüche der Versicherungsnehmer in rechtlicher oder wirtschaftlicher Hinsicht unangemessen beeinträchtigt werden, wenn infolge einer Umstrukturierung die stillen Reserven bei der übertragenden Gesellschaft verbleiben (1.). Demgegenüber war im Fall „R+V Lebensversicherung a.G." problematisch, inwieweit ein VVaG Teilbestände auf eine Aktiengesellschaft übertragen darf, ohne die betroffenen Mitglieder für den Verlust ihrer Mitgliedschaft zum Zeitwert incl. der stillen Reserven des Unternehmens zu entschädigen. Im Zentrum der Auseinandersetzungen standen somit die *mitgliedschaftlichen* Überschußbeteiligungsansprüche aus der Satzung und § 38 Abs. 1 VAG, die aufgrund der Bestandsübertragung untergegangen waren (2.).

1. Der Fall „Deutscher Herold" (BVerwGE 95, 25)

a) Sachverhalt

Im Jahre 1988 übertrug die Deutsche Herold Lebensversicherungs-Aktiengesellschaft mit Genehmigung des BAV (§ 14 VAG) ihren gesamten Versicherungsbestand auf eine eigens dafür gegründete Tochtergesellschaft.[247] Nach der Bestandsübertragung firmierte die Muttergesellschaft als Holding unter dem Namen Deutscher Herold Aktiengesellschaft. Neben dem gesamten Versicherungsbestand mit den dazugehörigen technischen Passiva und den zur Bedeckung dienenden Aktivwerten übernahm die Tochtergesellschaft auf der Grundlage der Buchwerte auch den Versicherungsbetrieb mit den Aktiv- und Passivwerten. Ausgenommen von der Übertragung waren lediglich Anteile an verbundenen Unternehmen und Beteiligungen. Der Buchwert der bei der Holding verbliebenen Vermögenswerte betrug 1,12 % der gesamten, vor der Bestandsübertragung bilanziell ermittelten Aktiva und Passiva. Die übernehmende Gesellschaft gewährte den Versicherungsnehmern eine Überschußbeteiligung i.H.v. über 97 % des Rohüberschusses.

Gegen die Genehmigung des BAV legte ein Versicherungsnehmer, der im Jahre 1970 bei der Deutschen Herold Lebensversicherungs-Aktiengesellschaft eine laufende Vermögensbildungsversicherung mit Anspruch auf Überschußbeteiligung abgeschlossen hatte, Widerspruch ein.[248] Der Widerspruchsführer machte geltend, die genehmigte Bestandsübertragung führe zu erheblichen finanziellen Verlusten der Versicherten, da in

---

246   Zu Bestandsübertragungen des Neubestandes vgl. die Ausführungen auf S. 276f. und S. 287f.
247   VerBAV 1988, 327. Siehe auch die Beschlußkammer-Entscheidung des BAV, VerBAV 1989, 235 sowie BVerwGE 95, 25.
248   VerBAV 1989, 235. Darüber hinaus hatte ein Versicherungsnehmer, der mehrere fondsgebundene Lebensversicherungen abgeschlossen hatte, Widerspruch eingelegt. Da der Anlagestock (§ 54b VAG) bei der Bestandsübertragung vollständig übertragen wurde, lehnte die Beschlußkammer diesen Widerspruch bereits als unzulässig ab (VerBAV 1989, 235, 236f.).

den nicht übertragenen Vermögenswerten stille Reserven von mehr als 300 Mio. DM enthalten seien. Dieser Betrag werde den Versicherten entzogen, denn bei einer späteren Veräußerung der Vermögenswerte würden diese nicht an die Versicherungsnehmer ausgekehrt werden. Die zurückgebliebenen stillen Reserven stünden aber zum größten Teil den betroffenen Versicherten zu.

Daraufhin verpflichteten sich Holding und Tochtergesellschaft in der Beschlußkammersitzung v. 11.5.1989 gegenüber dem BAV zum Abschluß eines Verwaltungsvertrages.[249] § 1 des Vertrages sah vor, daß die Muttergesellschaft bei Veräußerung der stillen Reserven die Versicherten, deren Verträge bei der Bestandsübertragung bestanden und im Zeitpunkt der Veräußerung noch nicht abgelaufen waren, zu mindestens 90 % an dem erzielten Gewinn (Veräußerungserlös abzüglich Buchwerte) beteiligt. Die Höhe der einzelvertraglichen Anteile sollte sich aus dem zum Zeitpunkt der Bestandsübertragung vorhandenen Deckungskapital berechnen. Hierbei war das Verhältnis des individuellen Deckungskapitals zum gesamten bei der Bestandsübertragung vorhandenen Deckungskapital zu bilden. Gemäß § 7 sollte der Verwaltungsvertrag gegenstandslos werden, sobald der letzte bei der Bestandsübertragung bestehende Versicherungsvertrag ausgelaufen ist.

Gleichzeitig wies das BAV in seiner Beschlußkammerentscheidung v. 11.5.1989 den Widerspruch des Versicherungsnehmers als unbegründet zurück. Das BAV war der Ansicht, die Belange der Versicherten seien gem. §§ 14 Abs. 1 S. 3, 8 Abs. 1 Nr. 2 VAG a.F. ausreichend gewahrt. Im Gegensatz zum VVaG begründe das Versicherungsverhältnis bei einer Aktiengesellschaft kein Mitgliedschaftsverhältnis, aus welchem Rechte am Vermögen der Aktiengesellschaft hergeleitet werden könnten. Im Falle einer Bestandsübertragung habe die Aktiengesellschaft die Befugnis, frei über die in ihrem Eigentum stehenden Vermögenswerte zu verfügen, denn der LVV begründe lediglich schuldrechtliche, nicht jedoch dingliche Rechte der Versicherten. Die Ansprüche der Versicherungsnehmer auf Überschußbeteiligung seien im vorliegenden Fall ausreichend gesichert. Der dem Versicherungsnehmer durch die Vertragsbedingungen eingeräumte Anspruch stelle ein der Höhe nach unbestimmtes Leistungsversprechen dar. Die Höhe der jährlichen Überschußausschüttungen sei – wie der BGH in seinem Urteil v. 8.6.1983 ausgeführt habe – eine unternehmerische Entscheidung, die der Versicherungsnehmer grundsätzlich hinnehmen müsse. Daher stehe die Auflösung stiller Reserven allein im pflichtgemäßen Ermessen des Vorstands des Versicherungsunternehmens. Die Versicherungsnehmer hätten keinen Anspruch auf eine Realisierung stiller Reserven. Die Bestandsübertragung verändere auch nicht nachhaltig die Aussicht des Widerspruchsführers auf Überschußbeteiligung, denn der Verwaltungsvertrag stelle hinreichend sicher, daß die stillen Reserven als mögliche Überschußquellen nicht entzogen werden. Insofern sei der Widerspruch unbegründet.

---

249 Siehe hierzu und zum folgenden VerBAV 1989, 235, 236.

b) Entscheidungsgründe

Die gegen den Widerspruchsbescheid erhobene Anfechtungsklage wurde vom BVerwG am 11.1.1994 zurückgewiesen.[250] Zur Begründung führte das Gericht aus, daß die Versichertenbelange nur dann verletzt seien (§ 8 Abs. 1 Nr. 2 VAG a.F.), wenn sich die *rechtliche* oder *tatsächliche* Lage der betroffenen Versicherten durch die genehmigte Bestandsübertragung in einem beachtenswerten Maße verschlechtert habe.[251] Die *rechtliche* Ausgestaltung der Versicherungsverhältnisse habe sich aber durch die Bestandsübertragung nicht verändert, denn die Versicherten seien weiterhin nach dem Geschäftsplan zu mindestens 90 % am Überschuß beteiligt.[252]

Die betroffenen Versicherten seien infolge der Bestandsübertragung auch nicht *wirtschaftlich* schlechtergestellt. Soweit sich der Kläger darauf berufe, daß er die Aussicht verliere, an etwaigen stillen Reserven beteiligt zu werden, sei diese Gefahr durch den Verwaltungsvertrag angemessen beseitigt worden.[253] Da das BAV nicht verpflichtet sei, anläßlich der Bestandsübertragung aufsichtsrechtlich die Realisierung der stillen Reserven und die Übertragung auf die übernehmende Gesellschaft oder die Verwendung für die Überschußbeteiligung zu veranlassen, seien die betroffenen Versicherten ausreichend geschützt.[254] In gewisser Hinsicht seien die Versicherten durch den Verwaltungsvertrag sogar besser gestellt, denn ohne Bestandsübertragung hätten die Versicherer Erträge aus der Realisierung stiller Reserven zu einem erheblichen Teil zunächst der RfB zuführen können.

Eine unangemessene Benachteiligung sei auch nicht darin zu sehen, daß sich der Anteil des einzelnen Versicherten nach seinem Deckungskapital im Zeitpunkt der Bestandsübertragung bestimme. Richtig sei zwar, daß nach der Bestandsübertragung geleistete Beiträge keine Erhöhung der Anteile mehr bewirken. Auf der anderen Seite verhindere diese Festschreibung aber, daß sich die Anteile reduzieren, wie dies bei einer erheblichen Zunahme des Neugeschäfts der Fall sein könne.[255] Zudem sei zu berücksichtigen, daß überhobene Beiträge nur insoweit durch die Überschußbeteiligung ausgeglichen werden müssen, wie diese bis zur Bestandsübertragung auch geleistet wurden.[256]

Auch soweit die zurückgebliebenen Vermögenswerte als laufende Ertragsquelle ausfielen und insofern nicht überschußerhöhend wirkten, liege keine zu beanstandende Schlechterstellung vor. Es könne nicht davon ausgegangen werden, daß die Erträge vor der Bestandsübertragung zu einer Erhöhung der Überschußbeteiligung geführt hätten, denn in diesem Fall wären die laufenden Erträge zur Begleichung der zurückbehaltenen Verpflichtungen verbraucht worden, z.B. als Aufwand für die Wahrnehmung der Holding-Funktion. Hinsichtlich des verbleibenden Teils der laufenden Erträge sei das Unternehmen nach den gegebenen Umständen frei, die Erträge anderweitig zu verwenden.

---

250 BVerwGE 95, 25.
251 BVerwGE 95, 25, 28.
252 BVerwGE 95, 25, 29.
253 BVerwGE 95, 25, 31.
254 BVerwGE 95, 25, 32.
255 Vgl. hierzu das Prinzip der Vorfinanzierung beim Abschlußkostenergebnis, S. 59.
256 BVerwGE 95, 25, 33.

Selbst wenn man den Rohüberschuß der Tochtergesellschaft um die nicht durch Aufrechnungen gekürzten Erträge aus dem zurückbehaltenen Vermögen erhöhte, würde sich die von der übernehmenden Gesellschaft gewährte Quote von über 97 % des Rohüberschusses um weniger als 1 % verringern. Damit läge die Gesellschaft immer noch erheblich über der geschuldeten Mindestquote von 90 %.

Schließlich lehnte das BVerwG einen Verstoß gegen die Eigentumsgarantie des Art. 14 GG ab.[257] Der Anspruch auf Überschußbeteiligung sei zwar als Eigentum im Sinne dieses Grundrechts anzusehen. Da der Versicherer aber nach dem Geschäftsplan selbst bestimmen könne, in welcher Höhe der Rohüberschuß über den Mindestsatz von 90 % hinaus der RfB zugewiesen werde und den Versicherten nach der Bestandsübertragung jedenfalls die nach dem Geschäftsplan zuzuteilenden Überschüsse verblieben, werde der Anspruch auf Überschußbeteiligung weder entwertet, noch ausgehöhlt. Die Belange der Versicherten seien daher auch im Hinblick auf Art. 14 GG ausreichend gewahrt.

c) Kritische Anmerkungen

Das Urteil des BVerwG zum Fall „Deutscher Herold" ist in der Literatur teils auf Zustimmung,[258] überwiegend aber auf berechtigte Kritik[259] gestoßen.

Problematisch ist bereits, ob § 14 VAG seinem Sinn und Zweck nach bei konzerninternen Umstrukturierungen überhaupt anwendbar ist. Da § 14 Abs. 1 S. 4 VAG einen Schuldnerwechsel gestattet, ohne daß hierfür die in § 415 BGB angeordnete Zustimmung des Gläubigers erforderlich wäre, könnte – soweit man davon ausgeht, daß § 415 BGB zum institutionellen Kern des Eigentumsrechts „Forderung" gehört – der Anwendungsbereich des § 14 VAG mit Blick auf Art. 14 GG auf reine Sanierungsfälle zu beschränken sein.[260]

Darüber hinaus hätte das BVerwG berücksichtigen müssen, daß nach der Rechtsprechung des BVerfG[261] eine vermögensausgliedernde Bestandsübertragung, „in deren Folge bestehende gesetzliche oder vertragliche Ansprüche der Versicherungsnehmer auf Beteiligung an den durch Sicherheitszuschlägen entstandenen Überschüssen des über-

---

257 BVerwGE 95, 25, 35.
258 LORENZ, VersR 1994, 967; HÜBNER, in: LUTTER, Umwandlungsgesetz, Anh. 1 § 189 Rn. 30-72; SCHMIDT, in: PRÖLSS, VAG[11], § 14 Rn. 35; PRÄVE, ZfV 1992, 334; DAGEFÖRDE, NJW 1994, 2528.
259 DONATH, VersR 1994, 965; SCHWINTOWSKI, VuR 1998, 219, 227f.; WEBER, Die Rechtsstellung des Versicherten bei der Bestandsübertragung (1994), 74ff.; MUDRACK, VersWissStud. 2, 241; BRYDE, VersWissStud. 4, 63; BAUMANN, JZ 1995, 446, 452ff.; ENTZIAN/SCHLEIFENBAUM, ZVersWiss 1996, 521, 540.
260 Hierfür: DONATH (VersR 1994, 965, 966) und BRYDE (VersWissStud. 4, 63), der zudem für den Fall, daß § 14 VAG auf sämtliche Bestandsübertragungen anwendbar sein sollte, die Ansicht vertritt, daß das BAV nicht nur eine unangemessene Benachteiligung der Versicherten zu verhindern habe, sondern dafür sorgen müsse, daß die Interessen der Versicherten nicht schlechter gewahrt werden, als durch die Rechte aus § 415 BGB (= BAV als Sachwalter der Versicherten). A.A. HÜBNER, in: LUTTER, Umwandlungsgesetz, Anh. 1 § 189 Rn. 22; MÜLLER-WIEDENHORN, Versicherungsvereine auf Gegenseitigkeit im Unternehmensverbund (1993), 110ff.
261 Kammerbeschluß des BVerfG zur Unfall- und Sachversicherung, VersR 1991, 757 = NJW 1991, 1167.

tragenden Versicherungsunternehmens entwertet oder ausgehöhlt" werden, mit §§ 14 Abs. 1 S. 3 i.V.m. 8 Abs. 1 Nr. 3 VAG unvereinbar und deshalb nicht genehmigungsfähig ist. Das Gericht hätte daher prüfen müssen, ob die Versicherungsnehmer einen *vertraglichen* Anspruch auf die Realisierung stiller Reserven haben. Demgegenüber beschränkt sich das BVerwG auf den Hinweis, daß sich die rechtliche Lage der Versicherungsnehmer durch die Bestandsübertragung nicht verschlechtert habe, da sie nach dem Geschäftsplan der Tochtergesellschaft zu mindestens 90 % am Rohüberschuß beteiligt werden. Entscheidend ist aber nicht, ob der übernehmende Rechtsträger die aufsichtsrechtlichen Pflichten zur Überschußbeteiligung erfüllen kann, sondern allein die Frage, ob zivilrechtliche Rechtspositionen durch die Bestandsübertragung gefährdet werden.

Hiervon einmal abgesehen, kann der Verwaltungsvertrag auch nicht die *wirtschaftlichen* Belange der Versicherten wahren. Das BVerwG geht zwar in seinem Urteil zu Recht davon aus, daß die Versichertenbelange bereits dann verletzt sind, wenn sich die tatsächliche Lage der betroffenen Versicherten infolge der Bestandsübertragung verschlechtert.[262] Gleichzeitig übersieht das Gericht aber, daß die Bestandsübertragung letztlich zu einer Entwertung der Überschußbeteiligungsansprüche führt. Zunächst ist zu beachten, daß die zurückbehaltenen Vermögenswerte als laufende Ertragsquelle ausfallen. Eine derartige Vorgehensweise kann jedenfalls nicht mit der Begründung gerechtfertigt werden, daß die laufenden Erträge benötigt werden, um Aufwendungen für die Wahrnehmung der Holding-Funktion zu bestreiten. Ohne die Bestandsübertragung hätte es die Holding überhaupt nicht gegeben.[263]

Soweit das Gericht darauf verweist, daß die Überschußquote der Tochtergesellschaft durch die nicht übertragenen Vermögenswerte um weniger als 1 % reduziert sei und die übernehmende Gesellschaft immer noch über der geschuldeten Mindestquote von 90 % liege, kann auch dieses Argument nicht überzeugen. Da sich der Versicherungsnehmer bei Vertragsschluß an den zuletzt deklarierten Überschußanteilssätzen orientiert (vgl. S. 77f.), muß das Unternehmen in der Lage sein, die in Aussicht gestellten Überschüsse für die Laufzeit der Verträge möglichst zu erhalten.[264] Das BVerwG hätte insofern prüfen müssen, inwieweit sich die Überschußquote der Tochtergesellschaft durch die Bestandsübertragung langfristig im Vergleich zu den Werten der Beispielrechnungen verschlechtert hat.

Das BVerwG läßt ferner die Tatsache unberücksichtigt, daß nach dem Verwaltungsvertrag den Versicherten nur die Erträge aus der Realisierung von Zwangsreserven zugute kommen.[265] Der Verwaltungsvertrag sieht eine Beteiligung nur dann vor, wenn die stillen Reserven veräußert werden. Erträge, die bei einer Zuschreibung (§ 280 Abs. 1 HGB) entstehen, werden demgegenüber nicht erfaßt. Die Holding hatte somit die Möglichkeit, die Buchwerte nach der Bestandsübertragung zunächst an die Zeitwerte an-

---

262 BVerwGE 95, 25, 28.
263 Ebenso: Donath, VersR 1994, 965, 967.
264 Vgl. hierzu Baumann, Die Kapitallebensversicherung (1983), 55 sowie die Ausführungen auf S. 264ff.
265 Zum Unterschied zwischen Zwangs- und Ermessensreserven vgl. S. 46f.

zugleichen, um den Veräußerungsgewinn (Veräußerungserlös abzüglich Buchwerte) möglichst gering zu halten.[266] Problematisch ist ferner, daß sich der Anteil der Versicherten an den Veräußerungserlösen der stillen Reserven nach dem Deckungskapital im Zeitpunkt der Bestandsübertragung bemißt. In der Regel wächst das Deckungskapital während der Vertragslaufzeit ständig. Infolge der Stichtagsregelung werden die Versicherungsnehmer aber nur noch statisch an den stillen Reserven beteiligt.[267] Vorteilhaft ist diese Regelung nicht bereits deswegen, weil durch sie eine Reduzierung der Überschüsse bei einer erheblichen Zunahme des Neugeschäfts ausgeschlossen wird. Die Tochtergesellschaft hat weiterhin die Möglichkeit, etwaige Fehlbeträge im Abschlußkostenergebnis zu Lasten des Rohüberschusses zu saldieren. Für die Stichtagsregelung spricht auch nicht die Ansicht des Gerichts, daß die Versicherten nur an den stillen Reserven zu beteiligen sind, die durch ihre Beiträge aufgebaut wurden. Ohne die Bestandsübertragung hätte das LVU bei Auflösung der stillen Reserven die Versicherten auch an den Reserven beteiligen müssen, die vor Vertragsschluß schon vorhanden waren.

Am gravierendsten ist allerdings, daß die Holding durch den Verwaltungsvertrag nicht daran gehindert wird, die Realisierung der stillen Reserven aufzuschieben, bis alle Verträge oder zumindestens Verträge mit hohem Deckungskapital ausgelaufen sind.[268] Die Holding wurde vom BAV nicht zu einer Realisierung der stillen Reserven verpflichtet. Da der Verwaltungsvertrag gem. § 7 gegenstandslos wird, wenn der letzte bei der Bestandsübertragung vorhandene LVV ausgelaufen ist, braucht die Holding die Realisierung der stillen Reserven nur hinauszuzögern. In diesem Fall kommen die Erträge lediglich den Anteilseignern der übertragenden Gesellschaft zugute.

Unabhängig von der Frage, ob im vorliegenden Fall in bürgerlich-rechtliche Rechtspositionen eingriffen wurde, beeinträchtigt die Bestandsübertragung die Versicherungsnehmer somit zumindest in ihren wirtschaftlichen Belangen. Durch die Entscheidungen

---

266 Diese Möglichkeit wird auch von HÜBNER (in: LUTTER, Umwandlungsgesetz, Anh. 1 § 189 Rn. 74) gesehen. HÜBNER ist allerdings der Ansicht, daß das LVU damit lediglich zulässige Gestaltungsmöglichkeiten des geltenden Bilanzrechts wahrnehme.

267 Siehe hierzu: KAULBACH, ZfV 1989, 178, 179; WEBER, Die Rechtsstellung des Versicherten bei der Bestandsübertragung (1994), 62.

268 Ebenfalls kritisch: WEBER, Die Rechtsstellung des Versicherten bei der Bestandsübertragung (1994), 64 – Da die Versicherten nur an den Erträgen aus der Realisierung von Zwangsreserven beteiligt werden müssen, wird auch das Steuerentlastungsgesetz 1999/2000/2002 keine Veränderung herbeiführen, denn auch nach dem novellierten EStG ist die Bildung von Zwangsreserven weiterhin zulässig, vgl. S. 51ff.

des BAV und des BVerwG werden die Ansprüche der Versicherungsnehmer auf Über-schußbeteiligung in bedenklicher Art und Weise ausgehöhlt.[269]

2. Der Fall „R+V Lebensversicherung a.G." (BVerwGE 100, 115)

Im Unterschied zum Fall „Deutscher Herold" ging es bei der Umstrukturierung der R+V Lebensversicherung a.G. nicht um eine Bestandsübertragung zwischen Aktienge-sellschaften, sondern um eine Teilbestandsübertragung von einem VVaG auf eine neu gegründete Aktiengesellschaft. Insofern stellte sich die Frage, ob und in welcher Höhe die Mitglieder für den Verlust ihrer mitgliedschaftlichen Überschußbeteiligungsansprü-che (§ 38 VAG i.V.m. Satzung) entschädigt werden müssen.

Im Gegensatz zu anderen Umstrukturierungsmaßnahmen (Vermögensübertragung, § 44b Abs. 4 VAG a.F. = § 181 UmwG; Liquidation, §§ 48 Abs. 2 VAG; Formwechsel, §§ 385d, e AktG a.F. = § 291 UmwG) sieht § 14 VAG für den Verlust einer Mitglied-schaft keine Entschädigungsregelung vor. Diese offensichtliche Regelungslücke[270] hat die Rechtsprechung dazu veranlaßt, auch bei einer Teilbestandsübertragung eine Aus-gleichszahlung analog § 44b Abs. 4 VAG a.F. zu verlangen, wenn der Teilbestand na-hezu das gesamte Vermögen des Vereins umfaßt.[271] § 44b Abs. 4 VAG a.F., der inzwi-schen durch Art. 8 Nr. 2 des UmwG v. 28.10.1994 aufgehoben wurde,[272] enthielt die Regelung, daß die das Vermögen eines VVaG übernehmende Aktiengesellschaft zur Gewährung eines „angemessenen" Entgelts verpflichtet ist. Eine genaue Berechnungs-methode wird in § 44b Abs. 4 VAG a.F. nicht vorgegeben.

a) Sachverhalt[273]

Am 9.5.1989 übertrug die R+V Lebensversicherung a.G. 96,4 % ihres Versiche-rungsbestandes auf die neu gegründete R+V Lebensversicherung Aktiengesellschaft. Bei dem VVaG verblieben lediglich die Restkredit- und die Vermögensbildungsversi-cherungen. Das BAV genehmigte durch Verfügung v. 20.6.1989 den Bestandsübertra-

---

269 Vgl. weiterführend ENTZIAN/SCHLEIFENBAUM (ZVersWiss 1996, 521, 538f.) und BAUMANN (Die Kapitallebensversicherung [1993], 77), die für Bestandsübertragungen ab 1995 die Ansicht vertre-ten, daß die Versicherten über § 23 UmwG zu schützen seien, da der Überschußbeteiligungsan-spruch nicht als einfaches Gläubigerrecht i.S.d. § 22 UmwG betrachtet werden könne. A.A.: DREYER (Stille Reserven im Jahresabschluß von Lebensversicherungsunternehmen [1998], 156ff.), der einen Schutz über § 23 UmwG mit dem Argument ablehnt, daß der Überschußbeteiligungsan-spruch kein Recht *in* einen Rechtsträger, sondern *gegenüber* dem Rechtsträger gewährt, da der Ver-sicherungsnehmer keine Rechtsstellung erlange, die über eine schuldrechtliche Gläubigerstellung hinausgehe.

270 Ebenfalls eine Regelungslücke bejahend: HÜBNER, in: LUTTER, Umwandlungsgesetz, Anh. 1 § 189 Rn. 49 und MÜLLER-WIEDENHORN, Versicherungsvereine auf Gegenseitigkeit im Unternehmens-verbund (1993), 121.

271 BVerwGE 100, 115, 123 = VersR 1996, 569, 571.

272 BGBl. I 3209, 3264. Für Umwandlungen, die seit dem 1. Januar 1995 erfolgen, gilt nunmehr § 181 UmwG.

273 Vgl. die Beschlußkammer-Entscheidung des BAV (VerBAV 1992, 3) sowie das Urteil des BVerwG v. 12.12.1995 (BVerwGE 100, 115 = VersR 1996, 569).

gungs- und Teileinbringungsvertrag, der rückwirkend zum 1.1.1989 gelten sollte.[274] Das bisherige Vermögen des Vereins wurde aufgeteilt, indem der Verein und die Aktiengesellschaft Aktivwerte – einschließlich stiller Reserven – jeweils in der Höhe erhielten, die dem Anteil der mit dem Bestand verbundenen Passiva entsprachen. Ein Gutachten, daß das sogenannte Ertragswertverfahren zugrunde legte, ermittelte einen Unternehmenswert i.H.v. 226 Mio. DM. Das auf den übertragenden Bestand entfallende Gesamtentgelt betrug 217 Mio. DM. Durch eine geschäftsplanmäßige Erklärung verpflichtete sich die Aktiengesellschaft, den betroffenen Versicherungsbeständen für den Verlust ihrer Mitgliedschaftsrechte eine Abfindung in dieser Höhe zu gewähren. Weiterhin verpflichtete sich die übernehmende Gesellschaft, die Versicherungsnehmer bis zum Jahr 2002 i.H.v. 98,6 % am Rohüberschuß zu beteiligen.

Gegen die Genehmigung des BAV legten mehrere Mitglieder Widerspruch ein.[275] Die Versicherungsnehmer machten geltend, daß das den Mitgliedern gutgebrachte Entgelt sich am Marktwert des LVU orientieren müsse. Bei einem nicht auszuschließenden Weiterverkauf fiele den Aktionären ein Milliardengeschenk zu. Ein Gutachten einer Wirtschaftsprüfungsgesellschaft ergab, daß der Wert der stillen Reserven zum Zeitpunkt der Bestandsübertragung 1 Mrd. DM betrug.[276]

Der Widerspruch wurde von der Beschlußkammer des BAV als unbegründet zurückgewiesen. Das BAV war der Ansicht, daß die Belange der Versicherten hinsichtlich der versicherungsvertraglichen Ansprüche ausreichend gewahrt seien, da die Aktiengesellschaft in gleicher Weise und im gleichen Umfang wie zuvor der Verein verpflichtet sei, die Ansprüche aus den übergegangenen Versicherungsverhältnissen zu erfüllen.[277] Auch der Wert der Mitgliedschaftsrechte sei im Ergebnis zutreffend ermittelt worden. Der Abfindungsbetrag könne sich nur an den Vermögenswerten orientieren, die zur Erfüllung der versicherungsvertraglich und geschäftsplanmäßig geschuldeten Leistungen nicht benötigt würden.[278] Die Wirtschaftsprüfungsgesellschaft habe daher zu Recht dem Wert der stillen Reserven die geschäftsplanmäßige Verpflichtung der Aktiengesellschaft gegenübergestellt, die Versicherungsnehmer bis zum Jahre 2002 mit 98,6 % an den Überschüssen der Gesellschaft zu beteiligen. Insofern ergebe sich, daß der verteilungsfähige Substanzwert im vorliegenden Fall lediglich 90,7 Mio. DM betrage. Damit liege der Substanzwert erheblich unter dem Ertragswert des Unternehmens.

Da die Aktiengesellschaft ihren Bestand nicht verkaufen wolle, könne offengelassen werden, ob die Gesellschaft bei einer freien Veräußerung ihres Bestandes einen höheren Verkaufserlös erzielt hätte. Auch könnten die vom Gesetzgeber zugelassenen unterschiedlichen Verfahren der Umstrukturierung eines VVaG in eine Versicherungsaktiengesellschaft durchaus zu unterschiedlichen Abfindungssummen führen.

---

274   VerBAV 1989, 292.
275   VerBAV 1992, 3.
276   VersR 1996, 569, 573. Siehe zum Ganzen: MUDRACK, BB 1991, Beilage 22 (Supplement Finanz-Berater), 10ff.
277   Beschlußkammer-Entscheidung des BAV, VerBAV 1992, 3, 6.
278   VerBAV 1992, 3, 7.

b) Entscheidungsgründe

Mit Urteil v. 12.12.1995 bestätigte das BVerwG die Beschlußkammerentscheidung des BAV.[279] Die versicherungsvertraglichen Belange der Versicherten seien selbst dann nicht beeinträchtigt, wenn den Versicherungsnehmern entgegen der Ansicht des BGH v. 23.11.1994 ein vertraglicher Anspruch auf die stillen Reserven zustünde, denn bei der Bestandsübertragung seien die stillen Reserven in einem angemessen erscheinenden Verhältnis auf die Bestände aufgeteilt worden.[280]

Richtig sei, daß infolge der Bestandsübertragung Teile des Überschusses nunmehr den Aktionären zufalle. Soweit in dieser Veränderung jedoch ein erheblicher Nachteil für die Mitglieder liege, werde dieser durch das ihnen gewährte Entgelt hinreichend ausgeglichen. Die Umstrukturierung der R + V Lebensversicherung a.G. sei eine unternehmerische Entscheidung, auf die der Gesetzgeber keinen Einfluß nehme. Daher habe der Verein von einer Umwandlung nach §§ 385dff. AktG a.F.,[281] bei der die bisherigen Mitglieder Aktionäre geworden wären, Abstand nehmen können.

Bei der Ermittlung des Entgelts nach § 44b Abs. 4 VAG a.F. sei zu berücksichtigen, daß der Verein nicht verpflichtet sei, an die gegenwärtigen Vereinsmitglieder stille Reserven auszukehren.[282] Nur bei Auflösung des Vereins werde das Vereinsvermögen an die vorhandenen Mitglieder verteilt (§ 48 Abs. 2 VAG). Bei regulärem Ablauf des Versicherungsverhältnisses schieden die Mitglieder jedoch aus dem Verein aus, ohne daß ihnen weitergehende Ansprüche zustünden. Zudem widerspreche es der wirtschaftlichen Realität, die Bestandsübertragung einer Liquidation gleichzusetzen. Bei Berücksichtigung dieser Umstände sei die getroffene Entgeltregelung nicht zu beanstanden. Ob bei der Ermittlung des Unternehmenswerts die Ertragswert- oder die Substanzwertmethode anzuwenden sei, könne letztlich offenbleiben. Auf jeden Fall sei der Unternehmenswert aus der Sicht der Mitglieder, nicht aber aus der Sicht eines Käufers zu beurteilen.

Gegen die Ermittlung der Abfindungsansprüche könne auch nicht eingewendet werden, daß das Substanzwertverfahren nur 2 % der stillen Reserven des Vereins berücksichtige. Da 98 % der stillen Reserven im Fall ihrer Auflösung für die Beitragsrückerstattung verwendet würden, gebühre nur 2 % den Vereinsmitgliedern als solchen.[283] Insofern seien die Mitglieder so gestellt, wie sie auch ohne die Bestandsübertragung stünden. Im übrigen sei die Bildung stiller Reserven systembedingt und vom Gesetzgeber gewollt.[284]

---

279 BVerwGE 100, 115.
280 BVerwGE 100, 115, 121 = VersR 1996, 569, 571.
281 § 385d AktG a.F. regelte den Formwechsel eines VVaG in eine Aktiengesellschaft. Dieser wird heute in §§ 291ff. UmwG geregelt. Auch eine Verschmelzung eines VVaG mit einer Aktiengesellschaft ist möglich (§ 109 S.2 UmwG).
282 BVerwGE 100, 115, 124 = VersR 1996, 569, 572.
283 BVerwGE 100, 115, 128 = VersR 1996, 569, 573.
284 Zum Fall „R+V Lebensversicherung" vgl. die kritische Stellungnahme auf S. 287f.

§ 3 Der überschußberechtigte LVV auf dem deregulierten Lebensversicherungsmarkt

Der überschußberechtigte LVV auf dem deregulierten Lebensversicherungsmarkt befindet sich in einem Spannungsverhältnis zwischen Aufsichts- und Bilanzrecht, Vertragsrecht und Selbstregulierung. *Ziel* der nachstehenden Ausführungen ist, diese Gemengelage für den Neubestand im Hinblick auf die derzeitige Überschußbeteiligungspraxis näher zu untersuchen.

In einem ersten Schritt werden zunächst die sich aus der Deregulierung ergebenden Probleme angedeutet (A.) und die veränderten aufsichtsrechtlichen Rahmenbedingungen im allgemeinen untersucht (B.). Im Anschluß hieran wird die Frage erörtert, welche Eingriffsbefugnisse das BAV gegenüber inländischen und ausländischen Versicherern für den Bereich der Überschußbeteiligung hat (C.). Weiterhin ist fraglich, nach welchen Kriterien und in welchem Umfang der Verantwortliche Aktuar Vorschläge für eine angemessene Überschußbeteiligung (§ 11a Abs. 3 Nr. 4 VAG) entwickeln muß (D.). Vor diesem Hintergrund kann sodann die vertragliche Ausgestaltung der Überschußbeteiligungsklausel in den Verbandsempfehlungen, insbesondere das derzeitig praktizierte Überschußbeteiligungsverfahren problematisiert werden (E.).

A. Das Problem

Seit der Umsetzung der dritten Richtlinie Lebensversicherung[285] ist die präventive Bedingungs- und Tarifkontrolle über Versicherungsverträge abgeschafft.[286] Auch der Gesamtgeschäftsplan für die Überschußbeteiligung ist infolge der Deregulierung entfallen.[287] Der Fortfall der Produktkontrolle eröffnet erstmalig Wettbewerbsspielräume im Bereich der Überschußbeteiligung. Während die systematische behördliche Vorabkontrolle in der Vergangenheit zu einer zwingenden Vereinheitlichung der Versicherungsprodukte führte, können die Versicherer nunmehr unterschiedliche Überschußbeteiligungsmodelle entwickeln und anbieten.

Das BAV kann nicht mehr durch das Genehmigungsverfahren regeln, in welcher Höhe und nach welchem Verfahren der nach der internen Rechnungslegung ermittelte

---

285   Richtlinie 92/96/EWG des Rates v. 10.11.1992 (Dritte Richtlinie Lebensversicherung), ABl. EG Nr. L360 v. 9.12.1992 (abgedruckt bei PRÖLSS, VAG[11], Anh. I 20), sowie deren Umsetzung in innerdeutsches Recht durch das Dritte Durchführungsgesetz/EWG zum VAG v. 21.7.1994 (BGBl. I 1630).

286   Grundlage hierfür ist Art. 5 Abs. 3 S. 1 der dritten Richtlinie Leben. Hier heißt es: „Die Mitgliedstaaten sehen keine Vorschriften vor, in denen eine vorherige Genehmigung oder eine systematische Übermittlung der allgemeinen und besonderen Versicherungsbedingungen, der Tarife, der insbesondere für die Berechnung der Tarife und technischen Rückstellungen verwendeten technischen Grundlagen sowie der Formblätter und sonstigen Druckstücke, die das Unternehmen im Verkehr mit den Versicherungsnehmern zu verwenden beabsichtigt, verlangt wird."

287   Siehe hierzu VerBAV 1994, 3, 4 und VerBAV 1995, 234. Das BAV stellt in diesen Veröffentlichungen klar, daß das Muster des Gesamtgeschäftsplans für die Überschußbeteiligung nur noch für den Altbestand gilt.

Rohüberschuß auf die überschußberechtigten Verträge aufzuteilen ist. Damit entfällt die Möglichkeit, im Wege der präventiven Tarifkontrolle eine angemessene Überschußbeteiligung, insbesondere die materiellen, bisher aus dem Grundsatz der „ausreichenden Wahrung der Versichertenbelange" abgeleiteten Maxime einer verursachungsgerechten, gleichmäßigen, zeitnahen und gerechten Überschußbeteiligung (vgl. S. 65f.) sicherzustellen.

An die Stelle des bisherigen Aufsichtsrechts ist daher ein neues Rahmengeflecht getreten, das im wesentlichen durch die nachträgliche Mißstandsaufsicht des BAV (§ 81ff. VAG), den Verantwortlichen Aktuar (§ 11a VAG) und die zivilrechtliche Kontrolle überschußberechtigter LVV bestimmt wird.

Die Novellierung des VAG durch das Dritte Durchführungsgesetz EWG zum VAG v. 29.7.1994 hat allerdings nicht nur die *aufsichtsrechtlichen Rahmenbedingungen* der Lebensversicherungsmärkte grundlegend verändert, sondern zugleich auch die *vertragliche Struktur* des überschußberechtigten LVV. Die vorangegangenen Überlegungen haben bereits gezeigt, daß der überschußberechtigte LVV für den Altbestand durch eine Gemengelage zwischen Aufsichts-, Bilanz- und Vertragsrecht gekennzeichnet war. Wie sich die Höhe der auf den einzelnen Vertrag entfallenden und gutzuschreibenden Überschußanteile berechnete, ergab sich nicht aus den Vertragsbedingungen. Die vom BAV vorgegebenen Überschußbeteiligungsklauseln verwiesen hinsichtlich des Überschußbeteiligungsverfahrens auf den aufsichtsbehördlich genehmigten Geschäftsplan, der im Zusammenspiel mit dem Bilanzrecht detaillierte Vorschriften zum Überschußbeteiligungsverfahren enthielt. Für den Neubestand können die Versicherer dagegen in ihren Vertragsbedingungen nicht mehr auf den Geschäftsplan verweisen. Da seit dem 29.7.1994 kein typisierendes Überschußbeteiligungsmodell existiert, müssen die Vertragsparteien selbst wirksame Vereinbarungen über die Überschußermittlung, -verteilung und -verwendung treffen.[288]

Die Deregulierung bietet aus unternehmerischer Sicht daher nicht nur den Vorteil erstmals eröffneter bzw. erweiterter Wettbewerbsspielräume. Die Öffnung der Lebensversicherungsmärkte stellt die Unternehmen vielmehr zugleich vor die Aufgabe, *privatautonom* den Leistungsumfang aus der Überschußbeteiligung bestimmen zu müssen. Diese Verpflichtung wird allerdings derzeitig von keinem der auf dem deutschen Lebensversicherungsmarkt befindlichen Unternehmen erfüllt. Der GdV hat in seinen unverbindlichen Verbandsempfehlungen für die kapitalbildende Lebensversicherung,[289] die Risikoversicherung, die Berufsunfähigkeits-Versicherung, die Rentenversicherung sowie die Pflegerentenversicherung Überschußbeteiligungsklauseln empfohlen, die genau genommen das Ziel der Marktöffnung konterkarieren. Anstatt in den Vertragsbedingungen Abreden über das Überschußbeteiligungsverfahren zu treffen, verweisen sämtliche Überschußbeteiligungsklauseln auf die aufsichts- und bilanzrechtlichen Rege-

---

288   Ebenso: RENGER, VersR 1995, 866, 868f.; RÖMER, in: RÖMER/LANGHEID, VVG; § 172 Rn. 4. Gleiches gilt natürlich auch für die Regelungen über die Zillmerung der Abschlußkosten und die Vertragsbedingungen zum Rückkaufswert sowie zur Umwandlung, die für den Altbestand ebenfalls auf den aufsichtsbehördlich genehmigten Geschäftsplan verwiesen.

289   Abgedruckt in Anh. A.II., S. 367f.

lungen zur Überschußbeteiligung. Die Verbandsempfehlungen übernehmen somit die für den Altbestand bereits unter den Gesichtspunkten unbilliger Ermessensspielräume und mangelnder Transparenz kritisierte Regelungssystematik.

Noch problematischer ist eine derartige Verweistechnik allerdings für den Neubestand. Das BAV hat infolge der Deregulierung nicht nur sein „stärkstes Einflußmittel",[290] die präventive Produktkontrolle, verloren. Auch die nachträglichen Eingriffsbefugnisse sind, wie noch im einzelnen zu zeigen ist, für die seit dem 29.7.1994 abgeschlossenen LVV auf eine (Normativ-)Aufsicht beschränkt worden, die sich vorrangig an den vertraglichen Strukturen zu orientieren hat. Damit ist, wie SCHWINTOWSKI[291] zu Recht ausführt, die bereits im Jahre 1981 vom BVerwG im sog. „DAS-Urteil"[292] eingeforderte Deregulierung in Deutschland Wirklichkeit geworden.

Vor diesem Hintergrund erweist sich der in den Verbandsempfehlungen getroffene Verweis auf das Aufsichtsrecht zwangsläufig als ein *Zirkelschluß*: Das Aufsichtsrecht legt nur rudimentär in einigen Vorschriften die öffentlich-rechtlichen Anforderungen an die Überschußbeteiligung fest, muß aber im übrigen durch die Wertungen der Privatrechtsordnung, insbesondere durch die von den Vertragsparteien getroffenen Abreden konkretisiert werden. Das VAG setzt somit einen vertraglichen Anspruch auf Überschußbeteiligung voraus, der sowohl dem Grunde, als auch der Höhe nach hinreichend konkretisiert sein muß. Die Verbandsempfehlungen entziehen sich aber der Notwendigkeit einer vertraglichen Ausgestaltung, indem paradoxerweise auf das Aufsichtsrecht verwiesen wird. Diese „Flucht in das öffentliche Recht"[293] hat für den Neubestand erweiterte Ermessensspielräume zur Folge, die gleichzeitig die Intransparenz überschußberechtigter LVV verstärken.

Die folgenden Abschnitte versuchen, diese – zunächst lediglich als These – vorgestellten Überlegungen in detaillierter und systematischer Hinsicht zu erschließen. Hierfür ist zunächst das genaue Ausmaß der Deregulierung für Lebensversicherungsprodukte näher zu bestimmen.

B. Die Deregulierung der Lebensversicherungsmärkte

Die dritte Richtlinie Leben soll nach dem Willen der Mitgliedstaaten die Niederlassungs- und Dienstleistungsfreiheit (Art. 52, 59 EG) für Versicherungsprodukte verwirklichen und den EG-Binnenmarkt „vollenden", indem die verschiedenen Aufsichtssysteme harmonisiert und wettbewerbswidrige Regulierungen abgebaut werden.[294]

---

290 So ausdrücklich HOHLFELD, in: FS für Lorenz (1994), 295, 298.
291 SCHWINTOWSKI, VuR 1996, 223, 229.
292 BVerwG 61, 59.
293 Siehe hierzu BAUMANN, Die Kapitallebensversicherung (1993), 25, der die Gefahr eines „umgekehrten Formenmißbrauchs" (Flucht in das öffentliche Recht) bereits für den Altbestand thematisiert.
294 Erwägungsgrund (1) der dritten Richtlinie Leben (abgedruckt bei PRÖLSS, VAG[11], Anh. I 20).

I. Der Weg zur dritten Richtlinie Lebensversicherung

Bereits die erste Richtliniengeneration[295] aus den Jahren 1973 und 1979 brachte erstmalig[296] Erleichterungen für die Errichtung grenzüberschreitender Zweigniederlassungen, Agenturen und vergleichbarer Niederlassungsformen. Ausländische Zweigstellen, die nach deutschem Aufsichtsrecht zwingend zu errichten waren (Niederlassungszwang), bedurften zwar nach wie vor einer behördlichen Zulassung durch das Tätigkeitsland, wobei die inländische Zulassungsbehörde auch die Satzungen, die Allgemeinen und Besonderen Versicherungsbedingungen und die Tarife überprüfen konnte.[297] Indem die Zulassung für ausländische Versicherungsunternehmen aber nicht mehr von einer Prüfung der Marktbedürfnisse abhängen durfte,[298] war jedoch der erste Schritt zu einer Verwirklichung der Niederlassungsfreiheit getan.

Demgegenüber kamen die Verhandlungen zur Realisierung der Dienstleistungsfreiheit nur zögerlich voran.[299] Wichtige Impulse gingen erst im Jahre 1986 vom EuGH aus, der in vier Grundsatzurteilen[300] entschied, daß auch im Versicherungswesen die in Art. 59 und 60 EWGV verankerte Dienstleistungsfreiheit (jetzt: Art. 49, 50 EG) unmittelbar geltendes Recht ist. In Fortführung seiner bisherigen Rechtsprechung[301] betonte der EuGH, daß der freie Dienstleistungsverkehr nur durch Regelungen eingeschränkt werden dürfe, „die durch das Allgemeininteresse gerechtfertigt sind und die für alle im Hoheitsgebiet des Bestimmungsstaats tätigen Personen oder Unternehmen gelten, und zwar nur insoweit, als dem Allgemeininteresse nicht bereits durch die Rechtsvorschriften Rechnung getragen ist, denen der Leistungserbringer in dem Staat unterliegt, in dem er ansässig ist."[302]

---

295 Erste Richtlinie Schaden (73/239/EWG) v. 24.7.1973, ABl. EG Nr. L 228 v. 16.8.1973, 3 (abgedruckt bei PRÖLSS, a.a.O., Anh. I 4). Erste Richtlinie Leben (79/267/EWG) v. 5.3.1979, ABl. EG Nr. L 63 v. 13.3.1979, 1 (abgedruckt bei PRÖLSS, VAG[11], Anh. I 18).

296 In Art. 3c EWG war zwar seit der Gründung der Europäischen Wirtschaftsgemeinschaft im Jahre 1957 die Aufgabe festgelegt, die Beschränkungen für die Niederlassungs- und Dienstleistungsfreiheit zu beseitigen. Bis zur ersten Richtliniengeneration legte der Rat der EG allerdings nur zwei „Allgemeine Programme" vor, die für eine am 31.12.1969 ablaufende zwölfjährige Übergangszeit eine schrittweise Verwirklichung des Versicherungsbinnenmarktes vorsahen (ABl. EG v. 15.1.1962, 32ff. und 36ff.). Dieser Zeitplan konnte nicht eingehalten werden. Zum Ganzen: ROTH, NJW 1993, 3028, 3029.

297 Art. 8 Abs. 3 der ersten Richtlinie Schaden und Leben. Lediglich die laufende Aufsicht über die Solvabilität, die in Form EG-einheitlicher Solvabilitätsspannen geregelt wurde, oblag den Behörden des Sitzstaates, vgl. Art. 14 der ersten Richtlinie Schaden und Art. 16 der ersten Richtlinie Leben.

298 Art. 8 Abs. 4 der ersten Richtlinie Schaden und Leben.

299 Hierzu: SCHWINTOWSKI, NJW 1987, 521, 522; HÜBNER/MATUSCHE-BECKMANN, EuZW 1995, 263, 265. ANGERER, ZVersWiss 1987, 211, 213.

300 Siehe insbesondere EuGH v. 4.12.1986, NJW 1987, 572 (Rechtssache 205/84, Kommission/Bundesrepublik Deutschland; sog. „DLF-Urteil"). Die gleichzeitig ergangenen Entscheidungen des EuGH in den Rechtssachen 220/83 (Kommission/Frankreich), 252/83 (Kommission/Dänemark) und 206/84 (Kommission/Irland) hatten z.T. den gleichen Klagegegenstand und warfen gleiche Probleme auf. Hierzu: HÜBNER, JZ 1987, 330.

301 EuGHE 1979, 35 = NJW 1979, 1764 (van Wesemael); EuGHE 1981, 3305 = NJW 1982, 1203 (Webb).

302 EuGH NJW 1987, 572, 574 (Nr. 27).

In dem bestehenden Zulassungs- und Niederlassungszwang sah der EuGH dementsprechend eine Beschränkung des freien Dienstleistungsverkehrs.[303] Einschränkend berücksichtigte das Gericht allerdings, daß der Versicherungssektor ein „besonders sensibler Bereich" sei.[304] Aus diesem Grunde bestünden zwingende Gründe des Allgemeininteresses, die eine aufsichtsbehördliche *Zulassungskontrolle* der Bedingungen und Tarife rechtfertigen könnten. Derartige Zulassungskontrollen seien beim gegenwärtigen Stand des Gemeinschaftsrechts angesichts der bestehenden Unterschiede zwischen den Rechtsordnungen der Mitgliedstaaten auch erforderlich.[305] Unzulässig sei eine Zulassungskontrolle lediglich bei der *Mitversicherung*, da diese bereits durch eine spezielle Richtlinie[306] harmonisiert worden sei und unter ihren Anwendungsbereich („Großrisiken") nur Großunternehmen oder Unternehmensgruppen fielen, die in der Lage seien, die ihnen angebotenen Versicherungspolicen zu beurteilen und über sie zu verhandeln.[307] Daher könne bei diesen Versicherungen ein Zulassungszwang nicht durch das Allgemeininteresse gerechtfertigt werden. Der *Niederlassungszwang* wurde dagegen vom EuGH für sämtliche Versicherungszweige für unzulässig erachtet.[308] Da die Aufsichtsbehörden ihre Überwachungsaufgaben im Wege der Zulassungsprüfung wirksam durchführen könnten, sei eine Niederlassung ausländischer Versicherungsunternehmen nicht zum Schutze der Versicherungsnehmer erforderlich.

Im Ergebnis wurde somit die Dienstleistungsfreiheit für Mitversicherungsmärkte vollständig, für die klassischen Direktversicherungsmärkte jedoch nur in beschränktem Maße verwirklicht.[309]

In der Folgezeit wurde der bereits seit 1975 vorliegende Vorschlag der Kommission für eine zweite Richtlinie Schaden[310] überarbeitet. Die im Jahre 1988 verabschiedete zweite Koordinierungsrichtlinie Nichtlebensversicherung[311] sah nunmehr entsprechend der im EuGH-Urteil getroffenen Abgrenzung zwischen großgewerblichen Risiken und den schutzbedürftigen Massenversicherungszweigen vor, daß die Mitgliedsländer bei Großrisiken keine präventive Bedingungs- und Tarifkontrolle mehr vorschreiben.[312] Außerdem wurde im Bereich der Großrisiken das Sitzlandprinzip eingeführt. Die übrigen Versicherungszweige unterlagen dagegen wie bisher einer Kontrolle durch das Tätigkeitsland.[313]

303 EuGH NJW 1987, 572, 574 (Nr. 28).
304 EuGH NJW 1987, 572, 574 (Nr. 30, 31).
305 EuGH NJW 1987, 572, 575 (Nr. 41).
306 Mitversicherungsrichtlinie (78/473/EWG) v. 30.5.1978, ABl. EG L 151 v. 7.6.1978, 25, abgedruckt bei PRÖLSS, VAG[11], Anh. I 7.
307 EuGH NJW 1987, 572, 577 (Nr. 64).
308 EuGH NJW 1987, 572, 576 (Nr. 57).
309 Ausführlich zum EuGH-Urteil: SCHMIDT, VersR 1987, 1; SCHWINTOWSKI, NJW 1987, 521; KNOKE, ZVersWiss 1987, 227; HÜBNER, JZ 1987, 330; ANGERER, ZVersWiss 1987, 211.
310 ABl. EG C 32/2 v. 12.2.1976.
311 Zweite Richtlinie Schaden (88/239/EWG) v. 22.6.1988, ABl. EG Nr. L 172 v. 4.7.1988, 1 (abgedruckt bei PRÖLSS, VAG[11], Anh. I 12).
312 Zweite Richtlinie Schaden, Art. 9 Abs. 3 S. 2, 3.
313 Ausführlich: ROTH, NJW 1993, 3028, 3029.

Auch die im Jahre 1990 erlassene zweite Richtlinie Leben[314] orientierte sich am Urteil des EuGH. Durchsetzen konnte sich die sog. Initiativlösung: In Fällen, in denen der Kunde auf eigene Initiative bei einem ausländischen Versicherer eine Lebensversicherung abgeschlossen hatte, benötigte der Versicherungsnehmer nach Ansicht der Richtliniengeber keinen speziellen Schutz durch das Heimatland, denn der Versicherungsnehmer begebe sich freiwillig unter den Schutz einer anderen Rechtsordnung.[315] Für diese Fälle wurde daher auf das Erfordernis einer präventiven Tarif- und Bedingungskontrolle verzichtet und das Sitzlandprinzip eingeführt.[316] In allen anderen Fällen blieb es dagegen beim Tätigkeitslandprinzip.

II. Die dritte Richtlinie Lebensversicherung und ihre Umsetzung in das deutsche Recht

1. Sitzlandprinzip

Erst die dritte Richtliniengeneration zur Direktversicherung im Schadens- und Lebensversicherungsbereich realisierte ein umfassendes Sitzlandprinzip. Nach dem Grundgedanken der dritten Richtlinie Leben und Schaden gilt das Sitzlandprinzip sowohl für die Zulassung als auch für die laufende Aufsicht.[317] Der Herkunftsmitgliedstaat erteilt dem Versicherungsunternehmen eine einzige Zulassung („single license", „Europäischer Paß"), die das Unternehmen zur Ausübung der Versicherungstätigkeit in sämtlichen EU-Mitgliedstaaten im Niederlassungs- oder Dienstleistungswege berechtigt.[318] Herkunftsmitgliedstaat im Sinne der dritten Richtlinie Leben ist dabei „der Mitgliedstaat, in welchem sich der Sitz des Versicherungsunternehmens befindet, das die Verpflichtung eingeht."[319]

Auch im Rahmen der laufenden Aufsicht liegt die Kontrolle über die Versicherungsunternehmen dem Schwerpunkt nach bei der Sitzlandbehörde, wobei im einzelnen aber zwischen der Finanzaufsicht und der sonstigen, nicht die Finanzaufsicht betreffenden rechtlichen Aufsicht zu unterscheiden ist. Die Finanzaufsicht fällt in die alleinige Zuständigkeit der Sitzlandbehörde.[320] Im Bereich der sonstigen Rechtsaufsicht besitzt die Tätigkeitslandbehörde demgegenüber zumindest subsidiäre Eingriffsbefugnisse gegenüber EG-ausländischen Versicherern. Verletzt das beaufsichtigte Versicherungsunternehmen nationale Rechtsvorschriften, die im „Allgemeininteresse" (Art. 28 dritte Richtlinie Leben) liegen, so ist die Tätigkeitslandbehörde nur dann zu Eingriffen berechtigt, wenn ein dringender Fall vorliegt oder wenn Maßnahmen der Sitzlandbehörde nicht greifen bzw. nicht ergangen sind.[321]

---

314 Zweite Richtlinie Leben (90/619/EWG) v. 8.11.1990, ABl. EG Nr. L 350 v. 29.11.1990, 50 (abgedruckt bei PRÖLSS, a.a.O., Anh. I 19).
315 Siehe die Erwägungsgründe der zweiten Richtlinie Leben.
316 Art. 14 der zweiten Richtlinie Leben.
317 Vgl. jeweils den Erwägungsgrund (5) der dritten Richtlinie Schaden und dritten Richtlinie Leben.
318 Art. 5 Abs. 1 dritte Richtlinie Schaden und Art. 4 Abs. 1 dritte Richtlinie Leben.
319 Art. 1d dritte Richtlinie Leben.
320 Art. 9 Abs. 1 dritte Richtlinie Schaden und Art. 8 Abs. 1 dritte Richtlinie Leben.
321 Jeweils Art. 40 der dritten Richtlinie Schaden und Leben.

2. Keine Harmonisierung des Versicherungsvertragsrechts

Demgegenüber wurde – wie bereits bei der ersten und zweiten Richtliniengeneration – von einer Koordinierung der materiellen Rechtsvorschriften über den Versicherungsvertrag Abstand genommen.[322] Der 19. Erwägungsgrund der dritten Richtlinie Leben hebt ausdrücklich hervor, daß eine Harmonisierung des für den Versicherungsvertrag geltenden Rechts keine Vorbedingung für die Verwirklichung des Binnenmarktes im Versicherungssektor sei. Vielmehr stelle die den Mitgliedstaaten belassene Möglichkeit, die Anwendung ihres eigenen Rechts für Versicherungsverträge vorzuschreiben, bei denen die LVU Verpflichtungen in ihrem Hoheitsgebiet eingehen, eine hinreichende Sicherung für die Versicherungsnehmer dar.[323] Dementsprechend ist gem. Art. 8 EGVVG, 29 Abs. 1, 2 EGBGB deutsches (Versicherungs-)Vertragsrecht anwendbar, wenn der Versicherungsnehmer bei Schließung des Vertrages seinen gewöhnlichen Aufenthalt in Deutschland hat. Die Mitgliedstaaten können daher auch nach der Umsetzung der dritten Richtlinie Leben durch ihre Rechtsvorschriften und eine entsprechende gerichtliche ex-post Kontrolle auf das Geschäftsverhalten ausländischer LVU Einfluß nehmen.[324]

3. Fortfall der präventiven Produktkontrolle

Im Zuge der Deregulierung wurde weiterhin die präventive Bedingungs- und Tarifkontrolle abgeschafft. LVU können ihre Produkte sowohl im Sitzland, als auch – wie sich bereits aus dem „single-license-Prinzip" ergibt – im Tätigkeitsland sofort, d.h. ohne den Umweg über eine staatliche Produktkontrolle anbieten. Dem liegt die Überlegung zugrunde, daß der Versicherungsnehmer Zugang zu einer möglichst weiten Palette von in der Gemeinschaft angebotenen Versicherungsprodukten haben soll, um aus ihnen das seinen Bedürfnissen am besten entsprechende Angebot auswählen zu können.[325] Denn in der Vergangenheit führte die systematische behördliche Vorabkontrolle zu einer zwingenden Vereinheitlichung der Versicherungsprodukte, die den Wettbewerb erheblich behinderte.

Auf der anderen Seite bedeutet der Fortfall der Genehmigungspflicht aber nicht, daß LVU nach dem Konzept der dritten Richtlinie Leben in diesen Bereichen überhaupt keiner aufsichtsrechtlichen Regulierung mehr unterlägen. Ziel der Deregulierung war nicht eine möglichst umfassende Abschaffung der Versicherungsaufsicht. Vielmehr sollten die verschiedenen Aufsichtssysteme der Mitgliedstaaten harmonisiert und der Wettbewerb durch den Abbau der präventiven Produktkontrolle intensiviert werden.

---

322 Siehe aber den Kommissionsvorschlag „für eine Richtlinie des Rates zur Koordinierung der Rechts- und Verwaltungsvorschriften über Versicherungsverträge", mit dem der Versuch unternommen wurde, einige grundlegende Bestimmungen des Versicherungsvertragsrechts zu harmonisieren (ABl. EG Nr. C 190 v. 28.7.1979, geändert durch ABl. EG C 355 v. 31.12.1980), sowie die Stellungnahme des Wirtschafts- und Sozialausschusses zum Thema „Die Verbraucher auf dem Versicherungsmarkt" in: ABl. EG Nr. C 95 v. 30.3.1998, 72.

323 Siehe auch den insoweit gleichlautenden 18. Erwägungsgrund zur dritten Richtlinie Schaden (ABl. EG Nr. L 228 v. 11.8.1992), abgedruckt bei PRÖLSS, a.a.O., Anh. I 13.

324 Hierzu: ROTH, NJW 1993, 3028, 3030.

325 Erwägungsgrund (20) der dritten Richtlinie Leben.

Der 21. Erwägungsgrund der dritten Richtlinie Leben betont daher, daß es angebracht sei, „andere Systeme vorzusehen, die den Erfordernissen des Binnenmarkts besser entsprechen und es den Mitgliedstaaten trotzdem erlauben, einen angemessenen Schutz der Versicherungsnehmer zu gewährleisten."

4. Der Verantwortliche Aktuar in der Lebensversicherung (§ 11a VAG)

Zu diesen Systemen gehört vor allem der Verantwortliche Aktuar, der nach britischem Vorbild neu in das deutsche Aufsichtsrecht eingefügt wurde. Die dritte Richtlinie Lebensversicherung enthält zwar keine Regelungen über den Verantwortliche Aktuar. Der Rat und die Kommission haben jedoch in einer Erklärung für das Ratsprotokoll den Mitgliedstaaten empfohlen, für die korrekte Anwendung der harmonisierten, in der dritten Richtlinie Leben festgelegten Prämienberechnungsvorschriften (Art. 19) einen Versicherungsmathematiker heranzuziehen, der insbesondere die technischen Grundlagen der Verträge überprüfen solle.[326]

Dem ist der deutsche Gesetzgeber mit Blick auf das Ratsprotokoll gefolgt.[327] In der Regierungsbegründung zu § 11a VAG wird ausgeführt, daß die bisherige Präventivkontrolle der Aufsichtsbehörde weitreichende Möglichkeiten gegeben habe, die Rechte und Interessen der Versicherungsnehmer zu wahren und die finanzielle Sicherheit der Gesellschaften zu gewährleisten.[328] Da für den Neubestand eine präventive Tarif- und Bedingungskontrolle entfalle, müsse in Anlehnung an den durch das britische Aufsichtssystem geprägten sog. Appointed Actuary – der berufsständischen Regeln unterworfen ist und der für die Bemessung der versicherungstechnischen Rückstellungen, für die finanzielle Solidität des Unternehmens und für die Wahrung der Rechte und Interessen der Versicherungsnehmer zu sorgen hat – jedes inländische LVU zukünftig gem. § 11a Abs. 1 S. 1 VAG einen Verantwortlichen Aktuar bestellen.

Nach der Konzeption des novellierten VAG werden dem Verantwortlichen Aktuar somit die beiden Kernbereiche der Versicherungsaufsicht zugewiesen: Zum einen hat der Verantwortliche Aktuar im Rahmen seiner Tätigkeit die dauernde Erfüllbarkeit der Verträge sicherzustellen, zum anderen muß er auch die darüber hinausgehenden Belange der Versicherten wahren. Hierzu gehört vor allem, daß der Verantwortliche Aktuar Vorschläge für eine „angemessene" Überschußbeteiligung entwickelt (§ 11a Abs. 3 Nr. 4 VAG). Im Ergebnis übernimmt der Verantwortliche Aktuar also Aufgaben, die vor der Deregulierung durch das BAV im Wege der präventiven Produktkontrolle ausgeübt werden konnten. Der Verantwortliche Aktuar hat insofern eine Ersatzfunktion, ist also – wie BRÖMMELMEYER[329] zu Recht betont – gleichsam kompensatorisch in das VAG eingefügt worden.

---

326 Erklärung für das Ratsprotokoll zu Art. 19 der dritten Richtlinie Leben, Dokument Nr. 9646/92 v. 30.10.1992.
327 Siehe hierzu BTDrcks. 12/6959, 56.
328 BTDrcks. 12/6959, 56.
329 BRÖMMELMEYER, Der Verantwortliche Aktuar (2000), 47. Vgl. auch PRÄVE, ZfV 1994, 199, 201 (Fn. 96).

5. Der unabhängige Treuhänder (§ 11b VAG)

Darüber hinaus wurde im Zuge der Deregulierung ein weiterer Aufsichtsagent in das VAG eingefügt, der sog. Prämien-, Überschußbeteiligungs- und Bedingungstreuhänder (§§ 11b VAG, 172 VVG). Auch der unabhängige Treuhänder nimmt Aufgaben wahr, die in der Vergangenheit dem BAV oblagen.[330] Für den Altbestand hingen Prämien- und Bedingungsänderungen von der Zustimmung der Aufsichtsbehörde ab, denn die Tarife und AVB waren Teil des Geschäftsplans und durften insofern gem. § 13 VAG nur mit Genehmigung des BAV geändert werden. Derartige Regelungen sind für den Neubestand nicht mehr möglich. Durch die Einführung des unabhängigen Treuhänders soll daher gewährleistet werden, daß etwaige Änderungen vorab durch einen unabhängigen Dritten überprüft werden. Soweit ein LVU aufgrund der Versicherungsbedingungen[331] die Prämien und die Bestimmungen zur Überschußbeteiligung mit Wirkung für bestehende Versicherungsverhältnisse ändern kann oder eine Klausel in den Lebensversicherungsbedingungen unwirksam ist, dürfen gem. §§ 11b S. 1 VAG, 172 VVG derartige Änderungen erst in Kraft gesetzt werden, nachdem ihnen ein unabhängiger Treuhänder zugestimmt hat.[332]

6. Nachträgliche Mißstandsaufsicht des BAV

Parallel hierzu kann das BAV nach wie vor im Wege der nachträglichen Mißstandsaufsicht tätig werden (§§ 81ff. VAG). Die nachträgliche Mißstandsaufsicht ist in Art. 10 Abs. 3 der dritten Richtlinie Leben ausdrücklich vorgesehen. Hiernach müssen die Mitgliedstaaten die erforderlichen Vorschriften erlassen, damit ihre Sitzlandbehörden über die Befugnisse und Mittel verfügen, die zur laufenden Überwachung der Versicherungsunternehmen erforderlich sind. Weiterhin heißt es:

> „Diese Befugnisse und Mittel müssen den zuständigen Behörden vor allem die Möglichkeit geben, ...
>
> b) gegenüber dem Unternehmen, den für seine Leistung Verantwortlichen oder den das Unternehmen kontrollierenden Personen alle Maßnahmen zu treffen, die geeignet und erforderlich sind, um sicherzustellen, daß der Geschäftsbetrieb mit den Rechts- und Verwaltungsvorschriften, die das Unternehmen jeweils in den Mitgliedstaaten zu beachten hat, und insbesondere mit dem Tätigkeitsplan – sofern er weiter verbindlich ist – in Einklang bleibt und daß Mißstände, die eine Gefährdung der Versicherteninteressen darstellen, vermieden oder beseitigt werden."

---

330   Ebenso: BRENDLE, VW 1993, 1498; PRÄVE, ZfV 1994, 199, 201; BERLKOMM-SCHWINTOWSKI, § 172 Rn. 14.

331   Gem. § 10 Abs. 1 Nr. 4 VAG müssen etwaige Anpassungsklauseln in die AVB aufgenommen werden.

332   Hinsichtlich sonstiger nachträglicher Vertragsanpassungen, wie beispielsweise einer Änderung der Bestimmungen über den Rückkaufswert, sieht das VAG dagegen keine Zustimmung durch einen unabhängigen Treuhänder vor. Kritisch hierzu: PRÄVE, ZfV 1996, 58, 61 und BERLKOMM-SCHWINTOWSKI, § 172 Rn. 24.

a) Nachträgliche Tarifkontrolle

Das BAV kann daher im Wege der nachträglichen Mißstandsaufsicht die Tarifierungsgrundlagen, insbesondere die Prämien- und Deckungsrückstellungsberechnungen im Rahmen der bestehenden Vorschriften (§§ 11, 65 VAG) kontrollieren. Der Rat der EG hat auf Drängen der deutschen Delegation[333] in Art. 29 S. 2 der dritten Richtlinie Leben sogar die Möglichkeit vorgesehen, daß das Herkunftsland eine systematische Übermittlung der für die Tarife und technischen Rückstellungen verwendeten technischen Grundlagen von den LVU fordern darf.[334] Voraussetzung hierfür ist allerdings, daß die systematische Übermittlung ausschließlich dem Ziel dient, die Einhaltung der einzelstaatlichen Rechtsvorschriften zu überwachen, ohne daß dies für das Unternehmen eine Voraussetzung für die Ausübung seiner Tätigkeit darstellen darf.

Dementsprechend hat der deutsche Gesetzgeber in § 13d Nr. 6 VAG für inländische LVU eine derartige Anzeigepflicht normiert.[335] Hierdurch soll sichergestellt werden, daß das BAV eingreifen kann, „ehe die Abschlüsse mit unzureichenden Rechnungsgrundlagen einen größeren Umfang annehmen können."[336]

b) Nachträgliche Bedingungskontrolle

Während die nachträgliche Tarifkontrolle indirekt durch Art. 29 S. 2 legitimiert wird, findet die nachträgliche, staatliche Bedingungskontrolle in der dritten Richtlinie Leben keine Erwähnung. Art. 29 S. 1 der dritten Richtlinie Leben legt lediglich fest, daß eine systematische Übermittlung der Allgemeinen und Besonderen Versicherungsbedingungen verboten ist.[337] Im Schrifttum war daher umstritten, ob und unter welchen Voraussetzungen das BAV im Wege der nachträglichen Mißstandsaufsicht die Verwendung von AVB untersagen darf, wenn diese gegen das AGBG verstoßen.[338]

aa) Meinungsstand

RÖMER[339] ist der Ansicht, daß eine derartige Kontrolle dem Sinn und Zweck der EG-Richtlinien widerspreche, denn eine nachträgliche Bedingungskontrolle bewirke eine wettbewerbsbehindernde Vereinheitlichung, die im Ergebnis wiederum auf eine Vorkontrolle hinauslaufe. Eine Kontrolle im Einzelfall sei zwar nicht ausgeschlossen. Sie habe sich aber darauf zu beschränken, nur solche Klauseln zu untersagen, die in der

---

333 Hierzu REICH, VuR 1993, 10, 18; WEISER, EuZW 1993, 29; SÖNNICHSEN, VW 1993, 88.

334 Siehe auch Art. 5 Abs. 3 S. 2 der dritten Richtlinie Leben, der insoweit den gleichen Wortlaut wie Art. 29 hat.

335 Für diese Mitteilung hat das BAV auch ein Formblatt entwickelt, VerBAV 1994, 191.

336 Regierungsbegründung zu § 13d Nr. 6, BTDrcks. 12/6959, 45.

337 Art. 5 Abs. 3 S. 1 und Art. 29 Abs. 1 S. 1 der dritten Richtlinie Leben.

338 Für eine nachträgliche Bedingungskontrolle: FAHR, VersR 1992, 1033, 1038; HOHLFELD, VersR 1993, 144, 146. Dagegen: RÖMER, Der Prüfungsmaßstab (1996), 18-20; KOLLHOSSER, in: PRÖLSS, VAG[11], § 81 Rn. 51.

339 RÖMER, Der Prüfungsmaßstab (1996), 18-20.

Rechtsprechung bereits beanstandet worden seien. Auch KOLLHOSSER[340] zweifelt an der Zulässigkeit einer aufsichtsbehördlichen Bedingungskontrolle. Da die Kontrolle von AGB-Klauseln nach der Konzeption des AGBG primär in die Zuständigkeit der Zivilgerichte falle und die Gefahr von Entscheidungskollisionen zwischen Zivil- und Verwaltungsgerichtsbarkeit verhindert werden müsse, seien diesbezügliche Anordnungen des BAV nach dem verfassungsrechtlichen Grundsatz der Verhältnismäßigkeit nicht geeignet und im Hinblick auf den durch das AGBG gewährleisteten Schutz der Versicherungsnehmer auch nicht erforderlich.

bb) Urteil des BVerwG v. 25.6.1998

Demgegenüber hat das BVerwG mit Urteil v. 25.6.1998 klargestellt, daß das BAV befugt ist, die Einhaltung von Vorschriften des AGBG zu überwachen und sie erforderlichenfalls durchzusetzen.[341] Sinn und Zweck der dritten EG-Richtlinien sei, die Produktkontrolle abzuschaffen, weil die systematische behördliche Vorabkontrolle zu einer Vereinheitlichung führte, die nach Auffassung der Gemeinschaft den Wettbewerb behinderte. Hierdurch sei aber nicht das Recht und die Pflicht der Aufsichtsbehörden beseitigt worden, nachträglich eintretenden Mißständen, insbesondere Gesetzesverstößen, entgegenzuwirken. Eine *anlaßbezogene* nachträgliche Inhaltskontrolle von AVB, Besonderen Versicherungsbedingungen, Tarifen und Klauseln sei nach den dritten Richtlinien nicht ausgeschlossen. Eine auf den Einzelfall beschränkte, aus gegebenem Anlaß angeordnete Kontrolle stelle daher – so das BVerwG weiter – keine das Verbot der Vorabkontrolle umgehende und deshalb unzulässige Nachkontrolle dar, die mit dem Sinn und Zweck der Richtlinien nicht vereinbar wäre. Auch die Begründung zum Dritten Durchführungsgesetz EWG zum VAG gehe davon aus, daß die Aufsichtsbehörde in Zukunft die Vorlage der Versicherungsbedingungen nachträglich und „anhand von Einzelfällen" verlangen könne.[342]

Ferner verweist das Gericht darauf, daß die Aufsichtsbehörde auch dann zu einer Bedingungskontrolle berechtigt sei, wenn gegen die betreffende Klausel noch keine zivilrechtlichen Schritte unternommen worden sind. Das BAV dürfe nicht nur zur Beseitigung, sondern auch zur Vermeidung von Mißständen eingreifen.[343] Der Gefahr divergierender Entscheidungen vorzubeugen, sei Sache der Gerichtsverfassung und des Verfahrensrechts. Hiergegen lasse sich auch nicht einwenden, daß das BAV gem. § 16 AGBG im Verfahren auf Unterlassung der Verwendung unwirksamer Geschäftsbedingungen lediglich anzuhören sei und der Gesetzgeber bewußt davon abgesehen habe, der Aufsichtsbehörde ein Klagerecht (§ 13 Abs. 2 AGBG) einzuräumen, denn die öffentlich-

---

340 KOLLHOSSER, in: PRÖLSS, VAG[11], § 81 Rn. 51.
341 BVerwG VersR 1998, 1137, 1138 = NJW 1998, 3216, 3217. Siehe auch die vorangegangene Beschlußkammer-Entscheidung des BAV, VerBAV 1996, 259, 262 f.
342 Siehe BTDrcks. 12/6959, 45. Auch auf Seite 82 des Regierungsentwurfs geht der Gesetzgeber davon aus, daß das AGBG zu den Vorschriften zählt, deren Einhaltung vom BAV gem. § 81 Abs. 1 S. 4 VAG zu überwachen ist.
343 BVerwG VersR 1998, 1137, 1138 = NJW 1998, 3216, 3217f.

rechtlichen Aufsichtsbefugnisse des BAV stünden außerhalb des vom AGBG geschaffenen zivilrechtlichen Kontrollverfahrens.[344]

c) Bewertung

Das BVerwG hat zu Recht die Möglichkeit einer nachträglichen Tarif- und Bedingungskontrolle bestätigt. Problematisch ist allerdings, daß auch eine *anlaßbezogene*, einzelfallorientierte Mißstandsaufsicht mit Vereinheitlichungstendenzen verbunden ist. Da die Frage, ob ein Mißstand vorliegt, nur von einem Standard her festgestellt werden kann und sich jeder Standard binnen kurzem zu einem Mindeststandard entwickelt, könnte auch eine auf den Einzelfall beschränkte Mißstandsaufsicht zu einer wettbewerbswidrigen Vereinheitlichung der Versicherungsprodukte führen.[345] Theoretisch bestünde jedenfalls die Möglichkeit, sämtliche früheren Regelungen des Gesamtgeschäftsplans für die Überschußbeteiligung i.R.d. § 81 Abs. 1 S. 2 VAG zum Mindeststandard zu erklären, denn der Gesamtgeschäftsplan sollte nach Ansicht des BAV gerade einen solchen festlegen.

Hier zeigt sich recht deutlich, daß das Kriterium einer *anlaßbezogenen* Mißstandsaufsicht letztlich nicht dazu geeignet ist, den Umfang der aufsichtsbehördlichen Kompetenzen zu bestimmen. Das BAV hat zahlreiche Möglichkeiten, über etwaige Rechtsverstöße informiert zu werden. Zu denken ist vor allem an die Beschwerdebearbeitung. Allein im Jahre 1997 hatte die Aufsichtsbehörde insgesamt über 24104 Beschwerden zu entscheiden, wobei auf den Versicherungszweig Leben immerhin fast 5000 entfielen.[346] Diese Beschwerden geben der Aufsichtsbehörde – so ausdrücklich der frühere BAV-Präsident HOHLFELD – „Anlaß", von den Unternehmen die Bedingungswerke anzufordern.[347] – Im Ergebnis könnte daher auch eine *anlaßbezogene* Mißstandsaufsicht zu einer weitreichenden Nachkontrollkompetenz und somit zu einer wettbewerbswidrigen Vereinheitlichung überschußberechtigter LVV führen.[348] Hierauf wird an anderer Stelle noch zurückzukommen sein.[349]

---

344 BVerwG VersR 1998, 1137, 1139 = NJW 1998, 3216, 3218. Für eine Einräumung eines aufsichtsbehördlichen Klagerechts vor allem: PRÄVE, NJW 1993, 970; HOHLFELD, VersR 1993, 144, 147. Ausdrücklich dagegen: EBERHARDT, Die Mißbrauchsaufsicht des Bundesaufsichtsamtes für das Versicherungswesen (1997), 170-177.

345 DREHER, Die Versicherung als Rechtsprodukt (1991), 223f.

346 GB BAV 1997, Teil A, 21-22.

347 HOHLFELD, in: FS LORENZ (1994), 295, 299.

348 Hierauf weist auch LORENZ in seiner Anmerkung zum Urteil des BVerwG hin (VersR 1998, 1144, 1146).

349 Vgl. S. 123f.

C. Die Befugnisse des BAV im Rahmen der Überschußbeteiligung

I. Die Aufsicht über inländische LVU

Für den Neubestand kann das BAV nur noch im Wege der nachträglichen Mißstandsaufsicht auf eine angemessene Überschußbeteiligung hinwirken.

1. § 81c VAG und die ZRQuotenV

Spezielle Vorschriften, deren Einhaltung im Rahmen der nachträglichen Mißstandsaufsicht zu überwachen sind, ergeben sich zunächst aus § 81c VAG und der „Verordnung über die Mindestbeitragsrückerstattung in der Lebensversicherung" (ZRQuotenV).[350]

a) Die gesetzliche Regelung

Nach § 81c Abs. 1 S. 1 VAG liegt ein die Belange der Versicherten gefährdender Mißstand vor, wenn bei überschußberechtigten Versicherungen keine angemessene Zuführung zur RfB erfolgt. In der Regierungsbegründung zu § 81c VAG wird hierzu ausgeführt:

„Soweit Lebensversicherungsverträge langfristig abgeschlossen werden, muß die Prämienkalkulation auf vorsichtigen Rechnungsgrundlagen beruhen, um die dauernde Erfüllbarkeit der Verträge sicherzustellen. Die Prämien enthalten deshalb hohe Sicherheitszuschläge, die dazu dienen, die Unsicherheitsfaktoren auszugleichen, die mit der künftigen Entwicklung beim Risiko-, Zins- und Kostenverlauf zwangsläufig verbunden sind. Daran wird sich auch nach der Tariffreigabe nichts ändern. Zur Wahrung der Belange der Versicherten müssen deshalb auch beim überschußberechtigten Neugeschäft die anfallenden Überschüsse den Versicherten möglichst ungeschmälert durch eine Direktgutschrift oder eine Zuweisung zur Rückstellung für Beitragsrückerstattung gutgebracht werden. Es darf nämlich nicht in das Belieben des jeweiligen Versicherungsunternehmens gestellt werden, welchen Teil des erwirtschafteten Überschusses es den Versicherten gutbringen will."[351]

Die Regierungsbegründung geht davon aus, daß die Versicherungsunternehmen auch nach der Deregulierung aufgrund der vorsichtigen Prämienkalkulation (§ 11 Abs. 1 VAG) hohe Überschüsse erwirtschaften. Dementsprechend muß das Aufsichtsamt im Wege der nachträglichen Mißstandsaufsicht sicherstellen, daß die Versicherungsnehmer in angemessenem Umfang an diesen Überschüssen beteiligt werden.

Die für den Altbestand bestehende Rückgewährquote, die sich nach dem durchschnittlichen Rückgewährrichtsatz aller LVU richtete, konnte für den Neubestand aller-

---

350   Abgedruckt bei PRÖLSS, VAG[11], Anh. II 15.
351   BTDrcks. 12/6959, 85 (abgedruckt bei PRÖLSS, VAG[11], § 81c Rn. 6).

dings nicht beibehalten werden.[352] Da das BAV für den Altbestand im Wege der Tarif-genehmigungspflicht den Versicherungsunternehmen einheitliche Rechnungsgrundla-gen vorgeben konnte, bestand in der Vergangenheit zwischen den Rechnungsabschlüs-sen der Unternehmen eine Vergleichbarkeit, die es der Aufsichtsbehörde ermöglichte, eine brancheneinheitliche Beitragsrückerstattung anzuordnen. Eine derartige Vergleich-barkeit ist für den Neubestand grundsätzlich nicht gegeben, denn die Höhe der Rech-nungsgrundlagen wird nur noch mittelbar und partiell durch die DeckRV konkretisiert (vgl. S. 38f.).

Aus diesem Grunde verzichtet das novellierte Aufsichtsrecht auf eine einheitliche Mindestzuweisung der Überschußquellen „Risiko", „Kosten" und „sonstiges". § 1 Abs. 1 S. 1 ZRQuotenV verlangt für diese Überschußquellen lediglich eine „angemessene" Überschußbeteiligung.

Im Gegensatz dazu ist beim Kapitalanlageergebnis stets ein gewisses Mindestvolu-men an Überschüssen zu erwarten. Da § 2 Abs. 1 DeckRV den Rechnungszins für die Deckungsrückstellungen auf 3,25 % begrenzt und insoweit auch bei der Prämienkalku-lation auf Dauer kein höherer Prämienzins verwendet werden darf, entsteht – gemessen an der tatsächlichen Verzinsung, die im Branchendurchschnitt bei über 7% liegt – in aller Regel ein Kapitalanlageüberschuß. Maßstab für die Angemessenheit der Zufüh-rung zur RfB ist daher in erster Linie die durch die ZRQuotenV festgelegte Mindestzu-führung aus den Kapitalerträgen (§ 81c Abs. 1 S. 2, Abs. 3 S. 1 VAG). Entscheidend für die Verteilung der Kapitalanlageüberschüsse ist somit die individuelle Ertragslage des Versicherungsunternehmens.[353] § 1 Abs. 2 S. 1 ZRQuotenV bestimmt, daß die Versiche-rer mindestens 90 % der gem. § 3 ZRQuotenV „anzurechnenden" Nettokapitalerträge nach Abzug der Direktgutschrift der RfB zuweisen müssen. Soweit vertraglich verein-bart ist, daß die Versicherungsnehmer an den anzurechnenden Kapitalerträgen zu mehr als 90% beteiligt werden, ist die Mindestzuführung entsprechend zu erhöhen (§ 1 Abs. 2 S. 2 ZRQuotenV).

Die nach § 3 ZRQuotenV „anzurechnenden" Nettokapitalerträge berechnen sich da-bei wie folgt:

$$\text{Nettozinserträge der gesamten Kapitalanlagen} \quad * \quad \frac{\text{zinstragende Passiva (Neubestand)}}{\text{zinstragende Passiva (Gesamt)} + \text{Eigenkapital, etc.}}$$

Hintergrund dieser auf den ersten Blick kompliziert erscheinenden Regelung ist die Tatsache, daß die überschußberechtigten LVV des Neubestandes nur an den Erträgen beteiligt werden sollen, zu deren Entstehung sie beigetragen haben. Grundsätzlich sind aber die Erträge und Aufwendungen aus dem Kapitalanlageergebnis nur für den Ge-samtbestand bestimmbar.[354] Da die Versicherer nach den bisherigen Rechnungslegungs-

---

352   BTDrcks. 12/6959, 84 (abgedruckt bei PRÖLSS, VAG[11], § 81c Rn. 6).
353   Kritisch zu dieser Regelung: CLAUS, Der Aktuar 1997, 60, 61ff.
354   Siehe hierzu bereits die Ausführungen zum Altbestand auf S. 69f.

vorschriften nicht dazu verpflichtet sind, die durch die Sparbeiträge aufgebauten Kapitalanlagen einer bestimmten Bestandsgruppe zuzuordnen, erfaßt der Kapitalanlageüberschuß sowohl Erträge, die durch das Vermögen eines LVU erwirtschaftet werden (z.b. Eigenkapital oder Pensionsrückstellungen), als auch solche, die durch Prämienzahlungen der Altverträge entstehen.

Aus diesem Grunde werden die Nettozinserträge der gesamten Kapitalanlagen mit einem Faktor multipliziert, der das Verhältnis der auf den Neubestand entfallenden Vermögenswerte zu den gesamten Vermögenswerten des LVU abbilden soll.[355] Zu den zinstragenden Passiva gehören gem. §§ 3 Abs. 2 S. 3, 6 Abs. 2 ZRQuotenV die versicherungstechnischen Bruttorückstellungen für das selbst abgeschlossene Lebensversicherungsgeschäft, insbesondere die Bruttodeckungsrückstellungen und die RfB.[356] Diese Zinsträger werden zu den gesamten Zinsträgern, dem Eigenkapital sowie den Pensionsrückstellungen eines LVU ins Verhältnis gesetzt.

b) Bewertung

Das Aufsichtsrecht regelt in § 81c VAG und der ZRQuotenV nur die Frage, welche Mindestanforderungen die Überschußbeteiligung aus aufsichtsrechtlicher Sicht erfüllen muß, wenn privatrechtlich wirksame Vereinbarungen über eine Beteiligung der Versicherungsnehmer am Überschuß eines LVU getroffen wurden.[357] So heißt es in der Begründung zur ZRQuotenV:[358]

„Die individuell gewährten Überschüsse fußen auf den vertraglichen Vereinbarungen zwischen Versicherungsnehmern und Versicherungsunternehmen, die nicht Gegenstand dieser Verordnung sind."

Im übrigen verweist das Aufsichtsrecht *akzessorisch* auf die vertraglichen Vereinbarungen zur Überschußbeteiligung. Da die Höhe der zu reservierenden Kapitalerträge gem. § 1 Abs. 2 S. 2 ZRQuotenV von den jeweiligen Vertragsvereinbarungen abhängt, muß das BAV anhand der Vertragsbedingungen von Fall zu Fall entscheiden, inwieweit das Versicherungsunternehmen aufsichtsrechtlich verpflichtet ist, die betreffenden Zinsüberschüsse der RfB zuzuweisen. Gleiches gilt für die sonstigen Überschüsse. Da die ZRQuotenV den unternehmensindividuellen, einzelvertraglichen Besonderheiten Rechnung tragen will, wird auf eine einheitliche Mindestzuweisung der sonstigen Über-

---

355 Kritisch zu diesem Verfahren, welches bereits von CLAUS (VerBAV 1989, 225) für den Altbestand vorgeschlagen wurde: GRUSCHINSKE, ZfV 1989, 642.

356 Siehe Fb 100, S. 4 Z. 13 Sp. 03. Bei zillmernden Tarifen werden außerdem die Verbindlichkeiten aus dem selbst abgeschlossenen Versicherungsgeschäft gegenüber Versicherungsnehmern, vermindert um den Bilanzposten „noch nicht fällige Ansprüche" berücksichtigt (§ 6 Abs. 2 ZRQuotenV).

357 Dies wird in der Literatur für selbstverständlich angesehen: RÖMER, in: RÖMER/LANGHEID, VVG, § 172 Rn. 4; KOLLHOSSER, in: PRÖLSS, VAG[11], § 81c Rn. 1; SCHMIDT, in: PRÖLSS, VAG[11], § 11a Rn. 17; SCHWINTOWSKI, VersWissStud. 2, 11, 26; RENGER, VersR 1995, 866, 868; SCHÜNEMANN, VersWissStud. 4, 43, 60.

358 BRDrcks. v. 3.5.1996, 328/96, 9.

schüsse (Risikoergebnis, Kostenergebnis, übriges Ergebnis) verzichtet. § 1 Abs. 1 S. 1 ZRQuotenV verlangt für diese Überschüsse nur noch eine „angemessene" Überschußbeteiligung. Auch hier muß das BAV unter Rückgriff auf die Überschußbeteiligungsklauseln entscheiden, wie der Rechtsbegriff einer „angemessenen" Überschußbeteiligung (§ 1 Abs. 1 S. 1 ZRQuotenV) im Einzelfall auszulegen ist.

2. Grundsätze des § 56a S. 2 VAG

Das BAV hat im Rahmen der nachträglichen Mißstandsaufsicht ferner darauf zu achten, daß die Überschußbeteiligung einer Aktiengesellschaft nicht im Widerspruch zu § 56a S. 2 VAG steht. Hier heißt es:

> „Jedoch dürfen Beiträge, die nicht aufgrund eines Rechtsanspruchs der Versicherten zurückzustellen sind, für die Überschußbeteiligung nur bestimmt werden, soweit aus dem verbleibenden Bilanzgewinn noch ein Gewinn in Höhe von mindestens vier vom Hundert des Grundkapitals verteilt werden kann."

§ 56a S. 2 VAG regelt das Konkurrenzverhältnis zwischen den Gewinnansprüchen der Aktionäre, die gem. § 254 Abs. 1 AktG mindestens i.H.v. von 4 % des Grundkapitals an den Erträgen zu beteiligen sind, und den rechtlich *nicht* gesicherten Überschußbeteiligungsansprüchen der Versicherungsnehmer.[359]

Hintergrund dieser Regelung ist, daß die Gewinnansprüche der Minderheitsaktionäre anderenfalls nicht adäquat geschützt wären, denn § 254 Abs. 1 AktG betrifft nur die Gewinnverwendung, nachdem die Überschußbeteiligung bereits in der Gewinn- und Verlustrechnung als Aufwand gebucht worden ist.[360] Aus diesem Grunde darf der Vorstand mit Zustimmung des Aufsichtsrats den Versicherten nur dann freiwillig mehr Überschüsse zuweisen als rechtlich erforderlich, wenn für die Anteilseigner noch ein Gewinn i.H.v. 4 % des Grundkapitals zur Verfügung steht. Dabei ist allerdings zu beachten, daß gem. § 254 Abs. 1 AktG an die Aktionäre nur ein Gewinn i.H.v. 4 % des *dividendenberechtigten* Grundkapitals ausgeschüttet werden muß. Der Gewinnanspruch der Aktionäre ist dementsprechend um die noch nicht eingeforderten Einlagen zu kürzen.[361]

---

359 MAYER, in: PRÖLSS, VAG[11], § 56a Rn. 2.
360 Vgl. hierzu Abb. 2 – Strukturierte Gewinn- und Verlustrechnung eines LVU, S. 41.
361 MAYER (in: PRÖLSS, VAG[11], § 56a Rn. 4) weist zutreffend darauf hin, daß eine Garantie für noch nicht eingezahltes Grundkapital dem gesetzgeberischen Ziel des § 56a VAG (Wahrung der Interessen der Versicherten ohne Verletzung der angemessenen Gewinnansprüche der Aktionäre) zuwiderlaufen würde.

Soweit ein Unternehmen dagegen aufgrund vertraglicher[362] Vorschriften verpflichtet ist, die Versicherungsnehmer an den erwirtschafteten Überschüssen zu beteiligen, findet § 56a S. 2 VAG überhaupt keine Anwendung. Denn der Anwendungsbereich des § 56a S. 2 VAG beschränkt sich eindeutig auf den Teil des Überschusses, auf den kein Rechtsanspruch besteht.

3. Dauernde Erfüllbarkeit der Versicherungsverträge

Da eine übermäßige Überschußbeteiligung die finanzielle Solvabilität eines LVU beeinträchtigen kann, muß das BAV im Rahmen der nachträglichen Finanzaufsicht (§§ 81 Abs. 1 S. 1, 5, 89 VAG) zusätzlich darauf achten, daß die dauernde Erfüllbarkeit der Verträge nicht durch die Überschußbeteiligung gefährdet wird.

Fraglich ist allerdings, in welchen Fällen das Versicherungsunternehmen aufsichtsrechtlich verpflichtet ist, die dauernde Erfüllbarkeit der Verträge zu Lasten der Überschußbeteiligung sicherzustellen. Sicherlich kann nicht jede finanzielle Schieflage eines Unternehmens dazu führen, daß das Unternehmen geplante oder sogar bereits zugeteilte Überschußanteile reduziert. Denn der im VAG verankerte Grundsatz der dauernden Erfüllbarkeit will die Funktionsfähigkeit der Versicherungswirtschaft nur insoweit sichern, als das zur Wahrung der Belange der Versicherten notwendig ist.[363] Für den Neubestand wird dies durch § 81 Abs. 1 S. 1, 5 VAG ausdrücklich klargestellt. Hiernach ist die Finanzaufsicht ein Unterfall der Rechtsaufsicht, wobei das Gebot der „Sicherung der dauernden Erfüllbarkeit" eine spezielle Ausprägung des allgemeinen Gebotes der ausreichenden Wahrung der Versichertenbelange darstellt.[364]

Die Versicherer sind daher nur unter bestimmten Voraussetzungen berechtigt, Überschußanteile zur Sicherung der dauernden Erfüllbarkeit heranziehen. Im einzelnen ist dabei wie folgt zu differenzieren:

Soweit die Überschüsse der Höhe nach für eine bestimmte Bestandsgruppe bereits in der *gebundenen RfB* reserviert sind oder den einzelnen Verträgen *gutgeschrieben* wurden (verzinsliche Ansammlung, Bonussystem), setzt eine Reduzierung der Überschußbeteiligung voraus, daß die betreffende Maßnahme im Interesse der Versicherungsnehmer zur Vermeidung eines Konkurses (§ 88 Abs. 1 VAG) geboten ist. Für bereits zugeteilte Überschußanteile ergibt sich dies unmittelbar aus § 89 Abs. 2 S. 1 VAG, aller-

---

362 KAULBACH (in: FAHR/KAULBACH, VAG², § 56a Rn. 6) ist dagegen der Ansicht, daß der in § 56a S. 2 VAG verwendete Begriff „Rechtsanspruch" dahin zu verstehen sei, „daß hier primär die öffentlich-rechtliche Verpflichtung des VU gegenüber seiner Versicherungsaufsichtsbehörde gemeint ist, den Geschäftsplan einzuhalten." – Abgesehen davon, daß sich die Überschußbeteiligung für den Neubestand natürlich nicht mehr nach dem Geschäftsplan richtet, räumt KAULBACH an anderer Stelle (a.a.O., § 81c Rn. 1) selbst ein, daß die öffentlich-rechtlichen Vorschriften zur Überschußbeteiligung das zivilrechtlich begründete Versprechen auf Gewinnbeteiligung betreffen. Der Maßstab für deren ordentliche Erfüllung ist daher im Zivilrecht und nicht im Aufsichtsrecht zu suchen. Darüber hinaus spricht der Wortlaut des § 56a VAG („Rechtsanspruch") gegen die Ansicht von KAULBACH, denn § 81c VAG regelt lediglich eine öffentlich-rechtliche Verpflichtung, nicht aber einen Rechtsanspruch (vgl. KOLLHOSSER, in: PRÖLSS, VAG¹¹, § 81c Rn. 1).

363 So bereits zum Altbestand: SCHWINTOWSKI, Der private Versicherungsvertrag (1987), 87.

364 Ebenso: KOLLHOSSER, in: PRÖLSS, VAG¹¹, § 81 Rn. 36.

dings mit der Einschränkung, daß zunächst die rechnungsmäßigen Deckungsrückstellungen der einzelnen Versicherungen herabzusetzen sind (§ 89 Abs. 2 S. 3 VAG). Gleiches gilt aber auch für die in der gebundenen RfB thesaurierten Überschüsse. Da die gebundene RfB Überschüsse enthält, die für die laufende Überschußbeteiligung oder für die Schlußüberschußbeteiligung deklariert wurden und im Gegensatz zur freien RfB (§ 56a S. 5 VAG) nicht ohne weiteres zur Abwendung eines „Notstandes" herangezogen werden darf, ist eine Reduzierung der gebundenen RfB nur dann geboten, wenn dies zur Vermeidung eines Konkurses notwendig erscheint.

Etwas anderes ergibt sich dagegen für Überschüsse, die sich in der *freien RfB* befinden. Gem. § 56a S. 5 VAG, der im Zuge der Deregulierung neu in das VAG eingefügt wurde,[365] sind die Versicherer berechtigt, die RfB in Ausnahmefällen („Notstand") zur Verlustabdeckung heranzuziehen, soweit sie auf nicht festgelegte Überschußanteile entfällt. Daher zählt dieser Teil der RfB gem. § 53c Abs. 3 S. 1 Nr. 6 lit.a VAG zu den freien, unbelasteten Eigenmitteln, die zumindest in Höhe der Solvabilitätsspanne bei jedem LVU vorhanden sein müssen.[366] Versicherungsunternehmen können somit derartige Überschüsse selbst dann zur Sicherstellung der dauernden Erfüllbarkeit verwenden, wenn das Unternehmen noch nicht konkursreif i.S.d. § 88 Abs. 1 VAG ist. Voraussetzung ist aber auch hier, daß dies im Interesse der Versicherten geboten ist und die Aufsichtsbehörde dem zustimmt. Im Ergebnis dürfte daher ein „Notstand" i.S.d. § 56a S. 5 VAG erst dann vorliegen, wenn ohne die freie RfB nicht mehr genügend anderweitige freie Eigenmittel zur Verfügung stünden.[367]

Ferner kann das Versicherungsunternehmen auch zu einer Reduzierung derjenigen Überschüsse berechtigt sein, die aufgrund vertraglicher oder öffentlich-rechtlicher Vorschriften an die Versicherten auszuschütten sind, die aber im betreffenden Geschäftsjahr noch nicht in die RfB eingestellt wurden. § 1 Abs. 3 Nr. 2 ZRQuotenV bestimmt dies-

---

365 Für den Altbestand enthalten die aufsichtsbehördlich genehmigten Geschäftspläne den Vorbehalt, daß die RfB zur Deckung von Verlusten herangezogen werden kann. Da für den Neubestand dieser Vorbehalt lediglich in den AVB und anderen fachlichen Geschäftsunterlagen zu finden und eine präventive Tarif- und Bedingungskontrolle ausgeschlossen ist, sah sich der Gesetzgeber genötigt, diese Regelung gesetzlich festzuschreiben, vgl. BTDrcks. 12/6959, 80f.

366 Vgl. auch R 3/97 (VerBAV 1997, 219, 229). Hier stellt die Aufsichtsbehörde klar, daß zu den gem. § 53c Abs. 3 S. 1 Nr. 6 lit.a VAG ansetzbaren Eigenmitteln auch der Schlußüberschußanteilfonds (§ 28 Abs. 6, 7 RechVersV) zählt.

367 KAULBACH (in: FAHR/KAULBACH, VAG², § 56a Rn. 8) ist dagegen der Ansicht, daß sich die Aufsichtsbehörde bei Entscheidungen über einen Antrag der LVU gem. § 56a S. 5 VAG an den Wertungen des § 89 Abs. 2 S. 1 VAG zu orientieren habe, da derartige Maßnahmen gegenüber den Versicherungsnehmern die gleiche Wirkung hätten wie eine Herabsetzung der Leistungen. Soweit KAULBACH hiermit andeuten will, daß die freie RfB nur zur Vermeidung eines Konkurses eingesetzt werden darf, kann dem nicht gefolgt werden. Denn die Versicherer müssen zur Wahrung der Versichertenbelange zumindest ausreichend freie, unbelastete Eigenmittel in Höhe der Solvabilitätsspanne bilden (§ 53c VAG).

bezüglich, daß die aufsichtsrechtlich festgelegte Mindestzuführung zur RfB bei einem Solvabilitätsbedarf vermindert werden kann.[368] Darüber hinaus ist eine Unterschreitung der Z-Quote auch bei unvorhersehbaren Risikoverlusten zulässig (§ 1 Abs. 3 Nr. 1 ZRQuotenV). In aufsichtsrechtlicher Hinsicht ist eine derartige Maßnahme allerdings erst dann erforderlich, wenn anderenfalls nicht mehr der Solvabilitätsbedarf gewährleistet werden kann. In sonstigen Fällen kann die Mindestzuführung zur RfB demgegenüber nur dann reduziert werden, wenn die Vertragsparteien entsprechende vertragliche Vereinbarungen getroffen haben und die entstandenen Verluste auf eine nicht vom einzelnen Versicherungsunternehmen zu verantwortende allgemeine Änderung der Verhältnisse zurückzuführen sind.[369]

4. Der Gleichbehandlungsgrundsatz (§ 11 Abs. 2 VAG)

Von besonderer Bedeutung für die Überschußbeteiligungsaufsicht ist ferner der Gleichbehandlungsgrundsatz (§ 11 Abs. 2 VAG), der im Zuge der Deregulierung über die Vorschrift des § 21 VAG hinaus für sämtliche LVU festgeschrieben wurde und als öffentlich-rechtliche Vorschrift den Inhalt und die Ausführung privatrechtlicher LVV determiniert.

a) Normzweck und Inhalt der Gleichbehandlung

Nach dem Grundsatz der Gleichbehandlung (§ 11 Abs. 2 VAG) dürfen Prämien und Leistungen bei gleichen Voraussetzungen nur nach gleichen Grundsätzen bemessen werden. Der Gesetzgeber zählt dabei auch die Überschußbeteiligung zu den „Leistungen" i.S.d. § 11 Abs. 2 VAG. In der Regierungsbegründung zu § 11 Abs. 2 VAG wird hierzu ausgeführt:

> „Es wäre ferner nicht zu vertreten und als Mißstand anzusehen, wenn bei der Gewinnbeteiligung der Lebensversicherten eine unterschiedliche Behandlung zulässig wäre, die nicht durch die Tarifstruktur gerechtfertigt ist. Bei Verstößen gegen den Gleichbehandlungsgrundsatz kann die Aufsichtsbehörde mit den Aufsichtsmitteln des § 81, insbesondere dessen Absatz 2, eingreifen."[370]

---

368 Soweit sich die Solvabilitätsspanne der Unternehmen nicht durch reguläre Eigenmittel bedecken läßt, kann mit Zustimmung der Aufsichtsbehörde sogar der Wert künftiger Überschüsse auf die Eigenmittel angerechnet werden (§ 53c Abs. 3 S. 1 Nr. 6 lit.b VAG). In dem hierzu einschlägigen Rundschreiben (R 3/97, VerBAV 1997, 219, 229) verweist das BAV aber ausdrücklich darauf, daß das Aufsichtsamt eine derartige Anrechnung nur dann zulassen wird, soweit die Solvabilitätsspanne nicht mit anderen Eigenmitteln (z.B. Grundkapital/Gründungsstock, Rücklagen, freie RfB) gedeckt werden kann.
369 Vgl. hierzu EBERS, VuR 1997, 379, 383 und S. 270f.
370 BTDrcks. 12/6959, 56.

Normzweck dieser Regelung ist, daß einzelne Verbrauchergruppen nicht zu Lasten anderer Gruppen bei der Überschußbeteiligung begünstigt werden sollen.[371] Da sich die Versicherten aufgrund der Langfristigkeit der LVV und der für sie nachteiligen vorzeitigen Kündigung gegen eine Ungleichbehandlung kaum wehren können, sah sich der Gesetzgeber im Hinblick auf die sozialpolitische Funktion der Lebensversicherung veranlaßt, den allgemeinen Grundsatz der freien Preisbildung für LVV zu durchbrechen.[372] § 11 Abs. 2 VAG beinhaltet allerdings *nicht* das Gebot, ein äquivalentes Verhältnis zwischen Leistung und Gegenleistung, also einen „gerechten Preis" (iustum pretium) herbeizuführen.[373] Sinn und Zweck des Gleichbehandlungsgrundsatzes ist vielmehr, innerhalb einer bestimmten *Tarifstruktur* Beitrags- und Überschußbeteiligungsgerechtigkeit herzustellen. Der Gleichbehandlungsgrundsatz betrifft insofern nicht das Verhältnis zwischen Preis (Prämie) und Leistung (Versicherungssumme, Überschußbeteiligung), sondern das Verhältnis gleicher bzw. unterschiedlicher Tarife zueinander.

In Anlehnung an die zu § 21 Abs. 1 VAG entwickelten Grundsätze[374] und unter Berücksichtigung der Rechtsprechung des BVerfG zu Art. 3 GG[375] ist davon auszugehen, daß § 11 Abs. 2 VAG sowohl eine willkürliche Gleichbehandlung, als auch eine willkürliche Ungleichbehandlung verbietet.[376] Eine unterschiedliche Behandlung im Rahmen der Überschußbeteiligung ist daher nur dann zulässig, wenn ein sachlicher Differenzierungsgrund vorliegt. Anknüpfungspunkt hierfür ist – wie der Gesetzgeber klargestellt hat – die jeweilige Tarifstruktur.

Die Deutsche Aktuarvereinigung (DAV) hat in der Vergangenheit eine Arbeitsgruppe zur Interpretation des § 11 Abs. 2 VAG eingesetzt, die sich vor allem mit der Frage beschäftigte, unter welchen Voraussetzungen ein Vertrag gegenüber anderen Verträgen gleichzubehandeln ist.[377] Die DAV kommt dabei zu dem Ergebnis, daß der Gesamtbestand eines Versicherungsunternehmens zunächst in Risikogruppen und Risikountergruppen aufzuteilen ist. Während eine Risikogruppe[378] dadurch gekennzeichnet sein soll, daß sie als „überwiegend" nicht vergleichbar zu einer anderen anzusehen ist, wer-

---

371 Siehe hierzu die Regierungsbegründung (a.a.O.) sowie KAULBACH, in: FAHR/KAULBACH, VAG², § 11 Rn. 10.

372 Vgl. die Regierungsbegründung zu § 11 Abs. 2 VAG, BTDrcks. 12/6959, 56.

373 Ebenso, zum Gleichbehandlungsgrundsatz des § 21 VAG: LORENZ, Gefahrengemeinschaft und Beitragsgerechtigkeit aus rechtlicher Sicht (1983), 5, und SIEG, in: FS Reimer Schmidt (1976), 593, 602.

374 WEIGEL, in: PRÖLSS, VAG¹¹, § 21 Rn. 5ff. Siehe auch die MOTIVE zum VAG, 37.

375 BVerfGE 55, 72, 89; BVerfGE 60, 329, 346; BVerfGE 93, 99, 111. Siehe hierzu auch JARASS, NJW 1997, 2545.

376 Wie hier: DAV-Thesenpapier, Der Aktuar 1997, 141; BRÖMMELMEYER, Der Verantwortliche Aktuar (2000), 183ff.

377 DAV-Thesenpapier, Der Verantwortliche Aktuar 1997, 141, 142. Hierzu: HÄßLER, Der Aktuar 1997, 140.

378 Die Zugehörigkeit zu einer Risikogruppe soll nach Ansicht der DAV durch folgende Merkmale bestimmt werden: Risikoklassifikation (Art des Risikos), objektive Kollektivbildung (z.B. Kollektivversicherung mit eigener Vertragsabrechnung, Methode der Risikoeinschätzung, Bezugnahme auf eine bestimmte Kapitalanlage (z.B. für fondsgebundene Lebensversicherungen, Solvabilitätsbedarf (a.a.O., 142).

den die innerhalb einer Risikogrupe gebildeten Risikountergruppen[379] durch eine Variation der Parameter wie Alter, Sterbetafel oder Kostenansätze voneinander unterschieden. Darüber hinaus sollen LVV je nach vertraglich vereinbartem Leistungsumfang voneinander abgegrenzt werden. Hierzu gehören sowohl Leistungen, die der Höhe nach vertraglich vereinbart werden, als auch Leistungen, die dem Grunde nach gesetzlich oder vertraglich garantiert sind (z.B. Zeitwerte gem. § 176 VVG oder künftige Überschußbeteiligung). Schließlich sollen auch Leistungen berücksichtigt werden, die nicht gesondert in Rechnung gestellt werden, wie beispielsweise Beratungsleistungen bei Abschluß oder Kundenservice im Vertragsverlauf.

Im Ergebnis ist der Gesamtbestand eines LVU somit nach folgenden Kriterien aufzuteilen:

- technische Parameter (Sterbetafeln, Zinssätze, Kosten),
- Vertragsbedingungen (Überschußbeteiligungsklauseln, garantierte Mindestrückkaufswerte),
- Solvabilitätsbedarf,
- gesetzliche Regelungen (VAG, VVG).

b) Der Gleichbehandlungsgrundsatz im Rahmen der Überschußermittlung und -verteilung

Da die verschiedenen Versicherungsarten und Versicherungskollektive in ganz unterschiedlichem Umfang zum Rohüberschuß eines LVU beitragen, muß die Überschußbeteiligung nach den gleichen Grundsätzen und Maßstäben erfolgen, die für vergleichbare Verträge gelten. Weist ein Vertrag gegenüber anderen Verträgen also gleiche oder ähnliche Tarifmerkmale auf, so ist in aller Regel auch davon auszugehen, daß dieser Vertrag in gleichem Maße Überschüsse erwirtschaftet hat. Überschußberechtigte LVV, die eine unterschiedliche Tarif- bzw. Ertragsstruktur aufweisen, sind daher sachgerecht bei der Überschußbeteiligung voneinander abzugrenzen.

Nach den geltenden Rechnungslegungsvorschriften kann der am Ende eines Geschäftsjahres entstandene und in einzelne Ergebnisquellen aufzuspaltende Überschuß allerdings nur für den Gesamtbestand unmittelbar ermittelt werden.[380] Problematisch ist dies vor allem im Hinblick auf die Kapitalanlageüberschüsse. Da die Beitragseinnahmen und die entstandenen Kapitalanlageerträge nicht als Sondervermögen verbucht werden und die Versicherer im Unterschied zum britischen Recht auch nicht verpflichtet sind, einen bestimmten Teil des Kapitalanlageportefeuilles einem Teilbestand von

---

379 Die Zugehörigkeit zu einer Risikountergruppe wird nach Ansicht der DAV durch die Zugehörigkeit zu einer Risikogruppe, den Zeitpunkt des Vertragsbeginns, die objektiven Tarifierungsmerkmale (z.B. Alter, Geschlecht) und das Vorliegen gewisser subjektiver oder objektiver ökonomischer Gegebenheiten wie z.B. unternehmensindividuelle Kostenschlüsselung, Stornoverhalten, sonstige rechtliche Vorschriften bestimmt (a.a.O., 143).

380 Lediglich beim Risikoergebnis können die entsprechenden Beträge zumindest buchhalterisch bzw. nach versicherungsmathematischen Grundsätzen den einzelnen Bestandsgruppen unmittelbar zugeordnet werden (vgl. hierzu bereits die Vorgehensweise beim Altbestand, S. 69f.).

LVV zuzuordnen (sog. Fund-Konzept),[381] kann nicht direkt bestimmt werden, in welchem Maße der einzelne Vertrag zum Überschuß eines Unternehmens beigetragen hat. Die Verträge verlieren ihre Individualität als Ursache für den Überschuß.

Das Aufsichtsamt muß daher im Rahmen der nachträglichen Mißstandsaufsicht verstärkt darauf achten, daß überschußberechtigte LVV, die die gleiche Tarifstruktur – also gleiche Vertragsbedingungen und identische technische Parameter (Zinssätze, Ausscheideordnungen, Kostensätze) – aufweisen, bei der Überschußermittlung und –verteilung gleichbehandelt werden.

Eine sachgerechte Überschußermittlung und -verteilung erfordert daher zweierlei. Um den unterschiedlichen Ertragsstrukturen der Tarife Rechnung zu tragen, müssen die Versicherer zum einen geeignete *Bestandsgruppen* und *Gewinnverbände* bilden. Zum anderen sind adäquate *Schlüsselungsverfahren*[382] zu entwickeln, mit deren Hilfe die für den Gesamtbestand erwirtschafteten Überschüsse sachgerecht aufgeteilt werden.

Teilweise werden die genannten Anforderungen bereits durch spezielle gesetzliche Vorschriften konkretisiert. So ist die Aufteilung der zu erfassenden Bestände beispielsweise bereits in den internen Rechnungslegungsvorschriften durch eine Gliederung vorgegeben.[383] Hiernach unterteilt sich der Gesamtbestand der überschußberechtigten LVV in die Untergruppen „kapitalbildende Lebensversicherung mit überwiegendem Todesfallcharakter", „Risikoversicherung", „kapitalbildende Lebensversicherung mit überwiegendem Erlebensfallcharakter", „Berufsunfähigkeitsversicherung" und „Pflegerentenversicherung".[384]

Die Einteilung der Gewinnverbände ist demgegenüber nicht normiert und steht daher im Ermessen der Unternehmen. Auch die Schlüsselungsverfahren werden nur zum Teil durch die aufsichtsrechtlichen Vorschriften vorgegeben. Während für den Altbestand die Grundsätze und Maßstäbe, nach denen die für den Gesamtbestand ermittelten Überschüsse auf die einzelnen Abrechnungsverbände verteilt wurden, noch im Gesamtgeschäftsplan für die Überschußbeteiligung geregelt waren,[385] existiert für den Neubestand kein umfassendes Schlüsselungsverfahren. Denn der in § 3 ZRQuotenV festgelegte Schlüssel erfaßt nur die Verteilung der Nettokapitalerträge zwischen Anteilseignern – Versicherungsnehmern und überschußberechtigten LVV des Altbestandes – Neubestandes (vgl. S. 109f.). Die weitere Zuordnung der Nettokapitalerträge auf einzelne Bestandsgruppen oder Gewinnverbände wird demgegenüber ebensowenig durch § 3

---

381 Vgl. GEBHARD, Gefahren für die finanzielle Stabilität (1995), 118ff. Zum Fund-Konzept vgl. auch S. 273f.

382 Zum Begriff der Schlüsselungsverfahren vgl. die Ausführungen auf S. 69f.

383 Vgl. Anlage 1, Abschnitt D zur BerVersV – Bestandgruppen für das nach dem 28. Juli 1994 abgeschlossene Neugeschäft und für die zwischen dem 1. und 28. Juli 1994 nach nicht mehr genehmigten Tarifen abgeschlossene Verträge. Vgl. hierzu auch VerBAV 2000, 24: „Es steht jedoch nicht im Belieben des einzelnen VU, in welche Bestandsgruppen der Neubestand eingeteilt wird."

384 Soweit eine dieser Bestandsgruppen weniger als 10.000 Einzelverträge umfaßt und die Bruttobeitragseinnahmen weniger als 3 % der gesamten Bruttobeitragseinnahmen eines LVU betragen, können einzelne Bestandsgruppen auch zusammengelegt werden. Vgl. Anlage 1, Abschnitt D, Anmerkung 2 zur BerVersV.

385 Siehe hierzu den Gesamtgeschäftsplan für die Überschußbeteiligung, VerBAV 1988, 424, 425 sowie VerBAV 1994, 3-5 und VerBAV 1995, 234.

ZRQuotenV geregelt, wie die Verteilung der Überschüsse bzw. Fehlbeträge aus dem Kostenergebnis.

Nach dem Grundsatz der Gleichbehandlung müssen aber Schlüsselgrößen verwendet werden, die den unterschiedlichen Ertragsstrukturen der einzelnen Bestandsgruppen ausreichend Rechnung tragen. Sachgerecht ist die Verteilung der Kapitalanlageüberschüsse insofern nur dann, wenn sog. Zinsträgerschlüssel verwendet werden.[386] Die Versicherungsnehmer müssen daher in Höhe der jeweiligen zinstragenden Passiva[387] an den Kapitalanlageüberschüssen beteiligt werden. Auch hinsichtlich der Kostenüberschüsse ist eine plausible Schlüsselung der Allgemeinkosten zu verlangen.

Nach Anhörung des Verbandes der LVU geht nunmehr das BAV davon aus, daß die bisherigen Schlüssel, die zur Aufteilung der laufenden Erträge aus Kapitalanlagen und der gesamten überrechnungsmäßigen Abschlußkosten zwischen Alt- und Neubestand und zwischen den Abrechnungsverbänden dienen, sowie die weiteren zur Anwendung kommenden Schlüssel sinngemäß auch für die Aufteilung der maßgeblichen Positionen zwischen dem Neu- und Altbestand und zwischen den neuen Bestandsgruppen gelten.[388]

c) Probleme bei der Einführung neuer Tarife

Besonders problematisch ist die Anwendung des Gleichbehandlungsgrundsatzes bei der Einführung neuer Tarife.

Zum einen stellt sich die Frage, ob die Versicherer aus Gründen der Gleichbehandlung bei der Einführung neuer Tarife an bereits bestehende Tarife gebunden sind. Sicherlich darf der Grundsatz der Gleichbehandlung nicht durch die willkürliche Einführung neuer Tarife in sehr kurzen zeitlichen Abständen einfach umgangen werden.[389] Auf der anderen Seite läßt sich aus § 11 Abs. 2 VAG aber auch nicht ableiten, daß die Einführung neuer Tarife mit verändertem Verhältnis zwischen Prämie und Leistung und unterschiedlichen Risiko-, Zins- oder Kostenstrukturen generell untersagt ist. Ein derartiger „intertemporaler" Gleichbehandlungsgrundsatz[390] wäre äußerst innovationsfeindlich und könnte in Extremsituationen durchaus zu einem Zusammenbruch der Märkte führen.[391] Dementsprechend hat das BVerwG mit Urteil v. 25. November 1986 für den Gleichbehandlungsgrundsatz beim VVaG (§ 21 VAG) ausdrücklich darauf hingewiesen, daß der vereinsrechtliche Gleichbehandlungsgrundsatz in seiner negativen Abgren-

---

386 Auch die von der Deutschen Aktuarvereinigung eingesetzte Arbeitsgruppe kommt in ihrem Arbeitspapier zur aktuariellen Interpretation des § 11 Abs. 2 VAG zu dem Ergebnis, daß die Kapitalerträge mit Zinsträgerschlüsseln gutzubringen sind (Der Aktuar 1997, 141, 144). Zu den verschiedenen Schlüsselungsverfahren vgl. S. 69f.

387 Dabei sind zur Bestimmung der zinstragenden Passiva die §§ 3 Abs. 2 S. 3, 6 Abs. 2 ZRQuotenV analog heranzuziehen.

388 VerBAV 1995, 234. Siehe aber auch HÖLSCHER (ZVersWiss 1996, 41, 64 ff.), der für den Altbestand insbesondere die verwendeten Schlüsselungsverfahren einer kritischen Analyse unterzieht.

389 So aber SCHMIDT, in: PRÖLSS, VAG[11], § 11 Rn. 13.

390 SCHMIDT, in: PRÖLSS, VAG[11], § 11 Rn. 13.

391 Ebenso: SCHMIDT, in PRÖLSS, VAG[11], § 11 Rn. 13; Kaulbach, in: FAHR/KAULBACH, VAG[2], § 11 Rn. 10; BRÖMMELMEYER, Der Verantwortliche Aktuar (2000), 187.

zung nur besage, daß ein Vereinsmitglied nicht „willkürlich" anders als die anderen Mitglieder behandelt werden dürfe.[392] Eine Abweichung von der bislang geübten Praxis widerspreche zwar dem Gleichbehandlungsgrundsatz im und für den Einzelfall. Zulässig sei jedoch, diese Praxis auch für bestehende Mitgliedschaften für die Zukunft generell und willkürfrei zu ändern. Auch in der Literatur wird hervorgehoben, daß der Gleichbehandlungsgrundsatz nur eine Gleichbehandlung für alle innerhalb eines *bestimmten Zeitraums* abgeschlossenen LVV verlange.[393] Daß die Einführung eines neuen Tarifs grundsätzlich zulässig ist, ergibt sich i.ü. auch mittelbar aus einem Vergleich mit der Krankenversicherung. Für diese bestimmt § 12 Abs. 4 S. 2 VAG, daß die Prämien für das Neugeschäft nicht niedriger sein dürfen als die Prämien, die sich im Altbestand für gleichaltrige Versicherte ohne Berücksichtigung ihrer Altersrückstellungen ergäben. In der Lebensversicherung findet sich dagegen keine entsprechende Regelung. Im Ergebnis ist daher davon auszugehen, daß der Gleichbehandlungsgrundsatz die Einführung eines neuen Tarifs, der zwar ähnliche Ertragsstrukturen, jedoch ein verändertes Preis-Leistungsverhältnis aufweist, nicht ausschließt. Im jeweiligen Einzelfall ist aber zu prüfen, ob nicht eine unzulässige Umgehung von § 11 Abs. 2 VAG vorliegt.

Die Einführung neuer Tarife ist *zum anderen* problematisch, wenn das Neugeschäft aus den Überschüssen des Altgeschäfts subventioniert wird. Derartige Quersubventionierungen sind in der Lebensversicherung vor allem bei den Abschlußkosten üblich. Da das Neugeschäft nur zum Teil im Wege der Zillmerung selbst zur Deckung der Abschlußkosten beiträgt, werden die außerrechnungsmäßigen Abschlußkosten des Altgeschäfts zur Finanzierung herangezogen (vgl. S. 59). Eine derartige Gleichbehandlung ist allerdings zu beanstanden, wenn das Neugeschäft eine gänzlich andere Kostenstruktur als das Altgeschäft aufweist. Dies ist beispielsweise dann der Fall, wenn das Neugeschäft kostenintensiver als das Altgeschäft ist. Derartige Belastungen können nicht zu Lasten des Altgeschäfts gehen, denn nach dem Gleichbehandlungsgrundsatz dürfen Versicherungsbestände, die sich versicherungstechnisch wesentlich unterscheiden, nicht willkürlich gleichbehandelt werden.

5. Verursachungsgerechte, gleichmäßige, zeitnahe und gerechte Überschußbeteiligung?

Die zuvor genannten Vorschriften regeln für die Überschußbeteiligung einen eng begrenzten Bereich. Im Gegensatz dazu ist die in § 81 Abs. 1 VAG verankerte Generalklausel sehr viel weiter gefaßt. Gem. § 81 Abs. 1 S. 1 VAG überwacht die Aufsichtsbehörde „den gesamten Geschäftsbetrieb der Versicherungsunternehmen im Rahmen einer rechtlichen Aufsicht allgemein und einer Finanzaufsicht im besonderen." Und in § 81 Abs. 1 S. 2 VAG heißt es für die Aufsichtsbehörde:[394]

> „Sie achtet dabei auf die ausreichende Wahrung der Belange der Versicherten und auf die Einhaltung der Gesetze, die für den Betrieb des Versicherungsgeschäfts gelten."

---

392 BVerwG VersR 1987, 297, 299.
393 So Brömmelmeyer, Der Verantwortliche Aktuar (2000), 187.
394 Hervorhebung vom Verfasser.

Nach dem Wortlaut des § 81 Abs. 2 S. 2 VAG hat die Aufsichtsbehörde also nicht nur die Einhaltung der für den Versicherungsbetrieb geltenden Gesetze zu überwachen, sondern die Belange der Versicherten insgesamt, also auch insoweit zu wahren, als ein Mißstand in der Lebensversicherung auftritt, der nicht ausdrücklich durch die gesetzlichen Vorschriften zur Überschußbeteiligung erfaßt wird.

Demgegenüber wurde im Vorfeld der Novellierung des VAG von einigen Autoren gefordert, die Eingriffsbefugnisse des BAV auf Fälle zu beschränken, in denen Versicherungsunternehmen gegen bestimmte und eng gefaßte Rechtsvorschriften verstoßen (sog. Legalitätsaufsicht).[395] Der Gesetzgeber hat jedoch den unbestimmten Rechtsbegriff der „Wahrung der Versichertenbelange" beibehalten. Dies deutet darauf hin, daß der Gesetzgeber die Aufsicht nicht auf eine bloße Legalitätsaufsicht beschränken wollte.[396]

Weiterführend stellt sich daher die Frage, ob die für den Altbestand aus dem Grundsatz der „Wahrung der Versichertenbelange" entwickelte Maxime einer verursachungsgerechten, gleichmäßigen, zeitnahen und gerechten Überschußbeteiligung (vgl. S. 65f.) auch für den Neubestand gilt.

a) § 81c VAG und ZRQuotenV als lex specialis?

Der Gesetzes- und Verordnungsgeber hat in § 81c VAG und der ZRQuotenV Mindestanforderungen für die Zuführung der Überschüsse zur RfB festgelegt. Soweit ein LVU diese Vorschriften beachtet, könnten daher weitere Maßnahmen zum Überschußbeteiligungsverfahren, die allein auf den Grundsatz der Versichertenbelange (§ 81 Abs. 1 S. 2 VAG) gestützt werden müßten, per se ausgeschlossen sein.

Hierfür spricht auf den ersten Blick, daß die Bundesregierung während des Gesetzgebungsverfahrens ausdrücklich betont hat, daß es dem BAV nicht möglich sein werde, „im Interesse des Verbraucherschutzes *wünschenswerte* Vorstellungen gegen den Widerstand von Versicherungsunternehmen durchzusetzen."[397] Auch der Regierungsentwurf geht davon aus, daß bloße Zweckmäßigkeitserwägungen einen Eingriff der Aufsichtsbehörde nicht rechtfertigen.[398] Dementsprechend vertritt der frühere BAV-Präsident HOHLFELD[399] die Ansicht, daß ein Mißstand im Sinne des VAG nur bei Übertretung einer gesetzlichen Vorschrift vorliegen könne. Das, was rechtlich zulässig sei, könne keinen Mißstand darstellen. Für das Überschußbeteiligungsverfahren könnte daher in § 81c VAG und der ZRQuotenV eine abschließende Regelung getroffen worden sein.

---

395 So insbesondere: DREHER, VersR 1993, 1443, 1448, 1451; SCHMIDT, Überlegungen zur Umsetzung der 3. Versicherungsrichtlinien in das deutsche Recht (1992), 36; BÜCHNER, Der Referentenentwurf eines 3. Durchführungsgesetzes/EWG zum VAG auf dem Prüfstand (1993), 2ff.

396 Ausführlich hierzu: EBERHARDT, Die Mißbrauchsaufsicht des Bundesaufsichtsamtes für das Versicherungswesen (1997), 49 und DREHER, WM 1995, 509, 510.

397 Antwort der Bundesregierung auf eine Große Anfrage der SPD-Fraktion (BTDrcks. 12/2888) v. 5.2.1993, in: BT-Drcks. 12/4279, 13.

398 BTDrcks. 12/6959, 82.

399 HOHLFELD, in: FS Lorenz (1994), 295, 298. Siehe auch den Tagungsbericht zum 11. Münsterischen Versicherungstag von BAUMANN, VersR 1994, 284, 286.

Hiergegen spricht allerdings, daß § 81c Abs. 1 S. 1 VAG ganz offensichtlich von der Anwendbarkeit des § 81 Abs. 1 S.2 VAG ausgeht.[400] Denn in § 81c Abs. 1 S. 1 VAG heißt es:[401]

„In der Lebensversicherung liegt ein die Belange der Versicherten gefährdender Mißstand <u>auch</u> vor, wenn bei überschußberechtigten Versicherungen keine angemessene Zuführung zur Rückstellung für Beitragsrückerstattung erfolgt."

§ 81c VAG ist daher als eine offene Regelung zu verstehen, in der Mißstände beim Überschußbeteiligungsverfahren nicht enumerativ und abschließend, sondern lediglich beispielhaft definiert werden. Dies gilt erst recht für die ZRQuotenV, denn diese Verordnung stützt sich allein auf die Ermächtigungsgrundlage in § 81c Abs. 3 VAG. Daher konnte der Verordnungsgeber in der ZRQuotenV nur eine Regelvermutung für eine angemessene Überschußzuführung zur RfB, nicht aber für das Vorliegen eines Mißstandes i.S.d. § 81 Abs. 1 S. 2 VAG schaffen.

Auch die Gesetzesmaterialien sprechen eindeutig dafür, daß das BAV Maßnahmen zum Überschußbeteiligungsverfahren nicht nur auf § 81c VAG und die ZRQuotenV, sondern auch auf den allgemeinen Grundsatz der „ausreichenden Wahrung der Versichertenbelange" stützen darf. Der Regierungsentwurf führt in seiner Begründung zu § 81 VAG aus:[402]

„Die Befugnis zum Erlaß von Anordnungen kann nicht auf die Verletzung gesetzlicher Vorschriften beschränkt werden. Zwar werden sich die meisten Mißstände letztlich auf Verstöße gegen Rechtsvorschriften zurückführen lassen, jedoch können auch Mißstände anderer Art auftreten, die sich nicht im voraus durch gesetzliche Regelungen erfassen lassen."

Der Gesetzgeber geht zu Recht davon aus, daß dem VAG kein statisch-materielles, sondern ein formal-flexibles Schutzziel zugrunde liegt.[403] Da sich die Versicherungsaufsicht letztlich auf die Kontrolle vertraglicher Bindungen zwischen Versicherungsnehmer und LVU bezieht, die Privatautonomie den Parteien aber Vertragsgestaltungsfreiheit einräumen soll, ist der Schutz der Versicherten notwendigerweise ein sich im Zeitablauf ständig veränderndes und daher immer wieder neu zu überdenkendes Aufsichtsziel. Aus diesem Grund können und dürfen Mißstände nicht abschließend im VAG festgelegt werden. Denn das VAG muß einerseits die Flexibilität besitzen, Vertragsautonomie und

---

400 Aus § 81c Abs. 1 S. 4 VAG kann demgegenüber noch nicht abgeleitet werden, daß weitere Maßnahmen zur Überschußbeteiligung zulässig sind. § 81c Abs.1 S. 4 stellt eine reine Rechtsfolgenverweisung dar, die zwar hinsichtlich der zu treffenden Maßnahmen auf § 81 Abs. 2 VAG verweist, nicht jedoch auf die in § 81 Abs. 1 VAG geregelten Eingriffsvoraussetzungen (ebenso: KAULBACH, in: FAHR/KAULBACH, VAG², § 81c Rn. 1. A.A. aber in der Vorauflage (§ 81c Rn. 6).
401 Hervorhebung vom VERFASSER.
402 BTDrcks. 12/6959, 83.
403 So bereits zum Altbestand: SCHWINTOWSKI, Der private Versicherungsvertrag (1987), 89.

Wettbewerb soweit wie möglich zu gewährleisten, andererseits aber auch imstande sein, die fehlende Richtigkeitsgewähr von Versicherungsverträgen durch staatliche Einflußnahme zu korrigieren. Insbesondere bei LVV, die dem Versicherer ein Leistungsbestimmungsrecht hinsichtlich der Überschußbeteiligung einräumen, ist die Richtigkeitsgewähr besonders gering.[404] Hinzu kommt, daß die Aufsichtsbehörde für den Bereich der Überschußbeteiligung eine besondere Verantwortung trägt, denn die Entstehung der Überschüsse ist insbesondere durch die in § 11 VAG geforderten Sicherheitszuschläge bei der Prämienkalkulation bedingt (vgl. S. 38f.). Das BAV muß daher zur „Kompensation" nicht nur gem. § 81c VAG und der ZRQuotenV auf eine angemessene Überschußzuführung zur RfB achten, sondern vielmehr das *gesamte* Überschußbeteiligungsverfahren nach § 81 Abs. 1 S. 2 VAG überwachen. § 81c VAG und die ZRQuotenV können insofern keinesfalls als lex specialis betrachtet werden.[405]

b) Der Maßstab „Wahrung der Versichertenbelange"

Fraglich ist allerdings, inwieweit das BAV weiterhin im Wege der nachträglichen Mißstandsaufsicht zur „Wahrung der Versichertenbelange" eine verursachungsgerechte, gleichmäßige, zeitnahe und gerechte Überschußbeteiligung anordnen darf.[406] Die praktischen Auswirkungen einer solchen Befugnis sind nicht zu unterschätzen: Das BAV könnte wie für den Altbestand verlangen, daß die Versicherungsnehmer in der Höhe am Überschuß beteiligt werden müssen, wie sie zu seiner Entstehung beigetragen haben („verursachungsgerechte" Überschußbeteiligung), ein kontinuierliches Wachstum der Überschußanteile fordern („gleichmäßige" Überschußbeteiligung), Höchstgrenzen für die RfB festlegen („zeitnahe" Überschußbeteiligung) und eine Beteiligung der Versicherungsnehmer an Schlußüberschußanteilen im Todes-, Erlebens- und Rückkauffall anordnen („gerechte" Überschußbeteiligung).

Hier zeigt sich recht deutlich, wie sehr die nachträgliche Mißstandsaufsicht zu einer Vereinheitlichung der Versicherungsprodukte führen könnte. Theoretisch bestünde sogar die Möglichkeit, sämtliche früheren Regelungen des Gesamtgeschäftsplans für die Überschußbeteiligung i.R.d. § 81 Abs. 1 S. 2 VAG zum Mindeststandard zu erklären, denn der Gesamtgeschäftsplan sollte nach Ansicht des BAV gerade einen solchen festlegen.[407] Bei einer derart extensiven Auslegung des in § 81 Abs. 1 S. 2 VAG verankerten Grundsatzes der Wahrung der Versichertenbelange wäre die nachträgliche Aufsicht

---

404 Ausführlich hierzu: S. 249ff.
405 Im Ergebnis ebenso: KOLLHOSSER, in: PRÖLSS, VAG[11], § 81c Rn. 1; KAULBACH, in: FAHR/KAULBACH, VAG[2], § 81c Rn. 2, 8. Auch das BAV geht davon aus, daß § 81 Abs. 1 S. 2 VAG anwendbar ist (siehe z.B. R 5/95, VerBAV 1995, 366 – Begrenzung der Abschlußkosten zum Zwecke einer angemessenen Überschußbeteiligung).
406 Hierfür (ohne nähere Begründung): KOLLHOSSER, in PRÖLSS, VAG[11], § 81c Rn. 1.
407 Siehe beispielsweise VOGEL, VerBAV 1986, 450, 451: Der Gesamtgeschäftsplan für die Überschußbeteiligung „stellt eine aktuelle Zusammenfassung von aus aufsichtsbehördlicher Sicht derzeit zulässigen und praktizierten Verfahren auf dem Gebiet der Überschußbeteiligung dar." Auch die im Geschäftsplan festgelegten Rechnungsgrundlagen sollten „Mindestrechnungsgrundlagen" sein (vgl. CLAUS, VerBAV 1986, 239, 250).

ein Produktgestaltungsinstrument des Staates, was im Ergebnis im Widerspruch zu der dritten Richtliniengeneration stünde. Die bislang offengelassene Frage, nach welchen Maßstäben § 81 Abs. 1 S. 2 VAG auszulegen ist, muß daher untersucht werden.

aa) Der Meinungsstand

Teilweise wird vertreten, daß in § 81 Abs. 1 VAG der Aufsichtsbehörde eine allgemeine und unbeschränkte Mißstandsaufsicht eingeräumt werde. Namentlich DREHER[408] ist der Ansicht, daß die Aufsicht des BAV nach der Novellierung des VAG nicht auf gesetzlich fixierte, bestimmte oder bestimmbare Tatbestände beschränkt sei. Aufgrund der weiten Fassung der Generalklausel könne das BAV selbst definieren, wann ein Mißstand vorliege. Zur Begründung verweist DREHER auf die bereits zitierte Regierungsbegründung zu § 81 VAG, in der es heißt, daß die Befugnis zum Erlaß von Anordnungen nicht auf die Verletzung gesetzlicher Vorschriften beschränkt werden könne. Hierdurch habe der Gesetzgeber dem BAV die Kompetenz übertragen, gesetzlich nicht fixierte Mißstände zu verfolgen.[409] Die allgemeine Mißstandsaufsicht sei daher eine unbeschränkte Mißstandsaufsicht, die es der Aufsichtsbehörde überlasse, den Aufsichtsbereich gegenständlich zu bestimmen. Dieser Auffassung ist auch EBERHARDT[410], der nach einer umfassenden grammatikalischen, historischen, systematischen und teleologischen Auslegung ebenfalls zu dem Ergebnis kommt, daß die Generalklausel zu einer umfassenden Aufsicht ermächtige.

Beide Autoren halten dementsprechend die Generalklausel im Hinblick auf das verfassungsrechtliche Bestimmtheitsgebot für bedenklich.[411] Weiterhin weisen diese Autoren darauf hin, daß eine unbeschränkte Mißstandsaufsicht mit dem Gemeinschaftsrecht und dem Gleichbehandlungsgebot (Art. 3 GG) nicht zu vereinbaren sei. Für den Bereich der Tätigkeitslandaufsicht verbiete die dritte Richtlinie Leben und Schaden ausdrücklich eine allgemeine Mißstandsaufsicht.[412] Die Aufsicht des BAV gegenüber EG-ausländischen LVU (§§ 110a Abs. 4 Nr. 3a, 81 VAG) sei insofern eine beschränkte, an Einzeltatbeständen gebundene Mißstandsaufsicht. Demgegenüber sei eine unbeschränkte Sitzlandaufsicht zwar nicht aus gemeinschaftsrechtlichen Gründen zu beanstanden.[413] Aus dem verfassungsrechtlichen Verbot der Inländerdiskriminierung[414] (Art. 3 GG) ergebe

---

408 DREHER, WM 1995, 509, 510ff.; so bereits früher in: VersR 1993, 1443, 1444.
409 DREHER, WM 1995, 509, 511.
410 EBERHARDT, Die Mißbrauchsaufsicht des Bundesaufsichtsamtes für das Versicherungswesen (1997), 141.
411 DREHER, WM 1995, 509, 514; EBERHARDT, a.a.O., 136-140.
412 DREHER, WM 1995, 509, 515f.; EBERHARDT, a.a.O., 101ff.; A.A.: KOLLHOSSER, in: PRÖLSS, VAG¹¹, § 81 Rn. 16f.
413 So im Ergebnis: DREHER, WM 1995, 509, 514 und EBERHARDT, a.a.O., 103.
414 Bislang wurde die Frage, inwieweit Art. 3 GG bei gemeinschaftsrechtlich verursachten Inländerbenachteiligungen anwendbar ist, vom BVerfG und vom BVerwG ausdrücklich offengelassen (BVerfG NJW 1990, 1033; BVerwG DÖV 1970, 826). Der EuGH hat allerdings darauf hingewiesen, daß derartige Inländerdiskriminierungen mit Mitteln des nationalen Verfassungsrechts korrigiert werden können (EuGH JZ 1994, 1061 mit Anm. GÖTZ). Zum Ganzen siehe SCHILLING, JZ 1994, 8.

sich jedoch, daß eine unbeschränkte Mißstandstandsaufsicht gegenüber deutschen Versicherungsunternehmen bei gleichzeitig beschränkter Aufsicht über EG-Ausländer unzulässig sei, denn die Wettbewerbsnachteile für deutsche Versicherungsunternehmen lägen auf der Hand.[415] Daher dürfe weder die Tätigkeitsland-, noch die Sitzlandaufsicht über eine reine Legalitätsaufsicht hinausgehen.

Folgt man dieser Ansicht, so hätte das BAV für den Neubestand nicht die Befugnis, eine verursachungsgerechte, gleichmäßige, zeitnahe und gerechte Überschußbeteiligung sicherzustellen. Da das Überschußbeteiligungsverfahren allein in § 81c VAG und der ZRQuotenV normiert worden ist, müßten diese Regelungen streng genommen wiederum als abschließende Regelungen interpretiert werden.

Letztlich liegt dieser Auffassung jedoch ein Mißverständnis zugrunde. DREHER und EBERHARDT übersehen, daß der Gesetzgeber dem BAV durch § 81 Abs. 1 S. 2 VAG keinesfalls die Kompetenz zu einer uneingeschränkten Mißstandsaufsicht übertragen hat.[416] Richtig ist zwar, daß die Eingriffsbefugnisse des Aufsichtsamtes nicht auf die Verletzung tatbestandlich konkretisierter gesetzlicher Vorschriften beschränkt werden sollten. Hieraus läßt sich aber nicht im Umkehrschluß folgern, daß die allgemeine Mißstandsaufsicht für den Neubestand eine unbeschränkte Mißstandsaufsicht ist. Die Regierungsbegründung weist in Übereinstimmung mit der Rechtsprechung des BVerwG[417] darauf hin, daß der in § 81 Abs. 1 S. 2 VAG verwendete unbestimmte Rechtsbegriff „ausreichende Wahrung der Versichertenbelange" in vollem Umfange einer gerichtlichen Nachprüfung unterliegt.[418] Bereits aus diesem Grunde kann das BAV den Begriff des Mißstands nicht selbst abschließend bestimmen.[419]

Darüber hinaus betont der Gesetzgeber gerade, daß sich die Aufsicht nicht an Zweckmäßigkeitserwägungen orientieren dürfe.[420] Und zu § 81 Abs. 1 S. 2 VAG heißt es im Regierungsentwurf:[421]

„Der neue Satz 2 nimmt den Begriff der ausreichenden Wahrung der Belange der Versicherten, der nach § 8 Abs. 1 Satz 1 Nr. 3 Maßstab bei der Erteilung der Erlaubnis zum Geschäftsbetrieb ist, für die laufende Aufsicht auf."

---

415 DREHER, WM 1995, 509, 518; EBERHARDT, a.a.O., 135.
416 Für den Altbestand hat DREHER allerdings sehr wohl hervorgehoben, daß dem BAV keine uneingeschränkte Handlungsermächtigung zusteht (Die Versicherung als Rechtsprodukt [1991], 213ff.). Merkwürdig bleibt daher, warum DREHER für den Neubestand nunmehr von einer unbeschränkten Mißstandsaufsicht ausgeht.
417 BVerwGE 61, 59, 64ff.
418 BTDrcks. 12/5969, 82. Siehe aber EBERHARDT, der im Anschluß an die Rechtsprechung des BVerwG zum Umweltrecht (BVerwGE 71, 300, 316) dem BAV in Teilbereichen Beurteilungsspielräume zugestehen will (a.a.O., 140).
419 Ebenso: KOLLHOSSER, in: PRÖLSS, VAG[11], § 81 Rn. 15.
420 BTDrcks. 12/5969, 82.
421 BTDrcks. 12/5969, 82.

Hieraus hat RÖMER[422] zu Recht abgeleitet, daß der Gesetzgeber nicht nur das Kriterium der „ausreichende Wahrung der Versichertenbelange" dem alten § 8 Abs. 1 Nr. 2 VAG entnommen hat, sondern auch die für den Altbestand vom BVerwG im sog. DAS-Urteil[423] hierzu entwickelten Auslegungsgrundsätze übernehmen wollte. Nach der Rechtsprechung des BVerwG scheidet aber eine uneingeschränkte Handlungsermächtigung des BAV aus. Die Aufsichtsbehörde hat die Belange der Versicherten nicht optimal zu wahren. Sie hat nur eine unangemessene Benachteiligung der Versicherten zu verhüten. Weiterhin weist RÖMER richtigerweise darauf hin, daß das BVerwG eine unmittelbare Parallele zwischen der aufsichtsbehördlichen Generalklausel und der Vorschrift des § 9 AGBG gezogen hat. Denn die sachlichen Voraussetzungen, an die § 9 AGBG die Unwirksamkeit von AVB knüpft, sind nach Auffassung des BVerwG bereits unmittelbar in den Voraussetzungen enthalten, die nach § 8 Abs. 1 Nr. 2 VAG a.F. zur Versagung der Genehmigung von Allgemeinen Versicherungsbedingungen zwingen. Diese für den Altbestand gefestigte Auslegung müsse – so RÖMER – auch für den Neubestand bei der Auslegung des § 81 Abs. 1 S. 2 VAG gelten. Der Gesetzgeber habe in Kenntnis der zu § 8 Abs. 1 Nr. 2 VAG a.F. herrschenden Meinung den dort verwendeten Wortlaut eingefügt.[424] Aus diesem Grunde stelle die Mißstandsaufsicht weder eine reine Legalitätsaufsicht, noch eine unbeschränkte materielle Mißstandsaufsicht dar. Vielmehr sei die Generalklausel auf den Inhalt des § 9 AGBG zu konkretisieren. Kriterien hierfür liefere, wie RÖMER betont, die Rechtsprechung des BGH zu § 9 AGBG.

bb) Stellungnahme

Die von RÖMER vertretene These, die in der Literatur durchweg Zustimmung erhalten hat,[425] überzeugt. Das BVerwG hat in seinem DAS-Urteil nicht nur herausgestellt, daß administrative Eingriffe in den Vertragsmechanismus auf das notwendige Maß begrenzt werden müssen. Das Gericht hat vielmehr auch hinsichtlich der materialen Schutzziele der Versicherungsaufsicht auf das Privatrecht verwiesen.

Dieses eigenartige Zusammenspiel zwischen Vertrags- und Aufsichtsrecht wurde erstmalig von SCHWINTOWSKI[426] umfassend untersucht. SCHWINTOWSKI hebt zunächst hervor, daß der Grundgedanke einer eingeschränkten Handlungsermächtigung bereits im VAG zu finden sei. Denn da das Amt die Versichertenbelange dann, und nur dann zu wahren habe, wenn dies notwendig sei, müsse es Bereiche geben, in denen die Notwendigkeit eines Eingriffs nicht bestehe.[427] Verfassungsrechtlich werde die Zulässigkeit staatlicher Eingriffe in die wirtschaftliche Betätigungsfreiheit durch den Grundsatz der Verhältnismäßigkeit begrenzt. Hierbei sei zu berücksichtigen, daß die Versicherungs-

422 RÖMER, Der Prüfungsmaßstab (1996), 8ff.
423 BVerwGE 61, 59. Siehe hierzu bereits S. 65.
424 RÖMER, a.a.O., 11.
425 KAULBACH, in: FAHR/KAULBACH, VAG², § 81 Rn. 16 und § 8 Rn. 14ff.; KOLLHOSSER, in: PRÖLSS, VAG¹¹, § 81 Rn. 29f.; PRÄVE, VersR 1998, 1141 und DERS., ZfV 1997, 5, 7.
426 SCHWINTOWSKI, Der private Versicherungsvertrag (1987).
427 SCHWINTOWSKI, a.a.O., 84ff.

aufsicht eine sich im Idealfall selbst regulierende Privatrechtsordnung vorfinde. Daher beschränke sich die Aufgabe des BAV darauf, Schutzlücken dieser Ordnung zu beseitigen.[428] Maßstab für die Eingriffstiefe sei insofern der Grundsatz Verhältnismäßigkeit, der seinerseits durch die Wertungen des Privatrechts, insbesondere des AGBG konkretisiert werde. Aus diesem Grund sei Versicherungsaufsicht Privatrecht, das sich nur der Mittel des öffentlichen Rechts zur Durchsetzung bediene.[429]

SCHWINTOWSKI[430] räumt allerdings ebenso wie RÖMER[431] ein, daß die auf die Kontrolle mißbräuchlicher Vertragsklauseln zugeschnittene Vorschrift des § 9 AGBG für die Versicherungsaufsicht gedanklich umzuformen ist. Während § 9 AGBG im Individualverfahren nur die Interessen des einzelnen Versicherungsnehmer schützt und zudem nur die Verwendung unangemessener Klauseln betrifft, soll die Versicherungsaufsicht generell die Belange „der" Versicherten wahren.[432] Daher kommt es auf eine überindividuell-generalisierende, von den konkreten Umständen des Einzelfalles absehende Betrachtungsweise an. Die Interessen des einzelnen Versicherten sind objektiv, also aus der Sicht der berechtigten Interessen aller Versicherten des betreffenden LVU zu wahren.

Im Ergebnis zeigt sich somit sowohl im Rahmen des § 81c VAG und der ZRQuotenV, als auch im Bereich des § 81 Abs. 1 S. 2 VAG ein eindeutiger Vorrang des Privatrechts. Dies entspricht eindeutig der Konzeption der dritten Richtlinie Schaden und Leben: Auf der einen Seite wollte der Richtliniengeber durch die Aufhebung der präventiven Produktkontrolle den Versicherungsunternehmen Gestaltungsspielräume eröffnen, die vor der Umsetzung der dritten Richtlinie nicht möglich waren.[433] LVU sollen für den Neubestand die Möglichkeit haben, durch unterschiedliche Klauseln unternehmensindividuell die Modalitäten des Überschußbeteiligungsverfahrens festzulegen. Daher ist das BAV nicht zu einer unbeschränkten Mißstandsaufsicht berechtigt. Auf der anderen Seite begreift der Richtliniengeber aber den Versicherungssektor – ebenso wie der EuGH[434] – als besonders sensiblen Bereich, der durch ein strukturelles Ungleichgewicht zwischen Versicherungsnehmer und Versicherungsunternehmen gekennzeichnet ist.[435] Die Versicherungsaufsicht steht in einem Spannungsverhältnis zwischen Vertragsautonomie und eingeschränkter Richtigkeitsgewähr privatrechtlicher Verträge. Dieses Spannungsverhältnis kann aber nur durch das System Privatrecht be-

---

428 SCHWINTOWSKI, a.a.O., 98.
429 SCHWINTOWSKI, a.a.O., 109.
430 SCHWINTOWSKI, a.a.O., 92-95.
431 RÖMER, a.a.O., 13.
432 Aus diesem Grunde ist das Kriterium „ausreichende Wahrung der Versichertenbelange" in § 81 Abs. 1 S. 2 VAG auch nicht – wie EBERHARDT meint (a.a.O., 74) – deswegen überflüssig, weil ein Verstoß gegen § 9 AGBG bereits unter das Merkmal „Einhaltung des Gesetze" fällt. Dies ist gerade nicht der Fall. Während § 9 AGBG nur die Klauselverwendung betrifft, soll sich die Aufsicht nach dem VAG über den gesamten Geschäftsbetrieb erstrecken (§ 81 Abs. 1 S. 1 VAG). Nach hier vertretener Auffassung soll allein das *Wertungsmodell* des § 9 AGBG auf § 81 Abs. 1 S. 2 VAG übertragen werden.
433 Erwägungsgrund (19) der dritten Richtlinie Schaden und Erwägungsgrund (20) der dritten Richtlinie Leben.
434 EuGH NJW 1987, 572, 574 (Nr. 30, 31).
435 Erwägungsgrund (21) der dritten Richtlinie Leben.

wältigt werden. Denn allein das Privatrecht ist in der Lage, die für die Beaufsichtigung vertraglicher Bindungen adäquaten Wertmaßstäbe zu liefern.

Versicherungsaufsicht ist daher – wie SCHWINTOWSKI pointiert formuliert – „Teil des Privatrechts, eines offenen und in Bewegung befindlichen Systems."[436] Aus diesem Grund sind Maßnahmen des BAV im Bereich des Überschußbeteiligungsverfahrens nicht per se unzulässig. Denn auch für den Neubestand muß das BAV in der Lage sein, die geringe Richtigkeitsgewähr des überschußberechtigten LVV durch staatliche Eingriffe in das Überschußbeteiligungsverfahren zu korrigieren.

c) Folgerungen

Eine *optimale* Überschußbeteiligungsaufsicht, deren Zweck es ist, eine größtmögliche Äquivalenz von Leistung (Prämienzahlungen) und Gegenleistung (Überschußbeteiligung) herbeizuführen, scheidet aus. Dies ergibt sich sowohl aus der bereits ausführlich behandelten Rechtsprechung des BVerwG, als auch aus den Wertungen der Privatrechtsordnung, namentlich aus § 9 AGBG. So hat der BGH mit Urteil v. 18.12.1985 zur Inhaltskontrolle von AVB nach § 9 AGBG ausgeführt:[437]

> „Zweck der Inhaltskontrolle ist es, Mißbräuchen bei der Aufstellung Allgemeiner Geschäftsbedingungen zu begegnen. Dagegen dient sie nicht dazu, eine vom Standpunkt des Verbrauchers aus optimale Gestaltung der Bedingungen zu erreichen."

Im einzelnen ergeben sich damit für die nachträgliche Mißstandsaufsicht des BAV (§ 81 Abs. 1 S. 2 VAG) folgende Konsequenzen:

- Für den Neubestand kann das BAV nicht von den LVU verlangen, daß die erzielten Überschüsse bei jeder Form der Vertragsbeendigung (Tod, Erleben, Rückkauf) eine tatsächliche Verbesserung des Preis-Leistungsverhältnisses bewirken (*gerechte Überschußbeteiligung*). Im Gegensatz zum Altbestand dürfen LVU also nicht mehr verpflichtet werden, eine Beteiligung der Versicherungsnehmer an Schlußüberschußanteilen im Todes-, Erlebens- und Rückkaufsfall zu vereinbaren. Dieser Ansicht ist auch der Gesamtverband der Deutschen Versicherungswirtschaft, der zu Recht davon ausgeht, daß Schlußüberschußanteile grundsätzlich keine Leistungen darstellen, zu deren Erbringung ein LVU verpflichtet ist.[438] Zu berücksichtigen ist allerdings, daß in der Unternehmenspraxis in aller Regel eine Beteiligung der Versicherten an Schlußüberschußanteilen im Todes-, Erlebens- und Rückkaufsfall vereinbart wird.[439] Soweit derartige Vereinbarungen bestehen,

---

436 SCHWINTOWSKI, Der private Versicherungsvertrag (1987), 111.
437 BGH NJW 1986, 2369 = VersR 1986, 257 (Kündigung in der Krankenhaustagegeldversicherung); Hervorhebung vom VERFASSER.
438 GDV-Brief v. 27.1.1997 an das BAV zum Thema „Schlußüberschußanteil und Zeitwert" (nicht veröffentlicht).
439 Vgl. hierzu die Ausführungen auf S. 186.

muß sich die Aufsicht natürlich auch hierauf erstrecken. Ausgeschlossen sind insofern nur produktgestaltende Anordnungen, die eine Beteiligung an Schlußüberschußanteilen für jeden LVV zwingend vorsehen.

- Auch die Prinzipien einer streng *verursachungsgerechten* Überschußbeteiligung lassen sich für den Neubestand nicht halten. Ein allgemeiner Rechtssatz, nach welchem die Versicherten möglichst genau in der Höhe am Überschuß beteiligt werden müssen, in der sie zu seiner Entstehung beigetragen haben, existiert nicht und kann auch nicht aus der Rechtsnatur des überschußberechtigten LVV abgeleitet werden. Die diesbezügliche Untersuchung (vgl. S. 250ff.) wird zeigen, daß die Beteiligung am Kapitalanlageergebnis eine besondere Form des Sparens darstellt. Grundsätzlich können aber Sparverträge ganz unterschiedliche Zinssätze aufweisen. Die Einlage von Geldern auf einem Konto bedeutet nicht automatisch, daß der durch die Kapitalanlagetätigkeit erwirtschaftete Zinsgewinn auch verursachungsgerecht an die Anleger ausgeschüttet werden muß. Aus diesem Grunde darf das BAV eine Ausschüttung der erwirtschafteten Nettokapitalerträge zu über 90 % nur dann verlangen, wenn entsprechende vertragliche Vereinbarungen getroffen wurden (§ 1 Abs. 2 S. 2 ZRQuotenV). Eine andere Auslegung wäre mit den verfassungsrechtlichen Gewährleistungen der Vertrags- und Wettbewerbsfreiheit nicht zu vereinbaren und könnte auch unter dem Gesichtspunkt des Art. 14 GG gravierende Probleme aufwerfen.[440]

- Schließlich ist das BAV nicht mehr befugt, eine *gleichmäßige* oder möglichst *zeitnahe* Überschußbeteiligung für sämtliche LVV des Neubestandes anzuordnen. Denn inwieweit ein LVU verpflichtet ist, die entstandenen Überschüsse kontinuierlich über die Vertragslaufzeit zu verteilen oder möglichst bald, also ohne eine längerfristige Thesaurierung auszuschütten, bemißt sich wiederum nach den konkreten Verträgen der jeweiligen Bestandsgruppe. Die Deregulierung der Lebensversicherungsmärkte verlangt, daß die Anleger selbst wählen können, ob der betreffende LVV auf eine stetige Entwicklung der Überschußanteile, mithin also auf eine nominelle Anlegersicherheit ausgerichtet ist, oder aber eine möglichst zeitnahe, somit auch ungleichmäßige Überschußbeteiligung zum Zeitwert der Kapitalanlagen im Vordergrund stehen soll. An das BAV fällt daher die Aufgabe, die vertraglich vereinbarten Kapitalanlage-, Bilanz- und Überschußbeteiligungsstrategien zu überwachen und deren Einhaltung einzufordern. Problematisch ist allerdings, daß die derzeitigen unverbindlichen Verbandsempfehlungen diesbezüglich keine Aussage treffen. Lediglich durch die Beispielrechnungen, die sowohl der Werbung als auch der Vertragsanbahnungsphase zugrunde liegen, werden die Versicherungsnehmer darüber informiert, ob ihr Vertrag auf eine zeitnahe Ausschüttung oder eine langfristige Thesaurierung ausgerichtet ist.

---

440 Verschiedentlich wird darauf hingewiesen, daß bereits die Regelung des § 81c VAG an die Grenze eines enteignungsgleichen Eingriffs reiche und nur knapp dem Verdikt der Verfassungswidrigkeit entgehe (SCHMIDT, in: PRÖLSS, VAG[11], Vorbem. Rn. 124 sowie – zum Altbestand – SCHOLZ, ZVersWiss 1984, 1, 27).

d) Die Rechtsverbindlichkeit der Beispielrechnungen[441]

Damit stellt sich weiterführend das Problem, ob zumindest den Beispielrechnungen eine rechtliche Verbindlichkeit zukommt.

aa) Vorbemerkung

Soweit ersichtlich, wurde die Frage, inwieweit den Beispielrechnungen eine rechtliche Bindungswirkung zukommt, bislang nicht näher untersucht.[442] Dies mag vor allem daran liegen, daß die Beispielrechnungen entsprechend der langjährigen Genehmigungspraxis des BAV als unverbindlich zu kennzeichnen waren. Die Versicherer waren aufsichtsrechtlich verpflichtet, unter jede Beispielrechnung folgenden Text aufzunehmen:[443]

„Die dargestellten Leistungen können nicht garantiert werden; sie sind nur als Beispiele anzusehen. Die Höhe der künftigen Überschußbeteiligung läßt sich nur unverbindlich darstellen, da die künftige Überschußentwicklung vor allem von den Kapitalerträgen, aber auch vom Verlauf der Sterblichkeit und von der Entwicklung der Kosten abhängt."

Entsprechende Formulierungen sind auch für den Neubestand anzutreffen.[444] Hieraus kann jedoch noch nicht der Schluß gezogen werden, daß die Beispielrechnungen insgesamt unverbindlich sind. Richtig ist zwar, daß eine bestimmte Leistung aus der Überschußbeteiligung nicht garantiert werden kann. Da die Höhe der zu gewährenden Überschußanteile vom zukünftigen Gewinn des Unternehmens abhängig ist, ist auch die Überschußbeteiligungsschuld notwendigerweise bei Vertragsschluß unbestimmt. In diesem Sinne weisen die Versicherer zu Recht darauf hin, daß die dargestellten Leistungen nicht garantiert werden können, sondern nur als Beispiele anzusehen sind.

Unverbindlich ist aber allenfalls die absolute Höhe der prognostizierten Werte, nicht jedoch die den Beispielrechnungen zugrundeliegenden *normativen Annahmen*. Denn die Unsicherheit der Renditeprognosen kann sich nur auf solche Entwicklungen beziehen, die im Prognosezeitpunkt nicht vorhersehbar sind. Die Versicherer weisen daher bezeichnenderweise in ihren Beispielrechnungen lediglich darauf hin, daß sich die Höhe der künftigen Überschußbeteiligung nur unverbindlich darstellen läßt, da die künftige Überschußentwicklung von den Kapitalerträgen, vom Verlauf der Sterblichkeit und von

---

441   Zur Rechtsverbindlichkeit der Beispielrechnungen für den Verantwortlichen Aktuar vgl. S. 163ff. Zur Berücksichtigung der Beispielrechnungen i.R.d. § 315 BGB siehe S. 264ff.

442   BAUMANN (Die Kapitallebensversicherung [1993], 55) räumt allerdings für den Altbestand ein, daß bei Bestandsübertragungen (§ 14 VAG) eine Ausgliederung stiller Reserven nur dann akzeptiert werden könne, wenn gleichzeitig Vorsorge dafür getroffen werde, daß die „anvisierten" Überschüsse den Versicherungsnehmern möglichst erhalten blieben. Bei der diesbezüglichen Berücksichtigung der Zukunftswerte erscheine, so BAUMANN, eine Mitorientierung an den Beispielrechnungen als angemessen.

443   Siehe R 5/88, VerBAV 1988, 411, 412.

444   Vgl. hierzu R 2/2000, VerBAV 2000, 252 (Hinweise zur Darstellung der Überschußbeteiligung in der Lebensversicherung).

der Entwicklung der Kosten abhängt. Für die Modalitäten der Überschußverteilung trifft dies aber gerade nicht zu. Da die geplante Verteilung von äußeren Faktoren unabhängig ist, enthalten die Beispielrechnungen auch keinen Hinweis darauf, daß diese willkürlich während der Versicherungsdauer verändert werden kann. Hieran wird deutlich, daß es den Versicherern nur darum geht, die absolute Höhe, nicht aber die Verteilung der Überschüsse unverbindlich zu machen.[445]

Versicherungsnehmer und Versicherer gehen daher bei Vertragsschluß übereinstimmend davon aus, daß die angegebenen Leistungen aus der Überschußbeteiligung zumindest dann gelten, wenn die zuletzt deklarierten Überschußsätze während der gesamten Versicherungsdauer unverändert bleiben.

bb) Rechtslage für den Altbestand

Aus diesem Grunde waren die Versicherer bereits für den Altbestand an die prognostizierten Verteilungsmodalitäten aufsichtsrechtlich gebunden. Das Aufsichtsamt erließ zum Schutze der Versicherungsnehmer Anordnungen, in denen Grundsätze und Maßstäbe für die Darstellung und Erläuterung der Überschußbeteiligung festgelegt waren (vgl. S. 77f.). Dabei verlangte das BAV von den Unternehmen, daß die in den Beispielrechnungen dargestellten Werte finanzierbar waren. Die LVU hatten dem BAV jährlich nachzuweisen, daß die zuletzt deklarierten Überschußanteile zur Finanzierung der in Aussicht gestellten Leistungen ausreichten (sog. Finanzierungsnachweis). Die damals zuständigen Mitarbeiter des Aufsichtsamtes WOLFGANG VOGEL und ROLF LEHMANN erläuterten dieses Verfahren in den amtlichen Mitteilungsblättern des BAV wie folgt:[446]

„Obwohl diese Angaben (gemeint sind die Beispielrechnungen) als unverbindliche Beispielrechnungen kenntlich zu machen sind, wird ein Versicherter, für den sie im Abschlußgespräch Bedeutung erlangt haben, davon ausgehen, daß sie bei unveränderten Verhältnissen auch tatsächlich zutreffen werden. Aus diesem Grund verlangt das BAV, daß das jeweilige Lebensversicherungsunternehmen vor der Verwendung von Beispielrechnungen nachweist, daß die Überschußbeteiligung finanzierbar erscheint, d.h. daß die zuletzt deklarierten Überschußanteilsätze bei unveränderten Verhältnissen aufrechterhalten werden können."

---

445 Dies wäre auch – wie im einzelnen noch zu zeigen ist (vgl. S. 269f.) – unzulässig. Denn zum einen folgt aus dem schuldrechtlichen Bestimmtheitserfordernis, daß die Bestimmung einer Leistung (hier: Überschußbeteiligung) nicht der Willkür eines Schuldners überlassen werden darf (MÜKO[3]-GOTTWALD, § 315 Rn. 1 mwN). Zum anderen ist die Einräumung eines Leistungsbestimmungsrechts nur dann zulässig, wenn der Verwender ein berechtigtes Interesse an der Einräumung eines Leistungsbestimmungsrechts hat (WOLF, in: WOLF/HORN/LINDACHER, AGB-Gesetz[4], § 9 L 120 mwN). Ein solches liegt bei der Überschußbeteiligung aber nur dann vor, wenn der Bestimmungsvorbehalt einer zukünftigen, unsicheren Entwicklung Rechnung tragen will.

446 VOGEL/LEHMANN, VerBAV 1982, 328, 332. Klammerzusatz vom VERFASSER.

Bereits bei der Aufstellung der Beispielrechnungen hatten die Versicherer also darauf zu achten, daß in den Prognosen keine unrealistischen Werte verwendet wurden. Potentielle Versicherungsnehmer sollten davor geschützt werden, daß ein LVU überzogene Renditeerwartungen bei neuen Kunden weckt, denn das BAV hat gem. §§ 81 VAG, 3 UWG eine Irreführung der Verbraucher zu unterbinden.

Die Beispielrechnungen waren auch in anderer Hinsicht für die Versicherer verbindlich. Da in den Beispielrechnungen die in der Vergangenheit zuletzt deklarierten Überschußanteilsätze gleichmäßig auf die Vertragslaufzeit verteilt wurden, ging das BAV davon aus, daß die Versicherungsnehmer eine über die Vertragslaufzeit konstante Überschußbeteiligung erwarteten.[447] Genau aus diesem Grunde entwickelte das Aufsichtsamt den aufsichtsrechtlichen Grundsatz einer gleichmäßigen Überschußbeteiligung. Die entstandenen Überschüsse durften den Versicherungsnehmern daher nicht sofort zugeteilt werden.

Diese Grundsätze wurden vom BGH mit Urteil v. 8. Juni 1983 ausdrücklich bestätigt. In seiner Entscheidung wies der BGH darauf hin, daß der Vorstand eines LVU auf eine gleichbleibende Überschußbeteiligung zu achten habe.[448] Es liege, so der BGH, in der Natur des Geschäftes eines LVU, daß dessen Vorstand auf eine gewisse Stetigkeit der jährlichen Ausschüttungen über mehrere Geschäftsjahre achten könne und im Interesse sowohl der Versicherten als auch der Transparenz des Wettbewerbs mit anderen Versicherungsunternehmen achten werde. Weiter heißt es:[449]

„Ein Gegengewicht gegenüber der für den Vorstand eines Versicherungsunternehmens etwa bestehenden Versuchung, die Rückstellungen zweckwidrig in unangemessener Höhe zu horten, besteht nicht nur in der Aufsicht durch das BAV, sondern auch im Wettbewerb der Versicherungsunternehmen. Denn gerade die Höhe und Stetigkeit der an die Versicherten ausgeschütteten Überschußanteile stellt ein wesentliches Argument in der Werbung und damit einen entscheidenden Gesichtspunkt für die Geschäftsführung jedes Versicherungsunternehmens dar (vgl. Vogel/Lehmann aaO)."

Der BGH erwähnte also ausdrücklich die bereits zitierte Auffassung von VOGEL und LEHMANN und ging dabei zutreffend davon aus, daß die bei Vertragsschluß erteilten vorvertraglichen Informationen für die Versicherungsnehmer von entscheidender Bedeutung sind. Hieran anknüpfend betonte der BGH mit Urteil v. 23.11.1994 erneut, daß die Versicherer den Überschuß nicht willkürlich festsetzen dürfen, sondern vielmehr an gesetzliche und aufsichtsrechtliche Vorgaben gebunden seien.[450]

---

447 VOGEL/LEHMANN, VerBAV 1982, 328, 332.
448 BGHZ 87, 346, 354.
449 BGHZ 87, 346, 355.
450 BGHZ 128, 54, 65.

cc) Rechtslage für den Neubestand

Auch für den Neubestand, also für die seit dem 29.7.1994 abgeschlossenen Versicherungsverträge, sind die Beispielrechnungen nach hier vertretener Auffassung im Hinblick auf die ihnen zugrundeliegenden normativen Annahmen aufsichtsrechtlich verbindlich.[451] Sowohl das BAV als auch die Verantwortlichen Aktuare (vgl. S. 163ff.) müssen den prognostizierten Überschußbeteiligungsverlauf berücksichtigen. Aufgrund der Umsetzung der dritten Richtlinie Leben darf das BAV zwar nicht mehr die Tarife, die Allgemeinen Versicherungsbedingungen sowie die Formblätter und sonstigen gedruckten Unterlagen, die im Verkehr mit den Versicherten verwendet werden, präventiv kontrollieren. Aus diesem Grunde können die Versicherer selbst entscheiden, ob sie die Versicherungsnehmer gleichmäßig oder ungleichmäßig an den Überschüssen beteiligen. Gleichzeitig kann das BAV aber im Wege einer einzelfallbezogenen, unternehmensorientierten Mißstandsaufsicht von den Versicherern verlangen, daß privatautonom getroffene Entscheidungen über den Überschußverlauf auch eingehalten werden. Da die prognostizierte Überschußverteilung von äußeren Faktoren unabhängig ist, muß sich das Unternehmen daran messen lassen, ob seine Beispielrechnungen im jeweiligen Prognosezeitpunkt mit den zur Verfügung stehenden empirischen Daten und seinen eigenen normativen Annahmen übereinstimmen.

Zur Wahrung der Belange der Versicherten muß das Aufsichtsamt daher widersprüchliches Verhalten der Versicherer (venire contra factum proprium) verhindern. Gem. § 81 Abs. 1 S. 2 VAG hat das BAV darauf zu achten, daß ein LVU die bei Vertragsschluß geweckten berechtigten Erwartungen der Versicherungsnehmer auch erfüllt. Versicherer, die in ihren Beispielrechnungen bestimmte Verteilungsmodalitäten ausweisen, sind daher an diese Verläufe aufsichtsrechtlich gebunden.

---

451 Vgl. weiterführend auch die am 23. Oktober 2000 vom BAV veröffentlichten Hinweise zur Darstellung der Überschußbeteiligung, R 2/2000 (VerBAV 2000, 252). In diesem Rundschreiben (a.a.O., 252f.) weist das Aufsichtsamt auf die Gefahr hin, daß irreführende Darstellungen zur Überschußbeteiligung die dauernde Erfüllbarkeit der Verträge gefährden können: „Denn sind die Angaben des LVU geeignet irrezuführen, so können sich Ansprüche des VN aus dem Rücktrittsrecht des § 13a UWG sowie Schadensersatzansprüche aus dem Rechtsinstitut der culpa in contrahendo ergeben. Dabei kann die Höhe des Schadensersatzanspruchs die garantierte Leistung zuzüglich der in der Werbung avisierten Überschußbeteiligung übersteigen, da die Höhe der Ansprüche aus culpa in contrahendo nicht durch das positive Interesse begrenzt ist. Ein erhebliches Risiko liegt auch darin, daß die Rechtsprechung solche Leistungsdarstellungen den Anforderungen des AGB-Gesetzes unterwirft. Schließlich könnte eine unsachgemäße Darstellung der Überschußbeteiligung als verbindliches Leistungsversprechen des LVU und damit Vertragsbestandteil angesehen werden. In diesem Fall wäre das LVU verpflichtet, die versprochene Leistung vertragsgemäß zu erbringen." – Nach hier entwickeltem Lösungsansatz wird die dauernde Erfüllbarkeit der Verträge allerdings i.d.R. nicht tangiert, denn die Beispielrechnungen sind nur im Hinblick auf die *normativen Annahmen* rechtsverbindlich. Auch ein Schadensersatzanspruch aus c.i.c. kommt in aller Regel nicht in Betracht, vgl. hierzu S. 266f.

6. Zwischenergebnis

Für den Neubestand kann das BAV nur noch im Wege der nachträglichen Mißstandsaufsicht auf eine angemessene Überschußbeteiligung hinwirken. Die Aufsichtsbehörde hat dabei zunächst darauf zu achten, daß die erwirtschafteten Überschüsse in angemessenem Umfang gem. § 81c VAG i.V.m. §§ 1-3 ZRQuotenV der RfB zugeführt werden (vgl. S. 109ff.). Darüber hinaus kann das BAV Anordnungen zur Vermeidung oder Beseitigung von Mißständen treffen, wenn die Tatbestandsvoraussetzungen der Generalklausel (§ 81 Abs. 1 VAG) vorliegen. Das Aufsichtsamt hat daher im Rahmen der Überschußbeteiligungsaufsicht zusätzlich darauf zu achten, daß die Vorschrift des § 56a S. 2 VAG nicht mißachtet (vgl. S. 112), die dauernde Erfüllbarkeit der Verträge nicht durch die Überschußbeteiligung gefährdet (vgl. S. 113f.) und der in § 11 Abs. 2 VAG verankerte Gleichbehandlungsgrundsatz nicht verletzt wird (vgl. S. 115ff.).

Schließlich hat das BAV nach § 81 Abs. 1 S. 2 VAG die Belange der Versicherten auch insoweit zu wahren, als ein Mißstand in der Lebensversicherung auftritt, der nicht ausdrücklich durch die gesetzlichen Vorschriften zur Überschußbeteiligung erfaßt wird. Insoweit stellte sich die Frage, ob die für den Altbestand aus dem Grundsatz der „Wahrung der Versichertenbelange" entwickelte Maxime einer verursachungsgerechten, gleichmäßigen, zeitnahen und gerechten Überschußbeteiligung auch für den Neubestand gilt. Im Ergebnis hat sich gezeigt, daß für den Neubestand *produktgestaltende* Maßnahmen des BAV prinzipiell ausgeschlossen sind. Die Prinzipien einer verursachungsgerechten, gleichmäßigen, zeitnahen und gerechten Überschußbeteiligung können insofern seit dem 29.7.1994 keine uneingeschränkte Geltung mehr beanspruchen. Gleichzeitig hat sich aber gezeigt, daß *produktbeeinflussende* Maßnahmen zum Schutz der Versicherten nach § 81 Abs. 1 S. 2 VAG weiterhin zulässig sind. Tatbestandlich setzen derartige Eingriffe aber voraus, daß sie materiell durch die Wertungen der Privatrechtsordnung gerechtfertigt sind. Aus diesem Grunde hat das BAV im Rahmen der nachträglichen Mißstandsaufsicht darauf zu achten, daß privatautonom getroffene Entscheidungen zur Überschußbeteiligung auch eingehalten werden. Maßgeblich sind dabei nicht nur die Allgemeinen Versicherungsbedingungen, sondern vor allem auch die Beispielrechnungen, die die Versicherer sowohl in der Werbung als auch in der Vertragsanbahnungsphase zugrunde legen. Denn die in den Beispielrechnungen ausgewiesenen Modalitäten der Überschuß- und Kostenverteilung begründen einen Vertrauenstatbestand. An das BAV fällt daher die Aufgabe, die vertraglich vereinbarten Kapitalanlage-, Bilanz- und Überschußbeteiligungsstrategien zu überwachen und deren Einhaltung einzufordern.

Zusammenfassend kann von einem *Vorrang des Privatrechts* gesprochen werden. Das Aufsichtsrecht setzt nicht nur dem Grunde nach einen vertraglichen Anspruch auf Überschußbeteiligung voraus, sondern ist auch ansonsten akzessorisch vom Vertragsrecht abhängig. § 81c VAG und die ZRQuotenV legen lediglich einen öffentlich-rechtlichen Mindeststandard fest, den ein LVU bei überschußberechtigten LVV nicht unterschreiten darf. Im übrigen verweist das Aufsichtsrecht auf die vertraglichen Vereinbarungen zur Überschußbeteiligung. Gleiches gilt für die allgemeine nachträgliche Mißstandsaufsicht des BAV (§ 81 Abs. 1 S. 2 VAG). Auch hier ist die Aufsichtsbehörde befugt, über die gesetzlichen Regelungen hinaus weitere Maßnahmen zu ergreifen, wenn derartige Eingriffe privatrechtlich indiziert sind. Für den Neubestand muß die Versicherungsaufsicht daher vor allem die vertrags- und unternehmensindividuellen Besonderheiten der jeweiligen Bestandsgruppe berücksichtigen. Genau in diesem Sinne ist die Aufsicht des BAV über Versicherungsprodukte – wie das BVerwG[452] mit Urteil v. 25.6.1998 hervorgehoben hat – „einzelfallbezogen".

II. Die Aufsicht über ausländische LVU in Deutschland

Inwieweit das BAV Maßnahmen zur Überschußbeteiligung gegenüber ausländischen LVU treffen kann, die in Deutschland niedergelassen sind oder in sonstiger Weise grenzüberschreitend tätig werden, richtet sich danach, ob das Unternehmen in einem Mitgliedsland zugelassen ist (1.) oder nicht (2.).

1. EWR-ausländische LVU

a) Grundsätze

Gegenüber LVU, die in einem anderen EWR-Staat zum Geschäftsbetrieb zugelassen sind, darf das BAV nur unter den Voraussetzungen des § 110a VAG tätig werden.[453] Entscheidend ist hiernach, ob die betreffende Maßnahme in den Bereich der Finanzaufsicht fällt oder im Rahmen der sonstigen Rechtsaufsicht getroffen wird. Während die Finanzaufsicht allein der ausländischen Sitzlandbehörde obliegt, kann das BAV als Tätigkeitslandbehörde im Bereich der übrigen Rechtsaufsicht sehr wohl tätig werden (§ 110a Abs. 3 S. 1 VAG). Maßnahmen des BAV zur Überschußbeteiligung gegenüber EWR-ausländischen LVU kommen also nur insoweit in Betracht, als diese nicht unter die Finanzaufsicht fallen.

Bislang ist ungeklärt, nach welchen Maßstäben die Finanzaufsicht von der Rechtsaufsicht abzugrenzen ist. Weder der Richtliniengeber noch der deutsche Gesetzgeber haben definiert, was unter diesen Begriffen zu verstehen ist. Einen Anhaltspunkt liefert § 110a Abs. 4 VAG, der beispielhaft diejenigen Vorschriften des VAG aufzählt, die ein ausländisches Unternehmen bei seiner inländischen Geschäftstätigkeit zu beachten hat. Dabei soll es sich, wie der Gesetzgeber betont, sämtlich um Vorschriften handeln, die unter die sonstige Rechtsaufsicht fallen und auch unter dem Gesichtspunkt des Allgemeininteresses auf Unternehmen aus anderen Mitgliedstaaten angewendet werden kön-

---

452 BVerwG NJW 1998, 3216, 3217= VersR 1998, 1137, 1138. Vgl. hierzu die Ausführungen auf S. 107f.

453 Spezielle Regelungen gelten nur für EWR-ausländische LVU, die von den EG-Richtlinien nicht erfaßt werden, wie beispielsweise Pensions- und Sterbekassen und VVaG mit geringem Prämieneinkommen. Für diese Unternehmen bleibt es gem. § 110d Abs. 1 und Abs. 3 VAG bei einer umfassenden Tätigkeitslandsaufsicht des BAV.

nen.[454] Für den hier zu erörternden Bereich der Überschußbeteiligung wird in § 110a Abs. 4 Nr. 2 VAG auf folgende aufsichtsrechtliche Vorschriften verwiesen:

- § 10 Abs. 1 Nr. 7 VAG – Vollständige Angaben in den AVB über die Grundsätze und Maßstäbe, nach denen die Versicherten an den Überschüssen teilnehmen.
- § 11b VAG – Zustimmung eines unabhängigen Treuhänders, wenn die Bestimmungen zur Überschußbeteiligung mit Wirkung für bestehende Versicherungsverhältnisse geändert werden.
- § 10a Abs. 1 S. 1 VAG i.V.m. Anlage D, Abschnitt I Nr. 2 lit. a und Abschnitt II Nr. 3 – Verbraucherinformationen vor Abschluß des LVV hinsichtlich der für die Überschußermittlung und Überschußbeteiligung geltenden Berechnungsgrundsätze und Maßstäbe; jährliche Mitteilungen über den Stand der Überschußbeteiligung in der Lebensversicherung.

Aufsichtsrechtliche Vorschriften, die die vertragliche Ausgestaltung der Überschußbeteiligungsklausel sowie eine diesbezügliche Transparenz vor und nach Vertragsschluß betreffen, fallen nach Ansicht des Gesetzgebers also eindeutig in den Bereich der sonstigen Rechtsaufsicht.

b) Unanwendbarkeit von § 81c VAG

Fraglich ist demgegenüber, ob das BAV gegenüber EWR-ausländischen LVU auch Maßnahmen zum Überschußbeteiligungsverfahren gem. § 81c VAG und der ZRQuotenV treffen kann. Dagegen spricht zunächst, daß § 110a Abs. 4 VAG nicht auf diese Vorschriften verweist. Dies erscheint auf den ersten Blick widersprüchlich, denn genau genommen gehört § 81c VAG nicht zur Finanzaufsicht, sondern zur sonstigen Rechtsaufsicht.

Allerdings ist zu berücksichtigen, daß der Anspruch auf Überschußbeteiligung wesentlich durch die bei der Prämienkalkulation gem. § 11 VAG anzusetzenden Sicherheitszuschläge bedingt ist. Die für LVU geltenden Kalkulationsvorschriften fallen aber eindeutig in den Bereich der Finanzaufsicht und finden gegenüber EWR-ausländischen LVU keinesfalls Anwendung. Ferner richtet sich die Höhe der nach § 81c VAG und der ZRQuotenV zuzuteilenden Überschüsse vornehmlich nach den handels- und aufsichtsrechtlichen Rechnungslegungsvorschriften. Nach § 341 Abs. 2 HGB gelten die Rechnungslegungsvorschriften aber nur dann für ausländische Versicherungsunternehmen, wenn diese „zum Betrieb des Direktversicherungsgeschäfts der Erlaubnis durch die deutsche Versicherungsaufsichtsbehörde bedürfen." Dies bedeutet, daß EWR-ausländische LVU in Deutschland weder den externen (RechVersV), noch den internen (BerVersV) deutschen Rechnungslegungsvorschriften unterliegen.

---

454 BTDrcks. 12/6959, 93. Demgegenüber weist FAHR (in: FAHR/KAULBACH, VAG², § 110a Rn. 30) zu Recht darauf hin, daß einige dieser Vorschriften – wie etwa § 11b VAG – dann problematisch sind, wenn das Sitzlandrecht ähnliche Schutzvorschriften enthält.

Aus diesen Gründen wird in der Literatur eine Anwendbarkeit von § 81c VAG und der ZRQuotenV auf EWR-ausländische LVU zu Recht abgelehnt.[455] Anderenfalls müßten ausländische LVU nämlich systemfremde Bestimmungen auf ihr Portefeuille anwenden, obwohl die Rechtslage im Sitzland vielleicht eine völlig andere ist und die Berechnungsmethoden und Rechnungsgrundlagen für Prämien und Deckungsrückstellungen völlig verschieden von denen sind, die im Tätigkeitsland gelten. Um derartige Kollisionen zu vermeiden, wird § 81c VAG in § 110a Abs. 4 Nr. 3 VAG nicht erwähnt. § 81c VAG und die ZRQuotenV finden insofern auf EWR-ausländische LVU keine Anwendung.

c) Maßnahmen gem. §§ 81 Abs. 1 S. 2 i.V.m. 110a Abs. 4 Nr. 3a VAG

Die Tatsache, daß § 81c VAG nicht auf EWR-ausländische LVU anwendbar ist, bedeutet nicht zwangsläufig, daß das BAV seine Zuständigkeit für ausländische Überschußbeteiligungsverfahren vollständig verliert. In gewissen Grenzfällen kommen vielmehr auch Eingriffe in Betracht, die auf die §§ 81 Abs. 1 S. 2 i.V.m. 110a Abs. 4 Nr. 3a VAG gestützt werden. Hiernach gelten die Grundsätze der „ausreichenden Wahrung der Versichertenbelange" und der „Einhaltung der Gesetze" auch gegenüber EWR-ausländischen LVU.

Fraglich ist allerdings, ob das BAV als Tätigkeitslandbehörde aufgrund der aufsichtsrechtlichen Generalklausel berechtigt ist, einen durch die Verletzung deutschen Privatrechts begründeten Mißstand festzustellen und die Aufsichtsbehörde des Zulassungsmitgliedstaats um die Durchsetzung der erforderlichen Maßnahmen zu ersuchen bzw. – in dringenden Fällen (§§ 111b Abs. 1 S. 2, S. 3 VAG) – selbst Maßnahmen zu ergreifen. Diese Frage ist im einzelnen äußerst umstritten.[456] Denn nach Art. 8 EGVVG und Art. 29 Abs. 1, 2 EGBGB gilt zwar gegenüber EWR-ausländischen LVU uneingeschränkt deutsches Vertragsrecht, sofern der Versicherungsnehmer nur bei Abschluß des Vertrages seinen gewöhnlichen Aufenthalt in Deutschland hat. Hieraus kann jedoch noch nicht geschlossen werden, daß die Aufsichtsbehörde generell zu Eingriffen befugt ist, wenn EWR-ausländische LVU gegen deutsches Privatrecht verstoßen. Problematisch ist nämlich, ob die deutschen bürgerlich-rechtlichen Vorschriften unter dem Gesichtspunkt ihrer Vereinbarkeit mit dem gemeinschaftsrechtlichen Sekundärrecht und dem EG überhaupt angewendet werden dürfen. Beschränkungen könnten sich sowohl aus Art. 28 der dritten Richtlinie Leben (aa.), als auch aus Art. 49 EG (bb.) ergeben, wonach beschränkende Maßnahmen der Mitgliedstaaten gegenüber EWR-ausländischen Versicherungsunternehmen nur aus Gründen des „Allgemeininteresses" zulässig sind.

---

455 SCHMIDT, in: PRÖLSS, VAG[11], § 81 Rn. 39; PRÄVE, VersWissStud. 4, 85, 98f.; MÜLLER, Versicherungsbinnenmarkt (1995), Rn. 815.

456 Vgl. PRÖLSS, in: PRÖLSS/MARTIN, VVG[26], vor Art. 7 EGVVG, Rn. 36; PRÖLSS/ARMBRÜSTER, DZWiR 1993, 455f.; LORENZ, VersRdsch 1995, 8ff.; FAHR, VersR 1992, 1033, 1036; ROTH, VersR 1993, 129, 131; GÄRTNER, EWS 1994, 114.

aa) Art. 28 dritte Richtlinie Leben

Nach Art. 28 der dritten Richtlinie Leben darf ein Mitgliedsland einen Versicherungsnehmer nicht daran hindern, einen Vertrag mit einem im Herkunftsstaat zugelassenen Versicherungsunternehmen zu unterzeichnen, „solange der Vertrag nicht im Widerspruch zu den in dem Mitgliedstaat der Verpflichtung geltenden Rechtsvorschriften des Allgemeininteresses steht."

Diese Formulierung wirft mehrere Fragen auf. Zunächst ist problematisch, ob in Art. 28 eine kollisionsrechtliche Regelung zu sehen ist, nach der das Recht des Herkunftsmitgliedstaats insoweit zur Anwendung kommt, als das Recht des Tätigkeitslandes nicht durch das Allgemeininteresse gerechtfertigt ist. – Was diese Frage anbelangt, so kann jedenfalls als gesichert angesehen werden, daß Art. 28 der dritten Richtlinie Leben *keine* kollisionsrechtliche Regelung beinhaltet.[457] Dies ergibt sich bereits aus der Entstehungsgeschichte dieser Vorschrift. Während der ursprüngliche Kommissionsvorschlag zur dritten Richtlinie Leben in Art. 24 eine Regelung vorsah, die den Schluß zuließ, daß das single-license-Prinzip auch für das Privatrecht Geltung beanspruchen konnte,[458] hat die Kommission mehrfach betont, daß Art. 24 keine Norm des Internationalen Privatrechts sei.[459] Dementsprechend wurde der ursprüngliche Art. 24 durch den heutigen Art. 28 geändert. Damit wurde klargestellt, daß Art. 28 nicht die Anwendung des für den Versicherungsvertrag geltenden Vertragsrechts beeinflussen will. Aus diesem Grund kann der Mitgliedstaat für Massenrisiken auch die Geltung des gesamten nationalen Vertragsrechts ohne Rechtswahlfreiheit vorschreiben (Art. 8 EGVVG). Art. 28 der dritten Richtlinie Leben legt somit weder fest, welches Versicherungsvertragsrecht kollisionsrechtlich anwendbar ist, noch wird in dieser Vorschrift eine Regelung darüber getroffen, in welchem Umfang das jeweilige Vertragsstatut kollisionsrechtlich maßgebend ist.

Eine andere Frage ist dagegen, inwieweit sich aus Art. 28 der dritten Richtlinie Leben bereits ableiten läßt, daß die kollisionsrechtlich maßgebenden versicherungsvertraglichen Vorschriften einer gemeinschaftsrechtlichen Anwendbarkeitskontrolle nach Art. 49 EG entzogen sind. Während FAHR[460] der Ansicht ist, daß der Begriff des „Allgemein-

---

457 Ebenso: FAHR, VersR 1992, 1033, 1036; ROTH, VersR 1993, 129, 131. PRÖLSS, in: PRÖLSS/MARTIN, VVG²⁶, vor Art. 7 EGVVG, Rn. 36 und PRÖLSS/ARMBRÜSTER, DZWiR 1993, 449, 455; LORENZ, VersRdsch 1995, 8, 10f. Vgl. aber nunmehr zur Auslegung des „Allgemeininteresses" im Versicherungswesen die Mitteilung der Europäischen Kommission zu Auslegungsfragen v. 2.2.2000, VerBAV 2000, 119. In dieser Mitteilung äußert die Kommission im Hinblick auf Art. 28 dritte Richtlinie Leben die Ansicht, daß ein Versicherungsunternehmen, das im Rahmen der von den Versicherungsrichtlinien vorgesehenen Regelung tätig ist, nur dann gezwungen werden könne, seine Dienstleistungen an die Rechtsvorschriften des Tätigkeitslandes anzupassen, wenn die Maßnahmen, die man ihm gegenüber geltend macht, im Allgemeininteresse liegen (VerBAV 2000, 119, 134f.). Nationale Vorschriften, die die Aufnahme obligatorischer Standard- oder Mindestbedingungen in Versicherungsverträge vorsehen, seien daher stets am Allgemeininteresse zu messen (a.a.O., 142). Dies gelte auch für Rechtsvorschriften über obligatorische Rückkaufs- und Gewinnbeteiligungsklauseln in LVV (a.a.O., 143).

458 Siehe den Vorschlag für die dritte Richtlinie Lebensversicherung, ABl. EG 1991 C 99 v. 16.4.1991, 2 sowie LORENZ, ZVersWiss 1991, 121, 139.

459 FAHR, VersR 1992, 1033, 1036; ROTH, VersR 1993, 129, 131.

460 FAHR, VersR 1992, 1033, 1036. Zustimmend: GÄRTNER, EWS 1994, 114, 121.

interesses" generell nicht für das Gebiet des Versicherungsvertragsrechts gelte, verweisen ROTH,[461] PRÖLSS und ARMBRÜSTER[462] zwar darauf, daß sich Art. 28 seinem Wortlaut nach nur auf das Aufsichtsrecht beziehe, folgern hieraus jedoch noch nicht, daß vertragsrechtliche Bestimmungen einer gemeinschaftsrechtlichen Prüfung nach Art. 49 EG schlechthin entzogen seien. Demgegenüber geht LORENZ[463] davon aus, daß Art. 28 der dritten Richtlinie Leben eine Anwendbarkeitskontrolle durch Art. 49 EG sogar explizit voraussetze. Demnach dürfe das Tätigkeitsland den wirksamen Abschluß eines Versicherungsvertrages mit einem EWR-ausländischen LVU nur aufgrund solcher Vorschriften ausschließen, die nach Art. 49 EG Vorschriften des Allgemeininteresses seien.

In der Tat ist der Wortlaut des Art. 28 äußerst unklar. Auf der einen Seite deutet die Formulierung in Art. 28, wonach ein Versicherungsnehmer nicht „gehindert" werden darf, einen Vertrag mit einem „zugelassenen" Versicherungsunternehmen zu unterzeichnen, darauf hin, daß Adressaten dieser Norm die einzelstaatlichen Aufsichtsbehörden, nicht jedoch die nationalen Zivilgerichte sind. Auf der anderen Seite ist aber zu berücksichtigen, daß die Adressaten der in Art. 28 getroffenen Regelung allgemein die Mitgliedstaaten und nicht nur deren Aufsichtsbehörden sind. Gegen eine restriktive Auslegung des Art. 28 spricht ferner, daß zivilrechtliche Sanktionen de facto wie eine Beschränkung des zwischenstaatlichen Dienstleistungsverkehrs wirken können und insofern auch geeignet sind, den Versicherungsnehmer i.S.d. Art. 28 am Abschluß eines Vertrages zu „hindern".

Diese Zusammenhänge verdeutlichen zugleich, daß die Frage, wie Art. 28 auszulegen ist, letztlich offen bleiben kann. Denn allein aus der Tatsache, daß Art. 28 keine Kollisionsnorm ist, kann – entgegen FAHR[464] – jedenfalls noch nicht geschlossen werden, daß die kollisionsrechtlich maßgeblichen versicherungsvertraglichen Vorschriften einer gemeinschaftsrechtlichen Anwendbarkeitskontrolle nach Art. 49 EG entzogen sind. LORENZ[465] weist zutreffend darauf hin, daß zwischen der kollisionsrechtlichen Anwendbarkeit einer Vorschrift und ihrer gemeinschaftsrechtlichen Unbedenklichkeit streng zu unterscheiden ist. Kollisionsrechtliche Regelungen beziehen sich allein auf den horizontalen Konflikt zwischen mehreren als anwendbar in Betracht kommenden, gleichrangigen Rechten. Dementsprechend bringen kollisionsrechtliche Normen das Recht desjenigen Staates zur Anwendung, zu dem die engste Beziehung besteht. Demgegenüber ist die Frage nach der gemeinschaftsrechtlichen Anwendbarkeit einer nationalen Regelung vertikaler Natur. Sie betrifft die durch Art. 49 EG begründete Verpflichtung der Mitgliedstaaten, die Dienstleistungsfreiheit durchzusetzen. Daher ist es unzulässig, von der kollisionsrechtlichen Anwendbarkeit einer Vorschrift auf ihre gemeinschaftsrechtliche Unbedenklichkeit zu schließen.

---

461 ROTH, VersR 1993, 129, 131.
462 PRÖLSS/ARMBRÜSTER, DZWiR 1993, 449, 455.
463 LORENZ, VersRdsch 1995, 8, 12.
464 FAHR, VersR 1992, 1033, 1036.
465 LORENZ, VersRdsch 1995, 8, 9, 12.

bb) Art. 49 EG

Die Frage, inwieweit das BAV befugt ist, gem. §§ 81 Abs. 1 S.2 i.V.m. 110a Abs. 4 Nr. 3a VAG Maßnahmen gegenüber EWR-ausländischen Versicherungsunternehmen zu treffen, beurteilt sich daher letztlich nach Art. 49 EG. Auch hier ist allerdings zweifelhaft, ob und unter welchen Voraussetzungen Art. 49 EG auf das Versicherungsvertragsrecht anzuwenden ist.

PRÖLSS und ARMBRÜSTER[466] geben zu Bedenken, daß sich die Kommission bewußt gegen eine Vereinheitlichung des Versicherungsvertragsrechts der Mitgliedstaaten entschieden habe. Der Gemeinschaftsgesetzgeber gehe nicht nur von der Gleichwertigkeit der verschiedenen nationalen Vertragsrechte aus, sondern auch davon, daß der durch ihre zwingenden und dispositiven Regeln erzielte Interessenausgleich jeweils dem Allgemeininteresse diene, ohne daß dies im Einzelfall nachzuprüfen wäre. Darüber hinaus spreche gegen eine Kontrolle des Versicherungsvertragsrechts, daß der Schutzbereich des Art. 49 EG nicht tangiert sei: Wenn das im Tätigkeitsland anzuwendende Recht für den Versicherer ungünstiger sei als dessen Sitzrecht, so könne eine Beschränkung der Dienstleistungsfreiheit nicht in der *Ausgestaltung* des berufenen Rechts liegen, sondern allenfalls in der *Berufung* dieses Rechts. Dies sei jedoch eine Frage des Kollisionsrechts, die von Art. 49 EG nicht erfaßt werde. Aus Art. 49 EG könne nicht gefolgert werden, daß ein Zwang zur Eröffnung einer Rechtswahlmöglichkeit für innerhalb der EG belegene Risiken bestehe. Daher unterliege das Versicherungsvertragsrecht keiner gemeinschaftsrechtlichen Kontrolle. Sowohl die nationalen Gerichte als auch das BAV könnten die betreffenden Verträge nach privatrechtlichen, deutschen Vorschriften kontrollieren, ohne daß dies durch das Allgemeininteresse gerechtfertigt werden müßte. Dabei sei im einzelnen zu differenzieren. Soweit eine Norm materiell aufsichtsrechtliche Anliegen verfolge, unterliege sie unabhängig von ihrem Standort im Versicherungsvertragsrecht oder im Aufsichtsrecht der Kontrolle anhand des Maßstabs des Allgemeininteresses. Soweit eine Vorschrift dagegen dem Interessenausgleich der Vertragspartner diene, unterliege sie dieser Kontrolle nicht.

Gegen diese Argumentation hat LORENZ[467] eingewendet, daß eine Anwendung des Art. 49 EG nicht dazu führe, daß das gemeinschaftsrechtlich vereinheitlichte Kollisionsrecht korrigiert werde. Denn für den Fall, daß privatrechtliche Vorschriften gemeinschaftsrechtlich unanwendbar seien, folge aus ihrer Unanwendbarkeit nicht, daß dann die Vorschriften des Sitzlandes zur Anwendung kämen. Es entstehe vielmehr eine Lücke des kollisionsrechtlich maßgebenden Rechts, die notfalls gemeinschaftsrechtskonform auf dem Boden dieses Rechts zu füllen sei.

Dieser Einwand kann indessen, wie PRÖLSS[468] zu Recht hervorhebt, nicht überzeugen. Hiergegen spricht nicht nur, daß in aller Regel die kollisionsrechtlich berufene Regelung ersatzlos wegfallen würde. Entscheidend ist vielmehr folgendes: Selbst wenn eine entstandene Lücke nach dem Recht des Tätigkeitslandes zu schließen wäre, könnte

---

466 PRÖLSS/ARMBRÜSTER, DZWiR 1993, 449, 456f.
467 LORENZ, VersRdsch 1995, 8, 13.
468 PRÖLSS, in: PRÖLSS/MARTIN, VVG[26], vor Art. 7 EGVVG, Rn. 36.

dies nichts daran ändern, daß entgegen dem Kollisionsrecht eine existente Norm nicht anwendbar wäre. Derartige Konsequenzen können aber nicht aus Art. 49 EG abgeleitet werden. Denn das gemeinschaftsrechtlich vereinheitlichte Kollisionsrecht gilt für sämtliche Mitgliedstaaten. Die Mitgliedstaaten haben sich darauf verständigt, die unterschiedlichen nationalen Privatrechtsordnungen bestehen zu lassen und lediglich ein einheitliches Kollisionsrecht zu entwickeln. Aus diesem Grunde kann nicht davon gesprochen werden, daß der freie Dienstleistungsverkehr gerade durch eine *bestimmte* einzelstaatliche Regelung erschwert wird.[469] Der zwischenstaatliche Dienstleistungsverkehr wird vielmehr durch die Grundentscheidung des Gemeinschaftsgesetzgebers behindert, von einer Harmonisierung der unterschiedlichen Rechtsordnungen generell Abstand zu nehmen (vgl. S. 103). Ein Verstoß gegen Art. 49 EG kann daher nicht ohne weiteres angenommen werden. Richtig ist zwar, daß der Gemeinschaftsgesetzgeber in seinen Entscheidungen den Anforderungen des primären Gemeinschaftsrechts und den Zielsetzungen der durch den EG eingeräumten Freiheiten genügen muß.[470] Gleichzeitig ist das Spannungsverhältnis zwischen primärem und sekundärem Gemeinschaftsrecht aber anders zu beurteilen als dasjenige zwischen EG und mitgliedstaatlichem Recht. Während der nationale Gesetzgeber nicht berechtigt ist, den „völlig konturlosen"[471] Begriff des „Allgemeininteresses" rechtsverbindlich zu definieren, kann dies für den Gemeinschaftsgesetzgeber gerade nicht behauptet werden. Insoweit gilt eine Einschätzungsprärogative des Gemeinschaftsgesetzgebers, die der EuGH auch zu beachten hat. Maßgeblich ist daher, daß der Richtliniengeber im 19. Erwägungsgrund der dritten Richtlinie Leben ausdrücklich darauf hingewiesen hat, daß von einer Harmonisierung des für den Versicherungsvertrag geltenden Rechts Abstand genommen werde. Weiter heißt es:

> „Die den Mitgliedstaaten belassene Möglichkeit, die Anwendung ihres eigenen Rechts für Versicherungsverträge vorzuschreiben, bei denen die Versicherungsunternehmen Verpflichtungen in ihrem Hoheitsgebiet eingehen, stellt deshalb eine hinreichende Sicherung für die Versicherungsnehmer dar."

Aus diesen Gründen müssen Verträge, die mit EWR-ausländischen Versicherungsunternehmen abgeschlossen werden, in jedem Falle dem kollisionsrechtlich maßgeblichen Vertragsrecht entsprechen. Und dies unabhängig von der Frage, ob die betreffenden Regelungen sich durch ein Allgemeininteresse i.S.d. Art. 49 EG legitimieren oder nicht.

Schließlich sprechen auch praktische Erwägungen gegen eine gemeinschaftsrechtliche Kontrolle des nationalen Vertragsrechts. Denn zum einen ist schwer vorstellbar, daß sich der EuGH dazu entschließen sollte, alle Subtilitäten der mitgliedschaftlichen Versicherungsvertragsrechte unter dem Gesichtspunkt des „Allgemeininteresses" aufzuarbei-

---

469 PRÖLSS und ARMBRÜSTER (DZWiR 1993, 449, 457) räumen allerdings ein, daß der EuGH teilweise auch allgemein geltende Vorschriften als handelshemmend eingestuft hat (a.a.O., bei Fn. 169). In keinem dieser Fälle sei es aber um die Anwendung des einzelstaatlichen Vertragsrechts gegangen.

470 Vgl. hierzu und zum folgenden: ROTH, VersR 1993, 129, 132.

471 PRÖLSS/ARMBRÜSTER, DZWiR 1993, 449, 457.

ten.[472] Zum anderen könnte eine derartige Überprüfung nur in Einzelfällen vorgenommen werden, was im Ergebnis zu einer unerträglichen Rechtsunsicherheit führen könnte.

Unabhängig von diesen Fragen ließe sich aber eine nachträgliche Aufsicht des BAV gem. § 81 Abs. 1 S. 2 VAG über ausländische Überschußbeteiligungsverfahren auch über das „Allgemeininteresse" rechtfertigen. Der EuGH hat den Begriff des „Allgemeininteresses" in seiner Rechtsprechung zu Art. 49 EG wie folgt konkretisiert:[473] (a) Die staatliche Maßnahme muß geeignet und erforderlich sein. (b) Das Regelungsinstrument muß unterschiedslos anwendbar sein. (c) Das Regelungsziel darf nicht bereits in ausreichender Weise durch Regelungen des Herkunftsstaat wahrgenommen werden und muß (d) auch im einzelnen angemessen sein.

Dieser europarechtliche Verhältnismäßigkeitsgrundsatz[474] wäre durch die hier zu § 81 Abs. 1 S. 2 VAG entwickelte Auslegung nicht verletzt. Für den Neubestand sind produktgestaltende Maßnahmen des BAV prinzipiell ausgeschlossen (vgl. S. 120ff.). Die nachträgliche Mißstandsaufsicht zur Wahrung der Versichertenbelange bemißt sich allein nach dem Vertragsrecht. Hierbei hat das BAV darauf zu achten, daß die Versicherer die bei Vertragsschluß geweckten, berechtigten Erwartungen der Versicherungsnehmer auch erfüllen. Eine Mißstandsaufsicht, die sich darauf beschränkt, Schutzlücken der Privatrechtsordnung zu beseitigen, entspricht aber in jedem Fall den Erfordernissen einer geeigneten und ausreichenden Wahrung der Interessen der Versicherungsnehmer. Eine derartige Aufsicht ist auch insoweit erforderlich, als Vertragsgerechtigkeit nicht bereits durch privatautonomes Verhalten strukturell gleicher Partner bei funktionsfähigem Wettbewerb gewährleistet ist. Dementsprechend wurde der Verbraucherschutz vom EuGH mehrfach als zwingendes Erfordernis des Allgemeininteresses anerkannt.[475]

Problematisch ist daher einzig und allein, inwieweit das Allgemeininteresse im Einzelfall bereits durch Vorschriften des Herkunftsstaats gewahrt wird. – An dieser Stelle müssen aber selbst diejenigen, die wie LORENZ[476] eine Kontrolle des nationalen Vertragsrechts anhand Art. 49 EG befürworten, einräumen, daß dieses Kriterium dann nicht gelten kann, wenn der Versicherungsvertrag nach dem gemeinschaftsrechtlichen Kollisionsrecht nicht dem Recht seines Herkunftsmitgliedstaats unterworfen ist.

Abgesehen davon ist zu berücksichtigen, daß das Privatrecht nach derzeitigem Stand des Gemeinschaftsrechts für den Versicherungsbereich noch nicht harmonisiert wurde. Lediglich für die Verwendung allgemeiner Vertragsklauseln hat die EG bereits durch den Erlaß der Richtlinie über mißbräuchliche Klauseln in Verbraucherverträgen[477] ein

472 So ausdrücklich: GÄRTNER, EWS 1994, 114, 122.
473 EuGH Slg. 1974, 1299 (1309 Rz. 12); EuGH VersR 1986, 1225, 1227 (Rz. 27); EuGH EuZW 1991, 542, 543 (Rz. 15); EuGH EuZW 1991, 699, 700 (Rz. 13, 15); EuGH EuZW 1992, 56, 57 (Rz. 17, 19).
474 Vgl. SCHWINTOWSKI, NJW 1987, 521, 523.
475 EuGH Slg. 1986, 3803; EuGH EuZW 1991, 699, 700 (Rz. 14); EuGH EuZW 1992, 56, 57 (Rz. 18).
476 LORENZ, VersRdsch 1995, 8, 18.
477 Richtlinie 93/13/EWG des Rates v. 5.4.1993 über mißbräuchliche Klauseln in Verbraucherverträgen, ABl. EG Nr. L 95 v. 21.4.1993, S. 29ff., abgedruckt bei WOLF/HORN/LINDACHER, AGB-Gesetz⁴, 1965.

einheitliches Kontrollinstrument geschaffen, mit dem auf privatrechtlicher Ebene die durch die Deregulierung entstehenden Schutzlücken teilweise geschlossen werden können. Indem die Richtlinie einheitliche Regelungen zur Kontrolle mißbräuchlicher Klauseln vorsieht, soll der Verbraucherschutz gemeinschaftsweit gewährleistet werden[478] und binnenmarktstörende Unterschiede unterschiedlicher Kontrollmaßstäbe für AGB und Individualverträge sowie die daraus erwachsenden unterschiedlichen Belastungen beseitigt werden.[479] Da sich der Anwendungsbereich dieser Richtlinie jedoch auf die Verwendung mißbräuchlicher Vertragsklauseln beschränkt, kann noch nicht von einer EG-weiten Angleichung des Rechts der Mitgliedstaaten auf dem Gebiet der Privatversicherung gesprochen werden. Insofern unterliegen Versicherungsunternehmen weiterhin in weiten Teilen den unterschiedlich ausgestalteten nationalen privatrechtlichen Regelungen.

Der EuGH hat aber mit Urteil v. 4.12.1986[480] ausdrücklich hervorgehoben, daß das Allgemeininteresse dann nicht bereits durch die Vorschriften des Herkunftslandes gewahrt wird, wenn erhebliche Unterschiede zwischen nationalen Vorschriften festzustellen sind. In diesem Fall müsse, so der EuGH, der Bestimmungsstaat berechtigt sein, die Einhaltung seiner eigenen Vorschriften hinsichtlich der in seinem Hoheitsgebiet erbrachten Dienstleistungen zu verlangen und zu überwachen.

cc) Zwischenergebnis

In Anbetracht der Tatsache, daß die privatrechtlichen Vorschriften zur Überschußbeteiligung noch nicht harmonisiert wurden, muß das BAV zu Eingriffen gem. § 81 Abs. 1 S. 2 VAG berechtigt sein, wenn EWR-ausländische LVU deutsches Vertragsrecht mißachten. Da sich die Überschußbeteiligungsaufsicht in einem Grenzbereich zwischen Finanz- und sonstiger Rechtsaufsicht befindet, muß das BAV allerdings den Unterschieden zwischen inländischen und EWR-ausländischen Überschußbeteiligungsverfahren Rechnung tragen. Aus diesen Gründen wird eine Zusammenarbeit mit den ausländischen Herkunftslandbehörden selbst in dringenden Fällen (§ 111b Abs. 1 S. 3 VAG) unvermeidbar sein.

2. Drittstaaten-Versicherer in Deutschland

Gegenüber LVU, die ihren Sitz außerhalb der Europäischen Wirtschaftsgemeinschaft oder eines anderen Vertragsstaates des Abkommens über den Europäischen Wirtschaftsraum haben (sog. Drittlandunternehmen), gelten die Vorschriften des VAG uneingeschränkt (§ 105 Abs. 2 VAG).

Für diese Unternehmen ist kein freier Dienstleistungsverkehr möglich. Sie bedürfen wie inländische LVU einer Erlaubnis zum Geschäftsbetrieb, allerdings mit dem Unterschied, daß die Erlaubniserteilung im Ermessen des Bundesministers für Finanzen liegt

---

478 Siehe Erwägungsgrund (8) der Verbraucherrichtlinie, a.a.O.
479 Siehe Erwägungsgründe (1)-(2) und (6)-(7), a.a.O.
480 EuGH NJW 1987, 572, 575 (Nr. 40).

(§ 106b Abs. 1 S. 1 VAG). Mit dem Antrag sind vor allem die Bilanzen sowie die Gewinn- und Verlustrechnungen der letzten drei Geschäftsjahre einzureichen (§ 106b Abs. 1 S. 2 Nr. 3 VAG). Ferner finden die Vorschriften über die Prämien- und Deckungsrückstellungskalkulation (§§ 11, 65 VAG) sowie die Rechnungslegungsvorschriften des HGB und des VAG gegenüber inländischen Zweigniederlassungen der Drittstaaten-Versicherer Anwendung (§§ 105 Abs. 2, 106 Abs. 2 S. 4, 110 Abs. 1 VAG, § 24 BerVersV).

Das BAV kann daher im Wege der nachträglichen Mißstandsaufsicht wie bei inländischen LVU Maßnahmen zur Überschußbeteiligung treffen.

III. Bewertung

Ziel der Untersuchung war es, die Befugnisse des BAV im Rahmen der Überschußbeteiligung für den Neubestand zu analysieren. Dabei ging es vor allem um die für überschußberechtigte LVV charakteristische eigenartige Gemengelage von Vertrags- und Aufsichtsrecht. Insofern stellte sich die Frage, wie die verschiedenen Kontrollfunktionen des Zivil- und Aufsichtsrechts bestimmt und voneinander abgegrenzt werden können. Im Ergebnis zeigte sich, daß Referenzmaßstab der Überschußbeteiligungsaufsicht die Parteivereinbarungen sind, die aufgrund der fortgefallenen präventiven Tarif- und Bedingungsgenehmigung privatrechtlich höchst unterschiedlich ausgestaltet werden können. Die nachträgliche Aufsicht, die für den Neubestand weder eine reine Legalitätsaufsicht noch eine uneingeschränkte, materielle Mißstandsaufsicht darstellt, muß daher den vertrags- und unternehmensindividuellen Besonderheiten Rechnung tragen. Die nachträgliche Aufsicht über die Überschußbeteiligung hat aus diesem Grund einzelfallbezogen zu erfolgen. Dies gilt sowohl für inländische als auch für ausländische LVU.

Im Verhältnis zu inländischen LVU und Drittstaaten-Versicherern ergaben sich allerdings für die Beaufsichtigung EWR-ausländischer Überschußbeteiligungsverfahren erhebliche Unterschiede. Während für inländische LVU und Drittstaaten-Versicherer die Regelungen des § 81c VAG und der ZRQuotenV gelten, ist eine Anwendung dieser Vorschriften auf EWR-ausländische LVU gänzlich ausgeschlossen. Dieses Ergebnis ist, wie der derzeitige Präsident des BAV HELMUT MÜLLER[481] zu Recht bemerkt, äußerst unbefriedigend. Ein Verstoß gegen ein etwaiges Verbot der Inländerdiskriminierung (Art. 3 GG) ist hierin jedoch noch nicht zu sehen.[482] Zum einen kann das BAV als Tätigkeitslandbehörde subsidiär im Wege der sonstigen Rechtsaufsicht gem. §§ 81 Abs. 1 S. 2 VAG i.V.m. 110a Abs. 4 Nr. 3a VAG Maßnahmen gegen EWR-ausländische LVU treffen, wenn ausländische Überschußbeteiligungsverfahren gegen deutsches Vertragsrecht verstoßen. Zum anderen ist zu berücksichtigen, daß eine „Ungleichbehandlung" inländischer und EWR-ausländischer LVU verfassungsrechtlich sogar geboten sein

---

481 MÜLLER, Versicherungsbinnenmarkt (1995), Rn. 816.
482 Inländerdiskriminierungen verstoßen keinesfalls gegen Art. 6 EG, EuGH NJW 1969, 1000; EuGH JZ 1994, 1061 mit Anm. GÖTZ.

kann. Denn der überschußberechtigte LVV nach deutschem Modell weist eine gänzlich andere Vertragsstruktur auf als EWR-ausländische Verträge. Letztere basieren weder auf den deutschen Regelungen zur Prämien- und Deckungsrückstellungskalkulation, noch folgt die Überschußermittlung den Vorschriften des deutschen Bilanzrechts. Daher ist eine „Ungleichbehandlung" inländischer und EWR-ausländischer LVU unter dem Gesichtspunkt des Art. 3 GG verfassungsrechtlich erforderlich, denn unterschiedliche Sachverhalte dürfen nicht willkürlich gleich behandelt werden.[483]

Problematisch bleibt allerdings die Tatsache, daß von einer EG-weiten Harmonisierung des Vertragsrechts bislang Abstand genommen wurde. Der Wirtschafts- und Sozialausschuß der EG weist in seiner Stellungnahme zum Thema „Die Verbraucher auf dem Versicherungsmarkt" zu Recht darauf hin, daß das Fehlen von Gemeinschaftsvorschriften für Versicherungsverträge „für eine ganze Reihe von Hemmnissen und Problemen verantwortlich ist, die der konkreten Verwirklichung des Binnenmarktes in diesem Bereich entgegenstehen."[484] Dies gilt auch für überschußberechtigte LVV. Da EWR-ausländische Überschußbeteiligungsverfahren aufgrund der gemeinschaftsrechtlich vereinheitlichten kollisionsrechtlichen Vorschriften deutsches Vertragsrecht beachten müssen, zivilrechtliche Sanktionen aber im Ergebnis nicht viel anders als ein Einfuhrverbot wirken, wird der zwischenstaatliche Dienstleistungsverkehr nach wie vor behindert. Daher kann – entgegen der Ansicht des Richtliniengebers[485] – noch nicht davon gesprochen werden, daß durch den Erlaß der dritten Richtlinie Leben und Schaden der EG-Binnenmarkt für das Versicherungswesen *vollendet* wurde. Die dritte Richtliniengeneration hat zwar durch gemeinsame aufsichtsrechtliche Vorschriften einen wesentlichen Beitrag zur Harmonisierung geleistet. Ein gemeinsamer Versicherungsbinnenmarkt wird aber erst dann entstehen, wenn entgegen der derzeitigen Tendenzen auch ein Mindestmaß an Harmonisierung des materiellen Rechts für Versicherungsverträge in Zukunft angestrebt wird.

483　Zur Ungleichbehandlung verschiedener Sachverhalte: BVerfGE 55, 72, 89; BVerfGE 60, 329, 346; BVerfGE 93, 99, 111. Siehe hierzu auch JARASS, NJW 1997, 2545.
484　ABl. EG Nr. C 95 v. 30.3.1998, 72 unter 2.1.9.
485　Siehe S. 99.

D. Die Vorschläge des Verantwortlichen Aktuars (§ 11a Abs. 3 Nr. 4 VAG)

Neben dem Aufsichtsamt soll auch der Verantwortliche Aktuar bei inländischen und Drittstaaten-Versicherern[486] auf eine angemessene Überschußbeteiligung hinwirken. In § 11a Abs. 3 Nr. 4 VAG heißt es für den Verantwortlichen Aktuar:

„Für Versicherungsverträge mit Anspruch auf Überschußbeteiligung hat er dem Vorstand Vorschläge für eine angemessene Beteiligung am Überschuß vorzulegen."

Mit dieser Formulierung des Gesetzes verbindet sich eine Reihe bislang ungelöster Probleme. Zunächst stellt sich die grundsätzliche Frage, welche Aufgaben und Funktionen der Verantwortliche Aktuar im Bereich der Überschußbeteiligung überhaupt wahrnehmen soll (I.). Darüber hinaus ist problematisch, nach welchen Kriterien der Verantwortliche Aktuar seine Vorschläge für eine „angemessene" Überschußbeteiligung zu entwickeln hat (II.). Schließlich ist ungeklärt, in welchem Umfang der Aktuar das Überschußbeteiligungsverhalten des Unternehmens kontrollieren muß. Ist der Verantwortliche Aktuar beispielsweise bei seinen Vorschlägen zur Überschußbeteiligung auch verpflichtet, die Kapitalanlage- und Bilanzpolitik des Unternehmens zu überprüfen? Muß der Verantwortliche Aktuar darauf achten, daß die vertraglichen Vereinbarungen zur Überschußbeteiligung mit dem AGBG vereinbar sind? (III.) – Letztlich führen diese Fragen wiederum zu dem grundsätzlichen Problem, in welchem Verhältnis die Kontrollsysteme „Verantwortlicher Aktuar", „BAV" und „Vertragsrecht" zueinander stehen. Im Ergebnis wird sich auch hier zeigen, daß für den Verantwortlichen Aktuar – ebenso wie für das BAV – das Primat des Vertragsrechts Gültigkeit entfaltet. Bei seinen Vorschlägen zur Überschußbeteiligung (§ 11a Abs. 3 Nr. 4 VAG), aber auch bei seinen sonstigen Aufgaben ist der Verantwortliche Aktuar zur „Wahrung der Belange der Versicherungsnehmer" an die vertragsindividuellen Vereinbarungen gebunden (IV.).

I. Die Aufgaben und Funktionen im Bereich der Überschußbeteiligung

Auf der einen Seite übernimmt der Verantwortliche Aktuar, wie bereits ausgeführt (vgl. S. 104), Aufgaben, die vor der Umsetzung der dritten Richtlinie Leben dem BAV oblagen. Da eine vorherige staatliche Genehmigung der Grundsätze und Maßstäbe, nach denen die Versicherten an den Überschüssen teilnehmen, infolge der Deregulierung ausgeschlossen ist, kann das Aufsichtsamt die Belange der Versicherten nur noch im Wege der nachträglichen Überschußbeteiligungsaufsicht wahren. Aus diesem Grund weist das Gesetz dem Verantwortlichen Aktuar nicht nur rein formelle Pflichten, son-

---

486 Da der Verantwortliche Aktuar allein der Finanzaufsicht zugeordnet wird (PRÄVE, VW 1994, 800, 803, 805), sind Unternehmen mit Sitz innerhalb eines anderen Mitgliedstaates der EG oder eines anderen EWR-Vertragsstaates nicht von der Regelung des § 11a VAG betroffen. Ausnahmen bestehen wiederum für EG- oder EWR-ausländische Pensions- und Sterbekassen sowie VVaG mit geringem Prämienaufkommen, die von der Harmonisierung der dritten Richtliniengeneration nicht erfaßt werden (§§ 110a Abs. 2 S. 1, 11a VAG).

dern auch inhaltliche Aufgaben zu. Seine Handlungen beschränken sich nicht darauf, bestimmte Tätigkeiten des Unternehmens zu dokumentieren oder etwa die Einhaltung tatbestandlich fixierter gesetzlicher Vorschriften zu überprüfen. Im Bereich der Überschußbeteiligung besitzt der Verantwortliche Aktuar vielmehr einen Beurteilungsspielraum, der eine ständige Abwägung zwischen den Belangen der Versicherten und den Interessen des Unternehmens erfordert. Da der Rechtsbegriff einer „angemessenen" Überschußbeteiligung vom Gesetzgeber bewußt nicht weiter konkretisiert worden ist, muß der Verantwortliche Aktuar auf der Grundlage seiner eigenen mathematischen, ökonomischen und juristischen Urteilskraft entscheiden, nach welchen Modalitäten, vor allem aber in welchem Umfang die Versicherten oder die Anteilseigner an den Überschüssen beteiligt werden sollen. Durch die Novellierung des VAG wurden also ureigenste Aufgaben des Aufsichtsamtes auf den Verantwortlichen Aktuar delegiert.

Auf der anderen Seite steht dem Verantwortlichen Aktuar zur Erfüllung dieser Aufgaben nur ein Vorschlagsrecht zu. Im Unterschied zur Aufsichtsbehörde besitzt der Verantwortliche Aktuar keine hoheitlichen Befugnisse.[487] Der Verantwortliche Aktuar ist gegenüber dem Vorstand eines LVU vor allem nicht weisungsberechtigt, denn der Vorstand einer Aktiengesellschaft oder eines VVaG hat das Unternehmen eigenverantwortlich zu leiten (§§ 76 Abs. 1 AktG, 34 S. 2 VAG). Die Vorschläge des Verantwortlichen Aktuars zur Überschußbeteiligung sind also rechtlich gesehen unverbindlich.[488] Allein der Vorstand entscheidet über die Höhe und Modalitäten der Überschußbeteiligung.

Funktional betrachtet soll der Verantwortliche Aktuar insofern die staatliche Versicherungsaufsicht lediglich ergänzen, nicht aber ersetzen.[489] Denn im Bereich überschußberechtigter LVV hat sich der Gesetzgeber grundsätzlich für ein *dreispuriges* Kontrollsystem entschieden: Neben der nachträglichen Mißstandsaufsicht des BAV und der zivilrechtlichen Kontrolle von LVV soll der Verantwortliche Aktuar im Sinne einer unternehmensbezogenen „Selbstregulierung" als „Agent der Versicherungsaufsicht" eigenverantwortlich tätig werden. Mit den Begriffen „Selbstregulierung" (siehe 1.) und „Aufsichtsagent" (siehe 2.) ist zugleich die Zwitterposition des Verantwortlichen Aktuars angedeutet.

1. Das Konzept der Selbstregulierung

Der Begriff der „Selbstregulierung" bezeichnet – in Anlehnung an die von THOMAS HOEREN[490] vorgeschlagene Definition – Maßnahmen zur Sicherung eines lauteren Wettbewerbsverhaltens, die von nicht-staatlichen Stellen privatautonom getroffen werden. Dabei will sich das durch die VAG-Novellierung geschaffene Konzept einer Selbstregulierung vorrangig an dem englischen Modell orientieren. Der Verantwortliche Aktuar

---

487 SCHMIDT, in: PRÖLSS, VAG[11], § 11a Rn. 20.
488 BTDrcks. 12/6959, 57.
489 Ebenso: BRÖMMELMEYER, Der Verantwortliche Aktuar (2000), 49.
490 HOEREN, Selbstregulierung im Banken- und Versicherungsrecht (1995), 6.

soll, so die Begründung zum Regierungsentwurf, eine ähnliche Funktion erhalten wie der Appointed Actuary im britischen Recht.[491]

a) Der „Appointed Actuary" im britischen Recht

Im Gegensatz zum deutschen Recht hat der Appointed Actuary in Großbritannien bereits seit langem bei überschußberechtigten LVV eine Schlüsselfunktion. Ursächlich hierfür ist das britische Verständnis einer Staatsaufsicht, das – ausgehend von der Idee eines reinen Publizitätssystems („freedom with publicity")[492] – bis heute maßgeblich durch den Grundsatz „self-regulation within a framework" geprägt wird. Obwohl nach dem Insurance Companies Act 1982 die Versicherungsgesellschaften unmittelbar durch das Department of Trade and Industry (DTI) beaufsichtigt werden und das DTI nach sect. 97 der Secretary of State auch ermächtigt wird, „regulations", „rules" und „orders" zur Einhaltung bestimmter versicherungsrechtlicher Schutzvorschriften zu erlassen, erstreckt sich die staatliche Aufsicht weitgehend nur auf formelle Fragen.[493] Stattdessen werden die weitergehenden Aufsichtsbefugnisse durch Verbandseinrichtungen oder sonstige privatrechtlich errichtete Organisationen wahrgenommen.

Dabei erfolgt die Delegation von Aufsichtsaufgaben zum einen durch den Financial Services Act,[494] der in sect. 114 für das DTI die Möglichkeit vorsieht, Aufsichtsbefugnisse über den Finanzmarkt auf eine „designated agency" zu übertragen. Dementsprechend wurden im Jahre 1987 Aufsichtsbefugnisse des DTI auf das „Securities and Investment Board" (SIB) delegiert, das seinerseits privatwirtschaftliche Selbstregulierungseinrichtungen („self-regulating-organisations"), u.a. die LAUTRO („Life Assurance and Unit Trust Regulatory Organisation") und die FIMBRA („Financial Intermediaries, Managers and Brokers Regulatory Association") mit der Wahrnehmung seiner Aufsichtsbefugnisse beauftragt hat.[495] Dieses System der Selbstregulierung wird zum anderen durch den Appointed Actuary, der nach sect. 19 des Insurance Companies Act für jedes britische LVU zu bestellen ist, sowie die entsprechenden berufsständischen Einrichtungen, das „Institute of Actuaries" und die „Faculty of Actuaries", ergänzt.

Obwohl der Appointed Actuary Aufgaben der Versicherungsaufsicht wahrnimmt, wird ein Großteil seiner Aufgaben bis heute nicht durch Gesetze festgelegt. Im Bereich der Überschußbeteiligung wird der Appointed Actuary lediglich zu einer *informellen* Berichterstattung gegenüber dem DTI verpflichtet. Der Insurance Companies Act sieht vor, daß der Actuary jährlich innerhalb von sechs Monaten nach Ende des jeweiligen Rechenschaftszeitraums einen Prüfungsbericht (valuation report) einreichen muß, der u.a. die genaue Zusammensetzung und Verwendung der Überschüsse zu dokumentieren

---

491   BTDrcks. 12/6959, 57.
492   WESSELKOCK, in: Geburtstagsschrift für GEORG BÜCHNER (1991), 407, 408.
493   Siehe hierzu beispielsweise: WASNER, Die deutsche und die britische Lebensversicherung (1992), 91.
494   Der Financial Services Act gilt auch für den Handel mit Kapitallebensversicherungen, denn nach britischem Verständnis handelt es sich hierbei um eine dem Bankgeschäft vergleichbare Form des „Investment business", HOEREN, Selbstregulierung im Banken- und Versicherungsrecht (1995), 36.
495   Umfassend hierzu: WASNER, Die deutsche und britische Lebensversicherung (1992), 77ff.

hat.[496] Ergänzend wird alle fünf Jahre ein weiterer Bericht (statement of long term business) verlangt, der eine ausführliche Darstellung des Geschäftsverlaufs und der Finanzlage enthalten muß.[497]

Materielle Kontrollfunktionen über die Überschußbeteiligung werden dem Appointed Actuary dagegen erst in den berufsrechtlichen Leitlinien (guidance notes) des „Institute of Acutuaries" und der „Faculty of Actuaries" zugewiesen.[498] Nach diesen Leitlinien hat der Appointed Actuary „alle angemessenen Schritte zu unternehmen, um sicherzustellen, daß die neu gewonnenen Versicherungsnehmer nicht in ihren Erwartungen irregeführt werden."[499] Auch bei seinen Vorschlägen zur Überschußbeteiligung hat der Appointed Actuary darauf hinzuwirken, daß das Lebensversicherungsgeschäft soweit wie möglich im Einklang mit den berechtigten Erwartungen der Versicherungsnehmer („with regard to its policyholders' reasonable expectations") betrieben wird.[500] Daher ist der Actuary nach den berufsständischen Leitlinien auch verpflichtet, die finanziellen Konsequenzen der aktuell und zukünftig zu gewährenden Überschußbeteiligungen in einem Bericht gegenüber der Unternehmensleitung zu analysieren.[501] Hierbei hat der Appointed Actuary vor allem die Erwartungen zu dokumentieren, die seiner Auffassung nach bei den Kunden des Unternehmens bestehen; an diesen berechtigten Erwartungen ist die Überschußbeteiligungspolitik des Unternehmens zu messen.

Rechtlich verbindlich sind diese Leitlinien allerdings nicht. Die ordnungsgemäße Bestellung des Appointed Actuary setzt zwar voraus, daß dieser seine Mitgliedschaft beim „Institute of Actuaries" oder der „Faculty of Actuaries" nachweisen kann.[502] Die tradierten Berufsgrundsätze sind daher für jeden Actuary zumindest standesrechtlich bindend. Eine normative Außenwirkung dieser Leitlinien ist hiermit jedoch nicht verbunden, denn der Gesetzgeber hat den Appointed Actuary nur als Berater und Berichterstatter konzipiert. Daher besteht die Gefahr, daß sich die Appointed Actuaries bzw. die beaufsichtigten Unternehmen über die Guidance Notes der Berufsverbände hinwegsetzen.[503] Verstärkt wird diese Problematik durch die Tatsache, daß der Appointed Actuary in der Regel auch Angestellter des Versicherungsunternehmens ist. Gerade in Konfliktfällen wird der Appointed Actuary daher eher geneigt sein, die „berechtigten Erwartungen" der Versicherungsnehmer zu ignorieren und seine Ermessensentscheidungen einseitig

---

496 Sect. 18 sub. 1 (b) i.V.m. sect. 22 sub. 1 des Insurance Companies Act 1982 sowie Formblatt 58 (Valuation result and distribution of surplus). Vgl. hierzu: NEUHAUS, Die aufsichtsrechtlichen Rahmenbedingungen der Versicherungswirtschaft in Großbritannien (1990), 138. Die Auswertung des reports obliegt dem Government Actuary's Department, das beratend für das DTI tätig wird.

497 Sect. 18 sub. 3, 5 des Insurance Companies Act 1982, reg. 24 (b).

498 Siehe vor allem INSTITUTE OF ACTUARIES/FACULTY OF ACTUARIES (Hrsg.), Guidance Note GN 1: Actuaries and Long-Term Insurance Business (1992).

499 Guidance Note 1, 3.3.: „It is also incumbent upon the Appointed Actuary to take all reasonable steps to ensure that the company's incoming policyholders should not be misled as to their expectations."

500 Guidance Note 1, 1.1.

501 Guidance Note 1, 8.2., 8.3., 4.1.1.

502 INSTITUTE OF ACTUARIES, A single European Market for Actuaries (1989), 69.

503 Ebenso: JOHNSTON, Journal of the Institute of Acuaries 1989 (116), 27, 29 und BRÖMMELMEYER, Der Verantwortliche Aktuar (2000), 69.

zugunsten des Unternehmens zu treffen. Derartige Fälle waren in der Vergangenheit recht häufig zu beobachten. Insbesondere durch ihr Werbeverhalten weckten die Unternehmen bei den Kunden unrealistische Erwartungen auf künftige Überschußbeteiligungen.[504] Namentlich LYON[505] machte darauf aufmerksam, daß die Unternehmen vielfach in ihren Beispielrechnungen Überschußbeteiligungssätze in Aussicht stellten, obwohl angesichts gefallener Zinsen absehbar war, daß diese auf Dauer nicht aufrechterhalten werden konnten.

Vor diesem Hintergrund setzte sich das DTI in einem bislang nicht veröffentlichten Diskussionspapier[506] mit der Frage auseinander, wie die Rechtsposition des Appointed Actuary in Zukunft verstärkt werden könnte. Dabei wurde u.a. vorgeschlagen, daß der Appointed Actuary gegenüber dem DTI in Zukunft bestätigen solle, daß die Bestimmungen der Guidance Notes von dem beaufsichtigten Unternehmen beachtet werden.[507] Auf diese Weise sollten die Versicherer mittelbar an die Richtlinien der Berufsverbände gebunden werden. Soweit ersichtlich, wurden diese Vorschläge aber bislang nicht umgesetzt. Die Überschußbeteiligung wird nach wie vor der Selbstregulierung überlassen. Obwohl die britische Aufsichtsbehörde sogar zu Maßnahmen berechtigt wäre, wenn die „reasonable expectations" der Versicherungsnehmer im „long term business" (Lebensversicherung einschließlich der privaten Rentenversicherung sowie der Arbeitsunfähigkeitsversicherung) gefährdet sind,[508] sind Eingriffe des DTI in die Überschußbeteiligung äußerst selten.[509] Die Effektivität der Versicherungsaufsicht ist daher weitgehend von der persönlichen Autorität des Appointed Actuary abhängig.[510]

b) Selbstregulierung im deutschen Versicherungsrecht?

Auch im deutschen Recht soll der Verantwortliche Aktuar im Sinne einer unternehmensbezogenen Selbstregulierung tätig werden. Berufsständische Unterstützung erhält der Verantwortliche Aktuar durch die Deutsche Aktuarvereinigung (DAV), die im Jahre 1993 gegründet wurde und von der Deutschen Gesellschaft für Versicherungsmathematik (DGVM) einen Teil der berufspraktischen Aufgaben übernommen hat.[511] Neben der

---

504 Siehe vor allem die Diskussionsbeiträge von SHERLOCK, PROUDFOOT und WEBB, in: Journal of the Institute of Actuaries 1988 (115), 371-404 sowie LYON, a.a.O., 349, 356.

505 LYON, in: Journal of the Institute of Actuaries 1988 (115), 349f., 356.

506 Consultation Paper von 1990, zitiert bei: BRÖMMELMEYER, Der Verantwortliche Aktuar (2000), 111f.

507 Siehe BRÖMMELMEYER, Der Verantwortliche Aktuar (2000), 112.

508 Siehe sect. 37 (2): „The powers conferred by section 38 and 41 to 45 below shall be exercisable on any of the following grounds (a) that the Secretary of State considers the exercise of the power for protecting policy holders or potential policy holders of the company against the risk that the company may be unable to meet its liabilities or, in the case of long term business, to fulfil *the reasonable expectations* of policyholders or potential policyholders (...)" (Hervorhebung vom VERFASSER).

509 Siehe hierzu: JOHNSTON, Journal of the Institute of Actuaries 1989 (116), 27, 33; WASNER, Die deutsche und die britische Lebensversicherung (1992), 130.

510 JOHNSTON, Journal of the Institute of Actuaries 1989 (116), 27, 29.

511 Hierzu: SCHWINTOWSKI, VersWissStud. 4, 11.

Aus- und Weiterbildung der Aktuare, die zusammen mit der DGVM betreut wird, will die DAV in Fachausschüssen unternehmensübergreifend aktuarielle Grundsätze entwickeln sowie eventuelle Gesetzgebungsverfahren fachlich begleiten.[512] Dementsprechend hat die DAV in ihren Mitteilungen der vergangenen Jahre versicherungsmathematische Grundlagen für die Berechnung der Garantie- und Zeitwerte bei der Umwandlung in eine prämienfreie Versicherung (§ 174 VVG) und der Erstattung der Rückkaufswerte (§ 176 VVG) aufgestellt sowie aktuarielle Verfahren für die Ermittlung angemessener Stornoabzüge bei Lebensversicherungsverträgen erarbeitet.[513]

Im Gegensatz dazu fehlen allerdings Grundsätze und Maßstäbe, nach denen der Verantwortliche Aktuar Vorschläge für eine angemessene Überschußbeteiligung zu entwikkeln hat, vollständig. Auch die Berufsgrundsätze der Aktuare[514] beschäftigen sich im Unterschied zu den Guidance Notes bislang noch nicht mit der Überschußbeteiligung. In Art. 3 Nr. 1 der Standesregeln ist lediglich festgelegt, daß der Aktuar „seine Tätigkeit in eigener Verantwortung unter Beachtung der gesetzlichen Vorschriften und aller einschlägigen von der DAV herausgegebenen oder gebilligten Fachgrundsätze sowie nach den anerkannten Regeln der Versicherungsmathematik nach bestem Wissen" auszuüben hat. Die Verantwortlichen Aktuare werden also bislang bei ihren Vorschlägen zur Überschußbeteiligung nicht durch ihren Berufsstand unterstützt. Im Gegensatz zum britischen Recht entfalten die berufsständischen Regeln auch keine standesrechtliche Verbindlichkeit für sämtliche Aktuare, denn nach deutschem Recht besteht keine Rechtspflicht zur Mitgliedschaft in der DAV.[515]

Fraglich bleibt daher, inwieweit sich das Konzept einer unternehmensbezogenen Selbstregulierung zum gegenwärtigen Zeitpunkt überhaupt sinnvoll verwirklichen läßt. Die Einführung des „appointed actuary system"[516] in das deutsche Recht ist zwar prinzipiell geeignet, eine unternehmensindividuelle und einzelfallbezogene Versicherungsaufsicht zu gewährleisten. Auch war eine derartige Dezentralisierung schon allein deshalb erforderlich, weil für den Neubestand brancheneinheitliche Regelungen zur Überschußbeteiligung grundsätzlich ausscheiden. Auf der anderen Seite ist aber zu berücksichtigen, daß der Gesetzgeber die Rechtsfigur des Verantwortlichen Aktuars aus einem fremden Rechtssystem übernommen hat. Bereits aus diesem Grunde läßt sich das über lange Jahre gewachsene Zusammenspiel zwischen DTI, Appointed Actuary und der „Faculty of Actuaries" bzw. des „Institute of Actuaries" nicht ohne weiteres in das deutsche Recht integrieren.[517]

---

512 BALLEER, Der Aktuar (1995), 2.
513 Siehe DAV-Mitteilungen Nr. 2 (Garantiewerte in der Lebensversicherung und Zeitwert nach § 176 VVG), Nr. 5 (Stornoabzüge in der Kapitallebensversicherung), Nr. 6 (Stornoabzüge bei Rentenversicherungen) und Nr. 7 (Stornoabzüge bei Risikoversicherungen auf den Todesfall, Dread-Disease-Versicherungen, Risiko- und Unfallzusatzversicherungen).
514 Siehe die Berufsgrundsätze für den Aktuar in der Deutschen Akturvereinigung (DAV) e.V. (Standesregeln), abgedruckt bei PRÖLSS, VAG[11], § 11a Rn. 26.
515 SCHMIDT, in: PRÖLSS, VAG[11], § 11a Rn. 4.
516 Zu diesem Begriff siehe: DAYKIN, Journal of the Institute of Actuaries 1992 (119), 313.
517 Ebenso: BRÖMMELMEYER, Der Verantwortliche Aktuar (2000), 48.

Darüber hinaus bestehen grundsätzliche Bedenken gegen das eingangs beschriebene britische Modell der Selbstregulierung. Denn ein freier Wettbewerb auf Märkten führt nur dann zu optimalen Allokationsergebnissen und Vertragsgerechtigkeit, wenn die Struktur der Märkte gewissen Voraussetzungen genügt, die im wesentlichen dem Leitbild der vollständigen Konkurrenz entsprechen. Die Rechtsordnung muß daher Rahmenbedingungen zur Verfügung stellen, innerhalb derer die Handlungsfreiheit des Einzelnen gewährleistet, die Selbststeuerungskräfte des Marktes aktiviert und eine relative wirtschaftliche Chancengleichheit der agierenden Marktteilnehmer, mithin also strukturelles Gleichgewicht der Vertragspartner gesichert werden.[518] Hieraus ergibt sich zweierlei. Zum einen ist der Gesetzgeber in einem dezentralisierten Aufsichtssystem dazu aufgerufen, die notwendigen Bedingungen für eine effektive Selbstregulierung zu schaffen. Zum anderen muß die Aufsichtsbehörde ergänzend eingreifen, wenn die institutionalisierten Selbstregulierungskräfte zu versagen drohen.

Problematisch ist aber, daß für den Neubestand die Bedingungen einer effektiven Selbstregulierung noch gar nicht vorliegen. Denn eine effektive Selbstregulierung setzt vor allem voraus, daß der Verantwortliche Aktuar gegenüber dem beaufsichtigten Unternehmen sowohl in persönlicher als auch in fachlicher Hinsicht unabhängig ist. Nur auf diese Weise wäre gewährleistet, daß der Aktuar bei seinen Ermessensentscheidungen zur Überschußbeteiligung auch in hinreichendem Maße die Interessen der strukturell unterlegenen Versicherungsnehmer berücksichtigt. Im Widerspruch zu diesen Grundsätzen hat sich der deutsche Gesetzgeber aber dafür entschieden, daß der Verantwortliche Aktuar auch Angestellter des Versicherungsunternehmens sein kann.[519] Wörtlich heißt es in der Regierungsbegründung zu § 11a VAG:

„Auch in Großbritannien ist der Appointed Actuary in der Regel ein Angestellter des Lebensversicherungsunternehmens. Aufgrund der Absicherung durch seinen traditionell sehr einflußreichen Berufsstand mit seinen zahlreichen Berufsleitlinien ist es – so weit bekannt – in der Vergangenheit zu keinen Interessenkonflikten und Konfrontationen in beruflicher Hinsicht zwischen dem Appointed Actuary einerseits und dem Versicherer als seinem Arbeitgeber andererseits gekommen."

Diese Einschätzungen sind offensichtlich fehlerhaft. Bereits die vorangegangenen Erwägungen haben gezeigt, daß auch in Großbritannien zahlreiche Fälle zu verzeichnen waren, in denen der Appointed Actuary aus Loyalität zu seinem Arbeitgeber die berechtigten Erwartungen der Versicherungsnehmer mißachtet hat. Ursächlich hierfür ist die Tatsache, daß der Appointed Actuary ebenso wie der Verantwortliche Aktuar ständig im Spannungsfeld divergierender Interessen steht. Die Interessenkonflikte zwischen dem Appointed Actuary und dem beaufsichtigten Unternehmen stellen, wie in der Literatur

---

518 Vgl. hierzu auch SCHWINTOWSKI (Recht und Gerechtigkeit [1996], 153f.), der Wettbewerb als ein Marktkoordinations-, Versorgungs- und Entdeckungsverfahren im Rahmen rechtlich abgesicherter Handlungsfreiheiten begreift. Das Rechtssystem muß daher den Wettbewerb vor Beschränkungen schützen, d.h. vor Verhaltensweisen, die an die Stelle von Handlungsfreiheit Zwang setzen.
519 BTDrcks. 12/6959, 56.

zu Recht betont wird,[520] ein wesentliches Grundmuster des „appointed actuary system" dar. Insbesondere im Bereich der Überschußbeteiligung wird den Aktuaren die schwierige Aufgabe zugewiesen, zwischen den berechtigten Erwartungen der Versicherungsnehmer und den finanziellen Belangen der Versicherer einen Ausgleich zu schaffen und eine billige Ermessensentscheidung zu treffen. Dies ist aber nur dann möglich, wenn die Unabhängigkeit des (angestellten) Aktuars gegenüber den Unternehmen nicht nur durch einen einflußreichen Berufsstand, sondern zugleich durch eine adäquate Rechtsposition gewährleistet wird. Wie diese Rechtsposition im einzelnen auszugestalten ist, braucht dabei nicht vertieft zu werden.[521]

Die angesprochene Problematik beleuchtet bereits, daß für den Neubestand die Bedingungen für eine effektive Selbstregulierung erst noch geschaffen werden müssen. Im Bereich der Überschußbeteiligung müßten die Verantwortlichen Aktuare durch ihren Berufsstand sowohl unterstützt als auch kontrolliert werden. Darüber hinaus wäre erforderlich, daß auch angestellte Aktuare über eine Rechtsposition verfügen, die eine hinreichende Unabhängigkeit gegenüber dem beaufsichtigten Unternehmen gewährleistet. Während dieser Übergangsphase muß das Aufsichtsamt in intensiver Weise darüber wachen, daß die Verantwortlichen Aktuare die ihnen übertragenen Aufgaben auch wahrnehmen.

2. Der Verantwortliche Aktuar als „Aufsichtsagent"

Im Ergebnis bleibt das BAV trotz der Deregulierung vorerst „Dreh- und Angelpunkt"[522] der Versicherungsaufsicht. Dies kommt auch in § 11a Abs. 2 S. 3-4 VAG deutlich zum Ausdruck: Für den Fall, daß der Verantwortliche Aktuar die ihm nach dem VAG obliegenden Aufgaben nicht ordnungsgemäß erfüllt, kann die Aufsichtsbehörde die Bestellung eines anderen Aktuars verlangen oder gegebenenfalls selbst einen Verantwortlichen Aktuar bestellen. Eine Weisungsbefugnis der Aufsichtsbehörde gegenüber dem Verantwortlichen Aktuar besteht dagegen nicht.[523] Das BAV kann also nur nachträglich überprüfen, ob der Verantwortliche Aktuar gem. § 11a Abs. 3 Nr. 4 VAG angemessene Vorschläge zur Überschußbeteiligung entwickelt hat. Fraglich ist daher, ob das BAV gegenwärtig überhaupt die rechtlichen und faktischen Möglichkeiten besitzt, um die Verantwortlichen Aktuare wirksam zu kontrollieren.

---

520 JOHNSTON, Journal of the Institute of Actuaries 1989 (116), 27, 29; BRÖMMELMEYER, Der Verantwortliche Aktuar (2000), 110.
521 Weiterführend: BRÖMMELMEYER (Der Verantwortliche Aktuar [2000], 112ff.), der die Rechtsposition des angestellten Verantwortlichen Aktuars durch folgende vier Bedingungen stärken will: Führungsposition, fachliche Weisungsunabhängigkeit, relative persönliche Unabhängigkeit und Rechtsstreitbefugnis.
522 So ausdrücklich BRÖMMELMEYER, a.a.O., 50.
523 SCHMIDT, in: PRÖLSS, VAG[11], § 11a Rn. 20.

a) Unzureichende aufsichtsrechtliche Kontrolle der Verantwortlichen Aktuare

Am besten kann dieses Problem, wie dies auch RÜDIGER GEBHARD[524] getan hat, anhand der „Principal-Agent"-Theorie verdeutlicht werden. Dabei ist das Aufsichtsamt als „Prinzipal", der Verantwortliche Aktuar dagegen als „Aufsichtsagent" aufzufassen.

Unter einer spieltheoretischen Modellierung geht der „Principal-Agent"-Ansatz[525] davon aus, daß der Prinzipal das Arbeitsergebnis des Agenten beobachten kann, nicht aber dessen Arbeitseinsatz. Gleichzeitig wissen Prinzipal und Agent, daß das Arbeitsergebnis des Agenten von externen Einflüssen abhängig ist. Diese Umstände können ebenfalls nur durch den Agenten beobachtet werden. Die Spielsituation ist also grundsätzlich durch ein Informationsungleichgewicht gekennzeichnet. Da der Prinzipal nur das Arbeitsergebnis des Agenten beurteilen kann, läßt sich für ihn nicht abschätzen, inwieweit ein günstiges Resultat auf den besonderen Einsatz des Agenten zurückzuführen ist. Ein schlechtes Ergebnis läßt sich dagegen immer durch widrige, äußere Umstände rechtfertigen, denn der Prinzipal kann das faktische Ausmaß externer Zwänge nicht beobachten.

Überträgt man diesen Ansatz auf die Beziehungen zwischen Aufsichtsbehörde und Verantwortlichem Aktuar, so ergibt sich folgendes: Die Versicherungsaufsicht bedient sich als „Prinzipal" zur Verwirklichung der Aufsichtsziele eines Verantwortlichen Aktuars, der als Agent der Versicherungsaufsicht fungiert. Der Verantwortliche Aktuar hat bei seinen Vorschlägen zur Überschußbeteiligung sowohl die diesbezüglichen Belange der Versicherten zu wahren als auch das Prinzip der dauernden Erfüllbarkeit der Versicherungsverträge zu beachten. Auf der einen Seite müssen die Versicherten angemessen am Überschuß des Unternehmens beteiligt werden, auf der anderen Seite muß der Verantwortliche Aktuar sicherstellen, daß durch die Gewährung übermäßiger Überschußbeteiligungen nicht die finanzielle Solvabilität eines LVU in Gefahr gerät. Problematisch ist hierbei, daß das BAV den Arbeitseinsatz, also die Ermessensentscheidungen des Verantwortlichen Aktuars, nur begrenzt kontrollieren kann. Das VAG schreibt bislang nicht vor, daß der Verantwortliche Aktuar seine Vorschläge zur Überschußbeteiligung gegenüber dem Vorstand zu *dokumentieren* hat. Auch die Standesregeln oder entsprechende Veröffentlichungen der DAV enthalten im Gegensatz zu den Guidance Notes keine derartige Verpflichtung.

Der Verantwortliche Aktuar ist des weiteren nur im Hinblick auf die versicherungsmathematische Bestätigung der Deckungsrückstellung zu einem *Erläuterungsbericht* verpflichtet (§ 11a Abs. 3 Nr. 2 S. 2 VAG). Da dieser Bericht über den Unternehmensvorstand beim BAV einzureichen ist (§ 11a Abs. 4 Nr. 2 VAG), kann die Aufsichtsbehörde zwar überprüfen, ob die Kalkulationsansätze zur Bildung der Deckungsrückstellungen vom Verantwortlichen Aktuar im Einklang mit den gesetzlichen Vorschriften gebildet worden sind. Eine wirksame Kontrolle der Überschußbeteiligung ist hiermit aber noch nicht gewährleistet. Die aufgrund § 11a Abs. 6 VAG ergangene „Verordnung

---

524 GEBHARD, Gefahren für die finanzielle Stabilität (1995), 102ff.
525 Siehe hierzu und zum folgenden etwa RASMUSSEN, Games and Information – An Introduction to Game Theory (1989), 138ff.

über die versicherungsmathematische Bestätigung und den Erläuterungsbericht des Verantwortlichen Aktuars" (AktuarV)[526] erwähnt die Überschußbeteiligung nur am Rande. In § 6 Abs. 4 Nr.1 AktuarV heißt es lediglich:[527]

„Es ist darzulegen, daß

1. alle Leistungen der Versicherungsverträge einschließlich vertraglich oder gesetzlich garantierte Rückkaufswerte, prämienfreie Leistungen und Überschußanteile, auf die die Versicherungsnehmer einen Anspruch haben, gemäß dem Vorsichtsprinzip berücksichtigt sind, wobei darauf einzugehen ist, ob dieser Anspruch auf der Basis einer individuellen oder einer kollektiven Betrachtungsweise besteht."

Die AktuarV beschäftigt sich also nur mit Überschüssen, auf die die Versicherungsnehmer bereits einen Anspruch haben. Hiermit sind lediglich Überschüsse gemeint, die bereits der RfB zugewiesen worden sind, denn erst ab diesem Zeitpunkt entsteht, wie das BVerwG zum Altbestand ausgeführt hat,[528] eine Gesamtverbindlichkeit des LVU gegenüber der überschußberechtigten Versichertengemeinschaft.[529] Das BAV kann daher anhand des Erläuterungsberichts überprüfen, inwieweit der Verantwortliche Aktuar auf die dauernde Erfüllbarkeit der Verträge achtet, nicht aber, ob der Aufsichtsagent auch „angemessene" Vorschläge zur Überschußbeteiligung entwickelt hat.

Aus diesen Gründen kann das Aufsichtsamt die externen Einflüsse auf das Arbeitsergebnis des Verantwortlichen Aktuars schwer einschätzen. Inwieweit allein das LVU für eine im Ergebnis unangemessene Überschußbeteiligung verantwortlich ist, kann im nachhinein nicht mehr festgestellt werden. Dies wäre nur dann möglich, wenn der Verantwortliche Aktuar seine Vorschläge zur Überschußbeteiligung gegenüber dem Unternehmen zu dokumentieren und der Aufsichtsbehörde zu erläutern hätte.

Darüber hinaus ist problematisch, daß Konfliktfälle, die zwischen dem Verantwortlichen Aktuar und dem Vorstand des LVU auftreten, nur bei der versicherungsmathematischen Bestätigung dem BAV mitzuteilen sind (§ 11a Abs. 3 Nr. 3 VAG).[530] Für die Überschußbeteiligung enthält das VAG dagegen bislang noch keine Vorschriften, die den Verantwortlichen Aktuar zu einer *Unterrichtung* des BAV verpflichten, wenn der

---

526 BGBl. I 1996, 1681. Die Begründung zur AktuarV findet sich in BRatDrcks. 413/96, 7ff. Ausführlich zur AktuarV: CLAUS, Der Aktuar 1997, 10.

527 Hervorhebung vom VERFASSER.

528 BVerwGE 82, 303, 307 = VersR 1990, 73, 74: „Die RfB unterliegt einer grundsätzlich unabänderlichen Zweckbindung dahin, daß die in ihr angesammelten Beträge an die derzeitigen Versicherungsnehmer auszuschütten sind."

529 *Vor* Zuweisung der Überschüsse an die RfB hat der Versicherungsnehmer allerdings nach hier vertretener Ansicht einen Anspruch darauf, daß das LVU die Leistungen aus der Überschußbeteiligung nach „vertragsgemäßem Ermessen" (§ 315 BGB) festlegt (siehe S. 256f.). Da dieser Anspruch aber noch nicht einmal für die Versichertengemeinschaft der Höhe nach konkretisiert ist, muß der Verantwortliche Aktuar ihn auch noch nicht durch eine Rückstellung absichern.

530 In § 11a Abs. 3 Nr. 3 VAG heißt es: „Sobald er (der Verantwortliche Aktuar) bei der Erfüllung der ihm obliegenden Aufgaben erkennt, daß er möglicherweise die Bestätigung gemäß Nummer 2 nicht oder nur mit Einschränkungen wird abgeben können, hat er den Vorstand und, wenn dieser der Beanstandung nicht unverzüglich abhilft, sofort die Aufsichtsbehörde zu unterrichten."

Vorstand die Vorschläge zur Überschußbeteiligung zurückweist. Selbst die Unternehmen sind nur in Ausnahmefällen zu einer Unterrichtung des BAV verpflichtet (§ 1 Abs. 3 S. 2 ZRQuotenV).[531]

Dies alles führt dazu, daß nach gegenwärtiger Rechtslage die Aufsichtsbehörde kaum den Arbeitseinsatz der Verantwortlichen Aktuare und die sie beeinflussenden externen Umstände beurteilen kann. Eine wirksame Kontrolle über die Aktuare ist so gut wie ausgeschlossen.

b) Vorschläge de lege ferenda

Die „Principal-Agent"-Theorie bietet zur Lösung dieser Probleme verschiedene Modelle an. Entscheidend hierbei ist, daß durch einen gezielten Eingriff der negative Effekt der Prinzipal-Agenten- Beziehung eingedämmt wird.[532] Möglich ist beispielsweise, daß sich der Prinzipal eine direkte Kontrolle über den Arbeitseinsatz des Agenten vorbehält (Monitoring). Des weiteren kann der Prinzipal Maßnahmen ergreifen, die den Informationsvorsprung des Agenten verringern. Indem der Agent verpflichtet wird, seine Tätigkeit zu dokumentieren, wird der Arbeitseinsatz für den Prinzipal überprüfbar. Schließlich können auch externe Einflüsse auf das Arbeitsergebnis besser eingeschätzt werden, wenn der Agent in Konfliktfällen zu einer Unterrichtung des Prinzipals verpflichtet ist.

Diese Möglichkeiten sollten für eine Übergangszeit unbedingt genutzt werden. Da für den Neubestand die Rahmenbedingungen für eine effektive Selbstregulierung erst noch geschaffen werden müssen, insbesondere die bereits begonnene Zusammenarbeit zwischen Aufsichtsamt, DAV und Verantwortlichen Aktuaren noch weiter wachsen muß, sollten folgende Maßnahmen ergriffen werden:

- Der Verantwortliche Aktuar sollte – wie im britischen Rechtskreis – verpflichtet sein, gegenüber dem Vorstand des LVU die Vorschläge zur Überschußbeteiligung schriftlich zu dokumentieren und zu erläutern. Der Bericht müßte sowohl den Vorschlag als solchen umfassen als auch die zugrundeliegenden rechtlichen und finanziellen Erwägungen. Der Verantwortliche Aktuar hätte also zum einen die Höhe und die Verteilungsmodalitäten gegenwärtiger und künftiger Überschußbeteiligungen zu dokumentieren. Zum anderen wäre zu erläutern, auf welchen konkreten Kriterien der Vorschlag basiert. Auf diese Weise könnte sich die Aufsichtsbehörde vergewissern, ob der Verantwortliche Aktuar sein Ermessen im Einklang mit den gesetzlichen Vorschriften ausgeübt hat. Da die berufsständischen Regeln eine derartige Dokumentation bislang nicht vorschreiben, darüber

---

531 In § 1 Abs. 3 S. 2 ZRQuotenV heißt es: „Die Aufsichtsbehörde ist über alle für die Unterschreitung der Mindestzuführung erheblichen Umstände unter Angabe der Gründe, die zu dieser Ausnahmesituation geführt haben, vorab zu unterrichten." Das BAV ist also nur dann zu unterrichten, wenn die Zuweisung zur RfB unter Berücksichtigung der Direktgutschrift 90 % der Nettokapitalerträge unterschreitet.

532 Weitere, hier aber nicht in Betracht kommende Beispiele nennt: RASMUSEN, Games and Information (1989), 169f.

hinaus auch keine Rechtspflicht zur Mitgliedschaft im DAV besteht, müßte der Gesetzgeber tätig werden. § 11a Abs. 3 Nr. 4 VAG wäre entsprechend zu ergänzen.

- Darüber hinaus wäre in § 11a Abs. 3 Nr. 2 VAG festzulegen, daß der Vorstand des Versicherungsunternehmens verpflichtet ist, der Aufsichtsbehörde den Erläuterungsbericht zur Überschußbeteiligung vorzulegen. Ferner könnte das Bundesministerium der Finanzen bzw. das BAV in § 11a Abs. 6 VAG ermächtigt werden, durch Rechtsverordnung den Wortlaut und nähere Einzelheiten zum Inhalt und Umfang sowie zur Vorlagefrist festzulegen. Ebenso wie bei der versicherungsmathematischen Bestätigung besteht bei der Überschußbeteiligung aus Gründen der Rechtssicherheit und zum Zwecke einer funktionierenden Versicherungsaufsicht ein erhebliches Interesse daran, daß der Wortlaut sowie die Kriterien, nach denen der Erläuterungsbericht anzufertigen ist, vereinheitlicht werden.[533]

- Schließlich müßte der Verantwortliche Aktuar, analog zur versicherungsmathematischen Bestätigung (§ 11a Abs. 3 Nr. 3 VAG), die Aufsichtsbehörde unverzüglich unterrichten, wenn der Vorstand seine Vorschläge zur Überschußbeteiligung ablehnt.

Durch diese Maßnahmen wäre sichergestellt, daß das BAV nicht nur das Arbeitsergebnis, sondern zugleich den Arbeitseinsatz der Verantwortlichen Aktuare überprüfen kann. Die Aufsichtsbehörde könnte die in § 11a Abs. 2 S. 3-4 VAG festgelegten Kontrollbefugnisse wirksam ausüben und damit zugleich die wesentlichen Voraussetzungen für eine effektive, dezentralisierte Versicherungsaufsicht schaffen. Eine unzulässige Umgehung der dritten Richtlinien wäre hierin nicht zu sehen. Denn die nachträgliche Aufsicht über den Verantwortlichen Aktuar ist – ebenso wie die sonstige Aufsicht des BAV – notwendigerweise privatrechtsbezogen und einzelfallorientiert. Da aufgrund der Umsetzung der dritten Richtlinie Leben für den Neubestand ein verbindliches Überschußbeteiligungsmodell entfallen ist, müssen Aufsichtsbehörde und Verantwortlicher Aktuar unternehmensindividuell entscheiden, wie die Versicherten „angemessen" am Überschuß beteiligt werden. Die Verträge der verschiedenen Bestandsgruppen und Gewinnverbände erfordern je nach vertraglicher Vereinbarung unterschiedliche Maßnahmen des BAV und differenzierte aktuarielle Vorschläge.

II. Die Kriterien für eine „angemessene" Überschußbeteiligung

Fraglich ist, nach welchen Kriterien der Verantwortliche Aktuar seine Vorschläge zur Überschußbeteiligung zu entwickeln hat.

Maßstab hierfür können jedenfalls nicht die *bilanzrechtlichen* Rechnungslegungsvorschriften sein. Denn allein das Bilanzrecht entscheidet noch nicht über die Frage, nach welchen Maßstäben und in welcher Höhe die Versicherten an den Überschüssen betei-

---

533 Vgl. hierzu die entsprechende Begründung zur AktuarV v. 31. 5. 1996, in: BRatDrcks. 13/96, 1.

ligt werden müssen. Sinn und Zweck der Rechnungslegungsvorschriften ist zum einen, daß bestimmte Interessenten (Anteilseigner, Kapitalmarkt, Vertragspartner, BAV und Fiskus) einen Einblick in die Geschäfte und die Vermögenslage des Unternehmens erhalten. Zum anderen ist der Jahresabschluß ein *Instrument* der Ausschüttung. Anteilseigner, Versicherungsnehmer, sonstige Gläubiger und Fiskus sind durch den ausgewiesenen Gewinn unmittelbar betroffen. Inhaltliche Kriterien zur Überschußbeteiligung lassen sich dagegen nicht aus dem Bilanzrecht ableiten. Das Bilanzrecht schafft lediglich einen Interessenausgleich zwischen Unternehmen, Fiskus, sonstigen Gläubigern und Minderheitsgesellschaftern: Um die Steuerlast erträglich zu halten, eröffnet das Bilanzrecht den Unternehmen im Zusammenspiel mit dem Steuerrecht eine Vielzahl von Bewertungsmöglichkeiten und Beibehaltungswahlrechten wie beispielsweise die Freistellung vom Wertaufholungsgebot und die hiermit verbundene Bildung stiller Reserven (§§ 280 Abs. 2 HGB, 6 EStG).[534] Darüber hinaus werden die Gläubiger des Unternehmens durch Bewertungshöchstvorschriften, insbesondere durch das Vorsichts-, Imparitäts- und Realisationsprinzip (§ 252 Abs. 1 Nr. 4 HGB) sowie das Niederstwertprinzip (§ 253 HGB) vor möglichen Insolvenzen geschützt. Schließlich trägt das Bilanzrecht auch dem Schutze der Minderheitsgesellschafter Rechnung. Um die Gewinnansprüche der Aktionäre zu schützen, regelt § 279 Abs. 1 S. 1 HGB beispielsweise ein gesetzliches Unterbewertungsverbot.[535] Die Ausschüttungsinteressen der Versicherungsnehmer werden dagegen durch das Bilanzrecht überhaupt nicht berücksichtigt. Rechtlich verbindliche Kriterien zur Bestimmung einer „angemessenen” Überschußbeteiligung lassen sich daher nicht aus dem Bilanzrecht entwickeln.

Gleiches gilt für den Rechtsbegriff der „*anerkannten Regeln der Versicherungsmathematik*”, der im VVG für die Umwandlung in eine prämienfreie Versicherung und zur Berechnung des Rückkaufswertes (§§ 174 Abs. 2, 176 Abs. 3 S. 1 VVG) verwendet wird und auch in § 11a Abs. 1 VAG sowie den Standesregeln der DAV[536] seinen Niederschlag gefunden hat. Der Verantwortliche Aktuar hat bei seinen Vorschlägen zur Überschußbeteiligung zwar darauf zu achten, daß diese nicht im Widerspruch zu anerkannten versicherungsmathematischen Grundsätzen stehen. Da nach allgemeiner Auffassung allerdings mehrere gleichwertig anerkannte Regeln der Versicherungsmathematik bestehen,[537] ist dieser Rechtsbegriff jedoch konkretisierungsbedürftig. Letztlich kann jede Form der Überschußbeteiligung nach anerkannten Regeln der Versicherungsmathematik berechnet werden. Materielle Kriterien lassen sich daher auch nicht aus dem Rechtsbegriff der „anerkannten Regeln der Versicherungsmathematik” gewinnen.

Zur Bestimmung einer „angemessenen” Überschußbeteiligung kommen somit einzig und allein zwei Maßstäbe in Betracht: Das Aufsichtsrecht (1.) und die Parteivereinbarungen (2.).

---

534 Siehe aber auch die durch das Steuerentlastungsgesetz 1999/2000/2002 bedingten Änderungen, S. 51ff.
535 Hierzu: KÜBLER, ZHR 159 (1995), 550, 553.
536 Siehe Art. 3 Nr. 1 S. 1 der Standesregeln, abgedruckt bei PRÖLSS, VAG[11], § 11a Rn. 26.
537 So beispielsweise ZWIESLER, VersWissStud. 2, 155f.; VIEWEG, VersWissStud. 2, 163ff.; SCHMIDT, in: PRÖLSS, VAG[11], § 11 Rn. 4.

1. Die aufsichtsrechtlichen Vorschriften

Da der Verantwortliche Aktuar kompensatorisch in das VAG eingefügt worden ist, hat er ebenso wie das BAV darauf zu achten, daß die Versicherungsnehmer im Einklang mit den öffentlich-rechtlichen Vorschriften an den Überschüssen beteiligt werden. Eine „angemessene" Überschußbeteiligung i.S.d. § 11a Abs. 3 Nr. 4 VAG setzt daher voraus, daß der Verantwortliche Aktuar die Grundsätze des § 81c VAG, der ZRQuotenV, des § 56a S. 2 VAG und den Grundsatz der Gleichbehandlung (§ 11 Abs. 2 VAG) beachtet.[538]

Darüber hinaus hat der Aktuar gem. § 11a Abs. 3 Nr. 2 VAG die Finanzlage des Unternehmens daraufhin zu überprüfen, ob die dauernde Erfüllbarkeit (§§ 8 Abs. 1 S. 1 Nr. 3, 81 Abs. 1 S. 5 VAG) der sich aus den Versicherungsverträgen ergebenden Verpflichtungen jederzeit gewährleistet ist und das Unternehmen über ausreichende Mittel in Höhe der Solvabilitätsspanne (§ 53c VAG)[539] verfügt. Diese Kontrollfunktionen beziehen sich, wie BRÖMMELMEYER[540] zu Recht bemerkt, nicht nur auf die in § 11a Abs. 3 Nr. 1 VAG erwähnte Prämien- und Deckungsrückstellungskalkulation, sondern auf die Finanzlage des Unternehmens im allgemeinen. Nach dem Willen des Gesetzgebers trägt der Verantwortliche Aktuar zwar nicht die „persönliche" Verantwortung für die Vermögenslage des beaufsichtigten Unternehmens.[541] Der Gesetzgeber weist dem Aktuar aber die Aufgabe zu, die gesamte finanzielle Lage des Unternehmens in seine Entscheidungen mit einzubeziehen.[542] Daher muß der Verantwortliche Aktuar bei seinen Vorschlägen zur Überschußbeteiligung grundsätzlich auch beachten, daß übermäßige Gewinnausschüttungen die finanzielle Solvabilität eines LVU beeinträchtigen können.[543]

Schließlich müssen auch die sonstigen rechtlichen Belange der Versicherten (§ 81 Abs. 1 S. 2 VAG) ausreichend durch das Vorschlagsrecht gewahrt werden. Hieraus kann jedoch nicht abgeleitet werden, daß der Verantwortliche Aktuar zur Wahrung der Versichertenbelange auf eine verursachungsgerechte, gleichmäßige, zeitnahe und gerechte Überschußbeteiligung hinwirken muß.[544] Da der Verantwortliche Aktuar als „Agent der Aufsichtsbehörde" ebensowenig wie das BAV verpflichtet ist, die Belange der Versicherten optimal zu wahren,[545] können diese für den Altbestand entwickelten Prinzipien auch für den Aktuar keine rechtliche Bindungswirkung entfalten.[546] Maßgeb-

---

538 Vgl. zu diesen Vorschriften bereits die Ausführungen auf S. 109ff.

539 Vgl. hierzu auch die dritte Verordnung zur Änderung der Kapitalausstattungs-Verordnung v. 16.4.1996 (BGBl. I 1996, 616) sowie R 3/97 (VerBAV 1997, 219).

540 BRÖMMELMEYER, Der Verantwortliche Aktuar (2000), 60. SCHMIDT (in: PRÖLSS, VAG[11], § 11a Rn. 14) ist dagegen der Ansicht, daß die Sicherstellung der dauernden Erfüllbarkeit nicht auf den Verantwortlichen Aktuar „abgewälzt" werden dürfe.

541 So ausdrücklich die Regierungsbegründung zu § 11a Abs. 3 Nr. 1 VAG, BTDrcks. 12/6959, 57.

542 BTDrcks. 12/6959, 57.

543 Vgl. hierzu bereits die Ausführungen auf S. 113f.

544 A.A.: BRÖMMELMEYER, Der Verantwortliche Aktuar (2000), 216f.

545 Vgl. S. 120ff.

546 Zu weitgehend daher: KAULBACH (in: FAHR/KAULBACH, VAG[2], § 11a Rn. 28), der ein Beteiligungssystem dann für „angemessen" i.S.d. § 11a Abs. 3 Nr. 4 VAG hält, „wenn es, so weit das technisch möglich ist, an den Beitrag herankommt, den der einzelne Vertrag zum Ergebnis beigesteuert hat."

lich für die Vorschläge des Verantwortlichen Aktuars ist daher vielmehr, inwieweit die betreffenden Verträge der jeweiligen Bestandsgruppe derartige Modalitäten der Überschußverteilung in Aussicht stellen. In diesem Sinne muß der Verantwortliche Aktuar zur Wahrung der Versichertenbelange (§ 81 Abs. 1 S. 2 VAG) widersprüchliches Verhalten der Versicherer verhindern und darauf achten, daß privatrechtlich getroffene Vereinbarungen zur Überschußbeteiligung auch eingehalten werden.

2. Die Parteivereinbarungen

Letztlich sind die Kriterien einer „angemessenen" Überschußbeteiligung anhand der Parteivereinbarungen zu konkretisieren. Der Gesetzgeber hat in der Regierungsbegründung zu § 11a Abs. 3 Nr.4 VAG ausdrücklich klargestellt, daß der Verantwortliche Aktuar – ebenso wie der Appointed Actuary – an die bei Vertragsschluß geweckten Erwartungen gebunden ist. Wörtlich heißt es:[547]

„Neben den Prämien spielt die Überschußbeteiligung für die Versicherungsnehmer eine wesentliche Rolle. Wenngleich die Verantwortung für die Festsetzung der Überschußanteile beim Vorstand liegt, so hat doch gemäß Nummer 4 der Verantwortliche Aktuar dem Vorstand Vorschläge für eine angemessene Beteiligung der Versicherungsnehmer am Überschuß vorzulegen. Die Angemessenheit muß sich auch an den Erwartungen der Versicherungsnehmer, die aufgrund der Werbung und beim Abschlußgespräch geweckt worden sind, orientieren."

a) Die berechtigten Erwartungen der Versicherungsnehmer

Diese Formulierung macht deutlich, daß der Gesetzgeber den Rechtsbegriff der „reasonable expectations", der sowohl in sect. 37 (2) des Insurance Companies Act als auch in den Guidance Notes des Institute of Actuaries und der Faculty of Actuaries verwendet wird,[548] im Zuge der Deregulierung in das deutsche Recht übernommen hat. Maßstab einer „angemessenen" Überschußbeteiligung i.S.d. § 11a Abs. 3 Nr. 4 VAG sind daher die Parteivereinbarungen unter besonderer Berücksichtigung der Erwartungen der Versicherungsnehmer.

Hiergegen hat SCHMIDT[549] allerdings eingewendet, daß sich im Gegensatz zu den Ausführungen in der Regierungsbegründung die Angemessenheit der Überschußbeteiligung nicht an den Erwartungen der Versicherungsnehmer orientieren könne, da die Berücksichtigung dieser wesentlichen Rechtsfragen im Verantwortungsbereich des Vorstands liege. – Ein derartiger Einwand kann indessen nicht überzeugen. Richtig ist zwar, daß nicht der Verantwortliche Aktuar, sondern der Unternehmensvorstand über die

---

547 BTDrcks. 12/6959, 57. Hervorhebung vom VERFASSER.
548 Siehe vor allem Guidance Note 1, 1.1. und 3.3.
549 SCHMIDT, in: PRÖLSS, VAG[11], § 11a Rn. 17.

konkrete Festsetzung der Überschußanteile entscheidet. Der Gesetzgeber weist dem Verantwortlichen Aktuar im Bereich der Überschußbeteiligung lediglich ein Vorschlagsrecht zu. Hieraus kann jedoch nicht geschlossen werden, daß der Verantwortliche Aktuar Vorschläge zur Überschußbeteiligung entwickeln darf, die im Widerspruch zu den Erwartungen der Versicherungsnehmer stehen. Denn der Verantwortliche Aktuar hat im Rahmen seiner Möglichkeiten ebenso wie das BAV eine unangemessene Benachteiligung der Versicherungsnehmer zu verhindern. Insofern muß der Aktuar auch eigenverantwortlich entscheiden, wie der Rechtsbegriff einer „angemessenen" Überschußbeteiligung auszulegen ist.[550] Problematisch könnte in diesem Zusammenhang allenfalls sein, inwieweit der Verantwortliche Aktuar als Versicherungsmathematiker über ausreichende Rechtskenntnisse verfügt, um wesentliche Rechtsfragen adäquat beurteilen zu können; die derzeitige Ausbildung der Verantwortlichen Aktuare vermittelt diese juristischen Kenntnisse nur ungenügend. Die Bestellung eines Verantwortlichen Aktuar setzt indessen gem. § 11a Abs. 1 S. 2 VAG gerade voraus, daß der Aktuar zur Erfüllung der ihm übertragenen Aufgaben fachlich geeignet ist. Daher muß der Verantwortliche Aktuar auch über ausreichende juristische Kenntnisse verfügen, denn die gesetzlichen Aufgaben im Bereich der Überschußbeteiligung verlangen ein hohes Maß an juristischem Vorverständnis.[551] Widersprüchlich ist ferner, daß SCHMIDT[552] selbst einräumt, daß der Verantwortliche Aktuar seine Vorschläge zur Überschußbeteiligung auf der Grundlage der *vertragsrechtlichen* Regelungen entwickeln und hieraus die mathematischen Konsequenzen ziehen müsse, auf der anderen Seite jedoch meint, daß die Erwartungen der Versicherungsnehmer als „wesentliche Rechtsfragen" nur vom Vorstand zu berücksichtigen seien.

Im Ergebnis verkennt eine solche Auffassung, daß der Gesetzgeber die Erwartungen der Versicherungsnehmer als Teil der Vertragsvereinbarungen betrachtet, auf deren Erfüllung der Verantwortliche Aktuar gem. § 11a Abs. 3 Nr. 4 VAG hinzuwirken hat.

b) Formalisierter Vertrauenstatbestand

Der Verantwortliche Aktuar darf sich nicht an beliebigen Erwartungen der Versicherungsnehmer orientieren. Der Rechtsbegriff der „Erwartungen" ist vielmehr in zweierlei Hinsicht einschränkend zu interpretieren. *Zum einen* muß der Verantwortliche Aktuar die Erwartungen der Versicherungsnehmer anhand einer überindividuell-generalisierenden, von den konkreten Umständen des Einzelfalles absehenden Betrachtungsweise ermitteln. Da der Regierungsentwurf dem Verantwortlichen Aktuar die Aufgabe zu-

550 Ergänzt wird diese gesetzliche Aufgabe durch die berufsständischen Regeln des DAV, in denen ausdrücklich auf die Eigenverantwortlichkeit des Verantwortlichen Aktuars hingewiesen wird (Art. 3 der Standesregeln, abgedruckt bei PRÖLSS, VAG[11], § 11a Rn. 26).

551 Ebenso: SCHWINTOWSKI, VersWissStud. 4, 23 und BRÖMMELMEYER, Der Verantwortliche Aktuar (2000), 90ff., die beide darauf hinweisen, daß der Gesetzgeber zwar das Qualifikationsprofil des Verantwortlichen Aktuars nur im Hinblick auf die „ausreichenden Kenntnisse in der Versicherungsmathematik" und die „Berufserfahrung" konkretisiert habe (§ 11a Abs. 1 S. 3 VAG), zu Recht aber der Auffassung sind, daß diese Aufzählung nicht abschließend zu verstehen ist.

552 SCHMIDT, in: PRÖLSS, VAG[11], § 11a Rn. 17.

weist, „die" Erwartungen „der" Versicherungsnehmer zu berücksichtigen, kann es nicht auf eine individuelle Beurteilung der einzelnen Versicherungsverträge ankommen. Im Unterschied zum individual-vertraglichen Erfüllungsanspruch, der allein mit zivilrechtlichen Mitteln durchgesetzt werden kann, soll die Versicherungsaufsicht, wie an anderer Stelle bereits ausgeführt,[553] nur die Belange „der" Versicherten wahren. Maßgeblich können daher auch nur diejenigen Erwartungen sein, die für eine bestimmte Bestandsgruppe oder für einen konkreten Gewinnverband geweckt worden sind. Insofern kann sich die Angemessenheit der Überschußbeteiligung im Gegensatz zur Regierungsbegründung nicht an den Erwartungen orientierten, die allein im invidiuellen Abschlußgespräch durch den Versicherungsagenten entstanden sind. *Zum anderen* müssen die Erwartungen der Versicherungsnehmer berechtigt sein. Gewinnerwartungen, die aus der Sicht eines objektiven, durchschnittlichen Versicherungsnehmers[554] unberechtigt sind, können also keine Berücksichtigung finden.

Die Erwartungen der Versicherungsnehmer müssen somit auf einem *formalisierten Vertrauenstatbestand* gründen.[555] Hinreichend formalisiert ist ein Vertrauenstatbestand dann, wenn die zugrundeliegenden Aussagen über die Überschußbeteiligung in einer Vielzahl von Fällen Verwendung finden und planmäßig den Erwartungshorizont aller potentiellen Kunden präformieren. Dies trifft sowohl für die Überschußbeteiligungsklauseln als auch für die bei Vertragsschluß zugrundegelegten schriftlichen Verbraucherinformationen, insbesondere für die Beispielrechnungen zu.

Im Gegensatz zu den Beispielrechnungen und sonstigen Werbeprospekten, die dem Versicherungsnehmer bereits vor Vertragsabschluß vorliegen, werden die Allgemeinen Versicherungsbedingungen zusammen mit den gem. § 10a Abs. 1 VAG erforderlichen Verbraucherinformationen in der Praxis allerdings erst *nach* Abschluß des Vertrages dem Versicherungsnehmer übersendet (sog. Policenmodell). § 5a VVG ermöglicht abweichend von § 2 AGBG und § 10a Abs. 1 VAG auch die nachträgliche Einbeziehung Allgemeiner Versicherungsbedingungen bzw. Verbraucherinformationen. Insofern könnte man der Ansicht sein, daß diese keine besonderen Erwartungen der Versicherungsnehmer mehr auslösen können. Hiergegen spricht jedoch, daß ein LVV, bei dem die Versicherungsbedingungen nicht übergeben wurden oder bei dem eine gem. § 10a VAG erforderliche Verbraucherinformation nicht vollständig erfolgt ist, gem. § 5a VVG lediglich schwebend unwirksam ist.[556] Die endgültige Entscheidung des Versicherungsnehmers fällt somit erst nach Ablauf der vierzehntägigen Widerspruchsfrist, die erst dann zu laufen beginnt, wenn die betreffenden Unterlagen dem Versicherungsnehmer vorliegen und eine Widerspruchsbelehrung erfolgt ist (§ 5a Abs. 2 S. 1 VVG). Daher sind Erwartungen, die durch die Überschußbeteiligungsklauseln oder die Verbraucher-

---

553 Vgl. S. 126f.

554 Zu diesem Maßstab vgl. BGHZ 123, 85, 85 = VersR 1993, 957, 985 sowie BGH, BB 1989, 243, 244.

555 Ebenso: BRÖMMELMEYER, Der Verantwortliche Aktuar (2000), 214.

556 Ebenso: LORENZ, VersR 1995, 616, 620; WANDT, Verbraucherinformation und Vertragsschluß nach neuem Recht (1995), 21; SCHWINTOWSKI, in: BERLKOMM § 5a VVG Rn. 74.

informationen geweckt wurden, für den Verantwortlichen Aktuar in jedem Falle beachtlich.

c) Die Rechtsverbindlichkeit der Beispielrechnungen

Im besonderen Maße wird der Erwartungshorizont der Versicherungsnehmer durch die Beispielrechnungen geprägt.[557] Die Versicherungsnehmer gehen zwar davon aus, daß bei Schwankungen am Kapitalmarkt die absolute Höhe der künftigen Rückkaufswerte und Überschußanteile variieren wird. Die Versicherungsnehmer können aber zumindest darauf vertrauen, daß die Versicherer die bei Vertragsschluß zugrundegelegten Verteilungsmodalitäten der Kosten und Überschüsse auch einhalten. Die Beispielrechnungen begründen somit einen Vertrauenstatbestand, der nicht nur durch das BAV im Wege der nachträglichen Mißstandsaufsicht, sondern auch vom Verantwortlichen Aktuar bei seinen Vorschlägen zur Überschußbeteiligung zu berücksichtigen ist.

Da die Beispielrechnungen für eine Vielzahl von Verträgen Verwendung finden, sind die diesbezüglichen Erwartungen der Versicherungsnehmer hinreichend formalisiert. Grundsätzlich sind die Beispielrechnungen zwar auf den individuellen Vertrag zugeschnitten. Die Überschuß- und Rückkaufswerte werden je nach Eintrittsalter, Geschlecht, Versicherungsdauer, Höhe der monatlichen Beiträge und vereinbarter Versicherungssumme prognostiziert. Die den Beispielrechnungen zugrundeliegenden mathematischen Verfahren beruhen dagegen auf Annahmen, die nach dem Gesetz der großen Zahl für eine Vielzahl von Kunden getroffen werden. Die Beispielrechnungen begründen daher nicht nur ein persönliches, sondern zugleich ein typisiertes Vertrauen der Anleger, das sich – entsprechend der Rechtsprechung des BGH zur Prospekthaftung[558] – auf die Richtigkeit und Vollständigkeit der publizierten Angaben bezieht.[559]

Im Unterschied zur Prospekthaftung begründen die Beispielrechnungen allerdings nicht nur etwaige Sekundäransprüche der Versicherungsnehmer. Die in Aussicht gestellte Überschußbeteiligungs- und Rückkaufswertpolitik zählt vielmehr zu den *primärrechtlichen* Verbindlichkeiten eines Versicherungsunternehmens, deren Erfüllung der Verantwortliche Aktuar zu überwachen hat. Eine derartige Rechtsfolge ist durchaus nicht ungewöhnlich. Grundsätzlich werden zwar Prospektbeschreibungen, die nur allgemein zum Vertragsschluß motivieren, in aller Regel nicht Vertragsbestandteil in Form Allgemeiner Geschäftsbedingungen.[560] Etwas anderes gilt aber dann, wenn die Prospektangaben (hier also die Beispielrechnungen) als Leistungsbeschreibungen unmittelbar den Vertragsgegenstand betreffen. In diesem Fall legen sie in aller Regel auch den Vertragsinhalt fest und erhalten deshalb die Qualität von Vertragsbedingungen, die als

---

557 Siehe hierzu auch S. 130ff. und S. 264ff.
558 BGHZ 77, 172, 176; BGHZ 79, 337, 341; BGH NJW 1982, 2823, 2824f.; OLG Frankfurt/aM AG 1995, 134, 135.
559 Weiterführend: BIAGOSCH/SCHERER, VW 1995, 370, 371ff., die zu Recht darauf hinweisen, daß die gem. § 10a VAG zu erteilenden Verbraucherinformationen den Grundsätzen der Prospekthaftung unterliegen. Vgl. ferner zu diesem Problemkreis: PRÄVE, VW 1994, 556, 560 und ECKART, Direkter Anlegerschutz 1994, 34ff.
560 Siehe hierzu: WOLF, in: WOLF/HORN/LINDACHER, AGB-Gesetz[4], § 1 Rn. 6.

Allgemeine Geschäftsbedingungen in Betracht kommen.[561] Unerheblich ist dabei, daß die Beispielrechnungen i.d.R. vor Vertragsschluß und nicht, wie die §§ 1 Abs. 1, 2 Abs. 1 AGBG verlangen, „bei" Vertragsschluß gestellt werden.[562] Hierbei ist nämlich zu berücksichtigen, daß auch frühere Erklärungen des Verwenders einen später abgeschlossenen Vertrag inhaltlich festlegen können. Werden Allgemeine Geschäftsbedingungen in Vorverhandlungen gestellt, so ist beispielsweise anerkannt, daß das Stellen grundsätzlich bis zum endgültigen Abschluß des Vertrages fortwirkt, falls nicht der Verwender deutlich erkennbar davon abrückt.[563] Genau genommen begründen die Beispielrechnungen daher nicht nur einen Vertrauenstatbestand. Indem die Beispielrechnungen für eine Vielzahl von Verträgen die Modalitäten der Überschuß- und Kostenverteilung festlegen, werden sie vielmehr selbst Bestandteil der betreffenden Vertragsbedingungen.

Aus diesem Grunde wären die prognostizierten Vertragsverläufe für den Verantwortlichen Aktuar selbst dann verbindlich, wenn die Vertragsbedingungen – was allerdings bislang nicht der Fall ist, da die Überschußbeteiligungsklauseln noch nicht einmal die Grundzüge der geplanten Kapitalanlage-, Bilanz- und Überschußbeteiligungspolitik festlegen – von den zuvor getroffenen Beispielrechnungen abweichen sollten, ohne daß dies vom Verwender kenntlich gemacht wird. Denn nach der Rechtsprechung des BGH ist eine Klausel, die im Widerspruch zu wesentlichen Werbeaussagen steht, gem. § 9 AGBG unwirksam, wenn Katalog- bzw. Prospektwerbung des Verwenders und beanstandete Vertragsbedingung funktionell und sinnhaft aufeinander bezogen sind. So hat der BGH mit Urteil v. 12.3.1987[564] in einem Verbandsprozeß über die Allgemeinen Reisebedingungen die damals angegriffene Klausel maßgeblich deshalb verworfen, weil sie den Umfang der Leistung, wie sie dem Kundenpublikum durch die Werbeaussagen des Verwenders vorgespiegelt worden war, AGB-mäßig und zum Nachteil des Kunden wieder relativierte. Im Individualverfahren wären derartige Klauseln sogar als überraschende Klauseln (§ 3 AGBG) einzustufen.[565]

Diese Zusammenhänge verdeutlichen, daß der Verantwortliche Aktuar bei seinen Vorschlägen zur Überschußbeteiligung nicht nur die vertraglichen Regelungen zur Überschußbeteiligung, sondern auch die Beispielrechnungen beachten muß.

---

561 Ebenso: WOLF, a.a.O., und SCHÜNEMANN, BB 1987, 2243, 2248, der darauf hinweist, daß auch Beschreibungen und Hinweise, durch die der Verwender eine ihn treffende Aufklärungspflicht erfüllt, als AGB in Betracht kommen.

562 Vgl. auch SCHWINTOWSKI (in: BERLKOMM, § 5a Rn. 9), der zwar darauf hinweist, daß Verbraucherinformationen keine Allgemeinen Geschäftsbedingungen (§ 1 Abs. 1 S. 1 AGBG) sind, „da sie über Vertragsinhalte *vor Vertragsschluß* informieren, den Vertragsinhalt also nicht konstituieren", zugleich aber einräumt, daß Verbraucherinformationen durch eine Vereinbarung zwischen den Parteien i.S.d. § 2 Abs. 1 AGBG zu Allgemeinen Versicherungsbedingungen werden können.

563 WOLF, in: WOLF/HORN/LINDACHER, AGB-Gesetz⁴, § 1 Rn. 31.

564 BGHZ 100, 157, 176ff.

565 Auch die Regierungsbegründung zu § 3 AGBG betont, daß sich der überraschende Charakter einer Klausel u.a. an der Werbung des Verwenders zu orientieren habe, BTDrcks. 7/3919, Teil A 1, 19.

d) Ergebnis

Maßstab einer „angemessenen" Überschußbeteiligung sind die Parteivereinbarungen unter *besonderer Berücksichtigung* der berechtigten, typisierten Erwartungen der Versicherungsnehmer, die in der Vertragsanbahnungsphase geweckt worden sind.

III. Umfang der Vorschlagspflicht

1. Kontrolle der gesamten Überschußbeteiligungspolitik

Der Verantwortliche Aktuar kann sich bei seinen Vorschlägen zur Überschußbeteiligung nicht darauf beschränken, die entstandenen, bilanziell ermittelten Überschüsse nach versicherungsmathematischen Grundsätzen auf die einzelnen Bestandsgruppen und Gewinnverbände zu verteilen. Da der Verantwortliche Aktuar nur dann die berechtigten Erwartungen der Versicherungsnehmer adäquat berücksichtigen kann, wenn er gleichzeitig die gesamte Überschußbeteiligungspolitik des Unternehmens in seine Wertungen mit einbezieht, ist der in § 11a Abs. 3 Nr. 4 VAG verwendete Begriff „Überschußbeteiligung" vielmehr in einem weiten Sinne zu verstehen.[566]

Der Begriff „Überschußbeteiligung" bezieht sich auf das gesamte *Verfahren*, durch das die Höhe der auf die einzelnen Verträge entfallenden und gutzuschreibenden Überschüsse bestimmt wird. Sämtliche Entscheidungen des Unternehmens innerhalb dieses Verfahrens – von der Überschußermittlung über die Aufteilung der Überschüsse auf die Bestandsgruppen und die Einstellung dieser Beträge in die RfB bis zur einzelvertraglichen Zuteilung der Überschüsse während und am Ende der Vertragslaufzeit (laufende Überschußbeteiligung, Schlußüberschußbeteiligung) – haben Einfluß auf die Höhe der zu gewährenden Überschüsse und müssen daher vom Verantwortlichen Aktuar beurteilt werden. Der Verantwortliche Aktuar hat also bereits bei der Überschußermittlung darauf zu achten, daß die Versicherer keine Überschüsse in Form stiller Reserven thesaurieren oder Überschüsse aus einzelnen Ergebnisquellen querverrechnen, wenn dies im Widerspruch zu den berechtigten Erwartungen der Versicherungsnehmer stünde. Sichert ein Unternehmen bei Vertragsschluß zu, die Beiträge der Versicherungsnehmer schwerpunktmäßig in bestimmte Kapitalanlagen zu investieren, so muß der Verantwortliche Aktuar zudem die Kapitalanlagepolitik des Unternehmens überwachen.

Darüber hinaus ist der Verantwortliche Aktuar aufsichtsrechtlich verpflichtet, die Beispielrechnungen des Unternehmens auf ihre *Finanzierbarkeit* zu überprüfen.[567] Da die Versicherungsnehmer bei Vertragsabschluß davon ausgehen, daß die prognostizierten Überschußbeteiligungssätze bei unveränderten Verhältnissen auch tatsächlich zu-

---

566 Wie hier: KAULBACH (in: FAHR/KAULBACH, VAG², § 11a Rn. 27), der darauf hinweist, daß der Verantwortliche Aktuar auch die Bilanzpolitik zu kontrollieren habe und BRÖMMELMEYER (Der Verantwortliche Aktuar [2000], 211f.), der zu Recht darauf aufmerksam macht, daß der Begriff „Überschußbeteiligung" zwar mehrdeutig ist, i.R.d. § 11a Abs. 3 Nr. 4 VAG aber dahingehend zu verstehen ist, daß der Verantwortliche Aktuar Vorschläge entwickeln muß, die „*im Ergebnis* zu einer angemessenen Überschußbeteiligung führen."

567 A.A. ENGELÄNDER, NVersZ 2000, 401, 406 unter Fn. 41.

treffen werden, und diese Erwartungen für den Verantwortlichen Aktuar rechtsverbindlich sind, müssen die vorhandenen Mittel des Unternehmens zur Finanzierung der in Aussicht gestellten Leistungen ausreichen. Potentielle Versicherungsnehmer müssen also davor geschützt werden, daß ein LVU überzogene Renditeerwartungen bei neuen Kunden weckt. Anderenfalls könnte die dauernde Erfüllbarkeit der Verträge in Gefahr geraten. Aus diesem Grunde sollte der Verantwortliche Aktuar bereits auf das Werbeverhalten des beaufsichtigten Unternehmens Einfluß nehmen. Bei der Überprüfung der Finanzierbarkeit könnte sich der Verantwortliche Aktuar an den diesbezüglichen Grundsätzen orientieren, die das BAV für den Altbestand erlassen hat.[568] Im Unterschied zu diesen Grundsätzen müßte der Finanzierbarkeitsnachweis allerdings auch negative, den Rohüberschuß mindernde Abschlußkostenergebnisse berücksichtigen. Denn für den Altbestand konnten die Versicherer aufgrund des sog. Verbandsverfahren, das vom BAV für zulässig erachtet wurde, derartige Fehlbeträge unberücksichtigt lassen, was dazu führte, daß in der Werbung erheblich höhere Überschüsse ausgewiesen werden konnten, als tatsächlich bei einem zutreffenden Finanzierbarkeitsnachweis möglich gewesen wäre.[569] Schließlich muß sich die Finanzierbarkeit der prognostizierten Überschußanteile nicht nur auf den Gesamtbestand, sondern auch auf die einzelnen Bestandsgruppen beziehen. Denn aus Gründen der Gleichbehandlung (§ 11 Abs. 2 VAG) hat der Verantwortliche Aktuar bei der Entwicklung geeigneter Finanzierbarkeitsnachweise auch darauf zu achten, daß nicht Mittel zur Finanzierung herangezogen werden, die einer anderen Bestandsgruppe zugeordnet sind.[570] Dies bedeutet beispielsweise, daß Beträge der freien RfB, die gem. § 53c Abs. 3 S. 1 Nr. 6 lit. a VAG eigentlich zu den Eigenmitteln eines Unternehmens zählen, dann nicht zur Finanzierung der prognostizierten Überschüsse verwendet werden dürfen, wenn diese auf andere Bestandsgruppen entfallen.

---

568   Vgl. R 5/88 (VerBAV 1988, 411, 412). Hier hieß es unter 1.2.3.: „Der Nachweis über die Finanzierbarkeit ist dann gegeben, wenn die mit zeitnahen Rechnungsgrundlagen zweiter Ordnung berechneten erforderlichen Mittel für die in Aussicht gestellten Leistungen zuzüglich der abzuführenden Quellensteuer nicht höher sind als die vorhandenen Mittel." – Aufgrund der Deregulierung ist dieses Rundschreiben gegenstandslos geworden. In dem nunmehr einschlägigen Rundschreiben R 2/2000 (VerBAV 2000, 252, 254) weist das BAV darauf hin, daß die in den Zukunftsrechnungen verwendeten Zahlenangaben mit größter Sorgfalt so realitätsnah wie möglich zu ermitteln seien, indem das LVU im Wege einer aktuariellen Kalkulation (Ertragswertberechnung) einschätze, ob die künftige Überschußbeteiligung in dem erforderlichen Maße finanziert werden könne, so daß die jeweils benötigten Mittel in ausreichender Höhe und zum richtigen Zeitpunkt (unter Beachtung handelsrechtlicher und aktuarieller Vorschriften) bereitgestellt werden. Hierbei sei nicht nur die objektive Leistungsfähigkeit des Unternehmens, sondern auch die subjektive Leistungsbereitschaft zu berücksichtigen.

569   Siehe hierzu umfassend: STÖFFLER, Markttransparenz in der Lebensversicherung (1984), 158-165 und die vorangegangenen Ausführungen auf S. 78.

570   Auch für den Altbestand hatte sich das BAV vorbehalten, in begründeten Fällen den Nachweis der Finanzierbarkeit für einzelne Abrechnungsverbände zu verlangen (vgl. SAX, VerBAV 1987, 531, 536). Dies konnte z.B. dann geschehen, wenn – so SAX (a.a.O.) – „zu vermuten ist, daß die Finanzierbarkeit in einem größeren Abrechnungsverband bzw. beim Neuzugang eines Jahres nur deshalb gegeben ist, weil freie Mittel der RfB anderer Abrechnungsverbände bzw. älterer Bestände herangezogen werden."

Für die bereits angesprochenen Dokumentations- und Erläuterungspflichten des Verantwortlichen Aktuars (vgl. S. 153ff.) ergibt sich damit folgendes: Der Verantwortliche Aktuar hat zunächst gegenüber dem Vorstand des LVU auf der Grundlage der Beispielrechnungen und der sonstigen Parteivereinbarungen schriftlich zu erläutern, welche Erwartungen der Kunden er als gegeben betrachtet. Ebenso wie im britischen Recht muß der Verantwortliche Aktuar also das Anbieterverhalten des Unternehmens daraufhin analysieren, welche Überschüsse die Versicherungsnehmer vernünftigerweise erwarten können.[571] In einem zweiten Schritt sollte der Verantwortliche Aktuar die Konsequenzen für die Kapitalanlagestrategie, die Prämienbemessung und die Bildung von Rückstellungen dokumentieren.[572] Hierbei müßte der Verantwortliche Aktuar vor allem prüfen, ob die geweckten Erwartungen mit dem Grundsatz der dauernden Erfüllbarkeit und den finanziellen Dispositionen des LVU vereinbar sind. Schließlich hat der Verantwortliche Aktuar gegenüber dem Vorstand konkrete Vorschläge zu entwickeln, die mit den aufsichtsrechtlichen Grundsätzen zur Überschußbeteiligung sowie den berechtigten Erwartungen der Versicherungsnehmer im Einklang stehen.

Nach hier vertretener Auffassung sollte der Vorstand ferner verpflichtet werden, den Erläuterungsbericht in regelmäßigen Abständen dem BAV vorzulegen. Soweit der Vorstand die Vorschläge zur Überschußbeteiligung ablehnt, wäre die Aufsichtsbehörde hiervon unverzüglich durch den Verantwortlichen Aktuar zu unterrichten. Auf diese Weise wäre gewährleistet, daß die aufsichtsrechtlichen Vorschriften beachtet und die berechtigten Erwartungen der Versicherungsnehmer nicht durch das Überschußbeteiligungsverhalten der Unternehmen enttäuscht werden.

2. Kontrolle der Überschußbeteiligungsklauseln nach dem AGBG?

Abschließend bleibt die Frage zu klären, ob der Verantwortliche Aktuar auch die Pflicht hat, die vertraglichen Vereinbarungen zur Überschußbeteiligung einer Kontrolle nach dem AGBG zu unterziehen.

Nach Ansicht von BRÖMMELMEYER[573] hat der Verantwortliche Aktuar den unbestimmten Rechtsbegriff „angemessener" Überschußbeteiligung nicht nur auf der Grundlage der Parteivereinbarungen, sondern zugleich im Einklang mit den Wertungen des AGBG zu konkretisieren. Die Bindung an die Parteivereinbarungen sei – so BRÖMMELMEYER – nicht so zu verstehen, als sei angemessen immer das, was gerade vertraglich verabredet sei. Anderenfalls könnten die Lebensversicherer den Begriff angemessener Überschußbeteiligung i.S.d. § 11a Abs. 3 Nr. 4 VAG allein durch die Gestaltung ihrer AVB authentisch interpretieren. Hiergegen spreche jedoch die Einheit der Rechtsord-

---

571 In der Praxis bereitet dies allerdings auch in Großbritannien erhebliche Schwierigkeiten, vgl. hierzu: BARROW, in: Journal of the Institute of Actuaries 1984 (111), 229, 253.

572 Ebenso: GEBHARD (Gefahren für die finanzielle Stabilität [1995], 124), der darüber hinaus auch noch vorschlägt, daß die Geschäftsleitung selber dokumentieren sollte, welche Erwartungen sie bei den Kunden wecken will.

573 BRÖMMELMEYER, Der Verantwortliche Aktuar (2000), 213, 220f. Vgl. ferner SCHWINTOWSKI, VersWissStud. 4, 30.

nung. Eine Klausel, die die Versicherungsnehmer „unangemessen" benachteilige (§ 9 AGBG), könne nicht Maßstab für eine „angemessene" Überschußbeteiligung (§ 11a Abs. 3 Nr. 4 VAG) sein. Der Verantwortliche Aktuar müsse daher klären, ob die Überschußbeteiligungsklauseln seines Unternehmens einer abstrakten Inhaltskontrolle nach §§ 9ff. AGBG standhielten. Die Parteivereinbarungen bestimmten also nur unter dem Vorbehalt ihrer AGB-rechtlichen Zulässigkeit über die Angemessenheit i.S.d. § 11a Abs. 3 Nr. 4 VAG. Für den Fall, daß die Überschußbeteiligungsklauseln aufgrund eines Verstoßes gegen das AGBG nichtig seien, müsse sich der Verantwortliche Aktuar dagegen im Wege der ergänzenden Vertragsauslegung einen anderen Bezugspunkt für die Bestimmung einer adäquaten Überschußbeteiligung suchen.

Die Ansicht BRÖMMELMEYERS überspannt den Pflichtenkreis des Verantwortlichen Aktuars und vermag bereits aus diesem Grunde nicht zu überzeugen. Der Verantwortliche Aktuar hat im Rahmen der Überschußbeteiligung zwar darauf zu achten, daß das betreffende Unternehmen die bei Vertragsschluß geweckten berechtigten Erwartungen der Versicherungsnehmer erfüllt. Richtig ist auch, daß der Verantwortliche Aktuar für den (bislang allerdings hypothetischen) Fall, daß die Vertragsbedingungen im Widerspruch zu den Werbeaussagen des LVU stehen sollten, im Zweifel die bei Vertragsschluß geweckten Erwartungen, nicht aber die Klauseln zur Überschußbeteiligung zu berücksichtigen hätte. Eine umfassende abstrakte Kontrolle der Überschußbeteiligungsklauseln nach dem AGBG ist durch § 11a Abs. 3 Nr. 4 AGBG aber noch nicht impliziert. Im Unterschied zu § 11a Abs. 3 Nr. 4 VAG soll das AGBG die einseitige Vertragsgestaltungsfreiheit des Verwenders begrenzen. § 11a Abs. 3 Nr. 4 VAG weist dem Verantwortlichen Aktuar demgegenüber nur die Aufgabe zu, auf die *Erfüllung* der übernommenen Verbindlichkeiten zu achten, nicht aber die *Vertragsbedingungen* selbst zu kontrollieren. Der Hinweis BRÖMMELMEYERS, daß die Einheit der Rechtsordnung gewahrt werden müsse, führt insofern nicht weiter.

Denn nach der Konzeption des novellierten VAG sollen die Belange der Versicherungsnehmer im Bereich der Vertragsgestaltung gerade nicht durch den Verantwortlichen Aktuar, sondern durch das BAV und die Zivilgerichte geschützt werden. Dementsprechend enthält der Regierungsentwurf nur für die Aufsichtsbehörde den Hinweis, daß diese im Rahmen der nachträglichen Mißstandsaufsicht (§ 81 VAG) auf die Einhaltung der Vorschriften des AGBG zu achten habe.[574] Die Aufgabenbereiche des BAV und des Verantwortlichen Aktuars sind daher keineswegs deckungsgleich.

Selbst wenn man aber annähme, daß der Verantwortliche Aktuar die AVB einer Kontrolle nach dem AGBG unterziehen könnte, wäre hiermit noch immer nicht das Recht verbunden, bei einer etwaigen Unwirksamkeit der Überschußbeteiligungsklauseln einen anderen Bezugspunkt für die Bestimmung einer angemessenen Überschußbeteiligung zu suchen. Denn noch nicht einmal der unabhängige Treuhänder (§ 11b VAG) ist befugt, unwirksame Klauseln für bestehende Verträge durch andere Vertragsbedingungen zu ersetzen. § 172 Abs. 2 VVG sieht insofern lediglich vor, daß der Treuhänder die

---

574 BTDrcks. 12/6959, 83.

Voraussetzungen einer Bedingungsänderung überprüft und deren Angemessenheit bestätigt, wenn dies zur Fortführung des Vertrages notwendig ist.

Aus all dem ergibt sich, daß der Verantwortliche Aktuar nicht die Pflicht hat, die vertraglichen Vereinbarungen zur Überschußbeteiligung einer Kontrolle nach dem AGBG zu unterziehen. Da das BAV und die Zivilgerichte dafür sorgen müssen, daß die Versicherer Überschußbeteiligungsklauseln entwickeln, die im Einklang mit dem AGBG stehen, besteht nicht die Gefahr, daß die Versicherer den Begriff einer „angemessenen" Überschußbeteiligung (§ 11a Abs. 3 Nr. 4 VAG) „authentisch" interpretieren. Der Verantwortliche Aktuar darf nicht präventiv in die Vertragsgestaltungsfreiheit der Versicherer eingreifen, sondern muß sich bei seinen Vorschlägen darauf beschränken, die jeweils bestehenden Erwartungen der Versicherungsnehmer zu schützen. Dies schließt nicht aus, daß der Verantwortliche Aktuar im Einzelfall auch darauf achten sollte, daß die Versicherer möglichst klare vertragliche Abreden über die Überschußbeteiligung treffen.[575] Denn für den Fall, daß weder die Überschußbeteiligungsklauseln noch die vorvertraglichen Informationen zur Überschußbeteiligung hinreichend bestimmt sind, wäre der Verantwortliche Aktuar in der Tat darauf angewiesen, den hypothetischen Willen der Parteien durch Auslegung zu bestimmen. Im Ergebnis ändert dies aber nichts an der Tatsache, daß eine präventive Kontrolle der AVB nicht durch § 11a Abs. 3 Nr. 4 VAG legitimiert werden kann. Denn die ergänzende Vertragsauslegung ist keinesfalls mit einer generellen AGB-rechtlichen Kontrolle der Überschußbeteiligungsklauseln gleichzusetzen.

IV. Ergebnis

Im Bereich des Überschußbeteiligungsverfahrens übernimmt der Verantwortliche Aktuar Aufgaben, die vor der Deregulierung dem BAV oblagen. Da der Verantwortliche Aktuar gem. § 11a Abs. 3 Nr. 4 VAG Vorschläge für eine „angemessene" Überschußbeteiligung zu entwickeln hat, kann er im Sinne einer unternehmensbezogenen Selbstregulierung *präventiv* auf das Überschußbeteiligungsverfahren einwirken. Funktional betrachtet soll der Verantwortliche Aktuar also die nachträgliche Mißstandsaufsicht des BAV (§§ 81c, 81 VAG) ergänzen. Das Konzept der Selbstregulierung weist allerdings zum gegenwärtigen Zeitpunkt noch erhebliche Defizite auf. Einerseits werden die Verantwortlichen Aktuare bislang nicht ausreichend durch ihren Berufsstand unterstützt, andererseits wird die fachliche und persönliche Unabhängigkeit der Aktuare gegenüber dem beaufsichtigten Unternehmen nicht durch adäquate Rechtspositionen gewährleistet (§ 3 D.I.1.).[576] Aus diesen Gründen muß das Aufsichtsamt in intensiver Weise darüber wachen, daß die Verantwortlichen Aktuare die ihnen übertragenen Aufgaben wahrnehmen. Nach gegenwärtiger Rechtslage kann die Aufsichtsbehörde aber kaum den Arbeitseinsatz der Aktuare und die sie beeinflussenden Umstände beurteilen. Eine wirksame Kontrolle über die Aufsichtsagenten wäre nur dann möglich, wenn die Ver-

---

575 So zu Recht: SCHWINTOWSKI, VersWissStud. 4, 11, 31.
576 Vgl. S. 147ff.

antwortlichen Aktuare verpflichtet wären, die Vorschläge zur Überschußbeteiligung gegenüber dem Vorstand schriftlich zu dokumentieren und zu erläutern. Dieser Erläuterungsbericht sollte der Aufsichtsbehörde in regelmäßigen Abständen vorgelegt werden. In Anlehnung an die versicherungsmathematische Bestätigung (§ 11a Abs. 3 Nr. 3 VAG) sollte ferner eine Unterrichtungspflicht für den Fall eingeführt werden, daß der Vorstand die Vorschläge des Verantwortlichen Aktuars ablehnt (§ 3 D.I.2.).[577]

Inhaltlich hat der Verantwortliche Aktuar bei seinen Vorschlägen zur Überschußbeteiligung nicht nur die aufsichtsrechtlichen Vorschriften (§§ 11 Abs. 2, 81c VAG i.V.m. ZRQuotenV, 56a S. 2, 81 Abs. 1 S. 2 VAG), sondern vor allem die *Parteivereinbarungen* zu berücksichtigen. Dies ergibt sich sowohl aus der Tatsache, daß die einschlägigen öffentlich-rechtlichen Vorschriften auf die vertraglichen Abreden zur Überschußbeteiligung verweisen, als auch aus der Regierungsbegründung zu § 11a Abs. 3 Nr. 4 VAG. Hiernach muß sich der Verantwortliche Aktuar insbesondere an den Erwartungen der Versicherungsnehmer, die aufgrund der Werbung geweckt worden sind, orientieren. Maßstab einer „angemessenen" Überschußbeteiligung i.S.d. § 11a Abs. 3 Nr. 4 VAG sind daher letztlich die Parteivereinbarungen unter besonderer Berücksichtigung der berechtigten Erwartungen der Versicherungsnehmer, die aufgrund typisierter vorvertraglicher Informationen entstanden sind. Hierzu gehören vor allem die Beispielrechnungen, die für eine Vielzahl von Verträgen die Modalitäten der Überschuß- und Kostenverteilung festlegen und damit den Erwartungshorizont der Versicherungsnehmer systematisch präformieren. Ebenso wie das BAV hat der Verantwortliche Aktuar also darauf zu achten, daß die Versicherer die den Beispielrechnungen zugrundegelegten normativen Annahmen einhalten (§ 3 D.II.).[578]

Daher kann sich der Verantwortliche Aktuar bei seinen Vorschlägen zur Überschußbeteiligung nicht darauf beschränken, die entstandenen bilanziell ermittelten Überschüsse nach versicherungsmathematischen Grundsätzen auf die einzelnen Bestandsgruppen und Gewinnverbände zu verteilen. Bereits bei der Werbung hat der Verantwortliche Aktuar darauf zu achten, daß die Beispielrechnungen der Versicherer finanzierbar sind. Darüber hinaus hat der Aktuar gem. § 11a Abs. 3 Nr. 4 VAG zu überprüfen, ob die geplante Kapitalanlage-, Bilanz- und Überschußbeteiligungspolitik mit den berechtigten Erwartungen der Versicherungsnehmer im Einklang steht (§ 3 D.III.1.).[579] Eine präventive Kontrolle der Überschußbeteiligungsklauseln nach dem AGBG kann demgegenüber aus § 11a Abs. 3 Nr. 4 VAG nicht abgeleitet werden. Denn nach der Konzeption des VAG hat der Verantwortliche Aktuar „nur" die Aufgabe, auf die Erfüllung der übernommenen Verbindlichkeiten zu achten, nicht aber die Vertragsbedingungen selbst zu kontrollieren. Nach dem zuvor Gesagten ist der Verantwortliche Aktuar allerdings darauf angewiesen, daß die Vertragsparteien hinreichend konkretisierte Abreden über die Überschußbeteiligung treffen. Um Auslegungsschwierigkeiten zu vermeiden, sollte der Verantwortliche Aktuar daher darauf achten, daß der Berechnungs- und Verteilungsmo-

---

577   Vgl. S. 153ff.
578   Vgl. S. 157ff.
579   Vgl. S. 165ff.

dus möglichst klar und widerspruchsfrei in den Vertragsbedingungen festgelegt wird (§ 3 D.III.2.).[580]

E. Die Überschußbeteiligung in der Unternehmenspraxis

Nachdem die vorangegangenen Überlegungen das grundsätzliche Verhältnis zwischen Aufsichtsamt, Aufsichtsagenten und Zivilrecht klären konnten, bleibt nunmehr noch die unternehmenspraktische Seite der Überschußbeteiligung näher zu untersuchen.

Für den Neubestand ist zwischen den öffentlich-rechtlichen Vorschriften zur Überschußbeteiligung und dem privatrechtlich vereinbarten Anspruch auf Überschußbeteiligung strikt zu trennen. Im Gegensatz zum Altbestand können die Versicherer den Vertragsinhalt überschußberechtigter LVV nicht mehr durch das Aufsichts*recht* und die Aufsichts*praxis* konstituieren. Gerade vor diesem Hintergrund erweist sich die derzeitige Überschußbeteiligungspraxis der Unternehmen als äußerst problematisch. Denn die vom GdV empfohlenen Überschußbeteiligungsklauseln[581] , die in der Praxis vornehmlich verwendet werden, übernehmen unreflektiert die für den Altbestand geltende Regelungssystematik, ohne daß den geänderten Verhältnissen, die durch den Abbau der staatlichen Produktregulierung entstanden sind, Rechnung getragen wird. Anstatt die Überschußbeteiligung *privatrechtlich* zu konzipieren und in den Vertragsbedingungen festzulegen, verweisen die Überschußbeteiligungsklauseln auf die aufsichts- und bilanzrechtlichen Regelungen zur Überschußbeteiligung. Hierdurch entsteht eine komplexe Gemengelage zwischen Vertrags-, Aufsichts- und Bilanzrecht, die für die kapitalbildende Lebensversicherung nicht nur ausführlich zu analysieren, sondern vor allem unter dem Gesichtspunkt weitreichender, unbilliger Ermessensspielräume der Unternehmen zu kritisieren ist (I.). Im Anschluß hieran können einige besonders problematische Aspekte der Überschußbeteiligungspraxis (nachträgliche Veränderung der Rechnungsgrundlagen; Kapitalanlage-, Bilanz- und Überschußverteilungspolitik; die Praxis der Querverrechnung; endgültiger Entzug erwirtschafteter Überschüsse) näher behandelt werden (II.). Im Ergebnis zeigt sich, daß das Äquivalenzverhältnis überschußberechtigter LVV aufgrund historischer und vertraglicher Strukturfehler einseitig durch die Versicherer diktiert werden kann (III.).

I. Die vertragliche Regelung in den Verbandsempfehlungen

Die vom GdV empfohlene Überschußbeteiligungsklausel für kapitalbildende Lebensversicherungen (§ 17 ALB-E) kann stellvertretend für sämtliche überschußberechtigten LVV zur Analyse herangezogen werden. In den unverbindlichen Verbandsempfehlungen zur Risiko- und Rentenversicherung[582] finden sich zwar teilweise abweichende Formulierungen. Inhaltliche Unterschiede bestehen dagegen nicht.

---

580 Vgl. S. 167ff.
581 Abgedruckt in Anh. A.II., S. 367f.
582 Abgedruckt bei DÖRNER, Allgemeine Versicherungsbedingungen³ (1999), 394f., 422ff.

1. Die Überschußentstehung und -ermittlung (§ 17 Abs. 1 ALB-E)

> § 17 Wie sind Sie an den Überschüssen beteiligt?
>
> **Überschußermittlung**
>
> (1) [1] Um zu jedem Zeitpunkt der Versicherungsdauer den vereinbarten Versicherungsschutz zu gewährleisten, bilden wir Rückstellungen. [2] Die zur Bedeckung dieser Rückstellungen erforderlichen Mittel werden angelegt und erbringen Kapitalerträge. [3] Aus diesen Kapitalerträgen, den Beiträgen und den angelegten Mitteln werden die zugesagten Versicherungsleistungen erbracht sowie die Kosten von Abschluß und Verwaltung des Vertrages gedeckt. [4] Je größer die Erträge aus den Kapitalanlagen sind, je weniger vorzeitige Versicherungsfälle eintreten und je kostengünstiger wir arbeiten, um so größer sind dann entstehende Überschüsse, an denen wir Sie und die anderen Versicherungsnehmer beteiligen. [5] Die Überschußermittlung erfolgt nach den Vorschriften des VAG und des HGB und den dazu erlassenen Rechtsvorschriften.

§ 17 Abs. 1 ALB-E steht unter der Überschrift „Überschußermittlung". Genau genommen befaßt sich aber nur § 17 Abs. 1 S. 5 ALB-E mit der Überschußermittlung. § 17 Abs. 1 S. 1-4 ALB-E verweist dagegen als „Präambel" auf die Ursachen der Überschußentstehung.

Unklar ist, warum § 17 Abs. 1 S. 1-2 ALB-E die gem. § 65 VAG erforderliche Bildung von Deckungsrückstellungen, nicht aber die Grundsätze der Prämienkalkulation (§ 11 Abs. 1 VAG) erwähnt. Hierdurch wird letztlich der Zusammenhang zwischen Prämienzahlung und Überschußentstehung verschleiert und der Eindruck erweckt, als seien Aufbau und Erträge der Kapitalanlagen eine Folge der unternehmensinternen Rückstellungsbildung. Ursächlich für die Überschußentstehung sind indessen nicht die Deckungsrückstellungen, sondern allein die Prämienzahlungen der Versicherten, die aufgrund der vorsichtigen Beitragskalkulation und der Kapitalanlagetätigkeit des Versicherungsunternehmens einen hohen Überschuß erwirtschaften. Hieran hat sich auch nach der Deregulierung nichts geändert.[583] § 17 Abs. 1 S. 1-2 ALB-E trägt daher nicht zum Verständnis der Überschußbeteiligung bei. Im Gegenteil: Die Versicherungsnehmer erfahren weder, daß ihre Prämienzahlungen für die Überschußentstehung verantwortlich sind, noch aus welchen Gründen sie am Überschuß des Unternehmens beteiligt werden. Stattdessen werden die Versicherungsnehmer mit einem unternehmensinternen Vorgang – der Rückstellungsbildung – konfrontiert. § 17 Abs. 1 S. 1-2 ALB-E ist insofern geradezu *irreführend*.

---

583 Da für den Neubestand die Rechnungsgrundlagen für die Prämien- und Deckungsrückstellungskalkulation auseinanderfallen können, orientiert sich zwar die aufsichtsrechtlich vorgeschriebene Überschußzerlegung nach der BerVersV an den Rechnungsgrundlagen der Deckungsrückstellungskalkulation (vgl. S. 40ff.). Insofern beeinflußt die Deckungsrückstellungskalkulation auch die Überschußermittlung. Maßgeblich für die Überschußbeteiligung sind aber letztlich die Prämienzahlungen der Versicherten. Aus diesem Grund verlangt auch § 1 Abs. 1 S. 1 ZRQuotenV, daß die Versicherungsnehmer angemessen an Überschüssen zu beteiligen sind, die aus einer Divergenz zwischen Tarif- und Normbeitrag entstehen, vgl. hierzu S. 60f.

Auch die in § 17 Abs. 1 S. 3 ALB-E getroffene Regelung läßt sich für den durchschnittlichen Versicherungsnehmer nur schwer in einen sinnvollen Zusammenhang mit der Überschußbeteiligung bringen. Für sich genommen verständlich ist zwar der Hinweis darauf, daß die garantierten Versicherungsleistungen sowie die Betriebskosten aus den Prämieneinnahmen, den angelegten Mitteln und aus den Kapitalerträgen finanziert werden. Unverständlich bleibt demgegenüber für den Laien, was dies mit der Überschußentstehung oder -ermittlung zu tun haben soll.

Anderes ergibt sich demgegenüber für § 17 Abs. 1 S. 4 ALB-E. Indem § 17 Abs. 1 S. 4 ALB-E darauf hinweist, daß die Höhe der entstehenden Überschüsse vom jeweiligen Kapitalanlage-, Risiko- und Kostenverlauf abhängig ist, werden die Versicherungsnehmer über wesentliche Faktoren der Überschußentstehung informiert. Darüber hinaus garantiert der Versicherer in dieser Vorschrift, daß die Versicherungsnehmer am Überschuß des Unternehmens beteiligt werden. § 17 Abs. 1 S. 4 VAG ist somit eine notwendige Vorschrift mit eigenständigem Regelungsgehalt.

Problematisch ist demgegenüber, daß die Versicherungsnehmer nicht darauf aufmerksam gemacht werden, daß der in einem Geschäftsjahr entstehende Überschuß auch von den Ermessensentscheidungen der Versicherungsunternehmen abhängig ist. Bereits durch die bei Vertragsschluß zugrundegelegten Rechnungsgrundlagen läßt sich der entstehende Überschuß entscheidend beeinflussen. Soweit Rechnungsgrundlagen nachträglich während der Vertragslaufzeit verändert werden, kann dies – wie sich in der Vergangenheit vor allem bei der Rentenversicherung gezeigt hat (vgl. S. 82f.) – zu einer erheblichen Reduzierung der Überschußanteilssätze führen. Darüber hinaus können die Versicherer nicht nur den kalkulatorischen, sondern auch den tatsächlichen Risiko-, Kapitalanlage- und Kostenverlauf steuern. Denn die jeweilige Risikopolitik (Selektion durch Gesundheitsprüfungen), Kapitalanlagestrategie (Art und Fristigkeit der Kapitalanlagen) und allgemeine Produktivität bzw. Wirtschaftlichkeit eines LVU (insbesondere die Effizienz der Kapitalanlagenverwaltung sowie die Höhe der Abschlußkosten) wirkt sich auf den Gesamtüberschuß eines Unternehmens aus. Die Versicherungsnehmer müßten somit zusätzlich über die betreffenden *Einflußmöglichkeiten* der Unternehmen informiert werden.

§ 17 Abs. 1 S. 5 ALB-E legt die Voraussetzungen, unter denen die Überschußermittlung zu erfolgen hat, nicht fest, sondern verweist stattdessen auf die Normen des VAG, des HGB und die hierzu erlassenen Rechtsverordnungen. Auf welche aufsichts- und handelsrechtlichen Vorschriften dabei konkret verwiesen werden soll, bleibt allerdings offen. § 17 Abs. 1 S. 5 ALB-E enthält pauschale Hinweise auf ganze Gesetzestexte (VAG, HGB) und bezieht Rechtsverordnungen in den Vertragstext ein, ohne diese näher zu bezeichnen. Dieser Umstand ist zum einen darauf zurückzuführen, daß die einschlägigen Verordnungen noch nicht verabschiedet waren, als der Verband der LVU die Überschußbeteiligungsklauseln ausarbeitete.[584] Zum anderen wurde ganz bewußt auf

---

584 So die Begründung der beklagten Nürnberger Lebensversicherungs AG im Prozeß vor dem LG Nürnberg-Fürth (in VersR 1999, 1092 nicht abgedruckt).

eine konkrete Übernahme bestehender gesetzlicher Bestimmungen verzichtet.[585] Entscheidend war dabei die Überlegung, daß die Vertragsbedingungen einer Kontrolle nach dem AGBG nur dann standhalten, wenn sie die aktuelle Rechtslage wiedergeben und nicht im Widerspruch zu geltenden Vorschriften des Bilanz- und Steuerrechts stehen.[586] § 17 Abs. 1 S. 5 ALB-E ist daher nicht als eine *statische*, sondern als eine *dynamische* Verweisung konzipiert worden. Maßgeblich für die Überschußermittlung sind insofern die aufsichts- und handelsrechtlichen Gesetze bzw. Verordnungen der jeweils geltenden Fassung.[587]

Konzeptionell stößt eine derartige Regelungstechnik allerdings auf gravierende Probleme. Die Versicherer verweisen auf ein Konglomerat von Normen, deren Regelungsgehalt selbst nicht bürgerlich-rechtlicher Natur ist. Da die betreffenden handels- und aufsichtsrechtlichen Rechnungslegungsvorschriften aber auf gänzlich andere Regelungsziele zugeschnitten sind, können die vertraglichen Pflichten durch sie nur unzureichend konkretisiert werden. Deutlich wird dies vor allem im Hinblick auf die *stillen Reserven*. Nach bisher geltender Rechtslage können die Unternehmen den ausgewiesenen Kapitalanlageüberschuß durch eine gezielte Bildung und Auflösung stiller Reserven entscheidend beeinflussen und damit die Rendite überschußberechtigter LVV jederzeit verändern (vgl. 46ff.). Die Versicherer müßten daher die Maßstäbe, nach denen handels- und steuerrechtliche Wahlrechte während der Vertragslaufzeit wahrgenommen werden sollen, zumindest in Grundzügen vertraglich festlegen.[588]

2. Die Überschußverteilung (§ 17 Abs. 2 ALB-E)

§ 17 Abs. 2 ALB-E regelt das Verfahren, nach welchem der für den Gesamtbestand eines Unternehmens kollektiv ermittelte Überschuß zwischen Versicherungsnehmer und Anteilseignern aufgeteilt wird (a.), um anschließend auf einzelne Bestandsgruppen verteilt und der RfB zugeführt bzw. im Wege der Direktgutschrift unmittelbar an die Versicherungsnehmer ausgeschüttet zu werden (b.), wobei die einzelvertragliche Zuteilung in

---

585 So insbesondere BERND HONSEL, Aktuelle Rechtsfragen des Versicherungsgeschäfts und der Versicherungstechnik, Manuskript (bislang unveröffentlicht).

586 So HONSEL, a.a.O.

587 Nach derzeitiger Rechtslage muß § 17 Abs. 1 S. 5 ALB-E also dahingehend interpretiert werden, daß der in einem Geschäftsjahr entstandene Überschuß nach den Vorschriften der §§ 238-330, 341-341h HGB, 55-64 VAG und im Einklang mit der Verordnung über die Rechnungslegung von Versicherungsunternehmen (RechVersV) ermittelt sowie gem. § 55a VAG i.V.m. der Verordnung über die Berichterstattung von Versicherungsunternehmen gegenüber dem BAV (BerVersV) in einzelne Ergebnisquellen zerlegt wird.

588 Etwas anderes ergibt sich auch dann nicht, wenn man die durch das Steuerentlastungsgesetz 1999/2000/2002 bedingten Änderungen mit in die Überlegungen einbezieht. Zwar werden die handelsrechtlichen Ermessensspielräume durch die Novellierung des EStG drastisch reduziert (vgl. S. 51ff.). Da § 17 Abs. 1 S. 5 ALB-E aber als eine dynamische Verweisung zu interpretieren ist, wird das Risiko einer unangemessenen Benachteiligung (übermäßige Thesaurierung durch Bildung stiller Reserven) nicht ausgeschaltet. Denn es ist durchaus denkbar, daß das Steuerrecht in kommenden Legislaturperioden die Bildung von Bewertungsreserven wieder zuläßt.

aller Regel durch laufende Überschußanteile sowie einem Schlußüberschußanteil erfolgt, der erst im Todes- oder Erlebensfall fällig wird (c.).

a) Verteilung der Überschüsse auf Versicherungsnehmer und Anteilseigner (S.1-4)

Überschußbeteiligung

(2) [1] Die Überschußbeteiligung nehmen wir nach Grundsätzen vor, die § 81c VAG und der dazu erlassenen Rechtsverordnung entsprechen und deren Einhaltung die Aufsichtsbehörde überwacht. [2] Nach diesen Grundsätzen haben wir gleichartige Versicherungen in Bestandsgruppen zusammengefaßt und teilweise nach engeren Gleichartigkeitskriterien innerhalb der Bestandsgruppen Untergruppen gebildet; diese werden Gewinnverbände genannt. [3] Von den Kapitalerträgen kommt den Versicherungsnehmern als Überschußbeteiligung mindestens der in der Rechtsverordnung zu § 81c VAG jeweils festgelegte Anteil zugute, abzüglich der Beträge, die für die zugesagten Versicherungsleistungen benötigt werden. [4] Bei günstiger Sterblichkeitsentwicklung und Kostensituation können weitere Überschüsse hinzukommen.

§ 17 Abs. 2 S. 1 ALB-E nimmt pauschal auf die zu § 81c VAG erlassene Rechtsverordnung Bezug, ohne die einschlägigen Normen näher zu bezeichnen. § 17 Abs. 2 S. 1 ALB-E ist insofern ebenso wie § 17 Abs. 1 S. 5 ALB-E als eine dynamische Verweisung zu verstehen.[589] Der genaue Regelungsgehalt von § 17 Abs. 2 S. 1 ALB-E erschließt sich daher erst, wenn das Zusammenspiel zwischen § 1 ZRQuotenV und § 17 Abs. 2 S. 1 ALB-E näher betrachtet wird. Nach § 1 Abs. 1 S. 1 ZRQuotenV müssen die Versicherungsunternehmen zur Sicherstellung einer ausreichenden Mindestzuführung zur RfB überschußberechtigte LVV des Neubestands „angemessen" am Risikoergebnis, am Kapitalanlageergebnis, am Kostenergebnis und an sonstigen Ergebnissen beteiligen, sofern die Ergebnisquellen positiv sind. Detaillierte Regelungen bestehen lediglich für das Kapitalanlageergebnis. Hier bestimmt § 1 Abs. 2 S. 1 ZRQuotenV, daß die vorzunehmende Mindestzuführung zur RfB 90 % der auf die überschußberechtigten LVV des Neubestandes entfallenden Kapitalerträge beträgt abzüglich der anteilig gewährten Direktgutschrift aus Kapitalerträgen und rechnungsmäßigen Zinsen.[590] Maßgeblich für die in § 1 ZRQuotenV genannten Überschußquellen „Risiko", „Kapitalanlage", „Kosten" und „sonstige Ergebnisse" sind dabei die auf der Grundlage der BerVersV ermittelten Überschüsse bzw. Fehlbeträge. § 17 Abs. 2 S. 2-4 ALB-E greift diese Regelungen explizit auf.

Als erstes weist § 17 Abs. 2 S. 2 ALB-E darauf hin, daß die Versicherer nach den Grundsätzen des § 81c VAG und der ZRQuotenV gleichartige Versicherungen zu Be-

---

589 Vgl. auch PATAKI (Der Geschäftsbesorgungsgedanke im Versicherungsrecht [1998], 157), der ebenfalls darauf hinweist, daß § 17 Abs. 2 S. 1 ALB-E als eine dynamische Verweisung zu verstehen ist, gleichzeitig allerdings davon ausgeht, daß dem Transparenzgebot (§ 9 AGBG) mit der Verweisung Genüge getan ist.
590 Ausführlich zu § 1 Abs. 2 ZRQuotenV: S. 109f.

standsgruppen und Gewinnverbänden zusammenfassen. Dies ist allerdings nicht ganz richtig. Zwar sind die Versicherer aus Gründen der Gleichbehandlung (§ 11 Abs. 2 VAG) gehalten, Bestandsgruppen und Gewinnverbände zu bilden, denn nur so können bei der Überschußverteilung unterschiedliche Ertragsstrukturen berücksichtigt werden.[591] Die genaue Aufteilung der Bestandsgruppen ergibt sich dagegen nicht, wie § 17 Abs. 2 S. 2 ALB-E suggeriert, aus § 81c VAG oder der ZRQuotenV, sondern aus Anlage 1, Abschnitt D der BerVersV. Und was die Gliederung der einzelnen Bestandsgruppen in separate Gewinnverbände anbelangt, so ist diese überhaupt nicht gesetzlich geregelt, sondern in das Ermessen der Verantwortlichen Aktuare gestellt.[592] § 17 Abs. 2 S. 2 ALB-E gibt die bestehende Gesetzeslage daher nicht ganz korrekt wieder. Als „redaktioneller Fehler" dürfte dies allerdings noch belanglos sein, zumal die ZRQuotenV selbst auf die BerVersV verweist.

Gravierender wirkt sich demgegenüber aus, daß die Beteiligung der Versicherungsnehmer am Kapitalanlageüberschuß nur rudimentär geregelt wird. § 17 Abs. 2 S. 3 ALB-E bestimmt, daß den Versicherungsnehmer von den Kapitalerträgen mindestens „der in der Rechtsverordnung zu § 81c VAG jeweils festgelegte Anteil" zugutekommt. Bei genauer Analyse erweist sich diese Verweisung als ein klassischer Zirkelschluß. Denn auf der einen Seite sind die Versicherungsnehmer nach § 1 Abs. 2 S. 1 ZRQuotenV zu mindestens 90 % an den erwirtschafteten Nettokapitalerträgen zu beteiligen. Auf der anderen Seite ist die Mindestzuführung aber gem. § 1 Abs. 2 S. 2 ZRQuotenV entsprechend zu erhöhen, wenn vertraglich vereinbart ist, daß die Versicherungsnehmer an den anzurechnenden Kapitalerträgen zu mehr als 90 % beteiligt werden. Die in § 1 Abs. 2 S. 1 ZRQuotenV festgelegte 90%-Quote ist somit nur als eine „untere Interventionsschwelle"[593] zu verstehen, die für *jeden* überschußberechtigten LVV gilt. Variabel bleibt dagegen die 10%-Marge. Inwieweit die öffentlich-rechtliche Mindestzuführungsquote nach oben hin aufzustocken ist, ist dabei von den jeweiligen vertraglichen Vereinbarungen abhängig (§ 1 Abs. 2 S. 2 ZRQuotenV). Aus diesem Grunde können die Vertragsbedingungen nicht einfach auf das Aufsichtsrecht verweisen. Da § 17 Abs. 2 S. 3 ALB-E selbstreflexiv auf die ZRQuotenV Bezug nimmt, ist unklar, ob die restlichen 10 % der Kapitalanlageüberschüsse an die Versicherten auszuschütten sind oder nicht.

Bedenken bestehen schließlich auch im Hinblick auf § 17 Abs. 2 S. 4 ALB-E. § 17 Abs. 2 S. 4 ALB-E legt keine konkreten Anteilssätze für die Verteilung der Risiko- und Kostenüberschüsse fest. Die Verbandsempfehlungen weisen darauf hin, daß bei günstiger Sterblichkeitsentwicklung und Kostensituation weitere Überschüsse hinzukommen *können*. Inwieweit die Versicherungsnehmer oder die Anteilseigner an den entstandenen Risiko- und Kostenüberschüssen beteiligt werden, wird wiederum in das Ermessen der Versicherer gestellt. Ermessensbegrenzend wirkt auch nicht das Aufsichtsrecht, denn § 1 Abs. 1 S. 1 ZRQuotenV verlangt für diese Überschußquellen nur noch eine „ange-

---

591 Siehe hierzu: S. 115ff.

592 Zur aktuariellen Interpretation des § 11 Abs. 2 VAG vgl. das Arbeitspapier des DAV, abgedruckt in: Der Aktuar 1997, 141.

593 So die Begründung zur ZRQuotenV, in: BRDrcks. 328/96, 10.

messene" Überschußbeteiligung, um eine flexible, einzelfallorientierte Aufsichtspraxis zu gewährleisten. Problematisch ist der Begriff einer „angemessenen" Überschußbeteiligung vor allem bei Risikoversicherungen, denn hier bilden die Überschüsse aus dem Sterblichkeitsverlauf die Hauptüberschußquelle.

b) Verteilung auf Bestandsgruppen, Direktgutschrift und Zuweisung zur RfB (S. 5-7)

[5] Den so ermittelten Überschuß für die Versicherungsnehmer ordnen wir den einzelnen Bestandsgruppen zu und stellen ihn – soweit er den Verträgen nicht direkt gutgeschrieben wird – in die Rückstellung für Beitragsrückerstattung (RfB) ein. [6] Die in die RfB eingestellten Mittel dürfen wir grundsätzlich nur für die Überschußbeteiligung der Versicherungsnehmer verwenden. [7] Mit Zustimmung der Aufsichtsbehörde können wir die RfB ausnahmsweise zur Abwendung eines Notstandes (z.B. Verlustabdeckung) heranziehen (§ 56a VAG) oder bei sehr ungünstigem Risikoverlauf bzw. bei einem eventuellen Solvabilitätsbedarf den in Satz 3 dieses Absatzes genannten Anteil unterschreiten (Rechtsverordnung zu § 81c VAG).

§ 17 Abs. 2 S. 5 ALB-E erwähnt zunächst die Verteilung der für den Gesamtbestand ermittelten Überschüsse auf einzelne Bestandsgruppen[594] sowie die Direktgutschrift und die Zuteilung der Überschüsse zur RfB. Gerade für den Altbestand war aber die Frage, inwieweit entstandene Überschüsse in die RfB einzustellen oder direkt an die Versicherten auszuschütten sind, äußerst umstritten. Während das BAV Anfang der achtziger Jahre im Sinne einer verursachungsgerechten und zeitnahen Überschußbeteiligung zwingende Vorschriften zur Begrenzung der RfB einführte und eine Direktgutschrift in Höhe von 1,5 % des jeweiligen Guthabens verlangte,[595] entschied das BVerwG mit Urteil v. 12.9.1990, daß das Aufsichtsamt zwar Höchstgrenzen für die RfB festlegen könne, die Genehmigung neuer Geschäftspläne aber nicht von der Einführung der Direktgutschrift abhängen dürfe.[596] Der Gesamtgeschäftsplan für die Überschußbeteiligung enthielt dementsprechend detaillierte Vorgaben zur Begrenzung der RfB.[597] Diese Höchstgrenzen, die erheblich unter der steuerlich in § 21 Abs. 2 KStG festgesetzten Obergrenze lagen, verhinderten unangemessene Zeitverzögerung bei der Überschußzuteilung und somit Benachteiligungen ganzer Versichertengenerationen.

---

594 Obwohl § 17 Abs. 2 S. 5 ALB-E die für die Überschußverteilung maßgeblichen Schlüsselgrößen nicht festlegt, kann eine willkürliche Zuordnung zu den Bestandsgruppen verhindert werden. Die mit der Tätigkeit der Verantwortlichen Aktuare einhergehende Überwachung des Gleichbehandlungsgrundsatzes (§ 11a Abs. 3 Nr. 3 S.1 VAG) sowie die nachträgliche Legalitätsaufsicht des BAV (§§ 81 Abs. 1, 11 Abs. 2 VAG) bietet die ausreichende Gewähr dafür, daß die Versicherungsunternehmen angemessene Verteilungsverfahren entwickeln, vgl. S. 117.

595 Vgl. CLAUS, VerBAV 1988, 259, 260; o.V., ZfV 1988, 239.

596 BVerwGE 82, 303. Zum Ganzen siehe bereits S. 73f.

597 Siehe VerBAV 1988, 424, 426.

Für den Neubestand existieren demgegenüber noch nicht einmal zwingende Vorschriften zur Begrenzung der RfB, denn der Gesamtgeschäftsplan für die Überschußbeteiligung entfaltet nur noch für den Altbestand Wirkung. Das BAV kann für die seit dem 29.7.1994 abgeschlossenen LVV auch nicht im Wege der nachträglichen Mißstandsaufsicht (§ 81 VAG) auf eine streng verursachungsgerechte und zeitnahe Überschußbeteiligung hinwirken. Die Versicherten müssen selbst entscheiden, ob sie zeitnah oder gleichmäßig an der jeweiligen Ertragslage partizipieren wollen. Eine Thesaurierung von Überschüssen in der RfB ist daher aus aufsichtsrechtlicher Sicht grundsätzlich zulässig. Gerade deshalb müssen die Verträge aber auch Vereinbarungen darüber enthalten, wann und in welchem Umfang Überschüsse gutzuschreiben sind. Da § 17 Abs. 2 S. 5 ALB-E den Zeitpunkt der Überschußzuteilung in das Ermessen der Unternehmen stellt, werden die Vertragspflichten der Versicherer wiederum nicht hinreichend konkretisiert.

Die angesprochene Problematik wird dabei auch nicht durch § 17 Abs. 2 S. 6 ALB-E entschärft. § 17 Abs. 2 S. 6 ALB-E enthält den Hinweis, daß die in die RfB eingestellten Mittel nur für die Überschußbeteiligung der Versicherungsnehmer verwendet werden dürfen. Die Verbandsempfehlungen geben insofern die in § 56a S. 4 VAG geregelte Gesetzeslage wieder. Aussagen über den Verwendungszeitpunkt der in der RfB gepufferten Überschüsse werden dagegen nicht getroffen. Genau genommen könnte § 17 Abs. 2 S. 6 ALB-E sogar dahingehend mißverstanden werden, als partizipierten sämtliche Versicherungsnehmer während der Vertragslaufzeit an sämtlichen Überschüssen, die für ihre Bestandsgruppen in die RfB während der Vertragsdauer eingestellt wurden. Da § 17 Abs. 2 S. 6 ALB-E keine gegenteiligen Hinweise enthält, könnte die in § 17 Abs. 2 S. 6 ALB-E gebrauchte Wendung „nur für die Überschußbeteiligung der Versicherten" jedenfalls dahingehend interpretiert werden. De facto erwerben die Versicherungsnehmer aber erst mit der einzelvertraglichen Überschußzuteilung einen Vermögenszuwachs. Versicherungsnehmer, die vor diesem Zeitpunkt aus dem Versichertenbestand ausscheiden, gehen dagegen leer aus.

Unbefriedigend sind die Verbandsempfehlungen schließlich auch im Hinblick auf § 17 Abs. 2 S. 7 ALB-E. Problematisch erscheinen hier vor allem zwei Aspekte. *Erstens* stellt § 17 Abs. 2 S. 7 ALB-E die Verminderung der Überschußbeteiligung unter einen generellen Zustimmungsvorbehalt der Aufsichtsbehörde. Aufsichtsrechtlich ist eine Zustimmung aber erst dann erforderlich, wenn die in der freien RfB thesaurierten Überschüsse zur Abwendung eines Notstandes reduziert werden (§ 56a S. 5 VAG). Eine Reduzierung der freien RfB bei eventuellem Solvabilitätsbedarf oder bei unvorhersehbaren Risikoverlusten ist dagegen auch ohne Zustimmung des BAV möglich (§ 1 Abs. 3 S. 1 Nr. 1, 2 ZRQuotenV).[598] § 17 Abs. 2 S. 7 ALB-E konstituiert somit contra legem einen Zustimmungsvorbehalt.[599] Als Verwaltungsbehörde steht die Aufsichtsbehörde aber unter dem Gebot der Gesetzmäßigkeit der Verwaltung (Art. 20 Abs. 3 GG). Eine Zustimmung kann daher nur dann in Betracht kommen, wenn eine ausdrückliche Ermäch-

---

598 Nach § 1 Abs. 3 S. 2 ZRQuotenV ist die Aufsichtsbehörde lediglich vorab zu *unterrichten*, wenn die in der ZRQuotenV festgelegten Mindestzuführungsvorschriften unterschritten werden sollen.
599 Wie hier: RENGER, VersR 1995, 866, 870.

tigungsgrundlage besteht, was aber für den Neubestand nicht mehr der Fall ist. § 17 Abs. 2 S. 7 ALB-E ist, worauf auch RENGER[600] zutreffend hinweist, Ausdruck alter Gewohnheit.

Zweitens ist fraglich, ob und unter welchen Voraussetzungen eine Reduzierung der Überschußbeteiligung überhaupt zulässig ist. § 1 Abs. 3 S. 1 ZRQuotenV eröffnet als „Kann"-Regelung den Versicherungsunternehmen aufsichtsrechtlich die Möglichkeit, die Z-Quote zu unterschreiten. Inwieweit eine Reduzierung der Überschußanteilssätze in vertraglicher Hinsicht erlaubt ist, bleibt demgegenüber offen. Denn die ZRQuotenV regelt allein die öffentlich-rechtlichen Mindestanforderungen an die Überschußbeteiligung. Problematisch ist daher auch, daß § 17 Abs. 2 S. 7 ALB-E auf die Rechtsverordnung zu § 81c VAG verweist, ohne die Bedingungen, unter denen Überschußanteilssätze vermindert werden können, näher festzulegen. Hierdurch werden die Versicherungsnehmer nicht nur im Unklaren darüber gelassen, wann und in welchem Maße ihre Überschußbeteiligung reduziert werden darf. Die Verknüpfung zwischen Vertrags- und Aufsichtsrecht verhindert vielmehr zur Gänze eine sinnvolle Konkretisierung vertraglicher Pflichten. Deutlich wird dies vor allem dort, wo Risikoverluste zu Lasten der Kapitalanlageerträge saldiert werden können. Derartige Maßnahmen werden aufsichtsrechtlich nämlich erst dann erforderlich, wenn anderenfalls nicht mehr genügend freie unbelastete Eigenmittel zur Bedeckung der Solvabilitätsspanne (§ 53c VAG)[601] zur Verfügung stehen.[602] Risikoverluste, die unterhalb dieser Grenze die Finanzkraft eines LVU beeinträchtigen, sind dagegen aus der Sicht des VAG grundsätzlich nicht zu beanstanden. Denn das Prinzip der „dauernden Erfüllbarkeit" (§§ 8 Abs. 1 S.1 Nr. 3, 81 Abs. 1 S. 5 VAG) soll die Finanzkraft der Versicherungsunternehmen nur insoweit schützen, als dies zur Wahrung der Belange der Versicherten erforderlich ist.[603] Eine Reduzierung der Überschußbeteiligung bei Risikoverlusten jedweder Art kann daher nicht durch den aufsichtsrechtlichen Grundsatz der „dauernden Erfüllbarkeit", sondern allein vertraglich legitimiert werden. In diesem Sinne ist auch die „Kann"-Regelung in § 1 Abs. 3 ZRQuotenV zu interpretieren: Soweit entsprechend wirksame Vereinbarungen zwischen Versicherungsnehmer und Versicherer bestehen, darf das BAV eine Unterschreitung der Z-Quote nicht beanstanden. § 17 Abs. 2 S. 7 ALB-E führt dementsprechend wiederum zu einer Insich-Verweisung.

---

600 RENGER, a.a.O.
601 Siehe hierzu die Kapitalausstattungs-Verordnung v. 16.4.1996 (BGBl. I 1996, 616) sowie R 3/97, VerBAV 1997, 219.
602 Nach der Regierungsbegründung zu § 81c VAG ist bei einem Solvabilitätsbedarf zu beachten, daß die „Zuführung zur RfB auch zur Stärkung des nicht festgelegten Teils dieser Rückstellung verwendet werden kann, der unter bestimmten Voraussetzungen zu den Eigenmitteln" rechnen kann (§ 53c Abs. 3 S. 1 Nr. 6)" (BTDrcks. 12/6959, 85, abgedruckt bei PRÖLSS, VAG[11], § 81c Rn. 6). Ein Solvabilitätsbedarf liegt somit erst dann vor, wenn selbst die freie RfB nicht ausreicht, um die Solvabilitätsspanne zu bedecken.
603 Wie hier: SCHWINTOWSKI, Der private Versicherungsvertrag (1987), 87.

c) Einzelvertragliche Zuweisung der Überschußanteile (S. 8-12)

[8] Ihre Versicherung gehört zum Gewinnverband XX in der Bestandsgruppe YY. [9] Jede einzelne Versicherung innerhalb dieses Gewinnverbandes erhält Anteile an den Überschüssen der Bestandsgruppe YY. [10] Die Höhe dieser Anteile wird vom Vorstand unseres Unternehmens auf Vorschlag des Verantwortlichen Aktuars unter Beachtung der maßgebenden aufsichtsrechtlichen Bestimmungen jährlich festgelegt und im Geschäftsbericht veröffentlicht. [11] Die Mittel für diese Überschußanteile werden den Überschüssen des Geschäftsjahres oder der Rückstellung für Beitragsrückerstattung entnommen. [12] In einzelnen Versicherungsjahren, insbesondere etwa im ersten Versicherungsjahr, kann eine Zuteilung von Überschüssen entfallen, sofern dies sachlich gerechtfertigt ist.

Bemerkung:

§ 17 Absatz 2 ist durch folgende unternehmensindividuelle Angaben zu ergänzen:
a) Voraussetzung für die Fälligkeit der Überschußanteile (Wartezeit, Stichtag für die Zuteilung u.ä.)
b) Form und Verwendung der Überschußanteile (laufende Überschußanteile, Schlußüberschußanteile, Bonus, Ansammlung, Verrechnung, Barauszahlung u.ä.)

Während § 17 Abs. 2 S. 8 ALB-E den individuellen LVV einer konkreten Bestandsgruppe und einem bestimmten Gewinnverband zuordnet, werden die Versicherungsnehmer in § 17 Abs. 2 S. 9 ALB-E darauf aufmerksam gemacht, daß sie nicht am Überschuß des Gesamtbestandes, sondern ausschließlich am Überschuß der Bestandsgruppen bzw. Gewinnverbände beteiligt werden. § 17 Abs. 2 S. 10 ALB-E bestimmt demgegenüber, daß die Höhe der laufend zugeteilten Überschüsse, die gem. § 17 Abs. 2 S. 11 ALB-E entweder den Überschüssen des Geschäftsjahres (= Direktgutschrift) oder der RfB entnommen werden, vom Vorstand des Unternehmens auf Vorschlag des Verantwortlichen Aktuars (§ 11a Abs. 3 Nr. 4 VAG) „unter Beachtung der maßgebenden aufsichtsrechtlichen Bestimmungen jährlich festgelegt und im Geschäftsbericht veröffentlicht" werden. Gem. § 17 Abs. 2 S. 12 ALB-E kann in den ersten Versicherungsjahren eine Zuteilung von Überschüssen aber auch gänzlich entfallen, sofern dies „sachlich gerechtfertigt" ist.

Die für den Vertrag maßgeblichen Überschußbeteiligungssysteme (aa) und die Berechnungsmodalitäten der Schlußüberschußanteile (bb) werden dagegen durch unternehmensindividuelle Angaben normiert.

aa) Überschußbeteiligungssysteme

Die einzelvertragliche Überschußzuteilung kann über ein natürliches oder ein mechanisches Gewinnbeteiligungssystem erfolgen. Ein *natürliches* Überschußbeteiligungssystem liegt vor, wenn die Überschüsse verursachungsgerecht nach der Art ihres

Entstehens zugeteilt werden.[604] Risiko-, Kapitalanlage- und Kostenüberschüsse werden nicht durch eine einzige Bezugsgröße auf die einzelnen Verträge verteilt, sondern nach verschiedenen Bemessungsgrundlagen. Demgegenüber arbeiten *mechanische* Überschußbeteiligungssysteme mit konstanten Größen, indem die jährlichen Überschußanteile beispielsweise in einem festen Prozentsatz der Versichertenbeiträge gutgeschrieben werden. Mechanische Systeme sind gegenüber natürlichen Systemen einfacher zu handhaben, weisen auf der anderen Seite aber den Nachteil auf, daß am Anfang der Vertragslaufzeit zuviel und gegen Ende zuwenig Überschüsse gutgebracht werden. Mechanische Gewinnverteilungssysteme waren daher für den Altbestand unzulässig[605] und sind auch für den Neubestand nicht mehr anzutreffen.

(1) Gängige AVB in der Praxis

In der Praxis spielen vor allem drei Klauselvarianten eine Rolle.

Variante (a)[606]
Die jährlichen Gewinnanteile werden wie folgt bemessen:
a) Alle Versicherungen erhalten einen Zinsgewinnanteil in Prozent des Zeitwerts der Versicherung,
b) Versicherungen mit laufender Beitragszahlung erhalten zusätzlich:
einen Risikogewinnanteil in Prozent des Risikobeitrags (das ist der Teil des Beitrages, den wir benötigen, um die durch Tod eines Versicherten vorzeitig fällig werdende Versicherungsleistung erbringen zu können).
einen Zusatzgewinnanteil in Promille der Versicherungssumme.

In *Variante (a)* wird je nach Überschußquelle mit unterschiedlichen Schlüsseln gearbeitet. Die erwirtschafteten Kapitalanlageüberschüsse (hier als Zinsgewinne bezeichnet) werden in Prozent des „Zeitwerts" der individuellen Versicherung zugeteilt. Nach Auffassung der Deutschen Aktuarvereinigung entspricht der Zeitwert einer Versicherung im Standardfall dem jeweiligen (gezillmerten) Bruttodeckungskapital einer Versicherung, berechnet mit den Rechnungsgrundlagen der Beitragskalkulation.[607] Prospektiv betrachtet ergibt sich das Deckungskapital dabei aus der Differenz des Barwertes der künftig garantierten Leistungen und des Barwertes noch ausstehender (gezillmerter) Nettobei-

604 Ausführlich: VOGEL/LEHMANN, VerBAV 1982, 328, 330 sowie HÖLSCHER, Marktzinsorientierte Ergebnisrechnung in der Lebensversicherung (1994), 113.
605 Vgl. VOGEL/LEHMANN, a.a.O.
606 Berlinische Lebensversicherungs-AG, § 17 Abs. 2 der Allgemeinen Versicherungsbedingungen für die Kapital-Lebensversicherung (Stand: 3/95).
607 DAV-Mitteilung Nr. 2/94 (Garantiewerte in der Lebensversicherung und Zeitwert nach § 176 VVG), 3f. Bei gewinnberechtigten Tarifen, die eine verzögerte Gewinnzuteilung vorsehen (z.B. eine sehr hohe Schlußgewinnbeteiligung) sind dagegen zusätzlich noch die höheren Gewinnerwartungen zu berücksichtigen (a.a.O.). Kritisch demgegenüber: SCHWINTOWSKI, JZ 1996, 702, 710 sowie GEBHARD, ZVersWiss 1996, 637.

träge.[608] Retrospektiv setzt sich das Bruttodeckungskapital dagegen aus den aufgezinsten Einnahmen und Ausgaben der vorangegangenen Geschäftsjahre zusammen, wobei die nach Abzug des Risiko- und Kostenanteils verbleibenden Sparprämien kontinuierlich angesammelt und in Höhe des Rechnungszinses verzinst werden.[609] Auf diese Weise kann das Bruttodeckungskapital als „Kontostand" eines Sparvertrages interpretiert werden. Ausgehend von der Vorstellung, daß die Versicherungsnehmer in Höhe des jeweils aufgelaufenen Bruttodeckungskapitals an der Finanzierung des Aktivgeschäfts beteiligt sind, wird dementsprechend der Zeitwert zur Bemessung der individuell-vertraglichen Zuteilung der Kapitalanlageüberschüsse herangezogen.[610]

Risikoüberschüsse werden demgegenüber in Prozent des individuellen Risikobeitrags zugeteilt. Innerhalb eines Gewinnverbandes werden die Versicherungsnehmer also nur im prozentualen Verhältnis der tatsächlich geleisteten Risikobeiträge beteiligt.

„Zusatzgewinnanteile" werden in Promille der Versicherungssumme berechnet. Maßgebliche Überschußquelle für diese zusätzlichen Anteile sind vor allem die Überschüsse aus dem Verwaltungskostenergebnis. Bereits für den Altbestand hat CLAUS[611] allerdings bezweifelt, ob die Versicherungssumme als sachgerechte Bemessungsgrundlage für die Verteilung der Verwaltungskostenüberschüsse herangezogen werden darf. Problematisch an diesem Schlüsselungsverfahren ist in der Tat, daß jede Versicherung fixe Verwaltungskosten verursacht, gleichgültig ob die Versicherungssumme 10.000 DM oder 1.000.000 DM beträgt. Gewinnverlagerungen zwischen Versicherungen kleiner und Versicherungen hoher Versicherungssummen sind bei Summenschlüsseln somit nicht ausgeschlossen. Auf der anderen Seite hat das BAV derartige Verfahren in der Vergangenheit nicht beanstandet. Im Gesamtgeschäftsplan für die Überschußbeteiligung war sogar ausdrücklich vorgesehen, daß Verwaltungskostenüberschüsse in Promille der Versicherungssumme festgelegt werden.[612] Für den Neubestand dürften derartige Verfahren daher ebenfalls zulässig sein.

---

608 Nach dieser Methode ist grundsätzlich auch die Deckungsrückstellung zu berechnen, § 341f Abs. 1 S. 1 HGB.

609 Zu dieser Methode vgl. § 341f Abs. 1 S. 2 HGB.

610 HÖLSCHER (ZVersWiss 1996, 41, 66f.) kritisiert an dieser Methode, daß jeder Sparbeitrag bzw. jede Geldeinheit des Deckungskapitals anteilig an den gesamten Anlageerträgen partizipiert, gleichgültig ob der Vertrag noch eine Laufzeit von drei Wochen oder dreißig Jahren hat. Dies widerspreche dem Grundsatz einer „verursachungsgerechten" Überschußbeteiligung. Ein derartiger Grundsatz existiert allerdings für den Neubestand nicht mehr, vgl. S. 120ff.

611 CLAUS, Gedanken zu einer neuen Tarifstruktur in der Lebensversicherung aus aufsichtsbehördlicher Sicht (1985), 28. Siehe auch HÖLSCHER, ZVersWiss 1996, 41, 68.

612 Siehe hierzu die Erläuterungen zum Gesamtgeschäftsplan für die Überschußbeteiligung von VOGEL/LEHMANN, VerBAV 1983, 213, 222 und den Gesamtgeschäftsplan für die Überschußbeteiligung, VerBAV 1988, 424, 427.

Variante (b)[613]

Versicherungen mit laufender Beitragszahlung erhalten zu Beginn eines jeden Versicherungsjahres, erstmals bei Beginn der Versicherung, einen Grundüberschußanteil in Promille der Versicherungssumme. Alle Versicherungen erhalten zu Beginn eines Versicherungsjahres einen Zins-Überschußanteil in Prozent des maßgeblichen Deckungskapitals, erstmals zu Beginn des zweiten Versicherungsjahres, und bei Ablauf nach der vereinbarten Versicherungsdauer.

In *Variante (b)* wird auf die Aufspaltung zwischen einem Risiko- und Kostenanteil verzichtet und nicht auf den Zeitwert, sondern von vornherein auf das Bruttodeckungskapital als Berechnungsgrundlage für die Zinsüberschußanteile abgestellt. Gegenüber *Variante (a)* ist dieses Verteilungsverfahren wesentlich ungenauer. Da Risiko- und Kostenüberschüsse zu einem einheitlichen Grundüberschußanteil zusammengefaßt sind, wird den unterschiedlichen Entstehungsfaktoren dieser Überschußquellen nur ungenügend Rechnung getragen. Der jährliche Überschußanteil besteht nur noch aus zwei Elementen, einem konstanten (Grundüberschüsse) und einem variablen Teil (Zinsüberschüsse). Auch diese Form der Schlüsselung wurde indessen für den Altbestand nicht weiter beanstandet.[614]

Variante (c)[615]

Der jährlich fällig werdende laufende Überschuß besteht aus einem Zinsüberschußanteil und bei laufender Beitragszahlung auch aus einem Risikoüberschußanteil. Die Sätze und Bemessungsgrundlagen für die einzelnen Überschußanteile werden jährlich neu festgelegt und im Geschäftsbericht veröffentlicht.

Schließlich sind in der Praxis auch Überschußbeteiligungsklauseln anzutreffen, in denen die maßgeblichen Überschußsysteme – wie in *Variante (c)* – überhaupt nicht festgelegt werden.

(2) Bewertung

Klauselvariante (c) dürfte einer gerichtlichen Überprüfung nicht standhalten, denn Variante (c) stellt die Wahl geeigneter Parameter allein in das Belieben der Unternehmen. Nach dem Bestimmtheitsgebot haben die Versicherer aber die Obliegenheit, durch eine möglichst konkrete und differenzierte tatbestandliche Ausformung ihrer AGB-

---

613 HUK-Coburg-Lebensversicherungs-AG, § 18 Abs. 3 der Allgemeinen Bedingungen für die kapitalbildende Lebensversicherung (Stand: 8/96).

614 SCHMIDT, in: PRÖLSS, VAG[11], Zus. § 11 Rn. 17. Unzulässig waren aber Näherungsverfahren mit zu pauschalen Bemessungsgrundlagen für die Zuteilung der Zinsüberschüsse, GB BAV 1982, 56f.

615 Assecura Lebensversicherungs-AG, § 19 Abs. 3 der allgemeinen Bedingungen für die kapitalbildende Lebensversicherung.

Bestimmungen unangemessene Ermessensspielräume zu verhindern (vgl. hierzu im einzelnen S. 298ff.).

Auch die *Varianten (a)* und *(b)* weisen deutliche Schwächen auf. Beide Klauseln verweisen auf die nicht näher definierten Begriffe „Zeitwert" bzw. „Deckungskapital". Zur Berechnung dieser Werte stehen aber grundsätzlich mehrere gleichwertig anerkannte Methoden zur Verfügung.[616] Daher bleibt unklar, auf welcher Basis Überschüsse aus dem Kapitalanlageergebnis zugeteilt werden. Insbesondere bei zillmernden Tarifen stellt sich die Frage, ob sich die Zinsüberschußzuteilung nach dem Zillmerdeckungskapital oder nach etwaigen Garantiewerten richten soll.

Da bei zillmernden Tarifen das Bruttodeckungskapital zum Ende des ersten Versicherungsjahres negativ und zum Ende des zweiten Versicherungsjahres nur wenig größer als Null ist und Zinsüberschußanteile somit erst am Ende des dritten Versicherungsjahres gewährt werden konnten, verlangte das BAV ab Mitte der 80er Jahre, daß Bemessungsgrundlage für die Zinsüberschußanteile nicht das Zillmerdeckungskapital, sondern auch der darüber hinausgehende Teil der „Mindestrückvergütung" (Garantiewerte) sein sollte.[617] Hierdurch stand bereits im ersten Jahr ein Großteil der eingezahlten Beiträge als Kapitalwert zur Verfügung. Dementsprechend waren ein schnelleres Anwachsen der Deckungskapitale sowie verringerte Wartezeiten bei der Überschußzuteilung gewährleistet.

Da diese Anordnungen allein für den Altbestand Wirkung entfalten, müßte für den Neubestand festgelegt werden, ob sich die Zinsüberschußzuteilung nach dem Zillmerdeckungskapital oder nach den Garantiewerten richten soll. Beide Verfahren sind durchaus vertretbar. So wurde bereits für den Altbestand die Meinung geäußert, Zinsträger zur Bemessung der Zinsüberschüsse könne nur das Zillmerdeckungskapital sein, denn dem als Verbindlichkeit ausgewiesenen Bilanzdeckungskapital stehe auf der Aktivseite eine Forderung des Versicherungsunternehmens in Höhe der Differenz zwischen (voll) gezillmertem Deckungskapital und modifiziertem Deckungskapital (incl. Mindestrückvergütung) gegenüber (§ 15 Abs. 1 RechVersV). Die Versicherungsnehmer seien insofern nur an den Zinserträgen des Zillmerdeckungskapitals, nicht aber an dem durch Garantiewerte aufgestockten Deckungskapital zu beteiligen.[618]

---

616 Der Gesetzgeber hat in der Regierungsbegründung zu § 176 VVG lediglich ausgeführt, daß nach versicherungsmathematischen Grundsätzen einerseits alle zukünftigen Leistungen aus dem Versicherungsvertrag einzubeziehen seien und in Anlehnung an § 9 des Bewertungsgesetzes alle Umstände berücksichtigt werden müßten, die den Zeitwert beeinflussen. Abweichungen von dieser Regel könnten aber erforderlich werden (BTDrcks. 12/6959, 103).

617 CLAUS, VerBAV 1986, 283, 288.

618 Ausführlich hierzu: CLAUS (VerBAV 1986, 283, 288f.), der diese Ansicht aber mit dem Hinweis ablehnt, daß sich die auf der Aktivseite der Bilanz ausgewiesene Forderung des Versicherungsunternehmen „für geleistete, rechnungsmäßig gedeckte Abschlußkosten" auf künftige Beitragsteile beziehe, während das Deckungskapital aus bereits gezahlten Beiträgen gebildet worden sei.

bb) Schlußüberschußanteile (SÜA)

Neben der laufenden Überschußbeteiligung, die jährlich aus der Direktgutschrift bzw. der RfB erfolgt, sehen die Verbandsempfehlungen in den „Bemerkungen" unter lit. b) auch unternehmensindividuelle Vereinbarungen zur Schlußüberschußbeteiligung vor. Im Gegensatz zur laufenden Überschußbeteiligung werden SÜA erst am Ende der Vertragslaufzeit (Erlebensfall, ggf. auch Todes- und Rückkaufsfall) ausgeschüttet. SÜA dienen der Weitergabe von Überschüssen, die von den jährlichen Überschußanteilen nicht erfaßt werden. Zu diesem Zwecke werden die SÜA ebenso wie die laufenden Überschußanteile jährlich durch den Vorstand des Versicherungsunternehmens deklariert und in der RfB bis zur Ausschüttung thesauriert.

(1) Entstehung und Finanzierung der SÜA

Zwei Faktoren sind für die Entstehung der SÜA verantwortlich: *Erstens* vergrößert sich die Spanne zwischen Überschußentstehung und einzelvertraglicher Zuteilung aus der RfB durch das Auseinanderlaufen von Geschäftsjahr und Versicherungsjahr sowie das Verfahren der Vorausdeklaration. Nach dem Verfahren der Vorausdeklaration werden zum Ende des Geschäftsjahres diejenigen laufenden Überschußanteile festgelegt, die den LVV zu Anfang der im übernächsten Geschäftsjahr beginnenden Versicherungsjahre zugeteilt werden sollen. Hieraus entsteht bei Ablauf der Verträge „auf natürliche Weise" ein SÜA, der für den Altbestand als sog. „Sockelbetrag" bezeichnet wurde und nach den Anordnungen des BAV 6 % der Versicherungssumme nicht überschreiten durfte.[619]

Zweitens dient der SÜA der Zuweisung von Spitzenbeträgen, die sich aufgrund weitgehend konstanter und aus Sicherheitsgründen niedriger als möglich angesetzter laufender Überschußanteile während der Vertragslaufzeit angesammelt haben. Derartige SÜA sind das Resultat einer gleichmäßigen, vorsichtigen Überschußbeteiligungspolitik. Nach den Grundsätzen der „verursachungsgerechten und zeitnahen Überschußbeteiligung" waren SÜA, die über den Sockelbetrag in der RfB thesauriert werden sollten, für den Altbestand nur begrenzt zulässig. Um Zeitverzögerungen bei der Überschußzuteilung zu verhindern, durften SÜA seit 1985 bei Ablauf einer Kapitalversicherung nach Abzug des Sockelbetrages (6 % der Versicherungssumme) nicht höher als 16 % der Leistung aus der laufenden Überschußbeteiligung sein.[620] Durch die Umsetzung der dritten Richtlinie Leben sind diese Anordnungen allerdings gegenstandslos geworden. Für den Neubestand sind die Versicherungsunternehmen weder verpflichtet, einen SÜA zu gewähren, noch sind Thesaurierungen aus aufsichtsrechtlicher Sicht grundsätzlich unzulässig.

Nach wie vor müssen die Versicherer aber zur Finanzierung der SÜA eine spezielle Rückstellung nach Maßgabe der letzten Deklaration bilden, den sog. Schlußüberschußanteil-Fonds (SÜA-Fonds, § 28 Abs. 6 RechVersV). Für die Berechnung des SÜA-

---

619 ACKERMANN, Die Rückgewährquote in der Lebensversicherung (1985), 36f.; VerBAV 1988, 424, 432.

620 R 1/85, VerBAV 1985, 110.

Fonds wird dabei grundsätzlich von einer ab Versicherungsbeginn ansteigenden Anwartschaft auf SÜA ausgegangen. Gem. § 28 Abs. 7 S. 1 RechVersV ist der Fonds für SÜA so zu kalkulieren, „daß sich für jede Versicherung mindestens der Teil des zu ihrem regulären Fälligkeitszeitpunkt (Ablauf der Versicherung oder Rentenbeginn der aufgeschobenen Rentenversicherung) vorgesehenen Schlußüberschußanteils ergibt, der dem Verhältnis der abgelaufenen Versicherungsdauer zu der gesamten Versicherungsdauer oder der gesamten Aufschubzeit für Rentenversicherungen entspricht." – Der SÜA-Fonds hat also ähnlich wie die Deckungsrückstellung die Aufgabe, die dauernde Erfüllbarkeit eingegangener Verbindlichkeiten abzusichern. SÜA sind daher mit ihrem Barwert im SÜA-Fonds insoweit zu berücksichtigen, als diese Leistungen für den einzelnen Vertrag verbindlich vorgesehen sind.[621] Gem. § 28 Abs. 8 Nr. 4 RechVersV müssen die Versicherer im Anhang des Jahresabschlusses die gewählten Methoden zur Berechnung des SÜA-Fonds angeben.

(2) Gängige AVB in der Praxis

Variante (a)[622]

Zusätzlich wird bei Ablauf ein Schlußüberschußanteil fällig. Ein verminderter Schlußüberschußanteil wird auch bei Kündigung ausgeschüttet, sofern zu diesem Zeitpunkt mindestens die Hälfte der vereinbarten Vertragslaufzeit abgelaufen ist oder die Versicherung 10 Jahre bestanden hat.

Variante (b)[623]

Außer der oben beschriebenen laufenden Gewinnbeteiligung werden zusätzlich folgende Gewinnbeteiligungen gewährt.

Ein Schlußgewinnanteil, der sich nach der zurückgelegten Versicherungsdauer und der Höhe des garantierten Rückkaufswertes bemißt, bei

a) Eintritt des Versicherungsfalles oder bei Ablauf der Beitragszahlungsdauer,

b) Kündigung Ihrer Versicherung oder Umwandlung in eine beitragsfreie Versicherung, wenn eine der folgenden Bedingungen erfüllt ist:

   – Der Zeitwert Ihrer Versicherung einschließlich des verzinslichen Gewinnguthabens ist mindestens so groß wie die Versicherungssumme
   – Ihre Versicherung befindet sich in den letzten fünf Versicherungsjahren und Ihr erreichtes Alter beträgt mindestens 60 Jahre.

---

621 Ebenso wie für die Deckungsrückstellung (vgl. §§ 65 Abs. 1 Nr. 1 lit.a VAG, 2 DeckRV) bestehen auch für den SÜA-Fonds festgelegte Höchstzinssätze (§ 28 Abs. 7 S. 1 RechVersV). Im Unterschied zur Deckungsrückstellung kann bei der Kalkulation des SÜA-Fonds allerdings mit einem *realitätsnahen* Rechnungszins gerechnet werden. Die Bilanzierung des SÜA-Fonds richtet sich dabei letztlich – wie § 28 Abs. 7 S. 2 RechVersV zeigt – nach den vertraglichen Besonderheiten des jeweiligen Tarifs.

622 Assecura Lebensversicherungs-AG, § 19 Abs. 3 der allgemeinen Bedingungen für die kapitalbildende Lebensversicherung.

623 Berlinische Lebensversicherungs-AG, § 17 Abs. 4 der Allgemeinen Versicherungsbedingungen für die Kapital-Lebensversicherung, Stand: 03/95.

(3) Bewertung

Während *Variante (a)* noch nicht einmal die wesentlichen Schlüsselgrößen der einzelvertraglichen Zuteilung benennt, werden die Versicherungsnehmer in *Variante (b)* zumindestens darauf hingewiesen, daß sich die SÜA nach der zurückgelegten Versicherungsdauer und der Höhe des garantierten Rückkaufswertes bemessen.[624] Problematisch ist allerdings in beiden Fällen, daß die Versicherungsnehmer darüber im Unklaren gelassen werden, in welchem Maße das Versicherungsunternehmen überhaupt SÜA zu bilden beabsichtigt. Da eine Obergrenze für SÜA weder aufsichtsrechtlich noch vertraglich vorgeschrieben ist, können die Versicherer erwirtschaftete Überschüsse langfristig thesaurieren. Darüber hinaus reicht die Bezugnahme auf den Rückkaufswert nicht aus, um die vertraglichen Pflichten hinreichend bestimmt zu konkretisieren, denn § 176 VVG schreibt zur Berechnung des Rückkaufswertes lediglich einen Rahmen vor, der zum Nachteil der Versicherungsnehmer nicht überschritten werden darf. Wie der Rückkaufswert als „Zeitwert" dagegen im einzelnen zu berechnen ist, hat der Gesetzgeber den Vertragsparteien selbst überlassen.[625] Die Überschußverteilungspolitik wird somit weitgehend in das Belieben des Versicherungsunternehmens gestellt.

3. Die Überschußverwendung

Überschußanteile, die während der Vertragslaufzeit jährlich gutgeschrieben werden (= laufende Überschußbeteiligung) können auf unterschiedliche Art und Weise verwendet werden. Während die Verwendungsmöglichkeiten für den Altbestand durch den Gesamtgeschäftsplan für die Überschußbeteiligung weitestgehend begrenzt waren,[626] bestehen für den Neubestand weitgehende Gestaltungsspielräume.

a) „Variable" Gewinnverwendungssysteme

Ein völlig neues Gewinnverwendungssystem hat die Berlinische Lebensversicherung mit ihrer sog. „Proft-Police" auf den Markt gebracht.[627] Dieser Tarif bietet erstmalig die

---

624 Der Versicherer gibt vorliegend in *Variante (b)* zu erkennen, daß ein *dauerabhängiges* Schlußüberschußbeteiligungssystem gewählt worden ist. Bei einem derartigen System wird der SÜA zumeist mit der Formel „*m • a • Basis*" berechnet, wobei *m* üblicherweise die Beitragszahlungsdauer/Versicherungsdauer, *a* ein konstanter Promillewert und *Basis* die Versicherungssumme bzw. das Deckungskapital ist. Zum Ganzen: Brief des Gesamtverbandes der Versicherungswirtschaft an das BAV zum Thema „Schlußüberschußanteil und Zeitwert" v. 17.1.1997, 3.

625 Zur Berechnung des Zeitwerts hat der Gesetzgeber lediglich ausgeführt, daß nach versicherungsmathematischen Grundsätzen einerseits alle zukünftigen Prämien und andererseits alle zukünftigen Leistungen einzubeziehen seien und in Anlehnung an § 9 des Bewertungsgesetzes alle Umstände berücksichtigt werden müßten, die den Zeitwert beeinflussen (BTDrcks. 12/6959, 103). Abweichungen von dieser Regel könnten aber erforderlich werden (a.a.O.).

626 Vgl. VerBAV 1988, 424, 428f.

627 Zu diesem Tarif siehe HEIDEMANN, VP 1995, 9f. Die nachstehenden Erörterungen legen den Nachtrag zu den Allgemeinen Versicherungsbedingungen für die Kapital-Lebensversicherung der Berlinischen Leben (Anlage der Gewinnanteile gemäß § 17, Ziffer 3d, Stand: 07/95) zugrunde.

Möglichkeit, die gutgeschriebenen Überschußanteile variabel anzulegen. Die Versicherungsnehmer können bereits bei Vertragsschluß die Art der Gewinnanlage wählen, aber auch während der Vertragslaufzeit jeweils mit einmonatiger Frist zum Ende eines Kalendermonats bzw. Versicherungsjahres in ein anderes Gewinnverwendungssystem wechseln. Grundsätzlich besteht die Wahlmöglichkeit zwischen einer herkömmlichen oder einer fondsgebundenen Gewinnanlage. Wird die fondsgebundene Gewinnanlage gewählt, so werden die laufenden Gewinnanteile nach Abzug eines Verwaltungskostenanteils i.H.v. 2,5 % bei Fälligkeit zu Beginn eines jeden Beitragszahlungsabschnittes in Anteilen eines Aktienfonds angelegt. Bei Tod der versicherten Person steht der Gegenwert der Fondsanteile in DM zur Verfügung. Im Erlebens- oder Rückkaufsfall kann der Berechtigte dagegen über die vorhandenen Fondsanteile selbst verfügen, wobei er auch die Auszahlung ihres Gegenwertes verlangen kann. Schließlich kann der Versicherungsnehmer unabhängig davon, ob der Todes-, Erlebens- oder Rückkaufsfall eingetreten ist, mit einer Frist von einem Monat zum Ende eines Kalendermonats jederzeit die Auszahlung des Gegenwertes der Fondsanlage ganz oder teilweise verlangen.

b) „Klassische" Tarife

Die herkömmlichen Tarife lassen dagegen während der Vertragslaufzeit kaum Einfluß auf die unterschiedlichen Gewinnverwendungsmöglichkeiten zu,[628] denn in den Vertragsbedingungen werden die Methoden der Gewinnverwendung bereits bei Vertragsschluß unveränderlich festgelegt.

Die laufenden Überschüsse können zum einen zur Entlastung der laufenden Prämienzahlungen beitragen, indem die Überschußanteile bar ausgezahlt, mit den Beiträgen verrechnet oder zur Abkürzung der Versicherungsdauer verwendet werden. Zum anderen können laufende Überschußanteile reinvestiert werden, um die Versicherungsleistungen im Todes- oder Erlebensfall zu erhöhen. Hierfür stehen traditionell zwei verschiedene Systeme zur Verfügung, die verzinsliche Ansammlung und das Bonussystem.

- Bei der verzinslichen Ansammlung werden die jährlich zugewiesenen laufenden Überschußanteile ähnlich wie auf einem Bankkonto angesammelt und verzinst. Gem. § 28 Abs. 4 RechVersV ist auf der Passivseite der Bilanz eine gesonderte Position zu bilden („Verbindlichkeiten aus dem selbst abgeschlossenen Versicherungsgeschäft gegenüber Versicherungsnehmern"), in der die gutgeschriebenen Überschußanteile auszuweisen sind. Die gutgeschriebenen Überschußanteile werden in Höhe des sog. Ansammlungszinses verzinst, der in aller Regel der durchschnittlichen Verzinsung der Kapitalanlagen eines Versicherungsunternehmens entspricht und von Jahr zu Jahr variieren kann.[629] Die Zinsen werden am Ende eines jeden Versicherungsjahres gutgeschrieben, so daß bei Beendigung des LVV

---

628 Ausführlich zur Überschußverwendung O.V., ZfV 1979, 518.
629 Gem. § 28 Abs. 8 Nr. 3 RechVersV ist der Ansammlungszins im Anhang des Jahresabschlusses anzugeben.

das jeweilige Sparguthaben zusammen mit der vertraglich zugesicherten Leistung (Versicherungssumme) und etwaigen SÜA ausgezahlt werden kann.

- Beim <u>Bonussystem</u> werden die zugeteilten Gewinnanteile regelmäßig als Einmalprämien zur Erhöhung der Versicherungssumme eingesetzt und die Deckungsrückstellungen um das Deckungskapital der jeweiligen Bonusversicherungen aufgestockt. Durch die Aufstockung der Deckungskapitale erhöht sich jährlich die Bezugsbasis für die Zuteilung der Kapitalanlageüberschüsse. Auf diese Weise wird gewährleistet, daß Bonusversicherungen ihrerseits überschußberechtigt sind.[630] Das Bonussystem weist in den letzten Vertragsjahren eine schlechtere Rendite als die verzinsliche Ansammlung auf, denn ein Teil der gutgeschriebenen Überschußanteile wird zunächst zur Abdeckung der erhöhten Todesfallsummen und entstehenden Verwaltungskosten verwendet. Vorteilhaft am Bonussystem ist, daß die Versicherungsleistungen im Todesfall bereits nach der ersten Überschußzuteilung sprunghaft ansteigen.[631] Demgegenüber werden bei der verzinslichen Ansammlung die Guthaben der Versicherungsnehmer wesentlich langsamer aufgebaut, denn im Unterschied zu Bonussystemen verwendet das System der verzinslichen Ansammlung keine Risikobeiträge zur Finanzierung vorzeitiger Versicherungsfälle. Bonussysteme sind daher um so günstiger, je länger die Restlaufzeit der Versicherung bis zum Ablauftermin noch ist.

c) Bewertung

Gegenüber der zuvor behandelten Möglichkeit, die Überschüsse variabel in eine fondsgebundene Geldanlage zu investieren, weisen die den Lebensversicherungsmarkt bislang dominierenden Überschußverwendungssysteme „verzinsliche Ansammlung" und „Bonussystem" erhebliche Schwächen auf.

Da der Ansammlungszinssatz während der Vertragslaufzeit jederzeit geändert werden kann, besteht bei der verzinslichen Ansammlung die Gefahr, daß die Versicherungsunternehmen einen zu niedrigen Zinssatz ansetzen. Bereits für den Altbestand hatte das BAV wiederholt Anlaß, auf höhere Ansammlungszinssätze hinzuwirken.[632] Verschiedentlich hatten die Versicherer unzureichende Ansammlungszinssätze verwendet und dies mit dem Argument gerechtfertigt, daß eine hieraus resultierende Zinsersparnis den Versicherungsnehmer insgesamt wieder zugute käme. Demgegenüber wies das BAV darauf hin, daß die Höhe der Überschußanteile nicht mit der Verwendung der Überschußanteile verknüpft werden dürfe.

Derartige Bedenken sind auch für den Neubestand durchaus berechtigt. Liegen die Ansammlungszinssätze während der Vertragslaufzeit erheblich unter der durchschnittlichen Verzinsung der Kapitalanlagen, so erhöht sich zwar der Rohüberschuß am Ende

---

630 Wie bei der verzinslichen Ansammlung ermäßigt sich dabei aber das Kapitalanlageergebnis wiederum um die beim Aufbau der zusätzlichen Deckungsrückstellungen angesetzten Zinssätze, siehe Nw. 219 S. 1, Z.11 der BerVersV und S. 45.

631 Siehe hierzu: O.V., ZfV 1979, 518, 520.

632 Vgl. hierzu und zum folgenden: GB 1977, 47f.; VOGEL/LEHMANN, VerBAV 1983, 213, 229.

eines Geschäftsjahres. Gleichzeitig führt die Koppelung zwischen Überschußverteilung und Überschußverwendung aber zu einer intransparenten Gemengelage. Für die Versicherungsnehmer ist letztlich nicht mehr nachvollziehbar, in welchem Maße gutgeschriebene Überschußanteile verzinst werden.

Noch problematischer ist die Überschußverwendung im Rahmen des Bonussystems. Da die gutgeschriebenen, bereits individuell-vertraglich konkretisierten Überschußanteile durch den Aufbau zusätzlicher Deckungskapitale in das Überschußbeteiligungsverfahren reintegriert werden, verschwimmen nicht nur die Grenzen zwischen Überschußverteilung und -verwendung. Problematisch ist vielmehr auch die Frage, ob und inwieweit aufgebaute Bonusversicherungen isoliert zurückgekauft werden können. Grundsätzlich haben die Versicherungsnehmer nämlich das Recht auf einen gesonderten Rückkauf bereits gutgeschriebener Überschußanteile.[633] Da die Überschußanteile verbindlich den Versicherungsnehmer zugeteilt werden, müssen die Versicherungsnehmer unabhängig vom Schicksal der vertraglich vereinbarten Versicherungsleistung prinzipiell in der Lage sein, auf die zugeteilten Überschüsse jederzeit zugreifen zu können.[634] Dies ist bei der verzinslichen Ansammlung weitgehend unproblematisch, denn das vorhandene Guthaben kann ohne weiteres vorzeitig ausgezahlt werden. Bei Bonusversicherungen ist demgegenüber weitgehend ungeklärt, nach welchen Modalitäten die Versicherungsnehmer aufgebaute Bonusversicherungen separat zurückkaufen dürfen. Die am deutschen Lebensversicherungsmarkt üblichen Vertragsklauseln legen noch nicht einmal fest, ob die Versicherungsnehmer die aufgebauten Bonusversicherungen überhaupt isoliert zurückkaufen können.[635]

Wesentlich transparenter und bedarfsgerechter sind daher Gewinnverwendungssysteme, die eine variable und ggf. fondsgebundene Anlage der Überschußanteile vorsehen. Fondsgebundene Gewinnverwendungssysteme weisen den Vorteil auf, daß das bei der Kapitalanlagegesellschaft gegen Ausgabe von Anteilscheinen eingelegte Geld der Versicherungsnehmer gem. § 6 Abs. 1 KAGG ebenso ein vom Restvermögen des Unternehmens zu trennendes Sondervermögen bildet wie die damit angeschafften Vermögensgegenstände. Hierdurch wird gewährleistet, daß die angelegten Überschußanteile nicht in das Überschußbeteiligungsverfahren zurückfließen und jederzeit isoliert „zurückgekauft" werden können.

Ist das fondsgebundene Gewinnverwendungssystem zudem noch variabel, so kann der Versicherungsnehmer den Anlageertrag gutgeschriebener Überschußanteile über die Wahl der Gewinnverwendungssysteme darüber hinaus selbst steuern.[636] Die Überschußverwendung kann jederzeit den individuellen Bedürfnissen angepaßt werden. Der Kunde kann je nach vorhandenem Liquiditätsspielraum entscheiden, ob die Überschußantei-

---

633 Wie hier: VOGEL/LEHMANN, VerBAV 1983, 213, 229 (zum Altbestand).

634 Eine Ausnahme besteht nur bei Überschußanteilen, die zur Abkürzung der Versicherungsdauer verwendet werden. Bei dieser Verwendungsform ist ein gesonderter Rückkauf nicht mehr möglich.

635 In den Vertragsbedingungen wird das Bonussystem zumeist wie folgt erwähnt: „Die Gewinnanteile verwenden wir als Einmalbeitrag für eine zusätzliche Versicherungssumme (genannt Bonus)."

636 Ebenfalls kritisch: VOGEL/LEHMANN, VerBAV 1983, 213, 225 (zum Altbestand).

le zur Entlastung der laufenden Prämienzahlungen oder zur Erhöhung der Versicherungsleistungen verwendet werden.

II. Einzelne Problemfelder

Die folgenden Überlegungen greifen aus der Überschußbeteiligungspraxis der Unternehmen vier Problemfelder heraus, die besonders gravierende Äquivalenzstörungen[637] im Bereich der Überschußbeteiligung beschreiben:

- Erstens können die Versicherer durch variable Rechnungsgrundlagen das Preis-Leistungsverhältnis beeinflussen und die (vertraglich nicht fixierte) Risikoverteilung entscheidend zu ihren Gunsten verändern (1.).
- Darüber hinaus ist ein Kernbereich der vertraglichen Pflichten – die Kapitalanlage-, Bilanz- und Überschußverteilungspolitik – nicht geregelt. Diese steht weitgehend im Ermessen der Unternehmen. Da erwirtschaftete Überschüsse langfristig zu Lasten einer ganzen Versichertengeneration thesauriert werden können, kann sich die in Aussicht gestellte Rendite eines Vertrages unter Umständen erheblich vermindern (2.).
- Diese Gefahr besteht auch dann, wenn die Versicherer erwirtschaftete Risiko- und Kapitalanlageüberschüsse mit Fehlbeträgen anderer, negativer Überschußquellen saldieren (sog. Querverrechnung, vgl. 3.)
- Viertens kann sich das Volumen der verteilungsfähigen Überschüsse durch Gewinnverschiebungen im Versicherungskonzern drastisch reduzieren (4.).

1. Variable Rechnungsgrundlagen

a) Rechnungsgrundlagen und Überschußbeteiligung

Für den Neubestand können die Versicherer aufgrund der fortgefallenen Tarifgenehmigungspflicht grundsätzlich selbst entscheiden, welche Rechnungsgrundlagen der Prämien- und Deckungsrückstellungskalkulation zugrundegelegt werden. Hierdurch können die Versicherer zugleich die Überschußbeteiligung beeinflussen. Je vorsichtiger die Rechnungsgrundlagen bei der Kalkulation gewählt werden, desto höher ist ceteris paribus der zuzuteilende Überschuß. Soweit die Rechnungsgrundlagen für die Prämien- und Deckungsrückstellungskalkulation während der Vertragslaufzeit *konstant* bleiben, wirft dieses Verfahren keinerlei Probleme auf. Werden die Rechnungsgrundlagen dage-

---

637 Der schillernde Begriff der „Vertragsäquivalenz" wird herkömmlicherweise auf zweierlei Art und Weise interpretiert. Zum einen wird hierunter das Wertverhältnis zwischen Leistung und Gegenleistung verstanden („enges Äquivalenzverständnis"). Zum anderen und umfassender meint dieser Begriff die Äquivalenz der gesamten vertraglichen Lasten- und Risikoverteilung („weites Äquivalenzverständnis"). Vgl. hierzu HÄRLE, Die Äquivalenzstörung (1995), 7ff. (mwN). Beim überschußberechtigen LVV ist das Äquivalenzverhältnis in beiderlei Hinsicht gestört.

gen *nachträglich verändert*, so besteht die Gefahr, daß die Versicherungsnehmer in ihrem Anspruch auf Überschußbeteiligung beeinträchtigt werden.

Hierfür müßten die Versicherer noch nicht einmal die Rechnungsgrundlagen der Prämienkalkulation modifizieren. Maßgeblich für die Überschußermittlung sind nämlich die Vorschriften der BerVersV. Genaugenommen verfolgt die BerVersV aber gar nicht den Zweck, die wirtschaftliche Lage eines Geschäftsjahres darzustellen. Denn die internen Rechnungslegungsvorschriften arbeiten im Unterschied zu früher nicht mehr mit den Rechnungsgrundlagen der Prämienkalkulation, sondern mit den Kalkulationsansätzen der Deckungsrückstellung (vgl. S. 40f.). Da die Berechnung der Deckungsrückstellung allein auf die Erfüllbarkeit der künftigen Verpflichtungen ausgerichtet ist, muß der Verantwortliche Aktuar entscheiden, ob und inwieweit die Rechnungsgrundlagen für die Zukunft mit Sicherheitsmargen ausgestattet werden. Insofern besteht aber auch die Versuchung, die Rechnungsgrundlagen ohne sachlichen Grund im Hinblick auf die Überschußbeteiligung während der Vertragslaufzeit zu verändern.

Eine derartige Vorgehensweise könnte für den Neubestand nicht mehr ohne weiteres aufsichtsrechtlich untersagt werden. Während für den Altbestand die Kalkulationsansätze der Bruttodeckungsrückstellungen gem. § 65 Abs. 1 2. HS. VAG a.F. mit den Rechnungsgrundlagen der Bruttoprämie übereinstimmen mußten, und jede Änderung gem. § 13 VAG einer aufsichtsrechtlichen Genehmigung bedurfte, besteht für den Neubestand das Gebot der Tarifgestaltungsfreiheit. Die Versicherer sind daher gem. § 13d Nr. 6 VAG nur noch verpflichtet, neue oder geänderte Kalkulationsgrundsätze gegenüber der Aufsichtsbehörde unverzüglich *anzuzeigen*.[638]

Da die Rechnungsgrundlagen nicht vertraglich normiert werden, und die Vertragsbedingungen eine nachträgliche Veränderung der Kalkulationsansätze nicht ausschließen, können die Versicherten nach bisherigem Verständnis[639] auch privatrechtlich nichts dagegen tun, wenn die bei Vertragsschluß verwendeten Sterbetafeln, die Zinssätze oder aber die Ansätze für die Betriebskosten gegen andere Rechnungsgrundlagen ausgetauscht werden.

b) Praktisches Beispiel: Die nachträgliche Einführung neuer Sterbetafeln

Beispielhaft sei an dieser Stelle ein Fall skizziert, der dem AG Bad Schwalbach im Jahre 1996 zur Entscheidung vorlag.[640] Hier ging es um die Frage, ob Überschußanteile für den Altbestand reduziert werden dürfen, wenn während der Vertragsdauer eine Veränderung der Sterbewahrscheinlichkeit eingetreten ist. Bekanntlich ist in den vergangenen Jahrzehnten in fast allen westlichen Industrieländern die durchschnittliche Lebens-

---

638 Nach hier vertretener Auffassung hat das BAV allerdings – abhängig von den Wertungen des Privatrechts – die Pflicht, die berechtigten Erwartungen der Versicherungsnehmer zu schützen (vgl. S. 130ff.). Anordnungen zur Vermeidung eines Mißstands sind daher in Fällen, in denen Rechnungsgrundlagen nachträglich und willkürlich geändert werden, nicht prinzipiell ausgeschlossen.

639 Vgl. aber nunmehr zum Neubestand die Urteile des OLG Koblenz (NVersZ 2000, 423 = VersR 2000, 1357) und des OLG Düsseldorf (NVersZ 2001, 15 = VersR 2001, 705).

640 AG Bad Schwalbach, VersR 1997, 606. Sehr ähnlich: OLG Stuttgart, VersR 1999, 1223 und OLG Frankfurt, VersR 1999, 1097.

erwartung gestiegen. Erhöhte Erlebensfallwahrscheinlichkeiten führen vor allem bei der privaten Rentenversicherung zu rechtlichen Problemen. Je länger die Versicherten leben, desto größer ist die Anzahl der vom Versicherer zu erfüllenden Verträge. Hat ein LVU bei der Prämienkalkulation steigende Lebenserwartungen nicht ausreichend berücksichtigt, so ergeben sich Risikoverluste. Der Versicherer hat die vertraglich garantierten Renten länger zu zahlen als ursprünglich kalkuliert. In diesem Fall stellt sich die Frage, ob und unter welchen Voraussetzungen Versicherungsnehmer diese Risikoverluste zu tragen haben. In der Praxis werden die entstehenden sowie die zukünftig erst zu erwartenden Verluste im Wege einer Reduzierung der Überschußbeteiligung auf die Versicherungsnehmer abgewälzt. Da eine nachträgliche Prämienanpassung bei Leibrentenversicherungen i.d.R. nicht möglich ist,[641] werden die nicht einkalkulierten Renten aus den Überschüssen finanziert.

So war es auch in dem Fall, den das AG Bad Schwalbach zu entscheiden hatte. Der Kläger schloß zum 1.3.1993 bei dem beklagten Versicherer eine überschußberechtigte Leibrentenversicherung gegen einen Einmalbetrag in Höhe von ca. 300.000,- DM ab. Die Vertragsparteien vereinbarten eine monatlich garantierte Rente i.H.v. 1761,- DM. Ab dem 1.3.1993 betrug die Überschußbeteiligung monatlich 970,- DM. Am 15.1.1996 teilte der Versicherer dem Versicherungsnehmer mit, daß die Gewinnrente für das Jahr 1996 wegen der gestiegenen Lebenserwartung monatlich um 342,- DM ermäßigt werden müsse.[642] Zur Begründung verwies das Unternehmen auf die Anordnungen des BAV aus dem Jahre 1995.

Am 7. Juli 1995 hatte das BAV ein Rundschreiben[643] erlassen, in dem die Versicherungsunternehmen darauf hingewiesen wurden, daß aufgrund der gesunkenen Sterblichkeit die bisher verwendete Sterbetafel 1987 R unzureichend sei. Bei Rentenversicherungsbeständen mit diesen Rechnungsgrundlagen sei mit Risikoverlusten aus dem Sterblichkeitsverlauf zu rechnen, die unmittelbar die Überschüsse verminderten. Daher hätten die LVU sicherzustellen, daß für eine erforderliche Auffüllung der Deckungsrückstellung (Nachreservierung) ausreichende Mittel zur Verfügung ständen. Im November 1995 gab das BAV die Grundsätze sowie mögliche Maßnahmen zur Nachreservierung bekannt.[644] Um die dauernde Erfüllbarkeit der Verträge zu gewährleisten sowie die Belange der Versicherten ausreichend zu wahren, sei ab dem 31.12.1995 eine zusätzliche Rückstellung aufzubauen. Für den Altbestand seien vorrangig die betroffenen Rentenversicherungen in zumutbarem Maß zur Finanzierung des Nachreservierungsbe-

---

641 Leibrentenversicherungen werden i.d.R. nur gegen einen Einmalbeitrag angeboten. Zudem werden keine Prämienanpassungsklauseln vereinbart.

642 Bereits in den Jahren 1994/1995 hatte sich die Höhe der Überschußanteilssätze verringert. Im Jahre 1994 wurde ein Überschuß von monatlich 908,- DM gewährt. Im Jahre 1995 lag die Höhe der Überschüsse bei 899,- DM. Aus dem Urteil des AG geht jedoch nicht hervor, worauf diese Reduzierung zurückzuführen war. Möglich ist eine Kürzung der Überschußanteile aufgrund des zwischen den Parteien vereinbarten Überschußbeteiligungssystems einer fallenden Gewinnrente. Möglich ist auch, daß bereits Risikoverluste in den betreffenden Jahren eingetreten waren. Der Kläger wandte sich im Prozeß nur gegen die Überschußreduzierung aus dem Jahre 1996.

643 R 1/95, VerBAV 1995, 287.

644 VerBAV 1995, 367. Vgl. auch GB BAV 1995, Teil A, 36 sowie VerBAV 1997, 156.

darfs heranzuziehen. Dabei könne die Erhöhung der Deckungsrückstellungen „den Jahresüberschuß mit der Folge mindern, daß geringere Mittel für die Zuführung zur Rückstellung für Beitragsrückerstattung (RfB) zur Verfügung stehen."[645] Im einzelnen sah das BAV folgende Methoden zur Finanzierung des Nachreservierungsbedarfs als zulässig an:

- Verwendung der jährlichen laufenden Überschüsse (teilweise oder ganz) des Einzelvertrages (natürliche Methode),
- Verwendung der jährlichen laufenden Überschüsse (teilweise oder ganz) des Rentenversicherungskollektivs,
- Finanzierung aus dem Rohüberschuß des gesamten Altbestands unter Einhaltung der für die Abrechnungsverbände maßgeblichen Mindestzuführungsquote,
- Zeitlich begrenzte Subventionierung aus zu verzinsenden und rückzahlbaren Darlehen von anderen Abrechnungsverbänden,
- Finanzierung aus Aktionärsmitteln,
- Finanzierung durch eine Kombination der genannten Methoden.

Obwohl die zuerst genannten drei Methoden zu einer Reduzierung der Überschußbeteiligung führen, ging das BAV davon aus, daß diese Verfahren aus aufsichtsrechtlicher Sicht nicht zu beanstanden seien.[646] Auch zivilrechtliche Ansprüche der Versicherungsnehmer auf eine anderweitige Berechnung und Zahlung der Überschußanteile kamen für den Altbestand nach Ansicht der Gerichte nicht in Betracht.[647] Die Versicherer konnten somit die Sterbetafeln während der Vertragslaufzeit beliebig austauschen und die Überschußanteile entsprechend reduzieren.[648]

---

645 VerBAV 1995, 367, 369. Gleichzeitig wies das BAV aber darauf hin, daß die zu § 81c VAG festgelegten Mindestzuführungsquoten hiervon unberührt bleiben sollten. Auch könnten die Versicherer keine Maßnahmen i.S.d. § 56a VAG geltend machen.

646 VerBAV 1995, 287. Für neu abzuschließende Rentenversicherungen untersagte das BAV allerdings die Verwendung der bisherigen Beispielrechnungen, sofern eine Herabsetzung der zuvor gewährten Überschußanteilssätze bereits absehbar war.

647 AG Bad Schwalbach, VersR 1997, 606. Ebenso: OLG Frankfurt VersR 1999, 1097 und OLG Stuttgart, VersR 1999, 1223.

648 Zur Rechtslage für den Neubestand vgl. OLG Koblenz, VersR 2000, 1357 (=NVersZ 2000, 423) und OLG Düsseldorf, NVersZ 2001, 15 sowie die Ausführungen auf S. 270ff.

2. Kapitalanlage-, Bilanz- und Überschußverteilungspolitik

Auch die Grundzüge der beabsichtigten Kapitalanlage-, Bilanz- und Überschußverteilungspolitik werden bislang nicht festgelegt.[649] Dies unterscheidet den überschußberechtigten LVV von anderen Sparprodukten.

Insbesondere bei der fondsgebundenen Lebensversicherung können die Versicherungsnehmer entscheiden, welche Kapitalanlagen mit den eingezahlten Sparbeiträgen aufgebaut werden. Aufsichtsrechtlich wird dabei sichergestellt, daß das vereinbarte Sparziel nicht beeinträchtigt wird. Um eine Subventionierung zwischen einzelnen Anlagearten zu verhindern, sind die Versicherer verpflichtet, für jede Anlageart eine selbständige Abteilung (Anlagestock) im Deckungsstock zu bilden (§ 54b VAG). Beim überschußberechtigten LVV steht die Wahl der Kapitalanlagen dagegen im Ermessen der Versicherer. Der Versicherungsnehmer weiß noch nicht einmal, ob sein Vertrag auf eine sicherheitsorientierte Anlagestrategie (Anlageschwerpunkt: festverzinsliche Kapitalanlagen) ausgerichtet ist oder die Rendite im Vordergrund des Vertrages stehen soll (Anlageschwerpunkt: Realanlagen). Da die eingezahlten Prämien untrennbar mit dem Gesamtvermögen vermischt werden, können die angelegten Sparbeiträge und Erträge auch nicht den einzelnen Verträgen direkt zugeordnet werden. Ihrer Rechtsnatur nach sind überschußberechtigte LVV – insbesondere kapitalbildende Lebensversicherungen – aber auf ein „Sparen" ausgerichtet. Die Versicherungsnehmer haben daher ein berechtigtes Interesse daran, daß die Grundlinien der Kapitalanlagepolitik ebenso wie bei vergleichbaren Sparprodukten näher konkretisiert und Quersubventionierungen verhindert werden.

Während die Kapitalanlageerträge einer fondsgebundenen Lebensversicherung zeitnah zu bewerten und gutzuschreiben sind (§ 341d HGB), werden die Versicherungsnehmer eines überschußberechtigten LVV zudem darüber im Unklaren gelassen, ob die erwirtschafteten Überschüsse ohne zeitliche Verzögerung ausgeschüttet oder bis zum Vertragsende thesauriert werden. Durch eine gezielte Kapitalanlage-, Bilanz- und Überschußverteilungspolitik (Bildung/Auflösung stiller Reserven, Direktgutschrift, regelmäßige Auflösung der RfB/Thesaurierung in der RfB) können die Versicherer den Zeitpunkt der Überschußzuteilung nach Belieben bestimmen.

---

649 Eine Ausnahme bildet lediglich das Tarifangebot der oeco capital Lebensversicherung AG (vgl. HEIDEMANN, VP 1996, 150f.) Diese Gesellschaft sichert den Versicherungsnehmern bislang als einziges Unternehmen eine bestimmte Kapitalanlagestrategie zu. Gemäß den Tarifunterlagen verpflichtet sich das Unternehmen, die ihm anvertrauten Gelder zu 100 % in Umweltprojekte zu investieren. Über die strikt ökologische Verwendung der gezahlten Beiträge werden die Kunden in Form detaillierter Anlagepläne informiert. Jeweils ein Viertel aller eingezahlten Prämien will die oeco capital in Aktien, Anleihen, Hypotheken und Darlehen anlegen. Darüber hinaus schließt das Unternehmen von vornherein bestimmte Aktien wie beispielsweise Aktien der Atom-, Rüstungs-, Kfz- oder Chemieindustrie als Anlage aus. Bis vor kurzem konnten die Versicherungsnehmer darüber hinaus zwischen einer sicherheitsorientierten und einer renditeorientierten Produktvariante wählen. Die sicherheitsorientierte Version wurde ungezillmert kalkuliert und wies während der Vertragslaufzeit höhere Rückkaufswerte auf. Demgegenüber wurden für die renditeorientierte, gezillmerte Variante höhere Ablaufleistungen prognostiziert. Nach telefonischer Auskunft der oeco capital Lebensversicherung AG bietet das Unternehmen allerdings seit dem 1.7.1999 nur noch die renditeorientierte, gezillmerte Variante an.

Hierdurch kann sich unter Umständen auch die Rendite eines Vertrages verschlechtern. Von einer Ausschüttung profitieren nämlich nur die zu diesem Zeitpunkt überschußberechtigten LVV und nicht unbedingt die Versicherungen, die die Erträge tatsächlich erwirtschaftet haben. Zeitliche Verzerrungen bei der Überschußzuteilung sind zwar insoweit unschädlich, als das Verhältnis zwischen thesaurierten Überschüssen und Kapitalanlagen während der Vertragslaufzeit insgesamt konstant bleibt. Problematisch ist aber, wenn zwischen der Bildung neuer und der Auflösung alter Rückstellungen ein Mißverhältnis entsteht: Wächst das Verhältnis zwischen thesaurierten Überschüssen und Kapitalanlagen während der Vertragslaufzeit, so wird der aktuelle Bestand benachteiligt. Sinkt dagegen das Verhältnis, so erhält der aktuelle Bestand mehr, als er beigetragen hat.

Besonders deutlich werden diese Zusammenhänge in einem Fall, den das OLG Hamburg für den Altbestand zu entscheiden hatte.[650] Der Versicherungsnehmer hatte bei dem beklagten Versicherungsunternehmen eine Kapitallebensversicherung abgeschlossen, die am 1.12.1973 begann und am 1.12.1986 ablief. Insgesamt zahlte der Versicherungsnehmer bis zum Ablauf seiner Versicherung 115 602,- DM an Beiträgen. Vom Versicherungsunternehmen erhielt der Versicherungsnehmer eine Ablaufleistung von insgesamt – einschließlich laufender Überschußanteile und Ablaufbonus – 117 183, 10 DM. Diese ungewöhnlich niedrige Ablaufleistung war im wesentlichen darauf zurückzuführen, daß der Versicherer hohe Beträge in der RfB thesauriert und zum Ablaufzeitpunkt noch nicht ausgeschüttet hatte. Im Jahre 1986 legte das BAV zwar eine Höchstgrenze für die RfB fest und veranlaßte die Versicherer, Sonderausschüttungen an die Versicherten vorzubereiten (vgl. S. 72f.). Auch das Versicherungsunternehmen nahm mit Genehmigung des BAV eine Sonderausschüttung zum 1.1.1988 vor. Da diese Sonderausschüttung jedoch nur Versicherungsverträge betraf, die am 31.12.1987 noch im Bestand waren, wurde der Versicherungsnehmer, dessen Vertrag bereits im Dezember 1986 ausgelaufen war, nicht an diesen Überschüssen beteiligt.

Derartige Verzerrungen bei der Überschußzuteilung sind auch für den Neubestand zu befürchten, denn aufgrund der Umsetzung der dritten Richtlinie Leben können die vom BAV erlassenen Vorschriften zur Begrenzung der RfB nur noch für den Altbestand Geltung beanspruchen.

---

650 OLG Hamburg, VersR 1990, 475. Zu den Entscheidungsgründen siehe S. 82f.

3. Die Praxis der „Querverrechnung"[651]

Problematisch ist ferner die seit jeher gängige Praxis der „Querverrechnung". Schon in der Vergangenheit konnten die Versicherer Fehlbeträge aus anderen Überschußquellen, insbesondere negative Ergebnisse aus den Bereichen „Abschlußkosten" und „übriges Ergebnis" mit Risiko-, Kapitalanlage- und Verwaltungskostenüberschüssen saldieren. Denn die Versicherer waren nach den Geschäftsplänen lediglich verpflichtet, 90 % des Rohüberschusses der RfB zuzuweisen. Der Rohüberschuß definiert sich aber gerade als die Summe der Ergebnissse aus den einzelnen Überschußquellen und ist somit bereits das Resultat einer internen Querverrechnung. Als Bemessungsgrundlage für die Überschußbeteiligung ist der Rohüberschuß daher völlig ungeeignet.[652] So ergab eine Untersuchung des BAV für die Geschäftsjahre 1974-1978, daß die Versicherer 14-22 % der Risiko- und Kapitalanlageüberschüsse nicht an die Versicherten verteilten.[653] Demgegenüber lag die Höhe des Rückerstattungsprozentsatzes für den gleichen Zeitraum bei gut 98 %. Diese Praxis konnte auch nicht durch die im Jahre 1983 neu eingeführte Rückgewährquote, die für den Altbestand weiterhin gilt (§§ 81c Abs. 2 VAG i.V.m. §§ 4ff. ZRQuotenV), wirksam unterbunden werden. Da die Angemessenheit der Überschußbeteiligung nach diesen Regelungen an einem Rückgewährrichtsatz zu messen ist, der sich am Branchendurchschnitt (Summe aller Risikoergebnisse und Nettokapitalerträge) orientiert, verhinderte das BAV lediglich eine exzessive, branchenuntypische Verrechnungspraxis.

Für den Neubestand wird die R-Quote durch die nunmehr geltende Z-Quote ersetzt. § 1 Abs. 2 S. 1 ZRQuotenV legt fest, daß die Versicherten zu mindestens 90 % an den erwirtschafteten Nettokapitalerträgen zu beteiligen sind. Im Unterschied zum Altbestand wird dabei nicht mehr auf einheitliche Branchenwerte, sondern auf die individuell erwirtschafteten Nettokapitalerträge der einzelnen Unternehmen abgestellt. In seiner Begründung führt der Gesetzgeber hierzu aus:[654]

> „Die Festsetzung einer Mindestzuführung in Abhängigkeit von den Kapitalerträgen ist erforderlich, weil der frühere Mindestzuführungssatz in Prozent des Rohüberschusses die bekannten Mängel aufweist, die früher vor Einführung der Rückgewährquote beobachtet wurden. Die entstandenen Überschüsse aus dem Sterblichkeitsverlauf und den Kapitalanlagen konnten nämlich vor Zuführung zur Rückstellung für Beitragsrückerstattung bei-

---

651 Teilweise wird der Begriff „Querverrechnung" in einem umfassenden Sinne gebraucht. DIETER RÜCKLE spricht beispielsweise von einer Querverrechnung, wenn (1) Aufwand, der zu einem bestimmten Prämienbestandteil gehört, aus Überschüssen anderer Prämienbestandteile gedeckt wird oder (2) einzelne Versicherungsverträge bzw. Sparten subventioniert werden (VersWissStud. 5, 249, 291). Querverrechnung (1) und Quersubventionierung (2) sind aber in rechtlicher Hinsicht strikt zu trennen. Eine Saldierung von Fehlbeträgen und Überschüssen muß nicht notwendigerweise anderen Versicherungsnehmer zugute kommen. Darüber hinaus wird die Möglichkeit der Quersubventionierung durch den Gleichbehandlungsgrundsatz (§ 11 Abs. 2 VAG) weitgehend beschränkt.

652 Grundlegend hierzu: BASEDOW, ZVersWiss 1992, 419, 425ff.

653 CLAUS, VerBAV 1980, 22, 24.

654 BTDrcks. 12/6959, 85.

spielsweise mit Kostenverlusten saldiert werden, so daß nur dieser geschmälerte Überschuß mit dem geschäftsplanmäßigen Mindestzuführungssatz der Rückstellung für Beitragsrückerstattung zugeführt wurde. Diese Möglichkeit soll mit der Einführung der Mindestzuführung in Abhängigkeit von den Kapitalerträgen verhindert werden."

Diese Einschätzung erweist sich bei genauerer Betrachtung als unzutreffend. Die Tatsache, daß die Z-Quote nicht mehr auf den Branchendurchschnitt abstellt, bedeutet nicht zwangsläufig, daß eine Saldierung zwischen den Überschußquellen künftig ausgeschlossen ist.[655] Da das Aufsichtsrecht für Kapitalanlageüberschüsse lediglich einen 90%-igen Zuweisungssatz vorschreibt und für Risiko- und Verwaltungskostenüberschüsse auf den unbestimmten Rechtsbegriff der „Angemessenheit" verweist (§ 1 Abs. 1 S. 1 ZRQuotenV), besteht vielmehr die Gefahr, daß Fehlbeträge aus dem Abschlußkostenergebnis und sonstigen Ergebnis zu Lasten folgender Überschüsse saldiert werden:

- 10 % der Nettokapitalerträge
- 100 % der Risikoüberschüsse
- 100 % der Verwaltungskostenüberschüsse

Eine ganz besondere Form der Querverrechnung erfolgt schließlich seit jeher bei der Ermittlung der Kapitalanlageüberschüsse. Anstatt die Kosten für die Verwaltung der Kapitalanlagen im Kostenergebnis zu buchen, werden derartige Aufwendungen traditionell im Kapitalanlageergebnis erfaßt.[656] Unternehmen, die eine außergewöhnlich ineffiziente Vermögensverwaltung aufweisen, können die entstandenen Aufwendungen somit in beliebiger Höhe überschußmindernd berücksichtigen, ohne daß hierdurch die 90%-ige Mindestzuführungsquote tangiert wäre.

4. Endgültiger Entzug erwirtschafteter Überschüsse

Am gravierendsten wirkt sich allerdings die Tatsache aus, daß die Versicherer erwirtschaftete Überschüsse den Versicherten vollständig entziehen können.

a) Entnahmen aus dem Deckungsstock?

Bevor hierauf im einzelnen einzugehen ist, sei jedoch zuvor auf folgendes verwiesen: Teilweise wird vertreten, daß stille Reserven auch durch eine Entnahme aus dem Deckungsstock den Versicherten vollständig entzogen werden könnten. Namentlich BRÖMMELMEYER[657] ist der Ansicht, daß die Lebensversicherer über §§ 77 Abs. 1, 72 Abs. 2

---

655 Wie hier: SCHWINTOWSKI, VuR 1998, 219, 222.
656 Vgl. S. 45. Kritisch zu dieser Form der Querverrechnung: HÖLSCHER, ZVersWiss 1996, 41, 64 sowie SCHWINTOWSKI, VuR 1998, 219, 223.
657 BRÖMMELMEYER, Der Verantwortliche Aktuar in der Lebensversicherung (2000), 207f. Zustimmend: BERLKOMM-SCHWINTOWSKI, vor §§ 159-178 Rn. 67 und VuR 1998, 219, 227.

VAG i.V.m. § 32 Abs. 2 Hypothekenbankgesetz imstande seien, Kapitalanlagen des Deckungsstocks aus dem gebundenen Vermögen herauszulösen und zu verlagern, bevor die in der Kapitalanlage enthaltenen stillen Reserven aufgelöst werden. Grundsätzlich, so BRÖMMELMEYER weiter, dürften dem Deckungsstock zwar nur die Mittel entnommen werden, die zur Vornahme und Änderung der Kapitalanlagen erforderlich seien (§ 77 Abs. 1 VAG). Eine solche Entnahme dürfe auch nicht zu einer Unterdeckung führen, denn der Umfang des Deckungsstocks müsse nach wie vor dem Deckungsstock-Soll entsprechen (§ 66 Abs. 1a VAG). Daher müsse der Vorstand die entzogene Kapitalanlage Zug um Zug durch ebenfalls deckungsstockfähige Werte ersetzen.[658] Im Ergebnis müßten jedoch die Ersatzwerte lediglich den bilanzierten, nicht aber den realen Wert der substituierten Kapitalanlage aufweisen. Die Rechnungslegung als Bemessungsgrundlage der Überschußbeteiligung führe insofern nicht nur zu einer möglichen Bevor- bzw. Benachteiligung in der Zeit, sondern auch dazu, daß stille Reserven, die mit Hilfe der Beiträge der Versicherungsnehmer finanziert wurden, vollständig aus der Überschußbeteiligung herausgelöst werden könnten.

BRÖMMELMEYERS Argumentation vermag nicht zu überzeugen. Bemessungsgrundlage für die Überschußbeteiligung sind die erwirtschafteten Nettokapitalerträge des Gesamtbestandes, die über einen Zinsträgerschlüssel auf die überschußberechtigten LVV des Neubestands verteilt werden.[659] Die Höhe der Überschußbeteiligung ist also nicht davon abhängig, ob ein Vermögensgegenstand im Deckungsstockverzeichnis eines Versicherungsunternehmens eingetragen ist. Entscheidend ist vielmehr, ob sich die betreffende Kapitalanlage noch im Gesamtbestand des Unternehmens befindet. Erst ein Vermögenstransfer zwischen (verbundenen) Versicherungsunternehmen könnte somit zu einem endgültigen Entzug stiller Reserven führen.[660]

Warum sollte aber ein Versicherungsunternehmen auf die Idee kommen, zunächst Deckungsstockwerte auszutauschen, um anschließend die frei gewordenen Vermögenswerte zu transferieren? Aus aufsichtsrechtlichen Gründen wäre ein derartiger Austausch von Deckungsstockwerten äußerst bedenklich. Die dem Deckungsstock zugeführten Vermögensanlagen sollen die bevorrechtigte Befriedigung der Versicherten im Falle eines Konkurses (§ 77 Abs. 4 VAG) gewährleisten.[661] Eine Entnahme von Deckungsstockwerten könnte daher im Einzelfall gegen die konkurssichernde Funktion des § 66 Abs. 1a VAG verstoßen.[662] Für diese Fälle müßte die Aufsichtsbehörde einen Austausch

---

658 Siehe hierzu: R 4/96, VerBAV 1996, 43, Rn. 2.7.2. (Herausgabe von Deckungsstockwerten bei Zuführung von Ersatzwerten).

659 Gem. § 3 Abs. 2 ZRQuotenV wird der Zinsträgerschlüssel durch das Verhältnis der jeweiligen zinstragenden Passiva bestimmt. Siehe hierzu: S. 109f.

660 Dies räumt letztlich auch BRÖMMELMEYER ein (a.a.O.), der in seinem Beispiel davon ausgeht, daß ein unterbewertetes Wertpapier zunächst aus dem Deckungsstock herausgelöst und anschließend auf eine Beteiligungs-GmbH übertragen wird.

661 Siehe R 2/81 (VerBAV 1981, 247), abgedruckt in: PRÖLSS, VAG[11], § 71 Rn. 1.

662 Zu weitgehend aber: SCHWINTOWSKI (in: VuR 1998, 219, 227), der die Ansicht vertritt, daß der Marktwert für den Wert des Deckungsstocks regelmäßig maßgebend ist. Nach hier vertretener Auffassung liegt demgegenüber erst dann ein Verstoß gegen § 66 Abs. 1a VAG vor, wenn die Aufsichtsbehörde gem. § 66 Abs. 3a S. 3 VAG eine Erhöhung des Wertansatzes zugelassen hat.

von Deckungsstockwerten untersagen (§ 81 Abs. 1 S. 2 VAG). Bei einem Verstoß gegen § 66 Abs. 1a VAG hätten die Versicherten gegen den Treuhänder darüber hinaus sogar einen Schadensersatzanspruch gem. § 823 Abs. 2 BGB i.V.m. §§ 72, 73 VAG, wenn infolge seines schuldhaften Verhaltens der Vorstand gesetzeswidrig über den Deckungsstock verfügen konnte.[663] Bislang sind daher keine Anhaltspunkte ersichtlich, daß die Versicherer stille Reserven über den Umweg einer Entnahme aus dem Deckungsstock den Versicherungsnehmern entziehen.

b) Teil-Bestandsübertragungen (§ 14 VAG)

Vielmehr ist zu erwarten, daß stille Reserven den Versicherten direkt im Wege einer Teil-Bestandsübertragung nach § 14 VAG endgültig entzogen werden. Der bereits geschilderte Fall „Deutscher Herold" belegt, daß die versicherungsvertraglichen Überschußbeteiligungsansprüche der Versicherungsnehmer für den Altbestand durch die Entscheidungen des BAV und des BVerwG in bedenklicher Art und Weise ausgehöhlt wurden (vgl. S. 88ff.). Erneut ist an dieser Stelle aber darauf hinzuweisen, daß eine verfassungsrechtliche Klärung der hiermit verbundenen Rechtsfragen noch aussteht und für die seit dem 29. Juli 1994 abgeschlossenen LVV noch höchstrichterlich zu entscheiden ist, unter welchen Voraussetzungen Teilbestandsübertragungen zwischen Versicherungsunternehmen zulässig sind.[664]

c) Sonstige Gewinnverschiebungen im Versicherungskonzern

Die Vermögenssituation eines LVU kann darüber hinaus durch sonstige Gewinnverschiebungen im Versicherungskonzern beeinträchtigt werden. Insbesondere Verträge über Dienstleistungen, die von einem verbundenen Unternehmen bezogen werden, können das Volumen der verteilungsfähigen Überschüsse drastisch reduzieren, wenn der Lebensversicherer dem Unternehmen vergleichsweise günstige Konditionen einräumt. So wurde in der Vergangenheit denn auch beanstandet, daß LVU erwirtschaftete Gewinne durch Rückversicherungsverträge oder nicht marktgerechte Kostenumlagen auf verbundene Unternehmen transferierten.[665] Von besonderer Bedeutung sind ferner Unternehmensverträge. Auch sie können zu einem Finanztransfer führen, der die Überschußbeteiligung der Versicherten erheblich schmälert.

Aufsichtsrechtlich wird einer Verlagerung von Unternehmensgewinnen allerdings in mehrfacher Hinsicht entgegengewirkt.

---

663 LIPOWSKI, in: PRÖLSS, VAG[11], § 71 Rn. 10, § 77 Rn. 5
664 Vgl. hierzu S. 276ff.
665 FINSINGER/SCHNEIDER, ZfB 1985, 347, 349; GÄRTNER, in: Marktstruktur und Wettbewerb in der Bundesrepublik Deutschland (1984), 491, 521.

aa) Das Prinzip der Spartentrennung

Von grundsätzlicher Bedeutung ist zunächst der Spartentrennungsgrundsatz, der für den Altbestand stets aus der Maxime der Sicherung der dauernden Erfüllbarkeit und den Aufgaben einer ausreichenden Wahrung der Versichertenbelange hergeleitet wurde.[666] In seiner praktischen Anwendung hat das Prinzip der Spartentrennung dementsprechend zwei Ausgestaltungen erfahren. Zum einen soll die Spartentrennung gewährleisten, daß die haftenden Vermögensmassen eines Konzerns durch den Zwang zur rechtlichen Selbständigkeit voneinander getrennt werden. Auf diese Weise wird die Insolvenzgefahr auf die jeweilige Versicherungssparte begrenzt (sog. rechtliche Spartentrennung, vgl. § 8 Abs. 1a S. 1 VAG). Zum anderen soll die Spartentrennung sicherstellen, daß der erwirtschaftete Überschuß den Versicherungsnehmern erhalten bleibt (sog. wirtschaftliche Spartentrennung).[667]

Diese Grundsätze gelten für den Neubestand nur noch bedingt. Die Deregulierung der Versicherungsmärkte hat zu einer weitgehenden Aufhebung der *rechtlichen* Spartentrennung geführt.[668] Nach der dritten Richtlinie Leben können bestehende Mehrbranchenversicherer unbefristet und ungehindert in allen Ländern der Gemeinschaft im Niederlassungs- und Dienstleistungsverkehr tätig werden. Darüber hinaus können die Mitgliedstaaten den gleichzeitigen Betrieb der Lebens-, Unfall- und Krankenversicherung zulassen. Aufgrund eines politischen Kompromisses ist die Beibehaltung der rechtlichen Spartentrennung für die Mitgliedstaaten allerdings derzeit noch möglich. Der deutsche Gesetzgeber hat von seinem Mitgliedstatenwahlrecht Gebrauch gemacht und sich dafür entschieden, das Prinzip der rechtlichen Spartentrennung weiterhin aufrechtzuerhalten. § 8 Abs. 1a S. 1 VAG gilt somit nur für inländische LVU und Drittlandsunternehmen (§ 106c VAG), nicht jedoch für Unternehmen in einem anderen Mitgliedstaat. Auf der Grundlage eines Berichts der Kommission an den Rat will der Richtliniengeber zudem die in der dritten Richtlinie Leben getroffenen Regelungen zur Spartentrennung bis zum 31. Dezember 1999 überprüfen.[669]

Während das Prinzip der rechtlichen Spartentrennung somit europarechtlich weitgehend beseitigt ist, gilt der Grundsatz der *wirtschaftlichen* Spartentrennung weiterhin. Bestehende Mehrbranchenversicherer müssen nach der dritten Richtlinie Leben eine getrennte Verwaltung für die Lebensversicherung vorsehen. Um den Versicherten ein unverfälschtes Ergebnis des Lebensversicherungsbetriebs zugute kommen zu lassen, sieht Art. 13 Abs. 5 der ersten Richtlinie Leben in der Fassung von Art. 16 der dritten Richtlinie Leben darüber hinaus folgendes vor:

---

666 DREHER, ZVersWiss 1988, 619, 624 (mwN).

667 GB BAV 1972, 31.

668 Artt. 5, 37 der dritten Richtlinie Schaden i.V.m. Art. 7 Abs. 2 lit.c erste Richtlinie Schaden und Art. 12 Abs. 3 zweite Richtlinie Schaden sowie Art. 13 der ersten Richtlinie Leben i.d.F. Art. 16 der dritten Richtlinie Leben. Demgegenüber haben sich die Bundesregierung (BTDrcks. 12/1711, 12, 15), der Bundesrat (BTDrcks. 12/1711, 19f.), der Finanz-, Wirtschafts- und Rechtsausschuß des Deutschen Bundestags (BTDrcks. 12/1711, 4f., 21ff.) und das BAV (GB BAV 1990, 50) für eine Beibehaltung der rechtlichen Spartentrennung ausgesprochen.

669 Art. 13 Abs. 7 erste Richtlinie Leben i.d.F. Art. 16 dritte Richtlinie Leben.

„Ist ein Unternehmen (...) in finanzieller, geschäftlicher oder verwaltungsmäßiger Hinsicht mit einem Unternehmen verbunden, das die unter die vorliegende Richtlinie fallenden Tätigkeiten ausübt, so achten die zuständigen Behörden der Mitgliedstaaten, in deren Hoheitsgebiet diese Unternehmen ihren Sitz haben, darauf, daß das Rechnungsergebnis der betreffenden Unternehmen nicht durch gegenseitige Abmachungen oder durch irgendwelche Vereinbarungen verfälscht wird, die die Aufteilung der Kosten und der Einnahmen beeinflussen könnten."

Im Ergebnis fordert die dritte Richtlinie Leben also zur Erhaltung der wirtschaftlichen Spartentrennung eine umfassende Konzernaufsicht.[670] Parallel hierzu hat der Richtliniengeber Regelungen geschaffen, die die Transparenz von Beteiligungsverhältnissen gewährleisten sollen. Nach Art. 14 Abs. 1 der dritten Richtlinie Leben – nunmehr umgesetzt in § 104 VAG – ist die Aufsichtsbehörde vorab zu unterrichten, wenn eine natürliche oder juristische Person an einem Versicherungsunternehmen direkt oder indirekt eine bedeutende Beteiligung zu halten beabsichtigt. Eine bedeutende Beteiligung liegt vor, wenn mindestens 10 % des Kapitals oder der Stimmrechte eines Unternehmens gehalten werden oder sonst ein maßgeblicher Einfluß auf das Beteiligungsunternehmen ausgeübt werden kann (Art. 1 lit.h dritte Richtlinie Leben; § 7a Abs. 2 S. 3 VAG). Hierdurch soll die zuständige Aufsichtsbehörde in die Lage versetzt werden, „besondere Konzernstrukturen als ungeeignet abzulehnen" und Gewinnverschiebungen innerhalb eines Versicherungskonzerns frühzeitig zu unterbinden.[671]

bb) Dienstleistungsverträge im Unternehmensverbund (§ 53d VAG)

Das Prinzip der wirtschaftlichen Spartentrennung wird zusätzlich über § 53d VAG abgesichert. Da die wahre Ertragslage eines Versicherungsunternehmens durch Dienstleistungsverträge verfälscht und die Überschußbeteiligung beeinträchtigt werden könnte, ist gem. § 53d Abs. 1 S. 1 VAG das Entgelt für Dienstleistungsverträge von Versicherungsunternehmen mit verbundenen Nicht-Versicherungsunternehmen auf den Be-

---

670 Siehe aber auch DREHER (DB 1992, 2605, 2608 bei Fn. 54), der einerseits der Ansicht ist, daß der Grundsatz der wirtschaftlichen Spartentrennung nicht bei einem gleichzeitigen Betrieb der Lebens-, Unfall- und Krankenversicherung gelte, da Art. 13 Abs. 2 der ersten Richtlinie Leben i.d.F.d. Art. 16 dritte Richtlinie Leben den Dreispartenbetrieb ohne Kosten- und Einnahmetrennung für zulässig erkläre und als speziellere Regelung zu Art. 13 Abs. 5 anzusehen sei, andererseits aber zutreffend darauf hinweist, daß sich die dritte Richtlinie trotz Aufweichung des Spartentrennungsgrundsatzes weiter am Regelungsziel der ersten Richtlinie Leben orientiere, den Versicherten ein unverfälschtes Ergebnis des Lebensversicherungsbetriebs zugute kommen zu lassen (a.a.O., 2610).

671 Vgl. nunmehr auch die Richtlinie 98/78/EG v. 27. Oktober 1998 über die zusätzliche Beaufsichtigung der einer Versicherungsgruppe angehörenden Versicherungsunternehmen (ABl. EG Nr. L 330 v. 5.12.1998) sowie ihre Umsetzung in das deutsche Recht (BGBl. I 2000, 1857). Durch die Umsetzung der Richtlinie 98/78/EG ist die Kontrolle der Anteilseigner von Versicherungsunternehmen gegenüber dem bisherigen Zustand deutlich stringenter geworden (vgl. hierzu insbesondere FRICKE, NVersZ 2001, 97, 98 sowie PRÄVE, VersR 2001, 133, 135). Ziel der Novellierung ist eine wirksamere Anteilseignerkontrolle, die Verhinderung von Umgehungskonstruktionen und eine Absenkung der Eingriffsschwelle der Aufsicht durch Beweiserleichterungen.

trag zu begrenzen, den ein ordentlicher und gewissenhafter Geschäftsleiter unter Berücksichtigung der Belange der Versicherten auch mit einem nicht verbundenen Unternehmen vereinbaren würde.[672] In seinen Veröffentlichungen hat das BAV Hinweise zur Anwendung dieser Vorschriften mitgeteilt.[673] Hiernach gilt folgendes: In Fällen, in denen ein Markt für vergleichbare Dienstleistungen existiert, hat sich das Entgelt grundsätzlich an dem Marktpreis zu orientieren, der von mehreren Unternehmen mit einer Anzahl von nichtverbundenen Unternehmen unter Wettbewerbsbedingungen in der Regel vereinbart wird. Ist ein Marktpreis für vergleichbare Dienstleistungen nicht zu ermitteln, so richtet sich das Entgelt nach den tatsächlich entstandenen Kosten und einem angemessenen Gewinn (Kostenaufschlagsmethode). Selbst in diesem Fall darf das Unternehmen aber auf Dauer nicht mehr zahlen, als es an Kosten zu tragen hätte, wenn es die Arbeiten im eigenen Unternehmen durchführen würde. Daher hat das Dienstleistungsunternehmen dem Versicherungsunternehmen gem. § 53d Abs. 1 S. 2 VAG die Höhe der entstandenen Aufwendungen sowie die Art ihrer Berechnung jährlich mitzuteilen.

Obwohl sich § 53d VAG seinem Wortlaut nach nur auf Dienstleistungsverträge zwischen einem LVU und einem Nicht-Versicherungsunternehmen bezieht, hat das BAV die genannten Regeln in der Vergangenheit auch auf Verträge angewendet, die zwischen verbundenen Erst- oder Rückversicherungsunternehmen abgeschlossen wurden.[674] Für den Neubestand dürfte entsprechendes gelten. Da nach der Regelungskonzeption der dritten Richtlinie Leben das Prinzip der wirtschaftlichen Spartentrennung weiterhin Bestand hat, muß das BAV zur Wahrung der Versichertenbelange (§ 81 Abs. 1 S. 2 VAG) wie bisher darauf achten, daß Dienstleistungsverträge zwischen verbundenen Versicherungsunternehmen in ihrem Preis-Leistungsverhältnis marktgerecht gestaltet werden.

cc) Unternehmensverträge (§§ 291 AktG, 5 Abs. 3 Nr. 3 VAG)

Schließlich erlangt der Grundsatz der wirtschaftlichen Spartentrennung auch bei der Kontrolle von Unternehmensverträgen Bedeutung. Bei der Mehrzahl der in der Praxis abgeschlossenen Unternehmensverträge handelt es sich um Beherrschungsverträge (§ 291 Abs. 1 S. 1 1. Alt. AktG) und Gewinnabführungsverträge (§ 291 Abs. 1 S. 1 2. Alt. AktG), die ihrerseits oft mit Beherrschungsverträgen verbunden werden.[675] Derarti-

---

672 Sog. Grundsatz des Fremdverhaltens („arm's length"-Prinzip). Siehe die Regierungsbegründung zu § 53d VAG in BTDrcks. 9/1493, 24f. sowie LIPOWSKI, in: PRÖLSS, VAG[11], § 53d Rn. 1.
673 VerBAV 1985, 169.
674 VerBAV 1985, 169, 170 (Nr. 2). Bei verwaltungsbezogenen Leistungen zwischen Konzern-Versicherungsunternehmen konnten die entstandenen Kosten durch eine Kostenumlage verrechnet werden, soweit das Entgelt für die Dienstleistungen nur zusammengefaßt bewertet werden kann oder die Ermittlung der den einzelnen Leistungen gesondert zuzurechnenden Kosten schwierig ist. In die Kostenumlage war kein Gewinnaufschlag, jedoch eine angemessene Verzinsung des eingesetzten Kapitals und ein Beitrag zu den Geschäftsführungs- und allgemeinen Verwaltungskosten einzubeziehen.
675 DREHER, ZVersWiss 1988, 619, 623.

ge Verträge bedürfen nach §§ 5 Abs. 3 Nr. 3, 8 Abs. 1 Nr. 2, 13 Abs. 1 VAG der Genehmigung des BAV.

Für den Altbestand war die Genehmigungsfähigkeit davon abhängig, ob das LVU als Ober- bzw. Hauptgesellschaft oder als Untergesellschaft fungiert.

Unternehmensverträge mit LVU als Ober- bzw. Hauptgesellschaft waren prinzipiell nicht genehmigungsfähig.[676] Da § 302 AktG das herrschende Unternehmen bei Bestehen eines Beherrschungs- oder Gewinnabführungsvertrages zum Ausgleich der Jahresfehlbeträge beim anderen Unternehmen zwingt, sah das BAV in dem Abschluß eines Unternehmensvertrages eine Durchbrechung des Spartentrennungsprinzips. Denn die Verlustausgleichspflicht führt letztlich zu einer Aufhebung der Trennung der Vermögensmassen. Darüber hinaus verstößt ein Unternehmensvertrag zwischen einem herrschenden LVU und einem Nicht-Versicherungsunternehmen gegen das Verbot des Betreibens versicherungsfremder Geschäfte (§ 7 Abs. 2 VAG).[677] Da ein herrschendes LVU die gesamte Leitung dieser Gesellschaft übernehmen kann (§ 308 AktG) steht der Abschluß eines Beherrschungsvertrages dem Betreiben versicherungsfremder Geschäfte so nahe, daß § 7 Abs. 2 VAG Anwendung finden muß.

Demgegenüber waren Beherrschungsverträge zwischen einem abhängigen LVU und einem sonstigen Versicherungsunternehmen nach Ansicht des BAV prinzipiell genehmigungsfähig. Zur Begründung wies das Aufsichtsamt darauf hin, daß aufgrund der aufsichtsrechtlich angeordneten Sicherheitszuschläge mit einer Verlustübernahme (§ 302 AktG) für das herrschende Versicherungsunternehmen in aller Regel nicht zu rechnen sei.[678] Gleichzeitig verlangte das BAV allerdings, daß die Weisungsbefugnis des herrschenden Unternehmens (§ 308 AktG) zur Wahrung der Versichertenbelange eingeschränkt werden müsse. Um die Versicherten vor nachteiligen Weisungen bei der Überschußbeteiligung zu schützen, mußten die Vertragsparteien einflußbegrenzende Klauseln in den Unternehmensvertrag aufnehmen:[679]

„Die Eigenverantwortlichkeit des Vorstandes der abhängigen Lebensversicherungs-AG für die Einhaltung der die Lebensversicherung betreffenden gesetzlichen und aufsichtsbehördlichen Vorschriften sowie der aufsichtsbehördlichen Verwaltungsgrundsätze bleibt unberührt. Das herrschende Versicherungsunternehmen enthält sich daher aller Weisungen – z.B. auf den Gebieten der Überschußermittlung, der Überschußverwendung nach § 56a VAG und der Überschußverteilung, der Aufteilung der Personal- und Sachkosten für gemeinsame Innen- und Außendiensteinrichtungen, der Vermögensanlage –, deren Befolgung bei objektiver Beurteilung für die Belange der Lebensversicherten oder die dauernde Erfüllbarkeit der Lebensversicherungsverträge nachteilig ist."

---

676 GB BAV 1966, 23. GB BAV 1964, 37. Siehe hierzu auch die Stellungnahme des damaligen BAV-Präsidenten NOWAK, VW 1966, 1358, 1364.
677 DREHER, ZVersWiss 1988, 619, 651; GOLDBERG, in: GOLDBERG/MÜLLER, VAG (1980), § 7 Rn. 5.
678 GB BAV 1966, 23.
679 GB BAV 1966, 23f.; Siehe auch GB BAV 1967, 34. Die Forderung nach Vereinbarung einer weisungseinschränkenden Klausel galt darüber hinaus auch für faktische Konzernverbindungen, GB BAV 1981, 30. Hierzu vor allem DREHER, ZVersWiss 1988, 619, 648f.

Beherrschungsverträge zwischen einem abhängigen LVU und einem Nicht-Versicherungsunternehmen waren dagegen prinzipiell nicht genehmigungsfähig. Derartige Verträge seien, so das BAV, infolge des Einflusses Außenstehender „unerwünscht".[680] Darüber hinaus lehnte das BAV auch Gewinnabführungsverträge mit einem abführungspflichtigen LVU ab:[681]

> „Durch solche Verträge würden den Versicherten bzw. den Versicherungsunternehmen mehr Mittel entzogen als durch die bloße Dividendenzahlung an die Aktionäre. Die Überschußbeteiligung der Versicherten könnte geschmälert oder u.U. ganz in Frage gestellt werden. Selbst bei Einhaltung der in der Satzung oder sonst im Geschäftsplan vorgesehenen zwingenden Überschußbeteiligung würde jede weitere freiwillige Überschußzuweisung an die Versicherten bzw. die Rückstellung für Beitragsrückerstattung unterbleiben."

Schließlich erstreckte sich die Versicherungsaufsicht auch auf Unternehmensverträge zwischen ausländischen Versicherungsunternehmen und deren inländischen Versicherungstöchtern. Obwohl die herrschenden Versicherungsunternehmen nicht der deutschen Versicherungsaufsicht unterlagen, forderte das BAV „gewisse Garantien, wie sie auch im Verhältnis zwischen herrschendem Sachversicherungsunternehmen und abhängigen Lebensversicherungsgesellschaften zu vereinbaren sind."[682] Die Versicherer hatten somit, vorbehaltlich der prozessualen Durchsetzbarkeit im Ausland, auch hier einflußbegrenzende Klauseln in die Unternehmensverträge aufzunehmen.[683]

Da die Versicherer nach Art. 13 Abs. 5 der ersten Richtlinie Leben in der Fassung von Art. 16 der dritten Richtlinie Leben darauf achten müssen, daß das Rechnungsergebnis eines LVU nicht durch konzerninterne Vereinbarungen verfälscht wird, finden die genannten Grundsätze auch für den *Neubestand* im Wege einer richtlinienkonformen Auslegung der §§ 5 Abs. 3 Nr. 3, 8 Abs. 1 Nr. 2, 13 Abs. 1 VAG Anwendung. Im Unterschied zum Altbestand müssen allerdings auch Beherrschungsverträge zwischen einem abhängigen LVU und einem Nicht-Versicherungsunternehmen zulässig sein. Das BAV kann auch für diese Verträge einflußbegrenzende Klauseln fordern. Insoweit ist nicht ersichtlich, warum ein Beherrschungsvertrag zwischen einem LVU und einem Nicht-Versicherungsunternehmen gefährlicher sein sollte als ein Beherrschungsvertrag zwischen Versicherungsunternehmen.[684]

Zusammengefaßt gilt daher für inländische und ausländische Versicherungsunternehmen folgendes:

---

680 GB BAV 1972, 31.
681 GB BAV 1972, 31. Vgl. ferner NOWAK, VW 1358, 1365.
682 GB BAV 1967, 34.
683 DREHER, ZVersWiss 1988, 619, 627.
684 Wie hier (zum Altbestand): DREHER, ZVersWiss 1988, 619, 650.

- Unternehmensverträge mit einem LVU als Obergesellschaft sind aufgrund der Verlustausgleichspflicht (§ 302 AktG) auch nach der Aufsichtsderegulierung unzulässig.[685]
- Gleiches gilt für Gewinnabführungsverträge mit LVU als Untergesellschaften, denn derartige Verträge führen ebenfalls zu einer unzulässigen Quersubventionierung.
- Beherrschungsverträge zwischen einem abhängigen LVU und einem anderen (Versicherungs-)unternehmen sind demgegenüber zulässig. Um die Versicherten vor einer negativen Einflußnahme auf die Überschußbeteiligung zu schützen, müssen die Versicherer allerdings wie bisher einflußbegrenzende Klauseln verabreden.

d) Zwischenergebnis

Gewinnverschiebungen im Versicherungskonzern können dazu führen, daß das Überschußvolumen einer Gesellschaft drastisch reduziert wird. Für den Bereich der Dienstleistungs- und Unternehmensverträge hat der Richtliniengeber aber durch das europarechtlich verankerte Prinzip der wirtschaftlichen Spartentrennung weitreichende Schutzvorkehrungen getroffen. Da eine Kosten- und Einnahmevermischung in der Lebensversicherung hiernach unzulässig ist und das Rechnungsergebnis nicht verfälscht werden darf, muß das BAV dafür sorgen, daß erwirtschaftete Überschüsse, auf die ein versicherungsvertraglicher oder mitgliedschaftlicher Anspruch besteht, im Bestand eines LVU bleiben.

Widersprüchlich bleiben daher die Entscheidungen des BVerwG und des BAV zu Teil-Bestandsübertragungsverträgen i.S.d. § 14 VAG. Während der Entzug der Versichertengelder im Rahmen eines Unternehmensvertrages unmöglich ist, hat das BVerwG im Fall „Deutscher Herold" eine vermögensausgliedernde Bestandsübertragung für zulässig erachtet. Bestandsübertragungsverträge dürfen aber nicht anders bewertet werden als sonstige Unternehmensverträge.[686] Für den Neubestand ist insofern ein einheitlicher Maßstab zu entwickeln, der für Unternehmensverträge i.S.d. § 291 AktG und Bestandsübertragungsverträge gleichermaßen gilt.

III. Bewertung

Der überschußberechtigte LVV eröffnet in seiner derzeitigen Form weitreichende Ermessensspielräume zugunsten der Unternehmen. Ursächlich hierfür sind im wesentlichen zwei Faktoren.

---

685 Wie hier: DREHER (DB 1992, 2605, 2610), der allerdings – wie bereits erwähnt – davon ausgeht, daß die wirtschaftliche Spartentrennung nicht für Dreispartenunternehmen (Art. 13 Abs. 2 erste Richtlinie Leben i.d.F.v. Art. 16 dritte Richtlinie Leben) gilt.

686 Vgl. auch SCHMIDT (in: PRÖLSS, VAG[11], § 5 Rn. 15), der zutreffend darauf hinweist, daß Bestandsübertragungsverträge allgemeine Unternehmensverträge sind, die aber wegen § 14 VAG als Spezialvorschrift nicht unter § 5 Abs. 3 Nr. 3 VAG fallen.

1. Der historische Strukturfehler: Das Modell der „Nachkalkulation"

Der erste kann in Anlehnung an HANS DIETER MEYER als „historischer Strukturfehler" bezeichnet werden.[687] Die Beteiligung der Versicherungsnehmer am Überschuß der Versicherungsgesellschaften wurzelt in dem Gedanken der Ausgleichsgemeinschaft, wie er sich besonders in der Rechtsform der Gegenseitigkeitsvereine niedergeschlagen hat.[688] Ursprünglich erhoben die Versicherungsvereine die zur Kostendeckung benötigten Beiträge durch Umlage bei den Mitgliedern. Reichten die Umlagen nicht aus, wurden die Mitglieder zu Nachschüssen herangezogen. Da die eingenommenen Geldmittel den tatsächlichen Bedarf bei diesem Verfahren nie überschritten, konnte ein Überschuß nicht entstehen. Dies änderte sich erst, als die Versicherungsvereine feste Prämien nach den Prinzipien der Kostendeckung und Wahrscheinlichkeitsrechnung kalkulierten. Da die Höhe der Prämien in der oft jahrzehntelangen Laufzeit nicht mehr geändert werden konnte, mußten Sicherheitsmargen bei der Beitragskalkulation angesetzt werden. Auf diese Weise bildete sich zwangsläufig ein Überschuß, der bereits von den ersten deutschen Lebensversicherungsgesellschaften (1827) an die Vereinsmitglieder verteilt wurde.[689]

Aktiengesellschaften folgten dieser Entwicklung demgegenüber zunächst nur zögernd nach. So verteilte zwar die erste Lebensversicherungs-Aktiengesellschaft in Deutschland, die „Lübecker Lebensversicherungsgesellschaft" (1828), anfangs an die Versicherten noch einen Überschuß i.H.v. 50 % des Geschäftsgewinns. Mitte des 19. Jahrhunderts schaffte die „Lübecker" aber die Beteiligung der Versicherungsnehmer am Bilanzüberschuß wieder ab.[690] Erst am Ende des 19. Jahrhunderts konnte sich die Überschußbeteiligung – gezwungen durch den harten Konkurrenzkampf gegen die VVaG und die in Deutschland tätigen amerikanischen Versicherungsgesellschaften – auch bei den AG durchsetzen. Denn die auf Sicherheit bedachte Prämiengestaltung legte eine Überschußbeteiligung auch bei AG nahe. Darüber hinaus erweiterte sich in der zweiten Hälfte des 19. Jahrhunderts der Charakter der Lebensversicherung. Neben die Hinterbliebenenvorsorge trat mit Einführung der Erlebensfallversicherung eine Sparfunktion. Die Versicherungsnehmer suchten in der Lebensversicherung auch die Kapitalbildung und wollten daher an der Verzinsung ihres Kapitals beteiligt werden. Daher führte auch die „Lübecker" die Überschußbeteiligung unter dem Druck der Konkurrenz wieder ein. Von da an wurde die Überschußbeteiligung zu einem festen Vertragsbestandteil der Lebensversicherung.

Traditionell basiert die Überschußabrechnung auf dem Modell der Nachkalkulation. Da die Überschußbeteiligung als eine „Rückerstattung" der aus der vorsichtigen Beitragskalkulation entstehenden Überschüsse verstanden wird, vergleicht die interne

---

687 MEYER, ZRP 1990, 424, 428.

688 Wie hier: HAASEN, Das Recht auf den Überschuß bei den privaten Versicherungsgesellschaften (1965), 21. Weiterführend: MÜLLER, Das Gegenseitigkeitsprinzip im Versicherungswesen (1905), 64ff.

689 HAASEN, Das Recht auf den Überschuß bei den privaten Versicherungsgesellschaften (1955), 5; STELKENS, Rechtsgrundlagen der Überschußbeteiligung (1965), 9.

690 MÜLLER, Das Gegenseitigkeitsprinzip im Versicherungswesen (1905), 64ff.

Rechnungslegung die bei der Kalkulation getroffenen Annahmen mit dem tatsächlich eingetretenen Geschäftsergebnis. Dieses Verfahren wurde seit Beginn der Versicherungsaufsicht – also mit Inkrafttreten des VAG im Jahre 1902[691] – durch die Aufsichtspraxis festgelegt.[692] Für die heutigen Verträge des Alt- und Neubestandes ist das Prinzip der Nachkalkulation sogar gesetzlich durch die zu § 55a VAG erlassene Rechtsverordnung (BerVersV) für die Überschußermittlung vorgeschrieben (vgl. S. 40f.).

Von Anfang an wurde dabei allerdings übersehen, daß ein derartiges Modell *allenfalls* für den traditionellen VVaG funktionieren kann, der nach dem alten genossenschaftlichen Umlageverfahren strukturiert ist. Wesentliche Ausprägung des Gegenseitigkeitsgedankens ist, daß die Mitglieder eines VVaG eine körperschaftliche, auf dem Selbsthilfegedanken beruhende Risikoausgleichsgemeinschaft bilden.[693] Hierzu gehört, daß die Mitglieder die Mittel für den Versicherungsbetrieb aufbringen (§ 24 VAG), Gewinne erhalten (§ 38 VAG) und die Verluste tragen (§ 37 VAG). Da die Beitragsüberschüsse den Versicherten als Mitglieder des Vereins „gehören", brauchen weder die Prämien noch die Überschüsse in Versicherten- und Unternehmensgeld aufgeteilt werden.[694]

Ganz anders verhält es sich dagegen bei der Aktiengesellschaft. Da die Versicherungsnehmer nicht zugleich Anteilseigner der Gesellschaft sind, müssen die Überschüsse zwischen den Aktionären und den Versicherungsnehmern verteilt werden. Interpretiert man die Überschußbeteiligung dabei als eine „Beitragsrückerstattung", so steht den Versicherungsnehmern nicht der gesamte Überschuß eines LVU zu. Der Überschuß ist vielmehr in die Beträge aufzuteilen, die aufgrund geschäftlicher Leistungen des Versicherers entstanden sind, und solchen, die sich nach der Prämienberechnung ohne weiteres Zutun des Versicherers durch die angesetzten Sicherheitsmargen ergeben haben. Dies setzt allerdings – wie HÖLSCHER[695] zutreffend herausgearbeitet hat – voraus, daß das Überschußbeteiligungssystem in der Lage ist, die nicht benötigten Sicherheitszuschläge objektiv von den auf die Gesellschaft entfallenden Überschußanteilen zu trennen. Eine derartige Aufspaltung des Rohüberschusses ist aber aus mehreren Gründen schlichtweg unmöglich.

---

691 Vor Inkrafttreten des VAG bestand zwar in der Mehrzahl der deutschen Länder eine Versicherungsaufsicht. Diese erstreckte sich allerdings im wesentlichen auf die Errichtung der Versicherungsanstalten und -unternehmen, vgl. EHRENZWEIG, Versicherungsvertragsrecht, 1. Bd. 17; zusammenfassend: DREHER, Die Versicherung als Rechtsprodukt (1991), 25. Mißstände bei der Überschußbeteiligung konnten im 19. Jahrhundert indessen nicht verhindert werden. Vgl. hierzu den ersten Geschäftsbericht des Kaiserlichen Aufsichtsamtes, VA 1903, 113.

692 Siehe hierzu den Geschäftsbericht des Aufsichtsamtes aus dem Jahre 1907, VA 1908, 110. Hier weist die Aufsichtsbehörde explizit darauf hin, daß alles darauf ankäme, die zu hohen Prämienleistungen durch eine richtige Überschußbeteiligung auszugleichen.

693 BÜCHNER, ZVersWiss 1965, 435, 446.

694 Wie hier: MEYER, ZRP 1990, 424, 428. Problematisch ist allerdings auch beim VVaG, daß eine direkte Zuordnung der Kapitalanlageerträge auf einzelne Versicherungsverträge nicht möglich ist. Damit stellt sich auch hier das Problem, welche Versichertengeneration an den Erträgen aus Auflösung stiller Reserven beteiligt werden soll.

695 HÖLSCHER, ZVersWiss 1996, 41, 45ff.

Zum einen ist die Höhe der Sicherheitszuschläge unbekannt.[696] Von welchen Kapitalanlageerträgen, von welcher Sterblichkeit und von welchen Kosten bei realistischen Annahmen auszugehen wäre und in welcher Höhe entsprechende Sicherheitsmargen vereinnahmt werden, bleibt bei Vertragsschluß offen. Dementsprechend kontrovers wird auch seit jeher die Frage diskutiert, in welchem Maße die Versicherten an den Überschüssen zu beteiligen sind.[697] Konkrete, intersubjektiv nachvollziehbare Ergebnisse sind hierbei bislang nicht zu finden. So weist beispielsweise HAASEN[698] darauf hin, daß der unternehmenseigene Überschuß in einem solchen Zinsgewinn bestehe, der über einen „durchschnittlich erzielbaren Zinsertrag" hinausgehe. Ähnlich sei bei den Verwaltungskostenüberschüssen zu entscheiden. Darüber hinaus sei dem Unternehmen „ein Teil" des Sterblichkeitsgewinns zuzurechnen, denn der Versicherer könne durch eine Auslese von Risiken die Zusammensetzung des Versicherungsbestandes günstig beeinflussen. Demgegenüber hat LORENZ[699] für den Altbestand ausgeführt, daß den Versicherungsnehmern nur derjenige Überschuß zurückzuerstatten sei, der auf die aufsichtsbehördliche Steuerung der Prämienkalkulation zurückgehe. Da die Versicherer bereits aus unternehmerischen Gründen vorsichtig kalkulieren müßten, bestünde die Möglichkeit, die Überschußbeteiligung frei von aufsichtsbehördlichem Zwang nach den Erfordernissen des Wettbewerbs zu regeln. Daher stünden den Versicherungsnehmern nur diejenigen Erträge zu, die das LVU bei freier Prämienkalkulation *nicht* erzielt hätte. – Letztlich kann allerdings auch LORENZ, wie er selbst einräumt,[700] keine konkreten Verfahren zur Aufteilung der Überschüsse angeben, denn die Marge zwischen aufsichtsrechtlichen und unternehmerischen Rechnungsgrundlagen kann ebensowenig ermittelt werden wie die Höhe der Sicherheitszuschläge.

Selbst wenn aber die Höhe der Sicherheitszuschläge bei Vertragsschluß bekannt wäre, ließe sich der Überschuß am Ende eines Geschäftsjahres trotzdem nicht nach objektiven Kriterien aufteilen. Denn *zum anderen* liegt dem Idealmodell einer „Rückerstattung nicht benötigter Sicherheitszuschläge" ein entscheidender Denkfehler zugrunde.[701] Wären die Versicherer nämlich dazu verpflichtet, die Sicherheitszuschläge verbindlich festzulegen, so würden die Unternehmen die Sicherheitsmargen vermutlich so wählen, daß sie mit hoher Wahrscheinlichkeit auch zurückerstattet werden könnten. Da jede Kürzung der Rückerstattung die Wettbewerbsposition der Unternehmen verschlechtern

---

696   Wie hier: HÖLSCHER, ZVersWiss 1996, 41, 47.
697   Ausführlicher: S. 217ff.
698   HAASEN, Das Recht auf den Überschuß bei den privaten Versicherungsgesellschaften (1955), 8.
699   LORENZ, ZVersWiss 1993, 283, 286ff.
700   LORENZ, ZVersWiss 1993, 283, 288.
701   Siehe hierzu: HÖLSCHER, ZVersWiss 1996, 41, 48.

könnte, müßten die Sicherheitsmargen dabei möglichst niedrig angesetzt werden.[702] Bei einem Rechnungszins von 4 % wäre also beispielsweise von einer 1%-igen Sicherheitsmarge auszugehen. In diesem Falle wäre allerdings auch der Anspruch der Versicherungsnehmer auf Rückerstattung der Sicherheitszuschläge denkbar gering (1%). Um eine schlechte Rendite zu vermeiden, müßten die Unternehmen die Versicherungsnehmer wiederum an den tatsächlich erwirtschafteten Überschüssen beteiligen. Damit wandelte sich aber das „objektive" System der „Beitragsrückerstattung" zu einer Beteiligung am entstandenen Überschuß.

Nach den gegenwärtigen Rechnungslegungsvorschriften ist aber weder eine objektive Trennung des Überschusses auf Unternehmen und Versicherungsnehmer, noch eine direkte Zuordnung der Kapitalanlageerträge auf einzelne Versicherungsverträge möglich. Dieser historische Strukturfehler wirkt bis heute fort. Die BerVersV zerlegt zwar den Rohüberschuß eines Geschäftsjahres in die Ergebnisquellen „Risiko", „Kapitalanlage", „Abschlußkosten" und „Verwaltungskosten". Im nachhinein kann aber nicht mehr festgestellt werden, in welchem Maße der einzelne Vertrag zum Überschuß eines Unternehmens beigetragen hat. Obwohl der überschußberechtigte LVV in ökonomischer Hinsicht drei art-verschiedene Geschäfte – das Risikogeschäft, das Kapitalanlagegeschäft und das Dienstleistungsgeschäft[703] – bündelt, werden in der Praxis diese Geschäfte bereits bei der Prämienkalkulation untrennbar miteinander vermischt. Die allgemein übliche Dreiteilung der Lebensversicherungsprämien in die kalkulatorischen Bestandteile „Risiko", „Rechnungszins" und „Kosten" ist nach gängiger Auffassung lediglich ein interner Vorgang aus dem Bereich der Lebensversicherungsmathematik. Es soll sich – so beispielsweise WALTER KARTEN – gerade nicht um Realaussagen über faktische Trennungen handeln, sondern um „bloße Erklärungsmuster mit beschränkter Anwendbarkeit und Eignung."[704] Die gezahlten Prämien gehen dementsprechend einheitlich und vollständig in das Eigentum der Versicherer über[705] und werden in der Buchführung traditionell als Entgelteinnahmen und damit als Umsatzerträge verbucht. Im Gegensatz

---

702   Die Versicherten haben auch keinen Rechtsanspruch darauf, daß die Sicherheitsmargen im Sinne einer maximalen Überschußbeteiligung möglichst hoch angesetzt werden. Eine derartige Ansicht hätte nicht nur eine empfindliche Beschneidung der Tarifgestaltungsfreiheit zur Folge. Über die Überschußbeteiligung würde zugleich in das Preis-Leistungsverhältnis eingegriffen werden. Damit bestünde die Gefahr, daß die Versicherer gegenüber Banken erheblich benachteiligt werden. Denn Banken können unterschiedliche Zinsgarantien geben und sind in der Wahl der Zinssätze grundsätzlich frei. Daher müßten auch LVU die Möglichkeit haben, unterschiedlich hohe Sicherheitsmargen anzusetzen. Diese Zusammenhänge werden insbesondere von DONATH (AcP 193 [1993], 279) verkannt, der nicht nur eine Rückerstattung der überhobenen Prämienteile, sondern auch eine „Rückerstattung" der erwirtschafteten Erträge befürwortet.

703   Ausführlich hierzu: LEHMANN, VersWissStud. 6, 161ff., DERS., VersWissStud. 5, 17ff.; RÜCKLE, VersWissStud. 6, 171ff.; DERS., VersWissStud. 5, 259ff.; ADAMS, ZIP 1997, 1857. Auch die Kritiker der sog. Prämientrennungstheorie streiten im wesentlichen nicht ab, daß sich der LVV in ökonomischer Hinsicht dreiteilen läßt. Eingewendet wird allerdings, daß eine Prämientrennung nach objektiven Kriterien weder möglich, noch wirtschaftlich oder rechtlich vertretbar ist; siehe hierzu die Beiträge von KARTEN und HESBERG, in: Lebensversicherung und Geschäftsbesorgung (1998), 44, 51; 122, 130 sowie EBLER, VW 1997, 150 und DERS., ZVersWiss 1998, 233.

704   KARTEN, in: Lebensversicherung und Geschäftsbesorgung (1998), 44, 51.

705   Statt aller vgl. WINTER, in: BRUCK/MÖLLER/WINTER, VAG[8], Bd. V/2, Anm. G 341.

zur fondsgebundenen Lebensversicherung können die mit den Prämienzahlungen aufgebauten Vermögenswerte auch nicht einzelvertraglich einem überschußberechtigten LVV zugeordnet werden. Das angesparte „Vermögen" der Versicherten wird vielmehr aus historischen Gründen nicht nur beim VVaG, sondern auch bei der Aktiengesellschaft ununterscheidbar mit den sonstigen Geschäftsvorfällen eines Versicherungsunternehmens vermischt. Die Entscheidung, welcher Teil des Überschusses auf die Anteilseigner und welcher auf die Versicherten zu verteilen ist, kann somit nicht anhand objektiver Kriterien bestimmt werden.

Für den *Neubestand* besteht ein grundsätzlicher Gestaltungsspielraum der Vertragsparteien. Da ein typisierendes Überschußbeteiligungsmodell für die seit dem 29. Juli 1994 abgeschlossenen LVV entfallen ist, können und müssen die bestehenden Ermessensspielräume allein durch inner-vertragliche Maßstäbe verengt werden. Denn das deregulierte Aufsichtsrecht schreibt nur noch einen Rahmen vor, der zum Nachteil der Versicherungsnehmer aus aufsichtsrechtlicher Sicht nicht überschritten werden darf. Wie dieser Rahmen aber im einzelnen auszufüllen ist, bleibt den Vertragsparteien überlassen. Die Versicherer als Verwender allgemeiner Vertragsbedingungen sind daher dazu aufgerufen, die in der Struktur überschußberechtigter LVV angelegten Mißbrauchsmöglichkeiten durch konkretisierende Überschußbeteiligungsklauseln zu beseitigen. Die Versicherer müssen AGBG-konform bestimmen, nach welchen Kriterien und in welcher Höhe die Versicherten an den entstehenden Überschüssen beteiligt werden.

2. Der vertragliche Strukturfehler: Die unbestimmten Leistungspflichten

Nach den gegenwärtigen Empfehlungen des Verbandes der Lebensversicherungsunternehmen bleiben indessen vertragswesentliche Bereiche der Überschußbeteiligung – wie beispielsweise die nachträgliche Veränderung der Rechnungsgrundlagen, die Kapitalanlage- und Bilanzpolitik der Gesellschaft oder die Praxis der Querverrechnung – weitgehend ungeregelt. Beurteilungsspielräume zugunsten der Versicherer entstehen dabei nicht nur dadurch, daß die Vertragsbedingungen das Verfahren der Überschußermittlung, -verteilung und -verwendung unvollständig bzw. ungenau in dem Sinne regeln, daß auf auslegungsbedürftige Rechtsbegriffe Bezug genommen wird. Entscheidend ist vielmehr, daß die Verbandsempfehlungen unreflektiert die für den Altbestand gängige Regelungssystematik übernehmen. Indem die Vertragsbedingungen dynamisch auf das deregulierte Aufsichts- und Bilanzrecht verweisen, entsteht ein Zirkelschluß, der die Vertragspflichten nicht hinreichend zu konkretisieren vermag.

Ursächlich für die bestehenden Ermessensspielräume sind somit nicht nur historische Strukturfehler. Vielmehr führt auch die derzeitige Vertragsstruktur überschußberechtigter LVV dazu, daß das Äquivalenzverhältnis einseitig durch die Versicherer diktiert werden kann.

211

F. Ergebnis

Der überschußberechtigte LVV auf dem deregulierten Lebensversicherungsmarkt befindet sich in einem Spannungsverhältnis zwischen Aufsichts- und Bilanzrecht, Vertragsrecht und Selbstregulierung. *Ziel* der vorstehenden Ausführungen war, diese Gemengelage für den Neubestand im Hinblick auf die derzeitige Überschußbeteiligungspraxis näher zu untersuchen.

Dabei wurde anfangs die These aufgestellt, daß die Umsetzung der dritten Richtlinie Leben nicht nur die aufsichtsrechtlichen Rahmenbedingungen, sondern zugleich die Anforderungen an die vertragliche Struktur überschußberechtigter LVV gravierend verändert hat. Denn in der Vergangenheit konnten die Versicherer in ihren Vertragsbedingungen auf einen aufsichtsbehördlich genehmigten Geschäftsplan verweisen, der im Zusammenspiel mit dem Bilanzrecht detaillierte Vorschriften zum Überschußbeteiligungsverfahren enthielt. Der Vertragsinhalt überschußberechtigter LVV wurde somit für den Altbestand vorrangig durch das Aufsichts*recht* und die Aufsichts*praxis* konstituiert. Da für den Neubestand der Gesamtgeschäftsplan für die Überschußbeteiligung entfallen ist, auf der anderen Seite aber die derzeitigen Überschußbeteiligungsklauseln weiterhin auf das Aufsichts- und Bilanzrecht Bezug nehmen, drängte sich die Vermutung auf, daß sich die Ermessensspielräume der Versicherer bei der Überschußentstehung, -ermittlung, -verteilung und -verwendung erweitert haben (§ 3 A.).[706]

In einem zweiten Schritt wurden die neuen aufsichtsrechtlichen Rahmenbedingungen im allgemeinen analysiert. Hierbei zeigte sich, daß der Aufsichtsumfang durch die Umsetzung der dritten Richtlinie Leben zwar erheblich reduziert, die Existenz der Versicherungsaufsicht aber als solche nicht in Frage gestellt wurde. Ziel der Deregulierung war nicht eine möglichst umfassende Abschaffung der Versicherungsaufsicht. Vielmehr sollten die verschiedenen Aufsichtssysteme der Mitgliedstaaten harmonisiert und der Wettbewerb durch den Abbau der präventiven Produktkontrolle intensiviert werden. Gleichzeitig hat der Richtliniengeber aber im 21. Erwägungsgrund der Dritten Richtlinie Leben hervorgehoben, daß es angebracht sei, „andere Systeme vorzusehen, die den Erfordernissen des Binnenmarkts besser entsprechen und es den Mitgliedstaaten trotzdem erlauben, einen angemessenen Schutz der Versicherungsnehmer zu gewährleisten." An die Stelle des alten Aufsichtsrechts ist daher ein neues Rahmengeflecht getreten, das im wesentlichen durch die nachträgliche Mißstandsaufsicht des BAV, eine unternehmensbezogene, dezentrale Tätigkeit der Aufsichtsagenten (Verantwortlicher Aktuar, unabhängiger Treuhänder) sowie die zivilrechtliche Kontrolle der Versicherungsverträge bestimmt wird (§ 3 B.).[707]

In Abschnitt C. und D. waren daher die verschiedenen Funktionen und Kontrollbefugnisse des BAV und der Verantworlichen Aktuare im Bereich der Überschußbeteiligung zu untersuchen (vgl. Abb. 5).

---

706 Vgl. S. 97ff.
707 Vgl. S. 99ff.

Abb. 5: Die Regulierung der Überschußbeteiligung für den Alt- und Neubestand im Überblick

	Altbestand (BAV)	Neubestand (BAV)	Neubestand (Verantwortlicher Aktuar)
Prämien- und Deckungsrückstellungskalkulation	Unmittelbare Regulierung der Rechnungsgrundlagen über die Geschäftspläne.	Mittelbare, partielle Regulierung der Rechnungsgrundlagen im Wege der nachträglichen Mißstandsaufsicht (§§ 81 Abs. 1 S. 2 i.V.m. 11, 65 VAG, DeckRV).	Präventive Kontrolle durch den Verantwortlichen Aktuar (§ 11a Abs. 3 Nr. 1-3 VAG).
Überschußbeteiligungsverfahren	Regulierung über den Gesamtgeschäftsplan für die Überschußbeteiligung, § 81c VAG i.V.m. §§ 4-6 ZRQuotenV und § 81 VAG a.F.: Grundsätze der verursachungsgerechten, gleichmäßigen, zeitnahen und gerechten Überschußbeteiligung.	Nachträgliche Mißstandsaufsicht gem. § 81c VAG i.V.m. §§ 1-3 ZRQuotenV und § 81 VAG: Einzelfallbezogene, am Privatrecht orientierte Mißstandsaufsicht. Rechtsverbindlichkeit der prognostizierten Überschußbeteiligungsmodalitäten in den Beispielrechnungen.	Vorschläge für eine „angemessene" Überschußbeteiligung (§ 11a Abs. 3 Nr. 4 VAG), die im Einklang mit den aufsichtsrechtlichen Vorschriften und den Parteivereinbarungen unter besonderer Berücksichtigung der berechtigten Erwartungen der Versicherungsnehmer zu entwickeln sind.
Vertragliche Ausgestaltung der Überschußbeteiligung	Einheitliche Musterbedingungen zur Überschußbeteiligung (§§ 10 Nr. 7, 8 Abs. 1 Nr. 2 VAG a.F. i.V.m. §§ 9ff. AGBG).	Nachträgliche Bedingungskontrolle gem. §§ 81, 10 Nr. 7 VAG und §§ 9ff. AGBG.	Keine Bedingungskontrolle der Überschußbeteiligungsklauseln nach dem AGBG.
Informationen zur Überschußbeteiligung	Richtlinien zur Darstellung und Erläuterung der Überschußbeteiligung in den Beispielrechnungen, Finanzierbarkeitsnachweis.	Nachträgliche Mißstandsaufsicht über die Informationen vor und nach Vertragsschluß (§§ 81, 10a VAG). Richtlinien bzgl. der Erstellung von Beispielrechnungen.	Kontrolle der Beispielrechnungen: Finanzierbarkeitsnachweis; Darstellung der Konsequenzen für die Kapitalanlagestrategie, Prämienbemessung und Rückstellungsbildung.

Für den Neubestand kann das BAV nur noch im Wege der nachträglichen Mißstandsaufsicht (§ 81c VAG i.V.m. ZRQuotenV, §§ 56a S. 2, 11 Abs. 2, 81 Abs. 1 S. 2
VAG) auf die Überschußbeteiligung Einfluß nehmen. Das novellierte Aufsichtsrecht
regelt dabei in § 81c VAG und der ZRQuotenV lediglich die Frage, welche *Mindestanforderungen* die Überschußbeteiligung aus aufsichtsrechtlicher Sicht erfüllen muß,
wenn privatrechtlich wirksame Vereinbarungen über die Überschußbeteiligung getroffen wurden. Im übrigen verweisen VAG und ZRQuotenV akzessorisch auf die vertraglichen Vereinbarungen zur Überschußbeteiligung. Letztere stellen daher den eigentlichen Referenzmaßstab der deutschen Überschußbeteiligungsaufsicht dar. Auch die
nachträgliche Mißstandsaufsicht gem. § 81 Abs. 1 S. 2 VAG hat nunmehr den vertragsindividuellen Besonderheiten überschußberechtigter LVV Rechnung zu tragen. Im Unterschied zum Altbestand darf das BAV nicht mehr eine verursachungsgerechte,
gleichmäßige, zeitnahe und im einzelnen gerechte Überschußbeteiligung fordern. Die
Versicherungsaufsicht hat vielmehr im Wege einer einzelfallbezogenen Mißstandsaufsicht dafür zu sorgen, daß die Richtigkeitsgewähr der Verträge gewährleistet ist und die
berechtigten Erwartungen der Versicherungsnehmer nicht enttäuscht werden. Maßgeblich für die Überschußbeteiligungsaufsicht sind daher die (wirksamen) Parteivereinbarungen, die ihrerseits durch die Beispielrechnungen konkretisiert werden (§ 3 C.).[708]
Diese Feststellungen fanden sich durch die in Abschnitt D. gewonnenen Erkenntnisse
bestätigt. Danach hat der Verantwortliche Aktuar als „Agent der Versicherungsaufsicht"
bei seinen Vorschlägen zur Überschußbeteiligung (§ 11a Abs. 3 Nr. 4 VAG) nicht nur
die aufsichtsrechtlichen Vorschriften zur Überschußbeteiligung zu beachten, sondern
zugleich – wie die Gesetzesmaterialien hervorheben – die „berechtigten Erwartungen"
der Versicherungsnehmer zu schützen. Berechtigt sind die Erwartungen der Versicherungsnehmer dann, wenn sie auf einem hinreichend formalisierten Vertrauenstatbestand
gründen. Die zugrundegelegten Aussagen über die Überschußbeteiligung müssen also in
einer Vielzahl von Fällen Verwendung finden und planmäßig den Erwartungshorizont
der Versicherungsnehmer präformieren. Dies trifft sowohl für die Überschußbeteiligungsklauseln als auch für die bei Vertragsschluß verwendeten schriftlichen Verbraucherinformationen, insbesondere für die Beispielrechnungen zu. Im Unterschied zum
BAV ist der Verantwortliche Aktuar allerdings nicht dazu berechtigt, die vertraglichen
Vereinbarungen zur Überschußbeteiligung einer Kontrolle nach dem AGBG zu unterziehen. Um Auslegungsschwierigkeiten zu vermeiden, sollte der Verantwortliche Aktuar aber darauf achten, daß der Berechnungs- und Verteilungsmodus möglichst klar und
widerspruchsfrei in den Vertragsbedingungen festgelegt wird (§ 3 D.).[709]
Nachdem das grundsätzliche Verhältnis zwischen Aufsichtsamt, Aufsichtsagenten
und Zivilrecht geklärt werden konnte, war abschließend noch die Überschußbeteiligungspraxis der Unternehmen näher zu untersuchen. Hier fanden sich die eingangs ge-
äußerten Bedenken bestätigt: Die Vertragsbedingungen verweisen dynamisch auf ein
Konglomerat von Normen, die selbst nicht bürglich-rechtlicher Natur sind. Soweit die

---

708   Vgl. S. 109ff.
709   Vgl. S. 146ff.

Überschußbeteiligungsklauseln auf das Aufsichtsrecht Bezug nehmen, ergibt sich zwangsläufig ein Zirkelschluß. Denn das VAG setzt einen vertraglichen Anspruch auf Überschußbeteiligung voraus, der sowohl dem Grunde als auch der Höhe nach hinreichend bestimmt sein muß. Ähnliches gilt für den Verweis auf das Bilanzrecht. Da die handelsrechtlichen Rechnungslegungsvorschriften auf gänzlich andere Regelungsziele zugeschnitten sind, können die vertraglichen Pflichten durch sie ebensowenig konkretisiert werden. Im Ergebnis bleiben daher vertragswesentliche Bereiche der Überschußbeteiligung – wie beispielsweise die nachträgliche Veränderung der Rechnungsgrundlagen, die Kapitalanlage-, Bilanz- und Überschußverteilungspolitik der Gesellschaft oder die Praxis der Querverrechnung – ungeregelt. Indem die Verbandsempfehlungen unreflektiert die für den Altbestand gängige Regelungssystematik übernehmen, kann das Äquivalenzverhältnis überschußberechtigter LVV einseitig durch die Versicherer diktiert werden. Die Richtigkeitsgewähr dieser Verträge ist daher in Frage gestellt (§ 3 E.).[710]

---

710   Vgl. S. 171ff.

§ 4 Die Rechtsnatur des überschußberechtigten LVV

A. Einführung

Die weitere Untersuchung hat sich auf die Frage zu konzentrieren, ob sich für den überschußberechtigten LVV auf der Grundlage der von den Parteien angelegten Wertungen unter Berücksichtigung des Vertragszwecks und der gesamten Interessenlage *Leitbilder* ergeben, die die vertraglichen Pflichten der Versicherer näher konkretisieren und die Dispositionsmacht der Unternehmen bei der Überschußentstehung, -ermittlung und -verteilung begrenzen.

Methodisch gesehen kommen hierfür sowohl die ergänzende Vertragsauslegung (§ 157 BGB) als auch die Kontrolle der Überschußbeteiligungsklauseln gem. § 9 Abs. 2 Nr. 2 AGBG in Betracht. Beide Verfahren sind eng miteinander verwandt.[711] Die ergänzende Vertragsauslegung versucht, Lücken der vertraglichen Regelung durch einen Rückgriff auf den hypothetischen Parteiwillen zu ergänzen.[712] Entscheidend ist, was beide Parteien bei redlicher Denkweise als einen gerechten Interessenausgleich gewollt oder akzeptiert hätten. Grundsätzlich findet das Rechtsinstitut der ergänzenden Vertragsauslegung auch gegenüber AGB Anwendung.[713] Im einzelnen sind hier allerdings Besonderheiten zu beachten. Während die ergänzende Vertragsauslegung bei Individualabreden darauf abzielt, eine rechtsgeschäftliche Regelung nach Kriterien zu vervollständigen, die sich aus der *konkreten* Interessenlage im Einzelfall ergibt, treten bei der Auslegung standardisierter Verträge die konkreten Interessen des Einzelfalles zurück.[714] Bei diesen Verträgen kann sich die Vertragsergänzung aufgrund der generell-abstrakten Rechtsnatur der AGB nicht nach dem hypothetischen Willen der Vertragsparteien richten. Vielmehr ist auf einen *objektiv-generalisierenden*, am Willen und Interesse der typischerweise an Geschäften dieser Art beteiligten Verkehrskreise ausgerichteten Maßstab abzustellen.

Auch bei der Kontrolle vorformulierter Vertragsbedingungen gem. § 9 Abs. 2 Nr. 2 AGBG ist der objektive Klauselinhalt zugrunde zu legen und eine Interessenabwägung unter Berücksichtigung des gesamten Vertragsinhaltes vorzunehmen. Im Unterschied zur ergänzenden Vertragsauslegung läuft die Prüfung nach § 9 Abs. 2 Nr. 2 AGBG allerdings auf eine „ergänzende Gesetzesauslegung" hinaus.[715] Der Regelungsbereich des § 9 Abs. 2 Nr.2 AGBG erstreckt sich auf Verträge, die vom Gesetzgeber nicht geregelt wurden, bzw. auf Klauseln, die ein vom gesetzlichen Regelungsmodell nicht berücksichtigtes Einzelproblem erfassen. Für diese Verträge bzw. Klauseln muß ein hypotheti-

---

711 BECKER, Die Auslegung des § 9 Abs. 2 AGB-Gesetz (1986), 177 sowie zur Überschußbeteiligung BASEDOW, ZVersWiss 1992, 419, 435f. und SCHÜNEMANN, VersWissStud. 4, 43, 49.

712 Grundlegend hierzu: LARENZ, NJW 1963, 737 sowie FLUME, Allgemeiner Teil des Bürgerlichen Rechts⁴, Bd. 2 (1992), 321ff.

713 SCHMIDT, in: ULMER/BRANDNER/HENSEN, AGB-Gesetz⁸, § 6 Rn. 31. Die ergänzende Vertragsauslegung kommt allerdings nur insoweit in Betracht, als die betreffende Klausel *lückenhaft* ist. Ist die Vertragsklausel dagegen mehrdeutig, so greift die Unklarheitenregel des § 5 AGBG.

714 SCHMIDT, a.a.O., § 6 Rn. 32 und BASEDOW, ZVersWiss 1992, 419, 436.

715 Wie hier: BECKER, Die Auslegung des § 9 Abs. 2 AGB-Gesetz (1986), 177.

sches gesetzliches Leitbild aus der Natur des betreffenden Vertrages entwickelt werden, indem danach gefragt wird, wie der Gesetzgeber den jeweiligen Vertragstypus vermutlich geregelt hätte.[716] Maßgeblich sind sämtliche Besonderheiten des konkreten Geschäftstyps, seiner wirtschaftlichen und rechtlichen Zielrichtung, seiner konkreten typischen Interessenlage und daraus folgenden Risikoverteilung.

In der Rechtsprechung und im Schrifttum sind verschiedene Ansätze entwickelt worden, die im Wege der ergänzenden Vertragsauslegung (§ 157 BGB) oder durch einen Rückgriff auf § 9 Abs. 2 Nr. 2 AGBG versuchen, den Überschußbeteiligungsanspruch der Versicherten näher zu konkretisieren (B.). Im Ergebnis können die bislang vertretenen Theorien nicht überzeugen. Rechtsgrundlage für den Anspruch der Versicherten auf Überschußbeteiligung ist allein die Überschußbeteiligungsklausel, die dem Versicherer das Recht einräumt, den Umfang seiner Leistungspflichten aus der Überschußbeteiligung durch einseitige Erklärung gegenüber dem Versicherungsnehmer festzulegen. Der überschußberechtigte LVV entspricht somit einem Schuldverhältnis mit Bestimmungsvorbehalt i.S.d. § 315 BGB.[717] Erst vor diesem Hintergrund kann die Frage geklärt werden, ob und inwieweit Ermessensspielräume der Versicherer bei der Überschußentstehung, -ermittlung und -verteilung zulässig und kontrollierbar sind (C.). Der letzte Abschnitt befaßt sich schließlich in einem Exkurs mit den Besonderheiten der Überschußbeteiligung im VVaG. Da die Mitglieder eines VVaG nicht nur einen vertraglichen, sondern zugleich einen mitgliedschaftlichen Überschußbeteiligungsanspruch aus § 38 VAG i.V.m. der Satzung haben, ist zu untersuchen, ob aus der mitgliedschaftlichen Stellung der Versicherungsnehmer besondere Rechte erwachsen (D.).

B. Der Meinungsstand

I. Überblick

1. Älteres Schrifttum

Seit jeher ist die Rechtsnatur des überschußberechtigten LVV umstritten.[718] Bereits um 1870 finden sich erste Stellungnahmen zur juristischen Natur der (kapitalbildenden) Lebensversicherung. Von Anfang an standen sich dabei drei Positionen gegenüber. Die erste dieser Gruppen sah in der Lebensversicherung einen reinen Sparvertrag, eine „ver-

---

716 BRANDNER, in: ULMER/BRANDNER/HENSEN, AGB-Gesetz[8], § 9 Rn. 100.
717 Diese Ansicht wird auch vom OLG Hamburg (VersR 1990, 475, 476) und einem Großteil des Schrifttums zum Altbestand vertreten, vgl. LORENZ, Die Auskunftsansprüche (1983), 40ff.; BAUMANN, JZ 1995, 446, 447; SCHÜNEMANN, VersWissStud. 4, 43, 46f.; DONATH, AcP 192 (1992), 279, 311; PALANDT[54]-HEINRICHS, § 315 Rn. 5 (nur bis einschl. 54. Aufl.); ZINNERT, Gewinnverteilung (1982), 193.
718 Eine detaillierte Aufzählung des Schrifttums zum Altbestand findet sich bei BENKEL/HIRSCHBERG (1990), § 16 ALB. Vgl. weiterhin die zusammenfassende Darstellung des Meinungsstands bei WINTER, in: BRUCK/MÖLLER/WINTER, VAG[8], Bd. V/2, Anm. G 341-360.

zinsliche Kapitalanleihe", ein „aleatorisches Darlehen".[719] Der einzelne Versicherte zahle bei dem Versicherer „Darlehensbeiträge" ein und bilde zusammen mit den anderen Versicherten eine Gesellschaft zum Sparen auf gemeinschaftliche Rechnung. Der ganze Zweck der Versicherung bestehe somit in einer Kapitalisation.

Eine zweite Gruppe ging demgegenüber von dem Gedanken aus, daß der LVV eine Doppelnatur besitze.[720] Zum einen bestehe der LVV aus einem Sparkassenvertrage, denn der Versicherungsnehmer nehme eine „Kapitalanlage zum Zwecke des Sparens" vor. Diese Spartätigkeit sei eine unbedingt notwendige Voraussetzung des LVV, denn zur Entstehung eines solchen sei beim potentiellen Versicherungsnehmer stets ein Interesse an dem gefährdeten Gegenstande erforderlich. Daher ermögliche erst das Sparen in rechtlicher Hinsicht das Zustandekommen des Vertrages.[721] Da aber zum anderen die Möglichkeit eines vorzeitigen Todes drohe, schließe der Versicherungsnehmer zusätzlich einen Versicherungsvertrag ab. Der Versicherer verpflichte sich, die jährlichen Beiträge des Versicherten verzinslich anzulegen und zu verwalten; er garantiere einen bestimmten Zins und Zinseszins und leiste zugleich gegen eine mit den Kapitalbeiträgen jährlich zu leistende Versicherungsprämie die Bürgschaft, daß der Versicherte im Falle eines vorzeitigen Todes das gewünschte Kapital bilden könne. Der LVV sei dementsprechend ein Vertrag, „durch welchen gegen Entgelt (Prämie) der Versicherer sich verpflichtet, Einzahlungen des Versicherten zu verwalten und im Fall eines bestimmten Ereignisses (Tod binnen bestimmter Frist oder Erleben eines bestimmten Zeitpunktes) diese durch Zinserträgnisse oder weitere Einzahlungen sich stetig mehrenden Einlagen unter Ergänzung auf eine bestimmte Summe dem Versicherten oder seinen Rechtsnachfolgern zurückzuzahlen."[722] Der Versicherte leiste daher bei Erfüllung des Vertrages mit seinen Prämien eine doppelte Zahlung. Nur äußerlich erscheine die Prämie als ein einheitlicher Betrag. Der Wille der Parteien, zumindestens jedoch der wirtschaftliche Zweck der Lebensversicherung erfordere eine Trennung der gezahlten Summe in ihre Bestandteile.[723] Die Nettoprämie sei nur zum Teil wirkliche Prämie, zum anderen Teil sei sie Kapitalanlage. Der Versicherer als Verwalter der Kapitalanlagen erhalte daher einen Teil, den der Versicherungsnehmer jährlich als Sparbetrag dem Versicherer zu verzinslichen Darlehen gebe, daneben aber einen anderen Betrag, den er als Äquivalent für die Gefahrübernahme, als Gegenleistung für das Risiko jeder einzelnen Periode erhalte.

719 LABAND, Die juristische Natur der Lebens- und Rentenversicherung (1879), 21; HINRICHS, ZHR 1875 (Bd. 20), 339, 341. Siehe auch den Überblick über die verschiedenen Theorien bei NOLTE, Die Natur des Lebensversicherungsvertrages nach heutigem Rechte (1900), 30ff.

720 EHRENBERG, ZHR 1886 (Bd. 32), 409ff. und ZHR 1887 (Bd. 33), 1ff.; MALß, Betrachtungen über einige Fragen des Versicherungs-Rechtes (1862), 61.

721 EHRENBERG, ZHR 1887 (Bd. 33), 1, 29. Gleichzeitig weist EHRENBERG aber im Unterschied zu anderen Autoren darauf hin, daß das Sparen nicht Zweck, sondern nur Motiv des Geschäfts sei, also nur als akzessorisches Moment zum eigentlichen Vertrage hinzutrete, a.a.O., 99.

722 So ausdrücklich: PREDÖHL, ZHR 1877 (Bd. 22), 441, 465.

723 EHRENBERG, ZHR 1887 (Bd. 33), 1, 12; PREDÖHL, ZHR 1877 (Bd. 22), 441, 457.

Eine dritte Gruppe lehnte schließlich sowohl die Darlehenstheorie, als auch die Theorie von der Doppelnatur des LVV ab.[724] Beide Theorien seien – so beispielsweise BENDIX[725] im Jahre 1903 – von der praktischen Tendenz getragen, dem Versicherten gegenüber den mächtigen Gesellschaften einen rechtlichen Schutz zu gewähren. Ökonomisch sei vor allem der Gesichtspunkt maßgebend gewesen, ein bestimmtes Sparergebnis sicherzustellen. Der innere Betrieb der Gesellschaften könne zwar aus öffentlichen Interessen berechtigten Anlaß zu staatlichen Eingriffen geben. Eine privatrechtliche Verpflichtung bestehe demgegenüber nur dann, wenn dieselbe gesetzlich oder vertraglich anerkannt sei. Der Wille der Vertragsparteien sei aber nicht auf einen Darlehens- oder Sparkassenvertrag gerichtet. Das Sparmotiv komme vielmehr nur als ökonomische Triebfeder und agitatorisches Anknüpfungsmittel für die Werbungen der Agenten in Betracht.[726] In rechtlicher Hinsicht trete dieses Motiv demgegenüber in der juristischen Gestaltung, welche die beteiligten Personen ihm geben, vollständig zurück. Dementsprechend erfülle auch die Zerlegung der Bruttoprämie in eine sogenannte Spar- und Risikoprämie eine rein ökonomische Funktion, nicht aber eine rechtliche.

Ein Blick auf den derzeitigen Meinungsstand zeigt, daß die dargestellten Theorien zur Rechtsnatur des LVV nichts an Aktualität eingebüßt haben.

2. Die Rechtsprechung

Die Rechtsprechung, die sich für den Altbestand nur vereinzelt mit diesen Fragen beschäftigt hat, ist uneinheitlich. In einem Fall zur Unfallversicherung mit Prämienrückgewähr hat das OLG Nürnberg[727] mit Urteil v. 23.5.1991 entschieden, daß hinsichtlich erzielter Prämienüberschüsse die Anwendung eines Treuhandmodells in Betracht komme. Der durchschnittliche und juristisch nicht vorgebildete Versicherungsnehmer, dem die Sicherheitskalkulation der Lebensversicherer im Grundsatz her bekannt sei, dürfe bei Abschluß des Versicherungsvertrages davon ausgehen, daß die „mit der Prämie bezahlten Risikoanteile"[728] zunächst nur der Sicherheit dienten und deshalb vom Lebensversicherer treuhänderisch zu verwalten und nach Erreichen des Sicherungszwecks in Gestalt der Überschüsse zurückzuzahlen seien. Dementsprechend würden die Risikoanteile nicht zur Erfüllung einer Verpflichtung der Versicherungsnehmer erbracht werden, sondern nur eine vorläufige Sicherheitsleistung darstellen, die mit dem tatsächlichen Aufwand der Versicherung zu verrechnen sei. Entfalle dagegen der Sicherungszweck, so habe der Treunehmer (Versicherer) die Sicherheit insoweit zurückzuübertragen. Der

---

724 BENDIX, ZVersWiss 1903, 490 (mwN).
725 BENDIX, ZVersWiss 1903, 490, 495ff.
726 BENDIX, ZVersWiss 1903, 490, 499.
727 OLG Nürnberg, VuR 1991, 274.
728 OLG Nürnberg, VuR 1991, 274, 277. In den Entscheidungsgründen bleibt offen, ob das OLG Nürnberg eine Treuhandbindung nur hinsichtlich der Sicherheitszuschläge bejaht oder die gesamte Risikoprämie zzgl. des Sicherheitszuschlages als treuhänderisch gebunden ansieht, vgl. hierzu: PATAKI, Der Geschäftsbesorgungsgedanke (1998), 110 (bei Fn. 360), der gute Gründe für die letztere Interpretation anführt.

Sicherungsgeber (Versicherungsnehmer) erwerbe damit schon bei Abschluß des Vertrages einen aufschiebend bedingten Anspruch auf Rückgewähr.

Hiergegen könne – so das OLG Nürnberg weiter – nicht eingewandt werden, daß der Risikoanteil der Prämie das Entgelt der Versicherten für die Gefahrtragung des Versicherers sei. Versicherungstechnisch habe die Prämie vielmehr den Zweck, den nach Wahrscheinlichkeitsmaßstäben berechneten Gesamtbedarf der Versicherten als Risikogemeinschaft zu decken.[729] Daher sei die Prämie vertragsrechtlich als Solidarleistung der Versichertengemeinschaft einzuordnen, die der Versicherer im Interesse der Versicherten zu verwalten, auf die entstandenen Versicherungsfälle zu verteilen und im übrigen zurückzuvergüten habe. Nur die von der Gesellschaft hierfür in ihren Prämien einkalkulierten Verwaltungskosten stellten ein echtes Entgelt der Versicherungsnehmer für die ihnen insoweit erbrachten Dienstleistungen dar. Auch die Tatsache, daß die Versicherungsprämie nicht im einzelnen aufgegliedert sei, spreche nicht gegen diese Betrachtungsweise, da sich die Aufgliederung der Prämie in einen Spar- und Risikoanteil sowie in die Abschluß- und Verwaltungskosten durch die Verweisung auf den Geschäftsplan ergebe. Zwar könne der Geschäftsplan keinen Bestand haben, da es dem Vertrags-(Sicherungs-) Zweck und den bei Vertragsschluß durch die Werbung geweckten Renditeerwartungen der Versicherungsnehmer widerspreche, wenn die vom Versicherungsnehmer bezahlten Risikoanteile endgültig in das Vermögen des Versicherers übergehen sollten.[730] Die gem. §§ 3, 9 AGBG entstehende Vertragslücke sei aber im Wege der ergänzenden Vertragsauslegung im Sinne einer Treuhandabrede zu schließen, weil eine ergänzende gesetzliche Regelung fehle und die ersatzlose Streichung der unwirksamen AVB keine interessengerechte Lösung wäre.[731] Das OLG Nürnberg kommt daher zu dem Schluß, daß der Versicherer gem. §§ 675, 667 BGB zur Herausgabe der Risikoüberschüsse verpflichtet ist.

Demgegenüber hat das <u>OLG Hamburg</u>[732] mit Urteil v. 2.3.1990 entschieden, daß der Versicherungsnehmer keine Herausgabeansprüche (§ 667 BGB) oder Auskunftsansprüche (§ 666 BGB) aus entgeltlicher Geschäftsbesorgung hat. Der Versicherungsvertrag, so das OLG Hamburg, möge zwar Elemente der entgeltlichen Geschäftsbesorgung aufweisen. Im Ergebnis sei er jedoch ein Vertrag eigener Art, der weder mit dem zwischen einer Kapitalanlagegesellschaft und ihren Anlegern bestehenden Verhältnis noch mit dem Verhältnis zwischen Sparkasse oder Bank und Sparern vergleichbar sei. Insbesondere könnten die Pflichten der Versicherer bezüglich der Überschußbeteiligung der Versicherten schon angesichts des unstreitig durch versicherungsaufsichtsrechtliche Gründe bedingten Entstehens der Überschüsse nicht einfach nach den für die entgeltliche Geschäftsführung geltenden Grundsätzen oder jedenfalls entsprechend diesen Grundsätzen beurteilt werden.

Der <u>BGH</u> hat schließlich die Frage, ob im Rahmen einer Lebensversicherung mit Gewinnbeteiligung der Versicherer hinsichtlich der Nutzung der aus Sicherheitsgründen

---

729 OLG Nürnberg, VuR 1991, 274, 278.
730 OLG Nürnberg, VuR 1991, 274, 279f.
731 OLG Nürnberg, VuR 1991, 274, 281.
732 OLG Hamburg, VersR 1990, 475, 477.

vorsorglich hoch bemessenen, später voraussichtlich über die Gewinnbeteiligung zurückzugewährenden Prämienanteile eine Stellung habe, die dem Beauftragten eines Geschäftsbesorgungsvertrages oder einem Geschäftsführer ohne Auftrag zumindestens rechtlich ähnlich sei, bislang ausdrücklich offengelassen.[733]

3. Aktuelles Schrifttum

Der Meinungsstand im neueren Schrifttum ist daher nach wie vor kontrovers. Auf der einen Seite wird vertreten, daß der Versicherer die erwirtschafteten Überschüsse treuhänderisch zu verwalten habe. Zur Begründung wird der (Lebens-)Versicherungsvertrag als „Geschäftsbesorgungsvertrag" (II.) oder als „partiarisches Rechtsverhältnis" (III.) qualifiziert. Zuweilen wird auch behauptet, daß die in der Prämie enthaltenen Sicherheitszuschläge auflösend bedingt geleistet würden und daher am Ende der Vertragslaufzeit, soweit vorhanden, zurückzuerstatten seien (IV.). Eine treuhänderische Bindung der Versicherer wird schließlich aus der Tatsache abgeleitet, daß die gemischte Lebensversicherung im Erlebensfall einem reinen Sparvorgang entspreche (V.). Auf der anderen Seite finden sich in der Literatur Stimmen, die – wie beispielsweise PATAKI und WINTER[734] – eine Geschäftsbesorgungs- oder Treuhandkonstruktion mit dem Argument ablehnen, daß betriebswirtschaftliche Aspekte für die rechtliche Qualifikation des Versicherungsvertrages letztlich unerheblich seien. Entscheidend für die rechtliche Einordnung eines Vertrages sei allein der erklärte oder hypothetische Wille der Vertragspartner. Dieser spreche aber gegen eine treuhänderische Bindung.

II. Der Versicherungsvertrag als Geschäftsbesorgungsvertrag (§ 675 BGB)

1. Die Ansicht SCHÜNEMANNS

SCHÜNEMANN[735] ist der Auffassung, daß der Versicherungsvertrag ein Geschäftsbesorgungsvertrag (§ 675 BGB) mit dienstvertraglichem Kern ist.

---

733 BGHZ 83, 169, 174; BGHZ 87, 346, 352; BGH VersR 1995, 77, 78. Geschäftsbesorgungselemente klingen allerdings an, wenn der BGH darauf verweist, daß das Risiko der Gefahrenrealisation lediglich umverteilt werde, vgl. BGHZ 44, 166; 88, 78; BGH VersR 1960, 549f.; BGH VersR 1962, 974, 976.

734 PATAKI, Der Geschäftsbesorgungsgedanke im Versicherungsvertragsrecht (1998), 13, 26f.; WINTER, in: Lebensversicherung und Geschäftsbesorgung (1998), 58, 62.

735 SCHÜNEMANN, VersWissStud. 4, 43; DERS., BB 1995, 417, 419 und JuS 1995, 1062, 1066; DERS., in: Lebensversicherung und Geschäftsbesorgung (1998), 26. Siehe auch EICHLER (in: FS Nipperdey [1965], 237, 245ff.), der davon ausgeht, daß die durch den Versicherer vorgenommene Risikoübernahme eine Geschäftsbesorgung sei, im Unterschied zu SCHÜNEMANN aber den Geschäftsbesorgungsgedanken nur auf die Rückstellungsbildung bezieht. MEYER (ZRP 1990, 424ff.) will den Versicherungsvertrag dagegen in einen eigentlichen Versicherungsvertrag und einen entgeltlichen Geschäftsbesorgungsvertrag aufteilen, der bei der kapitalbildenden Lebensversicherung zusätzlich um einen Sparvertrag ergänzt wird.

a) Grundgedanke

Ökonomisch sei – so SCHÜNEMANN – davon auszugehen, daß die Mittel für die Leistung des Versicherers immer von der Versichertengemeinschaft aufgebracht werden müßten.[736] Die im Versicherungsfall fällig werdenden Leistungen seien lediglich umstrukturierter Durchfluß. Das Versicherungsunternehmen selbst trage keinerlei Gefahr. Die Gefahr bleibe vielmehr bei der „Gefahrengemeinschaft" der Versicherten und werde dort nur umverteilt. Die eigentliche Leistung des Versicherers bestehe daher nur in der Organisation der Gefahrengemeinschaft der Versicherten und in der Technik des komplizierten Risikoausgleichs.

Aus diesem Grunde sei die herkömmliche Meinung, nach der im Versicherungsvertrag nach Art des Kaufvertrages einheitliche Leistungen (Prämie gegen Versicherungsschutz) ausgetauscht würden, abzulehnen. Die Prämie sei vielmehr nur insoweit ein Preis, als damit die Dienstleistung des Versicherers (Organisation der Gefahrengemeinschaft, Zahlungsabwicklung, etc.) entgolten werde. Im übrigen nehme der Versicherer fremde Vermögensinteressen wahr: Der nicht mehr vom versicherungsvertraglichen Synallagma erfaßte Risikoanteil der Prämie führe zur Bildung eines Treuhandvermögens der Gefahrengemeinschaft in der Hand des Versicherers. Außerhalb des versicherungsvertraglichen Synallagmas stehe bei der Kapitallebensversicherung ferner jener Teil der Prämie, der überhaupt nicht mehr dem Risikoausgleich, sondern der Kapitalanlage diene. In Bezug auf die gezahlten Sparanteile sei der Versicherungsnehmer somit in Wahrheit Anleger. Im Ergebnis erweise sich damit der Versicherungsvertrag in den Kategorien der allgemeinen Zivilrechtsordnung als Geschäftsbesorgungsvertrag im Sinne des § 675 BGB mit dienstvertraglichem Kern. Bei der Kapitallebensversicherung handele es sich um einen – geradezu als Prototyp des Geschäftsbesorgungsvertrages anzusehenden – Investmentvertrag. Die Prämie sei daher vertragsstrukturell in einen Deckungskapitalbeitrag und einen Geschäftsbesorgungspreis zu spalten, im Falle einer Kapitallebensversicherung zusätzlich in einen separaten Sparbeitrag.

Da § 675 BGB auf das Auftragsrecht verweise, treffe den Geschäftsbesorger (Versicherer) ferner die Pflicht, die ihm anvertrauten Interessen des Geschäftsherrn im Sinne einer fremdnützigen Verwaltungstreuhand umfassend zu wahren.[737] Demzufolge dürfe der Versicherer nicht alle Optionen nutzen, die ihm außerhalb des Vertragsrechts eingeräumt werden, insbesondere dann nicht, wenn dies den Interessen der Versicherungsnehmer zuwiderlaufe. Diese „Optimierungspflicht" habe weitreichende Konsequenzen, insbesondere bei der Kapitallebensversicherung. Eine Querverrechnung zwischen einzelnen Überschußquellen sei unzulässig. Darüber hinaus verdiene der Versicherungsnehmer bei der Kapitallebensversicherung Anlegerschutz nach dem Vorbild des KAGG. Der Versicherer habe neben der Handels- und Steuerbilanz eine an den Standards des Geschäftsbesorgungsvertrages (§ 666 BGB) orientierte Überschußbeteiligungsbilanz vorzulegen. Im übrigen verlange die aus dem Geschäftsbesorgungscharakter des Investmentvertrages resultierende Loyalitätspflicht des Versicherers den Verzicht auf ver-

---

736 SCHÜNEMANN, VersWissStud. 4, 43, 51 ff.
737 SCHÜNEMANN, VersWissStud. 4, 43, 54 ff.

sicherungsaufsichtsrechtlich bzw. bilanzrechtlich eingeräumte Optionen, was im Ergebnis über §§ 675, 677 BGB die weitgehende Beteiligung der Versicherungsnehmer an den stillen Reserven der Versicherer einschließe. Ausgenommen von der Überschußbeteiligung seien lediglich jene stille Reserven, die letztlich aus den Entgeltanteilen der Prämien für die Organisationsdienstleistung des Versicherers herrührten. Umgekehrt dürften aber auch nicht Überschüsse im Risikobereich dem Spar-(Anlage-)Vermögen zufließen, sondern müßten zur Bildung von Rückstellungen verwendet werden.

Im Gegensatz zu H.D. MEYER,[738] der in der Kapitallebensversicherung drei Verträge – den eigentlichen Versicherungsvertrag, einen entgeltlichen Geschäftsbesorgungsvertrag und einen Sparvertrag – sieht, geht SCHÜNEMANN[739] davon aus, daß der Versicherungsvertrag als einheitlicher Vertrag und nicht als ein Vertragsbündel zu qualifizieren ist. Dies schließe jedoch nicht aus, die verschiedenen Elemente der Versicherung in synallagmatische und nicht synallagmatische Pflichten gedanklich herauszulösen.

b) Der Gesetzentwurf der SPD v. 2.7.1997 zur Reform des VVG

Im Ergebnis, so SCHÜNEMANN[740] an anderer Stelle, entspreche der Gesetzentwurf der SPD-Fraktion v. 2.7.1997 zur Reform des VVG[741] in weiten Teilen der geltenden Rechtslage: In § 1 Abs. 1 VVG-E wird der Versicherungsnehmer durch den Versicherungsvertrag verpflichtet, während der Vertragsdauer die vereinbarte Versicherungsprämie zu bezahlen, die mit ihrem Entgeltanteil für das Dienstleistungsgeschäft, ihrem Risikoanteil für das Risikogeschäft und mit ihrem Sparbeitrag für das Kapitalanlagegeschäft eingefordert wird. Das Versicherungsunternehmen hat dabei das Risiko- und Kapitalanlagegeschäft als „Geschäftsbesorger" mit der Sorgfalt eines ordentlichen Kaufmanns zu planen und die verschiedenen Bestandteile der Prämie im Vertragsangebot, im Vertrag und in den Prämienberechnungen aufgegliedert auszuweisen (1 Abs. 2, 3 VVG-E). Auch § 1 Abs. 4 S. 1-4 VVG-E, der Versicherungsunternehmen dazu verpflichtet, das Risiko- und das Kapitalanlagegeschäft in der Zuständigkeit einer Versicherungstreuhand als Sondervermögen zu betreiben und als ermittlungsrechtliche Versicherungstreuhand abzurechnen, ist nach Ansicht von SCHÜNEMANN lediglich deklaratorischer Natur.[742] Dasselbe gelte für § 1 Abs. 5, 6 VVG-E. Nach diesen Regelungen hat das Versicherungsunternehmen den Versicherungsnehmer vor Vertragsschluß schriftlich über die Grundsätze der geplanten Anlagepolitik für die Verwendung der Sparbeiträge und der Risikobeiträge aufzuklären und zugleich die von den Versicherungskunden in den letzten zehn Jahren jeweils erzielten Renditen mitzuteilen. Ferner werden die Vorschriften des KAGG für entsprechend anwendbar erklärt. Schließlich verdeutliche § 1a VVG-E, der bei (vorzeitiger) Beendigung des Versicherungsvertrages eine Auszahlung in Höhe des jeweiligen Guthabens vom Konto der Versicherungstreuhand vorsieht, letzt-

738 MEYER, ZRP 1990, 424, 428.
739 SCHÜNEMANN, VersWissStud. 4, 43, 57.
740 SCHÜNEMANN, in: Lebensversicherung und Geschäftsbesorgung (1998), 26, 37.
741 BTDrcks. 13/8163, abgedruckt in: VersR 1997, 946f. und ZIP 1997, 1258f.
742 SCHÜNEMANN, in: Lebensversicherung und Geschäftsbesorgung (1998), 26, 38.

lich nur, was ohnehin als Inhalt der den Versicherer als Geschäftsbesorger treffenden Optimierungspflicht dem Versicherungsnehmer gegenüber zu gelten habe. Konstitutiv wirke, so SCHÜNEMANN,[743] lediglich die im Gesetzesvorhaben normierte Obergrenze der zulässigen Schwankungsreserven (§ 1 Abs. 4 S. 5, 6 VVG-E). Da der Gesetzesentwurf davon ausgeht, daß die Versicherungsnehmer ein Interesse an der Verstetigung der Zahlungsströme haben, gestattet diese Regelung den Versicherungsunternehmen, bis zu einer bestimmten Obergrenze Schwankungsreserven für das Risiko- und Kapitalanlagegeschäft zu bilden.[744] In der Begründung wird darauf hingewiesen, daß das infolge der Schwankungsreserven mittelbar gebundene Sondervermögen und dessen Erträge grundsätzlich den Versicherungsnehmern zustehe. Gleichzeitig müsse aber der Versicherer durch den Aufbau oder Abbau der Schwankungsreserve in der Lage sein, Zahlungen und Gutschriften zu verstetigen. Daher bestehe bei Vertragsbeendigung kein Anspruch der Versicherungskunden auf Auszahlung des rechnerischen Anteils an den Schwankungsreserven. SCHÜNEMANN[745] bezweifelt demgegenüber, ob die Normierung einer Obergrenze gesetzlich erforderlich ist, denn bei konsequenter Führung des Treuhandvermögens bestehe kein ökonomischer Anreiz mehr zur Bildung (stiller) Reserven zugunsten des Unternehmensvermögens.

2. Ökonomische Einwände

Bereits in betriebswirtschaftlicher Hinsicht können die Ausführungen SCHÜNEMANNS nicht überzeugen.

a) Offene Fragen

Unklar ist zunächst, nach welchen Kriterien das Dienstleistungsgeschäft von dem Risiko- und Kapitalanlagegeschäft abgegrenzt werden soll.[746] Ebenso wie der Gesetzentwurf setzt SCHÜNEMANN die Begriffe Dienstleistungs-, Risiko- und Kapitalanlagegeschäft als selbstverständlich voraus, ohne diese näher zu definieren. Letztlich ist aber noch nicht einmal die Zuordnung der verschiedenen Prämienbestandteile (Dienstleistungsentgelt, Risikobeitrag und Sparbeitrag) zu den drei Bereichen a priori vorgegeben.

Maßgeblich für die Prämienkalkulation sind die Rechnungsgrundlagen „Risiko", „Rechnungszins" und „Kosten" (vgl. S. 33ff.). Anhand dieser Rechnungsgrundlagen kann zwar die vom Versicherungsnehmer zu zahlende Prämie in einen Risiko-, Spar- und Betriebskostenanteil aufgesplittet werden. Die Lebensversicherungsmathematik trifft aber noch keine Aussage darüber, *wie* die einzelnen Prämienbestandteile während der Vertragslaufzeit aufzuteilen sind. Deutlich wird dies vor allem bei der gemischten

---

743 SCHÜNEMANN, in: Lebensversicherung und Geschäftsbesorgung (1998), 26, 41.
744 Begründung zum Gesetzesvorhaben, BTDrcks. 13/8161, 6. Vgl. ferner: ADAMS, ZIP 1997, 1224, 1226.
745 SCHÜNEMANN, a.a.O.
746 Wie hier: KARTEN und HESBERG, in: Lebensversicherung und Geschäftsbesorgung (1998), 44, 51ff. und 122, 130ff.

Lebensversicherung. Geht man davon aus, daß der Versicherungsnehmer eine konstante Nettoprämie zahlt, so variiert der Risikoanteil und damit zugleich der Sparanteil während der Dauer des Vertrages, denn das riskierte Kapital nimmt durch das ständig wachsende „Sparguthaben" von Jahr zu Jahr ab.[747] Unterschiedliche Risiko- und Sparanteile ergeben sich auch dann, wenn die gemischte Lebensversicherung in zwei verschiedene Verträge aufgespalten wird, wie dies beispielsweise beim Sparplan mit Versicherungsschutz der Fall ist. Konstruktiv setzt sich der Sparplan mit Versicherungsschutz aus einem Sparvertrag und einer Risikolebensversicherung mit fallender Versicherungssumme zusammen.[748] Während die gewünschte Auszahlungssumme am Ende der Vertragslaufzeit im Sparplan kontinuierlich angespart wird, muß die Risikolebensversicherung jeweils die Differenz zwischen Endsumme und erreichtem Sparkapital decken. Eine konstante Prämie enthält daher wiederum jährlich veränderbare Sparbeiträge. Hieraus wird deutlich, daß der Versicherungsnehmer bei einer Lebensversicherung mit 30jähriger Laufzeit genaugenommen 30 verschiedene Risikobeiträge und 30 verschiedene Sparbeiträge zahlt. Da die Trennung in Risiko- und Sparbeiträge nicht durch die Versicherungstechnik vorgegeben wird, bleibt nach den Ausführungen SCHÜNEMANNS offen, nach welchen Maßstäben die Nettoprämie aufzuteilen ist.

Unberücksichtigt bleibt ferner, daß sich die Rechnungsgrundlage „Rechnungszins" nicht nur auf die Sparanteile, sondern auch auf die Risikoprämie bezieht. Da die nicht benötigten Risikoanteile verzinslich angesammelt werden, wird in aller Regel auch die Risikoprämie entsprechend dem zugrundegelegten Rechnungszins reduziert (vgl. S. 33). Insofern ist fraglich, ob es sich bei diesem Teil der Prämie um einen Sparanteil oder um einen Risikoanteil handeln soll[749] und in welcher Ergebnisquelle die Position „rechnungsmäßige Zinsen auf Risikobeiträge" abzurechnen ist.[750] Darüber hinaus ist problematisch, ob und inwieweit Sicherheitszuschläge bei nicht-überschußberechtigten Versicherungen von Risikoprämien abzugrenzen sind. Schließlich wird auch die Zuordnung verschiedener Dienstleistungseffekte im Risiko- und Kapitalanlagebereich von SCHÜNEMANN nicht näher behandelt.[751] Daher ist letztlich unklar, wonach sich die Höhe des Entgeltes für die Verwaltung des Sondervermögens bemißt.[752] Dürfen die Entgelte beispielsweise auch Gewinnanteile in Abhängigkeit vom Erfolg der Kapitalanlage enthalten?

---

747 Zum Ganzen: ACKERMANN, Die Rückgewährquote der Lebensversicherungsunternehmen (1985), 21f.

748 KÜRBLE/HAMANN, ZVersWiss 1985, 371, 377.

749 So auch der Diskussionsbeitrag von HÖNICKE, in: Lebensversicherung und Geschäftsbesorgung (1998), 172.

750 Zur Zeit erfaßt die interne Rechnungslegung die „rechnungsmäßigen Zinsen auf die Risikobeiträge" sowohl im Risiko-, als auch im Kapitalanlageergebnis, vgl. S. 43 und S. 45.

751 HESBERG (in: Lebensversicherung und Geschäftsbesorgung [1998], 122, 132f.) macht zu Recht darauf aufmerksam, daß die Verteilung der Kosten für allgemeine Dienstleistungen und Vertragsabschluß einerseits und versicherungstechnische Dienstleistungen (z.B. Leistungsregulierung) sowie Vermögensverwaltung andererseits auch nach dem Gesetzesentwurf der SPD nach wie vor willkürlich bleibt.

752 Wie hier: KARTEN, in: Lebensversicherung und Geschäftsbesorgung (1998), 44, 54.

b) Die Risikosituation des Versicherers nach geltender Rechtslage

Die Aufteilung in die verschiedenen Vertragskomponenten Dienstleistungs-, Risiko- und Kapitalanlagegeschäft wirft nicht nur weitere, bislang ungeklärte Fragen auf. Entscheidend ist vielmehr, daß die Vertreter der Geschäftsbesorgungstheorie[753] zu Unrecht davon ausgehen, daß der Versicherer infolge seiner nur organisierenden Stellung *keinerlei wirtschaftliches Risiko* trage. Aus der Tatsache, daß der Versicherer auf die seitens der Versicherungsnehmer aufgebrachten Zahlungsströme zurückgreifen kann, wird abgeleitet, daß die Versicherten die Hersteller des Versicherungsschutzes seien und die eigentliche Leistung des Unternehmens nur in der Organisation der Gefahrengemeinschaft bestehe.

Im Ergebnis kann diese These allerdings nicht überzeugen:[754] *Zum einen* trägt der Versicherer das Risiko, daß sich das kalkulierte Risiko nachträglich zu seinen Lasten verändert. Selbst die Möglichkeit, ein eingegangenes Einzelrisiko oder Risikobündel gegen Entgeltzahlung auf einen Rückversicherer zu übertragen, bietet oftmals nicht die Gewähr dafür, daß der Versicherer seinen Vertragspflichten nachkommen kann.[755] Versicherungstechnische Fehlbeträge können auch nur in begrenztem Maße durch Prämienanpassungen an die Versicherten weitergegeben werden:[756] Grundsätzlich ist der Versicherer zwar nicht daran gehindert, vertragliche Vereinbarungen zu treffen, aufgrund derer Versicherungsprämien angepaßt werden. Nach der Rechtsprechung des BVerwG zu Prämienanpassungsklauseln muß jedoch sichergestellt werden, „daß Änderungen der für die Prämiengestaltung wesentlichen Grundlagen nur für die Versicherungsnehmer zu einer Prämienanpassung führen, deren versicherte Risiken von diesen Änderungen tatsächlich betroffen sind."[757] Da die „betroffenen" Versicherungsnehmer aber zu einer Kündigung gem. § 31 VVG berechtigt sind, sind Risikoverluste im Zweifel aus dem Eigenkapital des Unternehmens zu decken. Lediglich bei überschußberechtigten LVV werden die hierdurch verursachten Stornoverluste im Wege der Querverrechnung wiederum auf die Versichertengemeinschaft umgelegt.

Zum anderen übernimmt der Versicherer etwaige Verluste aus dem Kapitalanlagebereich. Der überschußberechtigte LVV kann nämlich, wie HÖLSCHER[758] zu Recht betont, je nach Betrachtungsweise und Bezugsgröße sowohl als ein variables als auch als ein festverzinsliches Bankprodukt interpretiert werden. Lebensversicherungen sind auf der Basis des Rechnungszinses mit einem eindeutig bestimmten Zinssatz ausgestattet, der für die gesamte Vertragsdauer gilt, so daß Kapital- und Zinsbindungsfrist übereinstim-

---

753 SCHÜNEMANN, VersWissStud. 4, 43, 51; MEYER, ZRP 1990, 424, 426; LEHMANN, VersWissStud. 5, 19ff.

754 Wie hier, allerdings mit unterschiedlicher Begründung: PATAKI, Der Geschäftsbesorgungsgedanke im Versicherungsvertragsrecht (1998), 14ff. und WINTER, in: Lebensversicherung und Geschäftsbesorgung (1998), 58, 76.

755 KÖNIG, VersR 1997, 1042ff.; ESZLER, ZVersWiss 1997, 1, 31.

756 MEYER (VersWissStud. 6, 11, 20f.) ist demgegenüber der Ansicht, daß das langfristige Risiko der Änderung der Schadenseintrittswahrscheinlichkeit aufgrund eventueller Prämienanpassungen vollständig von der Versichertengemeinschaft getragen wird.

757 BVerwGE 61, 59, 68.

758 HÖLSCHER, Marktzinsorientierte Ergebnisrechnung in der Lebensversicherung (1994), 162.

men. Ausgehend vom Gesamtprodukt „Lebensversicherung" repräsentiert der Rechnungszins dabei zunächst einen vorläufigen Preis bzw. Refinanzierungssatz. Der endgültig zu zahlende Zins ergibt sich dagegen erst aus dem Zusammenspiel von Prämie und Überschußbeteiligung. Da der Überschußanteil nachträglich ausgeschüttet wird und sich an den tatsächlich erwirtschafteten Erträgen orientiert, fehlt der Lebensversicherung eine Zinsbindung, solange der Versicherer zur Gewährung eines (Zins-)Überschußanteils in der Lage ist. Bei einer extrem schlechten Ertragslage, die bei einem vollkommen variablen Produkt auch die Zahlung des Rechnungszinses nicht mehr rechtfertigen würde, wandelt sich die Lebensversicherung für die Gesellschaft demgegenüber von einem variablen zu einem Festzinsgeschäft. Am Kapitalmarkt ist die Lebensversicherung daher mit einer Anleihe, die mit einer Zinsuntergrenze (Floor) ausgestattet ist, vergleichbar. Auch in dieser Höhe trägt der Versicherer ein unternehmerisches Risiko.

c) Nachschußverpflichtung der Versicherungsnehmer

Demgegenüber soll sich die Versichererleistung nach der Geschäftsbesorgungstheorie allein auf die Organisation des Risikokollektives und der Verwaltung der von diesem aufgebrachten Finanzmittel beschränken. Dies hat denknotwendig zur Folge, daß die Versicherungsnehmer entgegen der traditionellen Konstruktion von Versicherungsverträgen das Risiko einer unvorhersehbaren, unvermeidbaren Fehlkalkulation zu tragen haben. Dem kann nicht entgegengehalten werden, daß der Versicherer grundsätzlich unter einem Erfüllungszwang stehe, soweit nur die Zahlung einer bezifferten Summe zugesagt worden ist.[759] Denn aus der Tatsache, daß der Versicherungsnehmer einen Rechtsanspruch auf die Versicherungsleistung hat, folgt noch nicht, daß der Versicherer das versicherungstechnische Risiko einer unvorhersehbaren Äquivalenzstörung übernimmt. Im Gegenteil: Da der Versicherer nach der Geschäftsbesorgungskonzeption den Dienstleistungsanteil der Prämie einzig und allein für seine Organisations- und Verwaltungsleistung erhält und die Gefahr bei der „Gefahrengemeinschaft" der Versicherten verbleiben soll, müßten allein die Versicherungsnehmer dieses Risiko tragen.[760] Auch eine Einstandspflicht des Versicherers aus positiver Forderungsverletzung des Geschäftsbesorgungsvertrages für etwaige Fehlbeträge käme nur dann in Betracht, wenn mit Hilfe der aktuellen Kenntnisse und Anwendung der Versicherungsmathematik (Sicherheitszuschläge, Rückversicherungen, Schwankungsreserven) ein Verlust hätte aus-

---

759 So aber SCHÜNEMANN, in: Geschäftsbesorgung in der Lebensversicherung (1998), 26, 40; RÜCKLE, Zentrale Aspekte des SPD-Entwurfs zur Reform des VVG in der Diskussion (bislang unveröffentlicht) und ADAMS, Der Gesetzentwurf der SPD zur Reform des VVG (bislang unveröffentlicht).

760 So auch PATAKI (Der Geschäftsbesorgungsgedanke im Versicherungsvertragsrecht [1998], 78-87), der darüber hinaus eine Einstandsverpflichtung des Versicherers aus einem Garantieversprechen, einer verschuldensunabhängigen Haftung und einer Gefährdungshaftung diskutiert, im Ergebnis aber ablehnt.

geschlossen werden können.[761] Sonstige Verluste fallen dagegen in den Risikobereich der Versicherungsnehmer, denn der Versicherer hätte als Geschäftsbesorger nur die Pflicht, das Risiko- und Kapitalanlagegeschäft mit der Sorgfalt eines ordentlichen Kaufmanns zu planen.

In rechtlicher Hinsicht käme daher bei einem Geschäftsbesorgungsvertrag eine Nachschußverpflichtung gem. §§ 675, 670 BGB in Betracht.[762] Der Aufwendungsersatzanspruch in § 670 BGB soll nämlich sicherstellen, daß der Beauftragte durch seine Tätigkeit keinen Vermögensverlust erleidet. Der Versicherer könnte somit als Geschäftsbesorger Ersatz für diejenigen Aufwendungen verlangen, die nicht bereits durch die zwischen den Vertragsparteien vereinbarte Vergütung abgegolten sind. Zahlungen, die einen unvorhersehbaren versicherungstechnischen Fehlbetrag während der Planungsperiode decken, wären somit gem. § 670 BGB ersatzfähig, wenn die zusätzliche Schwankungsreserve für das Risiko- bzw. Kapitalanlagegeschäft verbraucht ist.

d) Versicherung als Umlageverfahren?

Diese Zusammenhänge verdeutlichen, daß die Geschäftsbesorgungskonstruktion letztlich auf dem Gedanken eines Umlageverfahrens basiert. Bei einem reinen Umlageverfahren werden die im Versicherungsfall benötigten Mittel unmittelbar von der Gesamtheit der Versicherungsnehmer über variable, wahrscheinlichkeitsverteilte Prämien aufgebracht.[763] Jeder Schaden wird bei Eintritt sofort zur Gänze auf die Gesamtheit der Versicherten aufgeteilt. Maßgeblich ist dabei das Verhältnis der Erwartungswerte der individuell versicherten Schadenswahrscheinlichkeitsverteilungen zueinander. Hinsichtlich des Risikogeschäftes gibt es keinen von der Gesamtheit der Versicherten verschiedenen Risikoträger. Auch das Dienstleistungsgeschäft könnte vom Versichertenkollektiv selbst durchgeführt werden. Wird die Organisation und Durchführung der Versicherung dagegen einem Dritten übertragen, so erhält dieser lediglich ein Entgelt für seine Leistungen im Dienstleistungsgeschäft. Dementsprechend kann in diesem Modell das Versicherungsentgelt ohne weiteres in einen Risikoanteil, der nur für die Versicherten „verwaltet" wird, und ein Dienstleistungsanteil, der dem Versicherer gebührt, aufgeteilt werden. Gleichzeitig müssen die Versicherten aber das versicherungstechnische Risiko tragen. Kollektive Überschäden einer Periode können das Versicherungsentgelt über den Erwartungswert der individuell versicherten Schadenswahrscheinlichkeitsverteilung hinaus erhöhen.

---

761 Wie hier: PATAKI, Der Geschäftsbesorgungsgedanke im Versicherungsvertragsrecht (1998), 77f. Siehe auch die Äußerungen des Parlamentarischen Staatssekretärs beim Bundesminister der Justiz FUNKE (Schreiben v. 16.3.1998 an den Bund der Versicherten), der darauf hinweist, daß der Versicherer nach der Geschäftsbesorgungstheorie nur zu Leistungen verpflichtet ist, die aus dem Beitragsaufkommen und den Erträgen der Versichertengemeinschaft erfüllt werden können.

762 Wie hier: WINTER, ZVersWiss 1991, 203, 222; DERS., in: Geschäftsbesorgung in der Lebensversicherung (1998), 58, 74f. und PATAKI, Der Geschäftsbesorgungsgedanke im Versicherungsvertragsrecht (1998), 89ff.

763 ESZLER, ZVersWiss 1998, 233, 245; DERS., VW 1997, 150.

Theoretisch entspricht das Umlageverfahren dem Gegenseitigkeitsprinzip des VVaG.[764] Die an den Versicherungsverein gezahlten Beiträge dienen nicht der Erzielung von Gewinnen, sondern allein dem Risiko- und Kostenausgleich der versicherten Mitglieder. Demgemäß hängt die Höhe der Beiträge entscheidend vom tatsächlichen Schadensverlauf ab. Reicht die kalkulierte Prämie nicht aus, so kann der Versicherer Nachschüsse einfordern (§ 24 VAG). In der Praxis wird die Nachschußpflicht aber in den Satzungen der VVaG zumeist ausgeschlossen,[765] denn die Versicherungsnehmer möchten in aller Regel keine variable Prämie zahlen, sondern sind vielmehr daran interessiert, die mit der Prämienzahlung einhergehenden finanziellen Belastungen bei Vertragsschluß richtig einschätzen zu können. Eine ausreichende Sicherheit für seine mittelfristige Finanzplanung erhält der Versicherungsnehmer nur dann, wenn der Versicherer eine gleichbleibende Prämie anbietet. Die Gegenseitigkeitsvereine sahen sich daher aus Wettbewerbsgründen veranlaßt, die Möglichkeit einer Nachschußverpflichtung auszuschließen.

e) Zwischenergebnis

Die Geschäftsbesorgungstheorie berücksichtigt somit die wirtschaftlichen Interessen der Versicherungsnehmer nicht ausreichend. Da die Versicherten einer Nachschußverpflichtung ausgesetzt sind, sind sie unter Umständen gezwungen, auf eine bereits bei Vertragsschluß verplante Liquidität zurückgreifen zu müssen.

3. Rechtliche Bedenken

a) Mangelnde Unterscheidung zwischen Geschäftsbesorgung und Treuhand

Letztlich sprechen vor allem rechtliche Gründe gegen die Ansicht SCHÜNEMANNS. SCHÜNEMANN geht davon aus, daß aufgrund der Einordnung des Versicherungsvertrages als Geschäftsbesorgungsvertrag automatisch ein Treuhandverhältnis entsteht, da § 675 BGB auf das Auftragsrecht verweise. In der Tat begründet die Verpflichtung zur sorgfältigen Ausführung eines Auftrags (§ 662 BGB) nach allgemeiner Ansicht für den Auftraggeber die Pflicht, den unter den gegebenen Umständen erreichbaren Nutzen für den Auftraggeber zu optimieren.[766] Die Sorgfaltspflicht des Beauftragten stellt dabei eine Treuepflicht dar, die im einzelnen keine treuhänderische Stellung des Beauftragten voraussetzt, sondern für jeden Auftrag gilt.

Dennoch kann hieraus noch nicht gefolgert werden, daß jeder Geschäftsbesorgungsvertrag ein treuhänderisches Verhältnis im Hinblick auf den Gegenstand der Geschäftsbesorgung beinhaltet.[767] Unbestritten ist zwar, daß der Geschäftsbesorgungsvertrag eng

---

764 So auch WINTER, a.a.O., 72ff.
765 BRENZEL, Der Versicherungsverein auf Gegenseitigkeit (1975), 13ff.
766 STAUDINGER[13]- WITTMANN, § 662 Rn. 2, 3.
767 Wie hier: WINTER, in: Geschäftsbesorgung und Lebensversicherung (1998), 58, 59f. und PATAKI, Der Geschäftsbesorgungsgedanke im Versicherungsvertragsrecht (1998), 115ff.

mit der Rechtsfigur der Treuhand verbunden ist, denn in der Regel liegt ein Geschäfts-
besorgungsverhältnis vor, wenn ein Treuhandvertrag abgeschlossen wurde.[768] Umgekehrt ist der Treuhandvertrag aber keine notwendige Voraussetzung für eine entgeltliche
Geschäftsbesorgung. Eine entgeltliche Geschäftsbesorgung i.S.d. § 675 BGB ist vielmehr bereits dann gegeben, wenn eine selbständige Tätigkeit wirtschaftlicher Art vorliegt, die nicht in einer bloßen Leistung an einen anderen, sondern in der Wahrnehmung
seiner Vermögensinteressen besteht.[769] Der Begriff einer juristischen Treuhand[770] ist
demgegenüber deutlich enger gefaßt. Voraussetzung für ein Treuhandverhältnis ist, daß
der Treugeber dem Treuhänder einen Gegenstand zu eigener Verfügungsmacht mit der
Maßgabe zuweist, daß der Treuhänder die ihm übertragene Rechtsmacht im Rahmen der
vertraglichen oder gesetzlichen Regelung ausübt.[771] Während der Geschäftsbesorgungsvertrag die Pflichten und Rechte des Geschäftsbesorgers gegenüber dem Geschäftsherrn
in allgemeiner Weise regelt, bestimmt die Treuhandabrede, in welcher Weise der Treuhänder die ihm übertragene Rechtsmacht in Bezug auf das Treugut ausüben soll.

Dabei kann das Treuhandverhältnis in ganz unterschiedlicher Art und Weise vertraglich ausgestaltet werden. Die Sicherungstreuhand – beispielsweise in Gestalt einer Si-
cherungsübereignung oder Sicherungszession – dient allein der Sicherheit des Treuhänders und wird daher auch als eigennützige Treuhand bezeichnet.[772] Im Gegensatz dazu
werden bei der Verwaltungstreuhand bestimmte Gegenstände als Treugut dem Treuhänder übertragen und der Verwaltung des Treuhänders unter Bindung an den vereinbarten Zweck unterstellt.[773] Da der Treuhänder überwiegend im Interesse des Treugebers
tätig wird, ist die Verwaltungstreuhand fremdnützig. In dinglicher Hinsicht kann
schließlich eine fiduziarische oder eine germanische bzw. deutsch-rechtliche Treuhand
vorliegen. Während das fiduziarische Treuhandverhältnis den Vollerwerb eines Rechtes
umfaßt, wird die germanische Treuhand von einer auflösend-bedingten Vollrechtsstel-
lung geprägt. Im Unterschied zur fiduziarischen Treuhand erhält der Treuhänder bei der
germanischen Treuhand nur eine dinglich beschränkte Rechtsmacht über den Gegenstand, der bei Erreichung des Treuhandzweckes wieder an den Treugeber zurückfällt.

Im Ergebnis müßte also zwischen dem obligatorischen Grundverhältnis, das bei der
Verwaltungstreuhand in der Regel durch einen Geschäftsbesorgungsvertrag bestimmt
wird, dem eigentlichen Treuhandvertrag sowie dem dinglichen Rechtsgeschäft unterschieden werden. Selbst wenn man mit SCHÜNEMANN davon ausginge, daß der Versicherungsvertrag ein Geschäftsbesorgungsvertrag mit dienstvertraglichem Kern ist, wäre
daher immer noch nicht geklärt, ob eine treuhänderische Bindung vorliegt und in welcher Weise der Versicherer die ihm übertragene Rechtsmacht in Bezug auf Treugut aus-

---

768 So auch SCHÜNEMANN, JuS 1995, 1062, 1066 unter Hinweis auf BGHZ 76, 131 und BGH NJW
     1987, 2071.
769 STAUDINGER[13]-Martinek, § 675 Rn. A 23.
770 Zur Abgrenzung zwischen dem wirtschaftlichen und juristischen Treuhandbegriff vgl. WINTER,
     ZVersWiss 1991, 203, 218f.
771 SOERGEL[13]-LEPTIEN, vor § 164 BGB Rn. 51.
772 Vgl. hierzu vor allem den Beschluß des Großen Senats für Zivilsachen zur Freigaberechtsprechung
     bei revolvierenden Globalsicherungen, BGH, NJW 1998, 671, 672.
773 Soergel[12]-BEUTHIEN, vor § 662 Rn. 21f.

üben soll. Diese Frage richtet sich allein nach der Treuhandabrede. Denn allein die Treuhandvereinbarung regelt die Verfügungsmacht des Treuhänders im Innenverhältnis und legt eventuelle Grundsätze für die Verwaltung des Treugutes fest.[774]

b) Keine Wahrnehmung „fremder" Vermögensinteressen

Gegen die Annahme eines Geschäftsbesorgungsvertrages spricht schließlich, daß eine entgeltliche Geschäftsbesorgung nur dann vorliegt, wenn der Geschäftsbesorger *fremde* Vermögensinteressen wahrnimmt. Die Tätigkeit des Geschäftsbesorgers muß fremdnützig sein und damit zugleich einen Aufgabenbereich beinhalten, der dem Geschäftsherrn durch den Geschäftsbesorger abgenommen wird.[775] Gerade dies ist im Versicherungswesen nicht der Fall. Der Versicherer übernimmt keine Tätigkeit, die der Versicherungsnehmer allein vornehmen könnte. Diese Zusammenhänge werden von SCHWINTOWSKI[776] in aller Deutlichkeit offengelegt. SCHWINTOWSKI weist zu Recht darauf hin, daß eine Geschäftsbesorgung denknotwendig ein eigenes Geschäft des Geschäftsherrn (Versicherungsnehmer) voraussetzt, das dieser dann durch einen Dritten (Versicherer) besorgen lassen könnte.

Als Geschäftsbesorgungsgegenstand käme zunächst die Gefahrtragung in Betracht. Der Versicherungsnehmer will sich durch den Abschluß eines Versicherungsvertrages vor einer Gefahr schützen. Geschäft des Versicherungsnehmers wäre insofern die Bedrohung mit einem möglicherweise eintretenden Risiko. Die Besorgung eines derartigen Geschäfts durch den Versicherungsnehmer bereitet aber mit den Worten SCHWINTOWSKIS schon begrifflich Schwierigkeiten, denn der Versicherungsnehmer ist im Grunde genommen eher Betroffener als Geschäftsherr. Selbst wenn man aber davon ausginge, daß der Versicherungsnehmer bezüglich seines eigenen Risikos Geschäftsherr ist, könnte dieses Geschäft nicht auf den Versicherer übertragen werden, denn der Versicherer legt seiner Kalkulation das Gesetz der großen Zahl zugrunde. Dieses Risiko ist aber – so SCHWINTOWSKI[777] – nicht das Risiko des einzelnen Versicherungsnehmers, sondern ergibt sich aus einer mathematischen Analyse und dem Zusammenführen einer Vielzahl von gemeinschaftlich Versicherten. Die Risikotragung kann somit nicht ein Geschäft des einzelnen, sondern allenfalls ein Geschäft der gesamten Risikogemeinschaft sein. Denn der Versicherungsnehmer ist selbst nicht in der Lage, eine Risikogemeinschaft aufzustellen und zu organisieren. Daher kann nur der Risikoausgleich im Kollektiv als eigenes Geschäft aufgefaßt werden. Die Versicherungsnehmer könnten beispielsweise einen VVaG im Umlageverfahren gründen, den Risikoausgleich somit nach dem Gesetz der großen Zahl zum eigenen Geschäft erheben und anschließend auf

---

774   COING, Die Treuhand kraft privaten Rechtsgeschäfts (1973), 110.

775   BGHZ 45, 223, 229. In diesem Urteil weist der BGH explizit darauf hin, daß keine Geschäftsbesorgung vorliegt, wenn durch die Tätigkeit des Dritten ein neuer Aufgabenkreis erst geschaffen wird. Siehe aber auch MARTINEK (in: STAUDINGER[13], § 675 Rn. A 34), der dieses Kriterium für zu eng hält.

776   SCHWINTOWSKI, JZ 1996, 702, 703. Ebenso: BRÖMMELMEYER, Der Verantwortliche Aktuar (2000), 228.

777   SCHWINTOWSKI, a.a.O.

einen Dritten übertragen. Selbst eine derartige Konstruktion ist aber letztlich nicht geeignet, individuelle Ansprüche der Versicherungsnehmer zu begründen, denn Geschäftsherr wäre allein das Versicherungskollektiv. Einzelvertragliche Geschäftsbesor-
gungsverträge lassen sich dagegen nicht herleiten.[778]

Gegen diese Argumentation hat PATAKI[779] allerdings eingewendet, daß das vom Versicherungsnehmer vorzunehmende Geschäft ungerechtfertigterweise auf dessen Risiko-
bedrohung eingegrenzt und fokussiert werde. Genausogut könne auch der „Ausgleich
finanzieller Folgekosten" als Geschäftsbesorgungsgegenstand angesehen werden. Da
sich der Versicherungsnehmer schon vor Vertragsschluß finanziell absichern könne,
kämen auch Handlungen, die im wirtschaftlichen Ergebnis eine Risikobeseitigung zur
Konsequenz haben, als Gegenstand einer Geschäftsbesorgung in Betracht. SCHMIDT-
RIMPLER[780] und ihm folgend DREHER[781] haben demgegenüber zu Recht darauf aufmerksam gemacht, daß der Versicherungsnehmer als einzelne Person nicht in der Lage ist,
die Folgekosten zukünftiger Schadensereignisse zu tragen. Der dagegen wiederum erhobene Einwand PATAKIS,[782] nicht die Höhe, sondern die prinzipielle Möglichkeit der
finanziellen Absicherung sei entscheidend, berücksichtigt nicht ausreichend, daß Versicherungsverträge in aller Regel unsubstituierbare Rechtsprodukte sind. Indem der Versicherer vom ersten Tag der Versicherung an eine der Höhe nach bei Vertragsschluß
garantierte Versicherungssumme bzw. Rente für den Versicherungsfall verspricht,
nimmt er ein Geschäft wahr, das in dieser Weise vom einzelnen Versicherungsnehmer
nicht durchgeführt werden könnte. SCHMIDT-RIMPLER[783] definiert die Privatversicherung
richtigerweise als ein Rechtsverhältnis, das seinem Sinn und Zweck nach darauf gerichtet ist, „ein im Vertrage festgelegtes Vermögensgestaltungsziel zu sichern (oder vermö-
gensmäßig sicher zu erreichen), welches infolge der Ungewißheit eines gestaltungser-
heblichen Zufalls nicht mit Sicherheit auf einem anderen Wege der Vermögensgestal-
tung erreicht werden kann." Der Versicherungsvertrag ist somit darauf ausgerichtet, die
wirtschaftlichen Interessen der Versicherungsnehmer vor ungewissen Ereignissen zu
sichern.[784] Die Geschäfte der individuellen Vermögensvorsorge und des Versicherns
sind keinesfalls deckungsgleich. Selbst unter dem Blickwinkel des „Ausgleichs finanzieller Folgekosten" kann der Versicherungsvertrag daher nicht als ein Geschäftsbesorgungsvertrag qualifiziert werden.

---

778 Abgesehen davon unterscheidet sich der große VVaG von dem Bild des Erwerbsversicherers nicht
     grundlegend, denn in der Praxis wird – wie bereits erwähnt – die Nachschußverpflichtung sat-
     zungsmäßig ausgeschlossen. Der große VVaG ist daher Prämienversicherer wie die Aktiengesell-
     schaft, SCHWINTOWSKI, a.a.O.
779 PATAKI, Der Geschäftsbesorgungsgedanke im Versicherungsvertragsrecht (1998), 20ff.
780 SCHMIDT-RIMPLER, Die Gegenseitigkeit bei einseitig bedingten Verträgen (1968), 30.
781 DREHER, Die Versicherung als Rechtsprodukt (1991), 74f.
782 PATAKI, a.a.O., 21.
783 SCHMIDT-RIMPLER, in: FS Heymann (1931), Bd. 2, 1211, 1247ff.
784 SCHWINTOWSKI, Der private Versicherungsvertrag (1987), 57.

III. Die kapitalbildende Lebensversicherung als partiarisches Rechtsverhältnis

1. Grundgedanke

Teilweise wird versucht, treuhänderische Pflichten des Versicherers herzuleiten, indem die kapitalbildende Lebensversicherung im Wege der ergänzenden Vertrags- bzw. Gesetzesauslegung (§§ 157 BGB, 9 Abs. 2 Nr. 2 AGBG) als partiarisches Rechtsverhältnis qualifiziert wird. Insbesondere BASEDOW[785] ist der Ansicht, daß die kapitalbildende Lebensversicherung partiarische Elemente aufweise und daher ihrer Rechtsnatur nach auf eine ungeschmälerte Rückerstattung der Sicherheitszuschläge sowie auf die Erzielung und Ausschüttung einer möglichst hohen Rendite der Sparanteile ausgerichtet sei.

Partiarische Rechtsverhältnisse sind entgeltliche, nicht-gesellschaftsrechtliche Austauschverträge, bei denen die Vergütung für die versprochene Leistung nicht höhenmäßig fixiert, sondern erfolgsbezogen ausgestaltet ist.[786] Derartige Verträge weisen die Besonderheit auf, daß das Entgelt für die Leistung des einen Teils von dem Gewinn abhängt, den der andere Teil mit Hilfe dieser Leistung erwirtschaftet hat. Dies soll nach Ansicht BASEDOWS für die kapitalbildende Lebensversicherung zutreffen: Bereits die Terminologie „Gewinnbeteiligung" bzw. „Überschußbeteiligung" weise auf den partiarischen Charakter hin.[787] Entscheidend sei aber vor allem, daß die Überschußbeteiligung mit den Sparanteilen und Sicherheitszuschlägen der Versicherungsnehmer erwirtschaftet werde. Damit hänge die Leistung des Versicherers jedenfalls zum Teil von dem geschäftlichen Erfolg ab, den er mit den empfangenen Prämien erziele.

Auch andere Stimmen im Schrifttum[788] sehen in der kapitalbildenden Lebensversicherung ein partiarisches Rechtsverhältnis. Umstritten sind allerdings die Rechtsfolgen, die sich aus einer derartigen Typisierung ergeben.

2. Die Ansicht BASEDOWS

BASEDOW[789] entwickelt aus dem partiarischen Charakter der Lebensversicherung zwei Nebenpflichten, die der Versicherer zu erfüllen hat. Zum einen sei der Versicherer zur Auskunft und Rechenschaftslegung gehalten, um der Gegenpartei die Kontrolle der ordnungsgemäßen Berechnung der Gegenleistung zu ermöglichen. Zum anderen müsse

---

785 BASEDOW, ZVersWiss 1992, 419, 444.
786 LARENZ/CANARIS, Lehrbuch des Schuldrechts, Bd. II, Besonderer Teil[13], § 63 III 2a, 56f.; MÜKO[3]-ULMER, in:, vor § 705 Rn. 74.
787 BASEDOW, ZVersWiss 1992, 419, 438.
788 LORENZ, ZVersWiss 1993, 283, 297; BAUMANN, Die Kapitallebensversicherung (1993), 7ff.; HAASEN, Das Recht auf den Überschuß bei den privaten Versicherungsgesellschaften (1955), 66; a.A. aber BENKEL (VersR 1994, 509, 514), der für den Altbestand ein partiarisches Element mit dem Hinweis ablehnt, daß die Überschußbeteiligung ausschließlich öffentlich-rechtlich geregelt sei. Siehe ferner PATAKI (Der Geschäftsbesorgungsgedanke im Versicherungsvertragsrecht [1998], 186ff.), der ein partiarisches Rechtsverhältnis nur beim Sparanteil, nicht jedoch hinsichtlich der Sicherheitszuschläge bejaht.
789 BASEDOW, ZVersWiss 1992, 419, 439.

der Versicherer das gemeinsame Interesse an einem möglichst hohen Ertrag oder Gewinn fördern. Dies ergebe sich auch aus der objektiven Auslegung der typischen Vertragsinteressen. Während der Vertragslaufzeit seien die Vertragsparteien auf die jederzeitige Erfüllbarkeit der Verpflichtungen angewiesen. Aus diesem Grunde bezahle der Versicherungsnehmer Sicherheitszuschläge. Da der Versicherungsnehmer an den erwirtschafteten Erträgen partizipiere und eine hohe Überschußbeteiligung auch dem Versicherer Wettbewerbsvorteile verschaffe, hätten beide Vertragsparteien ein Interesse an einer möglichst sichereren und rentablen Anlage dieser Gelder. Sowohl die Interessenlage als auch die Rechtsnatur der kapitalbildenden Lebensversicherung sprächen also dafür, daß das Unternehmen zu einer umfassenden Steigerung der Überschüsse verpflichtet sei. Der Versicherer habe daher weder das Recht, Überschüsse aus Kapitalanlagen in Form stiller Reserven zu thesaurieren, noch sei er befugt, den Rohüberschuß im Wege der Querverrechnung zu schmälern. Folgerichtig stünden dem Versicherungsnehmer im Versicherungsfall die eingezahlten Sparbeiträge und Sicherheitszuschläge – soweit sie nicht verbraucht wurden – samt der mit ihnen erwirtschafteten Erträge i.H.v. 100% (abzüglich der Kostenbeiträge und abzüglich eines Unternehmerlohns) zu. Demgegenüber habe das Unternehmen nach Beendigung der Vertragslaufzeit kein rechtliches Interesse mehr an den Sicherheitszuschlägen und erwirtschafteten Zinserträgen, denn nachdem der Versicherer seine Leistung erbracht habe, bedürfe er dieser Gelder, die reinen Sicherungszweck hätten, nicht mehr.

BASEDOW kommt daher für den Altbestand zu dem Ergebnis, daß die Musterbedingungen zur Überschußbeteiligung (§ 16 ALB-MB) gegen § 9 Abs. 2 Nr. 2 AGBG verstoßen, denn die Beschränkung auf den Rohüberschuß widerspreche der partiarischen Rechtsnatur des Vertrages, die eine ungeschmälerte Rückerstattung der Sicherheitszuschläge und die Erzielung und Ausschüttung einer möglichst hohen Rendite der Sparanteile gebiete.[790] An die Stelle der unwirksamen Klausel trete damit gem. § 6 Abs. 2 AGBG der Anspruch auf Beteiligung an den tatsächlich angefallenen Überschüssen.[791]

3. Kritik

Dieser Ansicht ist LORENZ[792] zu Recht entgegengetreten. Obwohl die kapitalbildende Lebensversicherung als partiarisches Rechtsverhältnis zu deuten sei, führe dies – so LORENZ – keineswegs dazu, daß der Versicherer für eine möglichst hohe Überschußbeteiligung der Versicherungsnehmer zu sorgen habe. Denn die Gewinnbeteiligungszusage durch einen partiarischen Vertrag verschaffe dem Gewinnbeteiligten (Partiar) keinerlei Einfluß auf die Geschäftsführung. Auch die gesellschaftsrechtlichen Regelungen

---

790 BASEDOW, ZVersWiss 1992, 419, 444.
791 BASEDOW, ZVersWiss 1992, 419, 446f. Nach Ansicht BASEDOWS (a.a.O., 455) hat der partiarische Charakter des LVV darüber hinaus zur Folge, daß Bestandsübertragungen gem. §§ 14 Abs. 1 S. 3, 8 Abs. 1 Nr. 2 VAG zum Marktwert erfolgen müssen.
792 LORENZ, ZVersWiss 1993, 283, 297, 299. Zustimmend: BAUMANN, JZ 1995, 448; BRÖMMELMEYER, Der Verantwortliche Aktuar (2000), 226; PATAKI, Der Geschäftsbesorgungsgedanke im Versicherungsvertragsrecht (1998), 189ff.

seien nicht anwendbar, da die außergesetzlich entwickelte Rechtsfigur des partiarischen Rechtsverhältnisses gerade dazu diene, Verträge anderer Art von Gesellschaftsverträgen, insbesondere von Verträgen über eine stille Gesellschaft, abzugrenzen. Das Unternehmen habe seine Geschäfte vielmehr ohne Rücksicht darauf, ob eine Gewinnbeteiligung bestehe oder nicht, mit der Sorgfalt eines ordentlichen Kaufmanns zu führen und nicht mit der Sorgfalt eines Kaufmanns, der dem Partiar möglichst hohe Gewinne zu verschaffen habe. Eine Optimierungspflicht sei daher abzulehnen.

PATAKI[793] hat diese Ausführungen mit dem Hinweis ergänzt, daß die Annahme einer Optimierungspflicht im Widerspruch zu der Stellung des stillen Gesellschafters stehe. Diesem gegenüber schulde der Inhaber beim Betrieb des Handelsgeschäftes nur die Sorgfalt, die in den §§ 708, 277 BGB niedergelegt sei. Auch bei ungewöhnlichen Geschäften bedürfe der Unternehmer nicht der Zustimmung des stillen Gesellschafters. Ihre Grenze finde die unternehmerische Freiheit allein in der gesellschaftsrechtlichen Treuepflicht, das im Handelsgeschäft eingesetzte Vermögen zu erhalten und die Einlage des Stillen zweckentsprechend zu verwenden. Demzufolge bleibe der Partiar, der in vieler Hinsicht mit dem stillen Gesellschafter vergleichbar sei, darauf angewiesen, daß der Unternehmer die Geschäftsausführung mit der Sorgfalt eines ordentlichen Kaufmanns vornehme.

Auch der BGH hat in seinem Urteil v. 23. November 1994[794] die Auffassung BASEDOWS verworfen. Im einzelnen läßt das Gericht allerdings die Frage, ob die kapitalbildende Lebensversicherung als ein partiarisches Rechtsverhältnis anzusehen ist, offen: Eine Pflicht des Versicherers, den Gewinn zugunsten der Versicherungsnehmer möglichst zu steigern (Optimierungspflicht) und deshalb darauf zu verzichten, durch Bewertung nach dem Niederstwertprinzip oder durch Querverrechnung den Überschuß zu schmälern, sei der kapitalbildenden Lebensversicherung selbst dann nicht zu entnehmen, wenn man mit BASEDOW davon ausgehe, daß der kapitalbildenden Lebensversicherung ein partiarisches Element innewohne. Eine solche rechtliche Qualifikation besage noch nichts darüber, in welchem Umfang der eine Vertragsteil die Interessen des anderen Teils wahrzunehmen habe. Die Beziehung zwischen Partiar und Vertragspartner werde vielmehr durch die Verschiedenheit ihrer eigenen Interessen geprägt.

Charakteristisch für das partiarische Rechtsverhältnis ist in der Tat, daß die Parteien in aller Regel unterschiedliche Interessen verfolgen.[795] Hierin liegt ein wesentlicher Unterschied zur stillen Gesellschaft. Bei der stillen Gesellschaft verpflichten sich die Gesellschafter gegenseitig durch den Gesellschaftsvertrag, die Erreichung eines gemeinsamen Zwecks in der durch den Vertrag bestimmten Weise zu fördern (§ 705 BGB). Demgegenüber liegt dem partiarischen Rechtsverhältnis der Austausch von Leistung und Gegenleistung zugrunde. Durch die Gewinnbeteiligung wird zwar die Polarität der gegenseitigen Interessen deutlich abgeschwächt. So will beispielsweise ein Arbeitgeber, der einen partiarischen Dienstvertrag abschließt, durch das Inaussichtstellen einer Ge-

---

793 PATAKI, a.a.O., 191 (mwN).
794 BGHZ 128, 54, 66. Vgl. hierzu bereits S. 81ff.
795 BGHZ 128, 54, 66; BGH WM 1989, 1850, 1851 = BGH NJW 1990, 573, 574; BGH NJW 1995, 589, 592.

winn- bzw. Umsatzbeteiligung den Arbeitnehmer zu einer größeren inneren Anteilnahme bei der Ausführung seiner Dienste anregen und ein Gefühl der gemeinsamen Verbundenheit an der Entwicklung des Betriebs schaffen.[796] Dies darf aber nicht darüber hinwegtäuschen, daß die Vertragsparteien in erster Linie ihre eigenen Interessen verfolgen. Kennzeichnend für das partiarische Rechtsverhältnis ist gerade, daß das Spannungsverhältnis der gegenseitigen Interessen während (und erst recht am Ende) der Vertragslaufzeit weiterhin bestehen bleibt. Dementsprechend hat der Versicherungsnehmer zwar aufgrund der Überschußbeteiligung ein erhebliches Interesse an einer effizienten Risiko-, Kapitalanlage- und Kostenpolitik. Dieses Effizienzinteresse rechtfertigt aber noch nicht den Schluß auf eine korrespondierende Optimierungspflicht des Versicherers.[797] Der Anspruch des Partiars richtet sich auf eine Quote des erzielten Gewinns, nicht aber auf die Vornahme sämtlicher Handlungen, die einen Gewinn erwarten lassen.[798]

IV. Die Sicherheitszuschläge als auflösend-bedingte Leistung der Versicherungsnehmer (§ 158 Abs. 2 BGB)

1. Die Überschußbeteiligung als Rückzahlung nicht verbrauchter Prämien

Die Entstehung der Überschüsse ist wesentlich durch die Beitragskalkulation bedingt, denn in aller Regel wird während der Vertragslaufzeit ein Teil der erhobenen Prämien zur Erbringung der Versicherungssumme und zur Deckung der mit der Vertragsverwaltung verbundenen Kosten aufgrund der Sicherheitszuschläge nicht benötigt. Aus diesem Grunde wird die Überschußbeteiligung in wirtschaftlicher Hinsicht oft als eine „Rückerstattung" nicht verbrauchter Prämienteile interpretiert.[799] Sogar der Gesetzgeber verwendet in § 81c VAG den Begriff der „Beitrags*rückerstattung*".

Im Schrifttum wird daher zuweilen die Auffassung geäußert, daß der privatrechtliche Überschußbeteiligungsanspruch auf die Erstattung derjenigen Prämienteile gerichtet sei, die der Versicherungsnehmer zuviel geleistet habe.[800] Insbesondere KRUMBHOLZ[801] vertritt die Ansicht, daß zwischen Versicherungsnehmer und Versicherer eine konkludente vertragliche Vereinbarung getroffen werde, derzufolge der Versicherungsnehmer die Prämie nur als Maximalleistung zu zahlen habe. Stelle sich am Schluß des Geschäfts-

796 HUFFER, Das partiarische Geschäft als Rechtstypus (1970), 6.
797 Wie hier: BRÖMMELMEYER, Der Verantwortliche Aktuar (2000), 227
798 GRAF, Das Darlehen mit Gewinnbeteiligung (1951), 23; PATAKI, Der Geschäftsbesorgungsgedanke im Versicherungsvertragsrecht (1998), 191.
799 Siehe z.B. VOGEL/LEHMANN, VerBAV 1982, 328, 329 und WINTER, in: BRUCK/MÖLLER/WINTER, VAG⁸, Bd. V/2, Anm. G 311.
800 KRUMBHOLZ, Der Dividendenanspruch des Versicherungsnehmers in der privaten Lebensversicherung (1950), 41f.; DONATH, AcP 192 (1992), 279, 296ff. sowie BASEDOW (ZVersWiss 1992, 419, 436), der die Ansicht vertritt, daß das Unternehmen nach Beendigung der Vertragslaufzeit kein rechtliches Interesse mehr an den Sicherheitszuschlägen und Zinserträgen habe, da diese Gelder reinen Sicherungszweck hätten.
801 KRUMBHOLZ, a.a.O., 41f.

jahres dagegen heraus, daß der Versicherer einen Prämienrest nicht benötige, sei er zur Rückzahlung dieses Restes verpflichtet. Der Versicherungsnehmer zahle den Rest daher nur unter Vorbehalt.

Dieser Gedanke findet sich auch in einigen Entscheidungen des Reichsgerichts[802] sowie in dem bereits erwähnten Urteil des OLG Nürnberg[803] zur Unfallversicherung mit Prämienrückgewähr. In der zuletzt genannten Entscheidung wies das OLG Nürnberg darauf hin, daß der durchschnittliche Versicherungsnehmer bei Abschluß des Versicherungsvertrages davon ausgehe, daß die mit der Prämie bezahlten (Risiko-) anteile zunächst nur der Sicherheit dienten und deshalb vom Lebensversicherer treuhänderisch zu verwalten und nach Erreichung des Sicherungszwecks in Gestalt der Überschüsse zurückzuzahlen seien. Der Versicherungsnehmer erwerbe somit bei Abschluß des Vertrages einen aufschiebend bedingten Anspruch auf Rückgewähr.

2. Die Ansicht DONATHS

Auch DONATH[804] ist der Ansicht, daß der Versicherungsnehmer die in der Prämie enthaltenen Sicherheitszuschläge nur unter der Bedingung erbringe, daß er sie bei normalem Verlauf der Dinge wieder zurückerhalte. Im Unterschied zu KRUMBHOLZ und dem OLG Nürnberg geht DONATH allerdings nicht von einer aufschiebenden, sondern von einer auflösenden Bedingung (§ 158 Abs. 2 BGB) aus.

Nach dem objektiven Vertragsinhalt leiste der Versicherungsnehmer die Sicherheitszuschläge, um die jederzeitige Erfüllbarkeit der Verpflichtungen des Versicherungsunternehmens während der Vertragslaufzeit zu gewährleisten. Wüßten die Parteien dagegen von Anfang an, daß die kalkulierte Prämie ausreiche, so hätte der Versicherer keinen Anspruch auf die Sicherheitszuschläge. Insoweit dürfe die Gesellschaft die Sicherheitszuschläge nach dem objektiven Parteiwillen nur dann behalten, wenn der Sicherungszweck nicht eintrete. Rechtstechnisch sei der Nichteintritt des Sicherungsfalls also eine auflösende Bedingung i.S.d. § 158 Abs. 2 BGB.[805] Bis zum endgültigen Eintritt oder Nichteintritt der Bedingung bestehe gem. §§ 160ff. BGB ein Schwebezustand, der durch § 160 BGB und die pVV abgesichert werde. Hierdurch sei gewährleistet, daß das Versicherungsunternehmen die Zuschläge nicht auf eine Art und Weise verwende, die den eventuellen Rückerstattungsanspruch beeinträchtige.

Bei normalem Verlauf der Dinge trete die (negative) Bedingung ohne weiteres ein, denn in aller Regel stelle sich am Ende der Vertragslaufzeit heraus, daß die Sicherheitszuschläge nicht benötigt wurden. In diesem Falle habe der Versicherungsnehmer einen Anspruch auf Rückerstattung der überhobenen Prämienteile. Dabei seien auch die mit

---

802 RGZ 3, 385, 387 und RGZ 4, 394, 397 (zum VVaG): „Die zum voraus, bei Beginn der Versicherungszeit, unter der Benennung »Prämie« den Mitgliedern abgeforderten Geldbeträge sind an sich bloße – die Genossenschaft sicherstellende – Vorschüsse auf das, was möglicherweise künftig an Schädenvergütungen zu zahlen ist. Bei Ablauf der Versicherungszeit erhält der einzelne das nicht Verbrauchte nach Abzug der Verwaltungskosten und Reserven zurück."
803 OLG Nürnberg, VuR 1991, 274, 277. Vgl. hierzu S. 220f.
804 DONATH, AcP 192 (1992), 279, 297ff.
805 DONATH, a.a.O., 300.

238

den Zuschlägen erwirtschafteten Erträge zurückzuerstatten. Im einzelnen sei zwar umstritten, ob der endgültige Eintritt einer auflösenden Bedingung zu einem Bereicherungsausgleich gem. §§ 812 Abs. 1 S. 2 1. Alt., 820 BGB führe[806] oder im Wege einer – gegebenenfalls ergänzenden – Vertragsauslegung zunächst ermittelt werden müsse, was für den Fall des Bedingungseintritts geschehen solle.[807] In beiden Fällen sei das Ergebnis jedoch identisch.

Bei einer (ergänzenden) Vertragsauslegung sei auf die typische Interessenlage der Parteien abzustellen.[808] Während der Vertragslaufzeit seien beide Vertragsparteien daran interessiert, die Sicherheitszuschläge möglichst sicher und rentabel anzulegen. Im Versicherungsfall habe das Unternehmen dagegen kein rechtliches Interesse mehr an den nicht benötigten Sicherheitszuschlägen. Demgegenüber sei der Versicherte, der die Zuschläge von Anfang an nur als eine Art Sicherheitsleistung erbracht habe, an einer ungeschmälerten Rückerstattung seiner Leistungen interessiert. Nach den Regeln der ergänzenden Vertragsauslegung habe der Versicherte somit einen Anspruch auf vollständige Erstattung der unverbrauchten Sicherheitszuschläge. Abzuziehen sei allenfalls ein Unternehmerlohn, soweit dieser nicht bereits in der Kostenkomponente enthalten sei. Darüber hinaus umfasse der Rückerstattungsanspruch auch die mit den Zuschlägen erwirtschafteten Erträge.[809] Da bei schlechtem Geschäftsverlauf sowohl die Sicherheitszuschläge als auch die bis dahin aufgelaufenen Erträge zur Verlustdeckung herangezogen würden, müsse alles zurückerstattet werden, was durch den Nichteintritt des Sicherungsfalles nicht gebraucht wurde. Wäre der Versicherer dagegen nicht verpflichtet, die Erträge zurückzuerstatten, so würde jeder wirtschaftlich vernünftige Versicherungsnehmer sich auf eine reine Risikolebensversicherung beschränken und eine dem Sparanteil entsprechende Summe in – gemessen an dem Rechnungszins – doppelt so hoch rentierenden Staatspapieren anlegen.

Nichts anderes ergebe sich, wenn die Rückabwicklung nach Eintritt der auflösenden Bedingung über das Bereicherungsrecht erfolge.[810] Hinsichtlich der Sicherheitszuschläge sei der rechtliche Grund (= dauernde Erfüllbarkeit während der Vertragslaufzeit) nachträglich i.S.d. § 812 Abs. 1 S. 2 1. Alt. BGB entfallen, sofern der Sicherungsfall nicht eingetreten sei. Der übrige Teil der Prämie könne dagegen nicht zurückerstattet werden, denn insoweit habe die Zahlung nicht unter einer Bedingung gestanden. Da die rückerstattungspflichtige Partei mit dem späteren Wegfall des Rechtsgrundes habe rechnen müssen, bestimme sich der Rückerstattungsumfang nicht nach § 818 BGB, sondern nach § 820 Abs. 1 BGB.[811] Der Versicherer sei also so zu behandeln, als wäre der Anspruch auf Rückzahlung mit Erlangung der Sicherheitszuschläge rechtshängig geworden, allerdings mit den Einschränkungen des § 820 Abs. 2 BGB. Dies bedeute,

---

806 So die überwiegende Ansicht in der Literatur: PALANDT[60]-THOMAS, § 812 Rn. 76; REUTER/MARTINEK, Ungerechtfertigte Bereicherung (1983), 146.
807 BGH MDR 1959, 658; BGH NJW 1952, 1171.
808 DONATH, AcP 192 (1992), 279, 302f.
809 DONATH, a.a.O., 305f.
810 DONATH, a.a.O., 303f.
811 DONATH, a.a.O., 307.

daß das Unternehmen tatsächlich gezogene Nutzungen, insbesondere die erwirtschafteten Zinserträge (§ 100 BGB) incl. der gebildeten stillen Reserven herauszugeben habe. Eine weitergehende Verpflichtung zur Verzinsung gem. §§ 291, 246 BGB bestehe dagegen nicht.

DONATH kommt für den Altbestand zu dem Ergebnis, daß die Überschußbeteiligungsklausel zur kapitalbildenden Lebensversicherung (§ 16 ALB-MB) gegen die Rechtsnatur der Überschußbeteiligung (§ 9 Abs. 2 Nr. 2 AGBG) verstößt.[812] Da § 16 ALB-MB dem Versicherungsnehmer über die Bezugnahme auf den Geschäftsplan nur einen Beteiligungsanspruch am bilanziell ermittelten Unternehmensergebnis gewähre, werde der gesetzliche Anspruch auf vollständige Rückerstattung – so DONATH – durch einen gesellschaftsähnlichen Beteiligungsanspruch ersetzt, dessen Höhe durch Querverrechnungen und Bilanzierungsoptionen maßgeblich durch das Unternehmen beeinflußt werden könne. In der praktischen Konsequenz handele es sich bei § 16 ALB-MB um die formularmäßige Vereinbarung eines Leistungsbestimmungsrechts gem. § 315 BGB mit faktischem Ausschluß der Kontrolle nach § 315 Abs. 3 BGB. § 16 ALB-MB sei somit unwirksam. An die Stelle der unwirksamen Klausel trete daher der Anspruch des Versicherungsnehmers, der auf eine vollständige Rückerstattung der Sicherheitszuschläge sowie der damit erwirtschafteten Erträge gerichtet sei. Stille Reserven seien dementsprechend aufzulösen. Darüber hinaus sei das Unternehmen zur Vorlage einer „dritten Bilanz" verpflichtet. Neben der Steuer- und Handelsbilanz müsse das Unternehmen eine Überschußbeteiligungsbilanz vorlegen, aus der hervorgehe, in welchem Umfang der Versicherer stille Reserven gebildet und Risiko- und Kapitalanlageerträge durch Kostenverluste geschmälert habe.

3. Kritik

Gegen die Ansicht DONATHS spricht zunächst die Tatsache, daß die Höhe der Sicherheitszuschläge nicht eindeutig bestimmt werden kann. Unbestritten ist zwar, daß eine kostendeckende Prämienkalkulation in der Lebensversicherung aufgrund der langfristigen Vertragsbindung nur möglich ist, wenn die verwendeten Rechnungsgrundlagen ausreichende Sicherheitsmargen enthalten (vgl. S. 36). Bereits an anderer Stelle wurde aber darauf hingewiesen, daß ein objektives Verfahren zur Festlegung der Sicherheitsmargen nur dann in Betracht käme, wenn bei Vertragsschluß zweifelsfrei ermittelt werden könnte, welcher Risiko-, Kapitalanlage- und Kostenverlauf bei realistischen Annahmen zugrunde zu legen ist (vgl. S. 207ff.). Trotz aller versicherungs- und finanzmathematischer Hilfsmittel läßt sich die Zukunft aber nicht voraussehen. Das Risiko einer Fehlentwicklung kann nur eingegrenzt, nicht aber ausgeschaltet werden. Soweit DONATH[813] die Auffassung äußert, die Höhe der Sicherheitszuschläge werde jedenfalls

---

812 DONATH, a.a.O., 309ff.
813 DONATH, AcP 192 (1992), 279, 304 unter Berufung auf OLG Nürnberg, VuR 1991, 274, 278 (vgl. hierzu S. 220f.). In seinem Urteil geht das OLG Nürnberg allerdings lediglich davon aus, daß der Geschäftsplan die Aufgliederung der Prämie in Risiko-, Spar- und Kostenanteile festlege. Die Höhe der Sicherheitszuschläge findet demgegenüber keine Erwähnung.

durch die Geschäftspläne normiert, können diese Ausführungen allenfalls für den Altbestand Geltung beanspruchen.[814] Für den Neubestand ist demgegenüber maßgeblich, daß die Versicherer aufgrund der Umsetzung der dritten Richtlinie Leben selbst entscheiden können, welche Rechnungsgrundlagen der Prämienkalkulation zugrundegelegt werden. Die Tarifgestaltungsfreiheit der Versicherer wird zwar gem. § 11 Abs. 1 VAG und (mittelbar) über die DeckRV begrenzt (vgl. S. 38f.). Von welcher Sterblichkeit, von welchen Kapitalanlageerträgen und von welchen Kosten realistischer Weise auszugehen ist, bleibt jedoch nach wie vor offen. Die Höhe der Sicherheitszuschläge könnte daher nur durch Parteivereinbarungen festgelegt werden. Derartige Abreden liegen aber nicht vor. Der Versicherungsnehmer schuldet dem Versicherer eine einheitliche Gesamtprämie. Unklar in den Ausführungen DONATHS bleibt daher nicht nur, welcher Teil der Prämie unter Vorbehalt gezahlt wird, sondern auch, ob und inwieweit sich der als Bedingungsfall vereinbarte Tatbestand während der Vertragslaufzeit überhaupt verwirklicht hat. Die Gerichte müßten mehr oder minder willkürlich entscheiden, ob die Sicherheitszuschläge oder nur der sonstige Teil der Prämie während der Vertragslaufzeit aufgebraucht worden sind.

DONATH[815] weist allerdings zu Recht darauf hin, daß die Überschußbeteiligung ihrer Funktion nach das ursprüngliche Äquivalenzverhältnis zwischen Prämienzahlung und Versicherungssumme korrigieren soll. Konkrete Anhaltspunkte dafür, in welchem Maße das Verhältnis zwischen Leistung und Gegenleistung durch die Überschußbeteiligung zu korrigieren ist, lassen sich aus dieser Feststellung jedoch noch nicht gewinnen. Vergleicht man den überschußberechtigten LVV mit einem LVV ohne Überschußbeteiligung, so wird deutlich, daß die These DONATHS, der Versicherer müsse die nicht verbrauchten Sicherheitszuschläge *vollständig* am Ende der Vertragslaufzeit zurückerstatten, letztlich auf der Vorstellung eines „gerechten Preises" basiert. Bei einem LVV ohne Überschußbeteiligung wäre der Versicherer nämlich nicht daran gehindert, bei der Prämienkalkulation einen erheblichen Sicherheitszuschlag zu berücksichtigen, der auch bei „Nichtgebrauch" beim Versicherer verbliebe und somit die Gewinnspanne zugunsten der Aktionäre erweitern könnte.[816] Zwischen der Gesamtheit der erhobenen Prämien und der gezahlten Versicherungsleistungen muß also nicht zwangsläufig ein objektives Gleichgewicht bestehen. Überträgt man diese Konstellation auf den überschußberechtigten LVV, so ergibt sich folgendes: Im Unterschied zu anderen Versicherungsverträ-

---

814 Selbst für den Altbestand wäre aber zu berücksichtigen, daß die aufsichtsbehördlich genehmigten Geschäftspläne lediglich die Höhe der Rechnungsgrundlagen, nicht aber die Sicherheitsmargen selbst festlegten. Richtig ist allerdings, daß das BAV in der Vergangenheit versucht hat, realitätsnahe Rechnungsgrundlagen (sog. Rechnungsgrundlagen 2. Ordnung) zu entwickeln. Im Anschluß hieran wurde ein im Vergleich zu den geschätzten Rechnungsgrundlagen ungünstigerer Risiko-, Kapitalanlage- und Kostenverlauf verordnet. Die Rechnungsgrundlagen zweiter Ordnung wurden allerdings im Laufe der Zeit mehrfach geändert und waren im einzelnen äußerst umstritten, vgl. CLAUS, Gedanken zu einer neuen Tarifstruktur (1985).
815 DONATH, AcP 192 (1992), 279, 306.
816 Da eine solche Vorgehensweise ein höheres Prämienniveau zur Folge hat, wäre hierdurch allerdings u.U. ein erheblicher Wettbewerbsnachteil verbunden, sofern andere Versicherer auf ihre Gewinnmargen verzichten.

gen wird die Entscheidung des Versicherungsnehmers für den Abschluß eines überschußberechtigten Vertrages nicht allein von der absoluten Prämienhöhe, sondern zusätzlich von der Erwartung beeinflußt, an den Überschüssen des Versicherers zu partizipieren. In welcher Weise das Äquivalenzverhältnis der auszutauschenden Leistungen aber über die Überschußbeteiligung korrigiert werden soll, bleibt allein den Vertragsparteien überlassen. Daher erweist sich auch die Annahme DONATHS, der Versicherer habe im Versicherungsfall kein rechtliches Interesse mehr an den nicht benötigten Sicherheitszuschlägen, als eine reine Fiktion.

Entscheidend gegen die These DONATHS spricht aber vor allem die Tatsache, daß die Überschußbeteiligung ihrer Rechtsnatur nach nicht auf eine Rückerstattung, sondern auf *künftige* Leistungen des Versicherungsunternehmens gerichtet ist. Deutlich wird dies vor allem im Hinblick auf die Rechnungsgrundlage „Rechnungszins" und die Überschußquelle „Kapitalanlageergebnis". Indem der Versicherer die Versicherungssumme der Höhe nach bei Vertragsschluß festlegt und die Nettoprämie in Höhe des Rechnungszinses diskontiert, wird eine bestimmte Verzinsung während der Vertragslaufzeit garantiert. Durch die vertragliche Abrede einer Beteiligung am Kapitalanlageüberschuß verpflichtet sich der Versicherer darüber hinaus, die Prämien am Kapitalmarkt anzulegen und die Versicherungsnehmer im Wege der Überschußbeteiligung an höheren Zinsgewinnen zu beteiligen. Erst die wirtschaftliche Tätigkeit des Unternehmens ist dafür verantwortlich, daß Kapitalanlageüberschüsse entstehen. Die Beteiligung am Kapitalanlageüberschuß ist also letztlich der Zinsertrag für die Überlassung von Kapital. Niemand käme aber auf den Gedanken, die Ausschüttung der durch die Einlage von Spargeldern erzielten Zinsen als „Rückerstattung" zu bezeichnen. Durch die Kapitalanlagetätigkeit des Unternehmens und die anschließende Überschußbeteiligung wird keine Leistung zurückerstattet, sondern vielmehr erst eine Leistung erbracht. Gleiches gilt – wenn auch in begrenzterem Umfang – für die Risiko- und Verwaltungskostenüberschüsse. Auch hier hängt der Umfang der Überschußbeteiligung unter anderem von der Risiko- und Kostenstrategie des Unternehmens ab. Die Beteiligung am Risiko- und Kostenüberschuß bewirkt zwar funktional eine nachträgliche Prämienkorrektur. In rechtlicher Hinsicht ist der Anspruch der Versicherungsnehmer aber auch hier kein bedingter, sondern ein künftiger Anspruch.

Daher kann keinesfalls davon ausgegangen werden, daß der Anspruch auf Überschußbeteiligung seiner Rechtsnatur nach eine bloße Rückerstattung nicht verbrauchter Prämienteile darstellt.[817]

---

817 Im Ergebnis wie hier, allerdings mit unterschiedlicher Begründung: STELKENS, Rechtsgrundlagen der Überschußbeteiligung (1965); 51-53; WINTER, in: BRUCK/MÖLLER/WINTER, VAG^8, Bd. V/2, Anm. G 358; BRÖMMELMEYER, Der Verantwortliche Aktuar (2000), 231f.

V. Die These vom Funktionsverlust der kapitalbildenden Lebensversicherung

1. Die Ansicht SCHWINTOWSKIS

Einen ganz anderen Lösungsweg für die inhaltliche Bestimmung der Rechte und Pflichten in der kapitalbildenden Lebensversicherung hat SCHWINTOWSKI mit seiner „These vom Funktionsverlust" entwickelt.[818]

Seines Erachtens kann die kapitalbildende Lebensversicherung versicherungstechnisch auf zweierlei Art und Weise erklärt werden: Zum einen lasse sich diese Versicherungsform konstruktiv als eine Kombination von Todes- und Erlebensfallversicherung verstehen, bei der die Versicherungssumme entweder aus der Risiko- oder aus der Erlebensfallversicherung anfalle. Zum anderen könne man auch eine Risikoversicherung mit fallender Versicherungssumme (z.B. 100 000 DM bis 0 DM) mit einem reinen Sparvorgang (z.B. 0 DM bis 100 000 DM) koppeln, wobei sich der Sparvorgang genau antiproportional zum Fallen der Versicherungssumme verhalten müsse. Bei dieser Konstruktion löse der Todesfall eine Zahlung aus der Risikolebensversicherung (100 000 DM - x DM) aus, die zusammen mit dem angesparten Kapital (0 DM + x DM) 100 000 DM ergebe. Im Erlebensfall falle dagegen keine Versicherungsleistung aus der Risikoversicherung an, denn das während der Vertragslaufzeit angesparte Kapital (100 000 DM) stamme allein aus dem Sparvorgang. Daher wirke die kapitalbildende Lebensversicherung im Erlebensfall *funktional* wie ein reiner Sparvorgang, der nichts mehr mit Versicherung zu tun habe (= Funktionsverlust) und genausogut von einer Bank durchgeführt werden könne.

Im Ergebnis bedeute dies, so SCHWINTOWSKI,[819] daß die gemischte Lebensversicherung zwar konstruktiv auf zwei gegenläufig aufeinander bezogenen Versicherungsverträgen beruhe, funktional aber im Erlebensfall einem reinen Sparvorgang entspreche. Dieser Funktionsverlust habe zur Folge, daß die den Versicherten zuteil werdenden Schutzwirkungen nicht geringer sein dürften, als sie es wären, wenn sie einen langfristigen Anlagevertrag geschlossen hätten. Denn anderenfalls würde bei wirtschaftlich gleichem Zweck (Sparen) aus der formalen Konstruktionsweise des Vertrages ein Nachteil entstehen, dem keine Gegenleistung des Versicherers äquivalent sei. Es würde sich um einen Rechtsformenmißbrauch i.S.d. § 242 BGB handeln.

Aus diesem Grunde seien die Versicherten funktionsäquivalent wie vergleichbare Geldanleger zu schützen. Angesichts der treuhandähnlichen Ausgestaltung von Vermögensanlageverträgen liege es auf der Hand, die Schutzwirkungen für die kapitalbildende Lebensversicherung im Erlebensfall aus partiarischen Geschäftsbesorgungselementen zu entwickeln. Zur inhaltlichen Bestimmung der Vertragspflichten verweist SCHWINTOWSKI zunächst auf „Parallelvorschriften" des KAGG. Gem. § 6 KAGG bilde das von einem Investmentsparer eingelegte Geld ein von dem Vermögen der Kapitalanlagegesellschaft getrenntes Sondervermögen. Auch die kapitalbildende Lebensversicherung beruhe auf dem Grundgedanken einer treuhandähnlichen Trennung zwischen Unterneh-

---

818 SCHWINTOWSKI, JZ 1996, 702, 708-710.
819 SCHWINTOWSKI, a.a.O., 709.

mens- und Versichertenvermögen, wie die Vorschriften §§ 65ff., 56a VAG und §§ 10, 20 EStG zeigten. Mit Blick auf die funktionale Gleichbehandlung der Versicherten gegenüber vergleichbaren Geldanlegern seien die Versicherer daher verpflichtet, im Erlebens-, Rückkaufs- oder Umwandlungsfall die nachteiligen Wirkungen des Bilanzrechts auf das zulässige Maß zu beschränken und die Versicherten entsprechend dem „wirklichen Wert" der Versicherung (incl. dem Barwert stiller Reserven)[820] am Gewinn zu beteiligen.[821]

Ferner hätten die Versicherer analog §§ 15 Abs. 3f, 19 Abs. 2 Nr. 5, 21 Abs. 1 und 2 KAGG die Pflicht, in den Vertragsbedingungen das zu zahlende Dienstleistungsentgelt festzusetzen. Auf diese Weise könne eine mögliche Querverrechnung verhindert werden.

Schließlich entfalte auch der Grundsatz der anleger- und objektgerechten Beratung in der kapitalbildenden Lebensversicherung wesentliche Wirkungen, denn eine Analogie zu den §§ 31, 32 WpHG liege auf der Hand. Dem stehe nicht entgegen, daß es sich bei der kapitalbildenden Lebensversicherung nicht um ein typisches Wertpapier handele, denn die §§ 31, 32 WpHG seien nur Ausdruck eines übergreifenden Anlegerschutzkonzeptes, das letztlich in § 675 BGB wurzele. Dementsprechend habe der Versicherer seine Empfehlungen mit Sachkenntnis, Sorgfalt und Gewissenhaftigkeit im Interesse der Kunden zu erbringen (§ 32 Abs. 1 Nr. 1 WpHG). Ein Versicherer, der Kosten nach wie vor querverrechne und stille Reserven nicht auflöse, müsse daher seinen Kunden entweder eine fondsgebundene Lebensversicherung oder aber den Abschluß einer Risikolebensversicherung verbunden mit einem langfristigen Sparvorgang empfehlen. Entgegenstehende Empfehlungen seien dagegen gem. §§ 32 Abs. 1 Nr.1 WpHG, 134 BGB nichtig.

2. Kritik

SCHWINTOWSKI führt zweifellos überzeugende Argumente für die These an, daß die gemischte Lebensversicherung bei Vertragsablauf einem reinen Sparvorgang entspricht.[822] Dieser Sparvorgang ist während der Vertragslaufzeit durch eine Risikoübernahme des Versicherers abgesichert: Versicherungstechnisch läßt sich die Versicherungssumme in jedem Vertragsjahr in die bereits angesammelte Deckungsrückstellung und in den noch nicht realisierten Teil des Sparvorgangs (= riskiertes Kapital) zerlegen. Im Gegensatz zur Spareinlage bei einer Bank gleicht der Versicherer ein durch den Tod des Sparers entstehendes Defizit am Sparvorgang aus. Am Ende der Vertragslaufzeit

---

820 Der wirkliche Wert der Versicherung wird von SCHWINTOWSKI auch als *Zeitwert* verstanden. Dieser umfaßt i.R.d. § 176 seiner Ansicht nach auch etwaige stille Reserven, DERS., in: BERLKOMM § 176 Rn. 24, 25.

821 SCHWINTOWSKI, JZ 1996, 702, 710. Vgl. auch §§ 21 Abs. 2, 34 Abs. 1 S. 3 KAGG. Hiernach sind die Kapitalanlagegesellschaften dazu verpflichtet, die im Sondervermögen verwalteten Gegenstände mit den aktuellen Kurswerten anzusetzen.

822 So auch SCHMIDT-RIMPLER, VersR 1963, 493, 495: „Funktionell – nicht rechtlich – wirken sich aber die eingezahlten Prämien oder Beiträge, soweit sie nicht das Risiko decken, natürlich als Sparraten aus."

trägt der Versicherer dagegen lediglich das Risiko, daß die Prämie des Versicherungsnehmers in Höhe des Rechnungszinsfußes angespart werden konnte. Wie SCHWINTOWSKI[823] zutreffend ausführt, führt eine solche Risikoübernahme aber nicht dazu, daß eine versicherungsspezifische Leistung im Erlebensfall vorliegt, denn auch die von einer Bank garantierte Mindestverzinsung eines Sparguthabens erfüllt für sich genommen noch nicht die Voraussetzungen für eine „Versicherung" i.S.d. VAG.

Weniger überzeugend ist jedoch, daß SCHWINTOWSKI den Sparcharakter der kapitalbildenden Lebensversicherung allein aus der Prämienkalkulation, nicht aber aus der *vertraglichen* Abrede einer Beteiligung am Kapitalanlageüberschuß herleitet. Denkt man diesen Ansatz zu Ende, so hat dies zur Folge, daß die Versicherten nur im Erlebensfall wie vergleichbare Geldanleger zu schützen sind.[824] Die Versicherten haben aber bereits während der Laufzeit des Vertrages ein berechtigtes Interesse, an den erwirtschafteten Zinserträgen anlegergerecht beteiligt zu werden, denn der Versicherer sichert bei Vertragsschluß eine laufende Überschußbeteiligung zu, die im Todesfall darüber hinaus durch Schlußüberschußanteile ergänzt werden kann. Da sich die Ausführungen SCHWINTOWSKIS nur auf die kapitalbildende Lebensversicherung beziehen und der Funktionsverlust kalkulatorisch nur bei dieser Versicherungsform eintreten kann, bleibt zudem unklar, wie sonstige überschußberechtigte LVV – beispielsweise Risiko- oder Rentenversicherungen – zu behandeln sind.

Problematisch ist ferner, daß sich die *Rendite* in der kapitalbildenden Lebensversicherung nicht anhand irgendeines marküblichen Bankprodukts konkretisieren läßt. Selbst wenn man unter methodischen Gesichtspunkten einen „funktionsäquivalenten Schutz" für zulässig erachtet, so ist doch zu beachten, daß sich jeder Sparvertrag vertraglich unterschiedlich ausgestalten läßt. Kreditinstitute können z.B. ganz unterschiedliche Zinsgarantien geben und sind in der Wahl der Zinssätze grundsätzlich frei. Übertragen auf die kapitalbildende Lebensversicherung bedeutet dies, daß stille Reserven nicht zwangsläufig aufzulösen sind. Inwieweit der Versicherer erwirtschaftete Erträge renditesteigernd zugunsten der Versicherungsnehmer zu verwenden hat, bemißt sich vielmehr nach den Parteivereinbarungen. Die Höhe der Überschußbeteiligung kann nicht anhand des sehr weit gefaßten Zwecks „Sparen" näher bestimmt werden.

Insbesondere kann aus der Sparfunktion der kapitalbildenden Lebensversicherung nicht abgeleitet werden, daß erwirtschaftete Gewinne zum „Sondervermögen" der Versicherungsnehmer zählen. Die Einlage von Geldern auf einem gesonderten Konto bedeutet nicht automatisch, daß auch der durch die Kapitalanlagetätigkeit erwirtschaftete Zinsgewinn vollständig zum Sondervermögen gehört. Deutlich wird dies beispielsweise bei Spareinlagen; diese bilden zwar ein vom Vermögen der Bank zu trennendes Vermögen. Dennoch ist anerkannt, daß die entstehende Differenz zwischen vereinbartem und tatsächlich erzieltem Zins Teil des Unternehmensgewinns ist. Lediglich § 6 Abs. 1 2.

---

823 SCHWINTOWSKI, JZ 1996, 702, 709.
824 SCHWINTOWSKI (JZ 1996, 702, 710) ist demgegenüber der Ansicht, daß die Versicherten nicht nur im Erlebensfall, sondern auch im Rückkaufs- und Umwandlungsfall (§§ 174, 176 VVG) wie vergleichbare Geldanleger zu schützen sind. Dies vermag nicht zu überzeugen. Der Funktionsverlust tritt kalkulatorisch nur im Erlebensfall ein.

Alt. und Abs. 2 KAGG ordnet eine Surrogation[825] an, derzufolge sich das Sondervermögen ipso jure an dem Erworbenen fortsetzt. § 6 KAGG enthält für sich genommen aber noch keinen verallgemeinerungsfähigen Rechtsgrundsatz, der auf sämtliche längerfristigen Anlageverträge übertragbar wäre. Im Gegenteil: Ist ein Unternehmen nicht auf die Bildung eines Sondervermögens ausgerichtet, so ist das KAGG unanwendbar (§ 1 Abs. 1 KAGG). Insoweit kann nicht davon ausgegangen werden, daß die durch ein Sondervermögen erzielten Zinsgewinne selbst zum Sondervermögen gehören.[826]

Die eigentliche Frage ist somit, ob ein *konkretes* Bankprodukt für die inhaltliche Bestimmung der Vertragspflichten eines LVU herangezogen werden kann. Dies läßt sich nur beantworten, wenn in methodischer Hinsicht geklärt ist, wann überhaupt eine Funktionsäquivalenz im engeren Sinne vorliegt. Nach Ansicht von SCHWINTOWSKI erzwingt die Funktionsidentität (Sparen) zweier Verträge (kapitalbildende Lebensversicherung und langfristiger Sparvertrag) eine rechtliche Gleichbehandlungspflicht (gleiche Schutzwirkungen). Funktionsäquivalenter Schutz beruht insofern auf dem Gedanken, daß gleichartige Lebenssachverhalte infolge ihrer Ähnlichkeit rechtlich gleich behandelt werden müssen, letztlich also auf dem Gleichheitssatz. Diese Vorgehensweise entspricht der Analogie. Die Herleitung eines funktionsäquivalenten Schutzes anhand eines konkreten Bankprodukts muß dementsprechend voraussetzen, daß beide Anlagearten in den für die rechtliche Bewertung maßgebenden Kriterien übereinstimmen, mithin also teil-äquivalent sind. Diese Teil-Äquivalenz muß, wie oben bereits festgestellt, über den bloßen Sparvorgang hinausgehen.

SCHWINTOWSKI[827] ist nun der Ansicht, daß sich die Rechte und Pflichten in der kapitalbildenden Lebensversicherung anhand des Investment-Vertrages konkretisieren lassen. Zur Begründung wird vor allem auf die §§ 65ff. VAG verwiesen: Der Versicherer habe sehr ähnlich § 6 KAGG einen Deckungsstock zu bilden. Daher beruhe die kapitalbildende Lebensversicherung auf dem Gedanken eines vom restlichen Gesellschaftsvermögen getrennten Sondervermögens. Dies zeige auch § 56a VAG, der treuhandähnlich zwischen freiem und gebundenem Vermögen unterscheide.

Zweifelhaft ist aber, ob eine Funktionsäquivalenz zwischen der kapitalbildenden Lebensversicherung und dem Investment-Vertrag überhaupt mit Hilfe von bilanz- und aufsichtsrechtlichen Vorschriften festgestellt werden kann. Im Gegensatz zu § 6 KAGG, der eine Regelung eines speziellen Treuhandverhältnisses[828] enthält, sind die §§ 65ff., 56a VAG öffentlich-rechtliche Normen, deren Einhaltung allein durch die Aufsichtsbehörde überwacht wird. Ein etwaiger Verstoß gegen diese Bestimmungen hat im Ver-

---

825 Bei der sog. Treuhandlösung (§ 6 Abs. 1 S. 2 1. Alt. KAGG) ist allerdings umstritten, ob von einer *dinglichen* Surrogation gesprochen werden kann, vgl. BAUR, Investmentgesetze² (1997), § 6 Rn. 19.

826 Vgl. auch BRÖMMELMEYER (in: Der Verantwortliche Aktuar [2000], 231f.), der in anderem Zusammenhang zu Recht darauf hinweist, daß sich auch die in §§ 281 Abs. 1, 816 Abs. 1 BGB geregelten Fälle einer schuldrechtlichen Surrogation „erkennbar" nicht auf die Überschußbeteiligung übertragen lassen.

827 SCHWINTOWSKI, JZ 1996, 702, 709.

828 HELMUT COING, Die Treuhand kraft privaten Rechtsgeschäfts (1973), 22; JÜRGEN BAUR, Investmentgesetze² (1997), § 6 Rn. 1.

hältnis zwischen Versicherungsnehmer und Versicherer nur deliktische Schadensersatzansprüche zur Folge.[829] Auf den ersten Blick ist daher fraglich, ob die §§ 65ff., 56a VAG zur Konkretisierung privatrechtlicher Pflichten herangezogen werden können. Dieser Einwand ließe sich allerdings noch mit Blick auf § 9 Abs. 2 Nr. 2 AGBG ausräumen. Hier ist anerkannt, daß die grundlegenden Wertvorstellungen der *gesamten* Rechtsordnung maßgeblich sind.[830] Insoweit bleibt die „ergänzende Gesetzesauslegung" nicht auf zivilrechtliche Regelungen beschränkt. Vielmehr sind auch die Wertungen aus anderen Rechtsgebieten zu berücksichtigen.

Hierbei ist aber problematisch, daß die Versicherten hinsichtlich ihres Anspruchs auf Überschußbeteiligung erst dann durch die §§ 65ff., 56a VAG geschützt werden, *nachdem* der Überschuß ermittelt worden ist. Gem. § 56a S. 3 VAG sind die für die Überschußbeteiligung *bestimmten* Beträge in die RfB einzustellen. Dementsprechend enthält § 56a S. 4 VAG allein für die in die RfB eingestellten Beträge eine Zweckbindung dahingehend, daß diese Beträge nur für die Überschußbeteiligung der Versicherten verwendet werden dürfen. Auch die Höhe der Deckungsrückstellung (§§ 341f HGB, 330 Abs. 3 HGB i.V.m. § 25 RechVersV, § 65 Abs. 1 VAG i.V.m. DeckRV) sowie des Deckungsstocks (§ 66 VAG) hängt maßgeblich von der Summe der zum jeweiligen Zeitpunkt entstandenen Leistungsansprüche der Versicherten ab. Daher fallen grundsätzlich nur die bereits gutgeschriebenen Überschußanteile in den Schutzbereich der Vorschriften über die Deckungsrückstellung und den Deckungsstock.[831] Weder der Deckungsstock noch etwaige selbständige Abteilungen des Deckungsstocks (§§ 54b, 66 Abs. 7 VAG) bilden daher ein Sondervermögen i.S.d. KAGG.[832] Infolgedessen ist es unzutreffend davon auszugehen, daß die kapitalbildende Lebensversicherung wegen der §§ 65ff., 56a VAG eine Parallele zum Investment-Sparen oder zur fondsgebundenen Lebensversicherung aufweist.

Möglicherweise ließe sich aber eine Funktionsäquivalenz mit dem Argument begründen, daß die Beteiligung am Kapitalanlageüberschuß und das Investment-Sparen aus der Sicht eines verständigen Verbrauchers als austauschbare Güter begriffen werden. In Anlehnung an das zu § 19 GWB entwickelte sog. Bedarfsmarktkonzept[833] könnte man vertreten, daß zwei Kapitalanlagemöglichkeiten immer dann funktionsäquivalent sind, wenn sie aus Verbrauchersicht als substituierbar angesehen werden. In diesem Fall käme es nur darauf an, ob beide Kapitalanlagen ihrer wirtschaftlichen Zweckrichtung nach den gleichen Bedarf decken.

Sowohl bei der kapitalbildenden Lebensversicherung als auch beim Investment-Sparen erfolgt eine Kapitalansammlung zum Zwecke der risikogestreuten kollektiven

829   MAYER, in: PRÖLSS, VAG[11], § 65 Rn. 9, LIPOWSKI, a.a.O., § 71 Rn. 10 und § 77 Rn. 5.
830   BECKER, Die Auslegung des § 9 Abs. 2 AGB-Gesetz (1986), 179.
831   Gem. § 5 Abs. 2 DeckRV können bei der Deckungsrückstellung allerdings auch zukünftige, noch nicht zugeteilte Überschußanteile berücksichtigt werden. Eine Verpflichtung dahingehend besteht aber nicht und ist in Deutschland auch nicht Praxis, vgl. hierzu KPMG, Bilanzierungsvorschriften (1994), 5.
832   BECKMANN/SCHOLZ, Investmenthandbuch, § 6 KAGG Rn. 3; BAUR, Investmentgesetze[2] (1997), Einl. I, 93.
833   Zu diesem siehe MÖSCHEL, in: IMMENGA/MESTMÄCKER, GWB-Kommentar[2], § 22 Rn. 18 (mwN).

Anlage. Überschußbeteiligung und Investment-Sparen haben ferner gemein, daß die Gewinnbeteiligung vom Anlageerfolg abhängt. Auch die Tatsache, daß bei der kapitalbildenden Lebensversicherung die Hinterbliebenenvorsorge eine Rolle spielt, spricht noch nicht gegen eine Funktionsäquivalenz, denn selbst das Investment-Sparen kann mit einem Versicherungsschutz verbunden werden.[834]

Trotzdem werden beide Anlageformen vom Verbraucher nicht als austauschbar angesehen. Abgesehen davon, daß der Investmentsparer im Gegensatz zum Versicherungssparer in aller Regel das volle Anlagerisiko seiner Investitionen trägt,[835] ist der Investmentvertrag darauf ausgerichtet, daß der Kapitalanleger im Hinblick auf die Kapitalanlagen unmittelbar Berechtigter bzw. Miteigentümer wird. Dementsprechend verbrieft der Anteilschein (§ 1 Abs. 1, 18 KAGG) nicht nur die Ansprüche gegenüber der Kapitalanlagegesellschaft aus dem Investmentvertrag auf Anlage und Verwaltung der für die Anlage zugelassenen Vermögensgegenstände, auf Ausschüttung der Erträge und auf Rücknahme des Anteilscheins und Auszahlung des Anteilwertes, sondern auch auf die „Teilhaberschaft am Sondervermögen".[836] Ein Verzicht auf die Verbriefung hat demgegenüber die Unanwendbarkeit des KAGG zur Folge.[837] Bereits aus diesem Grunde scheidet eine analoge Anwendung des KAGG für den überschußberechtigten LVV aus. Durch die Überschußbeteiligungsvereinbarung soll der Versicherungsnehmer keinesfalls unmittelbar Berechtigter bzw. Miteigentümer der Kapitalanlagen werden. Der überschußberechtigte LVV stellt sich für den Versicherungsnehmer als ein eigenständiges Bankprodukt dar.

Gegen eine inhaltliche Bestimmung der Vertragspflichten in der kapitalbildenden Lebensversicherung anhand des KAGG spricht schließlich, daß selbst bei gegebener Funktionsäquivalenz ein funktionsäquivalenter Schutz aus methodischen Gründen nicht zulässig wäre. Da ein solches Verfahren auf eine Analogie hinausläuft, muß nach der Rechtsprechung des BGH eine „ungeplante" Regelungslücke bestehen.[838] Gerade diese ist bei der kapitalbildenden Lebensversicherung im Hinblick auf § 6 KAGG nicht gegeben. Obwohl der Gesetzgeber die kapitalbildende Lebensversicherung als Anlageform begreift (vgl. z.B. §§ 10 Abs. 1 Nr. 2 b dd, 20 Abs. 1 Nr. 6 EStG) und sie beispielsweise in § 2 VermBG dem Wertpapiersparen gleichstellt, hat er keine dem § 6 KAGG entsprechende Vorschrift für die Lebensversicherung erlassen. Die von der Rechtsprechung

---

834 Sog. Investment-Einzahlplan mit Versicherungsschutz, BAUR, Investmentgesetze[2] (1997), Einl. I Rn. 92.

835 Auch die erworbenen Investmentanteile können allerdings eine Absicherung gegen Kursverluste bieten. Aktienfonds mit Garantie, die seit Beginn der 90er Jahre vermehrt von Kapitalanlagegesellschaften aufgelegt werden, garantieren beispielsweise dem Käufer einen hundertprozentigen Erhalt des Kapitals am Laufzeitende.

836 BAUR, Investmentgesetze[2], § 1 Rn. 25.

837 BAUR, Investmentgesetze[2], § 1 Rn. 26; a.A. CANARIS (Bankvertragsrecht[2], Rn. 2351), der das KAGG bei einem Verzicht auf die Verbriefung wegen der Gefahr einer Umgehung analog anwenden will und darauf hinweist, daß aus der Sicht der Anleger kein wesentlicher Unterschied bestehe, ob seine Beteiligung zwar verbrieft sei, für ihn aber nur in der Form einer Gutschrift auf einem Girosammelkonto in Erscheinung trete oder ob auf eine Verbriefung von vornherein verzichtet worden sei und er nur eine Gutschrift auf einem Konto des Unternehmens erhalte.

838 BGHZ 65, 302; BGH NJW 1981, 1726.

für eine Analogie für erforderlich gehaltene „planwidrige Regelungslücke" liegt insofern nicht vor.

3. Zwischenergebnis

Im Ergebnis können die Vertragspflichten in der Lebensversicherung nicht anhand des KAGG konkretisiert werden. SCHWINTOWSKI weist aber zu Recht auf den Sparcharakter der kapitalbildenden Lebensversicherung hin. Dieser kann jedoch nicht aus der Prämienkalkulation, sondern – wie im einzelnen noch zu zeigen ist – allein aus der *vertraglichen* Abrede einer Beteiligung am Kapitalanlageüberschuß hergeleitet werden.

C. Stellungnahme (1): Der Überschußbeteiligungsanspruch in der Aktiengesellschaft

Die Rechtsnatur des vertraglichen[839] Überschußbeteiligungsanspruchs in der Aktiengesellschaft erschließt sich im Wege der (teilweise ergänzenden) Vertragsauslegung.

In einem ersten Schritt werden zunächst die sich aus der Überschußbeteiligung ergebenden Leistungspflichten untersucht. Hierbei wird sich zeigen, daß der überschußberechtigte LVV nach dem Willen beider Vertragsparteien als ein Schuldverhältnis mit Bestimmungsvorbehalt (§ 315 BGB) ausgestaltet ist.[840] Die Überschußbeteiligungsklausel soll dem Versicherer das Recht einräumen, den Umfang seiner Leistungspflichten durch einseitige Erklärung gegenüber dem Versicherungsnehmer zu konkretisieren; der Versicherungsnehmer überträgt also seine Vertragsgestaltungsbefugnis auf den Versicherer (derivative Privatautonomie). Diese Gestaltungsmacht ist allerdings nicht unbegrenzt. Der überschußberechtigte LVV begründet vielmehr bereits ab Vertragsschluß rahmenmäßig bestimmte *Leistungspflichten*, die *dem Grunde nach* feststehen. Hierzu gehört insbesondere die Pflicht, die Leistungen aus der Überschußbeteiligung nach „billigem" (§ 315 Abs. 1 BGB) bzw. „vertragsgemäßem" (§§ 133, 157 BGB) Ermessen zu konkretisieren (I.).

Sodann wird gezeigt, daß der Anwendungsbereich des § 315 Abs. 3 S. 2 BGB eröffnet ist. Die Gerichte sind befugt, bei erhobener Leistungs- oder Gestaltungsklage die Verbindlichkeit der festgesetzten Überschußanteilssätze zu überprüfen und festgelegte Überschußanteilssätze im Wege eines Gestaltungsurteils abzuändern (II.1.). Im einzelnen sind daher Maßstäbe zu entwickeln, anhand derer überprüft werden kann, wann die Festsetzung der Überschußanteilssätze als „billig" bzw. „vertragsgemäß" anzusehen ist (II.2.).

Vor diesem Hintergrund kann sodann in einem dritten und vierten Schritt der Frage nachgegangen werden, inwieweit die in der Praxis bestehenden Ermessensspielräume

---

839   Zum mitgliedschaftlichen Überschußbeteiligungsanspruch vgl. S. 280ff.
840   Vgl. hierzu bereits BAUMANN (JZ 1995, 446, 447), SCHÜNEMANN (VersWissStud. 4, 43, 46f.), LORENZ (Die Auskunftsansprüche [1993], 40ff.) sowie ZINNERT (Gewinnverteilung an Versicherungsnehmer [1982], 193ff.), die für den Altbestand ebenfalls davon ausgehen, daß die Überschußbeteiligungsklausel dem Versicherer ein Leistungsbestimmungsrecht einräumt.

(Veränderung der Rechnungsgrundlagen, Kapitalanlage- und Bilanzpolitik, Querverrechnungen, endgültiger Entzug erwirtschafteter Überschüsse, vgl. S. 191ff.) für den Neubestand zulässig sind (III.) und die Versicherungsnehmer zur Durchsetzung ihrer Rechte aus § 315 Abs. 3 S. 2 BGB einen Anspruch auf Offenlegung der nicht im Jahresabschluß veröffentlichten Angaben haben (IV.).

I. Die Leistungspflichten aus der Überschußbeteiligung

1. Vorbemerkung: Sinn und Zweck der Überschußbeteiligung

Durch den Abschluß eines überschußberechtigten LVV verpflichtet sich der Versicherer dem Grunde nach, den Versicherungsnehmer am Kapitalanlageergebnis (Zins- und Schlußüberschußanteile) sowie am Risiko- und Kostenüberschuß und ggf. an sonstigen Überschußquellen (Grundüberschußanteile) zu beteiligen (vgl. § 17 Abs. 2 S. 1, 3-4 ALB-E).[841] Je nach verabredeter Überschußverwendung werden die jährlich gutgeschriebenen Überschußanteile entweder zur Entlastung der laufenden Prämienzahlung verwendet oder zur Erhöhung der Versicherungsleistungen reinvestiert. Im letzteren Fall sind die gutgeschriebenen Zins- und Grundüberschußanteile ihrerseits überschußberechtigt.

Nach dem Willen der Vertragsparteien soll die Überschußbeteiligung dabei zwei Vertragszwecke sicherstellen:[842]

- Zum einen ist die Überschußbeteiligung der Zinsertrag für die Überlassung von Kapital. Soweit vertraglich festgelegt wird, daß der Versicherungsnehmer am Kapitalanlageergebnis (Zinsüberschußanteile, ggf. auch Schlußüberschußanteile) beteiligt werden soll, begreifen die Vertragsparteien den überschußberechtigten LVV als eine besondere Form des *Sparens*. Durch die Überschußbeteiligungsklausel verpflichtet sich der Versicherer, die in der Prämie enthaltenen Spar- und Risikoanteile verzinslich anzulegen und die erwirtschafteten Erträge dem Versicherungsnehmer während und am Ende der Vertragslaufzeit gutzuschreiben. Der überschußberechtigte LVV stellt somit ein *variables Bankprodukt* dar, das unter Berücksichtigung der bei Vertragsschluß garantierten Versicherungssumme und im Hinblick auf den Rechnungszins mit einer Zinsuntergrenze (Floor) ausgestattet ist.[843] Werden die gutgeschriebenen Überschußanteile reinvestiert (Bonussystem, verzinsliche Ansammlung, Fonds), so entspricht auch die Überschußverwendung

---

841 Zu den Leistungsverpflichtungen aus der Überschußbeteiligung vgl. Abb. 6, 7 in Anh. B, S. 369ff.

842 Je nach Art des betreffenden Vertrages sind die Vertragszwecke in unterschiedlichem Maße ausgeprägt. Während die *Sparfunktion* bei Risikoversicherungen eine eher untergeordnete Bedeutung hat, tritt sie bei der kapitalbildenden Lebensversicherung besonders deutlich hervor. Allein deshalb muß zwischen diesen beiden Funktionen differenziert werden. Darüber hinaus werden die nachfolgenden Ausführungen zeigen, daß die Überschußbeteiligung auch in rechtlicher Hinsicht je nach Vertragszweck unterschiedlich zu bewerten ist.

843 Vgl. hierzu bereits die Ausführungen auf S. 227f.

einer Kapitalanlage. – Da sich jeder Sparvertrag unterschiedlich ausgestalten läßt und auch Kreditinstitute in der Wahl der Zinssätze grundsätzlich frei sind, können die Versicherer grundsätzlich selbst entscheiden, in welchem Maße die Versicherten an den Kapitalanlageüberschüssen partizipieren. In rechtlicher Hinsicht sind überschußberechtigte LVV allerdings dergestalt zu entwickeln, daß ein Wettbewerb um dieses Produkt im Vergleich zu sonstigen Bankprodukten funktionsfähig und möglich wird.[844]

- Zum anderen wollen Versicherungsnehmer und Versicherer im Wege der Überschußbeteiligung eine *nachträgliche Prämienkorrektur* erreichen: Indem eine Beteiligung an etwaigen Risiko- und Kostenüberschüssen (Grundüberschußanteile) vereinbart wird, soll die bei Vertragsschluß ursprünglich zu hoch berechnete Prämie in ihrem Risiko- und Kostenanteil nachträglich korrigiert werden. In welcher Höhe die ursprüngliche Prämie korrigiert werden soll, bleibt wiederum – sofern nicht ein auffälliges Mißverhältnis zwischen Leistung und Gegenleistung besteht (§ 138 BGB) und die Vertragsparteien hinreichend transparent und bestimmt vereinbart haben, in welcher Weise die Prämie nachträglich zu korrigieren ist – den Vertragsparteien überlassen.

2. Der überschußberechtigte LVV als Schuldverhältnis mit Bestimmungsvorbehalt

Der überschußberechtigte LVV ist seiner Rechtsnatur nach ein Schuldverhältnis mit Bestimmungsvorbehalt (§ 315 BGB). Ein derartiges Schuldverhältnis liegt immer dann vor, wenn der Vertrag einen zunächst unbestimmten Leistungsinhalt aufweist (a) und die Unbestimmtheit durch die Erklärung einer Partei (Versicherer) beseitigt werden soll (b).[845] Der Anwendungsbereich des § 315 BGB ist dabei nur dann eröffnet, wenn das Leistungsbestimmungsrecht der Versicherer vertraglich vorbehalten worden ist. Folgt die Befugnis zur Leistungsbestimmung dagegen aus Gesetz, so können Sonderregeln eingreifen (c).

a) Unbestimmter Leistungsinhalt

Da die Höhe der Überschußbeteiligung vom tatsächlichen Risiko-, Kapitalanlage- und Kostenverlauf, dem Bilanzergebnis und dem sich anschließenden Überschußbeteiligungsverfahren abhängig ist, kann eine bestimmte Leistung aus der Überschußbeteili-

---

844 Zu den rechtlichen Anforderungen an die vertragliche Ausgestaltung der Überschußbeteiligung vgl. im einzelnen S. 293ff.

845 GERNHUBER, Das Schuldverhältnis (1989), § 12 II, 277; STAUDINGER[13]-MADER, § 315 Rn. 18-21; RGRK[12]-BALLHAUS, § 315 Rn. 1-6; MÜKO[2]-SÖLLNER, § 315 Rn. 4.

gung nicht garantiert werden. Der überschußberechtigte LVV weist somit einen unbestimmten Leistungsinhalt auf.[846]

b) Der Versicherer als Bestimmungsberechtigter

Ein Schuldverhältnis mit Bestimmungsvorbehalt liegt vor, wenn die unbestimmte Leistung einer Vertragspartei durch einen *rechtsgeschäftlichen* Akt konkretisiert werden soll. Eine Schuld, deren Existenz oder nähere Bestimmung nur von der Klärung *tatsächlicher* Fragen abhängig ist, begründet dagegen keine Schuld mit Bestimmungsvorbehalt.[847] In diesen Fällen ist die mangelnde Bestimmtheit der Leistung nicht durch einen Gestaltungsakt, sondern allein durch Feststellung zu beseitigen. In der Literatur wird daher betont, daß ein Leistungsbestimmungsrecht in aller Regel ausscheidet, wenn die Vertragsparteien zur Konkretisierung der unbestimmten Leistung objektive Beurteilungsmaßstäbe (z.B. Erträge, Kurse, Preise, Umsätze) festgelegt haben.[848] Gegenüber diesen Bestimmungsfaktoren ist die von § 315 BGB vorgesehene Leistungsbestimmung subsidiär.

In einem Schuldverhältnis können aber auch objektive Bestimmungsmaßstäbe und subjektive Gestaltungsrechte dergestalt miteinander verknüpft werden, daß die Festsetzungsbefugnis einer Vertragspartei von einer bestimmten Tatsachenentwicklung abhängen soll. In diesem Falle ist durch *Auslegung* des Vertrages zu ermitteln, ob die Parteien einen Spielraum schaffen wollten, den eine Vertragspartei auszufüllen hat, oder ob ein nach geeigneten Vergleichsmaßstäben objektiv zu ermittelnder Leistungsinhalt gewollt ist.[849]

In der Lebensversicherung wird die Leistung aus der Überschußbeteiligung sowohl von äußeren, tatsächlichen Umständen, als auch von inneren Entscheidungsprozessen geprägt. Einerseits wird die Höhe der Überschußanteilsätze von dem tatsächlichen Schadensaufwand (vorzeitige Versicherungsfälle), von der Zinsentwicklung am Kapitalmarkt und von den Abschluß- und Verwaltungsaufwendungen eines Geschäftsjahres bestimmt. Diese objektiven Faktoren stehen außerhalb der Einflußsphäre des Versicherers. Andererseits hat das LVU die Möglichkeit, durch eine gezielte Risiko-, Kapitalanlage- und Kostenstrategie auf die Höhe der entstehenden Überschüsse Einfluß zu nehmen. Erhebliche Spielräume bestehen darüber hinaus im Rahmen des Überschußbeteili-

---

846 Der BGH hat demgegenüber in BGHZ 128, 54, 55f. die Auffassung vertreten, daß sich der Versicherer nicht vorbehalte, die zu erbringenden Leistungen einseitig – nach billigem Ermessen – zu bestimmen. In den Vertragsbedingungen werde vielmehr konkret festgelegt, welche Leistung der Versicherer zu erbringen habe (zustimmend: LG Hamburg, VersR 1998, 877, 882 und LG Stuttgart, VersR 1998, 1406, 1408). – Soweit der BGH hiermit zum Ausdruck bringen möchte, daß eine bei Vertragsschluß bestimmte Leistung vorliegt und somit ein Schuldverhältnis mit Bestimmungsvorbehalt nicht in Betracht kommt, kann dem – wie bereits auf S. 84f. erörtert – nicht gefolgt werden. Der Versicherungsnehmer erhält erst durch die vom Versicherer vorzunehmende Festsetzung der Überschußanteilsätze einen konkret bezifferbaren Leistungsanspruch aus der Überschußbeteiligung.

847 GERNHUBER, Das Schuldverhältnis (1989), § 12 IV.1., 298; STAUDINGER[13]-MADER, § 315 Rn. 17.

848 STAUDINGER[13]-MADER, § 315 Rn. 17.

849 MÜKO[3]-GOTTWALD, § 315 Rn. 7.

gungsverfahrens. Das gesamte Überschußbeteiligungsverfahren – von der Überschußermittlung, über die Zuweisung zur RfB, bis zur Festsetzung der Überschußanteilssätze
– hängt von den Entscheidungen des Versicherers ab.

Ein derartiger Entscheidungsspielraum ist von den Vertragsparteien durchaus gewollt. Erst die unternehmerische Handlungsfreiheit schafft die notwendigen Voraussetzungen dafür, daß überhaupt ein Überschuß am Jahresende erwirtschaftet werden kann.
Die Ermessensspielräume der Versicherer sind *konstitutives* Element eines überschußberechtigten LVV. Dies gilt nicht nur für die Überschußentstehung, sondern auch für
die anschließende Gewinnermittlung und -verteilung. Im Gegensatz zum Versicherungsnehmer verfügt der Versicherer über die notwendigen bilanztechnischen Daten
und das entsprechende know how, um eine sachgerechte Überschußbeteiligung sicherzustellen. Aufgrund der aufsichtsrechtlichen Vorschriften muß der Versicherer zudem
darauf achten, daß der Gleichbehandlungsgrundsatz (§ 11 Abs. 2 VAG) gewahrt wird
und die Überschußbeteiligung nicht zu Lasten der dauernden Erfüllbarkeit geht. Diese
Aufgaben kann nur das Versicherungsunternehmen wahrnehmen. Allein der Versicherer
ist in der Lage, die bilanz- und steuerrechtlichen Bewertungsoptionen vertragsgerecht
auszuüben und den Gesamtüberschuß auf die einzelnen Bestandsgruppen und Gewinnverbände nach den Regeln des Aufsichts- und Vertragsrechts aufzuteilen. Aus diesem
Grunde wird dem Versicherer nach dem Willen der Vertragsparteien ein grundsätzliches
(allerdings nicht unbeschränktes) Gestaltungsrecht zugewiesen.

Da die Vorschläge des Verantwortlichen Aktuars (§ 11a Abs. 3 Nr. 4 VAG) für den
Vorstand nicht verbindlich sind (vgl. S. 146) und die Rechtsposition des Aktuars auch
nicht einem Schiedsgutachter[850] nahekommt, liegt keine Drittbestimmung i.S.d. § 317
Abs. 1 BGB (vgl. auch § 319 Abs. 1 BGB) vor.

c) Überschußbeteiligung kein gesetzliches Leistungsbestimmungsrecht

Leistungsbestimmungsrechte können nicht nur kraft Vertrages, sondern auch kraft
Gesetzes entstehen. Weist ein Gesetz einer Vertragspartei die Befugnis zu, den zunächst
unbestimmten Schuldinhalt zu fixieren, so ist fraglich, ob § 315 Abs. 3 S. 2 BGB durch
Sonderregelungen verdrängt bzw. modifiziert wird.[851]

Für die Überschußbeteiligung könnte dem Versicherer ein gesetzliches Leistungsbestimmungsrecht allenfalls aufgrund der bilanz- und aufsichtsrechtlichen Vorschriften
zustehen. Erneut ist aber darauf hinzuweisen, daß die bilanzrechtlichen Regelungen
keine privatrechtsgestaltende Wirkung entfalten. Da sich das VAG in seinen einschlägigen Vorschriften zur Überschußbeteiligung (§§ 81c, 56a VAG) allein mit den öffentlich-rechtlichen Pflichten des Versicherungsunternehmens befaßt, begründen auch die
aufsichtsrechtlichen Vorschriften kein Leistungsbestimmungsrecht. Die Befugnis, den
zunächst unbestimmten Leistungsinhalt zu konkretisieren, folgt weder aus dem Bilanzrecht, noch aus dem Aufsichtsrecht. Ein Leistungsbestimmungsrecht kann dem Versi-

---

850 Anders für den Prämienänderungstreuhänder in der privaten Krankenversicherung: REINHARD,
VersR 2000, 216, 217.

851 Vgl. die Beispiele in: STAUDINGER³-MADER, § 315 Rn. 31-56.

cherer nur kraft Rechtsgeschäft – also durch die Überschußbeteiligungsklausel – eingeräumt werden.

3. Leistungspflichten „dem Grunde nach"

Der überschußberechtigte LVV begründet – wie jedes Schuldverhältnis mit Bestimmungsvorbehalt[852] – bereits bei Vertragsschluß rahmenmäßig bestimmte Leistungspflichten. Aus der Vereinbarung eines Leistungsbestimmungsrechts folgt für den Versicherer die Pflicht, die Leistungen aus der Überschußbeteiligung in regelmäßigen Abständen zu konkretisieren (a) und die festgesetzten Überschußanteilsätze in Form einer einseitigen, empfangsbedürftigen Willenserklärung gegenüber dem einzelnen Versicherungsnehmer bekanntzugeben (b). Darüber hinaus ist der Versicherer bei der Ausübung des Leistungsbestimmungsrechts an die vertraglich festgelegten Bestimmungsmaßstäbe gebunden und im Zweifel gem. § 315 Abs. 1 BGB dazu verpflichtet, die Bestimmung nach billigem Ermessen zu treffen. Der überschußberechtigte LVV entfaltet insofern bereits im Vorfeld der Leistungsbestimmung *Schutzwirkungen* (c).

a) Pflicht zur regelmäßigen Leistungsbestimmung

Steht das Bestimmungsrecht dem Schuldner (Versicherer) zu, so ist im allgemeinen anerkannt, daß den Bestimmungsberechtigten eine Pflicht zur Leistungsbestimmung trifft.[853] Der Versicherungsnehmer hat daher die Möglichkeit, das Versicherungsunternehmen zur verbindlichen Festlegung der Überschußanteilsätze innerhalb einer angemessenen Frist zu zwingen. Kommt der Versicherer bei der Festlegung der Überschußanteilsätze in Verzug (§ 284 BGB), so kann der Versicherungsnehmer gem. § 286 BGB Ersatz des ihm daraus entstehenden Schadens verlangen. Ansprüche aus § 326 BGB kommen dagegen nicht in Betracht. Da der Versicherungsnehmer gem. § 315 Abs. 3 S. 2 2. HS. BGB bei einer verzögerten Leistungsbestimmung die Festsetzung der Überschußanteilsätze im Wege der Leistungs- bzw. Gestaltungsklage herbeiführen kann, ist ein Anspruch aus § 326 BGB ausgeschlossen.[854] Dementsprechend ist auch im Rahmen des § 286 BGB nur der Schaden ersatzfähig, der dem Versicherungsnehmer dadurch entsteht, daß die gerichtliche Leistungsbestimmung nach § 315 Abs. 3 BGB später erfolgt als nach dem Vertrag erforderlich wäre.[855]

---

852 MüKo[3]-GOTTWALD, § 315 Rn. 1 sowie GERNHUBER (Das Schuldverhältnis [1989], § 12 II): „Die bestimmende Erklärung gestaltet Schuldverhältnis und Forderung; sie begründet dagegen etwa erst das Schuldverhältnis."

853 PALANDT[60]-HEINRICHS, § 315 Rn. 13; MüKo[3]-GOTTWALD, § 315 Rn. 27; A.A.: SOERGEL[12]-WOLF, § 315 Rn. 35.

854 Vgl. hierzu BGH LM § 315 Nr.11: Bei einem gegenseitigen Vertrage ist der andere Vertragsteil insbesondere nicht berechtigt, sich wegen der Unbilligkeit der getroffenen Bestimmung vom Vertrage zu lösen, denn § 315 Abs. 3 S. 2 BGB ergibt, daß der Vertrag im Falle einer unbilligen Leistungsbestimmung aufrechterhalten werden soll. Zustimmend: STAUDINGER[13]-MADER, § 315 Rn. 84; MüKo[3]-GOTTWALD, § 315 Rn. 27.

855 Vgl. STAUDINGER[13]-MADER, a.a.O., Rn. 60.

Die in der Praxis verwendeten Überschußbeteiligungsklauseln sehen keine bestimmte Frist vor, innerhalb derer das Versicherungsunternehmen die Überschußanteilssätze festlegen muß (§ 17 Abs. 2 S. 10 ALB-E). Ist eine bestimmte Frist für die Ausübung des Leistungsbestimmungsrechts nicht vereinbart, so ist die Leistung innerhalb einer vom billigen Ermessen bestimmten Frist zu treffen.[856] Insofern ist nach Treu und Glauben unter Berücksichtigung des Einzelfalles zu ermitteln, welche Frist als angemessen gelten kann. Gem. § 341a Abs. 1 HGB sind die Versicherer verpflichtet, den Jahresabschluß nebst Lagebericht innerhalb der ersten vier Monate des Geschäftsjahres für das vergangene Geschäftsjahr aufzustellen und dem Abschlußprüfer vorzulegen. Da der Jahresabschluß gem. § 171 AktG noch vom Aufsichtsrat gebilligt werden muß, dürfte für die Festlegung der Überschußanteilssätze aber allein dieser Zeitpunkt entscheidend sein.

b) Jährliche Festsetzung der Überschußanteilssätze gem. § 315 Abs. 2 BGB

Der Versicherer ist verpflichtet, die Leistungen aus der Überschußbeteiligung gem. § 315 Abs. 2 BGB durch „Erklärung gegenüber dem anderen Teile" zu bestimmen. Die Bestimmungserklärung ist eine einseitige, empfangsbedürftige Willenserklärung, die mit ihrem Zugang den Leistungsinhalt endgültig gestaltet und somit weder widerrufen, noch einseitig abgeändert werden kann.[857] Die Bestimmungserklärung ist grundsätzlich formfrei und kann auch konkludent abgegeben werden. In jedem Fall muß die Bestimmungserklärung aber die Leistung aus der Überschußbeteiligung konkret beziffern, denn die dem Bestimmungsberechtigten eingeräumte Gestaltungsmacht fordert, daß nur eindeutig bestimmte, ohne weiteres Klarheit schaffende Bestimmungserklärungen zuzulassen sind.[858]

Da der nach § 315 Abs. 2 BGB erforderliche Zugang einer Bestimmungserklärung nicht durch eine vorformulierte Vertragsbedingung ausgeschlossen werden kann (§ 10 Nr. 6 AGBG),[859] müssen die Versicherer bei ihren jährlichen Mitteilungen zum Stand der Überschußbeteiligung (§ 10a Abs. 1 S. 1 VAG i.V.m. Anlage D, Abschnitt II Nr. 3) auch die Überschußanteilssätze konkret angeben, um den Anforderungen des § 315 Abs. 2 BGB gerecht zu werden.

---

856 GERNHUBER, Das Schuldverhältnis (1989), § 12 II5d.
857 STAUDINGER[13]-MADER, a.a.O., Rn. 51.
858 OLG Saarbrücken, NJW 1988, 3210; STAUDINGER[13]-MADER, a.a.O., Rn. 52. Offengelassen von BGH LM § 315 BGB Nr.15.
859 LORENZ (in: Die Auskunftsansprüche [1983], 42) vertritt demgegenüber für den Altbestand die Auffassung, daß die Veröffentlichung des Jahresberichts den Anforderungen des § 315 Abs. 2 BGB entspreche, da die Lebensversicherung ein Massengeschäft sei. Vgl. ferner WOLF (in: WOLF/HORN/LINDACHER, AGB-Gesetz[4], § 9 L 122 und in: SOERGEL[12], § 315 Rn. 34), der ebenfalls darauf hinweist, daß eine Abbedingung des Zugangs durch ein besonderes Interesse im Massenverkehr gerechtfertigt sein kann. Hiergegen spricht jedoch die Tatsache, daß der Gesetzgeber nur Erklärungen *ohne* besondere Bedeutung vom Regelungsgehalt des § 10 Nr. 6 AGBG ausgenommen hat, i.ü. aber Klauseln im Massenverkehr gerade durch § 10 Nr. 6 AGBG erfassen wollte.

c) Vertragsgerechte, billige Ausübung des Leistungsbestimmungsrechts

Die Rechtsstellung der Versicherungsnehmer wird darüber hinaus in entscheidender Weise durch ermessensreduzierende Regelungen geprägt, die den innervertraglichen Beurteilungsrahmen bei der Ausübung des Leistungsbestimmungsrechts eingrenzen und den Versicherer dazu verpflichten, bereits im Vorfeld der Leistungsbestimmung dafür Sorge zu tragen, daß die Überschüsse vertragsgerecht bilanziert, verteilt und verwendet werden.

Individualvertraglich kann zwar auch ein Bestimmungsmaßstab vereinbart werden, der über das „billige Ermessen" i.S.d. § 315 Abs. 1 BGB hinausgeht und zwischen einer Bestimmung nach „freiem Ermessen" und „freiem Belieben" angesiedelt ist.[860] Bei vorformulierten Leistungsbestimmungsrechten können die Vertragsparteien jedoch nur dann vom Maßstab des „billigen Ermessens" abweichen, wenn hierdurch eine stärkere Ermessensbindung begründet wird. Eine Vereinbarung, nach der dem Bestimmungsberechtigten ein über § 315 Abs. 1 BGB hinausgehendes Bestimmungsermessen eingeräumt wird, verstößt demgegenüber gegen § 9 Abs. 2 Nr. 1 BGB, denn die Wahrung der Grenzen der Billigkeit gehört zu den Grundgedanken der gesetzlichen Regelung.[861] Die Vertragsparteien können daher die Regelung des § 315 Abs. 1 BGB nur insoweit abbedingen, als ein Maßstab gewählt wird, der noch engere Grenzen als das billige Ermessen setzt. Nach dem AGB-rechtlichen Bestimmtheitsgebot hat der Bestimmungsberechtigte hierzu sogar die Obliegenheit. Denn nach diesem Gebot setzt die wirksame Vereinbarung eines vorformulierten Leistungsbestimmungsrechts voraus, daß die Klausel Voraussetzungen und Umfang des Bestimmungsrechts tatbestandlich konkretisiert.[862]

Die Versicherer können die Überschußanteilssätze also nicht nach *freiem Ermessen* oder gar nach *freiem Belieben* festsetzen. In vertraglicher Hinsicht muß vielmehr gewährleistet sein, daß die Überschußbeteiligungsklausel die Ermessensspielräume der Versicherer bei der Überschußermittlung, -verteilung und -verwendung begrenzt. Die Versicherer sind gezwungen, die Überschußanteilssätze vertragsgemäß, entsprechend dem vereinbarten Bestimmungsmaßstab festzulegen. Fehlt es an der notwendigen Eingrenzung und Konkretisierung, so sind die Versicherer gem. § 315 Abs. 1 BGB zumindest dazu verpflichtet, die Überschußanteilssätze nach „billigem Ermessen" zu bestimmen. Eine Leistungsbestimmung entspricht dabei dann der Billigkeit, wenn sie alle wesentlichen Umstände des konkreten Einzelfalles und die Interessenlage beider Seiten,

---

860 GERNHUBER, Das Schuldverhältnis (1989), § 12 II2, 283. Eine Bestimmung nach „freiem Ermessen" liegt vor, wenn der Bestimmungsberechtigte sein Ermessen bis zur Grenze der offenbaren Unbilligkeit (vgl. § 319 Abs. 1 BGB) ausüben darf, vgl. GERNHUBER, a.a.O., § 12 II4, 285). Bei einer Bestimmung nach „freiem Belieben" ist der Bestimmungsberechtigte demgegenüber nicht verpflichtet, die Interessen des anderen Teils zu berücksichtigen. Bei einem derartigen Bestimmungsmaßstab wird die Ermessensausübung lediglich durch die Grundsätze der §§ 134, 138, 242 BGB begrenzt, SOERGEL[12]-WOLF, § 315 Rn. 41.

861 WOLF, in: WOLF/HORN/LINDACHER, AGB-Gesetz[4], § 9 L 121; BRANDNER, in: ULMER/BRANDNER/HENSEN, AGB-Gesetz[8], Anh. §§ 9-11 Rn. 470 (Fn. 4); vgl. ferner BGH NJW 1985, 623, 624.

862 PALANDT[60]-HEINRICHS, § 9 AGBG Rn. 16f; WOLF, in: WOLF/HORN/LINDACHER, AGB-Gesetz[4], § 9 Rn. 150 (mwN). Im einzelnen siehe S. 298ff.

insbesondere den Vertragszweck, angemessen berücksichtigt.[863] Die Kriterien zur Feststellung dessen, was billig ist, erschließen sich somit vorrangig aus dem „innervertraglichen Beurteilungsrahmen".[864] Die Zivilgerichte müssen daher von Fall zu Fall entscheiden, wie die Begriffe des „vertragsgemäßen" bzw. „billigen" Ermessens zu präzisieren sind.

II. Gerichtliche Kontrolle gem. § 315 Abs. 3 S. 2 BGB

Soweit der Anwendungsbereich des § 315 Abs. 3 S. 2 BGB eröffnet ist, haben die Versicherten das Recht, die Festsetzung der Überschußanteilssätze gerichtlich überprüfen zu lassen. Entspricht die Leistungsbestimmung nicht der Billigkeit, so ist die Bestimmungserklärung „unverbindlich" (§ 315 Abs. 3 S. 1 BGB). Die vom Gesetz angeordnete Unverbindlichkeit stellt dabei eine Sonderform der Anfechtbarkeit dar.[865] Die Vertragsparteien bleiben zunächst an die Bestimmungserklärung gebunden. Unwirksam wird die Bestimmungserklärung erst dann, wenn der Versicherungsnehmer Leistungs- oder Gestaltungsklage erhebt und die Unverbindlichkeit vom Gericht festgestellt sowie die geschuldete Leistung aus der Überschußbeteiligung gem. § 315 Abs. 3 S. 2 BGB durch Gestaltungsurteil neu festgesetzt wird. In diesem Fall ist die gerichtlich festgelegte Verbindlichkeit im darauffolgenden Geschäftsjahr in der Bilanz zu berücksichtigen.

1. Anwendungsbereich

a) Verhältnis zum AGBG

Das Leistungsbestimmungsrecht wird durch die Überschußbeteiligungsklausel, also eine vorformulierte Vertragsbedingung i.S.d. § 1 Abs. 1 S. 1 AGBG begründet. Fraglich ist daher, ob die gerichtliche Kontroll- und Gestaltungsbefugnis nach § 315 Abs. 3 S. 2 BGB eventuell durch das AGBG verdrängt wird.

Die Einbeziehungs- und Inhaltskontrolle nach dem AGBG geht der Prüfung nach § 315 Abs. 3 S. 2 BGB notwendigerweise vor.[866] § 315 BGB setzt voraus, daß sich der Verwender (Versicherer) sein Leistungsbestimmungsrecht *wirksam* i.S.d. AGBG ausbe-

---

863 BGHZ 41, 271, 279ff.; BGH NJW 1966, 539, 540; BAG DB 1978, 212; statt aller: SOERGEL[12]-WOLF, § 315 Rn. 38.

864 Überindividuelle, über den Einzelvertrag hinausgreifende Gesichtspunkte (wie beispielsweise der Gleichbehandlungsgrundsatz oder das allgemein Übliche) können dagegen nur dann Beachtung finden, wenn dies der Interessenlage der Vertragsparteien entspricht, vgl. STAUDINGER[13]-MADER, § 315 Rn. 68, 69; GERNHUBER, Das Schuldverhältnis (1989), § 12 II5, 286f. Differenzierend: KRONKE, AcP 183 (1983), 113, 140ff.; SOERGEL[12]-WOLF, § 315 Rn. 38. V. HOYNINGEN-HUENE, Die Billigkeit im Arbeitsrecht (1978), 122f. und MÜKO[3]-SÖLLNER, § 315 Rn. 19f. wollen demgegenüber ohne weiteres auch überindividuelle Kontrollmaßstäbe an die Leistungsbestimmung anlegen.

865 BAGE 18, 54, 59; STAUDINGER[13]-MADER, § 315 Rn. 78.

866 SOERGEL[12]-STEIN, vor § 8 AGBG Rn. 18; V. HOYNINGEN-HUENE, Die Inhaltskontrolle nach § 9 AGB-Gesetz[2] (1991), Rn. 114.

dungen hat. Erst wenn die Klausel diese Hürde passiert hat, ist nach § 315 BGB zu prüfen, ob der Verwender das ihm solchermaßen verliehene Bestimmungsrecht im konkreten Einzelfall wirksam ausgeübt hat. Verstößt dagegen schon die *Einräumung* des Leistungsbestimmungsrechts gegen das AGBG, so kann in aller Regel die *Ausübung* des Bestimmungsrechts nicht mehr anhand des § 315 Abs. 3 S. 2 BGB gerichtlich überprüft werden. Das Leistungsbestimmungsrecht ist vielmehr nicht Vertragsbestandteil geworden bzw. nach den Vorschriften der §§ 9-11 AGBG unwirksam. Denn gem. § 6 Abs. 2 AGBG kann an die Stelle dieser Vertragsklausel nicht ohne weiteres die gesetzliche Regelung des § 315 BGB treten. Leistungsbestimmungsrechte werden nicht per se begründet, sondern durch (wirksame) vertragliche Vereinbarungen. Sollte die Überschußbeteiligungsklausel daher als mißbräuchlich i.S.d. AGBG betrachtet werden, so wäre im einzelnen zweifelhaft, ob der Anwendungsbereich des § 315 Abs. 3 S. 2 BGB überhaupt eröffnet ist.

Im Ergebnis zeigt sich aber, daß eine etwaige Unwirksamkeit der Überschußbeteiligungsklauseln nach dem AGBG nicht zur Folge hat, daß die Versicherten ihren Anspruch auf Überschußbeteiligung oder die Versicherer ihr Recht zur Leistungsbestimmung verlieren. Überschußbeteiligungsklauseln, die nach dem AGBG unwirksam sind, müssen vielmehr für bestehende Verträge durch wirksame Klauseln ersetzt werden (vgl. S. 339f.). Die Festlegung der Überschußanteilssätze könnte sodann anhand der neuen Vertragsbedingung gem. § 315 Abs. 3 S. 2 BGB kontrolliert werden.

Demzufolge wird auch die gerichtliche Kontrollbefugnis nach § 315 Abs. 3 S. 2 BGB nicht durch das AGBG verdrängt.

b) Analoge Anwendung des § 315 Abs. 3 S. 2 BGB

Seinem Wortlaut nach regelt § 315 Abs. 3 S. 2 BGB nur den Fall, daß die Leistungsbestimmung aufgrund einer vertraglichen Vereinbarung zwischen den Parteien oder aufgrund der Auslegung des Vertrages (§ 315 Abs. 1 BGB) nach „billigem Ermessen" erfolgen soll. Soweit die Vertragsparteien konkretere Maßstäbe zur Leistungsbestimmung vorsehen, stellt sich dagegen die Frage, ob § 315 Abs. 3 S. 2 BGB zumindest analog angewendet werden kann. Dies wird im Schrifttum überwiegend bejaht.[867]

aa) Meinungsstand

Für den Altbestand haben jedoch LORENZ[868] und ihm folgend der BGH[869] die Auffassung vertreten, daß eine Anwendung des § 315 Abs. 3 S. 2 BGB nicht in Betracht kommt. Da § 16 ALB-MB auf den aufsichtsbehördlichen Geschäftsplan verweist, er-

---

867 STAUDINGER[13]-MADER, § 315 Rn. 82; SOERGEL[12]-WOLF, Rn. 50. Unklar: PALANDT[60]-HEINRICHS, § 315 Rn. 15, der zwar darauf hinweist, daß bei einem anderen Bestimmungsmaßstab § 315 Abs. 3 S. 2 BGB unanwendbar sei, hierbei aber vor allem Fälle vor Augen hat, in denen die Leistungsbestimmung nach „freiem Belieben" erfolgt.

868 LORENZ, Die Auskunftsansprüche (1983), 43ff.

869 BGHZ 128, 54, 55f. Zustimmend (zum Neubestand): LG Hamburg, VersR 1998, 877, 882 und LG Stuttgart, VersR 1998, 1406, 1408.

scheine es – so LORENZ[870] – zweifelhaft, ob das bestimmungsberechtigte LVU die Einhaltung eines Maßstabs darlegen und beweisen müsse, den es im wesentlichen nicht selbst gestaltet habe. Angesichts der Kontrollmöglichkeiten des BAV bestehe kein Bedürfnis für eine analoge Anwendung des § 315 Abs. 3 S. 2 BGB. Die Einhaltung des Geschäftsplans werde im Interesse der Versicherungsnehmer durch eine spezialisierte Fachbehörde überprüft. Darüber hinaus werde das Gestaltungsklagerecht durch die Vertragsbedingungen ausgeschlossen. Diese Argumentation scheitere auch nicht an der Unabdingbarkeit des § 315 Abs. 3 BGB, denn es sei allgemein anerkannt, daß – unter dem Vorbehalt des § 138 BGB – sogar eine Leistungsbestimmung nach „freiem Belieben" vereinbart und somit die Anwendung des § 315 Abs. 3 BGB ausgeschlossen werden könne.[871]

Gegen eine entsprechende Anwendung des § 315 Abs. 3 S. 2 BGB spreche ferner die schuldrechtliche Struktur der Überschußbeteiligungsvereinbarung, denn die leistungsbestimmenden Beschlüsse beträfen alle am Überschuß beteiligten Versicherten und – soweit es um die jährlichen Rechnungsabschlüsse ginge – auch die Aktionäre bzw. Vereinsmitglieder. Die Festsetzung der Überschußanteilssätze habe insofern eine gestaltende Gesamtwirkung. Die Beschlüsse eines LVU seien nur fristgebunden und unter besonderen Voraussetzungen anfechtbar bzw. nichtig (§§ 246, 256 AktG). Eine analoge Anwendung des § 315 Abs. 3 S. 2 BGB habe dagegen – so LORENZ– zur Folge, daß jeder Versicherte zu jeder Zeit seine Ansprüche geltend machen könne, so daß das Gericht im Zweifel einen nichtigen Beschluß ersetzen müßte.

bb) Bewertung

Für den Neubestand können diese Argumente nicht überzeugen. Zunächst ist zu berücksichtigen, daß für die seit dem 29. Juli 1994 abgeschlossenen LVV ein einheitliches Überschußbeteiligungsmodell entfallen ist. Der Vertragsinhalt überschußberechtigter LVV wird von den Unternehmen eigenverantwortlich festgelegt. Das Aufsichtsamt kann nur noch im Wege einer anlaßorientierten Mißstandsaufsicht auf eine „angemessene" Überschußbeteiligung hinwirken. Diese Kontrollmöglichkeiten reichen in aller Regel nicht aus, um eine vertragsgemäße Überschußbeteiligung sicherzustellen: Das BAV ist nicht zur Entscheidung zivilrechtlicher Streitigkeiten befugt (§ 81 Abs. 1 S. 3 VAG).[872] Darüber hinaus darf die Aufsichtsbehörde grundsätzlich nur dann einschreiten, wenn ein Tatbestand verwirklicht wird, der über den Einzelfall hinaus von genereller

---

870 LORENZ, a.a.O.
871 Bei einer Leistungsbestimmung nach „freiem Belieben" liegt kein Bestimmungsmaßstab vor, der vom Gericht überprüft werden könnte. Daher findet eine Kontrolle nach § 315 Abs. 3 BGB nicht statt, STAUDINGER[13]-MADER, § 315 Rn. 82. Bei einer Vereinbarung nach „freiem Ermessen" ist demgegenüber umstritten, ob der Rechtsweg nach § 315 Abs. 3 eröffnet ist (dafür: KRONKE, AcP 183 [1983], 113, 138; dagegen: RGRK[12]-BALLHAUS, § 315 Rn. 12).
872 Wie hier: SCHMIDT (in: PRÖLSS, VAG[11], § 81 Rn. 54, 56), der ein öffentliches Interesse an einem Eingreifen der Aufsichtsbehörde sogar erst dann annimmt, wenn die zivilgerichtlichen Möglichkeiten zum Schutz der Versicherten gegen Gesetzesverstöße der Versicherungsunternehmen nicht ausreichen.

Bedeutung ist. Zur Wahrung der Versichertenbelange kann u.U. sogar eine Maßnahme erforderlich sein, die für einzelne Versicherte nachteilig ist. Hiervon abgesehen haben die Versicherten lediglich die Möglichkeit, sich durch eine Beschwerde (Art. 17 GG) gegen Fehlentscheidungen oder eine etwaige Untätigkeit des Amtes zu wehren.[873] Der Beschwerdeführer hat zwar einen Anspruch darauf, daß sich die Aufsichtsbehörde inhaltlich mit seinem Anliegen befaßt; ein Anspruch auf eine bestimmte Entscheidung besteht dagegen nicht.[874]

Entgegen LORENZ kann daher nicht davon ausgegangen werden, daß in der Praxis kein Bedürfnis für eine analoge Anwendung des § 315 Abs. 3 S. 2 BGB besteht. In rechtlicher Hinsicht ist eine Analogie „a majore ad minus" vielmehr zwingend. Da der Vertragspartner des Bestimmungsberechtigten dem Gestaltungsrecht des anderen unterworfen ist, ermöglicht § 315 Abs. 3 S. 2 BGB die Kontrolle einseitiger Bestimmungsrechte. Diese Regelung gilt, wenn die Vertragsparteien nichts vereinbart haben (§ 315 Abs. 1 BGB) und muß insofern erst recht gelten, wenn die Parteien das Ermessen durch vertragliche Regelungen begrenzen. Das „vertragsgemäße" Ermessen stellt einen Unterfall des „billigen" Ermessens dar und kann, insbesondere im Hinblick auf den gesteigerten Rechtsbindungswillen, nicht anders als dieses behandelt werden.

Auch in verfassungsrechtlicher Hinsicht ist eine analoge Anwendung des § 315 Abs. 3 S. 2 BGB geboten, denn anderenfalls wäre die einseitige Festsetzung der Überschußanteilssätze jeglicher wirkungsvoller richterlichen Kontrolle auf Veranlassung und unter Mitwirkung der Versicherungsnehmer entzogen, so daß im Ergebnis ein Verstoß gegen das Prinzip effektiven Rechtsschutzes (Art. 20 Abs. 3 GG) vorläge.[875]

Das Gestaltungsklagerecht der Versicherungsnehmer wird auch nicht rechtsgeschäftlich ausgeschlossen, denn die für den Neubestand geltenden Vertragsbedingungen enthalten diesbezüglich keinerlei Hinweise. Ein derartiger Ausschluß wäre auch nicht mit dem AGBG zu vereinbaren, denn eine Klausel, die einen Ausschluß des § 315 Abs. 3 BGB und somit ausnahmslos eine Unterwerfung unter die vom Verwender getroffene Bestimmung vorsieht, verstößt gegen § 9 Abs. 2 Nr. 1 AGBG.[876]

Eine gerichtliche Kontrolle gem. § 315 Abs. 3 S. 2 BGB steht schließlich auch nicht im Wertungswiderspruch zu §§ 246, 256 AktG. Der Versicherer bestimmt seine Leistungen aus der Überschußbeteiligung, indem der Versicherungsnehmer über die Höhe der jeweiligen Überschußanteilssätze gem. § 315 Abs. 2 BGB informiert wird. Bei einer begründeten Gestaltungsklage kann das Gericht allein diese Erklärung, nicht aber den Jahresabschluß als solchen ersetzen. Soweit das Versicherungsunternehmen durch die gerichtliche Leistungsbestimmung mit einer Verbindlichkeit belastet wird, die nicht im Jahresabschluß ausgewiesen ist, ist diese Verbindlichkeit erst in dem darauffolgenden Geschäftsjahr in der Bilanz zu berücksichtigen. Die Gestaltungsklage entspricht somit

---

873 Vgl. SCHMIDT, a.a.O., Rn. 56.
874 BVerfGE 2, 230; BVerfG, DVBl. 1993, 32; OVG Münster, DVBl. 1978, 895.
875 Vgl. hierzu BVerfG VuR 2000, 105, 107f. = VersR 2000, 214, 215f. sowie die Ausführungen auf S. 86f.
876 OLG München, NJW-RR 1989, 276; WOLF, in: WOLF/HORN/LINDACHER, AGB-Gesetz⁴, § 9 L 123-126.

in ihren Rechtsfolgen nicht der Anfechtungs- bzw. Nichtigkeitsklage (§§ 246, 256 AktG). Insofern können auch nicht die in §§ 246, 256 AktG festgelegten Fristen und Voraussetzungen maßgeblich sein.[877]

c) Lebensversicherung als kollektives Vertragssystem?

Gegen die Anwendbarkeit von § 315 Abs. 3 S. 2 BGB kann auch nicht geltend gemacht werden, daß es sich bei der Lebensversicherung um ein kollektives Vertragssystem handele, dessen rechtliche und wirtschaftliche Eigentümlichkeit darin bestehe, daß das individuelle Versicherungsverhältnis durch seine Zugehörigkeit zum kollektiven System determiniert sei.

Richtig an dieser Auffassung ist zwar die Tatsache, daß der einzelvertragliche Überschußbeteiligungsanspruch nie isoliert, sondern immer im Zusammenhang mit anderen Verträgen des gleichen Gewinnverbandes betrachtet werden muß, denn der Versicherer steht einer Vielzahl von Vertragspartnern bestimmungsberechtigt gegenüber. Insbesondere ist zu beachten, daß ein höherer einzelvertraglicher Überschußbeteiligungsanspruch die wirtschaftliche Substanz eines Versicherungsunternehmens belasten kann, denn aufgrund des Gleichbehandlungsgrundsatzes (§ 11 Abs. 2 VAG) muß ein höherer Anspruch auf Gewinnbeteiligung allen gleichartigen Versicherungsverträgen des gleichen Gewinnverbandes zugute kommen.[878]

Dieser Gesichtspunkt spricht aber nicht gegen eine individual-vertragliche Kontrolle überschußberechtigter LVV. Da die Zivilgerichte dazu verpflichtet sind, bei der Festsetzung der Überschußanteilssätze gem. § 315 Abs. 3 S. 2 BGB auch die aufsichtsrechtlichen Vorschriften zur Überschußbeteiligung zu berücksichtigen (vgl. S. 263) und die Verantwortlichen Aktuare und das Aufsichtsamt dafür sorgen müssen, daß das von einem einzelnen Versicherungsnehmer erstrittene Urteil über den Gleichbehandlungsgrundsatz für die anderen Versicherungsnehmer „maßgeblich" wird, kann den kollektivistischen Strukturen der Lebensversicherung auch im Individualprozeß ausreichend Rechnung getragen werden.

---

877 Da § 315 Abs. 3 S.2 BGB für die Erhebung der dort vorgesehenen Klage keine besondere Frist bestimmt, kann der Versicherungsnehmer die festgelegten Überschußanteilssätze also innerhalb der fünfjährigen Verjährungsfrist (§ 12 Abs. 1 S. 1 VVG) angreifen. Im Einzelfall hat das Gericht aber zu prüfen, ob der Versicherungsnehmer sein Klagerecht durch illoyale Verzögerung der Klageerhebung gem. § 242 BGB verwirkt hat (vgl. BGHZ 97, 212, 220; STAUDINGER[13]-MADER, § 315 Rn. 79; A.A.: STAUDINGER[12]-MAYER-MALY, § 315 Rn. 73, der die Frist des § 121 BGB analog anwenden möchte). Vgl. hierzu bereits die Ausführungen auf S. 86.

878 Ebenso (zum Altbestand): BGHZ 87, 346, 357. Daß die Überschußbeteiligung nicht im Widerspruch zum Gleichbehandlungsgrundsatz stehen darf, ergibt sich nicht nur aus § 11 VAG, sondern darüber hinaus auch aus den Rechtsgrundsätzen, die die Rechtsprechung zu § 315 BGB entwickelt hat. Hier ist anerkannt, daß eine Vertragspartei, die einer Vielzahl von Vertragspartnern bestimmungsberechtigt gegenübersteht, nur dann differenzieren darf, wenn und soweit „ein vernünftiger, aus der Natur der Sache sich ergebender oder sonstwie sachlich einleuchtender Grund" besteht, vgl. BGH WM 1978, 1077, 1079 und BGHZ 97, 212, 223.

d) Zwischenergebnis

Der Anwendungsbereich des § 315 Abs. 3 S. 2 BGB ist eröffnet.

2. Kontrollmaßstäbe

a) Allgemeines

Das Gericht hat im Rahmen des § 315 Abs. 3 S. 2 BGB zu prüfen, ob der Versicherer sein Ermessen bei der Ermittlung, Verteilung und Festsetzung der Überschußanteile vertragsgemäß bzw. billig ausgeübt hat. Widerspricht die Leistungsbestimmung diesen Maßstäben, so stellt das Gericht die Unverbindlichkeit der Überschußanteile fest. In diesem Fall hat das Gericht den Leistungsinhalt aus der Überschußbeteiligung neu festzulegen.

Ziel dieser Prüfung ist nicht die Ermittlung eines „gerechten Preises".[879] § 315 BGB knüpft an das arbitrium viri boni des römischen und des gemeinen Rechts an[880] und beläßt dem Bestimmenden einen Entscheidungsspielraum, innerhalb dessen jeder Ansatz als zulässig gilt. Maßgeblich ist allein, ob sich die vom Versicherer vorgenommene Leistungsbestimmung noch in den *Grenzen* des innervertraglichen Beurteilungsrahmens bewegt.

Der Versicherer trägt die *Beweislast* dafür, daß die von ihm getroffene Bestimmung der Billigkeit oder dem sonst verbindlichen Maßstab entspricht.[881] Nach den Grundsätzen der Billigkeit und unter Beachtung der vertraglich vereinbarten Kontrollmaßstäbe ist die Festlegung der Überschußanteilssätze verbindlich, wenn der Versicherer die Interessenlage beider Vertragsteile abgewogen und angemessen berücksichtigt hat. Der Versicherer ist gehalten, von seinem Ermessen in einer dem Sinn und Zweck der Überschußbeteiligung entsprechenden Weise Gebrauch zu machen. Eine vertragsgemäße Ausübung des Leistungsbestimmungsrechts setzt somit grundsätzlich voraus, daß der Versicherer die Interessen der Versicherungsnehmer richtig bewertet und sämtliche entscheidungserheblichen Umstände in seine Überlegungen miteinbezieht.

Ein Ermessensausfall (der Versicherer verkennt, überhaupt einen Ermessensspielraum zu haben), eine Ermessensunterschreitung (der Versicherer übersieht eine mögliche Entscheidung) oder ein Ermessensfehlgebrauch (Einbringen sachfremder Erwägungen) ist allerdings insoweit unerheblich, als die Überschußanteilssätze auch bei sachgemäßer Ermessensausübung nicht anders festgelegt worden wären. Die im öffentlichen Recht anerkannten Grundsätze zur Kontrolle von Beurteilungs- und Ermessensspielräumen (§ 40 VwVfG) können nicht ohne weiteres auf privatrechtliche Bestimmungsbe-

---

879   BGH BB 1971, 1175. Vgl. ferner: BGHZ 41, 271, 280; BGH NJW-RR 1992, 517, 518; STAUDINGER[13]-MADER, § 315 Rn. 66.

880   RG JW 1912, 73.

881   BGHZ 41, 271, 279; BGH NJW 1987, 1828, 1829; STAUDINGER[13]-MADER, § 315 Rn. 87 (mwN). Vgl. allerdings auch PALANDT[60]-HEINRICHS, § 315 Rn. 19, der darauf hinweist, daß die Formulierung in § 315 Abs. 3 S. 2 1. HS BGB eher für die Beweislast des Gegners spricht.

fugnisse übertragen werden.[882] GERNHUBER formuliert: „Entscheidend ist schließlich allein das Ergebnis, belanglos dagegen der Weg, auf dem es erzielt wurde".[883] – Das Gericht kann also eine fehlerhafte Interessenbewertung nur dann beanstanden, wenn sich dieselbe auf die *Höhe* der Überschußanteilssätze ausgewirkt hat. Angesichts der Tatsache, daß die verantwortlichen Aktuare und der Vorstand eines LVU bislang nicht verpflichtet sind, die der Überschußbeteiligung zugrundliegenden rechtlichen und finanziellen Erwägungen zu dokumentieren,[884] wäre eine weitergehende Überprüfung auch kaum justitiabel.

b) Aufsichtsrechtliche Vorschriften

Da Versicherungsnehmer und Versicherer bei Abschluß des Vertrages übereinstimmend davon ausgehen, daß die aufsichtsrechtlichen Vorschriften zur Überschußbeteiligung einzuhalten sind und die Versicherer in ihren Vertragsbedingungen explizit auf das Aufsichtsrecht verweisen (§ 17 Abs. 1 S. 5, Abs. 2 S. 1 ALB-E), hat das Gericht zunächst die Frage zu beantworten, ob die Überschußanteilssätze den öffentlich-rechtlichen Normen entsprechen. Die Überschußbeteiligung hat somit – wie bereits an anderer Stelle ausgeführt (vgl. S. 109ff.) – im Einklang mit den Vorschriften der §§ 81c VAG i.V.m. der ZRQuotenV, 56a S. 2 VAG sowie den Grundsätzen der dauernden Erfüllbarkeit und Gleichbehandlung (§ 11 Abs. 2 VAG) zu erfolgen.

c) Unternehmensindividuelle Regelungen

Über die aufsichtsrechtlichen Vorschriften hinaus entfalten auch die vertraglichen Regelungen zur Überschußbeteiligung eine ermessensbegrenzende Wirkung. Die derzeit in der Praxis verwendeten Überschußbeteiligungsklauseln entziehen sich allerdings weitgehend der Notwendigkeit einer vertraglichen Ausgestaltung. Unternehmensindividuelle, konkrete Regelungen bestehen bislang nur für die Festlegung der maßgeblichen Bestandsgruppen und Gewinnverbände (§ 17 Abs. 2 S. 8 ALB-E), für die Überschußbeteiligungssysteme und Schlußüberschußanteile sowie für die gewählte Form der Überschußverwendung.[885] Vertragswesentliche Aspekte der Überschußbeteiligung – wie beispielsweise die beabsichtigte Kapitalanlagepolitik- und Bilanzpolitik, die Verteilung der Überschüsse über die Laufzeit des Vertrages (zeitnahe bzw. gleichmäßige Überschußbeteiligung), die Verteilung der Überschüsse unter die Versicherungsnehmer (langfristige Thesaurierungen zugunsten einer anderen Versichertengeneration) oder die kalkulierten Gewinnmargen (Differenz zwischen tatsächlich erwirtschafteten und ausgeschütteten Überschüssen) – bleiben dagegen ungeregelt.

---

882 STAUDINGER[13]-MADER, § 315 Rn. 63.
883 GERNHUBER, Das Schuldverhältnis (1989), § 12 II 5, 286.
884 Siehe aber die diesbezüglichen Vorschläge des VERFASSERS auf S. 156.
885 Zur einzelvertraglichen Zuweisung (Überschußbeteiligungssysteme, Schlußüberschußanteile) und Überschußverwendung vgl. S. 180f. und S. 187f.

Die Gerichte stehen daher vor dem Problem, für diese Bereiche einen Kontrollmaß-stab zu entwickeln, der die Interessen der Vertragsparteien angemessen berücksichtigt. Soweit man der Ansicht ist, daß die vom Verband der LVU empfohlenen Überschußbe-teiligungsklauseln aufgrund eines Verstoßes gegen das Transparenz- und Bestimmt-heitsgebot unwirksam sind, müßte im Wege der ergänzenden Vertragsauslegung eine Regelung geschaffen werden, die hinreichend bestimmt ist und die genannten Aspekte ausreichend konkretisiert (vgl. S. 293ff.); die Festlegung der Überschußanteilssätze könnte dementsprechend anhand der neuen Vertragsbedingung gem. § 315 Abs. 3 S. 2 BGB kontrolliert werden. Sollten die Vertragsbedingungen dagegen als wirksam be-trachtet werden, so müßten die Gerichte die Auslegungsregel des § 315 Abs. 1 BGB (billiges Ermessen) anwenden. Auch in diesem Falle wäre, wie bei der ergänzenden Vertragsauslegung, der hypothetische Wille der Vertragsparteien zu ermitteln.

d) Die Rechtsverbindlichkeit der Beispielrechnungen

Die vorstehend skizzierten Probleme könnten gelöst werden, wenn die Gerichte zur Auslegung des überschußberechtigten LVV vorläufig – solange die Vertragsklauseln zur Überschußbeteiligung zu unbestimmt sind – auf die Beispielrechnungen zurückgrei-fen würden. Die bisherige Untersuchung hat gezeigt, daß das Aufsichtsamt im Rahmen der nachträglichen Mißstandsaufsicht (§ 81 Abs. 1 S. 2 VAG) ein widersprüchliches Verhalten der Versicherer (venire contra factum proprium) verhindern muß. Aus diesem Grunde hat das BAV darauf zu achten, daß die Überschußbeteiligung den normativen Annahmen entspricht, die der Versicherer seinen Beispielrechnungen zugrunde legt (vgl. S. 130ff.). Gleiches gilt für die Verantwortlichen Aktuare, die gem. § 11a Abs. 3 Nr. 4 VAG dazu verpflichtet sind, Vorschläge für eine „angemessene" Überschußbetei-ligung zu entwickeln. Da sich die Angemessenheit der Überschußbeteiligung nach der Regierungsbegründung zu § 11a Abs. 3 Nr. 4 VAG insbesondere an den Erwartungen der Versicherungsnehmer, die aufgrund der Werbung geweckt worden sind,[886] orientie-ren muß, hat der Verantwortliche Aktuar Vorschläge zu entwickeln, die mit den Bei-spielrechnungen im Einklang stehen (vgl. S. 163ff.). Bereits diese Zusammenhänge deu-ten darauf hin, daß die Beispielrechnungen auch eine zivilrechtliche Verbindlichkeit entfalten.

aa) Bedeutung der Beispielrechnungen

Die Versicherungsnehmer richten sich bei Vertragsschluß vor allem nach den Bei-spielrechnungen. Die Versicherten gehen zwar davon aus, daß die absolute Höhe der prognostizierten Werte unverbindlich ist, denn die Versicherer weisen in ihren Beispiel-rechnungen darauf hin, daß die Höhe der Überschußanteilssätze vom Kapitalanlage-, Risiko- und Kostenverlauf abhängig ist. Gleichzeitig können die Versicherungsnehmer aber darauf vertrauen, daß die in den Beispielrechnungen getroffenen Werte zumindest

---

886 BTDrcks. 12/6959, 57.

dann gelten, wenn die äußeren Faktoren der Überschußentstehung während der Vertragslaufzeit unverändert bleiben. Für die Versicherungsnehmer sind die Beispielrechnungen daher in mehrfacher Hinsicht von entscheidender Bedeutung.

Erstens verdeutlicht der prognostizierte Überschußverlauf die Grundzüge der beabsichtigten Kapitalanlage-, Bilanz- und Überschußverteilungspolitik. Versicherungsunternehmen, die beispielsweise ein kontinuierliches Wachstum der Überschußanteile in Aussicht stellen, signalisieren damit zugleich, daß das Unternehmen eine Strategie verfolgt, die eine stetige Entwicklung der Überschüsse zum Ziel hat. Dies kann z.b. durch eine schwerpunktmäßige Investition in festverzinsliche Kapitalanlagen und durch eine Thesaurierung von Überschüssen in Form stiller Reserven oder Rückstellungen (freie RfB) erreicht werden. Möglich ist aber auch, daß die Beispielrechnungen nur innerhalb der ersten Jahrzehnte des Vertrages einen gleichmäßigen Verlauf aufweisen, die Überschußbeteiligung allerdings in den letzten Vertragsjahren überproportional ansteigt. In diesem Falle ist davon auszugehen, daß der Versicherer eine überaus vorsichtige Thesaurierungspolitik beabsichtigt, bei der die Überschüsse zunächst gleichmäßig, insgesamt aber zu niedrig verteilt werden, so daß am Ende des Vertrages hohe Schlußüberschußanteile ausgeschüttet werden müssen. Denkbar ist schließlich, daß ein Versicherungsunternehmen einen ständig schwankenden Vertragsverlauf prognostiziert. Auch hier lassen sich Rückschlüsse auf die Unternehmenspolitik ziehen. Der Versicherer gibt zu erkennen, daß die Versicherungsnehmer zeitnah, also ohne langfristige Thesaurierungen an den Überschüssen beteiligt werden sollen.

Darüber hinaus wird in den Beispielrechnungen zugleich eine Aussage über die Rendite des Vertrages und die jeweiligen Gewinnmargen getroffen. Hochrechnungen, die davon ausgehen, daß stille Reserven und offene Rückstellungen regelmäßig abgeschmolzen werden, weisen eine höhere Rendite auf als Beispielrechnungen, die eine zeitliche Verzerrung bei der Überschußbeteiligung zugunsten späterer Versichertengenerationen in Kauf nehmen. Gleiches gilt für die kalkulierte Gewinnmarge. Ein Versicherungsunternehmen mit hoher Überschußbeteiligungsquote und geringer Querverrechnung kalkuliert eine niedrigere Gewinnmarge als ein Unternehmen, das seinen Beispielrechnungen lediglich die aufsichtsrechtlich erforderlichen Mindestrückerstattungsquoten zugrunde legt und eine Saldierung zwischen den einzelnen Überschußquellen zuläßt. Die effektive Verzinsung der Versichertengelder fällt also in Abhängigkeit zu den normativen Annahmen des Versicherungsunternehmens entsprechend höher bzw. niedriger aus.

Drittens können die Versicherungsnehmer aus den Beispielrechnungen ersehen, ob sie sich ohne große finanzielle Verluste von ihren Verträgen vorzeitig lösen können. Denn in den Beispielrechnungen wird nicht nur der Verlauf der Überschußanteilssätze, sondern auch die Entwicklung der Rückkaufswerte angegeben. Dabei beeinflußt sowohl die Überschuß-, als auch die Kostenverteilung den jeweils zu den einzelnen Vertragszeitpunkten errechneten Rückkaufswert. Verträge, die auf eine langfristige Überschußthesaurierung ausgerichtet sind und bei denen erst am Ende der regulären Vertragslaufzeit hohe Schlußüberschußanteile fällig werden, prognostizieren in aller Regel äußerst schlechte Rückkaufswerte.[887] Bei einer derartigen Überschußverteilung sind die Versicherungsnehmer gezwungen, den Vertrag bis zum Ende durchzuhalten, wenn sie in den Genuß einer hohen Schlußdividende kommen wollen. Darüber hinaus ist eine vorzeitige Kündigung für die Versicherungsnehmer auch dann unrentabel, wenn das Versicherungsunternehmen die durch den Vertragsabschluß bedingten Kosten (Abschlußkosten) nicht auf die gesamte Laufzeit des Vertrages, sondern einseitig auf die ersten drei bis fünf Jahre verteilt (Zillmerung).[888] Derartige Verfahren wirken de facto wie eine langfristige Kündigungssperre. Demgegenüber sind Verträge, die eine zeitnahe Überschußbeteiligung sowie eine gleichmäßige Kostenverteilung vorsehen, bei einer vorzeitigen Vertragsbeendigung für die Versicherungsnehmer von Vorteil. In diesem Falle gehen die Versicherungsnehmer zu Recht davon aus, daß bei einer vorzeitigen Auflösung des Vertrages keine großen finanziellen Verluste entstehen.

bb) Prospekthaftung, primärrechtliche Verbindlichkeit oder Erfüllungshaftung?

Die Beispielrechnungen stellen für die Versicherten die erste und oft einzige Informationsquelle dar; aufgrund der Leistungsbeschreibungen in den Beispielrechnungen wird der entsprechende LVV in aller Regel ausgewählt und abgeschlossen. Der Versicherer nimmt daher mit diesen Angaben ein besonderes Vertrauen der Versicherungsnehmer in Anspruch. Da die den Beispielrechnungen zugrundeliegenden Wertentscheidungen von äußeren Faktoren unabhängig sind, verläßt sich der Versicherungsnehmer darauf, daß die Modalitäten der Überschußbeteiligung (Rechnungsgrundlagen, Kapitalanlage-, Bilanz- und Überschußbeteiligungspolitik, Rendite bzw. Gewinnmargen) nicht willkürlich und nach eigenem Ermessen verändert werden.[889]

Die Beispielrechnungen wären daher bereits nach den Grundsätzen der aus dem Rechtsinstitut der c.i.c. entwickelten Prospekthaftung rechtsverbindlich. Nach diesen Grundsätzen muß das Vertrauen der Anleger in Informationen, die der Anlageentscheidung zugrundegelegt werden, geschützt werden.[890] Im Interesse eines Kapitalanlegerschutzes fordert der BGH eine wahrheitsgemäße und vollständige Aufklärung der Anleger über die Anlagerisiken.[891] Dies gilt vor allem dann, wenn der Prospekt die einzige, zumindest aber eine wichtige Informationsgrundlage für die Anleger ist.[892] Soweit ein Prospekt (hier also die Beispielrechnungen) Tatsachen oder Prognosen enthält, müssen diese Angaben dem Anleger ein zutreffendes Bild vermitteln. Zahlenangaben, die eine Aussage über Rendite und Wirtschaftserwartungen treffen, müssen plausibel, ohne inne-

---

887 Vgl. hierzu: R1/85, VerBAV 1985, 110. Etwas anderes gilt allerdings dann, wenn das Versicherungsunternehmen eine Schlußüberschußbeteiligung für den Rückkauf zusichert. In diesem Fall wären die Versicherer bei der Berechnung der Rückkaufswerte (§ 176 Abs. 3 S. 1 VVG) verpflichtet, etwaige Schlußüberschußanteile zu berücksichtigen.

888 Siehe hierzu etwa OLG Düsseldorf, VersR 1993, 556; AG Köln, VersR 1993, 215 und – zur Unfallversicherung mit Prämienrückgewähr – OLG Nürnberg, VuR 1991, 274.

889 Gleiches gilt natürlich auch für die prognostizierten Rückkaufswerte.

890 BGHZ 71, 284; BGHZ 79, 337.

891 BGHZ 79, 337, 341.

892 BGHZ 77, 172, 176.

re Widersprüche sowie rechnerisch und sachlich richtig aus Tatsachen oder Annahmen entwickelt werden.[893] Diese Grundsätze werden verletzt, wenn ein LVU bei Vertragsabschluß in den Beispielrechnungen bestimmte Modalitäten der Überschußbeteiligung in Aussicht stellt, sich gleichzeitig aber vorbehält, von den prognostizierten Werten jederzeit abweichen zu können. Die Versicherer wären daher nach den Grundsätzen der Prospekthaftung zum Ersatz des Vertrauensschadens verpflichtet. Um etwaige Schadensersatzansprüche zu vermeiden, müßten die Versicherer dafür sorgen, daß das Ermessen im Bereich der Überschußbeteiligung im Einklang mit den Beispielrechnungen ausgeübt wird.

Im Ergebnis finden allerdings die Grundsätze der Prospekthaftung keine Anwendung. Da die im Vorvertragsstadium prognostizierten Modalitäten der Überschußbeteiligung nicht nur einen Vertrauenstatbestand begründen, sondern zugleich den Vertragsinhalt konkretisieren, ist der Anspruch der Versicherungsnehmer auf *Erfüllung*, und nicht auf *Schadensersatz* gerichtet.[894] Soweit ein Versicherungsunternehmen die in den Beispielrechnungen prognostizierten Modalitäten der Überschußbeteiligung während der Vertragslaufzeit mißachtet, hat der Versicherungsnehmer daher in erster Linie einen Anspruch auf gerichtliche Gestaltung (§ 315 Abs. 3 BGB).

Vom Gestaltungsklagerecht zu unterscheiden ist ferner das im Versicherungsvertragsrecht anerkannte Rechtsinstitut der „Erfüllungs*haftung*". Während die im Wege der Rechtsfortbildung entwickelte Erfüllungshaftung dazu führt, daß der Versicherer den Vertrag nach Maßgabe falscher Angaben des Versicherungsvertreters oder falscher Annahmen des Versicherungsnehmers zu erfüllen hat und der Versicherungsnehmer auf diese Weise in den Genuß einer nicht vorgesehenen Versicherungsleistung kommen kann,[895] bewirkt die gerichtliche Kontrolle nach § 315 Abs. 3 S. 2 BGB, daß der Versicherer an einen Maßstab gebunden ist, der seinen *eigenen* Vorstellungen entspricht. Die Grundsätze der Erfüllungshaftung greifen daher ebenfalls nicht ein.

cc) Wertungen des AGBG

Für die Rechtsverbindlichkeit der Beispielrechnungen sprechen schließlich auch die Wertungen des AGBG.

Aufschlußreich ist zunächst die Tatsache, daß die Beispielrechnungen selbst dann rechtsverbindlich wären, wenn die Überschußbeteiligungsklauseln – was allerdings bis-

---

893 BGH NJW 1982, 2823, 2824f.; OLG Frankfurt/aM AG 1995, 134, 135.
894 Weiterführend: WOLF (in: WOLF/HORN/LINDACHER, AGB-Gesetz[4], § 1 Rn. 6), SCHÜNEMANN (BB 1987, 2243, 2248) und SCHWINTOWSKI (in: BERLKOMM § 5a Rn. 6), die darauf hinweisen, daß auch Beschreibungen und Hinweise, durch die der Verwender eine ihn treffende Aufklärungspflicht erfüllt, den Leistungsinhalt (ggf. sogar in Form allgemeiner Geschäftsbedingungen) konkretisieren können.
895 Zur Erfüllungshaftung vgl. BGHZ 2, 87, 92; BGHZ 40, 22, 26; BGHZ 108, 200, 205f.; OLG Düsseldorf NJW-RR 1997, 1525; OLG Düsseldorf VersR 1998, 236. Ausführlich hierzu: KIENINGER, AcP 198 (1998), 190, 205 (mwN). Siehe aber auch RÖMER (VersR 1998, 1313, 1316) und KOLLHOSSER (in: PRÖLSS/MARTIN[26], § 43 Rn. 29), die zu Recht gegen das gewohnheitsrechtliche Institut der Erfüllungshaftung Bedenken anmelden.

lang nicht der Fall ist, da die Überschußbeteiligungsklauseln den Leistungsinhalt aus der Überschußbeteiligung nicht konkret festlegen – von den Beispielrechnungen abweichen sollten. Vertragsbedingungen, die im Widerspruch zu den Werbeaussagen eines Unternehmens stehen, sind im Individualprozeß als überraschende Klauseln (§ 3 AGBG) bzw. im Verbandsprozeß als unwirksame Klauseln i.S.d. § 9 AGBG einzustufen: Überraschend ist eine Klausel dann, wenn sie die berechtigten Erwartungen der Kunden enttäuscht.[896] Eine unangemessene Benachteiligung i.S.d. § 9 AGBG liegt vor, wenn eine vorvertragliche Werbeaussage, die den Vertragsinhalt konkretisiert, durch die Vertragsbedingungen relativiert wird.[897] Diese Grundsätze hat der BGH in einem Verbandsprozeß zur Inhaltskontrolle Allgemeiner Geschäftsbedingungen im Reisevertrag erstmals entwickelt.[898] In dem zugrundeliegenden Fall empfahl der Bundesverband deutscher Reisebüros und Reiseveranstalter seinen Mitgliedern eine Klausel, wonach sich der Umfang der vertraglichen Leistungen „aus der Leistungsbeschreibung des Reiseveranstalters unter Berücksichtigung der Landesüblichkeit sowie aus den hierauf bezugnehmenden Angaben in der Reisebestätigung" ergeben sollte. Diese Klausel sah der BGH als unwirksam i.S.d. § 9 Abs. 2 S. 2 AGBG an. Zur Begründung führte das Gericht aus, daß sich die Leistungspflichten (hier: Sollbeschaffenheit der Reiseleistung) des Reiseveranstalters nach dem Leistungsversprechen im Katalog und bei der Buchung richte, und zwar im Allgemeinverständnis des nicht auslandserfahrenen Reiseinteressenten.[899] Der Reiseinteressent sei – so der BGH weiter – in besonderem Maße auf die Darstellung des Reiselandes und der Reiseleistungen durch den Veranstalter angewiesen. Er müsse und dürfe darauf vertrauen, daß der Prospekt landesübliche Besonderheiten deutlich mache. Insofern wirke sich die mit der Klausel beabsichtigte Einschränkung der Katalogangaben in negativer Weise auf die Gewährleistungspflichten aus. Eine unangemessene Benachteiligung des Reisenden sei jedenfalls immer dann zu befürchten, wenn sich die nach landesüblichem Standard erbrachte Leistung von der versprochenen und zu Recht erwarteten Leistung nachteilig unterscheide. Der Verweis auf die Landesüblichkeit schränke daher wesentliche Rechte und Pflichten, die sich aus der Natur des Vertrages ergeben, derart ein, daß die Erreichung des Vertragszweckes gefährdet sei (§ 9 Abs. 2 Nr. 2 AGBG).

Mit anderen Worten: Der Versicherer darf seine Prognosen nicht „ins Blaue hinein" machen. Da die Anlageentscheidung von der inhaltlichen Richtigkeit und Vollständig-

---

896 Bereits der Gesetzgeber hat bei Verabschiedung des AGBG darauf hingewiesen, daß sich der überraschende Charakter einer Klausel auch an der Werbung des Verwenders zu orientieren habe, BTDrcks. 7/3919, 19. Vgl. des weiteren SCHWINTOWSKI (in: BERLKOMM, § 5a Rn. 14) sowie BASEDOW, VersR 1999, 1045, 1047.

897 BGHZ 100, 157 = JZ 1987, 767; Siehe auch V.HOYNINGEN-HUENE (in: Die Inhaltskontrolle nach § 9 AGB-Gesetz² [1991], Rn. 280) und BRANDNER (in: ULMER/BRANDNER/HENSEN, AGB-Gesetz⁸, § 9 Rn. 146), die in diesem Zusammenhang darauf hinweisen, daß die Vollständigkeit und Richtigkeit von Prospektangaben zu den Kardinalpflichten des Verwenders zählt. Daher verstößt auch eine formularmäßige Freizeichnung von der Haftung für die Richtigkeit der Prospektangaben gegen das Verbot des § 9 Abs. 2 Nr. 2 AGBG.

898 BGHZ 100, 157 = JZ 1987, 767. Vgl. hierzu SCHMID, NJW 1996, 1636, 1638 und TEICHMANN, JZ 1987, 751, 753.

899 BGHZ 100, 157, 177 = JZ 1987, 767, 771f.

keit der Beispielrechnungen abhängt, müssen Beispielrechnungen und Überschußbeteiligungsklauseln aufeinander abgestimmt werden. Soweit die Vertragsbedingungen die in Aussicht gestellte Überschußbeteiligungspolitik modifizieren, liegt hierin ein Verstoß gegen § 3 AGBG bzw. § 9 Abs. 2 Nr. 2 AGBG.

Vorstellbar wäre natürlich, daß die Versicherer in ihren Beispielrechnungen und Vertragsbedingungen zukünftig darauf hinweisen, daß die Rechnungsgrundlagen, die Kapitalanlage-, Bilanz- und Überschußverteilungspolitik, die Saldierung zwischen einzelnen Überschußquellen sowie die jeweiligen Gewinnmargen jederzeit vom Unternehmen geändert werden können. In diesem Falle wäre die Klausel zwar nicht überraschend i.S.d. § 3 AGBG; dennoch läge hierin eine unangemessene Benachteiligung i.S.d. § 9 AGBG. Denn die Versicherungsunternehmen können zur Ausübung des Leistungsbestimmungsrechts kein „freies Ermessen" oder „freies Belieben" vereinbaren (vgl. S. 256f.). Darüber hinaus setzt die wirksame formularmäßige Einräumung eines Bestimmungsrechts voraus, daß der Verwender ein berechtigtes Interesse an der Leistungsbestimmung hat. Ein solches liegt in aller Regel aber nur dann vor, wenn der Bestimmungsvorbehalt einer zukünftigen, *unsicheren* Entwicklung Rechnung tragen soll.[900] Demzufolge kann sich das Gestaltungsrecht der Unternehmen nicht auf Umstände beziehen, die im Prognosezeitpunkt *vorhersehbar* sind. In diesem Sinne ist in der Rechtsprechung auch anerkannt, daß Leistungsbestimmungsrechte, die eine beliebige Verschiebung der bei Vertragsschluß vorausgesetzten Gleichwertigkeit von Leistung und Gegenleistung erlauben, gem. § 9 AGBG unwirksam sind.[901] Ein Leistungsbestimmungsrecht darf insbesondere nicht dazu führen, daß der Versicherer eine vorgesehene Gewinnmarge einseitig zu seinen Gunsten während der Laufzeit des Vertrages verändert.[902]

Die Verbindlichkeit der Beispielrechnungen folgt somit auch aus den Wertungen des AGBG. Die Versicherungsunternehmen können die Überschußanteilssätze nicht nach freiem Ermessen oder freiem Belieben festsetzen. Die Gerichte müssen daher vorerst auf die den Beispielrechnungen zugrundegelegten Modalitäten der Überschußbeteiligung zurückgreifen. Diese bilden einen innervertraglichen Maßstab, der die Voraussetzungen und den Umfang des Leistungsbestimmungsrechts hinreichend konkretisiert und die Interessenlage der Parteien angemessen berücksichtigt.

e) Zwischenergebnis

Das Ermessen der Versicherer wird durch die aufsichtsrechtlichen Vorschriften, die vertraglichen Regelungen und die den Beispielrechnungen zugrundeliegenden Überschußbeteiligungsmodalitäten begrenzt. Anhand dieser Kontrollmaßstäbe ist zu prüfen, ob sich die Festsetzung der Überschußanteilssätze noch in den Grenzen des vertragsgemäßen bzw. billigen Ermessens bewegt. Ist dies nicht der Fall, so hat das Gericht gem.

---

900 WOLF, in: WOLF/HORN/LINDACHER, AGB-Gesetz[4], § 9 L 120 (mwN).
901 BGHZ 82, 21, 25; BGHZ 94, 335, 339f.
902 Vgl. die zuvor genannte Rechtsprechung sowie LG Hamburg, VersR 1990, 303 und BECKMANN, Die Zulässigkeit von Preis- und Prämienanpassungsklauseln (1990), 81ff.

§ 315 Abs. 3 S. 2 BGB die Unverbindlichkeit der Leistungsbestimmung festzustellen und den Leistungsinhalt aus der Überschußbeteiligung neu festzulegen.

III. Konsequenzen

Die bereits an anderer Stelle im einzelnen analysierte Überschußbeteiligungspraxis der Unternehmen (vgl. S. 191ff.) kann nunmehr anhand der genannten Kriterien überprüft werden.

1. Nachträgliche Veränderung der Rechnungsgrundlagen

Die Versicherer sind nicht dazu berechtigt, das Überschußvolumen eines Geschäftsjahres durch eine nachträgliche Veränderung der Rechnungsgrundlagen *willkürlich* zu reduzieren. Ein Austausch der Rechnungsgrundlagen kommt nur insoweit in Betracht, als sich die der Prämienkalkulation zugrundegelegten *äußeren* Verhältnisse verändert haben.

Die in der Praxis – insbesondere in der Rentenversicherung – übliche Reduzierung der Überschußanteilssätze aufgrund erhöhter Erlebenswahrscheinlichkeiten[903] ist daher dem Grunde nach zulässig. Denn die Versicherungsnehmer gehen davon aus, daß Risikoüberschüsse nur dann gutgeschrieben werden, wenn der tatsächliche Risikoverlauf gegenüber dem kalkulierten günstiger ist. Demzufolge können die Versicherungsnehmer auch mit dem Risiko einer nachträglich eintretenden Veränderung der für die Prämienkalkulation maßgeblichen Umstände belastet werden. Hierfür spricht auch der Vertragszweck der Überschußbeteiligung. Indem vertraglich eine Beteiligung am Risikoüberschuß vereinbart wird, soll die bei Vertragsschluß in ihrem Risikoanteil zu hoch kalkulierte Prämie korrigiert werden. Die Versicherungsnehmer müssen daher auch an etwaigen Risikoverlusten partizipieren. Die Sicherheitszuschläge auf den Risikoanteil der Prämie werden nur dann „zurückerstattet", wenn sie nicht benötigt wurden.

Hiermit ist allerdings noch nicht die Frage beantwortet, ob Risikoverluste auch zu Lasten etwaiger Zinsgewinne gehen dürfen. Da die Überschußbeteiligung nicht nur eine nachträgliche Prämienkorrektur bezweckt, sondern darüber hinaus eine Ansparfunktion hat, läßt sich eine etwaige Saldierung von Risikoverlusten mit Zinsgewinnen nicht mit der Prämienkorrekturfunktion erklären. Auch in den Beispielrechnungen werden die Versicherungsnehmer bislang nicht auf die Auswirkungen veränderter Sterbewahrscheinlichkeiten hingewiesen.[904] Fraglich ist daher, ob die Versicherungsnehmer sämtliche Risikoverluste (also nicht nur bis zur Höhe des Risiko-Sicherheitszuschlages) zu tragen haben. – In diesem Zusammenhang kann auf die Rechtsprechung des BVerwG

---

903 Siehe AG Bad Schwalbach, VersR 1997, 606; OLG Stuttgart, VersR 1999, 1223; OLG Frankfurt, VersR 1999, 1097.

904 Die Ablaufleistung in den Beispielrechnungen wird bislang lediglich unter dem Gesichtspunkt dargestellt, daß die in die aktuelle Überschußdeklaration einfließende *Verzinsung* jeweils um einen Prozentpunkt höher bzw. niedriger ausfällt. Vgl. hierzu auch R 2/2000 (VerBAV 2000, 252, 255) unter B.2.d.

zurückgegriffen werden. In seiner Entscheidung v. 14. Oktober 1980 (sog. „DAS-Urteil") verwies das BVerwG darauf, daß der Versicherer nur die Gefahr übernehme, die Gegenstand seines Leistungsversprechens sei.[905] Darüber hinaus trage der Versicherer nicht „auch noch das Risiko einer nicht durch den Eintritt gerade der vertraglich übernommenen spezifischen Gefahren bewirkten, sondern auf sonstige Umstände zurückzuführenden grundlegenden Äquivalenzstörung." Daher könne der Versicherer bei entsprechender Vereinbarung die Risikoverluste durch eine Prämienanpassung ausgleichen. Übertragen auf die Überschußbeteiligung bedeutet dies, daß grundsätzlich sämtliche Risikoverluste zu Lasten der Überschußbeteiligung saldiert werden können.[906]

Da aus der Sicht des Aufsichtsrechts eine Veränderung der Rechnungsgrundlagen aber erst dann erforderlich ist, wenn anderenfalls nicht mehr genügend Mittel zur Bedeckung der Solvabilitätsspanne (§ 53c VAG) vorhanden sind, ist eine Reduzierung der Kapitalanlageüberschüsse allerdings nur unter der Voraussetzung zulässig, daß die Vertragsparteien diesbezügliche Vereinbarungen getroffen haben.[907] Eine derartige Vereinbarung setzt zunächst voraus, daß die Versicherungsnehmer in *bestimmter* und *transparenter* Weise darüber informiert werden, daß sich die Überschußanteilsätze erheblich reduzieren können, wenn das Versicherungsunternehmen neue Rechnungsgrundlagen wählt.[908]

Darüber hinaus dürfen die Versicherungsnehmer nur mit dem Risiko einer *nicht vorhersehbaren* Änderung des Risikoverlaufs belastet werden. Denn in der Gesetzesbegründung zu § 81c VAG heißt es: „Bei langen Laufzeiten der Lebensversicherungsverträge kann es zu nicht vorhersehbaren Risikoverlusten kommen, die ggf. aus Zinsüberschüssen zu decken sind. (...) Die Berücksichtigung des Risikoverlaufs kann allerdings dann nicht in Betracht kommen, wenn Risikoverluste durch eine unvorsichtige Beitragskalkulation entstanden sind."[909]

Auch die Rechtsprechung zum Neubestand geht nunmehr davon aus, daß eine Reduzierung der Überschußbeteiligung bei vorhersehbaren Risikoverlusten unzulässig ist. So hat beispielsweise das OLG Koblenz[910] mit Urteil v. 26.5.2000 entschieden, daß ein

---

905 BVerwGE 61, 59, 66f.
906 Die Rechtsprechung des BVerwG bezieht sich auf Prämienanpassungsklauseln. Insoweit bietet sich ein Erst-recht Schluß an: Der Versicherer darf eine Prämienanpassung vornehmen, wenn eine fest vereinbarte, konkretisierte Schuld vorliegt. Da die Überschußbeteiligung ein unbestimmtes Leistungsversprechen ist, können dann aber *erst recht* Überschußanteile (auch Zinsgewinne) gekürzt werden. Wenn schon von einer konkretisierten Zahlungserwartung abgewichen werden darf, darf erst recht eine noch nicht konkretisierte Leistung durch Risikoverluste beeinträchtigt werden.
907 Aus § 13d Nr. 6 VAG läßt sich nicht herleiten, daß Versicherungsunternehmen ohne vertragliche Vereinbarung berechtigt sind, neue Rechnungsgrundlagen einzuführen. Zum einen ist § 13d Nr. 6 VAG eine aufsichtsrechtliche Vorschrift. Zum anderen könnte man aus der Anzeigepflicht gerade umgekehrt ableiten, daß an eine Einführung neuer Rechnungsgrundlagen erhöhte rechtliche Anforderungen zu stellen sind.
908 Der in den Überschußbeteiligungsklauseln zur Rentenversicherung (vgl. § 17 Abs. 2 S. 7 RV) übliche Verweis auf die in § 1 Abs. 3 S. 1 Nr. 1 ZRQuotenV aufsichtsrechtliche Kann-Regelung führt demgegenüber zu einem Zirkelschluß, der die Vertragspflichten nicht hinreichend zu konkretisieren vermag und die kundenbelastenden Auswirkungen letztlich verschleiert.
909 BTDrcks. 12/6959, 85 (abgedruckt bei Prölss, VAG[11], § 81c Rn. 6).
910 OLG Koblenz, VersR 2000, 1357, 1358 = NVersZ 2000, 423, 424.

271

Versicherer in Aussicht gestellte Überschußanteile nicht reduzieren dürfe, wenn bereits bei Vertragsschluß bekannt gewesen sei, daß die in Aussicht gestellte Leistung aufgrund einer Veränderung der Sterbewahrscheinlichkeit nicht mehr in Zukunft erbracht werden könne. In einem solchen Fall sei der Versicherungsnehmer auch nicht auf die Geltendmachung von Schadensersatzansprüchen aus vorvertraglicher Pflichtverletzung (culpa in contrahendo) beschränkt. Der Versicherungsnehmer habe vielmehr einen vertraglichen Erfüllungsanspruch, der sich nach den vertraglichen Grundlagen richte, wie sie bei Vertragsabschluß zum Gegenstand des Leibrentenversicherungsvertrages gemacht worden seien.[911]

Die Gerichte haben daher im Rahmen des § 315 Abs. 3 S. 2 BGB zu überprüfen, ob der Versicherer bereits zum Zeitpunkt des Vertragsschlusses mit einer Veränderung der Rechnungsgrundlagen hätte rechnen müssen. Dies festzustellen, bereitet in der Praxis erhebliche Schwierigkeiten. In dem Prozeß vor dem AG Bad Schwalbach[912] vertrat der Kläger (Versicherungsnehmer) die Ansicht, daß die Erhöhung des Lebensalters aufgrund des medizinischen Fortschritts keine Neuentwicklung sei. Der Versicherer hätte daher bereits zum Zeitpunkt des Vertragsschlusses im Jahre 1993 wissen müssen, daß sich die Lebenserwartung männlicher Rentner aufgrund des medizinischen Fortschritts in den letzten Jahren signifikant verbessert hatte. Demgegenüber machte das Unternehmen geltend, daß erst Ende 1994 neueste statistische Unterlagen zur Veränderung der Sterbewahrscheinlichkeiten vorgelegen hätten. Im Ergebnis gab das Amtsgericht dem Versicherungsunternehmen Recht. Diese Auffassung kann indessen nicht überzeugen. Im Rahmen der Vorhersehbarkeit ist nicht allein auf versicherungsmathematisch *gesicherte* Erkenntnisse abzustellen. Ausschlaggebend ist vielmehr, ob der Versicherer bei Beachtung der Sorgfalt eines ordentlichen Kaufmanns[913] mit einer Erhöhung der Erlebensfallwahrscheinlichkeiten hätte rechnen müssen. Maßgebender Zeitpunkt für die Vorhersehbarkeit kann daher nicht, wie das Amtsgericht meint, die *Veröffentlichung* einer neuen Sterbetafel sein, sondern allein die Frage, ob ein einseitiges Organisationsverschulden vorliegt.

Schließlich ist zu berücksichtigen, daß eine nachträgliche Veränderung der Rechnungsgrundlagen nicht dazu führen darf, daß die Versicherungsnehmer mit *zukünftigen* Risikoverlusten belastet werden. Auch dieses Problem wird in dem vom Amtsgericht Bad Schwalbach zu entscheidenden Fall deutlich: Um künftig zu erwartende Risikoverluste abzufangen, wurden die Deckungsrückstellungen zu Lasten der Überschußbeteiligung erhöht. Eine derartige Vorgehensweise ist aber dann problematisch, wenn sich das

---

911 Vgl. ferner OLG Düsseldorf, NVersZ 2001, 15 (= VersR 2001, 705). In diesem Urteil wird ausgeführt, daß ein Versicherer, der in vorwerfbarer Weise mit unrealistischen Gewinnanteilen für eine Leibrentenversicherung geworben hat, dem Versicherungsnehmer im Rückkaufsfall nach den Grundsätzen der c.i.c. Schadensersatz leisten müsse. Der Schadensersatzanspruch bemesse sich dabei – so das OLG Düsseldorf – nach der Differenz zwischen der Summe der bisher geleisteten Prämien und dem Rückkaufswert sowie dem Zinsschaden, den der Versicherungsnehmer dadurch erlitten habe, daß er die Prämienbeträge nicht anderweitig gewinnbringend angelegt habe.
912 AG Bad Schwalbach, VersR 1997, 606.
913 Zu diesem Maßstab bei Prämienanpassungen in der Krankenversicherung (§ 178g VVG): RENGER, Die Verantwortung des Treuhänders in der privaten Krankenversicherung (1997), 24, 26.

Veränderungsrisiko erst nach dem Ende der vertraglich vereinbarten Laufzeit realisiert. Nach der Rechtsprechung des BVerwG und BGH zu Prämien- und Preisanpassungsklauseln muß nämlich sichergestellt sein, „daß Änderungen der für die Prämiengestaltung wesentlichen Grundlagen nur für die Versicherungsnehmer zu einer Prämienanpassung führen, deren versicherte Risiken von diesen Änderungen tatsächlich betroffen sind".[914] Darüber hinaus hat der Versicherer nach dem Grundsatz der Gleichbehandlung (§ 11 Abs. 2 VAG) dafür zu sorgen, daß unterschiedliche Tarife nicht gleichbehandelt werden. Risikoverluste, die sich erst nach dem Ende der Vertragslaufzeit realisieren, dürfen daher nicht zu Lasten dieser Verträge gehen. Für diese Verträge ist eine Reduzierung der Überschußanteilssätze mit Hilfe der freien RfB zu vermeiden. Soweit die freie RfB nicht ausreicht, sind separate Gewinnverbände (mit alten Rechnungsgrundlagen) zu bilden.

2. Kapitalanlage-, Bilanz- und Überschußverteilungspolitik

Die Gerichte haben im Rahmen des § 315 Abs. 3 S. 2 BGB des weiteren zu kontrollieren, ob die Kapitalanlage-, Bilanz- und Überschußverteilungsstrategie des Unternehmens im Einklang mit den Beispielrechnungen und Vertragsbedingungen steht. Die Festsetzung der Überschußanteilssätze ist nur dann verbindlich, wenn der Versicherer die Prämien vertragsgerecht angelegt und die erwirtschafteten Überschüsse gemäß der vereinbarten Ausssschüttungs- bzw. Thesaurierungspolitik gutgeschrieben hat.

Hinsichtlich der gewählten Kapitalanlagestrategie kommen grundsätzlich zwei verschiedene Überschußbeteiligungsmodelle in Betracht:

- Zum einen kann der Vertrag darauf ausgerichtet sein, daß der Versicherungsnehmer einen bestimmten Zielbetrag aus der Überschußbeteiligung mit möglichst großer Sicherheit erreicht (sicherheitsorientierte Anlagestrategie). In diesem Falle ist der Versicherer dazu verpflichtet, einen Großteil der Prämien in festverzinsliche Kapitalanlagen zu lenken. Relevant wird eine derartige Anlagestrategie vor allem bei Risiko- und Leibrentenversicherungen, denn bei diesen Verträgen steht aus der Sicht der Versicherungsnehmer nicht der Kapitalanlageaspekt, sondern die Absicherung gegen das Sterblichkeitsrisiko im Vordergrund.[915] Aber auch bei der gemischten Lebensversicherung kann der Versicherungskunde an einer nominellen Anlagesicherheit interessiert sein, z.B. wenn mit der Ablaufleistung ein Festbetragsdarlehen mit langjährig festgeschriebenen Zinsen abgelöst werden soll oder eine prinzipielle Abneigung gegenüber der als „unsicher" wahrgenommenen Anlage in Aktien besteht.
- Zum anderen kann eine Kapitalanlagestrategie vereinbart werden, die eine möglichst hohe Effektivverzinsung verspricht (renditeorientierte Anlagestrategie). In dieser Konstellation hat der Versicherer die Pflicht, innerhalb der bestehenden

---

914 BVerwGE 61, 59, 68; BGHZ 82, 21
915 Wie hier: GEBHARD, Gefahren für die finanzielle Stabilität (1995), 441.

Anlagevorschriften (§ 54a VAG)[916] verstärkt die Chancen auszunutzen, die eine Investition in Realanlagen (z.B. Aktien, Beteiligungen, Investmentfonds) bietet.[917]

Auch bei der gewählten Thesaurierungspolitik sind mehrere Überschußbeteiligungsmodelle denkbar:

• Der Versicherer kann sich dazu verpflichten, die erwirtschafteten Überschüsse gleichmäßig auf die gesamte Vertragslaufzeit zu verteilen. Dies setzt voraus, daß der Versicherer eine gemäßigte Thesaurierungspolitik (stille Reserven, RfB) verfolgt, mit deren Hilfe die schwankende Ertragslage am Kapitalmarkt ausgeglichen wird.

• Darüber hinaus besteht die Möglichkeit, erwirtschaftete Überschüsse langfristig bis zum Vertragsende zu thesaurieren und in Form hoher Schlußüberschußanteile erst im Todes-, Erlebens- oder Rückkaufsfall auszuschütten.

• Schließlich können die Vertragsparteien vereinbaren, daß die Versicherungsnehmer zeitnah am Überschuß beteiligt werden. In diesem Fall ist durch die Direktgutschrift und eine regelmäßige Auflösung der stillen Reserven bzw. der RfB sicherzustellen, daß nennenswerte Verzögerungen bei der Überschußzuteilung unterbleiben.

Selbst bei Verträgen, die den Versicherer zu einer Thesaurierung berechtigen, hat das Gericht allerdings darauf zu achten, daß das Versicherungsunternehmen die den Beispielrechnungen zugrundegelegte Thesaurierungs- bzw. Ausschüttungsquote während der Vertragslaufzeit beibehält. Eine zeitliche Verzerrung bei der Überschußzuteilung darf also nicht dazu führen, daß sich die bei Vertragsschluß prognostizierte Gesamtrendite allein aufgrund einer nachträglich veränderten Thesaurierungspolitik verändert und der aktuelle Bestand benachteiligt wird.

Die für den Neubestand bestehenden Anlage- und Thesaurierungsoptionen erfordern darüber hinaus eine von der bisherigen Rechnungslegung abweichende Bilanzierung. Die Versicherer müßten – entgegen der bislang üblichen Praxis – die durch die Prämienzahlungen aufgebauten Kapitalanlagen separat verwalten und einem bestimmten Teilbestand zuordnen. Denn die Versicherer können ihr Ermessen nur dann vertragsgemäß ausüben, wenn auf der Aktivseite der Bilanz – ähnlich wie in der fondsgebundenen

---

916 Ab dem 1.1.2002 findet § 54a VAG keine Anwendung mehr, da die Einzelheiten der Anlagebestimmungen, die nunmehr durch die VAG-Novelle 2000/2001 (BGBl. I 2000, 1857) in Ausprägung des Grundsatzes der Mischung und Streuung nach § 54 Abs. 1 VAG unmittelbar in § 54 Abs. 2 VAG neu geregelt sind, nunmehr in einer Rechtsverordnung festgelegt werden sollen. Vgl. hierzu den Gesetzesentwurf der Bundesregierung zur Änderung des VAG, BT-Drcks. 14/4453, 33.

917 Im Durchschnitt der Gesamtbranche werden die in § 54a VAG festgelegten Obergrenzen für Realanlagen bei weitem nicht ausgenutzt, vgl. hierzu: GEBHARD, a.a.O., 404.

Lebensversicherung (§ 54b VAG)[918] – verschiedene Kapitalanlageportefeuilles gebildet werden, die der jeweiligen Kapitalanlage- und Thesaurierungsstrategie entsprechen. Da die Versicherer gem. § 66 Abs. 7 VAG mit Genehmigung des BAV selbständige Abteilungen im Deckungsstock bilden können und die Genehmigung in aller Regel zu erteilen ist, wenn die Besonderheiten des Geschäfts ein verselbständigtes Schicksal der Deckungsstockwerte erfordern,[919] ist eine derartige Zuordnung bereits nach heutigen Rechnungslegungsvorschriften möglich. Hiervon unabhängig könnten die Versicherer aber auch unternehmensintern neben der offiziellen Handels- und Steuerbilanz eine spezielle „Überschußbeteiligungsbilanz" erstellen, die den vertragsindividuellen Besonderheiten Rechnung trägt.[920]

De lege ferenda ist schließlich zu überlegen, ob das in Großbritannien gebräuchliche Fund-Konzept in das deutsche Recht eingeführt werden sollte. Nach dem Fund-Konzept sind die Versicherer verpflichtet, die durch die Prämienzahlungen aufgebauten Kapitalanlagen in Abhängigkeit zum Vertragstyp separat zu verwalten.[921] Da nach sect. 29 (4) des Insurance Companies Act 1982 Vermögenswerte, die von einem Fund auf einen anderen übertragen werden, zum Zeitwert („at fair market value") abzurechnen sind, wird zudem eine verdeckte Quersubventionierung zwischen den Funds verhindert. Das Fund-Konzept bietet somit wesentliche Vorteile, die auch in der Bundesrepublik genutzt werden könnten, um eine Transparenz der finanziellen Bewegungen zwischen verschiedenen Teilbeständen zu fördern und ein Mindestmaß an Verbraucherschutz zu gewährleisten.

3. Querverrechnungen

Auch die Praxis der „Querverrechnung" unterliegt der zivilgerichtlichen Kontrolle gem. § 315 Abs. 3 S. 2 BGB. Da die Versicherer nach dem zuvor Gesagten die bei Vertragsschluß kalkulierte Gewinnmarge nicht willkürlich zu ihren Gunsten während der Vertragslaufzeit verändern dürfen, ist eine Saldierung zwischen den einzelnen Überschußquellen nur begrenzt zulässig. Grundsätzlich darf der den Beispielrechnungen zugrundegelegte Prozentsatz für die Beteiligung an Kapitalanlage-, Risiko- und Verwaltungskostenüberschüssen nicht nachträglich unterschritten werden. Eine Reduzierung

---

918 Im Gegensatz zur fondsgebundenen Lebensversicherung wären die Versicherer allerdings nicht ohne weiteres dazu verpflichtet, die überschußberechtigten LVV in Abhängigkeit zur unmittelbaren Wertentwicklung der Kapitalanlagen zu beteiligen. Eine derartige Beteiligung kommt vielmehr nur dann in Betracht, wenn der Versicherungsnehmer ein zeitnahes Überschußbeteiligungsmodell gewählt hat.

919 LIPOWSKI, in: PRÖLSS, VAG[11], § 66 Rn. 4.

920 So insbesondere DONATH (AcP 192 [1992], 279, 315), der an eine derartige Bilanz aber zu weitgehende Forderungen stellt.

921 Grundlegend hierzu: GEBHARD, Gefahren für die finanzielle Stabilität (1995), 118f. und RANSON, Financial Aspects and the Valuation Long-Term Business Funds (o.J.), 1. Britische Lebensversicherer bilden üblicherweise drei verschiedene Funds: Während der „with Profits Fund" Kapitalanlagen für überschußberechtigte LVV enthält und der „without Profit Fund" LVV ohne Überschußbeteiligung verwaltet, werden die Kapitalanlagen für fondsgebundene Lebensversicherungen im „internal linked Fund" geführt, vgl. GEBHARD, a.a.O.

der in Aussicht gestellten Überschußbeteiligungsquote kommt wiederum erst dann in Betracht, wenn sich die der Kalkulation zugrundegelegten *äußeren* Verhältnisse verändert haben.

Fehlbeträge aus dem Abschlußkostenergebnis können daher nur insoweit saldiert werden, als der Versicherer die entsprechenden Verluste in den Beispielrechnungen überschußmindernd berücksichtigt hat. Denn die Abschlußkosten stehen bereits bei Vertragsschluß der Höhe nach fest.[922] Versicherungsunternehmen, die in ihren Beispielrechnungen etwaige Fehlbeträge aus dem Abschlußkostenergebnis außer acht lassen, erklären sich bewußt zu dem Verkauf eines nicht kostendeckenden Produktes bereit. Dementsprechend darf die Überschußbeteiligung nicht durch *vorhersehbare, vermeidbare* Verluste aus dem Abschlußkostenergebnis geschmälert werden.

Etwas anderes gilt demgegenüber für die Positionen „laufende Aufwendungen für Kapitalanlagen" und „sonstiges Ergebnis". Hier können *unvorhersehbare, unvermeidbare* Verluste entstehen, die der Versicherer nach dem Vertragszweck gerade nicht zu verantworten hat. Soweit entsprechende vertragliche Vereinbarungen vorliegen und der Versicherer in transparenter und bestimmter Weise auf die entstehenden Nachteile hingewiesen hat, dürfen die Versicherungsnehmer auch mit dem Risiko einer nachträglich eintretenden Veränderung der für die Prämienkalkulation maßgeblichen Umstände belastet werden. Sind diese Voraussetzungen erfüllt, so kann das Gericht diesbezügliche Querverrechnungen nicht beanstanden.

4. Endgültiger Entzug erwirtschafteter Überschüsse

Die herausgearbeitete Rechtsstellung der Versicherten bestimmt schließlich die Frage, inwieweit das Überschußvolumen einer Gesellschaft durch Gewinnverschiebungen im Versicherungskonzern reduziert werden darf.

Da eine vermögensausgliedernde Bestandsübertragung, in deren Folge vertragliche Überschußbeteiligungsansprüche entwertet oder ausgehöhlt werden, mit §§ 14 Abs. 1 S. 3, 8 Abs. 1 Nr. 3 VAG nicht vereinbar und deshalb nicht genehmigungsfähig ist, hat das BAV zu berücksichtigen, daß der überschußberechtigte LVV schon zum Zeitpunkt des Vertragsschlusses Schutzwirkungen entfaltet. Eine vertragsgemäße Leistungsbestimmung i.S.d. § 315 BGB setzt voraus, daß der Versicherer bereits im Vorfeld der Leistungsbestimmung dafür Sorge trägt, daß die Überschüsse entsprechend dem vereinbarten Bestimmungsmaßstab bilanziert, verteilt und verwendet werden können. Insofern darf die in den Beispielrechnungen in Aussicht gestellte Überschußbeteiligung nicht willkürlich reduziert werden. Soweit das Versicherungsunternehmen in seinen Hochrechnungen davon ausgeht, daß stille Reserven während der Vertragslaufzeit zugunsten der Versicherungsnehmer aufgelöst werden, müssen diese auch dem einzelnen Vertrag zugute kommen. Das BAV hat daher im Rahmen der §§ 14 Abs. 1 S. 3, 8 Abs. 1 Nr. 3

---

922 Vgl. hierzu HÖLSCHER, ZVersWiss 1996, 41, 69. Eine Unsicherheit besteht lediglich bei der Periodisierung der Abschlußkosten, da hierbei die betreffenden Sterbewahrscheinlichkeiten zu berücksichtigen sind.

VAG zu prüfen, ob sich die prognostizierte Ertragslage für die zum Zeitpunkt der Bestandsübertragung bestehenden Verträge durch den Vermögensübergang verschlechtert. Hierfür spricht auch das Prinzip der wirtschaftlichen Spartentrennung. Das BAV hat nach Art. 13 Abs. 5 der ersten Richtlinie Leben in der Fassung von Art. 16 der dritten Richtlinie Leben dafür zu sorgen, daß die erwirtschafteten Überschüsse den Versicherungsnehmern erhalten bleiben und das Rechnungsergebnis nicht durch Konzernvereinbarungen verfälscht wird. Ein endgültiger Entzug stiller Reserven ist daher auch unter dem Gesichtspunkt der wirtschaftlichen Spartentrennung unzulässig. Die Kontrolle von Bestandsübertragungsverträgen hat nach den gleichen Maßstäben zu erfolgen, die auch für Dienstleistungs- und Unternehmensverträge gelten.[923]

IV. Allgemeiner Auskunftsanspruch gem. § 242 BGB

Die nach den externen Rechnungslegungsvorschriften publizitätspflichtigen Angaben im Jahresabschluß (§ 55 Abs. 3 VAG) enthalten nur unzureichende Informationen über das Überschußbeteiligungsverfahren.[924] Selbst Experten können anhand des Jahresabschlusses nicht feststellen, welchen Überschuß der individuelle Vertrag tatsächlich im Laufe der Zeit erwirtschaftet, wie der Gewinn im einzelnen ermittelt, auf die Bestandsgruppen verteilt und einzelvertraglich zugeteilt wird. Insofern stellt sich die Frage, ob die Versicherungsnehmer zur Durchsetzung ihrer Ansprüche nach § 315 Abs. 3 BGB von dem Versicherungsunternehmen Auskunft gem. § 242 BGB verlangen können.

1. Voraussetzungen

In der Rechtsprechung des BGH ist anerkannt, daß ein Anspruch auf Auskunft gem. § 242 BGB besteht, wenn „sich aus den Besonderheiten der zwischen den Parteien bestehenden Rechtsbeziehungen ergibt, daß der Auskunftsbegehrende in entschuldbarer Weise über das Bestehen oder den Umfang seines Rechtes im Ungewissen ist, während der Verpflichtete unschwer in der Lage ist, Auskunft zu erteilen."[925] Der allgemeine Auskunftsanspruch setzt dementsprechend voraus, daß dem Auskunftsbegehrenden (Versicherungsnehmer) ein Recht zusteht, das seiner Eigenart nach die begehrte Auskunft erfordert und rechtfertigt. Der Adressat des Auskunftsbegehrens (Versicherer) muß demgegenüber in der Lage sein, die Auskunft in zumutbarer Weise erteilen zu können.

Diese Voraussetzungen sind für den überschußberechtigten LVV erfüllt. Da der Versicherungsnehmer gem. § 315 Abs. 3 S. 2 BGB das Recht hat, die Verbindlichkeit der festgesetzten Überschußanteile gerichtlich kontrollieren zu lassen und das Gericht im Falle einer begründeten Klage den Leistungsumfang aus der Überschußbeteiligung neu

---

923 Vgl. hierzu bereits die Ausführungen auf S. 200ff.
924 Siehe hierzu: LORENZ, Die Auskunftsansprüche (1983), 19-25.
925 BGH NJW 1982, 1807, 1808; BGHZ 87, 346, 351f. Siehe aber auch WINTER (in: BRUCK/
       MÖLLER/WINTER, VAG[8], Bd. V/2, Anm. G 381), der einen solchen Auskunftsanspruch aus einer
       Gesamtanalogie zu §§ 402, 444, 666, 713, 1799, 1839 BGB herleitet.

festsetzen muß, besteht zwischen den Parteien eine Rechtsbeziehung, die einen Auskunftsanspruch erfordert und rechtfertigt.[926] In prozessualer Hinsicht hat der Versicherungsnehmer zwar auch die Möglichkeit, anstelle einer Leistungsklage eine selbständige Gestaltungsklage zu erheben, die den Anspruch aus der Überschußbeteiligung nicht genau beziffert, sondern allein auf Feststellung der Unverbindlichkeit und gerichtliche Gestaltung gerichtet ist.[927] Selbst in diesem Falle kann der Versicherungsnehmer aber die Erfolgschancen seiner Klage nur dann beurteilen, wenn der Versicherer zuvor die Berechnungsmodalitäten der Überschußanteilssätze offenlegt (Kostenrisiko). Problematisch erscheint ferner die Tatsache, daß das Gericht im Falle einer selbständigen Gestaltungsklage eine Ausforschung betreiben müßte, die im Widerspruch zum Beibringungsgrundsatz steht.[928] Schließlich darf die nach § 315 Abs. 3 S. 2 BGB grundsätzlich zulässige Leistungsklage[929] nicht einfach dadurch ausgeschlossen werden, daß dem Versicherungsnehmer das Recht auf Auskunft verweigert wird. Im Ergebnis ist daher davon auszugehen, daß § 315 Abs. 3 S. 2 BGB ein Recht darstellt, das seiner Eigenart nach einen Auskunftsanspruch i.S.d. § 242 BGB begründet.

Die Auskunftserteilung ist für den Versicherer auch zumutbar. Da der Versicherer für die Festsetzung der Überschußanteile sämtliche entscheidungserheblichen Umstände in seine Überlegungen einzubeziehen hat, muß das Versicherungsunternehmen in der Lage sein, unschwer über die der Ermessensausübung zugrundeliegenden unternehmensinternen Daten Auskunft zu erteilen.

Selbst das Interesse der Versicherer an der *Geheimhaltung* bestimmter Tatsachen führt nicht zur Unzumutbarkeit des Auskunftsbegehrens.[930] Soweit ein berechtigtes Geheimhaltungsbedürfnis besteht, kann die Auskunft auch einem zur Verschwiegenheit verpflichteten Dritten (z.B. Notar, Wirtschaftsprüfer) gegeben werden, der seinerseits eine anonymisierende Zusammenfassung aufstellt.[931] Möglich ist auch – wie das BVerfG mit Beschluß v. 28.12.1999[932] zur Krankenversicherung ausgeführt hat – , daß dem Geheimhaltungsinteresse durch die Anwendung der §§ 172 Nr. 2, 173 Abs. 2, 174 Abs. 3 S. 1 GVG (vgl. auch § 353d Nr. 2 StGB) Rechnung getragen wird; im Einzelfall könnte das Gericht also für die mündliche Verhandlung bzw. für die Verkündung der Urteilsgründe die Öffentlichkeit ausschließen und den bei der Urteilsverkündung anwe-

---

926 Vgl. auch GERNHUBER (Das Schuldverhältnis [1989], § 12 II6c) und GOTTWALD (in: MÜKo³, § 315 Rn. 24), die beide zu Recht darauf hinweisen, daß der Bestimmungsberechtigte gem. § 242 BGB die Pflicht hat, den anderen Teil über die Gründe seines Vorgehens zu unterrichten, soweit dieser Zweifel an der Verbindlichkeit der Bestimmung äußert und daher mit einer gerichtlichen Auseinandersetzung gem. § 315 Abs. 3 BGB zu rechnen ist.

927 MÜKo³-GOTTWALD, § 315 Rn. 30f.

928 Hinsichtlich der Frage, ob die Festsetzung der Überschußanteile verbindlich ist, kann das Gericht zwar darauf abstellen, daß der Versicherer die Beweislast für die Verbindlichkeit der Leistungsbestimmung trägt (BGHZ 41, 271, 279). Problematisch ist demgegenüber die *Neufestsetzung* der Überschußanteile, wenn der Versicherer nicht gewillt ist, Auskunft über unternehmensinterne Daten zu erteilen.

929 STAUDINGER¹³-MADER, § 315 Rn. 85.

930 Vgl. SOERGEL¹²-TEICHMANN, § 242 Rn. 195.

931 BGH BB 1957, 490; BGH MDR 1976, 735, 736; SOERGEL¹²-TEICHMANN, a.a.O., Rn. 196.

932 BVerfG VersR 2000, 214, 216 = VuR 2000, 105, 108 mit Anm. SCHWINTOWSKI, a.a.O., 108, 109.

senden Personen die Geheimhaltung der Betriebs- oder Geschäftsgeheimnisse zur Pflicht machen. Auf diese Weise können etwaige Wettbewerbsnachteile verhindert werden.

2. Gesetzlicher oder vertraglicher Ausschluß?

Für den Altbestand haben LORENZ[933] und – ihm folgend – der BGH[934] einen Auskunftsanspruch auf Bekanntgabe der nicht im Jahresabschluß veröffentlichten Angaben allerdings mit der Begründung abgelehnt, daß der Versicherungsnehmer kein rechtliches Interesse an einer weitergehenden Rechnungslegung habe, denn die verantwortliche Kontrolle des Versicherers sei im Interesse der Versicherten durch den Versicherungsvertrag dem BAV übertragen worden. Da die Vertragsbedingungen auf den aufsichtsbehördlich genehmigten Geschäftsplan verweisen, sei davon auszugehen, daß die Vertragsparteien eine Auskunftspflicht in anderer Weise vertraglich geregelt hätten. Das BAV sei Kontrollinstanz und Auskunftsempfänger zugunsten aller Versicherten.

LORENZ[935] begründet seine Auffassung darüber hinaus mit dem Hinweis, daß der allgemeine Auskunftsanspruch gesetzlich durch die Rechnungslegungsvorschriften des VAG (§ 55 Abs. 3 VAG) ausgeschlossen sei. Das BAV sei als Genehmigungs- und Aufsichtsbehörde über alle Verpflichtungen des LVU genau informiert. Insofern sei hinreichend sichergestellt, daß die Geschäftsführung des Versicherungsunternehmens kontrolliert und notfalls durch aufsichtsbehördliche Maßnahmen korrigiert werde. Im übrigen könne sich der einzelne Versicherte mit einer formlosen Beschwerde an das BAV wenden.

Diese Argumentation kann indessen bereits für den Altbestand nicht überzeugen.[936] Zweifelhaft ist nicht nur, ob der allgemeine bürgerlich-rechtliche Auskunftsanspruch durch eine vorformulierte Klausel abbedungen werden kann. Problematisch ist auch, daß das Aufsichtsamt nach der Rechtsprechung des BVerwG nicht zu einer optimalen Wahrung der Versicherteninteressen, sondern allein zur Verhinderung offensichtlicher Beeinträchtigungen berufen ist.[937] Der individuell-vertragliche Überschußbeteiligungsanspruch verpflichtet aber den Versicherer zu Auskünften, die selbst das BAV mit Hilfe der ihm durch die interne Rechnungslegung zur Verfügung stehenden Daten nicht einholen kann. Das Aufsichtsamt ist daher nicht in der Lage, den Verlust allgemeiner Auskunftsansprüche adäquat auszugleichen.

Auch für den Neubestand kann ein gesetzlicher oder vertraglicher Ausschluß nur dann zulässig sein, soweit die Versicherungsaufsicht einen *vollwertigen Ersatz* für einen derartigen Ausschluß bietet. Dies ist aber nicht der Fall. Das BAV kann das Überschuß-

---

933 LORENZ, Die Auskunftsansprüche (1983), 30-36. Zustimmend: WINTER, in: BRUCK/MÖLLER/ WINTER, VAG[8], Bd. V/2, Anm. G 383, 384.
934 BGHZ 87, 346, 356.
935 LORENZ, Die Auskunftsansprüche (1983), 30ff.
936 So auch DONATH, AcP 192 (1992), 279, 313ff.
937 BVerwGE 61, 59.

beteiligungsverfahren nicht mehr im Wege der präventiven Produktkontrolle regulieren; eine nachträgliche Mißstandsaufsicht ist nur noch in Einzelfällen geboten.

Ein allgemeiner Auskunftsanspruch nach § 242 BGB steht auch nicht im Wertungswiderspruch zu § 131 Abs. 3 S. 1 Nr. 3 AktG. Zwar kann der Vorstand einer Lebensversicherungsaktiengesellschaft nach dieser (verfassungsrechtlich zulässigen)[938] Vorschrift die Offenlegung stiller Reserven gegenüber der Hauptversammlung verweigern. Demgegenüber kann der allgemeine Auskunftsanspruch nach § 242 BGB im Einzelfall dazu führen, daß der Versicherer zur Aufdeckung der während der Vertragslaufzeit gebildeten stillen Reserven verpflichtet ist. Bei einer Auskunftsverweigerung nach § 131 Abs. 3 S. 1 Nr. 3 AktG sind aber die (Klein-) aktionäre nur der Gefahr ausgesetzt, ihre Aktien zu billig an einen wissenden „Insider" zu verkaufen,[939] wobei der Börsenkurs in aller Regel einen hohen Substanzwert berücksichtigt. Für die Versicherten besteht demgegenüber die Gefahr, an den erwirtschafteten Überschüssen ihres Vertrages überhaupt nicht beteiligt zu werden. Der Auskunftsanspruch nach § 242 BGB kann und muß insofern weitergehende Pflichten begründen als der Auskunftsanspruch der Aktionäre.

3. Zwischenergebnis

Die Versicherten haben gem. § 242 BGB einen Anspruch auf Bekanntgabe der nicht im Jahresabschluß veröffentlichten Angaben, soweit dieser zur Durchsetzung ihrer Rechte nach § 315 Abs. 3 S. 2 BGB erforderlich ist.

D. Stellungnahme (2): Besonderheiten beim VVaG

Während der Anspruch auf Überschußbeteiligung für die Versicherungsnehmer einer Aktiengesellschaft allein aus der Überschußbeteiligungsklausel hergeleitet werden kann, werden die Überschußbeteiligungsansprüche der Mitglieder eines VVaG[940] auch in § 38 VAG und der Satzung geregelt. Insofern weist die Überschußbeteiligung nicht nur eine versicherungsvertragliche, sondern auch eine mitgliedschaftliche Rechtsnatur auf (I.). Weitergehend stellen sich daher drei Fragen. Zum einen ist problematisch, ob die Vereinsmitglieder – ebenso wie die Versicherungsnehmer einer Aktiengesellschaft – das Recht haben, die Festsetzung der Überschußanteilssätze gem. § 315 Abs. 3 S. 2 BGB gerichtlich kontrollieren zu lassen (II.). Zum anderen ist fraglich, ob aus der mitgliedschaftlichen Stellung der Versicherungsnehmer spezifische Rechte hergeleitet werden können, die im Rahmen der Überschußentstehung, -ermittlung, -verteilung und –verwendung von der obersten Vertretung zu beachten sind (III.). Von besonderer Bedeutung ist schließlich die Frage, inwieweit die ausscheidenden Vereinsmitglieder für den

---

938 Vgl. BVerfG NJW 2000, 129.
939 BVerfG NJW 2000, 129, 130.
940 Nichtmitglieder eines VVaG (§ 21 Abs. 2 VAG) haben – ebenso wie die Versicherungsnehmer einer Aktiengesellschaft – lediglich einen versicherungsvertraglichen Überschußbeteiligungsanspruch aus der Überschußbeteiligungsklausel, vgl. WINTER, in: BRUCK/MÖLLER/WINTER, VAG[8], Bd. V/2, Anm. G 366.

Verlust ihrer mitgliedschaftlichen Überschußbeteiligungsansprüche aus § 38 VAG und der Satzung zu entschädigen sind, wenn ein VVaG im Wege einer Teilbestandsübertragung (§ 14 VAG) in eine Aktiengesellschaft umgewandelt wird (IV.).

I. Mitgliedschaftliche und versicherungsvertragliche Rechtsnatur der Überschußbeteiligung

Das Rechtsverhältnis zwischen Vereinsmitglied und VVaG umfaßt sowohl mitgliedschaftliche, als auch versicherungsvertragliche Ansprüche. Die Rechtsnatur der Überschußbeteiligung im VVaG ist daher je nach Anspruchsgrundlage getrennt zu betrachten.

1. Gesetzliche Überschußbeteiligung (§ 38 Abs. 1 S. 1 VAG)

Für die Mitglieder eines VVaG folgt der Anspruch auf Überschußbeteiligung bereits aus dem Gesetz. § 38 VAG bestimmt:

„Ein sich nach der Bilanz ergebender Überschuß wird, soweit er nicht nach der Satzung der Verlustrücklage oder anderen Rücklagen zuzuführen oder zur Verteilung von Vergütungen zu verwenden oder auf das nächste Geschäftsjahr zu übertragen ist, an die in der Satzung bestimmten Mitglieder verteilt. (...)
Die Satzung hat zu bestimmen, welcher Maßstab der Verteilung zugrunde zu legen ist und ob der Überschuß nur an die am Schluß des Geschäftsjahres vorhandenen oder auch an ausgeschiedene Mitglieder verteilt werden soll."

§ 38 Abs. 1 S. 1 VAG begründet ein mitgliedschaftliches Recht[941] auf den *bilanziellen Überschuß* eines Versicherungsunternehmens. Hierunter wird allgemein derjenige Überschuß verstanden, der sich nach Steuern und *nach* Zuweisung der Überschüsse an die RfB auf der Basis der Gewinn- und Verlustrechnung ergibt.[942]

Die wirtschaftliche Bedeutung des Bilanzüberschusses ist in aller Regel sehr gering. § 38 VAG steht unter dem Vorbehalt anderweitiger satzungsmäßiger bzw. vertraglicher Regelungen; Inhalt und Umfang des gesetzlichen Überschußbeteiligungsanspruchs hängen von der konkreten Ausgestaltung der Vertragsbedingungen und Satzungen ab. Die Überschußbeteiligungsklauseln und Satzungen sehen aber zumeist vor, daß der am Ende

---

941 WINTER, in: BRUCK/MÖLLER/WINTER, VAG[8], Bd. V/2, Anm. G 366; HAASEN, Das Recht auf den Überschuß bei den privaten Versicherungsgesellschaften (1955), 30; KISCH, Das Recht des Versicherungsvereins auf Gegenseitigkeit (1951), 218.
942 Vgl. Abb. 2 (S. 41) sowie SASSE, ZVersWiss 1975, 565f.; GRUSCHINSKE, VerBAV 1970, 260, 261; WEIGEL, in: PRÖLSS, VAG[11], § 38 Rn.1.

eines Geschäftsjahres entstehende Rohüberschuß in die RfB eingestellt wird.[943] Ein verteilungsfähiger Bilanzüberschuß entsteht daher in den wenigsten Fällen.

Ursächlich hierfür sind zwei Gründe.[944] Zum einen haben die Versicherungsvereine sicherzustellen, daß die Überschußbeteiligungsansprüche der Nichtmitglieder adäquat berücksichtigt werden. Mittel, die zur Erfüllung dieser Ansprüche benötigt werden, sind daher rechnungslegungsmäßig als Aufwand zu buchen, der den Bilanzüberschuß mindert. Zum anderen soll für die Mitglieder eines VVaG in aller Regel eine gleichbleibende Überschußbeteiligung gewährleistet werden. Aus diesem Grunde wird auch der an die Mitglieder zu verteilende Überschuß nach den Vertragsbedingungen und Satzungen nicht sofort ausgeschüttet, sondern in der RfB thesauriert.

In der Praxis werden die Überschußbeteiligungsansprüche im Gegenseitigkeitsverein und in der Versicherungsaktiengesellschaft grundsätzlich gleich geregelt. Inhaltlich unterscheidet sich der aus dem Gesetz folgende mitgliedschaftliche Überschußbeteiligungsanspruch vom vertraglichen nur insofern, als die Mitglieder eines VVaG ein Recht auf den *vollständigen* Überschuß haben. Während § 38 VAG i.V.m. der Satzung auch Gewinne aus dem nichttechnischen Geschäft eines VVaG erfaßt,[945] wird der vertragliche Überschußbeteiligungsanspruch in der Aktiengesellschaft zumeist auf die aufsichtsrechtlich erforderliche Überschußzuweisung aus dem versicherungstechnischen Geschäft (§ 81c VAG i.V.m. §§ 1-3 ZRQuotenV) beschränkt. Im übrigen folgt die Überschußbeteiligung im Versicherungsverein aber den gleichen Regeln, die auch für die Versicherungsaktiengesellschaft gelten. Auch hier steht die Entstehung, Ermittlung, Verteilung und Verwendung der Überschüsse im Ermessen der zuständigen Organe.[946] Ein bezifferbarer Anspruch entsteht erst dann, wenn die Überschußanteile festgelegt werden.[947]

2. Überschußbeteiligung in den AVB

Neben der gesetzlichen Anspruchsgrundlage begründen auch die AVB ein eigenständiges Recht auf den Vereinsüberschuß.[948] Im Unterschied zu § 38 VAG wurzelt der in den Allgemeinen Vertragsbedingungen geregelte Überschußbeteiligungsanspruch nicht in der Vereinsmitgliedschaft, sondern in dem Vertragsverhältnis zwischen Versicherungsnehmer und VVaG.

943　WEIGEL, in: PRÖLSS, VAG[11], § 38 Rn. 13; vgl. ferner die in BGHZ 128, 54, 57 zitierte Satzungsregelung: „Der Überschuß gebührt vollständig den Mitgliedern. Soweit er nicht als Direktgutschrift ausgeschüttet wird, ist er der Rückstellung für Beitragsrückerstattung zuzuführen."

944　SASSE, ZVersWiss 1975, 565, 587.

945　WEIGEL, in: PRÖLSS, VAG[11], § 38 Rn. 1.

946　HAASEN, Das Recht auf den Überschuß bei den privaten Versicherungsgesellschaften (1955), 40; BIEWER, Die Umwandlung (1998), 81.

947　WINTER, in: BRUCK/MÖLLER/WINTER, VAG[8], Bd. V/2, Anm. G 365; WEIGEL, in: PRÖLSS, VAG[11], § 38 Rn. 12.

948　STELKENS, Rechtsgrundlagen der Überschußbeteiligung (1965); 74; HAASEN, Das Recht auf den Überschuß (1965), 39; WINTER, in: BRUCK/MÖLLER/WINTER, VAG[8], Bd. V/2, Anm. G 365.

3. Überschußbeteiligung in den Satzungen

Die Rechtsnatur der satzungsmäßigen Überschußbeteiligungsansprüche, die in der Praxis dem Versicherungsnehmer ein Recht auf den vollständigen Überschuß einräumen und nach allgemeiner Ansicht als eigenständige Anspruchsgrundlage zu begreifen sind,[949] ist demgegenüber umstritten.

WINTER[950] geht davon aus, daß der satzungsmäßige Anspruch allein der mitgliedschaftlichen Seite des einheitlichen Rechtsverhältnisses zwischen Versicherungsnehmer und Gegenseitigkeitsverein zuzuordnen ist. Dem hat der BGH mit Urteil v. 23. November 1994[951] indirekt widersprochen. In dem betreffenden Urteil hatte der BGH zu prüfen, ob die Satzungen zur Überschußbeteiligung einer Inhaltskontrolle gem. § 9 AGBG unterliegen. Dies war zweifelhaft, denn das AGBG findet bei Verträgen auf dem Gebiet des Gesellschaftsrechts keine Anwendung (§ 23 Abs. 1 AGBG). Die Bereichsausnahme des § 23 Abs. 1 AGBG greift jedoch nur dann ein, wenn die Satzung unmittelbar auf dem Gesellschaftsvertrag beruht, mitgliedschaftlicher Natur ist und dazu dient, den Gesellschaftszweck zu verwirklichen.[952] Regelt die Satzung dagegen allein das vertragliche Austauschverhältnis zwischen Versicherer und Versicherungsnehmer, so handelt es sich „um eine nur äußerlich (als unechter Satzungsbestandteil) in die Satzung aufgenommene vorformulierte Regelung versicherungsrechtlicher Vertragsbeziehungen ohne materiellen Satzungscharakter", für die § 23 Abs. 1 AGBG nicht gilt.[953] Unter diesem Blickwinkel befürwortete der BGH die Kontrollfähigkeit der satzungsmäßigen Überschußbeteiligungsregeln.[954] Der „in Rede stehende Teil" – so der BGH – betreffe allein das Versicherungsverhältnis zwischen den Parteien. Dies deutet darauf hin, daß der BGH die satzungsmäßigen Ansprüche dem Vertragsverhältnis zuordnet.

Im Ergebnis ist dem BGH zu folgen. Zwar ist grundsätzlich zu beachten, daß die Satzung eine *Doppelnatur* aufweist, denn die Satzung enthält nicht nur versicherungsvertragliche Regeln zur Überschußbeteiligung (§§ 10 Nr. 7, 10 Abs. 2 VAG), sondern konkretisiert zugleich die in § 38 VAG geregelten mitgliedschaftlichen Überschußbeteiligungsansprüche. Die betreffenden Regelungen in der Satzung beruhen jedoch ihrem *Schwerpunkt* nach auf dem vertraglichen Austauschverhältnis zwischen Versicherungsnehmer und Versicherer. Auch beim VVaG zahlt der Versicherungsnehmer seine Beiträge in der Erwartung, daß diese vom Verein verzinslich angelegt werden. Die Beitragspflicht folgt nicht aus dem Grundsatz der Gegenseitigkeit (Förderung des Vereinszwecks), sondern aus dem Versicherungsvertrag. Dementsprechend ist auch die Überschußbeteiligung – ebenso wie bei der Versicherungsaktiengesellschaft – zu einem Großteil der Zinsertrag für die Überlassung von Kapital. Die am Ende eines Geschäftsjahres erwirtschafteten Überschüsse stammen überwiegend aus dem versicherungstechnischen Geschäft. Der an die Mitglieder auszuschüttende Reingewinn ist demgegenüber

949 STELKENS, a.a.O., HAASEN, a.a.O.; WINTER, a.a.O., Anm. G 364.
950 WINTER, in: BRUCK/MÖLLER/WINTER, VAG⁸, Bd. V/2, Anm. G 365.
951 BGH VersR 1995, 77, 78 unter B.II. (insoweit nicht abgedruckt in BGHZ 128, 54).
952 BGHZ 103, 219, 222f. = NJW 1988, 1729; BGHZ 136, 394, 396 = BGH NJW 1998, 454, 455.
953 BGHZ 136, 394, 397 = BGH NJW 1998, 454f.
954 BGH VersR 1995, 77, 78 unter B.II.

verschwindend gering. Eine eigenständige Bedeutung erlangt der mitgliedschaftliche Überschuß nur insoweit, als nach den Satzungen und § 38 VAG auch der restliche Überschuß (Reingewinn), der bei der Aktiengesellschaft den Aktionären gebührt, an die Mitglieder zu verteilen ist.[955] Der BGH geht daher zu Recht davon aus, daß die satzungsmäßigen Überschußbeteiligungsansprüche primär dem Vertragsverhältnis zuzuordnen sind.

4. Zwischenergebnis

Da § 38 VAG unter dem Vorbehalt anderweitiger satzungsmäßiger oder vertraglicher Regelungen steht und die Satzung primär die vertraglichen Überschußbeteiligungsansprüche ausgestaltet (§ 10 Abs. 1 Nr. 7, 10 Abs. 2 VAG), ist die mitgliedschaftliche Rechtsnatur der Überschußbeteiligung im VVaG von untergeordneter Bedeutung. In erster Linie beruht die Überschußbeteiligung auf dem Versicherungsvertrag.

II. Gerichtliche Kontrolle gem. § 315 Abs. 3 S. 2 BGB

Im einzelnen kann daher auch nicht zweifelhaft sein, daß die Mitglieder eines VVaG gem. § 315 Abs. 3 S. 2 BGB das Recht haben, die Festlegung der Überschußanteilssätze gerichtlich kontrollieren zu lassen. Abgesehen davon, daß die Vorschriften der §§ 315ff. BGB auch im Gesellschaftsrecht Anwendung finden,[956] ist zu berücksichtigen, daß der (große) VVaG dem Versicherungsnehmer im Massengeschäft genauso gegenüber tritt, wie dies auch bei einem Versicherer in der Rechtsform einer Aktiengesellschaft der Fall ist. Die zwischen der Aktiengesellschaft und dem VVaG bestehenden Strukturunterschiede sind im Laufe der Zeit weitgehend beseitigt worden.[957] Die Überschußbeteiligungsansprüche im VVaG und in der Aktiengesellschaft werden inhaltlich gleich geregelt. Auch im VVaG beruht die Überschußbeteiligung vorrangig auf dem Versicherungsvertrag. Zudem wird sich der Versicherungsinteressent in der Vielzahl der Fälle nicht bewußt machen, daß er durch Abschluß eines Versicherungsvertrags einer vereinsrechtlichen Organisation beitritt. Selbst wenn der Versicherungsnehmer auf den Unterschied zwischen einer Aktiengesellschaft und einem VVaG beim Abschluß des Versicherungsvertrags aufmerksam wird, ist er in gleicher Weise von den Ermessensentscheidungen der zuständigen Vereinsorgane betroffen. Die Vereinsmitglieder können auf die Geschäftsführung des Vereins und die Handlungen der Vereinsorgane nur begrenzt Einfluß nehmen. Daher besteht auch im Gegenseitigkeitsverein die Gefahr, daß

---

955 Diese Differenzierung findet sich auch in der Rechtsprechung des BVerwG wieder. Das BVerwG weist in seinem Urteil v. 12. Dezember 1995 im Fall „R + V Lebensversicherung a.G." zu Recht darauf hin, daß bei einer 98%igen vertraglichen Überschußbeteiligung nur 2% den Vereinsmitgliedern als solchen gebührt, BVerwGE 100, 115, 128. Vgl. hierzu bereits die Ausführungen auf S. 94ff.

956 SCHILLING/WINTER, in: FS Stiefel (1987), 665ff.; SOERGEL[12]-WOLF, § 315 Rn. 1.

957 BVerwGE 100, 115, 124; FAHR, in: FAHR/KAULBACH, VAG[2], vor § 15 Rn. 2ff.; HÜBNER, Strukturunterschiede (1986), 5ff.

die Unternehmensleitung das ihr eingeräumte Ermessen (beispielsweise durch eine langfristige Thesaurierung erwirtschafteter Überschüsse oder eine übermäßige Zuweisung der Überschüsse zur Verlustrücklage, § 37 VAG) überschreitet.

Die Mitglieder eines VVaG dürfen aber nicht schlechter gestellt werden, als die Versicherungsnehmer einer Aktiengesellschaft. § 315 Abs. 3 S. 2 BGB ist daher auch im Versicherungsverein anwendbar.

III. Besondere Rechte aufgrund der Mitgliedschaft?

1. Treuepflichten zwischen oberster Vertretung und Vereinsmitglied

Zwischen der obersten Vertretung (§ 36 VAG) und den Mitgliedern eines VVaG könnte darüber hinaus eine besondere Treuepflicht bestehen, die im Rahmen der Überschußentstehung-, ermittlung, -verteilung und -verwendung zu beachten ist.[958]

Nach §§ 36 VAG, 243 Abs. 2 AktG hat die aus Mitgliedern gebildete oberste Vertretung bei der Feststellung des Jahresabschlusses darauf zu achten, daß Sondervorteile zu Lasten der übrigen Mitglieder verhindert werden. In der Rechtsprechung des BGH ist zudem anerkannt, daß die Treuepflicht rechtsformübergreifender Bestandteil einer Gesellschaft ist.[959] Hieraus wird allgemein abgeleitet, daß zwischen den Mitgliedervertretern und den sonstigen Vereinsmitgliedern eine Treuepflicht besteht, derzufolge die Mitglieder in der obersten Vertretung alles zu unterlassen haben, was zum Schaden des VVaG oder der Mitglieder führt.[960] Diese wechselseitige Treuepflicht bezieht sich, wie der BGH mit Urteil v. 29.3.1996 für Personengesellschaften ausgeführt hat, bereits auf den Zeitpunkt der Überschußermittlung.[961] Betreffen Bilanzierungsmaßnahmen (wie beispielsweise die Bildung und Auflösung stiller Reserven) die Ergebnisverwendung, so sind die Ausschüttungsinteressen der einzelnen Gesellschafter gegenüber den Bedürfnissen der Selbstfinanzierung und Zukunftssicherung der Gesellschaft abzuwägen.

Grundsätzlich ist daher davon auszugehen, daß die Leitungs- und Entscheidungsmacht der Unternehmensführung im Bereich der Überschußermittlung, -verteilung und -verwendung durch die zwischen der obersten Vertretung und den Vereinsmitgliedern bestehende Treuepflicht begrenzt ist. Welchen Inhalt die Treuepflicht im einzelnen hat, richtet sich allerdings letztlich nach dem Versicherungsvertrag. Da die Überschußbeteiligung ihrem Schwerpunkt nach in dem Austauschverhältnis zwischen Versicherungsnehmer und Verein wurzelt (s.o.), konkretisiert der Versicherungsvertrag nicht nur die

---

958 So z.B. BAUMANN (VersR 1992, 905, 909, 911), der davon ausgeht, daß Vorstand und Aufsichtsrat im Rahmen der sie treffenden Treuepflicht gehalten sind, sich neben der Orientierung am Gesellschaftsinteresse für die Belange der Mitglieder in ihrer Gesamtheit einzusetzen und hieraus die Pflicht ableitet, daß stille Reserven den VVaG-Mitgliedern zugutekommen müssen.

959 Zusammenfassend: HENZE, BB 1996, 489, 499; WEIGEL, in: PRÖLSS, VAG[11], § 20 Rn. 13.

960 WEIGEL, in: PRÖLSS, VAG[11], § 20 Rn. 13; MÜLLER-WIEDENHORN, Versicherungsvereine auf Gegenseitigkeit im Unternehmensverbund (1993), 63-65. A.A.: KISCH, Das Recht des Versicherungsvereins auf Gegenseitigkeit (1951), 330; RAISER, VW 1977, 1272, 1274.

961 BGH JZ 1996, 856, 859 mit Anm. MOXTER. Zur GmbH vgl. BGH WM 1966, 1132, 1134f. = BB 1974, 854, 855.

vertraglichen, sondern zugleich die mitgliedschaftlichen Rechtsbeziehungen. Die für den überschußberechtigten LVV bestehenden vertraglichen Pflichten der Unternehmensleitung, insbesondere die Pflicht zur billigen bzw. vertragsgemäßen Ermessensausübung, werden insofern durch die mitgliedschaftlichen Treuepflichten verstärkt, nicht aber modifiziert.

2. Mitglieder – keine Eigentümer des Vereinsvermögens

Weitergehende mitgliedschaftliche Rechte bestehen dagegen nicht. Zwar wird teilweise die Ansicht vertreten, daß die Vereinsmitglieder zugleich Eigentümer des VVaG seien und insofern auch ein Recht auf das gesamte Vereinsvermögen hätten.[962] Diese Auffassung kann jedoch nicht überzeugen.[963] In formaler Hinsicht ist zunächst darauf hinzuweisen, daß die Mitgliedsbeiträge dem VVaG übereignet werden. Da der Versicherungsverein als juristische Person rechtsfähig ist (§ 15 VAG), sind nicht die Vereinsmitglieder Eigentümer des Vereinsvermögens, sondern allein der VVaG.

Darüber hinaus ist folgendes zu beachten: Obwohl der VVaG seinem Sinn und Zweck nach nicht wie die Aktiengesellschaft darauf ausgerichtet ist, einen Gewinn zu erzielen, benötigt auch der Versicherungsverein zur Kapitalausstattung ein gewisses Eigenkapital, um langfristig am Markt bestehen zu können.[964] Die Eigenkapitalbildung im VVaG ist aber im Gegensatz zur Versicherungsaktiengesellschaft nur unter erschwerten Bedingungen möglich. Während die Versicherungsaktiengesellschaft ihr Grundkapital erhöhen kann, muß der VVaG das erforderliche Eigenkapital aus Mitgliedsbeiträgen bzw. vollversteuerten Gewinnen bilden.[965] Versicherungsvereine sind daher in verstärktem Maße darauf angewiesen, aufgebautes Eigenkapital ungeschmälert zu erhalten. Um eine permanente Kette der Eigenkapitalzuführung zu gewährleisten, muß jedes Mitglied mit seiner Beitragszahlung dem Verein Mittel zur Eigenkapitalbildung zur Verfügung stellen. Insofern wird das Eigenkapital von Versichertengeneration zu Versichertengeneration weitergereicht.[966] Zur Verteilung gelangt das Vereinsvermögen nur dann, wenn der VVaG das angesammelte Kapital nach vertragsgemäßem Ermessen für die Überschußbeteiligung aufzulösen hat (§ 315 BGB) oder bei Beendigung seiner Tätigkeit nicht mehr benötigt (§ 48 Abs. 2 VAG, § 44b Abs. 4 VAG a.F. = § 181 UmwG; § 385d AktG a.F. = § 291 UmwG).

---

962 MEYER, ZRP 1990, 424, 428.
963 Wie hier: HÜBNER, in: LUTTER, UmwG, Anh. 1 § 189 Rn. 32; BIEWER, Die Umwandlung (1998), 16ff. In verfassungsrechtlicher Hinsicht begründen die versicherungsvertraglichen und mitgliedschaftlichen Überschußbeteiligungsansprüche allerdings sehr wohl ein Eigentumsrecht i.S.d. Art. 14 GG, denn der verfassungsrechtliche Eigentumsbegriff umfaßt auch vermögensrechtliche Forderungen, BVerfG VersR 1991, 757 = NJW 1991, 1167.
964 WEIGEL, VersR 1993, 1429ff.; DERS., in: PRÖLSS, VAG¹¹, § 44 Rn. 5; BIEWER, Die Umwandlung (1998), 65.
965 LORENZ, HdV, 1147, 1152; WEIGEL, a.a.O. Auch die Aufnahme von Genußrechtskapital (§ 53c Abs. 3 Nr. 3a i.V.m. Abs. 3a VAG) ist mit Nachteilen verbunden, vgl. hierzu: SCHERZBERG, in: PEINER (Hrsg.), Grundlagen des Versicherungsvereins auf Gegenseitigkeit (1995), 231, 232.
966 Sog. Prinzip der Generationenfolge, BAUMANN, VersR 1992, 905, 913; WEIGEL, VersR 1993, 1429, 1435; BIEWER, Die Umwandlung (1998), 64.

Das Mitgliedschaftsrecht verkörpert somit bei regulärem Versicherungsverlauf kein selbständiges, vom Versicherungsvertrag ablösbares Recht auf das Vereinsvermögen.[967] Endet der Versicherungsvertrag durch Ablauf, Kündigung oder Aufhebung, so scheiden die Mitglieder eines VVaG gem. § 21 S. 3 VAG aus dem Verein aus, ohne daß ihnen weitergehende Ansprüche als die im Versicherungsvertrag vereinbarten zustehen. Das BVerwG hat daher mit Urteil v. 12.12.1995 im Fall „R+V Lebensversicherung a.g." zu Recht darauf hingewiesen, daß sich aus der bloßen Vereinsmitgliedschaft kein Anspruch des einzelnen Mitglieds ergibt, anders als nach Maßgabe des jeweiligen Versicherungsvertrags am Überschuß zu partizipieren.[968]

IV. Abfindungsansprüche der ausscheidenden Mitglieder bei Teilbestandsübertragungen zwischen einem VVaG und einer AG

Nach Ansicht des BVerwG steht den Vereinsmitgliedern auch im Falle einer Teilbestandsübertragung (§ 14 VAG) zwischen einem VVaG und einer Aktiengesellschaft kein Recht auf das gesamte Vereinsvermögen zu. Da eine Teilbestandsübertragung nicht mit einer Liquidation i.S.d. § 48 Abs. 2 VAG gleichzusetzen sei, könne – so das BVerwG im Fall „R+V Lebensversicherung a.G." – für die zu gewährende Entschädigung nicht der Marktwert des Unternehmens, sondern nur der Wert zugrundegelegt werden, den das Unternehmen aus der Sicht der Mitglieder besitze.[969]

Hiergegen hat BAUMANN[970] allerdings eingewendet, daß die Mitglieder eines VVaG im Rahmen verschiedener Umstrukturierungsmaßnahmen *gleichwertig* abzufinden seien. Bei einer formwechselnden Umwandlung (§ 385d AktG a.F. = § 291 UmwG) und einer Vermögensübertragung (§ 44b Abs. 4 VAG a.F. = § 181 UmwG) habe eine Entschädigung in Aktien zu erfolgen. Daher müsse sich auch die bei einer Teilbestandsübertragung erforderliche Barabfindung am Marktwert des Unternehmens (inkl. der stillen Reserven) orientieren. Dies gelte vor allem dann, wenn der Kernversicherungsbestand wie im Fall der „R+V Lebensversicherung a.G." zu 96% auf die Aktiengesellschaft übertragen werde.[971]

Gegen die Ansicht BAUMANNS spricht indessen die Tatsache, daß formwechselnde Umwandlung und Vermögensübertragung auf das Erlöschen des Vereins gerichtet sind, während die Teilbestandsübertragung den übertragenden Versicherungsverein weiterhin

---

967 Beschlußkammerentscheidung des BAV zum Fall „R+V Lebensversicherung a.g.", VerBAV 1992, 3, 6.
968 BVerwGE 100, 115, 124f. = VersR 1996, 569, 572.
969 BVerwGE 100, 115, 127 = VersR 1996, 569, 572f. (vgl. hierzu bereits die Ausführungen auf S. 96f.).
970 BAUMANN, VersR 1992, 905, 909.
971 Auf der anderen Seite betont BAUMANN allerdings, daß die beim übertragenden VVaG verbleibenden stillen Reserven nicht zugunsten der ehemaligen Mitglieder aufzulösen sind, da ansonsten der jetzigen Generation ein „Geschenk in den Schoß" falle (VersR 1992, 905, 913). Ähnlich: MÜLLER-WIEDENHORN (Versicherungsvereine auf Gegenseitigkeit im Unternehmensverbund [1993], 131), der zur Lösung vorschlägt, daß die stillen Reserven angemessen unter Einzelbewertung der Aktivwerte den Teilbeständen zugeordnet werden sollten.

bestehen läßt.[972] Der für die Abfindung maßgebliche Unternehmenswert kann sich daher nicht auf der Grundlage eines Liquidationswertes ergeben. Denn das Gesetz sieht einen marktwertorientierten Abfindungsanspruch nur dann vor, wenn der übertragende Rechtsträger untergeht. Erst in diesem Falle steht den Mitgliedern ein Anspruch auf das gesamte Vereinsvermögen zu. Vor diesem Zeitpunkt muß sich die Abfindung dagegen allein nach dem Wert der mitgliedschaftlichen Überschußbeteiligungsansprüche richten.[973] Entscheidend ist somit, in welchem Maße die Mitglieder nach vertragsgemäßem bzw. billigem Ermessen (§ 315 BGB) an den Überschüssen zu beteiligen waren.

Das Urteil des BVerwG im Fall „R+V Lebensversicherung a.G." kann daher nicht zur Gänze überzeugen. Zwar wurden die stillen Reserven im Gegensatz zum Fall „Deutscher Herold" anteilsgerecht auf den VVaG und die neu gegründete Aktiengesellschaft aufgeteilt. Insofern sicht das BVerwG zu Recht die *vertraglichen* Überschußbeteiligungsansprüche der Mitglieder gewahrt, denn die Mitglieder haben weiterhin die Chance, in der Aktiengesellschaft als Versicherungsnehmer an den stillen Reserven zu partizipieren. Problematisch ist demgegenüber, daß die Mitglieder des VVaG vor der Bestandsübertragung durch § 38 Abs. 1 VAG i.V.m. der Satzung auch einen *mitgliedschaftlichen* Anspruch auf solche Überschüsse hatten, die über der geschäftsplanmäßig festgelegten Beteiligungsquote von 90 % des Rohüberschusses lagen. Bei einer Auflösung der stillen Reserven wären die Mitglieder in voller Höhe an den Erträgen zu beteiligen gewesen. Infolge der Bestandsübertragung sind die Mitgliedschaftsrechte aus der Satzung und § 38 Abs. 1 VAG aber untergegangen. Die Mitglieder werden nur noch als Versicherungsnehmer am Rohüberschuß der übernehmenden Aktiengesellschaft beteiligt. Soweit die Mitglieder einen Anspruch auf Realisierung der stillen Reserven hatten, hätte der Entschädigungsanspruch daher mitgliedschaftliche Überschußbeteiligungsansprüche i.H.v. 10% berücksichtigen müssen.

Angesichts der Tatsache, daß sich die übernehmende Aktiengesellschaft verpflichtet hatte, die Versicherungsnehmer bis zum Jahre 2002 an den Rohüberschüssen zu über 98% zu beteiligen, ging das BVerwG allerdings davon aus, daß den Mitgliedern nur 2 % der Überschüsse gebühre. Eine derartige Betrachtungsweise erscheint aber zu pauschal, denn die Mitglieder haben u.U. auch einen Anspruch auf die stillen Reserven *nach* Ablauf der Verpflichtungserklärung. Soweit stille Reserven erst nach dem Jahre 2002 zu realisieren sind, wäre die Aktiengesellschaft nach den Vertragsbedingungen und dem

---

972   Wie hier: HÜBNER, in: LUTTER, UmwG, Anh. 1 § 189 Rn. 55; DERS., in: Dieter Farny und die Versicherungswirtschaft (1994), 239, 242f.; BIEWER, Die Umwandlung (1998), 59-72; WEBER, Die Rechtsstellung des Versicherten bei der Bestandsübertragung (1994), 42; WEIGEL, in: PRÖLSS, VAG[11], § 44 Rn. 5-6a; STUIRBRINK/GEIB/AXER, WPg 1991, 29, 33.

973   Gegenteiliges kann auch nicht der Rechtsprechung des BVerfG entnommen werden. Zwar hat das BVerfG unlängst hervorgehoben, daß bei der Bestimmung der Abfindung oder des Ausgleichs für außenstehende oder ausgeschiedene Aktionäre nach §§ 304, 305, 320b AktG der Börsenkurs der Aktien im Hinblick auf Art. 14 GG nicht unberücksichtigt bleiben dürfe (BVerfG NJW 1999, 3769, 3771f.). Maßgeblich hierfür war jedoch die Überlegung, daß das in der Aktie verkörperte Anteilseigentum nicht zuletzt durch seine Verkehrsfähigkeit geprägt wird (BVerfG, a.a.O., 3771). Demgegenüber vermittelt die Mitgliedschaft im VVaG kein Eigentumsrecht; ein (bislang nicht vorhandener) Markt für VVaG-Mitgliedschaften würde dementsprechend nur die Überschußbeteiligungsansprüche, nicht aber das Vereinsvermögen als solches bewerten.

Geschäftsplan berechtigt, lediglich 90 % des Rohüberschusses an die Versicherungsnehmer zu verteilen. Die übrigen 10 % könnten dagegen an die Aktionäre ausgeschüttet
werden.[974]

E. Ergebnis

Vor dem Hintergrund der in § 3 aufgezeigten Ermessensspielräume der Versicherer
bei der Überschußentstehung, -ermittlung und -verteilung stellte sich die Frage, ob sich
für den überschußberechtigten LVV auf der Grundlage der von den Parteien angelegten
Wertungen unter Berücksichtigung des Vertragszwecks und der gesamten Interessenlage *Leitbilder* ergeben, die die vertraglichen Pflichten der Versicherer näher konkretisieren und die Dispositionsmacht der Unternehmen begrenzen (§ 4 A.).[975]

In der Rechtsprechung und im Schrifttum sind verschiedene Ansätze zur Rechtsnatur
des überschußberechtigten LVV entwickelt worden (§ 4 B.I.).[976] Im Ergebnis können die
bislang vertretenen Theorien allerdings nicht überzeugen. Die insbesondere von
SCHÜNEMANN favorisierte Geschäftsbesorgungstheorie (§ 675 BGB) berücksichtigt die
wirtschaftlichen Interessen der Versicherungsnehmer nicht ausreichend, denn eine derartige Konstruktion läuft letztlich auf ein Umlageverfahren mit Nachschußverpflichtung
hinaus. Da nicht jeder Geschäftsbesorgungsvertrag ein treuhänderisches Verhältnis im
Hinblick auf den Gegenstand der Geschäftsbesorgung beinhaltet und i.ü. eine Geschäftsbesorgung nur dann vorliegt, wenn der Geschäftsbesorger (Versicherer) fremde
Vermögensinteressen wahrnimmt, kann den Ausführungen SCHÜNEMANNS auch in
rechtlicher Hinsicht nicht gefolgt werden (§ 4 B.II.).[977] Eine Optimierungspflicht der
Versicherer läßt sich des weiteren nicht, wie BASEDOW behauptet, aus einem etwaigen
partiarischen Rechtsverhältnis herleiten, denn eine solche Qualifikation besagt noch
nichts darüber, in welchem Umfang der Partiar die Interessen des anderen Teils wahrzunehmen hat (§ 4 B.III.).[978] Der Ansicht DONATHS, der davon ausgeht, daß die der
Prämienkalkulation zugrundeliegenden Sicherheitszuschläge vom Versicherungsnehmer
unter einer auflösenden Bedingung (§ 158 Abs. 2 BGB) geleistet werden, ist entgegen-
zuhalten, daß die Überschußbeteiligung ihrem Sinn und Zweck nach nicht auf eine
Rückerstattung, sondern auf eine künftige Leistung gerichtet ist, die Versicherer erst
noch zu erbringen hat (§ 4 B.IV.).[979] Schließlich können die Vertragspflichten in der
Lebensversicherung nicht, wie SCHWINTOWSKI meint, anhand des KAGG konkretisiert
werden. Zwar weist die kapitalbildende Lebensversicherung ebenso wie der Investmentvertrag eine Sparfunktion auf. Sparverträge können aber ganz unterschiedlich ausgestaltet werden. Der überschußberechtigte LVV stellt für den Verbraucher eine eigenständige Kapitalanlagemöglichkeit dar. Selbst wenn ein funktionsäquivalenter Schutz

---

974 Ebenfalls in diesem Sinne kritisch: BAUMANN, VersR 1992, 905, 914.
975 Vgl. S. 217f.
976 Vgl. S. 218f.
977 Vgl. S. 222ff.
978 Vgl. S. 234ff.
979 Vgl. S. 238ff.

unter methodischen Gesichtspunkten zulässig wäre, könnte daher die Höhe der Überschußbeteiligung nicht anhand des KAGG näher bestimmt werden (§ 4 B.V.).[980]

Nach hier vertretener Ansicht ist davon auszugehen, daß die Ermessensspielräume der Versicherer konstitutives Element eines überschußberechtigten LVV sind. Erst die unternehmerische Handlungsfreiheit schafft die notwendigen Voraussetzungen dafür, daß überhaupt ein Überschuß am Jahresende erwirtschaftet werden kann. Allein der Versicherer ist in der Lage, die bilanz- und steuerrechtlichen Bewertungsoptionen vertragsgerecht auszuüben und den Gesamtüberschuß auf die einzelnen Bestandsgruppen und Gewinnverbände unter Beachtung des Aufsichtsrechts aufzuteilen. Der überschußberechtigte LVV wird daher nach dem Willen der Vertragsparteien als ein Schuldverhältnis mit Bestimmungsvorbehalt i.S.d. § 315 BGB ausgestaltet. Die Überschußbeteiligungsklausel räumt dem Versicherer das Recht ein, den Umfang seiner Leistungspflichten durch einseitige Erklärung gegenüber dem Versicherungsnehmer zu bestimmen. Soweit vertraglich festgelegt wird, daß die Versicherungsnehmer am Kapitalanlageergebnis beteiligt werden, stellt der LVV ein Bankprodukt mit variabler Verzinsung dar; der Versicherer ist berechtigt, den Zinsertrag in Abhängigkeit zur jeweiligen Marktlage nach unternehmerischem Ermessen zu konkretisieren. Auch die Beteiligung an etwaigen Risiko- und Kostenüberschüssen, die ihrem Sinn und Zweck nach auf eine nachträgliche Prämienkorrektur ausgerichtet ist, steht im Ermessen der Unternehmen. Diese Gestaltungsmacht ist allerdings nicht unbegrenzt. Denn der überschußberechtigte LVV begründet – wie jedes Schuldverhältnis mit Bestimmungsvorbehalt – bereits ab Vertragsschluß rahmenmäßig bestimmte Leistungspflichten, die dem Grunde nach feststehen. Der Versicherer hat die Pflicht, die Leistungen aus der Überschußbeteiligung in regelmäßigen Abständen zu konkretisieren und die Überschußanteilssätze in Form einer einseitigen, empfangsbedürftigen Willenserklärung gegenüber dem Versicherungsnehmer festzusetzen (§ 315 Abs. 2 BGB). Darüber hinaus entfaltet der Vertrag bereits im Vorfeld der Leistungsbestimmung Schutzwirkungen, denn der Versicherer ist bei der Ausübung des Leistungsbestimmungsrechts an die vertraglich festgelegten Bestimmungsmaßstäbe gebunden und im Zweifel gem. § 315 Abs. 1 BGB dazu verpflichtet, die Bestimmung nach billigem Ermessen zu treffen (§ 4 C.I.).[981]

Da der Anwendungsbereich des § 315 Abs. 3 S. 2 BGB eröffnet ist, können die Gerichte bei begründeter Gestaltungs- bzw. Leistungsklage die aus der Überschußbeteiligung geschuldete Leistung neu festsetzen. In diesem Falle ist die gegenüber dem Versicherungsnehmer gem. § 315 Abs. 2 BGB erklärte Festlegung der Überschußanteilssätze, nicht aber der Jahresabschluß als solcher unverbindlich. Die vom Gericht neu festgelegten Überschußanteilssätze sind lediglich im darauffolgenden Geschäftsjahr in der Bilanz zu berücksichtigen. Maßstab für eine „vertragsgemäße" bzw. „billige" Leistungsbestimmung sind die aufsichtsrechtlichen Vorschriften und die vertraglichen Regelungen zur Überschußbeteiligung; solange die Vertragsbedingungen nicht hinreichend be-

---

980 Vgl. S. 243ff.
981 Vgl. S. 250ff.

stimmt formuliert werden, sollten sich die Zivilgerichte vorläufig an den normativen Annahmen orientieren, die den Beispielrechnungen zugrunde liegen (§ 4 C.II.).[982] Anhand dieser Maßstäbe konnte die Überschußbeteiligungspraxis der Versicherungsunternehmen näher untersucht werden. Hierbei ergab sich folgendes (§ 4 C.III.):[983]

- Eine nachträgliche Veränderung der Rechnungsgrundlagen ist nur unter der Voraussetzung möglich, daß sich die der Prämienkalkulation zugrundegelegten äußeren Verhältnisse nachträglich und in unvorhersehbarer Weise verändern. In diesem Falle kann der Versicherer, soweit bestimmte und hinreichend transparente Vereinbarungen bestehen, das Überschußbeteiligungsvolumen für die jeweils betroffenen Versicherungsnehmer reduzieren.

- Auch die Kapitalanlage-, Bilanz- und Überschußverteilungsstrategie unterliegt der gerichtlichen Kontrolle gem. § 315 Abs. 3 S. 2 BGB. Die Überschußanteilssätze müssen im Einklang zur vereinbarten Ausschüttungs- bzw. Thesaurierungspolitik stehen. Um den vertragsindividuellen Besonderheiten Rechnung zu tragen, sollten die Versicherer die durch die Prämienzahlungen aufgebauten Kapitalanlagen separat (z.B. durch eine selbständige Abteilung im Deckungsstock, § 66 Abs. 7 VAG) verwalten und den einzelnen Teilbeständen zuordnen.

- Eine Saldierung einzelner Überschußquellen (Querverrechnung) ist gem. § 315 BGB grundsätzlich nur dann zulässig, wenn hierdurch die in den Vertragsbedingungen zugrundegelegte Überschußbeteiligungsquote und die in den Beispielrechnungen in Aussicht gestellte Rendite nicht nachträglich unterschritten wird.

- Die herausgearbeitete Rechtsstellung der Versicherungsnehmer bestimmt schließlich auch die Frage, inwieweit das Überschußvolumen einer Gesellschaft durch Gewinnverschiebungen im Versicherungskonzern reduziert werden darf. Da das BAV bei einer Teilbestandsübertragung i.S.d. § 14 VAG darauf zu achten hat, daß der Anspruch auf eine „vertragsgemäße" bzw. „billige" Leistungsbestimmung nicht durch Gewinnverschiebungen im Versicherungskonzern entwertet oder ausgehöhlt wird, darf der Versicherer die prognostizierte Ertragslage nicht willkürlich verändern.

Zur Durchsetzung ihrer Rechte nach § 315 Abs. 3 S.2 BGB haben die Versicherten gem. § 242 BGB einen Anspruch auf Bekanntgabe der nicht im Jahresabschluß veröffentlichten Angaben (§ 4 C.IV.).[984]

Die Untersuchung zu den vereinsrechtlichen Besonderheiten hat schließlich gezeigt, daß auch die Überschußbeteiligung im VVaG ihrem Schwerpunkt nach auf dem Versicherungsvertrag beruht. Unterschiede bestehen nur insofern, als § 38 VAG i.V.m. der Satzung auch einen Anspruch auf den restlichen (Bilanz-)überschuß begründet

---

982   Vgl. S. 257ff.
983   Vgl. S. 270ff.
984   Vgl. S. 277ff.

(§ 4 .I.).[985] Da die Mitglieder eines VVaG nicht schlechter gestellt werden dürfen als die Versicherungsnehmer einer Aktiengesellschaft, ist § 315 Abs. 3 S. 2 BGB auch im Versicherungsverein anwendbar (§ 4 D.II.).[986] Besondere Rechte aufgrund der Mitgliedschaft bestehen dagegen nicht. Die Leitungs- und Entscheidungsmacht der Unternehmensführung wird zwar zusätzlich durch mitgliedschaftliche Treuepflichten begrenzt; welchen Inhalt die Treuepflicht dagegen im einzelnen hat, richtet sich jedoch letztlich nach dem Versicherungsvertrag. Das Mitgliedschaftsrecht verkörpert bei regulärem Versicherungsverlauf kein selbständiges, vom Versicherungsvertrag ablösbares Recht auf das Vereinsvermögen. Zur Verteilung gelangt das Vereinsvermögen nur dann, wenn der VVaG das angesammelte Kapital nach vertragsgemäßem Ermessen für die Überschußbeteiligung aufzulösen hat (§ 315 BGB) oder bei Beendigung seiner Tätigkeit (§ 48 Abs. 2 VAG, §§ 181, 291 UmwG) nicht mehr benötigt (§ 4 D.III.).[987] Daher sind die ausscheidenden Vereinsmitglieder im Falle einer Teilbestandsübertragung (§ 14 VAG) zwischen einem VVaG und einer Aktiengesellschaft nur für den Verlust ihrer mitgliedschaftlichen Überschußbeteiligungsansprüche zu entschädigen. Die zu gewährende Entschädigung richtet sich nicht nach dem Unternehmenswert des VVaG, sondern allein nach dem Wert der mitgliedschaftlichen Überschußbeteiligungsansprüche (§ 4 D.IV.).[988]

---

985 Vgl. S. 281ff.
986 Vgl. S. 284.
987 Vgl. S. 285ff.
988 Vgl. S. 287ff.

§ 5 Rechtliche Anforderungen an die vertragliche Ausgestaltung der Überschußbeteiligung

Für den Neubestand müssen die Leistungen aus der Überschußbeteiligung hinreichend bestimmt, richtig, klar und verständlich festgelegt werden. Dies ergibt sich aus dem AGB-rechtlichen Transparenzgebot, das an verschiedenen Stellen des AGB-Gesetzes (§§ 2 Abs. 1 Nr. 2, 3, 5, 9 Abs. 1 AGBG) seinen Ausdruck gefunden hat (A.). Die vom GdV empfohlenen und in der Praxis verwendeten Überschußbeteiligungsklauseln (§ 17 ALB-E),[989] die gem. § 8 AGBG kontrollfähig sind (B.), entsprechen diesen Anforderungen nicht.

Da die Grundsätze und Maßstäbe, nach denen der Versicherer sein Leistungsbestimmungsrecht (§ 315 BGB) im Bereich der Überschußbeteiligung auszuüben hat, in den Vertragsbedingungen nicht hinreichend bestimmt festgelegt werden, kann noch nicht einmal der *Experte* die am Lebensversicherungsmarkt existierenden Überschußbeteiligungsmodelle verläßlich miteinander vergleichen. Darüber hinaus wird die Überschußbeteiligung auch für den *durchschnittlichen Versicherungsnehmer* nicht klar, verständlich und richtig dargestellt. Die Verbandsempfehlungen zur Überschußbeteiligung sind daher entgegen der Ansicht des BGH[990] gem. § 9 Abs. 1 AGBG unwirksam (C.). Da unwirksame Überschußbeteiligungsklauseln im Individualverfahren für bestehende Verträge durch wirksame, also hinreichend bestimmte, klare und verständliche Klauseln zu ersetzen sind (D.), wird abschließend der Versuch unternommen, eine transparente Überschußbeteiligungsklausel für die kapitalbildende Lebensversicherung zu entwickeln (E.).

---

989 Abgedruckt in Anhang A.II. (S. 367). Da der vertragliche Anspruch auf Überschußbeteiligung beim VVaG auch in den Satzungen geregelt werden kann (§ 10 Abs. 2 VAG) und die Bereichsausnahme des § 23 Abs. 1 AGBG nicht auf die Überschußbeteiligung Anwendung findet (BGH VersR 1995, 77, 78 unter B.II.), können die nachstehenden Ausführungen auch für die satzungsmäßig festgelegten Überschußbeteiligungsansprüche Geltung beanspruchen.

990 BGH NVersZ 2001, 308 (= ZIP 2001, 1052); BGH NVersZ 2001, 311 (= ZIP 2001, 1061). Siehe hierzu die Anmerkungen von SCHWINTOWSKI (NVersZ 2001, 312) und REIFF (ZIP 2001, 1058).

A. Das Transparenzgebot im AGBG

I. Einführung

1. Die einzelnen Gebote der Transparenz

Der Begriff der Transparenz, der von der Rechtsprechung in einem umfassenden Sinne verwendet wird,[991] läßt sich in verschiedene, keineswegs identische Einzelgebote aufgliedern.

- Nach dem *Bestimmtheitsgebot* hat der Verwender allgemeiner Vertragsbedingungen die Obliegenheit, durch eine möglichst konkrete und differenzierte tatbestandliche Ausformung seiner AGB-Bestimmungen für ihn günstige Ermessensspielräume zu verhindern, um somit das Risiko einer unangemessenen Belastung seines Vertragspartners weitgehend auszuschließen.[992]

- Nach dem *Gebot der Verständlichkeit*, das der BGH erstmals im Hypothekenzins- und Wertstellungsurteil entwickelt hat, ist der Verwender nach Treu und Glauben darüber hinaus verpflichtet, die Rechte und Pflichten für den Durchschnittskunden möglichst klar, verständlich und widerspruchsfrei darzustellen.[993]

- Bestimmtheits- und Verständlichkeitsgebot werden schließlich durch das sog. *Richtigkeitsgebot bzw. Täuschungsverbot* ergänzt.[994] Nach diesem Gebot darf der Kunde nicht über die wirkliche Rechtslage getäuscht werden. Der Verwender ist vielmehr verpflichtet, die Rechte und Pflichten seines Vertragspartners richtig und vollständig darzustellen.

Seit dem Ablauf der Umsetzungsfrist der Richtlinie über mißbräuchliche Klauseln in Verbraucherverträgen[995] (im folgenden: Verbraucherrichtlinie) zum 31. Dezember 1994 ist das Verständlichkeitsgebot zugleich im Wege der richtlinienkonformen Auslegung bei der Anwendung des AGBG zu beachten, denn Art. 5 S. 1 der Verbraucherrichtlinie schreibt vor, daß schriftlich niedergelegte Klauseln stets klar und verständlich abgefaßt

---

991 Vgl. hierzu LINDACHER, in: Vorträge zur Rechtsentwicklung der achtziger Jahre (1991), 347ff. (m.w.N. zur Rechtsprechung in Fn. 1ff.). Teilweise wird der Terminus der Transparenz als bloßes Synonym des Gebots hinreichend verständlicher und eindeutiger Klauselgestaltung verwendet. Diese enge Begriffsdefinition hat den Vorteil, daß die einzelnen Ausformungen des Transparenzgebotes nicht miteinander verwechselt werden. Angesichts der Tatsache, daß die verschiedenen Gebote der Transparenz übergeordneten Schutzzielen folgen, wird jedoch vorliegend in Anlehnung zur Rechtsprechung der Begriff der Transparenz in einem weiten Sinne gebraucht. Wichtig ist allein, zwischen den verschiedenen Geboten der Transparenz ausreichend zu differenzieren.

992 BGH NJW 1980, 2518; BGHZ 93, 29, 47; BGH VersR 1988, 1981, 1983; BGHZ 124, 351, 362.

993 BGHZ 106, 42, 49 (Hypothekenzinsurteil); BGHZ 106, 259, 264 (Wertstellungsurteil). Bestätigt durch: BGHZ 112, 115, 117ff. (Zinsberechnungsklausel für Annuitätendarlehen); BGH NJW 1996, 455f.; BGH NJW 1996, 1407, 1408.

994 WOLF, in: WOLF/HORN/LINDACHER, AGB-Gesetz⁴, § 9 Rn. 153.

995 Richtlinie 93/13/EWG v. 5. April 1993, abgedruckt bei WOLF/HORN/LINDACHER, AGB-Gesetz⁴, 1965.

werden müssen. Die weiteren Erscheinungsformen des Transparenzgebotes (Bestimmt-heits- und Richtigkeitsgebot) werden demgegenüber nicht ausdrücklich in der Verbrau-cherrichtlinie erwähnt.[996] Nach Art. 8 der Verbraucherrichtlinie sind die Mitgliedstaaten aber nicht daran gehindert, strengere Bestimmungen zu erlassen, um ein höheres Schutzniveau für die Verbraucher zu gewährleisten.

2. Sinn und Zweck des Transparenzgebots

Das Transparenzgebot weist sowohl einen individual-vertraglichen als auch einen in-stitutionellen, wettbewerbsorientierten Schutzzweck auf.

Individualvertraglich soll das Transparenzgebot *vor* Vertragsschluß sicherstellen, daß der Verbraucher in der Lage ist, den angestrebten Vertragsinhalt in den für ihn willens-bildungsrelevanten Regelungen erfassen zu können.[997] Die Richtigkeitsgewähr des Ver-trages ist nur dann gewährleistet, wenn beide Vertragsparteien ihre Interessen in einem angemessenen Maße einbringen können. Eine sinnvolle Wahrnehmung der vertragli-chen Selbstbestimmung setzt voraus, daß der Verbraucher seine Rechte und Pflichten vor Vertragsschluß zutreffend einschätzen und notfalls vom Vertragsschluß Abstand nehmen kann. Aus diesem Grunde muß der Verwender ein beurteilungsfähiges Lei-stungsangebot machen. Der Verbraucher kann seine Interessen nur dann wahrnehmen, wenn der Vertrag eine hinreichende *Preis- und Produkttransparenz* aufweist. In Fort-führung der im Hypothekenzinsurteil aufgestellten Grundsätze hat der BGH hierzu mit Urteil v. 10. Juli 1990 ausgeführt:[998]

„Das Gesetz geht davon aus, daß der Kunde der Preisvereinbarung besondere Aufmerk-samkeit widmet und sein Interesse an einem angemessenen, marktgerechten Preis selbst wahrt. Das kann er jedoch nur, wenn der Vertragsinhalt ihm ein vollständiges und wahres Bild über Art und Höhe des Preises vermittelt und ihn so auch zum Marktvergleich befä-higt (...). Wenn Preisnebenabreden, die zu zusätzlichen Belastungen und damit zu einem erhöhten Effektivpreis führen, in Allgemeinen Geschäftsbedingungen getroffen werden, ist bei ihrer formalen Ausgestaltung darauf zu achten, daß der Kunde ihre Bedeutung nicht verkennt, sondern möglichst mühelos und ohne weitere Erläuterung versteht. Nur dann kann er seine Verhandlungsmöglichkeiten und Marktchancen interessengerecht wahrnehmen."

Diese Ausführungen gelten natürlich nicht nur für Preisnebenabreden, sondern erst recht, wenn der Verwender in seinen Vertragsbedingungen – wie beim überschußbe-rechtigten LVV üblich – eine an den Verbraucher zu erbringende Leistung (Überschuß-beteiligung) festlegt. Auch hier muß gewährleistet sein, daß sich der Kunde über das

---

996 Vgl. hierzu: HEINRICHS, in: FS Trinkner (1995), 157, 174 und WOLF, a.a.O., Art. 5 Rn. 3.
997 KÖNDGEN, NJW 1989, 943, 950; SCHÄFER, Das Transparenzgebot im Recht der Allgemeinen Ge-schäftsbedingungen (1993), 21ff.; WOLF, in: WOLF/HORN/LINDACHER, AGB-Gesetz[4], § 9 Rn. 143.
998 BGHZ 112, 115, 117f.

Preis-Leistungsverhältnis als „wichtigsten Wettbewerbsparameter in der Marktwirtschaft"[999] vor Vertragsschluß informieren kann.

Nach Vertragsschluß hat das Transparenzgebot die Herstellung von Rechtsklarheit zum Ziel (sog. *Abwicklungstransparenz*).[1000] Eine unverständliche, mehrdeutige oder unrichtige Vertragsklausel führt vielfach dazu, daß der rechtlich nicht versierte Kunde auf die Wirksamkeit der Klausel vertraut und von der Durchsetzung seiner Rechte absehen wird. Diese Gefahr besteht auch dann, wenn die Vertragsklausel die Grundsätze und Maßstäbe, unter denen der Verwender seine Leistung zu erbringen hat, nicht hinreichend konkret festlegt. In diesem Falle bedingt sich der Verwender ein mehr oder weniger schrankenloses Ermessen aus, so daß der Kunde in einen Zustand der Unsicherheit versetzt wird, den dieser auch nicht durch Einholung eines fachmännischen Rates beheben kann; denn aufgrund der Ermessensspielräume ist eine Überprüfung der Rechtmäßigkeit der Leistungsbestimmung nicht möglich.[1001] Der BGH betont daher in ständiger Rechtsprechung, daß der Kunde nicht durch unklare, unbestimmte Vertragsbedingungen von der Durchsetzung seiner Rechte abgehalten werden dürfe.[1002]

Indem das Transparenzgebot eine ausreichende Produkt-, Preis- und Abwicklungstransparenz gewährleisten soll, haben die Gebote der Bestimmtheit, Verständlichkeit und Richtigkeit letztlich auch eine *wettbewerbspolitische Funktion*. Da der Wettbewerb in Konsumgütermärkten von sich aus nicht in der Lage ist, zu einer angemessenen Ausgestaltung allgemeiner Vertragsbedingungen gegenüber dem Endverbraucher beizutragen und auch eine am Vergleichsmarktkonzept orientierte Mißbrauchsaufsicht nach § 19 Abs. 4 Nr. 2 GWB regelmäßig nicht weiter führt, muß das AGBG informationsbedingtes Marktversagen kompensieren.[1003] Das Transparenzgebot ist dementsprechend nicht nur auf den Schutz der betroffenen Kunden, sondern auch auf die Herstellung eines funktionsfähigen Wettbewerbs ausgerichtet. Hierdurch werden zugleich die Transaktionskosten, insbesondere die Verhandlungs- und Entscheidungskosten (z.B. Kosten der Informationsaufbereitung, der Entlohnung von Beratern und die eigene Zeit), gesenkt. Das Transparenzgebot erlangt somit auch eine im öffentlichen Interesse liegende marktpolitische Funktion.

3. Widerspruch zwischen Bestimmtheits- und Verständlichkeitsgebot

Die Gebote hinreichender Bestimmtheit und Verständlichkeit stehen zueinander im Widerspruch:[1004] Das Verständlichkeitsgebot bezweckt die Vermittlung von Sinnzusam-

999   WOLF, in: WOLF/HORN/LINDACHER, AGB-Gesetz[4], § 9 Rn. 143.
1000 SCHÄFER, Das Transparenzgebot im Recht der Allgemeinen Geschäftsbedingungen (1983), 32ff.; WOLF, a.a.O.
1001 Vgl. hierzu: MüKo[3]-KÖTZ, § 9 AGBG Rn. 11b.
1002 BGHZ 104, 82, 92f.; BGH NJW 1992, 3158, 3161; BGHZ 128, 54, 60f.
1003 Wie hier: ULMER, in: ULMER/BRANDNER/HENSEN, AGB-Gesetz[4], Einl. Rn. 6, 38; KÖNDGEN, NJW 1989, 943, 946f.
1004 In diese Richtung auch: PAULUSCH, in: Zehn Jahre AGB-Gesetz (1987), 55, 74; LINDACHER, in: Vorträge zur Rechtsentwicklung der achtziger Jahre (1991), 347, 348 sowie – zum Versicherungsvertragsrecht – RÖMER, NVersZ 1999, 97, 103f.

menhängen; der Kunde soll durch das äußere Erscheinungsbild der Klauseln (lesbares Schriftbild, sachliche Strukturierung und angemessener Umfang des Klauselwerks) und die sprachliche Gestaltung (kurze und einfache Sätze, keine Fachsprache, etc.) in die Lage versetzt werden, den Sinngehalt der betreffenden Regelungen richtig einschätzen zu können. Nach dem Bestimmtheitsgebot hat der Verwender demgegenüber die Obliegenheit, die Vertragspflichten möglichst konkret auszugestalten. Eine detaillierte, den Anforderungen des Bestimmtheitsgebots entsprechende vertragliche Ausgestaltung der Vertragsbedingungen führt aus der Sicht der durchschnittlichen Versicherungsnehmer aber notwendigerweise zu einem Verlust der Verständlichkeit. Je bestimmter die Vertragsbedingungen ausgestaltet werden, desto größer ist die Gefahr, daß der juristisch nicht vorgebildete Laie den Sinngehalt der betreffenden Regelungen verkennt.

4. Besonderheiten im Versicherungsvertragsrecht

Diese Widersprüche treten im Versicherungsvertragsrecht besonders deutlich zu Tage, denn die Versicherung wird als abstraktes Wirtschaftsgut ausschließlich durch Rechtstexte, insbesondere die Allgemeinen Versicherungsbedingungen, vergegenständlicht. DREHER formuliert zutreffend:[1005]

„Während sich Verträge in der Regel auf einen bereits vorhandenen oder noch zu schaffenden Gegenstand beziehungsweise auf eine entsprechende Dienstleistung beziehen, wird die Versicherung erst durch den Versicherungsvertrag zum Produkt. Die Formulierung des Produkts Versicherung erfolgt überwiegend durch die Allgemeinen Versicherungsbedingungen, denen dadurch eine im Vergleich zum sonstigen Vertragsrecht herausragende, zum Teil andersartige Bedeutung zukommt."

Auch das Transparenzgebot muß diese Besonderheiten berücksichtigen. Da sich das Produkt Versicherung erst durch die Allgemeinen Versicherungsbedingungen definiert, müssen die Vertragsklauseln häufig detaillierter und bestimmter gestaltet werden, als dies bei anderen Verträgen der Fall ist.[1006] Für den überschußberechtigten LVV kommt hinzu, daß das Preis-Leistungsverhältnis erst mit Ablauf der Versicherung – u.U. also erst nach 28 Jahren – quantifizierbar ist. Der Versicherungsnehmer ist daher vor Vertragsschluß auf zukünftige Prognosen angewiesen. Zuverlässig sind diese Prognosen aber nur dann, wenn der Versicherer in seinen Vertragsbedingungen möglichst konkret festlegt, wie die eingezahlten Prämien verwendet und die am Ende des Geschäftsjahres entstehenden Überschüsse ermittelt und verteilt werden. Werden die Grundsätze und Maßstäbe, nach denen der Versicherer sein Leistungsbestimmungsrecht im Bereich der Überschußbeteiligung wahrnimmt, dagegen nicht in den Vertragsbedingungen normiert, so kann das Produkt „überschußberechtigter LVV" noch nicht einmal von Experten beurteilt werden. Ratingagenturen, Verbraucherorganisationen und Versicherungsmak-

---

1005 DREHER, Versicherung als Rechtsprodukt (1991), 3.
1006 Wie hier: RÖMER, Der Prüfungsmaßstab (1996), 25; PRÖLSS, in PRÖLSS, VVG[26], Vorbem. I Rn. 83.

ler müßten im Wege der ergänzenden Vertragsauslegung (§ 157 BGB) ermitteln, welche Ermessensspielräume gem. § 315 BGB für den betreffenden Vertrag zulässig sind oder nicht.[1007]

5. Offene Fragen

Bis zu welcher Grenze sind die Versicherer aber verpflichtet, den Vertragsinhalt überschußberechtigter LVV inhaltlich zu konkretisieren? Muß alles, was vor Vertragsschluß bestimmt werden kann, auch bestimmt werden? In welchem Verhältnis stehen die Komplementärgebote hinreichender Bestimmtheit und Verständlichkeit? Ist bei komplizierten und schwer verständlichen Regelungsmaterien der Maßstab des „durchschnittlichen Versicherungsnehmers" zu erweitern? Kann für Überschußbeteiligungsklauseln nur noch eine „Expertentransparenz" verlangt werden? – Die folgende Untersuchung unternimmt den Versuch, diese Fragen zu beantworten. Die Gebote der Bestimmtheit und Verständlichkeit sind dabei zunächst im einzelnen zu erörtern (II., III.). Im Anschluß hieran kann das Verhältnis zwischen Bestimmtheits- und Verständlichkeitsgebot erneut diskutiert und ein Lösungsvorschlag unterbreitet werden (IV.). Abschließend werden sodann die rechtlichen Anforderungen an die vertragliche Ausgestaltung der Überschußbeteiligung dargestellt (V.).

II. Das Bestimmtheitsgebot

1. Das schuldrechtliche Bestimmtheitserfordernis

Das Bestimmtheitsgebot ist bereits im allgemeinen Schuldrecht verankert. Denn nach dem schuldrechtlichen Bestimmtheitserfordnis kann nur eine bestimmte oder wenigstens bestimmbare Leistung Gegenstand einer schuldrechtlichen Verpflichtung sein.[1008]

1007 Hinzuweisen ist insbesondere auf einen Fall, den das LG Hamburg im Jahre 1999 zu entscheiden hatte (LG Hamburg v. 8.1.1999, Geschäftsnummer 324 O 424/98, nicht veröffentlicht). Hier ging es um die Frage, ob die Stiftung Warentest, die im Jahre 1998 eine vergleichende Prüfung von Kapitallebensversicherungen verschiedener LVU vorgenommen hatte (STIFUNG WARENTEST, Finanztest 1998, Heft Nr.7, 12-20.), bei ihrem Test sachlich nicht vertretbare Prüfkriterien angewandt hatte. Im Mittelpunkt der Auseinandersetzungen stand das Kriterium der „Gleichmäßigkeit der Vertragsverläufe", welches zu 40 % in das Gesamtergebnis der Bewertung einging. Mit diesem Kriterium sollte geprüft werden, wie *gleichmäßig* und *zeitnah* die Kunden an Überschüssen und Kosten beteiligt werden. Dem lag die Überlegung zugrunde, daß von zwei Verträgen derjenige vorzuziehen ist, der günstigere Rückkaufswerte einschließlich bereits zugeteilter Überschußanteile im Falle einer vorzeitigen Beendigung des Vertrages in Aussicht stellt. Da die in der Praxis verwendeten Überschußbeteiligungsklauseln hierüber bislang keine Aussage treffen, basierte die Untersuchung der Stiftung Warentest auf den Beispielrechnungen der Unternehmen. Das Landgericht Hamburg gab der Klage eines betroffenen Unternehmens statt. In der Berufungsinstanz einigten sich die Parteien aber auf einen Vergleich.

1008 PALANDT[60]-HEINRICHS, § 241 Rn. 3; MÜKO[3]-GOTTWALD, § 315 Rn. 1. Das schuldrechtliche Bestimmtheitserfordernis wird größtenteils aus § 241 BGB hergeleitet. Teilweise wird auch die Ansicht vertreten, daß das Bestimmtheitsgebot zu den nicht positivierten Grundlagen des Obligationenrechts zählt. Zum Ganzen: STAUDINGER[13]-MADER, § 315 Rn. 11.

Dies gehört zu den „grundlegenden Voraussetzungen für eine vertragliche Bindung."[1009] Sieht eine rechtsgeschäftliche Regelung dagegen eine Leistung vor, die weder bestimmt noch bestimmbar ist, so fehlt es an einer vertraglichen Verpflichtung der Parteien überhaupt. Die Bestimmung einer Leistung darf also nicht der Willkür eines Schuldners überlassen werden.

Umstritten ist, inwieweit dieses schuldrechtliche Bestimmtheitsgebot durch §§ 315ff. BGB gelockert wird.[1010] Im Schrifttum wird größtenteils die Ansicht vertreten, daß die Vertragsparteien bei individualvertraglich eingeräumten Leistungsbestimmungsrechten darauf verzichten könnten, Richtlinien für dessen Ausübung aufzustellen.[1011] Entscheidend sei, so die Begründung, daß das Gesetz selbst mit dem Verweis auf das billige Ermessen die immanenten Schranken der einseitigen Gestaltungsmacht normiere und sich regelmäßig aus dem Sinn des Vertrages und dem Zweck des Bestimmungsrechts Anhaltspunkte für die Ausübung entnehmen ließen.

Diese Ansicht vermag allerdings nicht zu überzeugen. Der schuldvertragliche Bestimmtheitsgrundsatz ist – wie KÖNDGEN und KÖNIG[1012] zu Recht betonen – ein selbstverständliches Folgeprinzip der Privatautonomie: „Die Parteien selbst sollen im Konsens zu einer detaillierten Regelung des Vertragsprogramms finden und diese Aufgabe im Grundsatz weder an *eine* Vertragspartei noch an einen Dritten und schon gar nicht an den Richter abschieben." Kern des Bestimmtheitsgrundsatzes sei daher – so KÖNDGEN und KÖNIG weiter – die Forderung, daß sich die Kontrahenten zumindest über die essentialia negotii in einer Weise geeinigt haben, die es erlaube, die Grundzüge des Vertragsprogramms im Wege der Auslegung zu erschließen. Wo selbst die ergänzende Vertragsauslegung nicht zu einem sinnvollen Vertragsprogramm führe, müsse der Vertrag mangels Bestimmtheit wirkungslos bleiben. § 315 BGB sei insofern eine Ausnahme vom schuldrechtlichen Bestimmtheitserfordernis, die wegen der inhärenten Gefährdung der Vertragsgerechtigkeit möglichst *restriktiv* zu handhaben sei. Um den Parteien die Prärogative zu erhalten, müsse bereits der vertragliche Bestimmungsvorbehalt selbst die Gesichtspunkte benennen, nach denen der Richter das ihm von § 315 Abs. 3 BGB zugestandene letzte Wort sprechen dürfe. Nur so könne verhindert werden, daß die §§ 315ff. BGB unter der Hand zu einer weithin ungebundenen *Drittbestimmung* durch den Richter werden.

Im Ergebnis werden diese Überlegungen durch § 154 BGB bestätigt. Auch § 154 BGB beruht auf dem allgemeinen Prinzip, daß die Festlegung der vertraglichen Rechte und Pflichten in vollem Umfang der Parteivereinbarung bedarf. Der schuldrechtliche Bestimmtheitsgrundsatz fordert daher zugleich, daß die Parteien ihren Willen so be-

---

1009 BGHZ 55, 248, 250.

1010 Seinem ursprünglichen Zweck nach will § 315 BGB sicherstellen, daß trotz mangelnder Bestimmtheit der vertraglichen Leistungen eine Vertragsbindung entstehen kann, vgl. MOTIVE zum BGB, Bd. II, 191.

1011 STAUDINGER[13]-MADER, § 315 Rn. 15; SOERGEL[12]-WOLF, § 315 Rn. 36; Differenzierend: KRONKE (AcP 183 [1983], 113, 134 ff.), der eine Reduktion der Bestimmtheitsanforderungen zugunsten von Anpassungs- und Marktfunktionen befürwortet, in Fällen mangelnder Vertragsparität jedoch von einem strengen Bestimmtheitsgrundsatz ausgeht.

1012 KÖNDGEN/KÖNIG, ZIP 1984, 129, 132f.

stimmt äußern, daß er im Lichte des § 154 BGB zu rechtsgeschäftlich wirksamen Bindungen führt.

Überträgt man diese Anforderungen auf den überschußberechtigten LVV, so ergibt sich, daß eine ergänzende Vertragsauslegung im Rahmen des § 315 BGB zwar grundsätzlich möglich ist (vgl. S. 263ff.); der überschußberechtigte LVV ist also nicht mangels Bestimmbarkeit unwirksam. Eine intransparente, unkalkulierbare richterliche Drittbestimmung kann jedoch nur dann verhindert werden, wenn die Versicherungsunternehmen in ihren Überschußbeteiligungsklauseln detaillierte Regelungen darüber treffen, nach welchen Maßstäben der Versicherer die ihm eingeräumte Bestimmungsbefugnis wahrnimmt.

2. Das Bestimmtheitsgebot im AGBG

Diese Grundsätze gelten erst recht, wenn – wie in der Lebensversicherung üblich – das Leistungsbestimmungsrecht in vorformulierten Klauseln vereinbart wird. Allgemeine Geschäftsbedingungen begründen die Gefahr, daß der Verwender die Vertragsgestaltungsfreiheit durch die Vorformulierung einseitig zu seinen Gunsten in Anspruch nimmt.[1013] Während bei Individualabreden eine gewisse Richtigkeitsgewähr zu erwarten ist, fehlt diese bei vorformulierten Verträgen. Rechtsprechung und Schrifttum stellen daher im Rahmen des § 9 Abs. 1 AGBG[1014] erhöhte Anforderungen an vorformulierte Leistungsbestimmungsrechte.

Die Rechtsprechung bezieht sich dabei sowohl auf Leistungs*vorbehalte* als auch auf Leistungs*änderungs*rechte.[1015] Für Leistungsänderungsrechte gelten zwar aufgrund der §§ 10 Nr. 4, 11 Nr. 1 AGBG und im Hinblick auf den Grundsatz „pacta sunt servanda" teilweise speziellere Voraussetzungen. Die allgemeinen, hier behandelten Anforderungen an die Bestimmbarkeit der Vertragsleistungen sind jedoch deckungsgleich: Unabhängig davon, ob die Vertragsparteien einen Leistungsvorbehalt oder ein Leistungsänderungsrecht vereinbart haben, sind einseitige, tatbestandlich nicht konkretisierte Leistungsbestimmungsrechte in besonderem Maße geeignet, den Vertragspartner des Bestimmungsberechtigten in unangemessener Weise zu benachteiligen. Eine mangelnde Konkretisierung der Leistungspflichten hat zur Folge, daß dem Bestimmungsberechtigten weitreichende Ermessensspielräume eröffnet werden. Für die Marktteilnehmer ist das Ausmaß der Bestimmungsbefugnis weder prognostizierbar, noch (im nachhinein) überprüfbar. Aus diesen Gründen fordert das AGB-rechtliche Bestimmtheitsgebot, daß der Verwender in seinen Klauseln Voraussetzungen und Umfang des Bestimmungsrechts soweit wie möglich tatbestandlich eingrenzt.[1016]

1013 Siehe hierzu allgemein: ULMER, in: ULMER/BRANDNER/HENSEN[8], Einl. Rn. 28 (mwN).
1014 Vereinzelt wird das AGB-rechtliche Bestimmtheitsgebot auch auf die §§ 2 Abs. 1 Nr. 2, 3, 5 AGBG gestützt, vgl. z.B. SCHÄFER, Das Transparenzgebot im Recht der Allgemeinen Geschäftsbedingungen (1993), 111; BECKMANN, Die Zulässigkeit von Preis- und Prämienanpassungsklauseln nach dem AGB-Gesetz (1990), 20ff. A.A.: WOLF, in: WOLF/HORN/LINDACHER, AGB-Gesetz[4], § 9 Rn. 150.
1015 Vgl. z.B. BGHZ 93, 29 = NJW 1985; BGHZ 97, 212 = NJW 1986, 1803.
1016 BGH NJW 1980, 2518; BGHZ 93, 29, 47; BGH VersR 1988, 1981, 1983; BGHZ 124, 351, 362.

a) Grundsatzentscheidung: Das Zeitschriftenabonnement-Urteil

Dieses AGB-rechtliche Konkretisierungs- bzw. Bestimmtheitsgebot wurde vom 8. Zivilsenat erstmals im sog. „Zeitschriftenabonnement-Urteil"[1017] entwickelt. In dem zugrundeliegenden Fall sahen die auf der Rückseite der Auftragsbestätigung abgedruckten Bezugsbedingungen eine Preiserhöhungsklausel vor, die eine beliebige Erhöhung des Bezugspreises zuließ. Obwohl der BGH davon ausging, daß Zeitschriftenverlage ein berechtigtes Interesse an Preiserhöhungen haben, sah das Gericht diese Bestimmung als unwirksam an.

Notwendig sei, daß der Käufer bereits bei Vertragsschluß aus der Formulierung der Klausel erkennen könne, in welchem Umfang Preiserhöhungen auf ihn zukommen, und daß er in der Lage sei, die Berechtigung vorgenommener Preiserhöhungen an der Ermächtigungsklausel zu messen.[1018] Demgegenüber müsse das Anliegen der Beklagten, ihr Klauselwerk möglichst *kurz* und *verständlich* zu halten, zurücktreten. Auch die sich aus § 315 BGB ergebende Befugnis des Bestellers, im Einzelfall eine vorgenommene Preiserhöhung zur gerichtlichen Nachprüfung zu stellen, könne – so der BGH weiter – das Erfordernis einer Konkretisierung nicht ersetzen; denn dieses Erfordernis solle gerade nach Möglichkeit verhindern, daß es im Einzelfall zu gerichtlichen Auseinandersetzungen komme bzw. der Betroffene eine Erhöhung deswegen hinnehme, weil sich das zulässige Ausmaß nicht nach den von ihm akzeptierten Bezugsbedingungen beurteilen lasse.

Diese Ausführungen sind in der nachfolgenden Rechtsprechung größtenteils auf Zustimmung gestoßen.[1019]

b) Kündigungsrecht (§§ 165, 176 VVG) als Ausgleich unbestimmter, unangemessener Klauseln?

Teilweise hat der 8. Zivilsenat auch geringere Anforderungen an die Bestimmbarkeit einer Vertragsklausel gestellt. Im sog. „Tagespreisurteil"[1020] vertritt der BGH die Auffassung, daß der Verwender die Unangemessenheit eines allgemein formulierten Bestimmungsvorbehalts dadurch beseitigen könne, daß er dem Kunden eine Lösungsmöglichkeit vom Vertrag einräume. Folgt man dieser Ansicht, so könnte das in der Lebensversicherung bestehende jederzeitige Kündigungsrecht der Versicherungsnehmer (§§ 165, 176 VVG) möglicherweise eine Heilungsfunktion haben.

1017 BGH NJW 1980, 2518.
1018 BGH NJW 1980, 2518, 2519.
1019 BGHZ 93, 29, 47; BGH VersR 1988, 1981, 1983; BGHZ 124, 351, 362.
1020 BGHZ 82, 21 = NJW 1982, 331, 332. Vgl. auch das zweite Zeitschriftenabonnement-Urteil (BGH NJW 1986, 3134, 3136) sowie LG Hamburg (VersR 1990, 303, 304), das davon ausgeht, daß die Einräumung einer jederzeitigen Kündigungsmöglichkeit im Falle einer Prämienänderung als denkbarer Ausgleich für eine sonst unangemessene Regelung in Betracht gezogen werden könne. Andere Entscheidungen deuten demgegenüber darauf hin, daß die Einräumung eines Lösungsrechts nur dann die Wirksamkeit einer Klausel bewirken kann, wenn eine Konkretisierung der Klausel nicht möglich ist, vgl. z.B. BGH NJW 1989, 1796, 1797.

Gegen eine solche Betrachtungsweise spricht indessen, daß der Vertragspartner nicht zu einer Kündigung gedrängt werden darf. Gerade in *langfristigen* Verträgen wie der Lebensversicherung muß das *Vertrauen* der Versicherungsnehmer in den Fortbestand des Vertrages geschützt werden. Der Kunde muß sich darauf verlassen können, daß Leistungsbestimmungen kontrolliert und begründet sind. Nach überwiegender Ansicht kann sich der Verwender daher grundsätzlich nicht dadurch dem Bestimmtheitsgebot entziehen, daß er dem Vertragspartner ein Rücktritts- oder Kündigungsrecht gewährt.[1021] Diese Auffassung wird auch vom Versicherungssenat des BGH (4. Zivilsenat) geteilt. Mit Urteil v. 8.10.1997 hat der Senat zur Zulässigkeit formularmäßig vereinbarter Abänderungsvorbehalte ausgeführt: „Die Unangemessenheit der Klauseln wird nicht dadurch beseitigt, nicht einmal gemildert, daß der Versicherungsnehmer den Vertrag (...) innerhalb von zwei Wochen kündigen kann. Die Kündigungsmöglichkeit ändert nichts an der Ungewißheit künftiger Belastungen, die allein schon, wenn die Unklarheit ein solches Ausmaß hat wie hier, eine unangemessene Benachteiligung darstellt."[1022]

Hiervon abgesehen könnte das in der Lebensversicherung bestehende Kündigungsrecht nur dann die Unangemessenheit einer zu allgemein formulierten Überschußbeteiligungsklausel beseitigen, wenn die Auflösung des Vertrages für den Versicherungsnehmer *zumutbar* wäre. Ist eine Vertragsauflösung dagegen mit Nachteilen verbunden, so wird den Interessen der Versicherungsnehmer nur unzureichend Rechnung getragen. Auch der 8. Zivilsenat hat an anderer Stelle darauf hingewiesen, daß das Lösungsrecht keinen für den Vertragspartner genügenden Ausgleich bietet, wenn ihm eine Lösung vom Vertrag – z.B. im Hinblick auf geleistete Investitionen – nicht zugemutet werden kann.[1023] Genau dies trifft aber auf den überschußberechtigten LVV zu, denn eine vorzeitige Kündigung ist für den Versicherungsnehmer aus mehreren Gründen unrentabel. Zum einen werden die durch den Vertragsabschluß bedingten Kosten (Abschlußkosten) in aller Regel nicht auf die gesamte Laufzeit des Vertrages, sondern einseitig auf die ersten drei bis fünf Jahre verteilt (Zillmerung). Dieses Verfahren bewirkt, daß eine frühzeitige Kündigung für die Versicherten äußerst nachteilig ist. Zum anderen kann dem Versicherungsnehmer ein Rückkauf gem. § 176 VVG jedenfalls dann nicht zugemutet werden, wenn sich sein Gesundheitszustand während der Vertragslaufzeit gravierend verschlechtert hat. In diesen Fällen ist sein Risiko (wenn überhaupt) nur noch zu erheblich höheren Prämien versicherbar.

Das in §§ 165, 176 VVG verankerte Kündigungsrecht entbindet die Versicherer somit nicht von der Obliegenheit, Überschußbeteiligungsklauseln hinreichend bestimmt zu gestalten.

1021 HENSEN, in: ULMER/BRANDNER/HENSEN, AGB-Gesetz[8], § 11 Nr. 1 Rn. 15; WOLF, in: WOLF/ HORN/LINDACHER, AGB-Gesetz[4], § 11 Nr. 1 Rn. 49. Insofern kann das Kündigungsrecht allenfalls bei *kurzfristigen* Verträgen eine Heilungsfunktion haben.
1022 BGHZ 136, 394 = NJW 1998, 454, 456.
1023 BGHZ 93, 29, 47.

c) Lockerung des Bestimmtheitsgebots für marktbezogene Leistungsbestimmungsrechte?

Eine Ausnahme vom Bestimmtheitsgebot soll nach allgemeiner Ansicht auch dann gelten, wenn das Leistungsbestimmungsrecht auf Marktpreise oder Branchenwerte Bezug nimmt, die unter den Bedingungen eines funktionsfähigen Wettbewerbs zustande gekommen sind.[1024] Insbesondere der 3. Zivilsenat des BGH hat im sog. Zinsklauselurteil äußerst geringe Anforderungen an die Bestimmbarkeit marktbezogener Zinsbestimmungsrechte der Banken gestellt (aa). Vor diesem Hintergrund stellt sich die Frage, ob das Bestimmtheitsgebot auch für überschußberechtigte LVV gelockert werden muß, denn die Überschußbeteiligungsklauseln verweisen zumindest indirekt auf die am Kapitalmarkt erwirtschafteten Zinserträge (bb).

aa) Das Zinsklausel-Urteil

Das Zinsklausel-Urteil des 3. Zivilsenats[1025] betrifft die formularmäßige Einräumung einer Zinsvorbehalts- und Zinsänderungsklausel in einem Kreditvertrag. In dem zugrundeliegenden Fall hatte der Kläger bei der beklagten Bank mehrere Darlehensverträge abgeschlossen, die u.a. folgende Klauseln enthielten:

„Für die Kredite einschließlich der Darlehen gelten die jeweils von der Bank bestimmten Zins-, Provisions- und Auszahlungssätze, bei Darlehen gelten gegenwärtig die oben angegebenen Zins- und Auszahlungssätze.
Die Bank ist berechtigt, den Zinssatz zu ändern, wenn sie dies (z.B. wegen der Entwicklung am Geld- oder Kapitalmarkt) für erforderlich hält; sie wird die Änderung dem Kreditnehmer mitteilen.“

Diese Zinsbestimmungsklauseln sah der BGH als rechtswirksam i.S.d. § 9 AGBG an. Der Wortlaut der Zinsklauseln gebe keinen Anhaltspunkt für die Annahme, daß sich die Beklagte ein *schrankenloses* Leistungsbestimmungsrecht habe einräumen wollen.[1026] Nach dem erkennbaren Sinn der Zinsklauseln werde der Beklagten nur die Möglichkeit eröffnet, den variablen Zinssatz den wechselnden Verhältnissen auf dem Kapitalmarkt und den dadurch verursachten Änderungen ihrer Refinanzierungskonditionen nach Maßgabe des § 315 BGB anzupassen. Insofern sei die Beklagte nicht nur zu einer Erhöhung der Zinsen berechtigt, sondern entsprechend der Kapitalmarktlage auch zu einer Herabsetzung des dem Kunden berechneten Zinssatzes verpflichtet. Unschädlich sei daher die Tatsache, daß die in den Darlehnsverträgen enthaltenen Zinsklauseln die Voraussetzung und die Grenzen für die vorbehaltene Bestimmung der Zinsen nicht aus-

---

1024 BAUR, Vertragliche Anpassungsrechte (1983), 80ff, 100ff.; HORN, NJW 1985, 1118, 1122; HERMANN, WM 1987, 1029, 1057. Zusammenfassend: BECKMANN, Die Zulässigkeit von Preis- und Prämienanpassungsklauseln (1990), 75ff.
1025 BGHZ 97, 212.
1026 BGHZ 97, 212, 217.

drücklich umschreiben.[1027] Die Frage, ob ein Verstoß gegen das Konkretisierungsgebot vorliege, könne „nicht ohne Berücksichtigung der Art des konkreten Vertrages, der typischen Interessen der Vertragsschließenden und der die jeweilige Klausel begleitenden Regelung entschieden werden." Hierbei müsse beachtet werden, daß das wechselnde Zinsniveau am Geldmarkt und die Refinanzierungsmöglichkeiten maßgeblich durch den jeweils von der Deutschen Bundesbank festgesetzten Diskontsatz beeinflußt werde. Insofern könnten die untereinander im Wettbewerb stehenden Kreditinstitute gegenüber ihren Kunden keine beliebigen, sondern nur *marktkonforme Zinssätze* durchsetzen. Darüber hinaus könne eine Konkretisierung der Zinsklauseln nur so allgemein gehalten sein, daß sie dem Bankkunden über seinen im allgemeinen vorhandenen Wissensstand hinaus keine zusätzlichen Erkenntnisse vermitteln würde. Schließlich sei der Kläger berechtigt, die Darlehnsverträge mit einer Frist von drei Monaten zum Vierteljahresschluß zu kündigen. Aus diesen Gründen seien die Zinsklauseln nicht unangemessen im Sinne des § 9 AGBG.

bb) Bewertung

Folgt man der Ansicht des 3. Zivilsenats und unterstellt zugleich, daß die Überschußbeteiligungsklausel ein marktbezogenes Leistungsbestimmungsrecht begründet, so könnten die Versicherer u.U. auf eine detaillierte vertragliche Ausgestaltung des Überschußbeteiligungsverfahrens verzichten.

Die Argumentation des BGH kann indessen bereits vom Ansatz her nicht überzeugen.[1028] Eine mit Blick auf § 315 BGB veranlaßte restriktive Auslegung einer unbestimmten Klausel vermag die Gefahr einer unangemessenen Benachteiligung nicht auszuschließen. Denn eine solche Auslegung kann erst nachträglich durch das Gericht erfolgen. Das Konkretisierungsgebot soll aber bereits im Vorfeld der prozessualen Auseinandersetzung eine hinreichende Preis- und Produktklarheit gewährleisten und die Kunden davor schützen, daß sie von der Durchsetzung ihrer Rechte abgehalten werden. In der sonstigen Rechtsprechung ist daher anerkannt, daß die fehlende tatbestandliche Konkretisierung nicht durch Einbeziehung der Billigkeitskontrolle nach § 315 Abs. 3 BGB ersetzt werden kann.[1029]

Für die Wirksamkeit der Zinsklauseln kann auch nicht angeführt werden, daß die Bank aufgrund der festgelegten Diskontsätze und des bestehenden Wettbewerbs nur marktkonforme Zinsen durchsetzen kann. Denn als Referenzkriterium kann der Marktpreis nur dort ausreichen, wo er eine für den Kunden des AGB-Verwenders feststellbare Größe repräsentiert. Letzteres ist aber, wie KÖNDGEN und KÖNIG zu Recht betonen, am Kapitalmarkt nicht der Fall.[1030] *Der* Kapitalmarktzins existiert nicht. Um dem Bestimmtheitsgebot zu genügen, müßten die Kreditinstitute somit in ihren Zinsklauseln

1027 BGHZ 97, 212, 218f.
1028 Wie hier: KÖNDGEN/KÖNIG, ZIP 1984, 129, 137f.
1029 BGH NJW 1980, 2518; BGHZ 89, 206, 213; BGH NJW 1985, 623, 624.
1030 KÖNDGEN/KÖNIG, ZIP 1984, 129, 138.

zumindestens eine Referenzgröße wählen, die die gewählte Refinanzierungsart näher konkretisiert.[1031]

Letztlich kann aber die Frage, inwieweit das Bestimmtheitsgebot für marktpreisorientierte Leistungsbestimmungsrechte gelockert werden muß, dahinstehen. Die im Zinsklausel-Urteil entwickelten Grundsätze sind nicht auf überschußberechtigte LVV übertragbar. Denn im Gegensatz zu Zinsklauseln orientiert sich die Überschußbeteiligung nicht unmittelbar am Marktzins, sondern auch an der Gewinn- und Verlustrechnung und dem sich anschließenden Überschußbeteiligungsverfahren. Insofern wird die im überschußberechtigten LVV angelegte, „naturgegebene" Renditeunsicherheit durch unternehmensinterne Ermessensentscheidungen vergrößert; die Versicherungsnehmer können sich nicht darauf verlassen, daß der Versicherer nur marktkonforme Überschußanteilssätze festlegt.

d) Grenzen des Bestimmtheitsgebots

Das Konkretisierungsgebot findet dort seine Grenze, wo es dem AGB-Verwender nicht möglich ist, schon im Zeitpunkt des Vertragsabschlusses alle relevanten Faktoren für das Bestimmungsrecht festzulegen. An die Bestimmtheit einer Klausel dürfen, wie WOLF[1032] zu Recht hervorhebt, „keine unerfüllbaren oder unzumutbaren Anforderungen gestellt werden." Auch der BGH betont, daß das Transparenzgebot den Verwender allgemeiner Vertragsbedingungen nicht dazu zwingen will, „jede AGB-Regelung gleichsam mit einem umfassenden Kommentar zu versehen."[1033]

Ist eine Konkretisierung der vertragswesentlichen Pflichten dagegen möglich, so hat der Versicherer auch die Obliegenheit, Voraussetzungen und Umfang des Bestimmungsrechts in den Vertragsbedingungen festzulegen. Dies gilt – entgegen anderslautender Stimmen[1034] – selbst dann, wenn die Klausel hierdurch eine Kompliziertheit erreichen sollte, die allein für den *Fachmann*, nicht aber für den *Durchschnittskunden* verständlich ist. Soweit sich ein Produkt wie der überschußberechtigte LVV erst durch die Ausgestaltung Allgemeiner Vertragsbedingungen konstituiert, dürfte in aller Regel sowieso eine Komplexität vorliegen, die für den Laien undurchschaubar ist. Um so wichtiger ist aber, daß zumindest Experten anhand der Vertragsbedingungen beurteilen können, nach welchen Maßstäben der Verwender sein Leistungsbestimmungsrecht ausübt. Erst durch eine präzise Klauselfassung wird der Kunde unter Rückgriff auf Expertenwissen in die Lage versetzt, seine Rechte und Pflichten richtig einschätzen zu können.

1031 Soweit sich ein Kreditinstitut über Einlagenmittel refinanziert, könnten sich die Zinsklauseln z.B. an der Entwicklung der Einlagenzinsen orientieren. Realkreditinstitute könnten demgegenüber auf die Verzinsung laufzeitkongruenter Pfandbriefe verweisen, KÖNDGEN/KÖNIG, ZIP 1984, 129, 140.
1032 WOLF, in: WOLF/HORN/LINDACHER, AGB-Gesetz⁴, § 9 Rn. 150.
1033 BGHZ 112, 115, 118.
1034 BGH NJW 1990, 3197, 3198; WOLF, a.a.O.; BRANDNER, in: ULMER/BRANDNER/HENSEN, AGB-Gesetz⁸, 98, 100.

Auch der Verwender (Versicherer) hat ein Interesse an einer möglichst bestimmten Vertragsgestaltung, denn nur so kann eine weithin ungebundene, unkalkulierbare richterliche Drittbestimmung verhindert werden. Der Versicherer muß daher selbst die Gesichtspunkte benennen, nach denen der Richter das ihm von § 315 Abs. 3 BGB zugestandene letzte Wort sprechen darf.

Schließlich darf die wettbewerbspolitische Funktion des Bestimmtheitsgebots nicht vernachlässigt werden. Das Privatrecht geht von der Vorstellung aus, daß die Ordnungs- und Schutznormen der Rechtsordnung nur dann korrigierend in den Vertragsmechanismus eingreifen müssen, wenn nicht bereits der Wettbewerb selbst für Vertragsgerechtigkeit sorgt. Insofern muß das Recht Rahmenbedingungen setzen, unter denen ein funktionsfähiger Wettbewerb ermöglicht und ein strukturelles Gleichgewicht der Vertragsparteien gewährleistet wird. Funktionsfähig wird der Wettbewerb um überschußberechtigte LVV im Vergleich zu anderen Bankprodukten aber erst dann, wenn die Vertragsbedingungen hinreichend konkret bestimmen, inwieweit erwirtschaftete Überschüsse thesauriert, mit Verlusten aus dem Risiko- oder Kostenbereich saldiert und auf die einzelnen Bestandsgruppen, Gewinnverbände und Verträge verteilt werden. Anderenfalls wären Ratingagenturen, Verbraucherorganisationen und Versicherungsmakler, wie bereits eingangs erwähnt, darauf angewiesen, im Wege der ergänzenden Vertragsauslegung festzustellen, welche Ermessensspielräume für den betreffenden Vertrag zulässig sind oder nicht.

Daher folgt auch aus dem Gebot funktionsfähigen Wettbewerbs, daß Konkretisierungen immer dann, wenn sie möglich sind, vorgenommen werden.

III. Das Verständlichkeitsgebot

Eine Klausel entspricht dem Verständlichkeitsgebot, wenn der durchschnittliche Versicherungsnehmer den Sinngehalt der betreffenden Regelungen erkennen kann. Der Verwender muß zum einen durch die *äußere Gestaltung* seiner Vertragsbedingungen sicherstellen, daß der Kunde die vertragswesentlichen Rechte und Pflichten erfassen kann. Zweifel an der Verständlichkeit bestehen namentlich dann, wenn die AGB unübersichtlich aufgebaut sind, keine Gliederung erkennen lassen, ein schwer lesbares Schriftbild oder einen gegenüber der Bedeutung des Rechtsgeschäfts unangemessenen Umfang aufweisen.[1035] Zum anderen müssen die Klauseln auch in *sprachlich-inhaltlicher* Hinsicht klar und verständlich formuliert werden. Insoweit sind Fachbegriffe, verschachtelte, lange Satzstrukturen oder unpräzise, lückenhafte Aussagen soweit wie möglich zu vermeiden.[1036]

1035 ULMER, in: ULMER/BRANDNER/HENSEN, AGB-Gesetz[8], § 2 Rn. 51 (mwN). Vgl. auch SCHWINTOWSKI, NVersZ 1998, 97 und BASEDOW, VersR 1999, 1045, 1052.

1036 WOLF, in: WOLF/HORN/LINDACHER, AGB-Gesetz[4], § 9 Rn. 148. Weiterführend: SCHWINTOWSKI (NVersZ 1998, 97) und BASEDOW (VersR 1999, 1045, 1052f.), die in diesem Zusammenhang den Hamburger Verständlichkeitstest und den sog. Flesch-Test als mögliche Kriterien für die Verständlichkeit von AVB in Betracht ziehen.

Das Verständlichkeitsgebot hat im AGB-Gesetz an verschiedenen Stellen seinen Ausdruck gefunden, wobei sich die Vorschriften zur Einbeziehungs- und Inhaltskontrolle gegenseitig ergänzen und gleichermaßen die Verwendung klarer und durchschaubarer AGB-Klauseln im Rechtsverkehr bezwecken (1.). Betrachtet man diese Vorschriften etwas genauer und berücksichtigt zugleich die vom BGH zum Transparenzgebot entwickelte Rechtsprechung sowie die durch die Umsetzung der Verbraucherrichtlinie neu eingeführte Vorschrift des § 24a Nr. 3 AGBG, so zeigt sich, daß das Verständlichkeitsgebot seinem Wesen nach eine *vorvertragliche Informationsobliegenheit* ist, die dem Grunde nach auf eine objektgerechte Information ausgerichtet ist. Der Verwender hat durch eine klare Gestaltung der AVB dafür Sorge zu tragen, daß der Kunde über die wesentlichen Eigenschaften und Risiken des betreffenden Produkts aufgeklärt wird. Diese Informationsobliegenheit steht in engem Bezug zu den vorvertraglichen Informationspflichten, die für den überschußberechtigten LVV insbesondere aus § 10a VAG und den Prinzipien der objektgerechten Beratung folgen. Aufgrund der engen Wechselwirkung ist das Verständlichkeitsgebot anhand der gesetzlichen und vertraglichen Informationspflichten zu konkretisieren (2.).

1. Tatbestandliche Ausformung des Verständlichkeitsgebots

a) Möglichkeit zumutbarer Kenntnisnahme (§ 2 Abs. 1 Nr. 2 AGBG)

Das Gebot hinreichender Verständlichkeit ist bereits in § 2 Abs. 1 Nr. 2 AGBG normiert. Nach dieser Regelung werden Vertragsbedingungen nur dann Bestandteil eines Vertrages, wenn der Verwender bei Vertragsabschluß der anderen Vertragspartei die Möglichkeit verschafft, in zumutbarer Weise von ihrem Inhalt Kenntnis zu nehmen. Dies setzt voraus, daß der AGB-Text dem Kunden in verständlicher und lesbarer Form zugänglich gemacht wird.[1037] Der Begründung zum Regierungsentwurf zufolge soll hierdurch sichergestellt werden, daß der Vertragspartner über die Tragweite seiner Erklärung bei Vertragsschluß informiert wird.[1038]

Wie sich aus der Regierungsbegründung[1039] und § 2 Abs. 1 Nr. 1 AGBG ergibt, muß sich das Einverständnis des Kunden mit den Vertragsbedingungen allerdings nur auf die Klauselgesamtheit und nicht auf jede einzelne Formularbestimmung beziehen. Hieraus hat BASEDOW[1040] unlängst abgeleitet, daß auch die in § 2 Abs. 1 Nr. 2 AGBG vorausgesetzte Möglichkeit zumutbarer Kenntnisnahme nur darauf abstelle, ob der Vertragspartner vom AGB-Katalog in seiner *Gesamtheit* Kenntnis nehmen konnte. Eine Differenzierung nach einzelnen Klauseln sei – so BASEDOW weiter – im Rahmen des § 2 Abs. 1 Nr. 2 AGBG dagegen nicht vorgesehen. Eine solche Feinabstimmung bleibe der Auslegung (§ 5 AGBG) und Inhaltskontrolle (§ 9 Abs. 1 AGBG) überlassen. Die Nichteinbezie-

1037 ULMER, in: ULMER/BRANDNER/HENSEN, AGB-Gesetz⁸, § 2 Rn. 50 und BRANDNER, a.a.O., § 9 Rn. 88.
1038 BTDrcks. 7/3919, 17.
1039 BTDrcks. 7/3919, 19.
1040 BASEDOW, VersR 1999, 1045, 1046f. Zustimmend: PRÄVE, VersR 2000, 138. Vgl. auch: KOLLER, FS Steindorff (1990), 667, 679ff.

hung von AGB wegen ihrer Intransparenz könne daher nicht darauf gestützt werden, daß einzelne Klauseln unverständlich seien. § 2 Abs. 1 Nr. 2 AGBG beziehe sich nur auf die äußere Gestaltung der AGB im allgemeinen, nicht aber auf die sprachlich-inhaltliche Transparenz.[1041]

Eine solche Ansicht verkennt indessen, daß die in § 2 AGBG genannten Voraussetzungen (Hinweis auf die AGB, Möglichkeit der Kenntnisnahme, Einverständnis des Kunden) kumulativ vorliegen müssen. Auch stellt § 2 Abs. 1 Nr. 2 AGBG seinen Wortlaut allein auf die *Möglichkeit* der Kenntnisnahme, nicht aber darauf ab, ob der Kunde die Klauseln tatsächlich liest. Die Tatsache, daß sich das Einverständnis des Kunden auf den gesamten Klauselkatalog bezieht, bedeutet somit nicht zwangsläufig, daß die Einbeziehungsvoraussetzungen bereits dann vorliegen, wenn das Klauselwerk in seiner Gesamtheit lesbar ist. Eine sinnvolle Wahrnehmung der vertraglichen Selbstbestimmung setzt vielmehr voraus, daß der interessierte Kunde sämtliche preisrelevanten Klauseln ohne besondere Mühe verstehen kann. Die Möglichkeit zumutbarer Kenntnisnahme i.S.v. § 2 Abs. 1 Nr. 2 AGBG liegt daher nach allgemeiner Ansicht nur dann vor, wenn die Klauseln auch im einzelnen klar und verständlich sind.[1042]

Richtig ist demgegenüber, daß sich die Einbeziehungsvoraussetzungen in § 2 Abs. 1 Nr. 2 AGBG im Unterschied zum Verständlichkeitsgebot des § 9 AGBG nur auf die Preis- und Produktklarheit, nicht jedoch auf die Abwicklungstransparenz beziehen.[1043] Insofern sind die Transparenzanforderungen in § 2 Abs. 1 Nr. 2 AGBG geringer als bei der Inhaltskontrolle.

Eine weitere Einschränkung des Verständlichkeitsgebots ergibt sich aus § 5a Abs. 1 S. 1 VVG. Während § 2 AGBG voraussetzt, daß sich der Kunde über den Vertragsinhalt vor Vertragsschluß informieren kann, gestattet § 5a Abs. 1 S. 1 VVG eine nachträgliche Einbeziehung der Allgemeinen Versicherungsbedingungen. Andererseits hat der Versicherungsnehmer aber ein Widerspruchsrecht, das erst dann zu laufen beginnt, wenn die betreffenden Unterlagen eingetroffen sind und eine Widerspruchsbelehrung erfolgt ist (§ 5a Abs. 2 S. 1 VVG). Die Informationsfunktion des § 2 Abs. 1 Nr. 2 AGBG wird somit für Versicherungsverträge eingeschränkt, nicht aber vollständig aufgehoben.[1044]

b) Überraschende Klauseln (§ 3 AGBG)

Auch § 3 AGBG normiert eine Einbeziehungssperre für unverständliche Vertragsbedingungen. Gem. § 3 AGBG werden Klauseln nicht Vertragsbestandteil, wenn sie nach den Umständen, insbesondere nach dem Erscheinungsbild des Vertrages, so ungewöhn-

---

1041 Auch der Regierungsentwurf zum AGBG hatte vor allem die äußere Gestaltung der AGB im Blick, BTDrcks 7/3919, 19.

1042 Vgl. ULMER, in: ULMER/BRANDNER/HENSEN, AGB-Gesetz[8], § 2 Rn. 50, 68; BRANDNER, a.a.O., § 9 Rn. 88; WOLF, in: WOLF/HORN/LINDACHER, AGB-Gesetz[4], § 2 Rn. 23; HEINRICHS, in: FS TRINKNER (1995), 157, 159f., 166.

1043 So vor allem WOLF, in: WOLF/HORN/LINDACHER, AGB-Gesetz[4], § 9 Rn. 144.

1044 Kritisch zu § 5a VVG: BERLKOMM-SCHWINTOWSKI, § 5a Rn. 5.

lich sind, daß der Vertragspartner des Verwenders nicht mit ihnen zu rechnen braucht. Die Anwendung des § 3 AGBG setzt demnach zweierlei voraus.

Zunächst muß die Klausel aus der Sicht der angesprochenen Verkehrskreise objektiv ungewöhnlich sein. Inwieweit eine Klausel ungewöhnlich ist, bestimmt sich dabei sowohl nach dem äußeren Erscheinungsbild des Vertrages (Überschrift und Aufmachung der Vertragsurkunde einschließlich der sich daraus ergebenden Rückschlüsse auf den Vertragsinhalt) als auch nach den sonstigen Erwartungen, die der redliche Kunde typischerweise bzw. aufgrund des Verhaltens des Verwenders bei Vertragsschluß (Werbung, Angebotsunterlagen, mündliche Erörterungen vor und bei Vertragsschluß) an den Vertragsinhalt knüpft.[1045]

Darüber hinaus muß in subjektiver Hinsicht ein Überraschungsmoment des Kunden hinzutreten. Allein die Tatsache, daß eine Klausel ihrem Inhalt oder ihrer textlichen Anordnung nach ungewöhnlich ist, reicht insofern nicht aus, um ein Einbeziehungshindernis nach § 3 AGBG zu begründen. Notwendig ist vielmehr, daß der Kunde nach den Umständen des Vertrages nicht mit der betreffenden Klausel rechnen mußte. In der Begründung zum Regierungsentwurf heißt es hierzu:[1046]

„Das Überraschungsmoment muß sich aus einer deutlichen Diskrepanz zwischen der durch die Umstände bei Vertragsschluß begründeten Erwartung des anderen Vertragsteils und dem tatsächlichen Inhalt der AGB ergeben."

Der überraschende Charakter einer Klausel ist dementsprechend zu verneinen, wenn der Verwender den Kunden auf die ungewöhnliche Klausel hinweist.[1047] Dies kann durch einen ausdrücklichen, mündlichen Hinweis bei Vertragsschluß geschehen. Möglich ist aber auch, daß der Verwender die betreffende Klausel drucktechnisch besonders hervorhebt. Eine derartige Hervorhebung genügt allerdings nur dann, wenn die Klausel verständlich abgefaßt ist, so daß der Kunde auch inhaltlich die Bedeutung und Tragweite der objektiv ungewöhnlichen Klausel erkennen kann.

Auf diese Weise ergänzt § 3 AGBG das in § 2 Abs. 1 Nr. 2 AGBG statuierte Verständlichkeitsgebot.

c) Unklarheitenregel (§ 5 AGBG)

Schließlich trägt auch die Unklarheitenregel in § 5 AGBG dem Verständlichkeitsgebot Rechnung.[1048] Da mehrdeutige Klauseln gem. § 5 AGBG im Zweifel zu Lasten des

---

1045 ULMER, in: ULMER/BRANDNER/HENSEN, AGB-Gesetz[8], § 3 Rn. 12. Die Üblichkeit einer Klausel spielt demgegenüber keine maßgebliche Rolle. Die brancheneinheitliche Verwendung der Klausel, etwa aufgrund entsprechender Konditionenempfehlungen, ist für sich allein nicht geeignet, den Einwand des § 3 AGBG zu entkräften, ULMER, a.a.O., § 3 Rn. 14.

1046 BTDrcks. 7/3919, 19f.

1047 Vgl. hierzu und zum folgenden: ULMER, in: ULMER/BRANDNER/HENSEN, AGB-Gesetz[8], § 3 Rn. 23f.

1048 Wie hier: ULMER, a.a.O., § 5 Rn. 1.

Verwenders auszulegen sind, ist der Verwender gezwungen, für eine möglichst klare und eindeutige Vertragsgestaltung sorgen.

Die in § 5 AGBG vorgesehene Auslegungsmöglichkeit darf allerdings nicht dahingehend mißverstanden werden, daß der Verwender mehrdeutige Klauseln ohne weiteres verwenden darf und allein das Risiko einer für ihn nachteiligen Auslegung zu tragen hat. Nach dem Sinn und Zweck des Transparenzgebotes soll die Verwendung unklarer und unverständlicher Klauseln vielmehr generell im Rechtsverkehr unterbunden werden. Rechtsprechung und Schrifttum befürworten daher eine restriktive Auslegung des § 5 AGBG.

Zum einen kommt eine Anwendung des § 5 AGBG nach überwiegender Ansicht erst dann in Betracht, wenn die Vertragsbedingungen vom Grundsatz her verständlich sind und sich nur in Einzelpunkten als mehrdeutig erweisen.[1049] Anderenfalls scheitert die Einbeziehung insgesamt unklarer (mehrdeutiger) Klauselwerke oder einzelner Klauselteile im Individualverfahren bereits am Verständlichkeitsgebot des § 2 Abs. 1 Nr. 2 AGBG.

Zum anderen hat sich seit geraumer Zeit bei der Auslegung allgemeiner Vertragsbedingungen das Prinzip der kundenfeindlichsten Auslegung durchgesetzt.[1050] Im Verbandsverfahren ist die kundenfeindlichste Auslegung bereits seit langem anerkannt. Denn der Verbandsprozeß ist darauf ausgerichtet, unangemessene Vertragsbedingungen im abstrakten Kontrollverfahren zu beseitigen. Eine kundenfreundliche Auslegung würde dieses Ziel wesentlich erschweren, wenn nicht gar vereiteln. Die betreffenden Klauseln könnten unter Umständen nur deshalb einer Inhaltskontrolle (§§ 13, 9-11 AGBG) standhalten, weil die Gerichte eine kundenfreundliche Auslegungsalternative zugrunde legen. Das Prinzip der kundenfreundlichsten Auslegung kann daher allenfalls im Individualverfahren seine Berechtigung haben. Aber auch insoweit sind Einschränkungen geboten. Abgesehen davon, daß eine kundenfreundliche Auslegung auch im Individualverfahren zur Aufrechterhaltung einer Klausel führen kann, die bei extensiver, kundenfeindlicher Auslegung einer Inhaltskontrolle nicht standhalten würde, ist zu beachten, daß vom rechtsunkundigen Bürger nicht erwartet werden kann, daß er sich mit Hilfe der Unklarheitenregel über den eingeschränkten Regelungsgehalt einer mehrdeutig formulierten Klausel selbst Klarheit verschaffen kann oder hierzu die Gerichte anruft. Schrifttum und Rechtsprechung befürworten daher neuerdings im Individualprozeß ein zweistufiges Verfahren.[1051] In einem ersten Schritt soll die mehrdeutige Klausel anhand der kundenfeindlichsten Auslegung auf ihre Vereinbarkeit mit §§ 9ff. AGBG überprüft

---

1049 Statt aller: ULMER, in ULMER/BRANDNER/HENSEN, AGB-Gesetz[8], § 2 Rn. 50 (mwN) und § 5 Rn. 29ff.
1050 Zum Ganzen vgl. ULMER, a.a.O., § 5 Rn. 4, 5 sowie BASEDOW, VersR 1999, 1045, 1048f.
1051 BGH NJW 1992, 1097, 1099; BGH NJW 1994, 1798, 1799; ULMER, a.a.O., § 5 Rn. 31.

werden. Nur wenn sich die Klausel als wirksam erweist, ist in einem zweiten Schritt die kundenfreundlichste Auslegung zugrunde zu legen.[1052]

d) Inhaltskontrolle (§ 9 Abs. 1 AGBG)

Am umfassendsten ist das Verständlichkeitsgebot in § 9 Abs. 1 AGBG verankert. Während sich die Vorschriften zur Einbeziehungstransparenz (§§ 2 Abs. 1 Nr. 2, 3 AGBG) allein auf die Preis- und Produktklarheit im Individualverfahren beziehen, fordert § 9 Abs. 1 AGBG, daß der Verwender die Rechte und Pflichten des Vertragspartners auch zum Zwecke einer hinreichenden Abwicklungstransparenz für den Durchschnittskunden möglichst klar, verständlich und widerspruchsfrei in den Vertragsbedingungen darstellt, wobei das Transparenzgebot nicht nur im Individualprozeß, sondern auch im Verbandsprozeß Anwendung findet. Diese Auffassung hat sich im Anschluß an das Hypothekenzins- und Wertstellungsurteil[1053] gegen anfängliche Widerstände[1054] allgemein durchgesetzt.[1055]

Nach wie vor umstritten ist demgegenüber die Frage, ob eine inhaltlich angemessene Klausel allein aufgrund ihrer Unverständlichkeit gem. § 9 Abs. 1 AGBG unwirksam sein kann. Da § 9 Abs. 1 AGBG eine „unangemessene Benachteiligung" des Vertragspartners voraussetzt, wird im Schrifttum teilweise die Ansicht vertreten, daß ein Verstoß gegen das Verständlichkeitsgebot nur dann zur Unwirksamkeit führt, wenn hierdurch zugleich die Gefahr einer *inhaltlichen* Benachteiligung des Vertragspartners entsteht.[1056] Gegenüber dem Äquivalenzprinzip erlange das Transparenzgebot – so die Begründung – keine eigenständige, sondern nur eine unterstützende Funktion. Ein rein formaler Verstoß gegen das Transparenzgebot reiche insofern nicht aus, um die Unwirksamkeit einer Klausel nach § 9 Abs. 1 AGBG begründen zu können.

Andere entnehmen der Rechtsprechung des BGH dagegen, daß bereits die bloße Unverständlichkeit einer Vertragsbedingung zur Unwirksamkeit nach § 9 Abs. 1 AGBG

1052 Bislang ist ungeklärt, ob sich eine derartige Interpretation mit Art. 5 S. 2 der Verbraucherrichtlinie vereinbaren läßt. Im Gegensatz zu § 5 AGBG schreibt Art. 5 S. 2 der Verbraucherrichtlinie für das Individualverfahren ausdrücklich vor, daß bei Zweifeln über die Bedeutung einer Klausel die für den Verbraucher günstigste Auslegung gilt. Auf der anderen Seite kann eine kundenfeindliche Auslegung aber auch für den Kunden insgesamt „günstiger" sein, wenn hierdurch eine ihn belastende Klausel wegfällt (wie hier: WOLF, in: WOLF/HORN/LINDACHER, AGB-Gesetz⁴, Art. 5 RiLi Rn. 9.) Schließlich führt das Prinzip der kundenfeindlichsten Auslegung letztlich zu einer strengeren AGB-Kontrolle. Diese ist aber nach Art. 8 der Verbraucherrichtlinie ausdrücklich zugelassen (so auch BASEDOW, VersR 1999, 1045, 1048).

1053 BGHZ 106, 42, 49 (Hypothekenzinsurteil); BGHZ 106, 259, 264 (Wertstellungsurteil).

1054 Vgl. z.B. BRUCHNER, WM 1988, 1873, 1875; WAGNER-WIEDUWILT, WM 1989, 37; V. CAMPENHAUSEN, Das Transparenzgebot als Pflicht zur Aufklärung vor Vertragsschluß (1994).

1055 BGHZ 112, 115, 117ff.; BGHZ 116, 1, 3; BGH NJW 1996, 455; BGH NJW 1996, 1407, 1408. Zum Schrifttum vgl. statt aller: WOLF, in WOLF/HORN/LINDACHER, AGB-Gesetz⁴, § 9 Rn. 143ff.

1056 BASEDOW, VersR 1999, 1045, 1049. PRÄVE, VersR 2000, 138, 142f. Differenzierend: WOLF (a.a.O., § 9 Rn. 146), der zwar davon ausgeht, daß ein formaler Verstoß gegen das Transparenzgebot nicht ausreicht, gleichzeitig aber betont, daß eine unangemessene Benachteiligung grundsätzlich vorliege, wenn das Preis-Leistungsverhältnis unübersichtlich oder die Rechtslage unklar ausgestaltet werde.

führt.[1057] Die Intransparenz einer Klausel sei per se, ohne Rücksicht auf das Hinzutreten einer inhaltlich unangemessenen Benachteiligung, ein selbständiges Merkmal unangemessener Vertragsgestaltung. Diese Interpretation ist, wie die neuere Rechtsprechung des BGH und Art. 5 S. 1 der Verbraucherrichtlinie zeigen, richtig.

Hinzuweisen ist insbesondere auf ein Urteil des BGH v. 22.11.1995.[1058] Hier ging es um die Frage, ob eine Abrechnungsklausel in einem Leasingvertrag, die für den Fall einer vorzeitigen Beendigung des Vertrages auf den unbestimmten Rechtsbegriff „vorschüssige Rentenbarwertformel" verweist, dem Transparenzgebot entspricht. Obwohl der BGH in dem betreffenden Urteil ausdrücklich klarstellt, daß die Bezugsgröße „vorschüssige Rentenbarwertformel" leasingtypisch ist und zu sachgerechten Ergebnissen führt, sah der BGH hierin einen Verstoß gegen § 9 Abs. 1 AGBG, da selbst von einem kaufmännischen, jedoch branchenfremden Kunden die inhaltliche Kenntnis dieser Formel nicht erwartet werden könne.

Daß die Unverständlichkeit einer Vertragsklausel ein selbständiges Merkmal unangemessener Vertragsgestaltung ist, ergibt sich darüber hinaus aus der Verbraucherrichtlinie, denn die Verbraucherrichtlinie statuiert die Transparenzkontrolle in Art. 5 S.1 als eine selbständige Kategorie der in Art. 3 Abs. 1 geregelten Mißbrauchskontrolle.[1059]

Diese Zusammenhänge verweisen tiefergehend darauf, daß die Unterscheidung zwischen „formeller" und „materieller" Unangemessenheit letztlich in die Irre führt.[1060] Intransparente, unverständliche Klauseln beeinträchtigen den Kunden nämlich zumindest insoweit, als er in Unkenntnis der tatsächlichen Rechte und Pflichten davon abgehalten wird, seine Chancen im Wettbewerb zu suchen, indem er sich nach dem günstigsten Anbieter umsieht. Verschleiernde Geschäftsbedingungen sind daher angesichts der Schutzzwecke des AGBG (vertragliche Selbstbestimmung, Herstellung eines funktionsfähigen Wettbewerbs) in jedem Falle auch materiell für den Vertragspartner des Verwenders nachteilig.

1057 RÖMER, NVersZ 1999, 97, 102; BRANDNER, in: ULMER/BRANDNER/HENSEN, AGB-Gesetz[8], § 9 Rn. 89; V. WESTPHALEN, in: Vertragsrecht und Klauselwerke, „Transparenzgebot", Rn. 12; HEINRICHS, NJW 1997, 1407; 1413; SCHWINTOWSKI, VersWissStud. 15, 87, 96.

1058 BGH NJW 1996, 455, 456. Ähnlich: BGH NJW 1996, 1407, 1408.

1059 Wie hier: BRANDNER, in: ULMER/BRANDNER/HENSEN, AGB-Gesetz[4], § 9 Rn. 175; SCHWINTOWSKI, VersWissStud. 15, 87, 96. A.A.: WOLF, in: WOLF/HORN/LINDACHER, AGB-Gesetz[4], Art. 5 RiLi Rn. 8; BASEDOW, VersR 1999, 1045, 1049.

1060 So auch KÖNDGEN, NJW 1989, 943, 950; BRANDNER, a.a.O., § 9 Rn. 91.

2. Das Verständlichkeitsgebot als Informationsobliegenheit[1061]

Das in §§ 2 Abs. 1 Nr. 2, 3 und 9 Abs. 1 AGBG verankerte Gebot hinreichender Verständlichkeit will sicherstellen, daß der Kunde vor Vertragsschluß die Gelegenheit hat, sich über sämtliche willensbildungsrelevanten Klauseln, insbesondere das Preis-Leistungsverhältnis, zu informieren. Darüber hinaus soll der Kunde durch die von § 9 Abs. 1 AGBG zusätzlich erfaßte Abwicklungstransparenz auch nach Vertragschluß in die Lage versetzt werden, sich aus den AGB zuverlässig über seine Rechte und Pflichten zu informieren, damit er nicht von der Durchsetzung seiner Rechte abgehalten wird. Das Verständlichkeitsgebot im AGBG begründet somit eine *Informationsobliegenheit,*[1062] die dem Grunde nach auf eine *objektgerechte Information* ausgerichtet ist. Der Verwender soll den Kunden bereits durch die Ausgestaltung seiner AGB über die wesentlichen Eigenschaften und Risiken des betreffenden Produkts informieren.

a) Vertragsabschlußbegleitende Informationen und Verständlichkeitsgebot

Der Zusammenhang zwischen dem Verständlichkeitsgebot und vorvertraglicher Information tritt besonders deutlich hervor, wenn der Verwender den Kunden vor Vertragsschluß über den Inhalt der Klausel informiert. Da das Verständlichkeitsgebot seinem Sinn und Zweck nach Informationsdefizite ausgleichen soll, ist im Schrifttum und in der Rechtsprechung seit langem anerkannt, daß der Verwender den Vorwurf mangelnder Verständlichkeit seiner AGB im Individualverfahren durch vorvertragliche Hinweise und Erklärungen ausräumen kann, wenn eine verständliche Ausgestaltung der Klausel auf praktische Schwierigkeiten stößt.[1063]

So kann im Rahmen der Einbeziehungskontrolle eine unverständliche Klausel dennoch gem. § 2 Abs. 1 Nr. 2 AGBG Vertragsbestandteil werden, wenn der Verwender den Kunden gleichzeitig bei Vertragsschluß klar und verständlich über den Regelungsgehalt der betreffenden Klausel informiert.[1064] Gleiches gilt für § 3 AGBG.[1065] Da ungewöhnliche Vertragsbedingungen nur dann an der Einbeziehungskontrolle des § 3 AGBG scheitern, wenn der Vertragspartner nicht mit der Klausel zu rechnen braucht, kann auch eine ungewöhnliche Klausel in den Vertrag einbezogen werden, wenn der Kunde auf-

---

1061 Im Schrifttum werden die Begriffe „Information", „Aufklärung" und „Beratung" uneinheitlich verwendet (vgl. BREIDENBACH, Die Voraussetzungen von Informationspflichten beim Vertragsschluß [1989], 4). Da eine genaue Abgrenzung weder möglich ist, noch einen Erkenntnisgewinn verspricht, wird vorliegend auf eine Systematisierung verzichtet.

1062 NIEDENFÜHR, Informationsgebote des AGB-Gesetzes (1986), 4ff. Konkrete gesetzliche Hinweisgebote finden sich darüber hinaus in §§ 10 Nr. 3, Nr. 5b AGBG und §§ 11 Nr. 10b, Nr. 14a, Nr. 15 S. 2 AGBG. Vgl. weiterführend auch REHBERG (Der Versicherungsabschluß als Informationsproblem, Univ.-Diss., Manuskript [noch nicht veröffentlicht], 271ff., 278ff.), der das Transparenzgebot im AGBG nicht nur als Informationsobliegenheit, sondern sogar als Bestandteil allgemeiner zivilrechtlicher Informationspflichten begreift.

1063 Siehe hierzu WOLF, in: WOLF/HORN/LINDACHER, AGB-Gesetz[4], § 9 Rn. 144 (mwN).

1064 WOLF, a.a.O., § 9 Rn. 144.

1065 BGHZ 131, 55, 59; ULMER, in: ULMER/BRANDNER/HENSEN, AGB-Gesetz[8], § 3 Rn. 1, 23.

grund vorvertraglicher Informationen die inhaltliche Bedeutung und Tragweite der objektiv ungewöhnlichen Klausel erkennen kann.

Auch die aus dem Verständlichkeitsgebot folgende Unwirksamkeit einer Klausel nach § 9 Abs. 1 AGBG steht im Individualverfahren unter dem Vorbehalt einer anderweitigen Aufklärung, wenn dem Verständlichkeitsgebot nicht durch die Klausel selbst Rechnung getragen werden kann. Diese Grundsätze hat der BGH im Hypothekenzinsurteil[1066] entwickelt und in einer Reihe weiterer Entscheidungen[1067] bestätigt. Nach dieser Rechtsprechung kann der AGB-Verwender die Unwirksamkeit einer intransparenten Zinsberechnungsklausel im Einzelfall dadurch vermeiden, daß er dem Kunden die Auswirkungen der Klausel auf die Zinshöhe durch Zusatzinformationen, insbesondere durch die Angabe eines Effektivzinssatzes, vor Vertragsschluß hinreichend durchschaubar macht.[1068] Da der effektive Jahreszins stetigen Schwankungen unterliegt und einer generellen und allgemeingültigen Festlegung in AGB kaum zugänglich ist, kann die Intransparenz der Zinsberechnungsklausel geheilt werden, wenn der Verwender nachweisen kann, daß der Kunde über Inhalt und Konsequenzen der Klausel informiert wurde.

Diese Rechtsprechung wird nunmehr für Verbraucherverträge durch § 24a Nr. 3 AGBG ausdrücklich bestätigt. § 24a Nr. 3 AGBG schreibt für das Individualverfahren vor, daß bei der Inhaltskontrolle von Verbraucherverträgen in Anwendung des § 9 AGBG „auch die den Vertragsabschluß begleitenden Umstände zu berücksichtigen sind." Diese Regelung, die auf Art. 4 Abs. 1 der Verbraucherrichtlinie beruht,[1069] kann das Ergebnis der Transparenzkontrolle sowohl zu Lasten als auch zu Gunsten des Verwenders beeinflussen.[1070] Einerseits kann der Verwender in erhöhtem Maße dazu verpflichtet sein, über vertragswesentliche Rechte und Pflichten zu informieren, wenn die Beurteilungsfähigkeit und Entscheidungsfreiheit des Verbrauchers aus persönlichen oder situativen Gründen bei Vertragsschluß besonders schwach ausgeprägt ist und diese Umstände so stark ins Gewicht fallen, daß nach Treu und Glauben eine Einzelfallkorrektur zwingend geboten ist. Andererseits kann sich die Berücksichtigung vertragsabschlußbegleitender Umstände aber auch zugunsten des Verwenders auswirken. Da bei der Inhaltskontrolle gem. § 24a Nr. 3 AGBG alle tatsächlichen Verhältnisse außerhalb des Textes der AGB zu berücksichtigen sind, kann eine für sich genommen unverständliche Vertragsbedingung wirksam werden, wenn der Verwender über die Bedeutung und Tragweite der Klausel bei Vertragsschluß informiert.

1066 BGHZ 106, 42, 51.
1067 BGHZ 112, 115, 118; BGH NJW 1991, 1889; BGH NJW 1992, 179; BGH NJW 1992, 1097, 1098; BGH NJW 1996, 2369, 2370.
1068 BGH NJW 1992, 1097, 1098 (mwN).
1069 Im Gegensatz zu § 24a Nr. 3 AGBG gebietet Art. 4 Abs. 1 der Verbraucherrichtlinie allerdings die Berücksichtigung *aller* den Vertragsabschluß begleitenden Umstände.
1070 Wie hier: BRANDNER, in: ULMER/BRANDNER/HENSEN, AGB-Gesetz[8], § 9 Rn. 180; HORN, in: WOLF/ HORN/LINDACHER, AGB-Gesetz[4], § 24a Rn. 52f.; BÖRNER, JZ 1997, 595.

Im Verbandsklageverfahren sollen diese Grundsätze nach herrschender Auffassung demgegenüber nicht gelten.[1071] Zur Begründung verweist der BGH darauf, daß das Verbandsverfahren nach § 13 AGBG auf einer vom Einzelfall losgelösten abstrakten Wirksamkeitsprüfung beruhe.[1072] Daher könnten Merkmale der konkreten Fallgestaltung nur dann Berücksichtigung finden, wenn sie Bestandteil der Allgemeinen Geschäftsbedingungen seien. Eine Zusatzinformation, die die Intransparenz einer Klausel vermeide, sei deshalb nur dann zu beachten, wenn sie sich aus anderen Bestimmungen der mit der beanstandeten Klausel in einem Formular zusammengefaßten Allgemeinen Geschäftsbedingungen ergebe.

In der Konsequenz führt eine derartige Auffassung allerdings zu dem widersprüchlichen Ergebnis, daß eine im Verbandsklageverfahren für unwirksam erklärte Klausel im Individualverfahren wirksam sein kann. Derartige Wertungswidersprüche lassen sich jedenfalls dann vermeiden, wenn man – wie beispielsweise KÖNDGEN[1073] und HORN[1074] – annimmt, daß zumindest solche Werbeaussagen im Verbandsverfahren berücksichtigt werden können, die in einer Vielzahl von Fällen Verwendung finden und planmäßig den Erwartungshorizont aller potentiellen Kunden präformieren. In derartigen Fällen verstößt die Berücksichtigung vertragsabschlußbegleitender Informationen nicht gegen den Zweck des Verbandsklageverfahrens, denn generelle Vertragsumstände sind einer generellen Bewertung zugänglich.

b) Wechselwirkung zwischen Informationsobliegenheit und Informationspflicht

Die Frage, ob eine AGB-Klausel noch hinreichend klar und verständlich oder bereits intransparent ist, verlangt ein Austarieren der wechselseitigen Informationslasten. Anhaltspunkte dafür, in welchem Umfang der Versicherer über die Überschußbeteiligung zu informieren hat, lassen sich aus §§ 10 Abs. 1 Nr. 7, 10a VAG und den allgemeinen Grundsätzen der objektgerechten Beratung gewinnen. Zwar folgt die Haftung für nicht erteilte, unvollständige oder fehlerhafte Informationen ihren jeweils eigenen Gesetzen.[1075] Dennoch ist zu beachten, daß das Verständlichkeitsgebot als vorvertragliche Informationsobliegenheit in enger Wechselbeziehung zu den genannten Informationspflichten steht, denn Verständlichkeitsgebot und vorvertragliche Informationspflicht sind ihrem Schutzzweck nach weitgehend identisch. Beide bezwecken gleichermaßen eine richtige, vollständige und verständliche Aufklärung über die Eigenschaften des angebotenen Produkts und die mit ihm verbundenen allgemeinen und speziellen Risiken (objektgerechte Information). Dementsprechend können auch die in §§ 10 Abs. 1 Nr. 7,

---

1071 BGHZ 116, 1, 4f.; BGH BB 1997, 644, 645. HEINRICHS, NJW 1996, 2190, 2194; HENSEN, in: ULMER/BRANDNER/HENSEN, AGB-Gesetz[8], § 13 Rn. 4, 70. Vgl. weiterführend auch LINDACHER, NJW 1997, 2741.
1072 BGH BB 1997, 644, 645.
1073 KÖNDGEN, JZ 1992, 643, 644.
1074 HORN, in: WOLF/HORN/LINDACHER, AGB-Gesetz[4], § 24a Rn. 47.
1075 Ausführlich zum Unterschied zwischen Informationsobliegenheit und Informationspflicht: NIEDENFÜHR, Informationsgebote des AGB-Gesetzes (1986), 185ff. und v.CAMPENHAUSEN, Das Transparenzgebot als Pflicht zur Aufklärung vor Vertragsschluß (1994).

10a VAG getroffenen Wertentscheidungen des Gesetzgebers und die von der Rechtsprechung entwickelten Prinzipien zur objektgerechten Beratung bei der Anwendung
des Verständlichkeitsgebots entsprechend herangezogen werden.

aa) Ausstrahlungswirkung der §§ 10 Abs. 1 Nr. 7, 10a VAG

Das Verständlichkeitsgebot ist zunächst anhand der Wertungen der §§ 10 Abs. 1 Nr.
7, 10a VAG zu konkretisieren. Da der Gesetzgeber in diesen Vorschriften den erforderlichen Informationsbedarf der Versicherungsnehmer festgelegt hat, wird von verschiedener Seite zu Recht darauf hingewiesen, daß die §§ 10 Abs. 1 Nr. 7, 10a VAG trotz
ihres öffentlich-rechtlichen Charakters eine *Ausstrahlungswirkung* auf das Zivilrecht
haben.[1076] Diese Auffassung wird inzwischen auch von der Rechtsprechung geteilt. So
hat das OLG Stuttgart mit Urteil v. 28.5.1999 zur Wirksamkeit der Überschußbeteiligungsklausel ausgeführt:[1077]

> „Welches Maß an Information eine solche Klausel enthalten muß, kann der europäischen
> Richtlinie und dem zu ihrer Umsetzung erlassenen § 10a VAG entnommen werden, die
> beide, obgleich einen anderen Regelungsbereich betreffend, auf das Zivilrecht ausstrahlen
> und die vertragliche Informationspflicht des Versicherungsunternehmens konkretisieren
> (...) und damit eine Typisierung des Inhalts des Transparenzgebots für dieses Rechtsver-
> hältnis vorgeben (...).“

Bei der Anwendung des Verständlichkeitsgebots ist also zu beachten, daß die Versicherer gem. § 10 Abs. 1 Nr. 7 VAG verpflichtet sind, die Grundsätze und Maßstäbe der
Überschußbeteiligung vollständig zu regeln. Weitergehend fordert § 10a Abs. 2 VAG,
daß die erforderliche Verbraucherinformation schriftlich erfolgt, eindeutig formuliert,
übersichtlich gegliedert und verständlich in deutscher Sprache oder der Muttersprache
des Versicherungsnehmers abgefaßt ist.
§ 10a Abs. 1 VAG i.V.m. Anlage D, Abschnitt I Nr. 2a VAG sieht darüber hinaus
vor, daß die Versicherungsnehmer vor Abschluß eines überschußberechtigten LVV
auch über die für die „Überschußermittlung“ und „Überschußbeteiligung“ geltenden
Berechnungsgrundsätze und Maßstäbe informiert werden.
Zur Umsetzung dieser Regelung hat das BAV im Jahre 1995 Grundsätze veröffentlicht.[1078] Hiernach müssen Informationen zur Überschußbeteiligung so abgefaßt werden,
daß sich ein durchschnittlich gebildeter Versicherungsnehmer ohne anwaltliche Hilfe

---

1076 RÖMER, VersR 1998, 1313, 1318; SCHWINTOWSKI, VersWissStud. 15, 87, 92. A.A.: BACH, in: FS
  Lorenz (1994), 45, 69f.; PRÄVE, VersR 1999, 837, 838.
1077 OLG Stuttgart VersR 1999, 832, 836. Der BGH hat hingegen in seinen beiden Urteilen v. 9.5.2001
  die Frage, ob den öffentlich-rechtlichen Vorschriften der §§ 10 Abs. 1 Nr. 7, 10a VAG Wertungen
  des Gesetzgebers zu entnehmen sind, die auch Einfluß auf den Inhalt privatrechtlicher Vertragsge-
  staltungen haben, offengelassen, BGH NVersZ 2001, 308 und 313.
1078 Grundsätze des BAV zur Anwendung des § 10a VAG (Verbraucherinformationen), VerBAV
  1995, 283, abgedruckt bei PRÖLSS, VAG[II], § 10a Rn. 31a.

ein zutreffendes Bild vom Vertragsinhalt machen kann.[1079] Durch die Angaben der Unternehmen soll der Versicherungsnehmer in die Lage versetzt werden, die auf seinen Vertrag entfallenden Überschußanteile zumindest theoretisch nachvollziehen zu können.[1080] Dies setze – so das BAV – voraus, daß der Versicherungsnehmer exakte Informationen bezüglich der für ihn maßgeblichen Überschußbemessungsgrößen erhalte. Dem Versicherungsnehmer sei daher mitzuteilen, daß der für sämtliche überschußberechtigten Versicherungen maßgebliche Überschuß nach handelsrechtlichen Gesichtspunkten ermittelt werde und daß sich der für die Überschußbeteiligung sämtlicher Versicherungsnehmer zu reservierende Mindestanteil des ermittelten Überschusses nach Maßgabe des § 81c VAG richte und nur in Notfällen zur Verlustabdeckung nach § 56a VAG herangezogen werden dürfe. Dem Versicherungsnehmer sei des weiteren darzulegen, nach welchen Grundsätzen die einzelnen Versicherungen zu Bestandsgruppen und Überschußverbänden zusammengefaßt werden und welcher Gruppe er angehöre. Ferner sei der Versicherungsnehmer unter Bezugnahme auf die jährlich im Geschäftsbericht deklarierten Überschußanteile über die Modalitäten der Überschußverteilung (Wartezeit, Direktgutschrift/RfB, laufende Überschußbeteiligung, Schlußüberschußbeteiligung, Bonus, Ansammlung, Verrechnung) zu informieren.

Zweifelhaft ist, ob die vom BAV empfohlenen Verbraucherinformationen den Kunden wirklich zu einem Marktvergleich befähigen. Selbst wenn man bedenkt, daß § 10a VAG von den Versicherern keine an den Bedürfnissen der Versicherungsnehmer orientierte, individuelle Beratung fordert,[1081] müßten die Versicherungsnehmer zumindest objektgerecht über die Überschußbeteiligung informiert werden.[1082] Maßstab für die objektgerechte Beratung können allein die Verständnismöglichkeiten des durchschnittlichen Versicherungsnehmers sein. Von diesem kann aber wohl kaum erwartet werden, daß er das höchst komplexe Überschußbeteiligungsverfahren und die auf seinen Vertrag entfallenen Überschußanteile im einzelnen nachvollziehen kann. Warum soll der Versicherungsnehmer wissen, daß der Überschuß nach handelsrechtlichen Grundsätzen ermittelt wird und sich der für die Überschußbeteiligung zu reservierende Mindestanteil nach § 81c VAG richtet? Aus welchem Grund wird der Versicherungsnehmer mit der Notstandsregel des § 56a VAG konfrontiert? Wieso soll der Versicherungsnehmer darüber hinaus auch noch im einzelnen über die Aufteilung der Bestandsgruppen und Ge-

---

1079   Vgl. I.3. der BAV-Grundsätze, a.a.O.

1080   Vgl. II.2.a. der BAV-Grundsätze, a.a.O.

1081   So ausdrücklich: KIENINGER, AcP 198 (1998), 190, 217 sowie SCHWINTOWSKI, VersWissStud. 15, 87, 123ff.

1082   Vgl. hierzu den 23. Erwägungsgrund der dritten Richtlinie Leben (abgedruckt bei PRÖLSS, VAG[11], Anh. I 20). Hier heißt es: „Im Rahmen eines einheitlichen Versicherungsmarkts wird dem Verbraucher eine größere und weiter gefächerte Auswahl von Verträgen zur Verfügung stehen. Um diese Vielfalt und den verstärkten Wettbewerb voll zu nutzen, muß er im Besitz der notwendigen Informationen sein, um den seinen Bedürfnissen am ehesten entsprechenden Vertrag auszuwählen. (...) Folglich sind die Mindestvorschriften zu koordinieren, damit er klare und genaue Angaben über die *wesentlichen Merkmale* der ihm angebotenen Produkte (...) erhält" (Hervorhebung vom VERFASSER).

winnverbände informiert werden? Und welchen Nutzen hat es, daß der Versicherungsnehmer über die Direktgutschrift und die RfB Bescheid weiß?

Für die Anlageentscheidung des juristisch nicht gebildeten Laien sind diese Informationen nicht erforderlich. Entscheidend ist vielmehr, daß die Versicherten durch die
Ausgestaltung der AGB objektgerecht über den überschußberechtigten LVV informiert
werden.

bb) Allgemeine Grundsätze der objektgerechten Beratung

Seit dem Bond-Urteil des BGH ist anerkannt, daß Kreditinstitute grundsätzlich gehalten sind, den Kunden von sich aus „anleger- und objektgerecht" beim Erwerb einer
Kapitalanlage zu beraten.[1083] *Anlegergerechte Beratung* bedeutet, daß die Bank dem
Kunden nur solche Kapitalanlagen empfehlen darf, die auf seine persönlichen Verhältnisse, seine Risikobereitschaft und Anlageziele zugeschnitten sind.[1084] Die Bank hat
dementsprechend bei der Anlageberatung den – gegebenenfalls zu erfragenden – Wissensstand des Kunden über Anlagegeschäfte der vorgesehenen Art, die Vermögensver-
hältnisse des Kunden, die individuelle Risikobereitschaft (konservativ, risikobewußt,
spekulativ), die Anlageziele (z.B. langfristige/kurzfristige Anlage, Altersvorsorge, Aus-
bildungssicherung für Kinder etc.) und sonstigen persönlichen Umstände zu berücksichtigen, soweit diese für die Anlageentscheidung relevant sind. Auf dieser Grundlage ist
der Kunde objektgerecht über geeignete Kapitalanlageformen zu beraten. Eine solche
objektgerechte Beratung setzt voraus, daß der Interessent über sämtliche Eigenschaften
und Risiken des Anlageobjekts aufgeklärt wird, die für die jeweilige Anlageentscheidung wesentliche Bedeutung haben oder haben können.[1085] Die Beratung muß sich dabei
sowohl auf die allgemeinen Risiken (Konjunkturlage, Entwicklung des Kapitalmarkts)
als auch auf die speziellen Risiken beziehen, die sich aus den individuellen Gegebenheiten des Anlageobjekts (Kurs-, Zins- und Währungsrisiko) ergeben.[1086] Insgesamt muß
die Beratung richtig und sorgfältig, für den Kunden verständlich und vollständig sein.
Werden diese Kriterien nicht erfüllt, so steht dem Kunden ein Schadensersatzanspruch
zu, der von der Rechtsprechung zumeist aus einem konkludent abgeschlossenen Bera-
tungsvertrag hergeleitet wird.[1087] Im Schrifttum wird diese Konstruktion demgegenüber
teilweise abgelehnt, was aber letztlich keinen Einfluß auf den Umfang der Beratungspflichten hat, denn an die Stelle des Beratungsvertrages tritt eine rechtliche Sonderver-
bindung, die zumindest eine Vertrauens- oder Berufshaftung in gleichem Maße aus-
löst.[1088]

Eine spezielle Ausprägung des Grundsatzes der „anleger- und objektgerechten"
Beratung stellen die §§ 31, 32 WpHG dar. Hiernach hat ein Wertpapierdienstleistungs-

---

1083 BGHZ 123, 126 (Bond-Urteil).
1084 BGHZ 123, 126, 128f.
1085 BGHZ 123, 126, 129; BGH WM 1987, 531, 532.
1086 BGH WM 1993, 1455, 1456.
1087 BGHZ 100, 117, 118f.; BGHZ 123, 126, 128; BGH ZIP 1996, 872.
1088 Vgl. hierzu KIENINGER, AcP 198 (1998), 190, 227f. (mwN).

unternehmen die Pflicht, Wertpapierdienstleistungen mit der erforderlichen Sachkenntnis, Sorgfalt und Gewissenhaftigkeit zu erbringen (§ 31 Abs. 1 Nr. 1 WpHG) und von seinen Kunden Angaben über ihre Erfahrungen, Kenntnisse, finanziellen Verhältnisse und Anlageziele zu verlangen, so daß das Unternehmen alle zweckdienlichen Informationen mitteilen kann (§ 31 Abs. 2 WpHG). § 32 Abs. 1 Nr. 1 WpHG weist darüber hinaus darauf hin, daß ein Wertpapierdienstleistungsunternehmen nicht den Ankauf oder Verkauf von Wertpapieren oder Derivaten empfehlen darf, wenn und soweit die Empfehlung nicht mit den Interessen der Kunden übereinstimmt.

Da der überschußberechtigte LVV seinem Sinn und Zweck nach eine besondere Form des Sparens ist (vgl. S. 250f.) und der Versicherungsvertrag darüber hinaus mit einer herkömmlichen Kapitalanlage zumindest insoweit vergleichbar ist, als auch beim Versicherungsvertrag die Vermögensinteressen der Kunden (Absicherung gegen die wirtschaftlichen Folgen der Risikoverwirklichung) im Vordergrund stehen, wird im neueren Schrifttum zu Recht darauf hingewiesen, daß die Grundsätze der anleger- und objektgerechten Beratung auch im Privatversicherungsrecht Anwendung finden.[1089] SCHWINTOWSKI[1090] hat diesbezüglich vorgeschlagen, die §§ 31, 32 WpHG analog auf Versicherungsverträge anzuwenden. Eine derartige Analogie ist unter methodischen Gesichtspunkten allerdings nicht nur fragwürdig, sondern im einzelnen auch gar nicht erforderlich.[1091] Letztlich ist der Grundsatz der anleger- und objektgerechten Beratung nämlich, wie auch SCHWINTOWSKI[1092] an anderer Stelle selbst einräumt, ein *übergreifendes Rechtsprinzip*. Für Versicherungsverträge ist daher nicht auf die spezialgesetzliche Regelung im WpHG, sondern auf die von der Rechtsprechung entwickelten allgemeinen Rechtsgrundsätze zurückzugreifen.

So gesehen ist das Prinzip der objektgerechten Beratung auch dann zu beachten, wenn die Verständlichkeit einer Klausel gem. §§ 2 Abs. 1 Nr. 2, 3, 9 Abs. 1 AGBG beurteilt werden soll. Denn auch das Verständlichkeitsgebot soll gewährleisten, daß der durchschnittliche Kunde die wesentlichen Eigenschaften des Produkts erkennen kann. In diesem Sinne ist das Verständlichkeitsgebot nicht nur anhand der §§ 10 Abs. 1 Nr. 7, 10a VAG, sondern zusätzlich durch die von der Rechtsprechung für Kapitalanlagegeschäfte entwickelten Grundsätze der objektgerechten Beratung zu konkretisieren.[1093]

1089 SCHWINTOWSKI, VuR 1997, 83, 87; KIENINGER, AcP 198 (1998), 190, 236ff. Vgl. ferner RÖMER, VersWissStud. 11, 23ff.

1090 SCHWINTOWSKI, VuR 1997, 83, 87.

1091 Wie hier: RÖMER, VersWissStud. 11, 23, 24; KIENINGER, AcP 198 (1998), 190, 218.

1092 SCHWINTOWSKI, VuR 1997, 83, 86f.

1093 Der Grundsatz der *anlegergerechten* Beratung kann demgegenüber bei der Anwendung des Verständlichkeitsgebots keine Berücksichtigung finden. Die anlegergerechte Beratung muß stets auf die individuellen Besonderheiten des Einzelfalls und die besonderen Bedürfnisse des konkreten Vertragspartners eingehen. Dieses Ziel kann durch die Ausgestaltung *allgemeiner* Vertragsbedingungen niemals erreicht werden.

c) Bewertung

Die Frage, ob eine AGB-Klausel noch hinreichend klar und verständlich oder bereits intransparent ist, verlangt ein Austarieren der wechselseitigen Informationslasten. Anhaltspunkte dafür, in welchem Maße die Klausel über die Überschußbeteiligung zu informieren hat, lassen sich aus den §§ 10 Abs. 1 Nr. 7, 10a VAG und den Grundsätzen der objektgerechten Beratung gewinnen. Im Ergebnis fordert das Verständlichkeitsgebot als vorvertragliche Informationsobliegenheit von den Versicherern, daß sich der durchschnittliche Kunde anhand der AGB über sämtliche Eigenschaften und Risiken, die für seine Anlageentscheidung und die spätere Abwicklung relevant sind, informieren kann.

Soweit eine Klausel diese Anforderungen nicht erfüllen kann, kann der Versicherer den Vorwurf mangelnder Verständlichkeit auch durch vorvertragliche Hinweise und Erklärungen ausräumen. Für die Frage, unter welchen Umständen eine solche Klarstellung zu erfolgen hat, gibt es bisher keine griffige Lösung. Überwiegend wird davon ausgegangen, daß ein Verstoß gegen das Gebot hinreichender Preis- und Produktklarheit auch durch mündliche Erklärungen des Verwenders beseitigt werden kann; ist dagegen die Abwicklungstransparenz betroffen, so muß die betreffende Aufklärung schriftlich erfolgen, denn anderenfalls wäre nicht hinreichend sichergestellt, daß sich der Kunde dieser Hinweise noch später bei der Vertragsabwicklung erinnert.[1094] Für Versicherungsverträge ist allerdings davon auszugehen, daß vertragsabschlußbegleitende Informationen im Hinblick auf das Schriftformerfordernis in § 10a Abs. 2 VAG in jedem Fall, also auch bei Verstößen gegen das Gebot hinreichender Preis- und Produktklarheit, der Schriftform bedürfen.

IV. Das Verhältnis zwischen Bestimmtheits- und Verständlichkeitsgebot

Die vorangegangene Untersuchung hat deutlich gemacht, daß ein Wettbewerb um überschußberechtigte LVV erst dann eröffnet wird, wenn die Versicherer die Leistungen aus der Überschußbeteiligung bestimmbar festlegen, so daß zumindest *Experten* feststellen können, in welchem Umfang und nach welchen Kriterien das Leistungsbestimmungsrecht während der Vertragslaufzeit ausgeübt wird. Dies folgt aus dem schuldrechtlichen und AGB-rechtlichen Bestimmtheitsgebot. Eine allzu detaillierte, den Anforderungen des Bestimmtheitsgebots entsprechende vertragliche Ausgestaltung der Vertragsbedingungen führt aus der Sicht der durchschnittlichen Versicherungsnehmer allerdings notwendigerweise zu einem Verlust der Verständlichkeit. Je bestimmter die Überschußbeteiligungsklauseln ausgestaltet werden, desto größer ist die Gefahr, daß der juristisch nicht vorgebildete Laie den Sinngehalt der betreffenden Regelung verkennt. Das Verständlichkeitsgebot verlangt aber von den Versicherern, daß sich auch der *durchschnittliche Kunde* anhand der AGB über sämtliche Eigenschaften und Risiken, die für seine Anlageentscheidung und die spätere Abwicklung relevant sind, informieren kann. Die Gebote hinreichender Bestimmtheit und Verständlichkeit stehen somit zueinander im Widerspruch.

1094 WOLF, in: WOLF/HORN/LINDACHER, AGB-Gesetz⁴, § 9 Rn. 144.

Dieser Widerspruch kann im Hinblick auf den Schutzzweck des Transparenzgebots sowie die EG-Richtlinie über mißbräuchliche Klauseln in Verbraucherverträgen nicht einfach dadurch gelöst werden, daß der Maßstab des „durchschnittlichen Versicherungsnehmers" auf eine bloße Expertentransparenz reduziert wird. Da der Kunde selbst den Vertrag abschließt, muß er auch in der Lage sein, das Preis-Leistungsverhältnis und die auf ihn zukommenden Belastungen erkennen zu können. Der BGH hält daher zu Recht auch im Versicherungsvertragsrecht am Maßstab des „durchschnittlichen Versicherungsnehmers ohne versicherungsrechtliche Spezialkenntnisse" fest.[1095]

Dessenungeachtet lassen sich die Gebote hinreichender Bestimmtheit und Verständlichkeit dennoch miteinander in Einklang bringen. Das Verständlichkeitsgebot ist seinem Wesen nach eine Informationsobliegenheit. Dementsprechend ist allgemein anerkannt, daß der Verwender den Vorwurf mangelnder Verständlichkeit auch durch vorvertragliche Hinweise und Erklärungen ausräumen kann, wenn die verständliche Ausgestaltung der Klausel auf praktische Schwierigkeiten stößt. Eine derartige *Informationslösung* ist auch im Privatversicherungsrecht zu bevorzugen. Da sich das Produkt Versicherung erst durch die Allgemeinen Versicherungsbedingungen definiert und die Versicherer aufgrund des Bestimmtheitsgebot zu einer detaillierten, konkreten Ausgestaltung ihrer AGB gezwungen sind, muß die für den Laien bestehende Intransparenz durch eine vorvertragliche Aufklärung beseitigt werden.[1096]

Der hiergegen erhobene Einwand SCHWINTOWSKIS,[1097] es bestehe die Gefahr, daß sich die Versicherer aus ihrer Produktgestaltungsverantwortung durch einen schlichten belehrenden Hinweis „freizeichnen", so daß der gerade erst beginnende Wettbewerb um neue transparente Produkte auf den Versicherungsmärkten im Keim erstickt werde, trifft der Sache nach nicht zu. Denn eine Heilung unverständlicher Klauseln kommt nach dem hier vertretenen Lösungsansatz nur in Ausnahmefällen in Betracht. Der Verwender muß zumindest den Versuch machen, die Rechte und Pflichten des Versicherungsnehmers möglichst bestimmt und zugleich für den durchschnittlichen Versicherungsnehmer klar und verständlich darzustellen. Erst wenn dieser Versuch aufgrund der versicherungsrechtlichen Besonderheiten scheitert, kann die Intransparenz der Klausel durch eine vorvertragliche Information geheilt werden. In diesem Fall trägt der Versicherer grundsätzlich die *Beweislast* dafür, daß eine für sich genommen unverständliche und daher unwirksame Klausel durch vertragsabschlußbegleitende Informationen geheilt worden ist.[1098]

Unverständliche Versicherungsbedingungen sind daher nur dann wirksam, wenn die sprachliche Darstellung der produktspezifischen Eigenschaften auf unüberwindbare Schwierigkeiten stößt und der Versicherer zugleich nachweisen kann, daß der Versicherungskunde die betreffenden Regelungen aufgrund vorvertraglicher Informationen dennoch verstehen konnte.

1095 BGHZ 123, 83, 85; BGH NJW-RR 1998, 1034.
1096 EBERS, VuR 1997, 379, 384. Ähnlich: RÖMER, NVersZ 1999, 97, 104.
1097 SCHWINTOWSKI, VersWissStud. 15, 87, 106.
1098 BRANDNER, in: ULMER/BRANDNER/HENSEN, AGB-Gesetz[8], § 9 Rn. 181.

V. Anforderungen an die vertragliche Ausgestaltung der Überschußbeteiligung

Die Versicherer sind nach dem *Bestimmtheitsgebot* verpflichtet, den Zahlungsmechanismus aus der Überschußbeteiligung soweit wie möglich zu konkretisieren. Das *Verständlichkeitsgebot* fordert darüber hinaus, daß der durchschnittliche Versicherungsnehmer über sämtliche preis-, produkt- und abwicklungsrelevanten Eigenschaften und Risiken der Überschußbeteiligung klar und verständlich informiert wird. Die im Rechtsverkehr verwendeten Überschußbeteiligungsklauseln müssen daher nicht nur äußerlich formalen Anforderungen genügen (lesbares Schriftbild, sachliche Strukturierung, übersichtliche Gliederung, angemessener Umfang des Klauselwerks), sondern darüber hinaus in sprachlicher Hinsicht gewährleisten, daß der Versicherungsnehmer den Sinngehalt der betreffenden Regelungen richtig einschätzen kann. Die Überschußbeteiligungsklauseln müssen daher folgende Informationen enthalten:

- Zunächst muß der Versicherungsnehmer darauf hingewiesen werden, daß eine bestimmte Leistung aus der Überschußbeteiligung nicht garantiert werden kann, da die Höhe der Überschußbeteiligung vom tatsächlichen Risiko-, Kapitalanlage- und Kostenverlauf bestimmt wird.[1099]
- Darüber hinaus müssen die Überschußbeteiligungsklauseln klarstellen, daß die während und am Ende der Vertragslaufzeit (Todesfall, Erlebensfall, Rückkaufsfall) gutzuschreibenden Überschüsse nach vertragsgemäßem bzw. billigem Ermessen ermittelt werden. Da die Versicherungsnehmer nicht von der Durchsetzung ihrer Rechte abgehalten werden dürfen, ist zusätzlich darauf hinzuweisen, daß die Versicherten berechtigt sind, die Höhe der festgelegten Überschußanteilssätze gerichtlich überprüfen zu lassen (§ 315 Abs. 3 BGB).[1100]
- Der Versicherungsnehmer muß wissen, ob sein Vertrag auf eine sicherheitsorientierte oder renditeorientierte Kapitalanlagepolitik ausgerichtet ist.[1101]
- Die Überschußbeteiligungsklausel hat darüber zu informieren, wie die Überschüsse auf die Vertragslaufzeit verteilt werden (gleichmäßige oder zeitnahe Überschußbeteiligung, hohe Schlußüberschußanteile).
- Um übermäßige Thesaurierungen zu verhindern, muß der Versicherer in den Vertragsbedingungen Höchstgrenzen für stille Reserven und die RfB festlegen (Thesaurierungsquote).
- Des weiteren ist ein präziser Prozentsatz für die Verteilung der Kapitalanlage-, Risiko- und Kostenüberschüsse anzugeben (hierdurch: Festlegung der Gewinnmargen, Eindämmung der Querverrechnung).[1102]
- Ferner muß die Überschußbeteiligungsklausel den betreffenden Vertrag einer bestimmten Bestandsgruppe/Gewinnverband zuordnen, um den unterschiedlichen Ertragsstrukturen der Tarife Rechnung zu tragen.

1099 Vgl. hierzu S. 251f.
1100 Vgl. hierzu S. 257ff.
1101 Vgl. hierzu und zum folgenden S. 273f.
1102 Vgl. hierzu S. 197f. und S. 275f.

- Gleichzeitig sind die Versicherungsnehmer darüber zu informieren, inwieweit sich die in Aussicht gestellte Überschußbeteiligung nachträglich reduziert, wenn während der Vertragslaufzeit eine Veränderung des Risiko-, Kapitalanlage- oder Kostenverlaufs eintritt.[1103]
- Schließlich muß der Versicherungsnehmer anhand der Klauselformulierung erkennen können, welche Konsequenzen die jeweils gewählte Überschußverwendung für seinen Vertrag hat (hohe Todesfalleistungen beim Bonussystem, hohe Erlebensfalleistungen bei der verzinslichen Ansammlung, isolierter Rückkauf bereits gutgeschriebener Überschußanteile, variabler Wechsel der Überschußverwendung während der Vertragslaufzeit, etc.).[1104]

Eine derartige Vertragsgestaltung schafft die notwendigen Voraussetzungen dafür, daß die dem überschußberechtigten LVV inhärente Renditeunsicherheit nicht noch zusätzlich durch unternehmerische Ermessensentscheidungen verstärkt wird. Indem die Versicherer die Obliegenheit haben, ihre Vertragspflichten privatautonom durch innervertragliche Maßstäbe zu konkretisieren, kann das Preis-Leistungsverhältnis überschußberechtigter LVV von *Experten* in verläßlicher Weise eingeschätzt werden, so daß ein Wettbewerb um dieses Produkt im Vergleich zu anderen Bankprodukten für den Neubestand funktionsfähig und möglich wird. Gleichzeitig wird auch der *durchschnittliche Versicherungsnehmer* über die preis-, produkt- und abwicklungsrelevanten Eigenschaften und Risiken der Überschußbeteiligung objektgerecht informiert.

Soweit eine verständliche Darstellung in der Überschußbeteiligungsklausel auf praktische Schwierigkeiten stößt, muß dem Interesse des Kunden an einer klaren und verständlichen Produktgestaltung zusätzlich durch entsprechende vorvertragliche Informationen Rechnung getragen werden. Dies betrifft vor allem die Angabe eines Effektivzinses.[1105] Zwar ist eine solche Information unabdingbare Voraussetzung dafür, daß der Versicherungsnehmer das Preis-Leistungsverhältnis bei Vertragsschluß zutreffend beurteilen kann. Gleichzeitig ist aber zu berücksichtigen, daß Renditeangaben sinnvollerweise nicht in die Vertragsbedingungen aufgenommen werden sollten, denn ansonsten müßte die Klausel aufgrund der jährlich schwankenden Effektivverzinsung jährlich geändert werden. Geeigneter Platz für derartige Informationen sind insofern die vorvertraglichen Informationen, die durch die jährlichen Mitteilungen über den Stand der Überschußbeteiligung (§ 10a VAG i.V.m. Anlage D, Abschnitt II Nr. 3) ständig zu aktualisieren sind.

1103 Vgl. hierzu S. 191ff. und S. 270f.
1104 Vgl. hierzu S. 187ff.
1105 Zu den Voraussetzungen, unter denen das BAV Renditeangaben für zulässig erachtet, vgl. R 2/2000, VerBAV 2000, 252, 256. Weiterführend zur Angabe eines Effektivzinssatzes in der Lebensversicherung: SCHWINTOWSKI, VuR 1998, 219, 229 und MEYER, VersWissStud. 15, 195.

B. Kontrollfähigkeit der Überschußbeteiligungsklauseln (§ 8 AGBG)

I. Grundsätze

Die Transparenz der Überschußbeteiligungsklauseln kann im Individual- und im Verbandsklageverfahren nur dann anhand der Generalklausel (§ 9 Abs. 1 AGBG) überprüft werden, wenn die Überschußbeteiligungsklauseln gem. § 8 AGBG kontrollfähig sind. § 8 AGBG schränkt die Inhaltskontrolle in zweierlei Hinsicht ein.

Die erste Fallgruppe, die dem Wortlaut nach nicht in § 8 AGBG geregelt ist, betrifft solche Klauseln, die den Leistungsinhalt oder das zu zahlende Entgelt festlegen. Grundsätzlich sollen die Vertragsparteien selbst das Preis-Leistungsverhältnis bestimmen. Bestimmungen in AGB, die Art und Umfang der vertraglichen Hauptleistungspflichten unmittelbar regeln, sind deshalb von einer Inhaltskontrolle freigestellt.[1106] Da in den Überschußbeteiligungsklauseln ein Recht zur Leistungsbestimmung (§ 315 BGB) festgelegt wird, könnten die betreffenden Regelungen einer Inhaltskontrolle entzogen sein. Hiergegen spricht aber, daß in der Rechtsprechung seit jeher anerkannt ist, daß einseitige Leistungsbestimmungsrechte i.S.d. § 315 BGB in den Grenzen der §§ 9-11 AGBG selbst dann überprüfbar sind, wenn sie sich auf den Leistungsinhalt oder das Entgelt beziehen.[1107] Denn sie legen nicht unmittelbar die Höhe der betreffenden Leistung bzw. des betreffenden Entgelts fest, sondern regeln die Voraussetzungen zur Leistungsbestimmung. Darüber hinaus ist zu berücksichtigen, daß die Transparenzkontrolle nur die Herstellung einer hinreichenden Preis- und Produktklarheit zum Ziel hat und nicht das Äquivalenzverhältnis als solches (Angemessenheit des Preis-Leistungsverhältnisses) betrifft. Insofern ist anerkannt, daß die Kontrollfreiheit gem. § 8 AGBG entfällt, wenn die zu kontrollierende, leistungsbeschreibende Klausel intransparent ist.[1108] Diese Auffassung wird nunmehr durch Art. 4 Abs. 2 der Verbraucherrichtlinie ausdrücklich bestätigt. Denn Art. 4 Abs. 2 der Verbraucherrichtlinie stellt klar, daß das Äquivalenzverhältnis nur insoweit der Mißbrauchskontrolle entzogen ist, als die betreffende Klausel klar und verständlich abgefaßt ist. Preis- und leistungsbestimmende Klauseln müssen daher grundsätzlich dem Transparenzgebot (§ 9 Abs. 1 AGBG) entsprechen.[1109]

Weitaus problematischer ist demgegenüber die zweite Fallgruppe. Nach dem Wortlaut des § 8 AGBG gelten die §§ 9-11 AGBG nur für Bestimmungen in Allgemeinen Vertragsbedingungen, durch die von Rechtsvorschriften „abweichende" oder diese „ergänzende" Regelungen vereinbart werden. Eine ähnliche Formulierung enthält Art. 1 Abs. 2 der Verbraucherrichtlinie. Hiernach unterliegen Vertragsklauseln, die auf bindenden Rechtsvorschriften beruhen, nicht den Bestimmungen der Richtlinie. Rein deklaratorische Klauseln sind somit nicht gem. § 9 AGBG kontrollfähig.

1106 Vgl. BTDrcks. 7/3919, 22.
1107 BGHZ 81, 229, 232; BGH NJW 1985, 853; BGHZ 124, 351, 362.
1108 BRANDNER, in: ULMER/BRANDNER/HENSEN, AGB-Gesetz⁸, § 8 Rn. 8a (mwN).
1109 Vgl. insofern auch BGHZ 128, 54, 59 (dargestellt auf S. 81ff.). In diesem Urteil vertritt der BGH für den Altbestand die Auffassung, daß die in der Überschußbeteiligungsklausel getroffenen Regelungen über die bloße Bestimmung der Leistung hinausgehen und deshalb der Inhaltskontrolle unterliegen.

II. Deklaratorischer Charakter der Überschußbeteiligungsklausel?

Da die vom GdV empfohlenen und in der Praxis verwendeten Überschußbeteiligungsklauseln größtenteils auf gesetzliche Regelungen des VAG und HGB Bezug nehmen, vertreten mehrere Instanzgerichte die Ansicht, daß die Überschußbeteiligungsklauseln in der kapitalbildenden Lebensversicherung aufgrund ihres deklaratorischen Charakters zum Teil einer Inhaltskontrolle gem. § 8 AGBG entzogen sind.[1110] Demgegenüber hat der BGH diese Frage in seinen beiden Urteilen v. 9.5.2001 ausdrücklich offengelassen.[1111]

Der Ansicht der Instanzgerichte kann nicht gefolgt werden. Die Gerichte übersehen, daß gesetzeswiederholende intransparente Klauseln *immer* gem. § 8 AGBG kontrollfähig sind (1.). Darüber hinaus sind die Entscheidungsgründe auch im einzelnen falsch, denn zum einen gelten die aufsichtsrechtlichen und bilanzrechtlichen Vorschriften nicht „ipso iure", zum anderen wird in der Überschußbeteiligungsklausel ein Leistungsbestimmungsrecht vereinbart (2.).

1. Intransparente Klauseln sind immer kontrollfähig

a) Sinn und Zweck des § 8 AGBG

Wann in concreto eine „abweichende" oder eine „ergänzende" Regelung i.S.d. § 8 AGBG vorliegt, wird nach Ansicht der Rechtsprechung letztlich durch den Gesetzeszweck ermittelt. Insbesondere die Tatsache, daß eine vertraglich vorformulierte Klausel den Inhalt einer Rechtsvorschrift wörtlich oder inhaltlich wiederholt, reicht nach Ansicht der Gerichte nicht aus, um eine Kontrollfreiheit i.S.d. § 8 AGBG zu bejahen. Selbst in Fällen, in denen der Verwender in seinen Vertragsbedingungen eine gesetzliche Vorschrift wiedergegeben hatte, wurde von den Gerichten eine Inhaltskontrolle nach den §§ 9-11 AGBG vorgenommen:

- So hat der BGH mit Urteil v. 14.7.1988 ausdrücklich ausgeführt, daß eine den Inhalt einer gesetzlichen Norm wiederholende, „deklaratorische" Klausel nur dann kontrollfrei sei, „wenn sie die Rechtslage *zutreffend* wiedergibt."[1112]
- Eine Klausel ist nach Ansicht des BGH auch dann kontrollfähig, wenn die deklarierte Rechtsvorschrift im konkreten Fall überhaupt nicht *einschlägig* ist.[1113] Deklaratorisch sei eine Klausel nur dann, wenn das dispositive Recht im konkreten Fall „ohnehin", d.h. auch ohne die Vertragsklausel gelte: „Ob eine Verweisungsklausel nur deklaratorisch wirkt oder einen echten Regelungsgehalt hat und deshalb der Inhaltskontrolle nach §§ 9 bis 11 AGBG unterliegt, läßt sich daher nur

---

1110 LG Hamburg, VersR 1998, 877, 881; LG Stuttgart, VersR 1998, 1406, 1408; LG Nürnberg, VersR 1999, 1092, 1093f.; OLG Stuttgart, VersR 1999, 832, 835. OLG Nürnberg, VersR 2000, 713, 714. Vgl. auch PRÄVE, VersR 2000, 138, 139.
1111 BGH NVersZ 2001, 308 und 313.
1112 BGHZ 105, 160, 164.
1113 BGHZ 91, 55, 57.

aufgrund einer rechtlichen Würdigung des Gesamtvertrages entscheiden. Dabei ist die Rechtslage ohne die streitige Klausel (...) mit dem Vertragsinhalt bei Berücksichtigung der Klausel (...) zu vergleichen."[1114]

- Schließlich können nach Auffassung der Gerichte insbesondere solche Klauseln im Hinblick auf ihre Transparenz (§ 9 AGBG) überprüft werden, die einen von einer Rechtsvorschrift geschaffenen *Gestaltungsspielraum* ausfüllen. So hat der BGH beispielsweise in einem Fall, bei dem es um die Wirksamkeit von formularmäßig vereinbarten Zinsberechnungsklauseln für Hypothekendarlehen ging, mit Urteil v. 24. November 1988 folgendes ausgeführt: „Abzulehnen ist die im Schrifttum vertretene Auffassung, in analoger Anwendung des § 8 AGBG seien auch solche AGB-Klauseln nicht kontrollfähig, die durch eine tatbestandlich klar fixierte Erlaubnisnorm (...) gedeckt seien (...). Diese Auffassung entspricht weder dem Wortlaut noch dem Sinn des § 8 AGBG: Auch eine AGB-Klausel, die nur einen vom Gesetz ausdrücklich eröffneten Gestaltungsspielraum nutzt, »ergänzt« die gesetzliche Regelung im Sinne des § 8 AGBG. Die einseitige Ausübung vertraglicher Gestaltungsfreiheit durch Allgemeine Geschäftsbedingungen unterliegt besonderen inhaltlichen Begrenzungen; deren Einhaltung zu gewährleisten, ist Aufgabe der Inhaltskontrolle nach §§ 9 - 11 AGBG (...)."[1115]

Die Kontrollfreiheit einer Klausel kann somit nach Ansicht der Rechtsprechung nicht allein mit dem Hinweis bejaht werden, daß die betreffende Klausel Rechtsvorschriften wörtlich oder inhaltlich wiederholt. Letztlich ist der Wortlaut des § 8 AGBG zu ungenau, um konkrete Tatbestandsmerkmale abzuleiten. Denn im Grunde genommen ist jede Klausel, die den Wortlaut oder den Inhalt einer dispositiven Rechtsvorschrift wiederholt, eine „Ergänzung" von Rechtsvorschriften i.S.d. § 8 AGBG und wäre somit dem Wortlaut nach kontrollfähig: Indem derartige Klauseln das Schuldverhältnis näher ausgestalten, ergänzen sie die §§ 241, 305 BGB. Daher „ist praktisch keine vertragliche Regelung vorstellbar, die nicht zumindest als Ergänzung gesetzlicher Vorschriften im Sinne des § 8 aufzufassen wäre."[1116]

Aus diesem Grunde stellen Rechtsprechung[1117] und Schrifttum[1118] maßgeblich auf Sinn und Zweck von § 8 AGBG ab. Aus dem Gesetzeszweck ergibt sich jedoch, daß intransparente, scheinbar deklaratorische Klauseln immer nach dem AGBG kontrollfähig sein müssen. Der Gesetzeszweck von § 8 AGBG wird in der amtlichen Begründung des Regierungsentwurfs sehr deutlich beschrieben.[1119] Hier heißt es:

1114 BGHZ 91, 55, 57.
1115 BGHZ 106, 42, 45, 46.
1116 SOERGEL[12]-STEIN, § 8 AGBG Rn. 2. Zustimmend: WESTERMANN, in: Zehn Jahre AGB-Gesetz, 135, 140 und DYLLA-KREBS, Schranken der Inhaltskontrolle Allgemeiner Geschäftsbedingungen (1990), 60.
1117 BGHZ 106, 42, 45; BGHZ 91, 55, 57f.
1118 Vgl. z.B. RÖMER, NVersZ 1998, 97, 98.
1119 BTDrcks. 7/3919, 22.

„Die Leistungsbeschreibung einschließlich etwaiger in AGB enthaltener Festlegungen des Entgelts unterliegen der Inhaltskontrolle demnach ebensowenig wie AGB, die lediglich den Inhalt gesetzlicher Regelungen wiedergeben. Denn aufgrund der Inhaltskontrolle (...) soll weder eine Kontrolle der Preise oder Leistungsangebote ermöglicht, noch sollen Vorschriften anderer Gesetze modifiziert werden."

Die Kontrollfreiheit deklaratorischer Klauseln soll nach dem Willen des Gesetzgebers also eine Rechtsnormenkontrolle anhand der §§ 9 bis 11 AGBG vermeiden. Der Richter, der gem. Art. 20 Abs. 2 GG an die jeweils bestehenden Gesetze gebunden ist, hat bei der Inhaltskontrolle die Prärogative des Gesetzgebers zu beachten. § 8 AGBG bringt somit zum Ausdruck, daß das AGBG nicht dazu dienen soll, eine gesetzliche Interessenbewertung zu überprüfen.[1120] Da Gesetze gem. Art. 100 Abs. 1 GG nur im Hinblick auf ihre Verfassungskonformität überprüfbar sind und allein durch die Verfassungsgerichte kontrolliert werden dürfen, schließt § 8 AGBG eine Inhaltskontrolle für deklaratorische Klauseln aus.[1121] Denn anderenfalls würden gesetzgeberische Entscheidungen einer bloßen Angemessenheitskontrolle unterzogen werden.

Deklaratorische Vertragsbedingungen liegen dementsprechend nach dem Sinn und Zweck von § 8 AGBG dann vor, wenn die Inhaltskontrolle die Bindung des Richters an die geltenden Entscheidungen des Gesetzgebers verletzen und das Verbot der bloßen Angemessenheitskontrolle von Rechtsvorschriften mißachten würde.[1122]

Gerade dies ist bei der Transparenzkontrolle (§ 9 Abs. 1 AGBG) grundsätzlich nicht gegeben. Soweit eine Klausel im Hinblick auf das Transparenzgebot überprüft wird, geht es allein um die Herstellung von Transparenz, nicht jedoch um eine Kontrolle von Rechtsvorschriften. Für den Fall, daß ein Zivilgericht eine intransparente Klausel für unwirksam erachtet, wird die Prärogative des Gesetzgebers überhaupt nicht tangiert. Rechtsvorschriften müssen hinsichtlich ihrer Bestimmtheit und Klarheit ganz anderen Anforderungen genügen als vorformulierte Vertragsbedingungen. Grundsätzlich fordert zwar das Rechtsstaatsprinzip ebenso wie das Transparenzgebot, daß die in den Gesetzen geregelten Rechtsbeziehungen für den Bürger vorhersehbar und berechenbar sind.[1123] Im Unterschied zu unklaren Vertragsbedingungen können mehrdeutige Gesetze jedoch teleologisch ausgelegt werden. Somit besteht hinsichtlich der Transparenz ein grundsätzlicher Unterschied, ob eine Regelung als Allgemeine Geschäftsbedingung kraft Vertrages oder kraft Gesetzes gilt. Dies wird von BRANDNER[1124] als selbstverständlich angesehen:

1120 WOLF in: WOLF/HORN/LINDACHER, AGB-Gesetz⁴, § 8 Rn. 1.
1121 DYLLA-KREBS, Schranken der Inhaltskontrolle Allgemeiner Geschäftsbedingungen (1990), 65f.
1122 Dieser Gedanke liegt auch Art. 1 Abs. 2 der Verbraucherrichtlinie zugrunde. Sinn und Zweck dieser Regelung ist, nur vertragliche Vereinbarungen der Kontrolle zu unterziehen, nicht aber Rechtsvorschriften. Vgl. hierzu den 13. Erwägungsgrund der Richtlinie sowie WOLF, in: WOLF/HORN/LINDACHER, in: AGB-Gesetz⁴, Art. 1 RiLi, Rn. 33).
1123 MAURER, Allgemeines Verwaltungsrecht¹¹, § 6 Rn. 6.
1124 BRANDNER, in: BRANDNER/ULMER/HENSEN, AGB-Gesetz⁸, § 9 Rn. 91.

„Denn zum einen hat in der Vertragsbeziehung zwischen Verwender und Vertragspartner das Informationsgebot nach Treu und Glauben ein ganz anderes Gewicht als für den Gesetzgeber; zum anderen ist der Abstraktionsgrad von Gesetzen notwendigerweise größer als bei einer an Treu und Glauben ausgerichteten Ausgestaltung konkreter Vertragsbeziehungen."

Soweit die Zivilgerichte eine Transparenzkontrolle bei Klauseln vornehmen, die den Inhalt von Rechtsvorschriften wörtlich oder inhaltlich wiederholen, werden die Entscheidungen des Gesetzgebers daher weder verletzt, noch wird die deklarierte Rechtsvorschrift einer Angemessenheitskontrolle unterzogen. Rechtsvorschriften können zwar die materiellen Rechte und Pflichten der Vertragspartner abschließend regeln und insofern eine Inhaltskontrolle entweder gem. § 8 AGBG ausschließen oder die inhaltliche Angemessenheit einer Klausel im Rahmen des § 9 AGBG implizieren. Auch existieren Rechtsvorschriften, wie beispielsweise § 10 Abs. 1 Nr. 7 VAG, in denen eine bestimmte vertragliche Ausgestaltung der Vertragsbedingungen zum Zwecke der Transparenz vorgeschrieben wird. Rechtsvorschriften, in denen der Gesetzgeber den Verwender allgemeiner Geschäftsbedingungen von der Obliegenheit entbindet, vorformulierte Klauseln hinreichend klar und verständlich abzufassen, dürften jedoch kaum existieren.

Kontrollieren die Gerichte eine Vertragsklausel dementsprechend nur in Bezug auf ihre Transparenz, nicht aber hinsichtlich der Frage einer inhaltlichen Benachteiligung, so kann die Prärogative des Gesetzgebers überhaupt nicht verletzt werden. Denn Rechtsvorschriften regeln, wie bereits erwähnt, allenfalls die materiellen, inhaltlichen Kriterien der vertraglichen Ausgestaltung von Klauseln. Im Gegensatz dazu betrifft die Transparenzkontrolle gerade die vom Gesetzgeber *nicht* geregelte Frage der Klarheit und Verständlichkeit von vorformulierten Vertragsbedingungen. Aus diesem Grund verstößt eine Transparenzkontrolle von scheinbar deklaratorischen Klauseln auch nicht gegen die Prärogative des Gesetzgebers. Vielmehr sind intransparente Vertragsbedingungen nach Sinn und Zweck von § 8 AGBG immer kontrollfähig.

b) Das Argument aus § 6 Abs. 2 AGBG

Schließlich kann eine Kontrolle intransparenter Klauseln auch nicht mit dem Argument abgelehnt werden, daß bei einer Unwirksamkeit der Klausel gem. § 6 Abs. 2 AGBG eine gleiche gesetzliche Vorschrift an ihre Stelle träte.

Soweit die Instanzgerichte[1125] in den zugrundeliegenden Verbandsprozessen hierauf verweisen, hätte zunächst einmal berücksichtigt werden müssen, daß der klagende Verbraucherschutzverein von dem Versicherer Unterlassung der Anwendung der in Rede stehenden Klauseln begehrte. Insofern kommt eine Anwendung von § 6 AGBG gar nicht in Betracht: Bei einem Verbandsprozeß stellt sich grundsätzlich nicht die Frage, welche Rechtsfolgen die Unwirksamkeit einer Klausel für den einzelnen Vertrag

---

1125 LG Hamburg, VersR 1998, 877, 881; LG Stuttgart, VersR 1998, 1406, 1408; LG Nürnberg, VersR 1999, 1092, 1093.

hat.[1126] Auch besteht das vorrangige Ziel des Verbandsprozesses gerade darin, im Wege der Unterlassungsklage die Verwendung der beanstandeten intransparenten Klauseln für *Neuverträge* zu unterbinden. Dieser Präventionsgedanke ist allgemein anerkannt.[1127] Unter diesem Gesichtspunkt ist eine gerichtliche Kontrolle der Vertragsbedingungen auf keinen Fall sinnlos. Potentielle Kunden müssen nämlich davor geschützt werden, daß die Versicherungsunternehmen weiterhin Klauseln verwenden, durch die die Versicherungsnehmer über die Leistungen aus der Überschußbeteiligung im Unklaren gelassen werden.

Eine Transparenzkontrolle ist auch nicht insoweit obsolet, als beantragt wurde, daß dem Versicherer untersagt wird, sich bei der Abwicklung von *Altverträgen* auf die beanstandete Überschußbeteiligungsklausel zu berufen. Zunächst ist festzuhalten, daß intransparente Klauseln oder Klauselbestandteile regelmäßig unwirksam sind, ohne daß an ihre Stelle ein gesetzliches Dispositivrecht treten würde.[1128] Problematisch ist die Unwirksamkeit einer Vertragsbedingung allerdings dann, wenn die ersatzlose Streichung der intransparenten Klausel für bestehende Verträge keine den typischen Interessen beider Vertragsparteien Rechnung tragende Lösung bietet. Dies ist regelmäßig dann der Fall, wenn die betreffende Vertragsbedingung – wie die in der Praxis verwendeten Überschußbeteiligungsklauseln – dem Versicherungsnehmer zwar *Rechte* einräumen, die *Ausgestaltung* dieser Rechte aber in intransparenter und unwirksamer Weise erfolgt. In diesen Fällen kann die Unwirksamkeit der intransparenten Klausel natürlich nicht dazu führen, daß die Versicherungsnehmer die betreffenden *Rechte* als solche verlieren. Ein ersatzloser Wegfall des Anspruchs auf Überschußbeteiligung riefe ein grobes Mißverhältnis zwischen Leistung und Gegenleistung hervor, das weder mit § 138 BGB noch mit § 81c VAG in Einklang zu bringen wäre. Auch eine Gesamtunwirksamkeit der bestehenden langfristigen LVV (§ 6 Abs. 3 AGBG) würde den Interessen der Vertragsparteien nicht genügend Rechnung tragen.

Es kann also nur darum gehen, die Rechte der Versicherungsnehmer durch eine entsprechende transparente *Ausgestaltung* und geeignete Formulierung der Vertragsbedingungen durchschaubar, richtig, bestimmt und klar darzustellen. Insoweit kann auch nicht – wie die Instanzgerichte meinen – die entstehende Lücke gem. § 6 Abs. 2 AGBG durch dasselbe unwirksam deklarierte, dispositive, intransparente Gesetzesrecht gefüllt werden. Vielmehr müssen intransparente Überschußbeteiligungsklauseln im Individualprozeß durch wirksame (transparente) Klauseln ersetzt werden (vgl. hierzu S. 339f.).

1126 SCHMIDT, in: ULMER/BRANDNER/HENSEN, AGB-Gesetz[8], § 6 Rn. 36.
1127 BGHZ 109, 29, 33; ULMER, a.a.O., Einl. Rn. 33.
1128 Vgl. hierzu BGHZ 106, 42, 52: „Der Verwender, nicht sein Vertragspartner trägt das Risiko der von Anfang an bestehenden Unwirksamkeit, auch bei Klauseln, die zunächst geraume Zeit unbeanstandet geblieben sind und deren Unwirksamkeit schließlich nach längerer Prozeßdauer gerichtlich festgestellt wird."

2. Zur Kontrollfähigkeit der Überschußbeteiligungsklausel im einzelnen

Die Entscheidungsgründe der Instanzgerichte können auch nicht im einzelnen überzeugen. Deklaratorische Klauseln liegen nach Ansicht der Rechtsprechung nur dann vor, wenn auf *einschlägige* Rechtsvorschriften verwiesen wird.[1129] Um der Kontrolle gem. § 8 AGBG vorenthalten zu bleiben, müßte die Überschußbeteiligungsklausel somit Rechtsvorschriften wiederholen, die im Falle des Fehlens der Klausel von selbst – ipso iure – die betreffende Frage regeln würden. Denkt man sich aber die Überschußbeteiligungsklausel weg, so wären die aufsichtsrechtlichen und bilanzrechtlichen Normen zur Überschußbeteiligung keinesfalls anwendbar.

Denn das Aufsichtsrecht regelt in § 81c VAG und der ZRQuotenV nur die Frage, welche Mindestanforderungen die Überschußbeteiligung aus aufsichtsrechtlicher Sicht erfüllen muß, wenn privatrechtlich wirksame vertragliche Vereinbarungen über eine Beteiligung am Überschuß eines Lebensversicherungsunternehmens getroffen wurden (vgl. S. 111f.). Das Aufsichtsrecht setzt also einen vertraglichen Anspruch auf Überschußbeteiligung voraus. § 81c und die ZRQuotenV sind schon gar nicht anwendbar, wenn überhaupt keine vertragliche Überschußbeteiligungsvereinbarung getroffen wurde. Darüber hinaus regelt das Aufsichtsrecht auch nicht die Höhe der individuell zu gewährenden Überschüsse. § 81c und die ZRQuotenV enthalten lediglich öffentlich-rechtliche Mindeststandards, die ein LVU bei überschußberechtigten LVV nicht unterschreiten darf. In welcher Höhe und auf welche Weise die Versicherungsnehmer an den Überschüssen beteiligt werden, richtet sich nach der privatrechtlichen Vereinbarung (vgl. § 1 Abs. 2 S. 2 ZRQuotenV).

Selbst die Vorschriften des Bilanzrechts gelten nicht ipso iure. Abgesehen davon, daß die bilanzrechtlichen Vorschriften nur den Versicherer binden, nicht aber seinen Kunden, mit dem er ein bürgerlich-rechtliches Vertragsverhältnis unterhält, können die Vorschriften des HGB auf den betreffenden Vertrag erst dann angewendet werden, wenn der Anspruch auf Überschußbeteiligung dem Grunde nach wirksam vereinbart wurde. Auch die Höhe der betreffenden Bilanzpositionen ist von dem vertraglichen Anspruch abhängig. Gleiches gilt für die vielfältigen Gestaltungsspielräume, die das Bilanzrecht den Versicherern einräumt. Dementsprechend ist in der Rechtsprechung des BGH zur Kontrolle gesellschaftsrechtlicher Abfindungsklauseln[1130] auch anerkannt, daß nicht das Bilanzrecht, sondern das Privatrecht über die Frage entscheidet, ob eine nach dem HGB zulässige Bilanzierungsoption gegenüber dem Vertragspartner ausgeübt werden darf oder nicht.

Im Ergebnis finden die aufsichtsrechtlichen und bilanzrechtlichen Regelungen somit nur dann Anwendung, wenn die Überschußbeteiligungsklauseln dem Grunde nach wirksam vereinbart werden. Denkt man sich die Überschußbeteiligungsklausel weg, so wären die genannten Normen des VAG und HGB nicht einschlägig. Eine gesetzliche Regelung zur Überschußbeteiligung, die den überschußberechtigten LVV gestaltet, ist

---

1129 BGHZ 91, 55, 57; WOLF, in: WOLF/HORN/LINDACHER, AGB-Gesetz[4], § 8 Rn. 27.
1130 Siehe hierzu BRÜCKNER, Die Kontrolle von Abfindungsklauseln in Personengesellschafts- und GmbH-Verträgen (1995).

nicht vorhanden. Damit ist die Überschußbeteiligungsklausel auch gem. § 8 AGBG kontrollfähig.

Schließlich ist zu berücksichtigen, daß sich der Versicherer in der Überschußbeteiligungsklausel ein vertragliches Leistungsbestimmungsrecht i.S.d. § 315 BGB vorbehält (vgl. S. 251ff.). Vorformulierte Leistungsbestimmungsrechte sind aber – wie auch die Instanzgerichte[1131] nicht verkennnen – generell kontrollfähig, denn sie enthalten eine Abweichung von dem Prinzip, daß Vertragsleistungen gem. § 305 BGB durch vertragliche Vereinbarung festgelegt werden.

III. Zwischenergebnis

Da eine Transparenzkontrolle nicht gegen die Prärogative des Gesetzgebers verstößt, sind gesetzeswiederholende, intransparente (Überschußbeteiligungs-)Klauseln generell kontrollfähig gem. § 8 AGBG. Darüber hinaus ist die Überschußbeteiligungsklausel im einzelnen auch deswegen kontrollfähig, weil die aufsichts- und bilanzrechtlichen Vorschriften nicht „ipso iure" gelten und in der Überschußbeteiligungsklausel ein vertragliches Leistungsbestimmungsrecht i.S.d. § 315 BGB vereinbart wird.

C. Unwirksamkeit der Überschußbeteiligungsklausel (§ 9 Abs. 1 AGBG)

I. Ansicht der Rechtsprechung[1132]

1. Instanzgerichte

Die Landgerichte Hamburg, Stuttgart und Nürnberg-Fürth sowie das OLG Nürnberg gehen davon aus, daß § 17 ALB-E dem Transparenzgebot (§ 9 Abs. 1 AGBG) entspricht.[1133] Soweit die Gerichte die Überschußbeteiligungsklausel für kontrollfähig (§ 8 AGBG) erachten, wird die Wirksamkeit der Überschußbeteiligungsklausel mit dem Argument begründet, daß eine unangemessene Benachteiligung nicht vorliege, da der Versicherer an gesetzliche und aufsichtsrechtliche Vorgaben gebunden sei. Insofern könne er die Überschüsse nicht nach eigenem Gutdünken ermitteln. Verbleibende Gestaltungsspielräume der Versicherer bei der Überschußermittlung seien vom Gesetzgeber gebilligt. Auch der Versicherungsnehmer könne aufgrund allgemein vorhandener wirtschaftlicher Kenntnisse erkennen, daß dem Versicherer für die Ermittlung des Überschusses ein Spielraum zustehe. Gegen einen Verstoß gegen das Transparenzgebot spreche zudem, daß eine für den Versicherungsnehmer verständliche Darstellung der in den gesetzlichen Vorschriften enthaltenen Regelungen nicht möglich erscheine. Ein Abdruck

---

1131 LG Hamburg, VersR 1998, 877, 882; LG Stuttgart, VersR 1998, 1406, 1408.
1132 Die streitgegenständlichen Klauseln entsprechen dem Wortlaut nach § 17 ALB-E (abgedruckt in Anh. A.II., S. 367). Soweit die den Prozessen zugrundegelegten Klauselteile allein in ihrer Systematik von den Verbandsempfehlungen abweichen, wird vorliegend auf § 17 ALB-E Bezug genommen.
1133 LG Hamburg, VersR 1998, 877, 881f.; LG Stuttgart, VersR 1998, 1406, 1408; LG Nürnberg-Fürth, VersR 1999, 1092, 1094f. OLG Nürnberg, VersR 2000, 713, 714.

und eine Erläuterung all dieser Normen würde nicht zu einer besseren Verständlichkeit beitragen und könne daher auch nicht verlangt werden. Es könne zwar sein, daß dem Versicherungsnehmer ihn belastende Möglichkeiten der Versicherung verborgen blieben. Dies beruhe aber dann auf der gesetzlichen und nicht ursächlich auf der vertraglichen Regelung. Im Ergebnis sei daher festzustellen, daß aus § 17 ALB-E in Verbindung mit den angegebenen Garantiewerten im Versicherungsschein Art und Höhe der Gegenleistung erkennbar und ein Marktvergleich möglich sei.

Demgegenüber hat das <u>OLG Stuttgart</u> mit Urteil v. 28.5.1999 entschieden, daß die Überschußbeteiligungsklausel zum Teil gegen das Transparenzgebot verstößt.[1134] Soweit der Versicherer darauf hinweise, daß er Deckungsrückstellungen bilde (§ 17 Abs. 1 S. 1 ALB-E), die zur Bedeckung dieser Rückstellungen erforderlichen Mittel rentabel anlege (§ 17 Abs. 1 S. 2 ALB-E) und die Gewinnbeteiligung nach Grundsätzen vornehme, die im Einklang mit § 81c VAG stehen (§ 17 Abs. 2 S. 1 ALB-E), sei die Überschußbeteiligungsklausel zwar nicht kontrollfähig i.S.d. § 8 AGBG. Die weiteren streitgegenständlichen Klauselteile (§ 17 Abs. 1 S. 3-5, Abs. 2 S. 3-4 ALB-E)[1135] seien dagegen weder kontrollfrei, noch hinreichend transparent. Die Überschußbeteiligungsklausel enthalte überwiegend allgemeine Rechtsgrundsätze, die zutreffend seien, aber über Mißbrauchsschranken hinaus keinerlei Regelungen für eine Beteiligung an Überschüssen im konkreten Fall wiedergäben. Der Kunde könne diesen Vorgaben allenfalls entnehmen, daß der Versicherer nicht gegen aufsichtsrechtliche Vorschriften zu verstoßen gedenke und ihn deshalb im Rahmen aufsichtsrechtlicher Mindeststandards befriedigen werde. Dies reiche nicht aus, um eine hinreichende Transparenz zu gewährleisten. Der Verweis auf das Aufsichts- und Bilanzrecht gebe den Eindruck klarer gesetzlicher Vorgaben wieder, deren Folge nur ein Ergebnis zu sein scheine. Tatsächlich setzten diese Vorschriften aber lediglich Eckdaten, die kein geschlossenes System ergäben. Die Überschußbeteiligungsklausel enthalte zwar Ansätze zu einer Konkretisierung, sie erschöpfe sich aber in weiten Teilen in der Wiedergabe von Minimalstandards, ohne diese als den eigentlichen Leistungsinhalt festzuschreiben.

Auf dieser Grundlage – so das OLG Stuttgart weiter – erfahre der Kunde weder für eine Entscheidung über den Vertragsabschluß noch insbesondere für eine Anspruchsberühmung oder Verteidigung gegen eine Abrechnung des Versicherers Hinlängliches. Er sei im wesentlichen auf die Vorgaben des Versicherers angewiesen. Mangels greifbarer

---

1134 OLG Stuttgart, VersR 1999, 832, 835ff.

1135 Die streitgegenständlichen Klauselteile weichen geringfügig von § 17 Abs. 2 S. 3-4 ALB-E ab. Während die Verbandsempfehlungen in § 17 Abs. 2 S. 3-4 ALB-E darauf hinweisen, daß den Versicherungsnehmern von den Kapitalerträgen mindestens der in der Rechtsverordnung zu § 81c VAG jeweils festgelegte Anteil zugute kommt und bei günstiger Sterblichkeitsentwicklung und Kostensituation weitere Überschüsse hinzukommen können, verwendete das beklagte Versicherungsunternehmen folgende Formulierung: „Von den Überschüssen kommt den Versicherungsnehmern ein angemessener Anteil als Gewinnbeteiligung zugute. Die Frage der Angemessenheit unterliegt nach § 81c VAG der Prüfung durch die Aufsichtsbehörde. Der Anteil ist insbesondere dann nicht als angemessen anzunehmen, wenn er den in der Rechtsverordnung zu § 81c VAG jeweils festgelegten Umfang nicht erreicht (§ 81c Abs. 1 S. 2 VAG)", vgl. OLG Stuttgart, VersR 1999, 832, 833.

Selbstbindung des Versicherers sei der Versicherungsnehmer in seiner Rechtsposition so geschwächt, daß er in vielen Fällen von einer Rechtsbeanspruchung oder einer Rechtsverteidigung absehen werde, da er nicht genau wisse und nicht wissen könne, was im zustehe. Selbst mit anwaltlichem Rat werde es ihm nicht gelingen, einen Überschußmaßstab für ein bestimmtes, vergangenes Versicherungsjahr auch nur annähernd verläßlich zu ermitteln oder eine vom Versicherer erfolgte Ermittlung auf ihre Richtigkeit hin zu überprüfen. Gerade dies wolle § 9 AGBG aber mit dem Institut des Transparenzgebots gerade verhindern.

2. Die Urteile des BGH v. 8.5.2001

Der BGH hat auf die Revision gegen die Urteile des OLG Nürnberg und OLG Stuttgart die Überschußbeteiligungsklauseln am 8.5.2001 für wirksam erklärt.[1136]

Der Senat ist der Auffassung, daß in § 17 Abs. 1 ALB-E keine unangemessene Benachteiligung der Versicherungsnehmer i.S.d. § 9 AGBG liege. In den ersten Sätzen dieser Klausel – so der BGH – erläutere der Versicherer lediglich im Grundsatz, aus welchen Quellen Überschüsse entstehen könnten. Diese Erläuterung sei – von Fragen der Transparenz zunächst abgesehen – der Sache nach schon keine Benachteiligung. Richtig sei zwar, daß dem Versicherer durch Anwendung der in § 17 Abs. 1 ALB-E genannten Vorschriften ein gewisser Spielraum für unternehmerische Entscheidungen bei der Bilanzierung zur Verfügung stehe. So könne das Unternehmen beispielsweise in einem gewissen, vom Gesetz zugelassenen Rahmen stille Reserven bilden, die zu Lasten des Überschusses gingen. Im Ergebnis könne die Nutzung dieser Möglichkeiten aber nicht als eine unangemessene und damit unzulässige Benachteiligung angesehen werden. Denn aus dem Gesetz ergebe sich nicht, daß ein Versicherungsunternehmen gegen Treu und Glauben verstoße, wenn es die gesetzlich eingeräumten Bilanzierungsspielräume nutze.

§ 17 Abs. 1 ALB-E erwecke beim durchschnittlichen Versicherungsnehmer auch nicht den Eindruck, als stehe das Ergebnis aus der Überschußbeteiligung von vornherein fest. Der Versicherungsnehmer müsse im Gegenteil schon deshalb mit erheblichen Unsicherheiten rechnen, weil in § 17 Abs. 1 ALB-E erläutert werde, daß ein etwaiger Überschuß aus Kapitalerträgen herrühre und von den Kosten für den Abschluß des Vertrages und der Verwaltung beeinflußt werde. Soweit die Revision der Ansicht sei, die Angaben zur Ermittlung der Überschußbeteiligung müßten in den AVB so konkret und ausführlich dargestellt werden, daß jeder Versicherungsnehmer einen bestimmten, jährlich nachprüfbaren Anspruch feststellen könne, verlange sie Unmögliches. Von einem Versicherer dürfe nicht mehr verlangt werden, als er zu leisten in der Lage sei. Angesichts der Langfristigkeit überschußberechtigter LVV könne der Versicherer nicht schon bei Vertragsschluß abstrakt festlegen, unter welchen Umständen er in welcher Weise die Bilanzierungsspielräume ausfüllen werde. Darüber hinaus könnten einem durchschnittlichen Versicherungsnehmer aber auch die Grundsätze zur Bilanzierung

---

1136 BGH NVersZ 2001, 308 und 313.

nach dem VAG und dem HGB nicht in verständlicher Weise dargelegt werden. Daher müsse es genügen, daß der Versicherer in den AVB auf die Anwendung dieser Gesetze verweise.

Auch § 17 Abs. 2 S. 1, 3 und S. 10 ist nach Auffassung des BGH mit § 9 AGBG zu vereinbaren. Richtig sei zwar, daß eine Überschußbeteiligung auf der Grundlage der aufsichtsrechtlichen Vorschriften (§§ 81c VAG i.V.m. ZRQuotenV) noch keine Festlegung auf eindeutige Maßstäbe bedeute. Dies wäre aber nur dann zu beanstanden, wenn der Versicherer dazu verpflichtet sei, sich auf genauere Maßstäbe zur Überschußbeteiligung schon bei Vertragsschluß festzulegen, etwa indem er bestimmte Prozentsätze nenne. Eine solche Verpflichtung bestehe dagegen nicht. Es gebe, so der BGH weiter, keinen Rechtsgrund, aus dem sie herzuleiten wäre. Im übrigen habe sich der Versicherer in § 17 Abs. 2 S. 7 ALB-E vertraglich vorbehalten, im Falle von Verlusten zu deren Abdeckung auch die RfB heranzuziehen und bei einem etwaigen Solvabilitätsbedarf den in der ZRQuotenV genannten Prozentsatz für die Überschußbeteiligung zu unterschreiten. Mit diesem Vorbehalt geriete der Versicherer in Widerspruch, wenn er sich schon bei Vertragsschluß auf feste Maßstäbe zur Überschußbeteiligung festlegte.

Schließlich verstoße die Regelung zur Überschußbeteiligung auch nicht gegen das Transparenzgebot. Der Vorbehalt anderweitiger Verwendung von Überschüssen sei auch dem durchschnittlichen Versicherungsnehmer in den wirtschaflichen Folgen verständlich. Das Transparenzgebot verlange eine dem Versicherungsnehmer verständliche Darstellung nur insoweit, wie dies nach den Umständen gefordert werden könne. Die Regelungen des § 81c VAG und der dazu ergangenen Rechtsverordnung seien indessen so komplex und hochkompliziert, daß sie einem durchschnittlichen Versicherungsnehmer nicht weiter erklärt werden könnten.

II. Stellungnahme

Der Ansicht des BGH kann nicht gefolgt werden. Zunächst ergibt sich aus dem *Bestimmtheitsgebot*, daß die Versicherer den Vertragsinhalt überschußberechtigter LVV soweit wie möglich konkretisieren müssen.[1137] Der bloße Hinweis auf die bestehenden Ermessensspielräume bei der Überschußermittlung und -verteilung genügt daher nicht, um den Anforderungen des Bestimmtheitsgrundsatzes ausreichend Rechnung zu tragen. Die Versicherer haben vielmehr die Obliegenheit, durch eine möglichst konkrete und differenzierte Ausformung ihrer AGB-Bestimmungen das Risiko einer unangemessenen Belastung auszuschließen. Der hiergegen erhobene Einwand des BGH, die Versicherer könnten bei einem langfristigen Vertrag nicht schon bei Vertragsschluß abstrakt festlegen, unter welchen Umständen die bestehenden Bilanzierungsspielräume ausgefüllt werden, überzeugt nicht. Die Versicherer könnten in ihren Vertragsbedingungen zumindest angeben, in welchem Maße erwirtschaftete Überschüsse während der Vertragslaufzeit thesauriert werden. Eine derartige Festlegung wäre sowohl möglich als auch zu-

---

1137 Vgl. hierzu bereits die Ausführungen auf S. 298ff.

mutbar.[1138] Des weiteren stünde eine detaillierte Festlegung der Überschußbeteiligungs-maßstäbe auch nicht im Widerspruch zu § 17 Abs. 2 S. 7 ALB, denn die Versicherer sind durchaus berechtigt, für den Fall einer nachträglich eintretenden Äquivalenzstörung Änderungsvorbehalte zu vereinbaren.

Darüber hinaus verstößt die Überschußbeteiligungsklausel gegen das *Verständlich-keitsgebot*. Die Überschußbeteiligungsklausel ist unübersichtlich gegliedert. Der Satz-bau ist kompliziert und verschachtelt. Die Versicherungsnehmer werden mit einer Fülle von Fachtermini und Gesetzesvorschriften konfrontiert, die nicht zum Verständnis der Überschußbeteiligung beitragen. Der Kunde kann anhand der Klauselfassung nicht die wesentlichen Eigenschaften der Überschußbeteiligung erkennen.

Schließlich verstößt die Überschußbeteiligungsklausel gegen das *Richtigkeitsgebot bzw. Täuschungsverbot*, denn die Klausel verschleiert – wie das OLG Stuttgart[1139] zu Recht herausgestellt hat – die Ermessensspielräume der Versicherer bei der Überschuß-entstehung, -ermittlung und -verteilung. Der BGH betont zwar zu Recht, daß die Versi-cherungsnehmer in § 17 Abs. 1 S. 4 ALB-E darauf hingewiesen werden, daß eine be-stimmte Leistung aus der Überschußbeteiligung nicht garantiert werden kann, da der Überschuß von dem tatsächlichen Risiko-, Kapitalanlage- und Kostenverlauf beeinflußt wird. Durch eine derartige Formulierung wird der Versicherungsnehmer aber lediglich auf die externen Einflußfaktoren aufmerksam gemacht, nicht aber darauf, daß die Höhe der Überschußbeteiligung ganz wesentlich durch innere Entscheidungsprozesse geprägt wird. Im einzelnen ergibt sich somit folgendes:

1. Wirksame Klauselbestandteile

§ 17 Abs. 1 S. 4 ALB-E, der die Versicherungsnehmer darauf hinweist, daß die Höhe der Überschüsse vom Kapitalanlage-, Risiko- und Kostenverlauf abhängig ist, ist für sich genommen wirksam. Auch wenn mit dieser Formulierung noch nicht hinreichend klargestellt wird, daß die Überschußhöhe zusätzlich durch Ermessensentscheidungen des Versicherers determiniert wird, so werden die Versicherungsnehmer zumindest teilweise über wesentliche Faktoren der Überschußentstehung informiert. Konstitutiv wirkt § 17 Abs. 1 S. 4 ALB-E auch insofern, als der Versicherer dem Versicherungs-nehmer eine Beteiligung am Jahresüberschuß grundsätzlich zusichert. § 17 Abs. 1 S. 4 ALB-E ist somit eine notwendige Vorschrift mit eigenständigem Regelungsgehalt.

Gleiches gilt für § 17 Abs. 2 S. 8 ALB-E. Da die Zuordnung eines Vertrages zu kon-kreten Bestandsgruppen und Gewinnverbänden nicht durch das Aufsichtsrecht festge-legt wird, müssen die Vertragsparteien selbst bestimmen, zu welcher Bestandsgruppe und zu welchem Gewinnverband der betreffende Vertrag zählt.

1138 Für den Altbestand wirkte das BAV auf eine verursachungsgerechte und zeitnahe Überschußbeteiligung hin (vgl. S. 65f. und S. 72f.). Der Grundsatz der zeitnahen Überschußbeteiligung galt zwar
nur für Thesaurierungseffekte im Bereich der RfB und nicht für stille Reserven. Die Anordnungen
des BAV zeigen jedoch, daß auch bei einem langfristigen Vertrag Thesaurierungshöchstgrenzen
festgelegt werden können.
1139 OLG Stuttgart, VersR 1999, 832, 836.

2. Unwirksame Klauselbestandteile

Die übrigen Regelungsbestandteile der Überschußbeteiligungsklausel sind dagegen gem. § 9 Abs. 1 AGBG unwirksam.

§ 17 Abs. 1 S. 1-2 ALB-E erweckt den Eindruck, als seien Aufbau und Erträge der Kapitalanlagen eine Folge der unternehmensinternen Rückstellungsbildung. Ursächlich für die Überschußentstehung sind indessen nicht die Deckungsrückstellungen, sondern allein die Prämienzahlungen der Versicherten, die aufgrund der vorsichtigen Beitragskalkulation und der Kapitalanlagetätigkeit des Versicherungsunternehmens einen Überschuß erwirtschaften. § 17 Abs. 1 S. 1-3 ALB ist insofern irreführend und daher gem. § 9 Abs. 1 AGBG unwirksam.

§ 17 Abs. 1 S. 3 ALB-E läßt sich für den durchschnittlichen Versicherungsnehmer nur schwer in einen sinnvollen Zusammenhang mit der Überschußbeteiligung bringen. Für sich genommen richtig ist zwar der Hinweis darauf, daß die garantierten Versicherungsleistungen sowie Betriebskosten aus den Prämieneinnahmen, den angelegten Mitteln und aus Kapitalerträgen finanziert werden. Unverständlich bleibt für den Laien demgegenüber, was dies mit der Überschußbeteiligung zu tun haben soll. § 17 Abs. 1 S. 3 ALB-E ist daher als sachfremde Regelung ebenfalls unwirksam.

Auch die §§ 17 Abs. 1 S. 5, 17 Abs. 2 S. 1-4 ALB-E verstoßen gegen das Transparenzgebot. Allein der Umstand, daß die Überschußbeteiligungsklausel in §§ 17 Abs. 1 S. 5, 17 Abs. 2 S. 1, 3 ALB-E für den Laien unverständliche, pauschale Hinweise auf ganze Gesetzestexte enthält und Rechtsverordnungen in den Vertragstext einbezieht, ohne diese näher zu bezeichnen, reicht allerdings noch nicht aus, um einen Verstoß gegen das Transparenzgebot begründen zu können. Zwar ist der Verwender nach dem Verständlichkeitsgebot grundsätzlich gehalten, „seinem Vertragspartner die Kenntnisnahme von *allen* Bedingungen zu ermöglichen, die er dem Vertrag zugrunde legen will. Ein bloßer Verweis auf weitere, in dem verfügbaren Text nicht mit abgedruckte Bestimmungen reicht regelmäßig nicht aus, um auch sie in das Vertragswerk miteinzubeziehen."[1140] Eine Ausnahme von diesem Grundsatz hat der BGH allerdings dann anerkannt, wenn durch die Einbeziehung der betreffenden Regelungen ein unübersichtliches und nur schwer durchschaubares Klauselwerk entsteht, das den Interessen des anderen Vertragsteils abträglich ist.[1141] Dies ist vorliegend der Fall. Ein detaillierter Abdruck der aufsichts- und handelsrechtlichen Vorschriften brächte weder für den Experten, noch für den durchschnittlichen Versicherungsnehmer nennenswerte Vorteile.

Des weiteren ist zu berücksichtigen, daß die Versicherer ganz bewußt auf eine konkrete Übernahme bestehender gesetzlicher Bestimmungen verzichtet haben.[1142] Denn überschußberechtigte LVV weisen eine Durchschnittslaufzeit von 28 Jahren auf, weswegen im allgemeinen zu erwarten ist, daß einschlägige Gesetze und Verordnungen

---

1140 BGHZ 86, 135, 138. Vgl. ferner BGHZ 109, 192, 196; OLG Schlewig NJW 1995, 2858 sowie MÜLLER, NJW 1996, 1520 und CASPER, NJW 1997, 240. A.A. („Verweis auf ein anderes Regelwerk ist grundsätzlich zulässig"): BGHZ 128, 54, 60 und OLG Stuttgart, VersR 1999, 832, 833
1141 BGHZ 111, 388, 390.
1142 So auch BERND HONSEL, Aktuelle Rechtsfragen des Versicherungsgeschäfts und der Versicherungstechnik (Manuskript, bislang unveröffentlicht).

während der Vertragslaufzeit mehrfach geändert werden. Darüber hinaus ist zu bedenken, daß die handelsrechtlichen Vorschriften zum Jahresabschluß über den Grundsatz der umgekehrten Maßgeblichkeit (vgl. hierzu S. 46ff.) an das jeweils geltende Steuerrecht gebunden sind, also an eine Materie, die ständig wechselnden fiskalischen und volkswirtschaftlichen Interessen unterworfen ist. Schließlich lassen die internationalen Bemühungen um eine einheitliche Kodifizierung der Rechnungslegungsvorschriften Änderungen erwarten, die auch das bestehende System der Überschußbeteiligung nachhaltig modifizieren könnten. Aus diesen Gründen hat die Versicherungswirtschaft die §§ 17 Abs. 1 S. 5, 17 Abs. 2 S. 1, 3 ALB-E als eine *dynamische* Verweisung konzipiert. Maßgeblich für die Überschußbeteiligung sind insofern die aufsichts- und handelsrechtlichen Gesetze bzw. Verordnungen der jeweils geltenden Fassung. Insofern kann nicht verlangt werden, daß die Versicherer sämtliche aufsichts- und handelsrechtliche Bestimmungen in der Überschußbeteiligungsklausel wiedergeben. Der Verweis auf die Regelungen des VAG und HGB ist auch nicht überflüssig. Indem die Versicherer auf diese Normen Bezug nehmen, werden die betreffenden Regelungen selbst zum Bestandteil des Vertrages, so daß die Versicherten auch gem. § 315 Abs. 3 S. 2 BGB das Recht haben, die Einhaltung dieser Vorschriften gerichtlich überprüfen zu lassen (vgl. S. 263). Die Bezugnahme auf die öffentlich-rechtlichen Vorschriften konkretisiert somit – wenn auch nicht in ausreichendem Maße – das Ermessen der Versicherer.

Entscheidend ist aber, daß selbst Experten die Kapitalanlage- und Bilanzpolitik der Versicherungsunternehmen nicht anhand der Überschußbeteiligungsklausel (§ 17 Abs. 1 S. 5 ALB-E i.V.m. den handels- und aufsichtsrechtlichen Vorschriften zur Rechnungslegung) verläßlich einschätzen können. Nach dem Bestimmtheits- und Verständlichkeitsgebot müssen die Versicherer aber zumindest die Grundzüge der Kapitalanlage- und Thesaurierungspolitik festlegen. Darüber hinaus haben die Versicherer die Obliegenheit, präzise Höchstgrenzen für die Bildung stiller Reserven festzulegen. Dies gilt selbst dann, wenn zum Zeitpunkt des Vertragsschlusses ein Steuerrecht in Kraft ist, das die Bildung von Ermessensreserven weitgehend ausschließt (vgl. S. 51ff.), denn die Frage, ob die Versicherungsnehmer möglichst zeitnah oder gleichmäßig, thesaurierend an den entstandenen Überschüssen zu beteiligen sind, kann nicht durch das jederzeit veränderbare Steuerrecht entschieden werden, sondern allein durch die Vertragsgestaltung überschußberechtigter LVV.

Auch § 17 Abs. 2 S. 1-4 ALB-E erschöpft sich in der Wiedergabe von Minimalstandards, ohne den eigentlichen Leistungsinhalt festzuschreiben. Der Versicherungsnehmer kann selbst den aufsichtsrechtlichen Regelungen nicht entnehmen, in welchem Maße er an entstandenen Kapitalanlage-, Risiko- und Kostenüberschüssen partizipiert. Hinsichtlich der Kapitalanlageüberschüsse schreibt das novellierte Aufsichtsrecht lediglich einen 90%-igen Zuweisungssatz vor; im übrigen richtet sich die Verteilung der Kapitalanlageüberschüsse nach den unternehmensindividuellen vertraglichen Vereinbarungen (§ 1 Abs. 2 S. 1, 2 ZRQuotenV). Hinsichtlich der Risiko- und Kostenüberschüsse verlangt das Aufsichtsrecht sogar nur noch eine „angemessene" Überschußbeteiligung (§ 1 Abs. 1 S. 1 ZRQuotenV), um eine flexible, einzelfallorientierte Aufsichtspraxis in Abhängigkeit zu den jeweiligen Vertragsvereinbarungen zu gewährleisten. Insofern führt der Verweis auf § 81c VAG und die ZRQuotenV zu einem Zirkelschluß, der die Vertragspflichten weitgehend offenläßt. Für den Neubestand müssen die Versicherer aber präzise Prozentsätze für die Verteilung der Kapitalanlage-, Risiko- und Kostenüberschüsse angeben. Nur so kann verhindert werden, daß die Versicherer die Rendite überschußberechtigter LVV während der Vertragslaufzeit nach Belieben verändern.

Da § 17 Abs. 2 S. 5 ALB-E keine genauen Angaben darüber enthält, inwieweit entstandene Überschüsse direkt an die Versicherten ausgeschüttet werden oder der RfB zufließen, wird der Zeitpunkt der Überschußzuteilung in das Ermessen der Versicherer gestellt. Auch dies begründet einen Verstoß gegen das Transparenzgebot, denn die Versicherungsnehmer sind darüber zu informieren, wann und in welchem Umfang Überschüsse dem Vertrag gutgeschrieben werden.

§ 17 Abs. 2 S. 6 ALB-E enthält den Hinweis, daß die in die RfB eingestellten Mittel *nur* für die Überschußbeteiligung der Versicherungsnehmer verwendet werden dürfen. Hierdurch wird der Eindruck erweckt, als partizipierten sämtliche Versicherungsnehmer während der Vertragslaufzeit an sämtlichen Überschüssen, die für ihre Bestandsgruppen in die RfB während der Vertragsdauer eingestellt wurden. De facto erwerben die Versicherungsnehmer aber erst dann einen Vermögenszuwachs, wenn die in der RfB thesaurierten Überschüsse aufgelöst werden. § 17 Abs. 2 S. 6 ALB-E ist daher irreführend und intransparent.

§ 17 Abs. 2 S. 7 ALB-E verstößt in zweierlei Hinsicht gegen das Transparenzgebot. Zum einen konstituiert § 17 Abs. 2 S. 7 ALB-E contra legem einen Zustimmungsvorbehalt der Aufsichtsbehörde. Eine Zustimmung des BAV ist erst dann erforderlich, wenn die in der freien RfB thesaurierten Überschüsse zur Abwendung eines Notstandes reduziert werden (§ 56a S. 5 VAG). Bei eventuellem Solvabilitätsbedarf oder bei unvorhergesehenen Risikoverlusten ist eine Reduzierung dagegen auch ohne die Zustimmung des Aufsichtsamtes möglich (§ 1 Abs. 3 S. 1 Nr. 1, 2 ZRQuotenV). Zum anderen kann ein durchschnittlicher Versicherungsnehmer aus der systematischen Stellung der Klausel nicht ohne weiteres erkennen, daß sich die Überschußanteilsätze erheblich vermindern können, wenn die RfB reduziert wird.[1143]

Auch die in § 17 Abs. 2 S. 9-11 ALB-E geregelten Grundsätze widersprechen den Anforderungen des Transparenzgebots. Warum soll der Versicherungsnehmer wissen, daß jede Versicherung innerhalb eines Gewinnverbandes Anteile an den Überschüssen der betreffenden Bestandsgruppe erhält, die Überschußanteile vom Vorstand des Unternehmens auf Vorschlag des Verantwortlichen Aktuars jährlich festgelegt und den Überschüssen des Geschäftsjahres oder der RfB entnommen werden? Eine solche Aneinanderreihung von rechtlichen Grundregeln verstellt den Blick auf die wesentlichen Regelungsbereiche der Überschußbeteiligung. Selbst der Experte kann mit diesen Hinweisen nichts anfangen.

Da § 17 Abs. 2 S. 12 ALB-E pauschal darauf hinweist, daß eine Zuteilung von Überschüssen in einzelnen Versicherungsjahren entfallen kann, ohne die Voraussetzungen

---

1143   Abgesehen davon führt § 17 Abs. 2 S. 7 ALB-E wiederum zu einer Insich-Verweisung, vgl. hierzu bereits die Ausführungen auf S. 177ff.

hierfür im einzelnen festzulegen, verstößt § 17 Abs. 2 S. 12 ALB-E ebenfalls gegen das Transparenzgebot.

III. Zwischenergebnis

Die Verbandsempfehlungen zur Überschußbeteiligung sind – mit Ausnahme der §§ 17 Abs. 1 S. 4, Abs. 2 S. 8 ALB-E – nach hier vertretener Auffassung intransparent und daher gem. § 9 Abs. 1 AGBG unwirksam. Sie regeln nicht das für den Vertrag Wesentliche.

D. Rechtsfolgen

I. Individualverfahren

Vertragsbedingungen, die gegen das Transparenzgebot verstoßen, sind im Individualverfahren regelmäßig unwirksam, ohne daß an ihre Stelle ein gesetzliches Dispositivrecht (§ 6 Abs. 2 AGBG) treten würde.[1144] Denn zum einen trägt der Verwender und nicht sein Vertragspartner das Risiko der von Anfang an bestehenden Unwirksamkeit. Zum anderen bezweckt das Transparenzgebot eine hinreichende Preis- und Produktklarheit *vor* Vertragsschluß. Eine intransparente Klausel kann daher nicht ohne weiteres für bestehende Verträge *nachträglich* durch eine wirksame Regelung ersetzt werden. Vorliegend ist jedoch zu berücksichtigen, daß eine ersatzlose Streichung der intransparenten Überschußbeteiligungsregeln keine den typischen Interessen beider Vertragsparteien Rechnung tragende Lösung bietet. Da die Überschußbeteiligungsklausel dem Versicherungsnehmer *Rechte* einräumt und lediglich die *Ausgestaltung* dieser Rechte in intransparenter und unwirksamer Weise erfolgt, kann die Unwirksamkeit der Überschußbeteiligungsklausel nicht dazu führen, daß die Versicherungsnehmer die betreffenden *Rechte* als solche verlieren. Ein ersatzloser Wegfall des Anspruchs auf Überschußbeteiligung riefe – wie bereits ausgeführt – ein grobes Mißverhältnis zwischen Leistung und Gegenleistung hervor, das weder mit § 138 BGB noch mit § 81c VAG in Einklang zu bringen wäre. Auch eine Teilaufrechterhaltung der wirksamen Bestandteile der Überschußbeteiligungsklausel (§§ 17 Abs. 1 S. 4, Abs. 2 S. 8 ALB-E) oder eine Gesamtunwirksamkeit der bestehenden langfristigen LVV gem. § 6 Abs. 3 AGBG würde den Interessen der Vertragsparteien nicht genügend Rechnung tragen.

Es kann also nur darum gehen, die Rechte der Versicherungsnehmer durch eine entsprechende transparente *Ausgestaltung* und geeignete Formulierung der Vertragsbedingungen durchschaubar, richtig, bestimmt und möglichst klar darzustellen. Insofern kann die entstehende Lücke nicht gem. § 6 Abs. 2 AGBG durch dasselbe, unwirksam deklarierte dispositive, intransparente Gesetzesrecht (Vorschriften des HGB und VAG) gefüllt werden. Vielmehr müssen intransparente Überschußbeteiligungsklauseln im Individualprozeß durch wirksame (transparente) Klauseln ersetzt werden.

1144 BGHZ 106, 42, 52; BGHZ 106, 259, 267. Vgl. hierzu auch KRAMPE, AcP 194 (1994), 1, 36ff.

Hierfür kommen mehrere Möglichkeiten in Betracht. Soweit die Vertragsparteien ein vertragliches Anpassungsrecht vereinbart haben, könnte die unwirksame Überschußbeteiligungsklausel ersetzt werden, indem der Versicherer mit Zustimmung des Versicherungsnehmers eine neue, transparente Klausel erläßt.[1145] Darüber hinaus könnte die Überschußbeteiligungsklausel auch gem. § 172 Abs. 2 VVG unter Zustimmung des Bedingungstreuhänders (vgl. § 11b VAG) geändert werden.[1146]

Schließlich kommt im Individualprozeß auch eine ergänzende Vertragsauslegung über § 6 Abs. 2 AGBG in Betracht. Die Möglichkeit einer ergänzenden Vertragsauslegung im Rahmen des § 6 Abs. 2 AGBG ist vom BGH explizit anerkannt.[1147] Insbesondere die Rechtsprechung zu den bereits erwähnten Tagespreisklauseln geht davon aus, daß unwirksame Leistungsbestimmungsrechte über § 6 Abs. 2 AGBG im Wege der ergänzenden Vertragsauslegung nach den allgemeinen Regeln der §§ 133, 157 BGB durch wirksame Bestimmungsrechte zu ersetzen sind.[1148] In den zugrundeliegenden Entscheidungen hatte der BGH eine Tagespreisklausel, mit der eine Preisänderung für den Kauf eines Neuwagens bei mehr als viermonatiger Lieferzeit für zulässig erklärt und der am Tage der Lieferung gültige Preis des Verkäufers vereinbart wurde, zunächst in einem Verbandsprozeß wegen Verstoßes gegen § 9 AGBG für unwirksam gehalten[1149] und diese Auffassung sodann in einem Individualprozeß bestätigt.[1150] In der Folgezeit war umstritten, ob der Käufer den neuen, bei Lieferung des Wagens gültigen Preis[1151] oder den alten, bei der Bestellung vereinbarten Betrag zu zahlen hatte.[1152] Mit Urteil v. 1. Februar 1984 entschied der BGH, daß die unwirksame Tagespreisklausel durch eine Regelung zu ersetzen sei, die den Käufer zur Zahlung des bei Auslieferung des Fahrzeugs gültigen Listenpreises verpflichte, soweit dieser Preis einer nach billigem Ermessen (§ 315 Abs. 1 BGB) zu treffenden Leistungsbestimmung durch den Verkäufer entspreche.[1153] Im Ergebnis kann die ergänzende Vertragsauslegung also bewirken, daß ein unwirksam vereinbartes Bestimmungsrecht durch eine wirksame Leistungsbestimmungsklausel, die den Anforderungen des § 315 BGB entspricht, ersetzt wird. Dement-

---

1145 Zu den rechtlichen Anforderungen, die an eine derartige Bedingungsanpassungsklausel zu stellen sind, vgl. LG Düsseldorf, VersR 1996, 874; OLG Düsseldorf, VersR 1997, 1272 sowie MATUSCHE-BECKMANN, NJW 1998, 112.

1146 In der Rechtsprechung und im Schrifttum wird zu Recht davon ausgegangen, daß sich § 172 Abs. 2 VVG im Gegensatz zu § 172 Abs. 1 VVG auf sämtliche Formen der Lebensversicherung bezieht, vgl. LG Hamburg, VersR 2000, 1136 (nicht rechtskräftig); KOLLHOSSER, in: PRÖLSS/ MARTIN, VVG[26], § 172 Rn. 8; BERLKOMM-SCHWINTOWSKI, § 172 Rn. 23; JAEGER, VersR 1999, 26, 29. A.A.: RÖMER, in: RÖMER/LANGHEID, VVG, § 172 Rn. 9.

1147 BGHZ 88, 78, 85; BGHZ 90, 69, 75; BGHZ 92, 363, 370; BGHZ 96, 18, 26; siehe auch SCHMIDT, in: ULMER/BRANDNER/HENSEN, AGB-Gesetz[8], § 6 Rn. 33 und RÖMER, VersR 1994, 125f.

1148 BGHZ 90, 69; BGH NJW 1990, 115. Siehe hierzu vor allem BOEMKE-ALBRECHT, Rechtsfolgen unangemessener Bestimmungen in Allgemeinen Geschäftsbedingungen (1989), 80ff.

1149 BGHZ 82, 21.

1150 BGH NJW 1983, 1603.

1151 So z.B. KÖTZ, BB 1982, 644ff. Vgl. ferner ULMER, BB 1982, 1125ff.

1152 So vor allem LÖWE, BB 1982, 152, 156f.

1153 BGHZ 90, 69.

sprechend könnte auch die Überschußbeteiligungsklausel gem. § 6 Abs. 2 AGBG im Wege der ergänzenden Vertragsauslegung ersetzt werden.

Wird von einer dieser Anpassungsmöglichkeiten Gebrauch gemacht,[1154] so ist zu beachten, daß die Vertragsergänzung nicht zu einer Erweiterung des Vertragsgegenstandes führen darf. An die Stelle der unwirksamen Überschußbeteiligungsklausel darf lediglich eine Regelung treten, die die Vertragspflichten auf der Grundlage des bestehenden Vertrages unter Berücksichtigung der rahmenmäßig bestimmten Leistungspflichten (billiges bzw. vertragsgemäßes Ermessen gem. § 315 Abs. 3 BGB) näher konkretisiert und verständlicher ausgestaltet.

Vorteilhaft an einem derartigen Ersetzungsverfahren ist, daß Versicherungsnehmer, die bereits einen LVV abgeschlossen haben, nicht weiterhin von der Durchsetzung bestehender Rechte abgehalten werden. Indem die intransparenten Überschußbeteiligungsklauseln durch wirksame ersetzt werden, besteht die Möglichkeit, daß die Versicherten über ihre rechtliche Position zutreffend informiert werden. Erst transparente Klauseln ermöglichen die Wahrnehmung und Durchsetzung bestehender Rechte. Gleichzeitig werden die bestehenden Ermessensspielräume der Versicherer auf das notwendige und transparente Maß reduziert. Dies hat zur Folge, daß die Kalkulierbarkeit des Vertragsablaufs steigt. Die Versicherungsnehmer werden nicht länger im Unklaren darüber gelassen, nach welchen Maßstäben der Versicherer die Leistungen aus der Überschußbeteiligung festlegt.

Nachteile hat ein solches Ersetzungsverfahren allerdings insoweit, als eine hinreichende Preis- und Produktklarheit *vor* Vertragsschluß natürlich nicht mehr für bestehende Verträge erreicht werden kann. Dementsprechend muß ein diesbezüglicher Vermögensschaden durch Schadensersatzansprüche kompensiert werden.[1155]

II. Verbandsverfahren

Im Verbandsklageverfahren kann dagegen nicht nur eine hinreichende Abwicklungstransparenz, sondern zugleich die für einen funktionsfähigen Wettbewerb notwendige Preis- und Produktklarheit überschußberechtigter LVV erreicht werden. Da das vorrangige Ziel eines Verbandsklageverfahren gerade darin besteht, im Wege der Unterlassungsklage die Verwendung unwirksamer, intransparenter Überschußbeteiligungsklauseln für *Neuverträge* zu unterbinden, werden die Versicherungsnehmer zukünftig in die Lage versetzt, den angestrebten Vertragsinhalt noch vor Abschluß des Vertrages erfas-

---

1154 Im Schrifttum ist bislang umstritten, welches Verhältnis zwischen den verschiedenen Anpassungsmöglichkeiten besteht. Während KOLLHOSSER (in: PRÖLSS/MARTIN, VVG²⁶, § 172 Rn. 6) die Ansicht vertritt, § 172 Abs. 2 VVG verdränge § 6 Abs. 2 VAG in seinem Anwendungsbereich völlig, meint SCHWINTOWSKI (in: BERLKOMM, § 172 Rn. 25), daß § 172 Abs. 2 VVG nur dann zur Anwendung käme, wenn weder dispositives Recht noch ergänzende Vertragsauslegung die Lücken zu schließen vermögen. Zum Ganzen: BARTMUß, VuR 2000, 299, 305ff.

1155 Schadensersatzansprüche, die aus der Verwendung unwirksamer Klauseln erwachsen, wurden von der Rechtsprechung schon mehrfach anerkannt, vgl. BGH NJW 1988, 197, 198; BGH NJW 1987, 639, 640; BGH NJW 1984, 2816, 2817. Siehe auch BRANDNER, Schadensersatzpflichten als Folge der Verwendung Allgemeiner Geschäftsbedingungen, in: FS Walter Oppenhoff (1985), 11-24.

sen zu können. Damit wird auch ein Konditionenwettbewerb, der auf Lebensversiche-
rungsmärkten trotz der Deregulierung bislang kaum besteht, ermöglicht.

E. Vorschlag für eine transparente Ausgestaltung der Überschußbeteiligung

Der Vorschlag bezieht sich auf eine kapitalbildende Lebensversicherung ohne Wartezeiten, die auf eine sicherheitsorientierte Kapitalanlagestrategie und eine gleichmäßige Überschußverteilung ausgerichtet ist.[1156] Als Gewinnverwendungssystem wurde eine fondsgebundene Überschußverwendung gewählt.

Überschußbeteiligung

Wir beteiligen Sie und die anderen Versicherungsnehmer am Überschuß unseres Unternehmens. Wie hoch Ihr Überschußguthaben am Ende ausfallen wird, wissen wir nicht genau. Dies hängt davon ab, welche Verzinsung wir am Kapitalmarkt mit Ihren Prämien erzielen, wieviel Versicherungsnehmer während der Vertragslaufzeit sterben und wie kostengünstig wir arbeiten. Die Höhe Ihres Überschußguthabens wird von uns vertragsgemäß nach billigem Ermessen festgelegt. Sollten Sie der Ansicht sein, daß wir Ihr Überschußguthaben vertragswidrig berechnet haben, so haben Sie das Recht, hiergegen Klage gem. § 315 BGB zu erheben.

(1) Wie entsteht ihr Überschußguthaben?

    a) Ein Teil Ihrer Beiträge wird verzinslich am Kapitalmarkt angelegt. Sie haben sich dafür entschieden, daß wir Ihre Beiträge vor allem in festverzinsliche Kapitalanlagen investieren.[1157] An den hieraus entstehenden Zinsüberschüssen werden Sie zu x% beteiligt.

    b) Den Rest Ihrer Beiträge verwenden wir dazu, um vorzeitige Sterbefälle und die Kosten Ihres Vertrages zu decken. Je weniger Versicherungsnehmer während der Vertragslaufzeit sterben und je kostengünstiger wir arbeiten, um so höher sind die hieraus entstehenden Überschüsse. Überschüsse aus dem Sterblichkeitsverlauf werden wir zu y% Ihrem Vertrag gutschreiben. An den Kostenüberschüssen werden Sie zu z% beteiligt.

(2) Wann erhalten Sie die Überschüsse?

    a) Ab dem ersten Versicherungsjahr erhalten Sie eine *jährliche Überschußgutschrift*. Bei der jährlichen Überschußgutschrift werden wir darauf achten, daß die Überschußhöhe nicht von Jahr zu Jahr variiert, sondern möglichst konstant bleibt.[1158] Um dies zu erreichen, werden wir einen Teil der erwirtschafteten Überschüsse nicht sofort an Sie ausschütten (sogenannte Thesaurierung). Die Höchstgrenze der zulässigen Thesaurierungen beträgt t%.

1156   Zu den verschiedenen Kapitalanlagestrategien vgl. die Ausführungen auf S. 273f.

1157   Bei *renditeorientierter Anlagestrategie*: Sie haben sich dafür entschieden, daß wir Ihre Beiträge soweit wie möglich vor allem in Aktien, Beteiligungen und Investmentfonds anlegen.

1158   Bei *zeitnaher Überschußzuteilung*: Sie haben sich für eine zeitnahe Überschußbeteiligung entschieden. Der entstandene Überschuß wird daher ihrem Vertrag sofort zugeteilt. Die Höhe der jährlichen Überschüsse variiert somit von Jahr zu Jahr in Abhängigkeit zur jeweiligen Ertragslage. Obwohl wir bemüht sind, die entstandenen Überschüsse sofort Ihrem Vertrag zuzuteilen, kann es trotzdem zu geringen Zeitverzögerungen bei der Überschußzuteilung kommen. Daher erhalten Sie außerdem eine Schlußdividende, wenn der Versicherungsfall eintritt oder der Vertrag gekündigt wird.

b) Tritt der Versicherungsfall ein oder kündigen Sie den Vertrag, so werden wir die auf Ihren Vertrag entfallenden thesaurierten Überschüsse auflösen und als *Schlußdividende* an Sie ausschütten.

(3) Wie verwalten wir Ihr Überschußguthaben?

a) Das jeweilige Überschußguthaben wird von uns nach Abzug eines Verwaltungskostenanteils von v% zu Beginn eines jeden Beitragszahlungsabschnittes in Anteilen eines XFonds angelegt. Um eine möglichst hohe Rendite zu erzielen, können wir bereits getätigte Anlagen auch in einen anderen Fonds umschichten. Hierüber werden wir Sie in jedem Falle unterrichten. Etwaige Erträge aus dem Fonds werden ebenfalls wieder angelegt.

b) Tritt der Versicherungsfall ein oder kündigen Sie den Vertrag, so steht der Gegenwert der Fondsanteile in Euro zur Verfügung.

c) Sie sind berechtigt, mit einer Frist von einem Monat zum Ende eines Kalendermonats die Auszahlung des Gegenwertes der Fondsanteile ganz oder teilweise zu verlangen.

(4) Wann verschlechtert sich die Rendite Ihres Vertrages?

a) Je schlechter die Erträge aus den Kapitalanlagen sind und je mehr Geld wir für vorzeitige Sterbefälle und Kosten aufwenden müssen, um so geringer ist die Rendite Ihres Vertrages.

b) Ihre Rendite reduziert sich auch dann, wenn sich während der Vertragslaufzeit herausstellen sollte, daß sich die Sterbewahrscheinlichkeit Ihrer Risikogruppe unvorhersehbar verschlechtert hat. In diesem Fall haben wir das Recht, ihre Überschüsse in Höhe der hieraus entstehenden Kosten zu reduzieren.

(5) Versicherungstechnische Daten zur Überschußbeteiligung

Die Überschußbeteiligung erfolgt im Einklang mit den jeweils geltenden handels- und aufsichtsrechtlichen Vorschriften. Ihre Versicherung gehört zum Gewinnverband XX in der Bestandsgruppe YY.

§ 6 Gesamtergebnis

Im Ergebnis sind die in der Einleitung aufgeworfenen Rechtsfragen wie folgt zu beantworten:

I.

Das in § 3 der Arbeit analysierte Verhältnis zwischen Aufsichts- und Bilanzrecht, Vertragsrecht und Selbstregulierung hat zunächst gezeigt, daß das BAV für den Neubestand nur noch im Wege der nachträglichen Mißstandsaufsicht auf die Überschußbeteiligung Einfluß nehmen kann. Das novellierte Aufsichtsrecht regelt dabei in § 81c VAG und der ZRQuotenV lediglich die Frage, welche *Mindestanforderungen* die Überschußbeteiligung aus aufsichtsrechtlicher Sicht erfüllen muß, wenn privatrechtlich wirksame Vereinbarungen über die Überschußbeteiligung getroffen wurden. Im übrigen verweisen VAG und ZRQuotenV akzessorisch auf die vertraglichen Vereinbarungen zur Überschußbeteiligung. Letztere stellen daher den eigentlichen Referenzmaßstab der deutschen Überschußbeteiligungsaufsicht dar. Auch die nachträgliche Mißstandsaufsicht gem. § 81 Abs. 1 S. 2 VAG hat nunmehr den vertragsindividuellen Besonderheiten überschußberechtigter LVV Rechnung zu tragen. Im Unterschied zum Altbestand darf das BAV nicht mehr eine verursachungsgerechte, gleichmäßige, zeitnahe und im einzelnen gerechte Überschußbeteiligung fordern. Die Versicherungsaufsicht hat vielmehr im Wege einer einzelfallbezogenen Mißstandsaufsicht dafür zu sorgen, daß die Richtigkeitsgewähr der Verträge gewährleistet ist und die berechtigten Erwartungen der Versicherungsnehmer nicht enttäuscht werden. Inwieweit das Aufsichtsamt zu Eingriffen befugt ist, richtet sich nunmehr vorrangig nach den jeweiligen Parteivereinbarungen.

Auch der Verantwortliche Aktuar als „Agent der Versicherungsaufsicht" hat bei seinen Vorschlägen zur Überschußbeteiligung (§ 11a Abs. 3 Nr. 4 VAG) nicht nur die aufsichtsrechtlichen Vorschriften zur Überschußbeteiligung zu beachten, sondern zugleich – wie die Gesetzesmaterialien hervorheben – die „berechtigten Erwartungen" der Versicherungsnehmer zu schützen. Berechtigt sind die Erwartungen der Versicherungsnehmer dann, wenn sie auf einem hinreichend formalisierten Vertrauenstatbestand gründen. Dies trifft sowohl für die Überschußbeteiligungsklauseln als auch für die bei Vertragsschluß verwendeten schriftlichen Verbraucherinformationen, insbesondere für die Beispielrechnungen zu. Im Unterschied zum BAV ist der Verantwortliche Aktuar allerdings nicht dazu berechtigt, die vertraglichen Vereinbarungen zur Überschußbeteiligung einer Kontrolle nach dem AGBG zu unterziehen. Um Auslegungsschwierigkeiten zu vermeiden, sollte der Verantwortliche Aktuar aber darauf achten, daß der Berechnungs- und Verteilungsmodus möglichst klar und widerspruchsfrei in den Vertragsbedingungen festgelegt wird.

Vor diesem Hintergrund erweisen sich die vom GdV empfohlenen Überschußbeteiligungsklauseln, die in der Praxis vornehmlich verwendet werden, als äußerst problematisch, denn diese verweisen hinsichtlich der Überschußbeteiligung zwar nicht mehr auf den aufsichtsbehördlich genehmigten Geschäftsplan, stattdessen aber auf die aufsichts- und bilanzrechtlichen Vorschriften zur Überschußbeteiligung. Der Verweis auf das Aufsichtsrecht ist aber letztlich ein Zirkelschluß, denn das VAG setzt gerade einen vertraglichen Anspruch auf Überschußbeteiligung voraus, der sowohl dem Grunde, als auch der Höhe nach hinreichend bestimmt sein muß. Ähnliches gilt für den Verweis auf das Bilanzrecht. Da die handelsrechtlichen Rechnungslegungsvorschriften auf gänzlich andere Regelungsziele zugeschnitten sind, können die vertraglichen Pflichten durch sie ebensowenig konkretisiert werden. Im Ergebnis bleiben daher vertragswesentliche Bereiche der Überschußbeteiligung – wie beispielsweise die nachträgliche Veränderung der Rechnungsgrundlagen, die Kapitalanlage-, Bilanz- und Überschußverteilungspolitik der Gesellschaft, die Gewinnmargen sowie die Praxis der Querverrechnung – ungeregelt. Indem die Verbandsempfehlungen unreflektiert die für den Altbestand gängige Regelungssystematik übernehmen, kann das Äquivalenzverhältnis überschußberechtigter LVV einseitig durch die Versicherer diktiert werden. Die Richtigkeitsgewähr dieser Verträge ist daher in Frage gestellt.

II.

Insofern war weitergehend in § 4 der Arbeit der Frage nachzugehen, ob sich nach der ergänzenden Vertragsauslegung Leitbilder ergeben, die die vertraglichen Pflichten der Versicherer näher konkretisieren und die Dispositionsmacht der Unternehmen begrenzen. In der Rechtsprechung und im Schrifttum sind verschiedene Ansätze zur Rechtsnatur des überschußberechtigten LVV entwickelt worden. Im Ergebnis können die bislang vertretenen Theorien allerdings nicht überzeugen.

Nach hier vertretener Ansicht ist davon auszugehen, daß der überschußberechtigte LVV in der Aktiengesellschaft nach dem Willen der Vertragsparteien als ein Schuldverhältnis mit Bestimmungsvorbehalt i.S.d. § 315 BGB ausgestaltet wird. Die Überschußbeteiligungsklausel räumt dem Versicherer ein Leistungsbestimmungsrecht ein. Innerhalb des Vertragsgefüges kapitalbildender Lebensversicherungen bewirkt die Überschußbeteiligung dabei vor allem, daß der LVV ein Bankprodukt mit variabler Verzinsung ist, wobei der Versicherer auf die Höhe der Zinsüberschüsse Einfluß nehmen kann. Dies bedeutet allerdings nicht, daß das Unternehmen berechtigt wäre, die Zinsüberschüsse nach eigenem Ermessen festzulegen. Der überschußberechtigte LVV begründet vielmehr bereits ab Vertragsschluß die Pflicht, sich an die vertraglich festgelegten Bestimmungsmaßstäbe zu halten und im Zweifel die Bestimmung nach billigem Ermessen (§ 315 Abs. 1 BGB) zu treffen. Da der Anwendungsbereich des § 315 Abs. 3 S. 2 BGB eröffnet ist, können die Gerichte bei begründeter Gestaltungs- bzw. Leistungsklage die aus der Überschußbeteiligung geschuldete Leistung neu festsetzen. In diesem Falle ist die gegenüber dem Versicherungsnehmer gem. § 315 Abs. 2 BGB erklärte Festlegung der Überschußanteilssätze, nicht aber der Jahresabschluß als solcher unverbindlich. Die vom Gericht festgelegten Überschußanteilssätze sind lediglich im darauffolgenden Geschäftsjahr in der Bilanz zu berücksichtigen.

Maßstab für eine „vertragsgemäße" bzw. „billige" Leistungsbestimmung sind die aufsichtsrechtlichen Vorschriften und die vertraglichen Regelungen zur Überschußbeteiligung. Problematisch an einer richterlichen Kontrolle ist derzeit, daß vertragswesentliche Aspekte der Überschußbeteiligung bislang nicht geregelt werden (s.o.). Die

Gerichte müssen daher einen geeigneten Kontrollmaßstab entwickeln. Die Arbeit schlägt vor, daß sich die Gerichte vorläufig – solange die Vertragsbedingungen nicht hinreichend bestimmt und transparent ausgestaltet werden – an den Beispielrechnungen orientieren. Die in den Beispielrechnungen vorgenommene Prognostizierung der Überschußanteile stellt zwar auf den ersten Blick eine bloße Werbemaßnahme dar. Die Versicherungsnehmer können aber bei Vertragsschluß zumindest darauf vertrauen, daß die den Beispielrechnungen zugrundegelegten normativen Annahmen während der Vertragslaufzeit nicht willkürlich verändert werden. Anhand dieser Maßstäbe konnte die Überschußbeteiligungspraxis der Versicherungsunternehmen näher untersucht werden.

Die Untersuchung zu den vereinsrechtlichen Besonderheiten hat schließlich gezeigt, daß auch die Überschußbeteiligung im VVaG ihrem Schwerpunkt nach auf dem Versicherungsvertrag beruht. Unterschiede bestehen nur insofern, als § 38 VAG i.V.m. der Satzung darüber hinaus einen Anspruch auf den restlichen (Bilanz-)Überschuß begründet. Da die Mitglieder eines VVaG nicht schlechter gestellt werden dürfen als die Versicherungsnehmer einer Aktiengesellschaft, ist § 315 Abs. 3 S. 2 BGB auch im Versicherungsverein anwendbar.

III.

Abschließend hat die Arbeit in § 5 die Frage untersucht, welche rechtlichen Anforderungen an die vertragliche Ausgestaltung der Überschußbeteiligungsklauseln zu stellen sind. Hierbei ergab sich, daß das insbesondere in § 9 AGBG verankerte Transparenzgebot für die Versicherer die Obliegenheit schafft, überschußberechtigte LVV dergestalt zu entwickeln, daß ein Wettbewerb um dieses Produkt im Vergleich zu sonstigen Bankprodukten funktionsfähig und möglich wird. Für den Neubestand sind die Leistungen aus der Überschußbeteiligung hinreichend bestimmt, richtig, klar und verständlich festzulegen. Die vom GdV empfohlenen Überschußbeteiligungsklauseln (§ 17 ALB-E), die gem. § 8 AGBG kontrollfähig sind, entsprechen diesen Anforderungen nicht. Da die Grundsätze und Maßstäbe, nach denen der Versicherer sein Leistungsbestimmungsrecht (§ 315 BGB) im Bereich der Überschußbeteiligung auszuüben hat, in den Vertragsbedingungen nicht hinreichend bestimmt festgelegt werden, kann noch nicht einmal der *Experte* die am Lebensversicherungsmarkt existierenden Überschußbeteiligungsmodelle verläßlich miteinander vergleichen. Darüber hinaus wird die Überschußbeteiligung auch für den *durchschnittlichen Versicherungsnehmer* nicht transparent dargestellt. Die Verbandsempfehlungen zur Überschußbeteiligung sind daher gem. § 9 Abs. 1 AGBG unwirksam, so daß die unwirksamen Klauseln für bestehende Verträge im Individualverfahren zu ersetzen sind. Am Ende der Arbeit wurde daher der Versuch unternommen, eine wirksame Überschußbeteiligungsklausel für die kapitalbildende Lebensversicherung zu entwickeln.

Literaturverzeichnis

Ackermann, Peter, Die Rückgewährquote der Lebensversicherungsunternehmen, 1985.

Adams, Michael, Die Kapitallebensversicherung als Anlegerschädigung, ZIP 1997, 1857.

–, Revolution im Versicherungsgewerbe, ZIP 1997, 1224.

Adler/Düring/Schmaltz, Rechnungslegung und Prüfung der Unternehmen, Kommentar zum HGB, AktG, GmbHG, PublG nach den Vorschriften des Bilanzrichtlinien-Gesetzes, 6. Aufl. 1995 (zit.: Adler/Düring/Schmaltz).

Angerer, August, Erfahrung mit Versicherungsaufsicht, ZVersWiss 1989, 106.

–, Grundlinien der Versicherungsaufsicht, 1985.

–, Wettbewerb auf den Versicherungsmärkten aus der Sicht der Versicherungsaufsichtsbehörde, ZVersWiss 1985, 221.

Bach, Peter, Vorvertragliche Informationspflichten des Versicherers nach der VAG-Novelle, in: FS Egon Lorenz (1994), Hrsg.: *Ulrich Hübner* et. al., 45.

Bach, Peter/ Geiger, Martin, Die Entwicklung der Rechtsprechung bei der Anwendung des AGBG auf AVB, VersR 1993, 659.

Balleer, Martin, Deregulierung des deutschen Lebensversicherungsmarkts und Auswirkungen auf die Produktgestaltung, Betriebliche Alterversorgung 1994, 12.

–, Der Verantwortliche Aktuar und sein Tätigkeitsfeld, Der Aktuar 1996, 70.

–, Ziel und Weg der Deutschen Aktuarvereinigung, Der Aktuar 1995, 2.

Balleer, Martin/ Claaßen, Jürgen, Analytische Betrachtungen zur Gewinnbeteiligung in der Lebensversicherung, 1979.

Barbey, Günther, Probleme einer strukturgerechten Rechtsprechung im Bereich der Versicherungsaufsicht, VersR 1985, 101.

Bartmuß, Ralph, AVB-Anpassung durch Bedingungsanpassungsklauseln und Bedingungstreuhänder, VuR 2000, 299.

Barrow, G.E., A review of the law relating to insolvent life insurance companies and proposals for reform, in: Journal of the Institute of Actuaries 1984 (111), 253.

Basedow, Jürgen, Die Kapitallebensversicherung als partiarisches Rechtsverhältnis – Eine zivilistische Konstruktion der Überschußbeteiligung –, ZVersWiss 1992, 419.

–, Stand und Perspektiven der Deregulierung im Versicherungswesen, VersWissStud. 1, 23.

–, Transparenz als Prinzip des (Versicherungs-)Vertragsrechts, VersR 1999, 1045.

Baumann, Horst, Die Kapitallebensversicherung mit Überschußbeteiligung als partiarisches Versicherungsverhältnis und ihre Bedeutung bei der Umstrukturierung von Versicherungsgruppen, 1993 (zit.: Die Kapitallebensversicherung).

–, Lebensversicherung, stille Reserven und Gesamtrechtsordnung, JZ 1995, 446.

–, Rechtliche Grundprobleme der Umstrukturierung von Versicherungsvereinen auf Gegenseitigkeit in Versicherungs-Aktiengesellschaften, VersR 1992, 905.

Baumbach, Adolf/ Duden, Konrad/ Hopt, Klaus J., Kommentar zum Handelsgesetzbuch, 29. Aufl. 1995.

Baur, Jürgen, Investmentgesetze, 2. Aufl. 1997.

Becker, Thomas, Die Auslegung des § 9 Abs. 2 AGB-Gesetz, 1986.

Beckmann, Klaus/ Scholz, Rolf-Dieter, Investment-Handbuch, Stand: 36. Lfg. Februar 1999.

Beckmann, Roland Michael, Die Zulässigkeit von Preis- und Prämienanpassungsklauseln nach dem AGB-Gesetz, 1990 (zit.: Die Zulässigkeit von Preis- und Prämienanpassungsklauseln).

Bendix, Ludwig, Kritik der Theorien über die juristische Natur des Lebensversicherungs-Vertrages, ZVersWiss 1903, 490.

Benkel, Gert A., Die Verwendung des Überschusses in der Lebensversicherung, VersR 1994, 509.

Benkel, Gert A./ Hirschberg, Günther, Berufsunfähigkeits- und Lebensversicherung, ALB- und BLZ- Kommentar, 1990.

Berliner Kommentar zum Versicherungsvertragsgesetz, Hrsg.: *Heinrich Honsell,* 1999 (zit.: Autor, in: BerlKomm § x VVG Rn. x).

Biagosch, Patrick/ Scherer, Peter, Die Verbraucherinformation des § 10a VAG bei kapitalbildenden Lebensversicherungen, VW 1995, 370, 429.

Biener, Herbert, Die Rechnungslegungsempfehlungen des IASC und deren Auswirkungen auf die Rechnungslegung in Deutschland, BFuP 1993 (Bd. 45), 345.

Biewer, Anja, Die Umwandlung eines Versicherungsvereins auf Gegenseitigkeit in eine Aktiengesellschaft, 1998 (zit.: Die Umwandlung).

Boemke-Albrecht, Burkhard, Rechtsfolgen unangemessener Bestimmungen in Allgemeinen Geschäftsbedingungen, 1989.

Braa, Peter, Der Geschäftsplan für die Rentenversicherung, VerBAV 1979, 84, 126, 157.

–, Der Geschäftsplan für die Risikolebensversicherung, VerBAV 1984, 221, 256.

Brandner, Hans Erich, Schadensersatzpflichten als Folge der Verwendung Allgemeiner Geschäftsbedingungen, in: FS Walter Oppenhoff, 1985, 11.

Breidenbach, Stephan, Die Voraussetzungen von Informationspflichten beim Vertragsschluß, 1989.

Brenzel, Jürgen, Der Versicherungsverein auf Gegenseitigkeit. Unternehmensform und Rechtsstruktur im Wandel, 1975.

Brömmelmeyer, Christoph, Der Verantwortliche Aktuar in der Lebensversicherung, 2000 (zit.: Der Verantwortliche Aktuar).

Bruchner, Helmut, Zinsberechnungsmethode bei Annuitätendarlehen im Lichte der BGH-Urteile v. 24. November 1988 – Besprechung von BGH WM 1988, 1780 (III ZR 188/87 und III ZR 156/87), WM 1988, 1873.

Bruck, Ernst/ Möller, Hans, Kommentar zum Versicherungsvertragsgesetz, 8. Auflage, Band V, 2. Halbband: Lebensversicherung, bearbeitet von *Gerrit Winter,* 1985 (zit.: Bearbeiter, in: Bruck/Möller/Winter).

Bryde, Brun-Otto, Verfassungsrechtliche Fragen der Bestandsübertragung, VersWissStud. 4, 63.

Büchner, Franz, Der Begriff der „Gegenseitigkeit" und seine mehrfache Bedeutung im Versicherungswesen, ZVersWiss 1965, 435.

Büchner, Georg, Der Referentenentwurf eines 3. Durchführungsgesetzes/EWG zum VAG auf dem Prüfstand, 1993.

Campenhausen, Balthasar v., Das Transparenzgebot als Pflicht zur Aufklärung vor Vertragsschluß, 1994.

Canaris, Claus-Wilhelm, Bankvertragsrecht, 3. Aufl. 1988.

Casper, Mathias, Vorformulierte Verzugszinspauschalierung durch Diskontsatzverweis, NJW 1997, 240.

Claus, Gottfried, Aktuelle Probleme der Lebensversicherung, VerBAV 1980, 22.

–, Die Beitragsrückerstattung in der Lebensversicherung unter dem Gesichtspunkt der Wahrung der Belange der Versicherten, VerBAV 1980, 111.

–, Bemerkungen zum Artikel von Tröbliger in der ZfV Nr. 15-16/83 S. 374 „Die Aktualisierung der Überschußverteilung in der Lebensversicherung", ZfV 1983, 487.

–, Die Direktgutschrift in der Lebensversicherung, VerBAV 1988, 259.

–, Gedanken zu einer neuen Tarifstruktur in der Lebensversicherung aus aufsichtsbehördlicher Sicht, 1985 (zit.: Gedanken zu einer neuen Tarifstruktur).

–, Der Geschäftsplan für die Großlebensversicherung, VerBAV 1986, 239, 283.

–, Lebensversicherungsaufsicht nach der Dritten EG-Richtlinie. Was bleibt? Was ändert sich?, ZfV 1994, 110, 139, 658.

–, Letztmalig: Die Aktualisierung der Überschußverteilung in der Lebensversicherung, ZfV 1983, 640.

–, Die Mindestbeteiligung der Versicherten am Überschuß in der Lebensversicherung, VerBAV 1989, 225, 262.

–, Rezension zu Stöffler, Michael, Markttransparenz in der Lebensversicherung, VerBAV 1985, 200.

–, Die Verordnung über die Mindestbeitragsrückerstattung in der Lebensversicherung, Der Aktuar 1997, 60.

–, Die Verordnung über die versicherungsmathematische Bestätigung und den Erläuterungsbericht des Verantwortlichen Aktuars, Der Aktuar 1997, 10.

Coing, Helmut, Die Treuhand kraft privaten Rechtsgeschäfts, 1973.

Colbe, Walther Busse v., Zur Anpassung der Rechnungslegung von Kapitalgesellschaften an internationale Normen, BFuP 1995, 373.

Dageförde, Carsten, Umstrukturierung von Versicherungskonzernen durch Übertragung von Lebensversicherungsbeständen, NJW 1994, 2528.

Daykin, C.D., The Developing Role of The Government Actuary's Department in the Supervision of Insurance, Journal of the Institute of Actuaries 1992 (119), 313.

Deregulierungskommission (Hrsg.), Marktöffnung und Wettbewerb, 1991.

Deutsche Aktuar Vereinigung (Hrsg.), Aktuarielle Interpretation des § 11 Abs. 2 VAG, Der Aktuar 1997, 141.

Dörner, Heinrich, Allgemeine Versicherungsbedingungen, 3. Aufl. 1999.

Donath, Roland, Anmerkung zu BVerwG VersR 1994, 541, VersR 1994, 965.

–, Der Anspruch auf Überschußbeteiligung – Eine bürgerlichrechtliche Untersuchung zur Kapitallebensversicherung, AcP 193 (1993), 279.

–, Die EG-Versicherungsbilanz-Richtlinie 91/674/EWG, EuZW 1992, 719.

Dreher, Meinrad, Inhalt und Grenzen einer künftigen Mißstandsaufsicht des VAG, VersR 1993, 1443.

–, Die Mißstandsaufsicht über Versicherungsunternehmen nach dem Versicherungsaufsichtsgesetz 1994, WM 1995, 509.

–, Die Quersubventionierung bei Versicherungsunternehmen nach europäischem und deutschem Versicherungsrecht, ZVersWiss 1996, 499.

–, Die Versicherung als Rechtsprodukt, 1991.

–, Versicherungskonzernrecht nach der Aufsichtsderegulierung. Das Beispiel der Unternehmensverträge mit Versicherungsaktiengesellschaften, DB 1992, 2605.

–, Die Zulässigkeit von Unternehmensverträgen unter Beteiligung von Versicherungsaktiengesellschaften, ZVersWiss 1988, 619.

Dreyer, Thomas, Stille Reserven im Jahresabschluß von Lebensversicherungsunternehmen: eine Untersuchung zum Verhältnis von Bilanzrecht, Mitgliedschaftsrecht und Versicherungsvertragsrecht bei Lebensversicherungsunternehmen in der Rechtsform der Aktiengesellschaft und Versicherungsvereins auf Gegenseitigkeit, 1998 (zit.: Stille Reserven im Jahresabschluß von Lebensversicherungsunternehmen).

Dylla-Krebs, Corinna, Schranken der Inhaltskontrolle Allgemeiner Geschäftsbedingungen – Eine systematische Abgrenzung kontrollfreier von kontrollunterworfenen Klauseln, 1990.

Ebers, Martin, Reduzierung der Überschußbeteiligung bei Veränderung der Sterbewahrscheinlichkeit? – Anmerkung zu AG Bad Schwalbach, VersR 1997, 606, VuR 1997, 379.

Ehrenberg, Victor, Die juristische Natur der Lebensversicherung, ZHR 1886 (Bd. 32), 409-489 und 1887 (Bd. 33), 1-127.

–, Versicherungsrecht, Erster Band, 1893.

Eichler, Hermann, Versicherung als Geschäftsbesorgung, in: FS Nipperdey (1965), 237.

Eifert, Steffen, Kapital-Lebensversicherungen aus Verbrauchersicht, 1997.

Ellenbürger, Frank/ Horbach, Lothar/ Kölschbach, Joachim, Ausgewählte Einzelfragen zur Rechnungslegung von Versicherungsunternehmen nach neuem Recht, WPg 1996, 41, 110.

Engeländer, Stefan, Die Überschussbeteiligung in der Lebensversicherung, NVersZ 2000, 401.

Entzian, Tobias/ Schleifenbaum, Thekla, Bestandsübertragung und neues Umwandlungsgesetz, ZVersWiss 1996, 521.

Eszler, Erwin, Die Prämie als Preis der Leistung des Versicherers. Produktions- und kostentheoretische Aspekte der Kontroverse „Einheitsprämientheorie versus Prämientrennungstheorie", VW 1997, 150.

–, Stellungnahme und Überlegungen zu Lehmann, Matthias/ Kirchgesser, Karl/ Rückle, Dieter: Versicherungsvertrag und Versicherungs-Treuhand/ Ertragsbesteuerung/ Überschußermittlung und -verwendung, ZVersWiss 1998, 233.

–, Zu einer allgemeinen Theorie der Versicherungsproduktion, ZVersWiss 1997, 1.

Fahr, Ulrich, Die Umsetzung der Versicherungsrichtlinien der dritten Generation in deutsches Recht, VersR 1992, 1033.

Fahr, Ulrich/ Kaulbach, Detlef, VAG Kommentar, 2. Aufl. 1997 (zit.: Bearbeiter, in: Fahr/Kaulbach).

Finsinger, Jörg, Kritische Anmerkungen zum Entwurf des Vierzehnten Gesetzes zur Änderung des Versicherungsaufsichtsgesetzes, WuW 1983, 99.

Finsinger, Jörg/ Schneider, Friedrich, Verfügungsrechte und Unternehmensentscheidungen. Eine ökonometrische Analyse des Zusammenhangs zwischen Verfügungsrechten und dem Vertrieb von Lebensversicherungen, in: ZfB 1985, 347.

Flume, Werner, Allgemeiner Teil des Bürgerlichen Rechts, Bd. 2, Das Rechtsgeschäft, 4. Aufl. 1992.

Förterer, Jürgen/ Meyer, Lothar, Was bringt die Offenlegung des Zeitwerts der Kapitalanlagen?, in: GdV-Positionen, Nr. 7 (Mai/Juni) 1998, 6.

Fricke, Martin, Die VAG-Novelle 2000 – Ein kurzer Überblick über die wichtigsten Änderungen, NVersZ 2001, 97.

Gärtner, Rudolf, Anmerkung zu BGHZ 128, 54, DZWir 1995, 385.

–, EG-Versicherungsbinnenmarkt und Versicherungsvertragsrecht, EWS 1994, 114.

–, Neuere Entwicklungen der Vertragsgerechtigkeit im Versicherungsrecht, 1991.

–, Versicherungen, in: Marktstruktur und Wettbewerb in der Bundesrepublik Deutschland. Branchenstudien zur deutschen Volkswirtschaft, Hrsg.: *P. Oberender,* 1984, 491.

Gebhard, Rüdiger, Gefahren für die finanzielle Stabilität der auf dem deutschen Markt vertretenen Lebensversicherer im Zuge des europäischen Binnenmarktes, 1995 (zit.: Gefahren für die finanzielle Stabilität).

–, Risiken aus Rückkaufsoptionen in Lebensversicherungsverträgen, ZVersWiss 1996, 637.

Geib, Gerd/ Ellenbürger, Frank/ Kölschbach, Joachim, Ausgewählte Fragen zur EG-Versicherungsbilanzrichtlinie (VersBiRiLi), WPg 1992, 177, 221.

Gernhuber, Joachim, Das Schuldverhältnis, 1989.

Gierke, Julius von, Versicherungsrecht, 1. Hälfte, 1937.

Glauber, Volker, Wandlungen im Recht der geschäftsplanmäßigen Erklärung, VersR 1993, 12.

Götz, Volkmar, Anmerkung zu EuGH JZ 1994, 1061, JZ 1994, 1061.

Goldberg, Alfred/ Müller, Helmut, Versicherungsaufsichtsgesetz, 1980.

Graf, Peter, Das Darlehen mit Gewinnbeteiligung oder das partiarische Darlehen, besonders seine Abgrenzung von der Gesellschaft, 1951 (zit.: Das Darlehen mit Gewinnbeteiligung).

Gruschinske, Günther, Der Überschuß und seine Verwendung bei Lebensversicherungsunternehmen, VerBAV 1970, 260.

–, Überschußbeteiligung in der Lebensversicherung in Diskussion, ZfV 1989, 642.

Haasen, Uwe, Das Recht auf den Überschuß bei den privaten Versicherungsgesellschaften, 1955.

Haeger, Bernd, Zur Aufhebung des strengen Wertzusammenhangs im Steuerrecht, DB 1990, 541.

Härle, Philipp, Die Äquivalenzstörung. Ein Beitrag zur Lehre von der Geschäftsgrundlage, 1995.

Häßler, Eckhard, Gleichbehandlungsgrundsatz in der Lebensversicherung, Der Aktuar 1997, 140.

Hagelschuer, Paul, Lebensversicherung, 2. Aufl. 1987.

Haller, Axel, Die Rolle des International Accounting Standards Committee bei der weltweiten Harmonisierung der externen Rechnungslegung, DB 1993, 1297.

Hansen, Udo, Das sogenannte Transparenzgebot im System des AGB-Gesetzes, WM 1990, 1521.

Hauber, Bruno/ Dieterlen, Joachim, Verbreiterung der steuerlichen Bemessungsgrundlage im Rahmen der kommenden Steuerreform, BB 1998, 2293.

Hauser, Hansgeorg/ Meurer, Ingetraut, Die Maßgeblichkeit der Handelsbilanz im Lichte neuer Entwicklungen, WPg 1998, 269.

Heidemann, Jörg, Neue Lebensversicherer und Tarife am deutschen Lebensversicherungsmarkt, VP 1995, 8 und VP 1996, 150, 176.

Heinrichs, Helmut, Die Entwicklung des Rechts der Allgemeinen Geschäftsbedingungen im Jahre 1996, NJW 1997, 1407.

–, Das Gesetz zur Änderung des AGB-Gesetzes. Umsetzung der EG-Richtlinie über mißbräuchliche Klauseln in Verbraucherverträgen durch den Bundesgesetzgeber, NJW 1996, 2190.

Henscheid, Matthias, Die Umkehrung des Maßgeblichkeitsprinzips – Begründung, Änderung und Wirkung nach neuer Rechtslage, BB 1992, 98.

Henssler, Martin, Treuhandgeschäft – Dogmatik und Wirklichkeit, AcP 196 (1996), 37.

Henze, Hartwig, Die Treuepflicht im Aktienrecht. Gedanken zur Rechtsprechung des Bundesgerichtshofes von „Kali und Salz" über „Linotype" und „Kochs Adler" bis zu „Girmes", BB 1996, 489.

Herzig, Norbert/ Rieck, Ulrich, Bilanzsteuerliche Aspekte des Wertaufholungsgebotes im Steuerentlastungsgesetz, WPg 1999, 305.

Hesberg, Dieter, Zur Zweckmäßigkeit der Vertragsaufspaltung im Rechnungswesen aus ökonomischer Sicht, in: *Walter Karten* et al. (Hrsg.), Lebensversicherung und Geschäftsbesorgung, 1998, 122.

Hinrichs, Die Lebensversicherung, ihre wirthschaftliche und rechtliche Natur, ZHR 1875 (Bd. 20), 339.

Hippel, Eike von, Fortschritte beim Verbraucherschutz im Versicherungswesen, JZ 1990, 730.

–, Gewinnbeteiligung und Verbraucherschutz in der Lebensversicherung, JZ 1989, 663.

–, Rechtlose Versicherungsnehmer? – Zur Überschußbeteiligung in der Lebensversicherung, NJW 1995, 566.

Hölscher, Reinhold, Die „gerechte" Beteiligung der Versicherungsnehmer an den Überschüssen in der Lebensversicherung, ZVersWiss 1996, 41.

–, Marktzinsorientierte Ergebnisrechnung in der Lebensversicherung, 1994.

Hoeren, Thomas, Selbstregulierung im Banken- und Versicherungsrecht, 1995.

Hoffmann, Wolf-Dieter , Anmerkungen zum bilanzrechtlichen Teil des Steuerreformgesetzes 1998, BB 1997, 1195.

Hohlfeld, Knut, Die deutsche Lebensversicherung im EG-Binnenmarkt unter aufsichtsrechtlichen Gesichtspunkten, in: Festschrift für Egon Lorenz, 1994, 295.

–, Versicherungsaufsicht im Wandel, VW 1990, 436.

–, Die Zukunft der Versicherungsaufsicht nach Vollendung des Binnenmarktes, VersR 1993, 144.

Honsel, Bernd, Aktuelle Rechtsfragen des Versicherungsgeschäfts und der Versicherungstechnik, Manuskript (bislang nicht veröffentlicht).

Hoyningen-Huene, Gerrick v., Die Billigkeit im Arbeitsrecht, 1978.

–, Die Inhaltskontrolle nach § 9 AGB-Gesetz, 1991.

Hübner, Ulrich, Die Dienstleistungsfreiheit in der Europäischen Gemeinschaft und ihre Grenzen – Zum Urteil des Europäischen Gerichtshofs betreffend die Dienstleistungsfreiheit auf dem Versicherungssektor, JZ 1987, 330.

–, Strukturunterschiede zwischen Versicherungsverein auf Gegenseitigkeit (VVaG) und Versicherungsaktiengesellschaft (AG), in: Frankfurter Vorträge zum Versicherungswesen, Heft 13, 1986, 5ff. (zit.: Strukturunterschiede).

Zum interdisziplinären Charakter der Versicherungswissenschaften – Wirtschaftliche Folgen der Mitgliedschaftsbeendigung bei Lebensversicherungsvereinen auf Gegenseitigkeit durch Bestandsübertragung, in: Dieter Farny und die Versicherungswirtschaft, 1994, 239.

Hübner, Ulrich/ Matusche-Beckmann, Annemarie, Auswirkungen des Gemeinschaftsrechts auf das Versicherungsrecht, EuZW 1995, 263.

Institute of Actuaries, A single European Market for Actuaries, 1989.

Institute of Actuaries/ Faculty of Actuaries (Hrsg.), Guidance Note GN 1: Actuaries and Long-Term Insurance Business, 1992.

Immenga, Ulrich/ Mestmäcker, Ernst-Joachim, GWB-Kommentar, 2. Aufl. 1992.

Jaeger, Harald, Anmerkungen zur gesetzlichen Anpassungsmöglichkeit für Lebensversicherungsverträge, VersR 1999, 26.

Janott, Horst K., Rechnungslegung der Versicherungsunternehmen – Überlegungen zur EG-Versicherungsbilanzrichtlinie – , ZVersWiss 1991, 83.

Janotta-Simons, Frank, Neue Grundsätze zur Schlußüberschußbeteiligung in der Lebensversicherung, VerBAV 1985, 427.

–, Die versicherungsmathematischen Prinzipien der Dritten EG-Lebensversicherungsrichtlinie und die künftige Rolle des Versicherungsmathematikers, ZfV 1992, 598, ZfV 1993, 2, 30.

Jarass, Hans D., Folgerungen aus der neueren Rechtsprechung des BVerfG für die Prüfung von Verstößen gegen Art. 3 I GG – Ein systematisches Konzept zur Feststellung unzulässiger Ungleichbehandlungen, NJW 1997, 2545.

Johnston, E.A., The Appointed Actuary, in: Journal of the Institute of Actuaries 1989 (116), 27.

Kagelmacher, Jürgen, Begrenzung der Rückstellung für Beitragsrückerstattung – Zugleich Anmerkung zum Urteil des BVerwG v. 12.9. 1989 (1 A 32/87) VersR 90, 73, VersR 1990, 805.

Karten, Walter, Ökonomische Grundlagen und Konsequenzen des Gesetzentwurfs, in: *Walter Karten* et al. (Hrsg.), Lebensversicherung und Geschäftsbesorgung, 1998, 44.

Kaulbach, Detlef, Anmerkung zu BVerwG VersR 1990, 73, VersR 1990, 257.

–, Holdingbildung in der Versicherungswirtschaft, ZfV 1989, 178.

Kessler, Harald, Die Wahrheit über das Vorsichtsprinzip?!, DB 1997, 1.

Kisch, Wilhelm, Das Recht des Versicherungsvereins auf Gegenseitigkeit, 1951.

Kieninger, Eva-Maria, Informations-, Aufklärungs- und Beratungspflichten beim Abschluß von Versicherungsverträgen, AcP 198 (1998), 190.

Köndgen, Johannes, Anmerkung zu BGH JZ 1992, 642, JZ 1992, 643.

–, Grund und Grenzen des Transparenzgebots im AGB-Recht – Bemerkungen zum „Hypothekenzins-" und zum „Wertstellungs-Urteil" des BGH, NJW 1989, 943.

Köndgen, Johannes/ König, Conrad, Grenzen zulässiger Konditionenanpassung beim Hypothekenkredit, ZIP 1984, 129.

König, Markus, Der Anleger als „Rückversicherer" – Alternativer Risikotransfer mittels „Katastrophenanleihen" nach deutschem Recht, VersR 1997, 1042.

–, „Gebrauchte (Risiko-)Lebensversicherungen" als Kapitalanlage – Rechtliche Rahmenbedingungen von Viatical Settlements –, VersR 1996, 1328.

Kötz, Hein, Die Rückwirkung von Unterlassungsurteilen gemäß §§ 13 ff. AGB-Gesetz – Dargestellt am Beispiel der Tagespreisklauseln, BB 1982, 644.

Koller, Ingo, Das Transparenzgebot als Kontrollmaßstab Allgemeiner Geschäftsbedingungen, in: FS Ernst Steindorf, 1990, 667.

KPMG Deutsche Treuhand-Gesellschaft, Bilanzierungsvorschriften für die Brutto-Deckungsrückstellung in der Lebens-, Kranken- und Schaden/Unfallversicherung auf der Grundlage des Versicherungsbilanzrichtlinie-Gesetzes und des Dritten Durchführungsgesetzes/EWG zum VAG. Beilage zur Broschüre „Rechnungslegung von Versicherungsunternehmen nach neuem Recht, 1994 (zit.: Bilanzierungsvorschriften).

–, Rechnungslegung von Versicherungsunternehmen nach neuem Recht, 1994.

Krampe, Christoph, Aufrechterhaltung von Verträgen und Vertragsklauseln – Eine Bestandsaufnahme zur neueren Rechtsprechung und Literatur, AcP 194 (1994), 1.

Kreeb, Markus/ Willmes, Oliver/ Gronenberg, Sven, Konsequenzen des Steuerentlastungsgesetzes 1999/2000/2002 – Auswirkungen auf ausgewählte Kennzahlen des handelsrechtlichen Jahresabschlusses der VU, VW 2001, 165.

Kronke, Herbert, Zu Funktion und Dogmatik der Leistungsbestimmung nach § 315 BGB, AcP 183 (1983), 113.

Krumbholz, Gerhard, Der Dividendenanspruch des Versicherungsnehmers in der privaten Lebensversicherung, 1950.

Kübler, Friedrich, Institutioneller Gläubigerschutz der Kapitalmarkttransparenz? Rechtsvergleichende Überlegungen zu den „stillen Reserven", ZHR 159 (1995), 550.

Kürble, Gunter/ Hamann, Thomas, Sparplan mit Versicherungsschutz und gemischte Lebensversicherung als vergleichbare Produkte, ZVersWiss 1985, 371.

Küting, Karlheinz, US-amerikanische und deutsche Bilanzierung im Vergleich – unter besonderer Berücksichtigung der Konzernrechnungslegung und des Daimler-Benz-Listing in New York, BFuP 1993 (Bd. 45), 357.

Laaß, Wolfgang, Die Publizitätsvorschrift für inländische Versicherungsunternehmen (VU) nach Berücksichtigung der künftigen Richtlinie des Rates über den Jahresabschluß und den konsolidierten Abschluß von VU, WPg 1991, 582.

Laband, Paul, Die juristische Natur der Lebens- und Rentenversicherung, in: Festgabe zum Doctor-Jubiläum des Heinrich Thöl in Göttingen. – Überreicht von der Rechts- und Staatswissenschaftlichen Fakultät zu Strassburg, 21, 1879.

Larenz, Karl, Ergänzende Vertragsauslegung und dispositives Recht, NJW 1963, 737.

Larenz, Karl/ Canaris, Claus-Wilhelm, Lehrbuch des Schuldrechts, Zweiter Band, Besonderer Teil, 2. Halbband, 13. Aufl. 1994.

Lehmann, Mathias, Der Versicherungsvertrag und die Versicherungs-Treuhand aus ökonomischer und ermittlungsrechtlicher Sicht, VersWissStud. 5, 19.

Lindacher, Walter F., AGB-Verbandsklage wegen Klauselintransparenz und „Umstände außerhalb der AGB", NJW 1997, 2741.

–, Der topos der Transparenz im Rahmen der Einbeziehungs- und Inhaltskontrolle Allgemeiner Geschäftsbedingungen, in: Vorträge zur Rechtsentwicklung der achtziger Jahre, Hrsg.: Juristische Gesellschaft Osnabrück-Emsland, 1991, 347.

Löwe, Walter, Folgerungen aus der Verwerfung der Tagespreisklausel in den Neuwagen-Verkaufbedingungen durch den Bundesgerichtshof, BB 1982, 152.

Lorenz, Egon, Zum Abschluß eines Versicherungsvertrages nach § 5a VVG, VersR 1995, 616.

–, Anmerkung zu BVerwG VersR 1994, 541, VersR 1994, 967.

–,   Die Auskunftsansprüche des Versicherten zur Überschußbeteiligung in der Lebensversicherung, 1983 (zit.: Die Auskunftsansprüche).

–,   Gefahrengemeinschaft und Beitragsgerechtigkeit aus rechtlicher Sicht, 1983.

–,   Das auf grenzüberschreitende Lebensversicherungsverträge anwendbare Recht – eine Übersicht über die kollisionsrechtlichen Rechtsgrundlagen, ZVersWiss 1991, 121.

–,   Zur Kontrolle grenzüberschreitender Versicherungsverträge anhand der „Rechtsvorschriften des Allgemeininteresses" im freien Dienstleistungsverkehr innerhalb der EU, VersRdsch 1995, 8.

–,   Rechtsfragen zur Überschußbeteiligung in der Kapitallebensversicherung, ZVersWiss 1993, 283.

–,   Versicherungsverein auf Gegenseitigkeit, in: Handwörterbuch der Versicherung, Hrsg.: *Farny, Dieter*, et.al., 1147, 1998 (zit.: HdV).

Lück, Wolfgang, Gewinnbeteiligung in der Lebensversicherungswirtschaft, DB 1981, 1049.

Lutter, Marcus (Hrsg.), Umwandlungsgesetz. Kommentar, 1996 (zit.: Bearbeiter, in: Lutter).

Lyon, C.S.S., The Financial Management of a With-Profit Long Term Fund – Some Questions of Disclosure, in: Journal of the Institute of Actuaries 1988 (115), 349.

Malß, Konrad Betrachtungen über einige Fragen des Versicherungs-Rechtes, insbesondere der Feuer- und Lebens-Versicherung, 1862.

Matusche-Beckmann, Annemarie, Die Bedingungsanpassungsklausel – Zulässiges Instrument für den Fall der Unwirksamkeit Allgemeiner Versicherungsbedingungen?, NJW 1998, 112.

Maurer, Hartmut, Allgemeines Verwaltungsrecht, 12. Aufl. 1999.

Meyer, Hans Dieter, Wem gehören 800 Milliarden Mark? Eine Kritik an den rechtlichen und wirtschaftlichen Grundlagen des Versicherungswesens, ZRP 1990, 424.

Meyer, Ulrich, Leistungstransparenz durch Angabe eines Effektivzinssatzes in der Lebensversicherung?, VersWissStud. 15, 195.

–,   Versicherung als Risikotransformation, VersWissStud. 6, 11.

Motive zu dem Entwurf eines Bürgerlichen Gesetzbuches für das Deutsche Reich, Band II, Recht der Schuldverhältnisse, 1888 (zit.: Motive zum BGB).

Moxter, Adolf, Anmerkung zu BGH JZ 1996, 856, JZ 1996, 860.

Mudrack, Olaf, Zur Behandlung stiller Reserven bei Bestandsübertragungen von Lebensversicherern, BB 1989, Beilage 14, 26.

–,   Ein Milliardengeschäft? – Die Übertragung des Bestands eines Lebensversicherungsvereins a.G. auf eine Aktiengesellschaft, BB 1991, Beilage 22, 10.

Müller, Helmut, Versicherungsbinnenmarkt – Die europäische Integration im Versicherungswesen, 1995 (zit.: Versicherungsbinnenmarkt).

Müller, Paul, Das Gegenseitigkeitsprinzip im Versicherungswesen, 1905.

Müller, Sebastian, AGB-rechtliche Zulässigkeit von Diskontsatz-Verzugszinsklauseln, NJW 1996, 1520.

Müller-Wiedenhorn, Andreas, Versicherungsvereine auf Gegenseitigkeit im Unternehmensverbund – Eine Untersuchung zum Recht und zu konzentrationsrechtlichen Fragen des Versicherungsvereins auf Gegenseitigkeit, 1993.

Münchener Kommentar zum Bürgerlichen Gesetzbuch, Hrsg.: *Kurt Rebmann, Jürgen Säcker* und *Roland Rixecker,* Bd. 1, Allgemeiner Teil, §§ 1-240, AGB-Gesetz, 3. Aufl. 1993; Bd. 2, Schuldrecht Allgemeiner Teil, §§ 241-432, 3. Aufl. 1994; Bd. 5, Schuldrecht Besonderer Teil III, §§ 705-853, Partnerschaftsgesetz, Produkthaftungsgesetz, 3. Aufl. 1997 (zit.: MüKo-Bearbeiter).

Nell, Martin, Der Sicherheitszuschlag als kalkulatorischer Prämienbestandteil – Eine Neubewertung, ZVersWiss 1998, 403.

Neuburger, Edgar, Bemerkungen zu den anerkannten Regeln der Versicherungsmathematik, VersWissStud. 4, 37.

Niedenführ, Werner, Informationsgebote des AGB-Gesetzes, 1986.

Nowak, Erich, Unternehmensverbindung und Spartentrennung in der Sicht der Aufsichtsbehörde, VW 1966, 1358.

o.V., Die Direktgutschrift in der Lebensversicherung als besondere Form der Gewinnbeteiligung. Hat die Direktgutschrift noch eine Berechtigung?, ZfV 1988, 239.

–, Milliarden für Millionen. Überschußbeteiligung in der Lebensversicherung, ZfV 1979, 518.

Palandt, Otto, Bürgerliches Gesetzbuch, 54. Aufl. 1994; 60. Aufl. 2001 (zit.: Palandt/ Bearbeiter).

Pataki, Tibor S., Geschäftsbesorgung im Versicherungsvertragsrecht allgemein, in: *Walter Karten* et al. (Hrsg.), Lebensversicherung und Geschäftsbesorgung, 1998, 145.

–, Der Geschäftsbesorgungsgedanke im Versicherungsrecht, 1998.

Paulusch, Bernd-Arthur, Vorformulierte Leistungsbestimmungsrechte des Verwenders, in: *Helmut Heinrichs,* et al. (Hrsg.), Zehn Jahre AGB-Gesetz, 1987, 55.

Pickhardt, Natalie, Einige Anmerkungen zur Reformabsicht beim Steuerbilanzrecht im Lichte des Maßgeblichkeitsgrundsatzes und der GoB, DStZ 1997, 671.

Präve, Peter, Anmerkung zu BVerwG VersR 1998, 1137, VersR 1998, 1141.

–, Anmerkung zu OLG Stuttgart VersR 1999, 832, VersR 1999, 837.

–, Aufsicht über Versicherungsunternehmen im internationalen Geschäft, VersWissStud. 4, 85.

–, Beaufsichtigung von Lebensversicherern nach neuem Recht, ZfV 1997, 5.

–, Die Bedeutung der Überschußbeteiligung des Versicherungsnehmers bei der Lebensversicherungs-AG für die Umbildung von Versicherungsgruppen, ZfV 1992, 334.

–,   Das Dritte Durchführungsgesetz/EWG zum VAG – Ausgewählte Fragen des neuen Aufsichts- und Vertragsrechts, ZfV 1994, 168, 199, 227, 255.

–,   Einführung eines Versicherungsaufsichtsbehördlichen Klagerechts in das AGB-Gesetz?, NJW 1993, 970.

–,   Das neue Aufsichtsrecht, VW 1994, 800.

–,   Die VAG-Novelle 2000/2001, VersR 2001, 133.

–,   Versicherungsaufsichtsrecht im Wandel, ZfV 1996, 58.

–,   Versicherungsbedingungen und Transparenzgebot, VersR 2000, 138.

Predöhl, Max, Begriff und Wesen des Lebensversicherungsvertrages nebst abhängigen Fragen, ZHR 1877 (Bd. 22), 441.

Prölss, Erich R., Versicherungsaufsichtsgesetz, Hrsg.: *Reimer Schmidt,* 11. Aufl. 1997.

Prölss, Jürgen, Der Versicherer als „Treuhänder der Gefahrengemeinschaft" – Zur Wahrnehmung kollektiver Belange der Versicherungsnehmer durch den Privatversicherer, in: FS für Karl Larenz zum 80. Geburtstag, 1983, 487.

Prölss, Jürgen/ Armbrüster, Christian, Europäisierung des deutschen Privatversicherungsrechts, DZWir 1993, 397, 449.

Prölss/Martin, Versicherungsvertragsgesetz, 26. Aufl. 1998.

Prölss/Schmidt, Reimer/ Frey, Peter, Versicherungsaufsichtsgesetz, 10. Aufl., 1989.

Raiser, Ludwig, Der Gegenseitigkeitsverein im Unternehmensrecht, VW 1977, 1272.

Ranson, R.H., Financial Aspects and the Valuation of Long-Term Business Funds, Hrsg.: Institute of Actuaries and Faculty of Actuaries, o.J.

Rehberg, Der Versicherungsabschluß als Informationsproblem, Univ.-Diss., Manuskript (bislang nicht veröffentlicht).

Reich, Norbert, Dritte Richtlinie Schadensversicherung 92/49/EWG v. 18. Juni 1992 und Lebensversicherung 92/96/EWG v. 10. November 1992 und der Schutz des privaten Versicherungsnehmers/Versicherten, VuR 1993, 10.

Reiff, Peter, Anmerkung zu BGH ZIP 2001, 1052, ZIP 2001, 1058.

Reinhard, Frank, Anmerkung zu BVerfG VersR 2000, 214, VersR 2000, 216.

RGRK, Das Bürgerliche Gesetzbuch mit besonderer Berücksichtigung der Rechtsprechung, des Reichsgerichts und des Bundesgerichtshofes, Kommentar, Bd. II/1, §§ 241-413, 12. Aufl. 1976.

Renger, Reinhard, Die Lebens- und Krankenversicherung im Spannungsfeld zwischen Versicherungsvertragsrecht und Versicherungsaufsichtsrecht, VersR 1995, 866.

–,   Die Verantwortung des Treuhänders in der privaten Krankenversicherung, 1997.

Reuter, Dieter/ Martinek, Michael, Ungerechtfertigte Bereicherung, 1983.

Römer, Wolfgang, Für eine gesetzliche Regelung zur Anpassung Allgemeiner Versicherungsbedingungen, VersR 1994, 125.

–,   Gerichtliche Kontrolle Allgemeiner Versicherungsbedingungen nach den §§ 8, 9 AGBG, NVersZ 1999, 97.

–,   Informationspflichten in der Rechtsprechung des Bundesgerichtshofs, VersWissStud. 11, 23.

–, Der Prüfungsmaßstab bei der Mißstandsaufsicht nach § 81 VAG und der AVB-Kontrolle nach § 9 AGBG, 1996 (zit.: Der Prüfungsmaßstab).

–, Schranken der Inhaltskontrolle von Versicherungsbedingungen in der Rechtsprechung nach § 8 AGB-Gesetz, in: FS *Egon Lorenz*, Hrsg.: *Ulrich Hübner* et al., 1994, 449.

Römer, Wolfgang/ Langheid, Theo, Versicherungsvertragsgesetz, 1997.

Roth, Wulf-Henning, Das Allgemeininteresse im europäischen Internationalen Versicherungsvertragsrecht, VersR 1993, 129.

Rückle, Dieter, Die Überschußermittlung und -verwendung in der kapitalbildenden Lebensversicherung aus der Sicht des Bilanz-, Abfindungs- und Kapitalanlagerechts, in: VersWissStud. 5, 249.

Sasse, Jürgen, Überlegungen zur Überschußverteilung beim Versicherungsverein auf Gegenseitigkeit, ZVersWiss 1975, 565.

Sax, Ulrich, Die Darstellung und Erläuterung der Überschußbeteiligung in der Lebensversicherung, VerBAV 1987, 531.

–, Die Fondsgebundene Lebensversicherung, VerBAV 1990, 232, 258, 324.

Schäfer, Jürgen, Das Transparenzgebot im Recht der Allgemeinen Geschäftsbedingungen, 1993.

Scherzberg, Hans-Joachim, Ausgliederung der Versicherungsbestände nach unten, verbunden mit Restmitgliedschaft im Versicherungsverein auf Gegenseitigkeit, in: *Wolfgang Peiner* (Hrsg.), Grundlagen des Versicherungsvereins auf Gegenseitigkeit, 1995, 231.

Schildbach, Thomas, Der handelsrechtliche Jahresabschluß, 5. Aufl. 1997.

Schilling, Theodor, Gleichheitssatz und Inländerdiskriminierung, JZ 1994, 8.

Schilling, Wolfgang/ Winter, Martin, Einseitige Leistungsbestimmungsrechte in Gesellschaftsverträgen, in: FS Ernst Stiefel, 1987, 665.

Schmid, Ronald, Die Rechte des Reisenden beim Wechsel der Fluggesellschaft und des Luftfahrzeugs, NJW 1996, 1636.

Schmidt, Reimer, Zur Niederlassungsfreiheit der Lebensversicherer im Gemeinsamen Markt, ZVersWiss 1966, 219.

–, Überlegungen zur Umsetzung der Dritten Versicherungsrichtlinien in das deutsche Recht, 1992.

Schmidt-Rimpler, Walter, Zum Begriff der Versicherung, VersR 1963, 493.

–, Die Gegenseitigkeit bei einseitig bedingten Verträgen, insbesondere beim Versicherungsvertrag – Zugleich ein Beitrag zur Lehre vom Synallagma, 1968.

–, Über einige Grundbegriffe des Privatversicherungsrechts, in: FS Ernst Heymann, Bd. 2, 1211, 1931.

–, Versicherungswirtschaft und Versicherungsrecht, in: Ansprachen und Vorträge bei der Eröffnungsfeier des Instituts am 19. Januar 1939 in der Universität Berlin, 1939, 67.

–, Zum Vertragsproblem, in: Funktionswandel der Privatrechtsinstitutionen, FS Ludwig Raiser, 1974, 3.

Schmidt-Salzer, Anmerkung zu BGHZ 128, 54, LM H.5/1995, § 315 BGB Nr. 51, Bl. 829-834.

Schneidawind, Detlef, Auswirkungen der Deregulierung auf die Tarifgestaltung in der Lebensversicherung in Deutschland, 1996.

Schön, Wolfgang, Zur Verfassungsmäßigkeit der rückwirkenden Wertaufholung von Teilwertabschreibungen, BB 1997, 1333.

Scholz, Rupert, Verfassungsrechtliche Strukturfragen der Versicherungsaufsicht, ZVersWiss 1984, 1.

Schünemann, Wolfgang B., Aufklärungspflicht und Haftung, BB 1987, 2243.

–, Geschäftsbesorgung in der Lebensversicherung und der Gesetzentwurf v. 02. Juli 1997 – Perspektiven eines Befürworters des Entwurfs, in: *Walter Karten* et al. (Hrsg.), Lebensversicherung und Geschäftsbesorgung, 1998, 26.

–, Überschußbeteiligung in der Kapitallebensversicherung – Rückblick und Ausblick, VersWissStud. 4, 43.

–, Überschußbeteiligung und Synallagma in der Kapitallebensversicherung – Zugleich Besprechung von BGH, BB 1985 S. 423, BB 1995, 417.

–, Der Versicherungsvertrag, das unbekannte Wesen – BGHZ 128, 54, JuS 1995, 1062.

Schwark, Eberhard, Anlegerschutz durch Wirtschaftsrecht, 1979.

Schwenke, Michael, Verfassungsrechtliche Zulässigkeit des Wertaufholungsgebotes in der Fassung des Steuerreformgesetzes 1998, BB 1997, 2408.

Schwintowski, Hans-Peter, Anleger- und objektgerechte Beratung in der Lebensversicherung, VuR 1997, 83.

–, Anmerkung zu BGH NVersZ 2001, 308 und 311, NVersZ 2001, 312.

–, Anmerkung zum Beschluß des BVerfG v. 28.12.1999, 1 BvR 2203/98, VuR 2000, 108.

–, Europäisierung der Versicherungsmärkte im Lichte der Rechtsprechung des EuGH, NJW 1987, 521.

–, Informationspflichten in der Lebensversicherung, VersWissStud. 2, 11.

–, Informationspflichten in der Lebensversicherung, VuR 1996, 223.

–, Der private Versicherungsvertrag zwischen Recht und Markt – zugleich eine Analyse der Konstruktionsprinzipien des privaten Versicherungsvertrages unter Berücksichtigung des Wettbewerbsrechts und des Europäischen Rechts –, 1987.

–, Recht und Gerechtigkeit, 1996.

–, Die Rechtsnatur des Versicherungsvertrages, JZ 1996, 702.

–, Schutzlücken durch Koppelung und Intransparenz in der Kapitallebensversicherung, VuR 1998, 219.

–, Das Transparenzgebot im Privatversicherungsrecht – Kriterien und Beispiele für verständliche und transparente Verbraucherinformationen und Allgemeine Versicherungsbedingungen, VersWissStud. 15, 87.

–, Der Verantwortliche Aktuar im (Lebens-)Versicherungsrecht, VersWissStud. 4, 11.

Seuß, Wilhelm, Die Aussagekraft von Beispielrechnungen, in: *Klwar* (Hrsg.), Sorgen, Versorgen, Versichern, FS Heinz Gerhardt, 1975, 369.

Sieg, Karl, Rechtsfragen zur Überschußverwendung beim Versicherungsverein auf Gegenseitigkeit, FS Reimer Schmidt, 1976, 593.

Sönnichsen, Christoph, Die Versicherungswirtschaft nach den dritten Richtlinien, VW 1993, 88.

Soergel, Hans Theodor, Bürgerliches Gesetzbuch mit Einführungsgesetz und Nebengesetzen, Bd. 2, Allgemeiner Teil 2, §§ 104-240, 13. Aufl. 1999; Bd. 2/1, Schuldrecht I/1, §§ 241-432, 12. Aufl. 1990; Bd. 3, Schuldrecht II, §§ 433-515, 12. Aufl. 1991; Bd. 4/2, Schuldrecht III/2, §§ 651a-704, 12. Aufl. 2000 (zit.: Soergel-Bearbeiter).

Staudinger, Kommentar zum Bürgerlichen Gesetzbuch mit Einführungsgesetz und Nebengesetzen, Erstes Buch, Allgemeiner Teil, §§ 90-240, 12. Aufl. 1980; Zweites Buch: Besonderer Teil, §§ 293-327, 13. Aufl. 1995; Zweites Buch: Recht der Schuldverhältnisse, §§ 652-704, 13. Aufl. 1995. (zit.: Staudinger-Bearbeiter).

Stelkens, Paul, Rechtsgrundlagen der Überschußbeteiligung in der privaten Lebensversicherung, 1965. (zit.: Rechtsgrundlagen der Überschußbeteiligung).

Stiftung Warentest (Hrsg.), Kapitallebensversicherung: Kraftprobe. 73 Gesellschaften und ihre Angebote auf dem Prüfstand, Finanztest 1998, Heft Nr. 7, 12.

Stöffler, Michael, Markttransparenz in der Lebensversicherung, 1984.

Stuirbrink, Wolfgang/ Geib, Gerd/ Axer, Jochen, Die Abfindung der Mitglieder eines Lebens-VVaG – bei Beendigung der Mitgliedschaft durch Umstrukturierung –, WPg 1991, 29, 68.

Teichmann, Arndt, Zur Inhaltskontrolle der Allgemeinen Geschäftsbedingungen im Reisevertrag – Eine Besprechung des BGH-Urteils v. 12. März 1987 – VII ZR 37/86, JZ 1987, 751.

Tröbliger, A., Die Aktualisierung der Überschußverteilung in der Lebensversicherung, ZfV 1983, 374, 410.

–, Noch einmal: Die Aktualisierung der Überschußverteilung in der Lebensversicherung, ZfV 1983, 521.

Trunk, Susanne, Der deutsche Lebensversicherungsmarkt muß den Wettbewerb nicht fürchten – Beispiel: Dread Disease, VW 1993, 1007.

Ulmer, Peter, Der Kaufpreis für Neuwagen bei Unwirksamkeit der Tagespreisklausel. Vertragsrechtliche Auswirkungen des BGH-Urteils v. 7.10.1981, BB 1982, 1125.

Ulmer, Peter/ Brandner, Hans Erich/ Hensen, Horst-Dieter, AGB-Gesetz, Kommentar zum Gesetz zur Regelung des Rechts allgemeiner Geschäftsbedingungen, 8. Aufl. 1997.

Vieweg, Klaus, Anerkannte Regeln der Versicherungsmathematik aus der Sicht der Rechtswissenschaft, VersWissStud. 2, 163.

Vogel, Wolfgang, Der Gesamtgeschäftsplan für die Überschußbeteiligung, VerBAV 1986, 450.

Vogel, Wolfgang/ Lehmann, Rolf, Der Gesamtgeschäftsplan für die Überschußbeteiligung, VerBAV 1983, 99, 124, 213.

–, Die Überschußbeteiligung in der Lebensversicherung, VerBAV 1982, 328.

Wagner-Wieduwilt, Klaus, Das „Transparenzgebot" als Angemessenheitsvoraussetzung im Sinne des § 9 AGBG, WM 1989, 37.

Walz, Rainer, Stille Rücklagen II – Interessenabwägung –, in: *Leffson/Rückle/Großfeld* (Hrsg.), Handwörterbuch unbestimmter Rechtsbegriffe im Bilanzrecht des HGB, 1986, 287.

Wandt, Manfred, Verbraucherinformation und Vertragsschluß nach neuem Recht. Dogmatische Einführung und praktische Handhabung, 1995.

Weber, Robert, Die Rechtsstellung des Versicherten bei der Bestandsübertragung, 1994.

Wedler, Wilfried, Für eine vertragsrechtliche Möglichkeit zur Prämien- und Bedingungsanpassung in der privaten Rentenversicherung, VW 1996, 369.

Weiser, Christian, Der Binnenmarkt für Versicherungen, EuZW 1993, 29.

Wesselkock, Thomas, Unterschiedliche Systeme der Versicherungsaufsicht, in: Versicherungen in Europa heute und morgen. Geburtstagsschrift für Georg Büchner, hrsg. von Wilhelm Hopp und Georg Mehl, 1991, 407.

Westermann, Harm Peter, Abgrenzung von Neben- und Hauptpflichten im Hinblick auf die Inhaltskontrolle, in: Zehn Jahre AGB-Gesetz, 1987, 135.

Westphalen, Friedrich Graf v., Vertragsrecht und AGB-Klauselwerke, Stand: April 1999.

Winter, Gerrit, Ausgewählte Rechtsfragen der Lebensversicherung, ZVersWiss 1991, 203.

–, Geschäftsbesorgung, Treuhandverhältnis und Lebensversicherung – Vertragsrechtliche Erwägungen, in: *Walter Karten* et al. (Hrsg.), Lebensversicherung und Geschäftsbesorgung, 1998, 58.

Wolf, Manfred, Preisänderungsklauseln in Allgemeinen Geschäftsbedingungen unter Kaufleuten, ZIP 1987, 341.

Wolf, Manfred/ Horn, Norbert/ Lindacher, Walter, AGB-Gesetz, Kommentar, 4. Aufl. 1999 (zit.: Bearbeiter, in: Wolf/Horn/Lindacher).

Zillmer, August, Die mathematischen Rechnungen bei Lebens- und Rentenversicherungen, 2. Aufl. 1887.

Zinnert, Mario, Gewinnverteilung an Versicherungsnehmer von Versicherungs-Aktiengesellschaften, 1982 (zit.: Gewinnverteilung an Versicherungsnehmer).

Zwiesler, Hans-Joachim, Was sind „anerkannte versicherungsmathematische Grundsätze"? Die Sicht des Versicherungsmathematikers, VersWissStud. 2, 155.

Anhang

A. Die Überschußbeteiligungsklausel in der kapitalbildenden Lebensversicherung

I. Aufsichtsrechtliche Musterbedingung für den Altbestand (§ 16 ALB-MB)[1159]

§ 16 ALB-MB Wie sind Sie an unseren Überschüssen beteiligt?

(1) [1] Um die zugesagten Versicherungsleistungen über die in der Regel lange Versicherungsdauer hinweg sicherzustellen, sind die vereinbarten Lebensversicherungsbeiträge besonders vorsichtig kalkuliert. [2] An dem erwirtschafteten Überschuß sind unsere Versicherungsnehmer entsprechend unserem jeweiligen von der Aufsichtsbehörde genehmigten Geschäftsplan beteiligt.

(2) Ihre Versicherung gehört zum Abrechnungsverband der ...

Bemerkung:
§ 16 ist nach Maßgabe des Geschäftsplans durch folgende Angaben zu ergänzen:
a) Voraussetzung für die Fälligkeit der Überschußanteile (Wartezeit, Stichtag für die Zuteilung u.ä.)
b) Form und Verwendung der Überschußanteile (laufende Überschußanteile, Schlußüberschußanteile, Bonus, Ansammlung, Verrechnung, Barauszahlung).

II. Unverbindliche Verbandsempfehlung für den Neubestand (§ 17 ALB-E)[1160]

§ 17 ALB-E Wie sind Sie an den Überschüssen beteiligt?

Überschußermittlung

(1) [1] Um zu jedem Zeitpunkt der Versicherungsdauer den vereinbarten Versicherungsschutz zu gewährleisten, bilden wir Rückstellungen. [2] Die zur Bedeckung dieser Rückstellungen erforderlichen Mittel werden angelegt und erbringen Kapitalerträge. [3] Aus diesen Kapitalerträgen, den Beiträgen und den angelegten Mitteln werden die zugesagten Versicherungsleistungen erbracht, sowie die Kosten von Abschluß und Verwaltung des Vertrages gedeckt. [4] Je größer die Erträge aus den Kapitalanlagen

---

1159 Allgemeine Bedingungen für die kapitalbildende Lebensversicherung in der verbraucherfreundlichen Fassung, VerBAV 1986, 209, zuletzt geändert in VerBAV 1991, 142. Die für die Risikoversicherung (VerBAV 1986, 301), Berufsunfähigkeits-Zusatzversicherung (VerBAV 1986, 474), Rentenversicherung (VerBAV 1987, 303) und Pflegerentenversicherung (VerBAV 1986, 342) vorgegebenen Überschußbeteiligungsklauseln sind hiermit weitgehend identisch.

1160 Unverbindliche Verbandsempfehlungen des GdV zur kapitalbildenden Lebensversicherung, abgedruckt bei DÖRNER, Allgemeine Versicherungsbedingungen[3] (1999), 377ff. Die für die Risikoversicherung (a.a.O., 394f.), Berufsunfähigkeits-Zusatzversicherung (a.a.O., 406f.) und Rentenversicherung (a.a.O., 422ff.) empfohlenen Überschußbeteiligungsklauseln sind hiermit weitgehend identisch.

sind, je weniger vorzeitige Versicherungsfälle eintreten und je kostengünstiger wir arbeiten, um so größer sind dann entstehende Überschüsse, an denen wir Sie und die anderen Versicherungsnehmer beteiligen. [5] Die Überschußermittlung erfolgt nach den Vorschriften des Versicherungsaufsichtsgesetzes und des Handelsgesetzbuches und den dazu erlassenen Rechtsverordnungen.

Überschußbeteiligung

(2) [1] Die Überschußbeteiligung nehmen wir nach Grundsätzen vor, die § 81c VAG und der dazu erlassenen Rechtsverordnung entsprechen und deren Einhaltung die Aufsichtsbehörde überwacht. [2] Nach diesen Grundsätzen haben wir gleichartige Versicherungen in Bestandsgruppen zusammengefaßt und teilweise nach engeren Gleichartigkeitskriterien innerhalb der Bestandsgruppen Untergruppen gebildet; diese werden Gewinnverbände genannt. [3] Von den Kapitalerträgen kommt den Versicherungsnehmern als Überschußbeteiligung mindestens der in der Rechtsverordnung zu § 81c VAG jeweils festgelegte Anteil zugute, abzüglich der Beträge, die für die zugesagten Versicherungsleistungen benötigt werden. [4] Bei günstiger Sterblichkeitsentwicklung und Kostensituation können weitere Überschüsse hinzukommen. [5] Den so ermittelten Überschuß für die Versicherungsnehmer ordnen wir den einzelnen Bestandsgruppen zu und stellen ihn – soweit er den Verträgen nicht direkt gutgeschrieben wird – in die Rückstellung für Beitragsrückerstattung (RfB) ein. [6] Die in die RfB eingestellten Mittel dürfen wir grundsätzlich nur für die Überschußbeteiligung der Versicherungsnehmer verwenden. [7] Mit Zustimmung der Aufsichtsbehörde können wir die RfB ausnahmsweise zur Abwendung eines Notstandes (z.B. Verlustabdeckung) heranziehen (§ 56a VAG) oder bei sehr ungünstigem Risikoverlauf bzw. bei einem eventuellen Solvabilitätsbedarf den in Satz 3 dieses Absatzes genannten Anteil unterschreiten (Rechtsverordnung zu § 81c VAG). [8] Ihre Versicherung gehört zum Gewinnverband XX in der Bestandsgruppe YY. [9] Jede einzelne Versicherung innerhalb dieses Gewinnverbandes erhält Anteile an den Überschüssen der Bestandsgruppe YY. [10] Die Höhe dieser Anteile wird vom Vorstand unseres Unternehmens auf Vorschlag des Verantwortlichen Aktuars unter Beachtung der maßgebenden aufsichtsrechtlichen Bestimmungen jährlich festgelegt und im Geschäftsbericht veröffentlicht. [11] Die Mittel für diese Überschußanteile werden den Überschüssen des Geschäftsjahres oder der Rückstellung für Beitragsrückerstattung entnommen. [12] In einzelnen Versicherungsjahren, insbesondere etwa im ersten Versicherungsjahr, kann eine Zuteilung von Überschüssen entfallen, sofern dies sachlich gerechtfertigt ist.

Bemerkung:

§ 17 Absatz 2 ist durch folgende unternehmensindividuelle Angaben zu ergänzen:

a) Voraussetzung für die Fälligkeit der Überschußanteile (Wartezeit, Stichtag für die Zuteilung u.ä.)

b) Form und Verwendung der Überschußanteile (laufende Überschußanteile, Schlußüberschußanteile, Bonus, Ansammlung, Verrechnung, Barauszahlung u.ä.)

B. Die Leistungen aus der Überschußbeteiligung im Todes- und Erlebensfall

Die im Todes- und Erlebensfall in aller Regel fällig werdenden Leistungsverpflichtungen aus der Überschußbeteiligung lassen sich wie folgt darstellen:

Leistungsverpflichtungen aus der Überschußbeteiligung
(gemischte Lebensversicherung, Bonussystem)

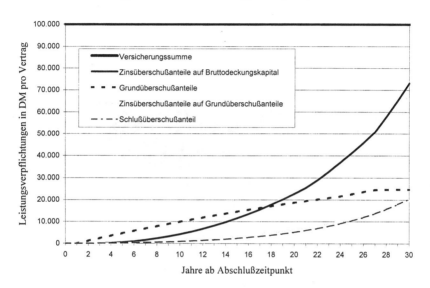

Abb. 6: Die Leistungen aus der Überschußbeteiligung im Todes- und Erlebensfall[1161]

Abb. 6 zeigt für eine Schicht gleichartiger, gemischter LVV die im Todes- und Erlebensfall jeweils fällig werdenden Leistungsverpflichtungen aus der Überschußbeteiligung. Die dem Diagramm zugrundeliegenden Berechnungen beziehen sich auf Verträge mit 30 jähriger Laufzeit, die normal gesunde Männer im Alter von 30 Jahren Ende 1961 bei der Allianz Lebensversicherungs-AG abgeschlossen haben. Die bei Vertragsschluß vereinbarte Versicherungssumme beträgt 100.000,- DM. Im gewählten Standardszenario werden die während der Vertragslaufzeit gutgeschriebenen Überschußanteile (Zinsüberschußanteile auf Bruttodeckungskapital und Grundüberschußanteile) als Einmalbeiträge für eine neue gemischte Lebensversicherung verwendet (= Bonussystem). Die Bonusversicherungen sind ihrerseits überschußberechtigt. Daher enthalten die in der Gra-

---

1161   Quelle: GEBHARD, Gefahren für die finanzielle Stabilität (1995), 161ff.

phik ausgewiesenen „Zinsüberschußanteile auf die Bruttodeckungsrückstellung" auch Zinsen auf gutgeschriebene Zinsüberschüsse. Zusätzlich fallen bei der Bonusversicherung Zinsen auf Grundüberschußanteile an. Schließlich berücksichtigt die Graphik auch Schlußüberschußanteile, die im Todes- oder Erlebensfall ausgezahlt werden. Da die Allianz Lebensversicherungs-AG Schlußüberschußanteile für den Todesfall erst seit 1988 ausschüttet, wurden die betreffenden Anteile so angesetzt, als ob die Allianz Schlußüberschußanteile schon seit 1962 gezahlt hätte.[1162]

Im Erlebensfall können die Leistungen aus der Überschußbeteiligung somit folgendermaßen aufgeteilt werden:

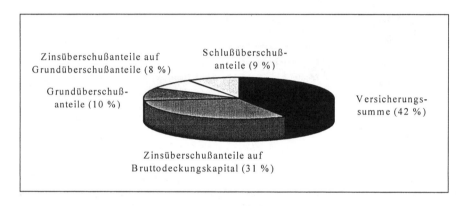

Abb. 7: Aufteilung der Erlebensfalleistung im Standardszenario[1163]

Abb. 7 verdeutlicht, daß die bei Vertragsschluß der Höhe nach vereinbarte Versicherungssumme nur 42% der Erlebensfalleistungen ausmacht. Der Großteil der Leistungsverpflichtungen bei der kapitalbildenden Lebensversicherung stammt dagegen aus der Überschußbeteiligung. Die Überschußbeteiligung wird dabei ihrerseits maßgeblich durch die Überschußquelle „Kapitalanlageergebnis" bestimmt. Rund die Hälfte der Leistungsverpflichtungen resultiert aus Zins- und Schlußüberschußanteilen und somit aus den Sparvorgängen der Versicherung. Auf Grundüberschußanteile, die vor allem das Ergebnis aus dem Risiko- und Kostenverlauf widerspiegeln, entfallen dagegen nur 10% der Gesamtleistungen.

1162 Siehe hierzu: GEBHARD, Gefahren für die finanzielle Stabilität (1995), 172. Der in Abbildung 6 ab dem 27. Versicherungsjahr auftretende „Knick" bei den Grundüberschußanteilen ist auf die Tatsache zurückzuführen, daß die Allianz Lebensversicherungs-AG ihre Grundüberschußanteile ab 1990 nicht mehr in Promille der Versicherungssumme, sondern in Prozent des individuellen Risikobeitrags bemessen hat, GEBHARD, a.a.O., 163.

1163 Quelle: GEBHARD, Gefahren für die finanzielle Stabilität (1995), 174.

Herausgegeben von Prof. Dr. Jürgen Basedow, Prof. Dr. Ulrich Meyer, Prof. Dr. Dieter Rückle und Prof. Dr. Hans-Peter Schwintowski

Versicherungswissenschaftliche Studien

Ralph Bartmuß **Band 17**
Lückenfüllung im
Versicherungsvertrag
2001, 279 S., brosch., 86,– DM, 75,50 sFr,
ISBN 3-7890-7217-6

Anja C. Theis **Band 16**
Die deutsche Lebensversicherung
als Alterssicherungsinstitution
Eine ökonomische Analyse
2001, 441 S., brosch., 128,– DM, 110,– sFr,
ISBN 3-7890-7161-7

Jürgen Basedow/Ulrich Meyer/
Dieter Rückle/
Hans-Peter Schwintowski (Hrsg.) **Bnad 15**
Transparenz und Verständlichkeit •
Berufsunfähigkeitsversicherung und
Unfallversicherung • Reform des
Versicherungsvertragsgesetzes
Beiträge der neunten Wissenschaftstagung
des Bundes der Versicherten
2000, 280 S., brosch., 86,– DM, 75,50 sFr,
ISBN 3-7890-7028-9

Christoph Brömmelmeyer **Band 14**
Der Verantwortliche Aktuar in der
Lebensversicherung
2000, 294 S., brosch., 89,– DM, 78,50 sFr,
ISBN 3-7890-6538-2

Jürgen Basedow/Ulrich Meyer/
Dieter Rückle/
Hans-Peter Schwintowski (Hrsg.) **Band 13**
Aspekte langfristiger Versicherungs-
verhältnisse • Auswirkungen des
EURO auf Versicherungsverträge •
Gesetzentwurf der SPD-Fraktion zur
Reform des VVG • Tarifentwicklung
in der Kraftfahrtversicherung
Beiträge der achten Wissenschaftstagung des
Bundes der Versicherten
1999, 154 S., brosch., 48,– DM, 43,– sFr,
ISBN 3-7890-6089-5

Hilmar Leonhardt **Band 12**
Die Repräsentantendoktrin im
Privatversicherungsrecht
Kritische Bestandsaufnahme – neue Wege –
1999, 215 S., brosch., 64,– DM, 56,50 sFr,
ISBN 3-7890-6017-8

Jürgen Basedow/Roland Donath/
Ulrich Meyer/Dieter Rückle/
Hans-Peter Schwintowski (Hrsg.) **Band 11**
Anleger- und objektgerechte
Beratung • Private Krankenver-
sicherung • Ein Ombudsmann
für Versicherungen
Beiträge der siebenten Wissenschaftstagung
des Bundes der Versicherten
1999, 233 S., brosch., 68,– DM, 60,– sFr,
ISBN 3-7890-5947-1

NOMOS Verlagsgesellschaft
76520 Baden-Baden

Herausgegeben von Prof. Dr. Jürgen Basedow, Prof. Dr. Ulrich Meyer
und Prof. Dr. Hans-Peter Schwintowski

Versicherungswissenschaftliche Studien

Reiner Hoffmann   Band 10
Spätschadenreservierung
in der Allgemeinen Haft-
pflichtversicherung
Möglichkeiten und Grenzen
objektivierender Methoden
1999, 347 S., brosch., 98,– DM, 86,– sFr,
ISBN 3-7890-5867-X

Michael Breuer   Band 9
Ökonomische Grundlagen der
Sozialversicherungsorganisation
Die Konsequenzen des
Groucho-Marx-Effektes
1999, 140 S., brosch., 44,– DM, 39,50 sFr,
ISBN 3-7890-5858-0

Katrin S. Kühnle   Band 8
Die Bindung an den
Versicherungsvertrag
Vertragslaufzeit und Lösungsrechte
im Lichte des deutschen, amerikanischen
und europäischen Rechts
1998, 217 S., brosch., 64,– DM, 56,50 sFr,
ISBN 3-7890-5326-0

J.-Matthias Graf v.d. Schulenburg/
Martin Balleer/Stefan Hanekopf (Hrsg.) Band 7
Allokation der Ressourcen
bei Sicherheit und Unsicherheit
Festschrift für Professor Dr. Leonhard Männer
1997, 557 S., geb., 148,– DM, 127,– sFr,
ISBN 3-7890-4883-6

Jürgen Basedow/Ulrich Meyer/
Hans-Peter Schwintowski (Hrsg.)   Band 6
Erneuerung des Versicherungsver-
tragsgesetzes • Versichertenschutz in
den USA • Rechnungslegung von
Versicherungsunternehmen
Beiträge der sechsten Wissenschaftstagung
des Bundes der Versicherten
1997, 203 S., brosch., 58,– DM, 51,– sFr,
ISBN 3-7890-4879-8

Matthias Lehmann/
Karl Kirchgesser/Dieter Rückle   Band 5
Versicherungsvertrag und
Versicherungs-Treuhand •
Ertragsbesteuerung • Überschuß-
ermittlung und -verwendung
Betriebswirtschaftliche Beiträge
zum Versicherungsrecht
1997, 320 S., brosch., 89,– DM, 78,50 sFr,
ISBN 3-7890-4881-X

Jürgen Basedow/Ulrich Meyer/
Hans-Peter Schwintowski (Hrsg.)   Band 4
Lebensversicherung • Internationale
Versicherungsverträge und Verbrau-
cherschutz • Versicherungsvertrieb
Beiträge der fünften Wissenschaftstagung
des Bundes der Versicherten
1996, 270 S., brosch., 75,– DM, 66,– sFr,
ISBN 3-7890-4297-8

Eckart Windhagen   Band 3
Die Versicherungswirtschaft im
europäischen Kartellrecht
1996, XXV, 274 S., brosch., 79,– DM,
69,50 sFr, ISBN 3-7890-4071-1

 NOMOS Verlagsgesellschaft
76520 Baden-Baden